唐刺史考全編

（增訂本）

郁賢皓 著

②

鳳凰出版社

第五編

河南道

卷五五　汴州(陳留郡)

　　隋浚儀縣。武德四年平王世充，以鄭州之浚儀、開封，滑州之封丘置汴州，設總管府。七年改爲都督府。天寶元年改汴州爲陳留郡。乾元元年復爲汴州。領縣六：浚儀、開封、尉氏、陳留、封丘、雍丘。

王要漢　　武德四年—五年(621—622)

　　《通鑑·武德三年》：十月，"魏陸使張志詐爲〔王〕玄應書，停其東道之兵，令其將張慈寶且還汴州，又密告汴州刺史王要漢使圖慈寶，要漢斬慈寶以降……詔以要漢爲汴州總管"。又《武德五年》：二月"戊寅，汴州總管王要漢攻徐圓朗杞州，拔之"。《新書·高祖紀》同。

黃　察　　武德中

　　《千唐誌·唐故洪州都督府兵曹參軍黃君(承緒)墓誌銘并序》(開元八年十月六日)："曾祖汴州刺史、行軍總管、上柱國、東郡公察。察生懷州刺史、虢國公君漢。"按君漢武德元年爲懷州刺史，則其父爲汴州刺史亦當在武德中。

長孫敞　　武德中

　　《姓纂》卷七河南洛縣(陽)長孫氏："敞，宗正少卿，汴州總管。"兩《唐書》本傳未及。

封言道　　貞觀中

《姓纂》卷一渤海蓨縣封氏："言道，駙馬，司門郎中，汝、汴二州刺史。"按兩《唐書》本傳未及爲汴州刺史事，唯云："尚高祖女淮南長公主，官至宋州刺史。"

狄孝緒　　貞觀中

《全文》卷九九三闕名《大唐贈使持節邛州諸軍事邛州刺史狄公碑》："父孝緒，唐行軍總管、大將軍、金紫光禄大夫、尚書左丞、使持節汴州諸軍事□□□□□。"又見《金石萃編》卷六九。按《舊書·狄仁傑傳》："祖孝緒，貞觀中尚書左丞。"

房遺直　　永徽初

《舊書》本傳："永徽初爲禮部尚書、汴州刺史。"永徽中，"除名爲庶人"。《新書》本傳："高宗時，出遺直汴州刺史……遺愛伏誅……遺直以先勳免，貶銅陵尉。"按房遺愛永徽四年伏誅。

唐　敏（唐季卿）　　高宗時

《新表四下》唐氏："敏，字季卿，延、濮、青、汴、邠等州刺史。"按唐季卿顯慶中在延州刺史任，其刺汴當在高宗時。

裴律師　　約高宗時

《舊書·裴寂傳》："子律師嗣，尚太宗妹臨海長公主，官至汴州刺史。"《新書》本傳略同。

温　瑜　　高宗時？

《姓纂》卷四太原祁縣温氏："瑜，祠部郎中、汴州刺史。"乃武德時中書侍郎温彦將之子，太宗時宰相温彦博之姪，疑其爲汴州刺史在高宗時。

崔民英　　高宗時？

上圖藏拓片《大唐故曹州成武縣丞博陵崔氏府君（文脩）改葬墓

誌銘并序》(大曆六年八月二十九日):"大王父諱民英,皇襲封大中大
夫守汴州刺史、陳留縣侯。"又見《唐文續拾》卷四。文脩卒開元二十
八年,疑其祖父爲汴州刺史在高宗時。

楊德幹　　高宗末

《舊書》本傳:"高宗末,歷澤、齊、汴、相四州刺史,治有威名……
子神讓,天授初與徐敬業於揚州謀叛,父子伏誅。"《新書》本傳略同。
按徐敬業謀叛乃光宅元年事,"天授"誤。兩《唐書·權懷恩傳》謂懷
恩爲宋州刺史時與楊德幹齊名。又見《元龜》卷六八九,《御覽》卷二
五八,《隋唐嘉話》卷中。

柳明肅　　天授元年(690)

《新書·則天皇后紀》:天授元年"六月戊申,殺汴州刺史柳
明肅"。

李道廣　　聖曆元年(698)

《新書·宰相表上》:聖曆元年正月"丁亥,〔李〕道廣罷爲汴州刺
史"。《舊書·李元紘傳》:"父道廣,則天時爲汴州刺史……尋入爲殿
中監、同鳳閣鸞臺平章事。"《新書》本傳略同。《新書·宰相表上》:萬
歲通天元年"九月庚申……殿中監李道廣並同鳳閣鸞臺平章事"。疑
兩傳叙事次序誤,兹從《新書·宰相表》。

武懿宗　　武后時

《姓纂》卷六沛國武氏:"懿宗,河内王,殿中監,汴、魏州刺史,神
兵道大總管。"兩《唐書》本傳未及爲汴州刺史事。按《新書》本傳,其
爲神兵道大總管在神功時。《隋唐五代墓誌匯編·陝西卷》第三册
《大唐故懷州刺史贈特進耿國公武府君(懿宗)墓誌銘并序》(景龍元
年十一月廿六日):"三爲洛州長史,歷魏、汴、同、許四州刺史,三爲懷
州刺史。"神龍二年卒,年六十六。

武重規　　武后時

《新書》本傳：“重規爲汴、鄭二州刺史，未至，役人營繕。后怒，貶廬州刺史。”

皇甫知常　　武后時

《千唐誌·監門衛長史安定皇甫公（慎）墓誌銘并叙》（開元十九年四月七日）：“父知常，汾、懷、汴等六州刺史，揚、洛二州長史。”慎卒開元十九年。按《姓纂》卷五壽春皇甫氏：“知常，洛州長史。”《全文》卷四二二楊炎《安州刺史杜公（鵬舉）神道碑》稱：“洛州長史皇甫知常。”又卷二四〇宋之問《爲皇甫懷州讓官表》稱：“作鎮西河，未寬人隱。”西河郡即汾州。此“皇甫懷州”即知常。

程處弼　　武后時

拓本《唐故鎮軍大將軍行右衛大將軍廣平公（程伯獻）墓誌銘并序》：“父處弼，右金吾將軍、汴州刺史、廣平公。”按伯獻卒開元廿六年十二月，廿七年正月葬。其父爲汴州刺史約在武后時（《文物》1973 年第 7 期）。

姚　班　　武后時

《舊書》本傳：“累除定、汴、滄、虢、豳等五州刺史，加銀青光禄大夫，轉秦州刺史……神龍元年，累封宣城郡公，三遷太子詹事。”《新書》本傳未及。按久視元年在虢州刺史任。

蘇　瓌　　長安中

《元龜》卷六七四：“蘇瓌則天時爲歙州刺史……累遷汴州刺史。司倉參軍韋温犯贓，瓌繩而杖之。”《全文》卷二三八盧藏用《太子少傅蘇瓌神道碑》：“維唐景雲元年歲在庚戌十一月己巳，太子少傅、許國蘇公薨於崇仁里之私第……累遷汾、鼎、同、汴、揚、陝……九爲牧，而循良之績著於州郡。”兩《唐書》本傳未及。按大足元年在同州刺史任。

韋嗣立　　長安四年(704)

《舊書》本傳：長安中，"嗣立帶本官檢校汴州刺史"。《新書》本傳略同。《新書·宰相表上》：長安四年"三月己丑，〔韋〕嗣立檢校汴州刺史"。《通鑑·長安四年》：三月"癸巳，制各以本官檢校刺史。〔韋〕嗣立爲汴州刺史"。六月，"召鳳閣侍郎、同平章事、檢校汴州刺史韋嗣立赴興泰宮"。又見《會要》卷六八。

張昌期　　長安四年(704)

《通鑑·長安四年》：七月"乙未，司禮少卿張同休、汴州刺史張昌期、尚方少監張昌儀皆坐贓下獄"。《新書·則天皇后紀》：長安五年正月癸卯，"汴州刺史張昌期、司禮少卿張同休、通事舍人張景雄伏誅"。《舊書·桓彥範傳》：神龍元年，斬汴州刺史張昌期。

張　涉　　中宗時

《新表二下》清河張氏："涉，殿中監、汴州刺史。"兩《唐書》本傳未及爲汴州刺史事。《舊書》本傳謂中宗時爲殿中監。《新書》本傳謂韋溫誅，涉爲亂兵所殺。

鄭　愔　　景雲元年(710)

《新書·睿宗紀》：景雲元年"八月庚寅，譙王重福及汴州刺史鄭愔反，伏誅"。按《新書·宰相表上》：景龍三年三月，"太常少卿鄭愔守吏部侍郎、同中書門下平章事"。五月丙戌，"貶江州司馬"。

崔日用　　景雲元年—二年(710—711)

《舊書》本傳："爲相月餘，與中書侍郎薛稷不協……由是轉雍州長史，停知政事。尋出爲揚州長史，歷婺、汴二州刺史、兗州都督、荆州長史……及討蕭至忠、竇懷貞之際，又令權檢校雍州長史。"《新書》本傳略同。按景雲元年罷爲雍州長史，見《新書·宰相表上》；討蕭至忠、竇懷貞乃先天二年七月事。

王志愔　　景雲二年—延和元年（711—712）

《舊書》本傳：景雲二年，"遂拜志愔齊州都督，事竟不行。又授齊州刺史，充河南道按察使。未幾，遷汴州刺史，仍舊充河南道按察使。太極元年，又令以本官兼御史中丞、内供奉，特賜實封一百户。尋加銀青光禄大夫，拜户部侍郎"。又見《新書》本傳，《元龜》卷五一二，《朝野僉載》卷三，《廣記》卷二四三。《宋高僧傳》卷二六《唐東京相國寺慧雲傳》："太極元年五月十三日，改元延和。是歲，刑部尚書王志愔爲採訪使。"

倪若水　　開元四年—五年（716—717）

《舊書》本傳："開元初，歷遷中書舍人、尚書右丞，出爲汴州刺史。"《通鑑·開元四年》：二月"辛未，以尚書右丞倪若水爲汴州刺史兼河南採訪使"。《大詔令集》卷一〇四蘇頲《遣王志愔等各巡察本管内制》稱"汴州刺史倪若水"，開元四年七月六日。又見《新書》本傳，兩《唐書·姚崇傳》，《會要》卷四四，《元龜》卷六八〇，《全文》卷二五三蘇頲行制，卷七〇五李德裕《奏繚綾狀》，《大唐新語》卷二，《唐語林》卷五，《廣記》卷四九四引《明皇雜録》等。《隋唐五代墓誌匯編·洛陽卷》第九册《大唐故尚書右丞倪公（泉，字若水）墓誌銘并序》（開元七年十一月六日）："以公事出爲宋州長史，稍遷慈州刺史，徵拜中書舍人，無何拜尚書右丞……乃出爲汴州刺史……入拜户部侍郎……再拜尚書右丞。"開元七年正月廿六日卒，春秋五十九。《僕尚丞郎表》謂開元五、六年由汴州刺史入遷户侍。

李　昌　　約開元五、六年間（約 717、718）

《全文》卷三一三孫逖《太子少傅李公（昌）墓誌銘》："神龍興，復拜通事舍人。其後歷……汝、汴二州刺史。"按兩《唐書》本傳未及刺汴事。唯云："開元初授汝州刺史，俄入授太常卿，三遷黄門侍郎，兼太原尹。"

狄光嗣　　開元七年（719）

《舊書·狄仁傑傳》：子光嗣，"開元七年，自汴州刺史轉揚州大都督府長史”。《新書》本傳未及。

任昭理（任正理）　　開元七、八年？（719、720？）

《姓纂》卷五西河任氏：“昭理，汴州刺史。”按昭理開元四年七月在荆州長史任，見《大詔令集》卷一〇四蘇頲《遣王志愔等各巡察本管内制》。疑其刺汴在開元七、八年間。《廣記》卷二六三引《朝野僉載》：“唐李宏，汴州浚儀人也，凶悖無賴，狠戾不仁……任正（昭？）理爲汴州刺史，上十餘日，遣手力捉來，責情決六十，杖下而死。”

齊　澣　　開元十二年—十三年（724—725）

《舊書》本傳：“〔開元〕十二年，出爲汴州刺史……前後牧守，多不稱職，唯倪若水與澣皆以清嚴爲治，民吏歌之。中書令張説擇左右丞之才，舉懷州刺史王丘爲左丞，以澣爲右丞。”《新書》本傳略同。按《新書·宰相表中》：“〔開元〕十三年十一月壬辰，張説爲尚書右丞相兼中書令。”知齊澣最早在開元十三年離任。《廣記》卷四二〇引《廣異記》稱：“唐開元中，河南採訪使汴州刺史齊澣以徐城險急，奏開十八里河，達於青水。”上圖藏拓片《大唐故開州司馬鄧府君誌石銘》（開元十二年四月廿日）：“朝散大夫使持節汴州諸軍事守汴州刺史高陽齊澣撰。”

張廷珪（張庭珪）　　約開元十四年（約726）

《唐故贈工部尚書張公（庭珪）墓誌銘并序》（天寶十載十月）：“持節潁、洪、沔、蘇、宋、魏、汴、饒、同等州刺史，前後充河北宣勞、江西按察、河南溝渠等三使……九典外郡。”開元廿二年卒（《文物》1980年第3期）。兩《唐書》本傳未及。按廷珪開元五年爲蘇州刺史，七年在宋州刺史任，十七年爲同州刺史，則其爲汴州刺史約在十四年。

蔣欽緒　　約開元十五年（約727）

《新書》本傳：開元十三年，“徙吏部侍郎，歷汴、魏二州刺史，卒”。《千唐誌·大唐故鉅鹿郡南和縣令□府君墓誌銘并序》（天寶十一載八月二十八日）："年十八舉孝廉，授相州堯城縣丞……俄授青州北海縣丞……本道採訪、御史中丞蔣欽緒……表奏上聞。"按嚴氏《僕尚丞郎表》謂十四年由吏侍出爲汴州刺史。

宇文融　　開元十六年(728)

《通鑑·開元十六年》：正月"丙寅，以魏州刺史宇文融檢校汴州刺史，充河南北溝渠堤堰決九河使"。又見兩《唐書》本傳，《元龜》卷四九七。

嚴挺之　　開元十九年?—二十年(731?—732)

《舊書》本傳："尋遷濮、汴二州刺史……二十年，〔王〕毛仲得罪賜死，玄宗思曩日之奏，擢爲刑部侍郎。"《新書》本傳略同。

李道堅　　開元二十二年—二十三年(734—735)

《舊書·李靈夔傳》：孫道堅，"開元二十二年，兼檢校魏州刺史，未行，改汴州刺史、河南道採訪使"。又見《新書》本傳，《元龜》卷二八一，《太平寰宇記》卷一六二泗州。《元龜》卷一六二：開元二十三年二月"辛亥，初置十道採訪處置使……國子祭酒、汴州刺史嗣魯王道堅爲河南道採訪使"。

宋　遙　　約開元二十四年(約736)

《姓纂》卷八扶風宋氏："遙，禮、户部侍郎，左丞，魏、汴州刺史。"《千唐誌·上黨郡大都督府長史宋公(遙)墓誌銘并序》(天寶七載正月十一日)：天寶六載卒於上黨，年六十五。又云："拜中書舍人，除御史中丞……户部、禮部、吏部、再户部四侍郎，左丞，出博平、滎陽、絳、魏、陳留、襄陽，貶武當七郡太守，河北、河南、山南三採訪，上黨郡大都督府長史。"按《元龜》卷三三七開元二十三年十道使有禮部侍郎兼魏州刺史宋遙。據《會要》卷七四，天寶二年自吏部侍郎貶武當太守。其爲汴州刺史當在開元二十四年前後。

劉　朏　　約開元二十五年—二十六年（約 737—738）

《姓纂》卷五彭城劉氏："朏，左金吾將軍、汴州刺史。"《新表一上》劉氏："朏，汴州刺史。"按劉朏開元十三年爲密州參軍，見《金石萃編》卷七六《後漢大司農鄭公之碑》。《隋唐五代墓誌匯編・陝西卷》第一册《大唐故洛交郡大同府果毅丘府君夫人彭城劉氏墓誌銘并序》（天寶十四載九月二十八日）："祖朏，皇銀青光禄大夫、汴州刺史、右金吾將軍、司農卿、上柱國、建平郡開國公。父□，朝議郎，見任將作監主簿。夫人即主簿之長女也。"天寶十四載九月辛未卒，春秋三十二。

盧見義？　　開元二十六年（738）

《宋高僧傳》卷一四《唐越州法華山寺玄儼傳》："開元二十六載，恩制度人，採訪使潤州刺史齊澣、越州都督景（敬）誠、採訪使盧見義、泗州刺史王弼，無不停旟净境，稟承法訓。"按"越州都督"前之"採訪使"指江東採訪使，則泗州刺史前之"採訪使盧見義"疑指"河南採訪使"，奪"汴州刺史"歟？按《新表三上》盧氏稱："見義，魏郡太守"，約在天寶年間，疑在此前曾爲河南採訪使汴州刺史。

皇甫翼　　約開元末期

《千唐誌・故河内郡武德縣令楊公（炭）墓誌銘并序》（天寶六載正月廿六日）："加朝散大夫、懷州武德縣令……先是時也，採訪使、汴州刺史皇甫翼乃續其聲實，以課最上聞。嗚呼，公車上徵，大年何速……以天寶五載八月十九日卒於武德縣之官舍，春秋六十有七。"按《英華》卷四一七張九齡《授皇甫翼等加階制》稱：朝散大夫、檢校尚書左丞、上柱國皇甫翼。又按開元二十一年翼檢校尚書右丞，充河南淮南宣慰使，見《元龜》卷一三六、卷一六二。疑其刺汴約在開元末期。

齊　澣　　開元二十七年—天寶元年（739—742）

《舊書・玄宗紀下》：開元二十七年九月，"汴州刺史齊澣請開汴河下流，自虹縣至淮陰北合於淮"。《通鑑・天寶元年》：四月壬寅，

"又以汴州刺史、河南採訪使齊澣爲少詹事"。又見兩《唐書》本傳，《會要》卷五〇，《元和郡縣志》卷九，《太平寰宇記》卷一七，《元龜》卷四九七。北圖藏拓片《唐故朝議郎行陝州硤石縣令上柱國侯公（續）墓誌銘并序》（大和九年十二月十一日）："夫人高陽齊氏，皇吏部侍郎、汴常潤濠等五州刺史、河南河東兩道採訪使、平陽郡太守、襲高陽公之曾孫也。""高陽公"即指齊澣。

裴　寬　天寶元年（742）

《舊書》本傳："天寶初，除陳留大守兼採訪使。尋而范陽節度李適之入爲御史大夫，除寬范陽節度兼河北採訪使替之。"《新書》本傳："天寶初，由陳留太守拜范陽節度使。"按天寶元年十月，裴寬爲范陽節度使。

裴敦復　約天寶元年—二年（742—743）

《廣記》卷一四七引《定命錄》："陳留郡有馮七者……言事無不中者。無何，語郡佐云：城中有白氣，郡守當死。太守裴敦復聞而召問。馮七云：其氣未全，急應至半年已來。裴公即經營求改。改後韋恒爲太守，未到而卒。"按裴敦復天寶三載二月爲河南尹。

【韋　恒　約天寶二年（約743）（未之任）】

《舊書》本傳："〔開元〕二十九年，爲隴右道河西黜陟使……因出爲陳留太守，未行而卒。"《新書》本傳略同。又見《廣記》卷一四七引《定命錄》。《姓纂》卷二襄陽韋氏："恒，給事中，陳留採訪使。"《新表四上》韋氏小逍遙公房："恒，陳留太守。"

張利貞　約天寶二年—三載（約743—744）

《韓昌黎集》卷三〇《唐故河南令張君（署）墓誌銘》："大父利貞，有名玄宗世。爲御史中丞，舉彈無所避，由是出爲陳留太守，領河南道採訪處置使。數歲卒官。"《廣記》卷一四七引《定命錄》謂陳留郡馮七言事無不中，"後韋恒爲太守，未到而卒……尋又張利貞主郡，卒於城中。"

李彦允　　天寶三載（744）

李陽冰《草堂集序》："天子知其（李白）不可留，乃賜金歸之，遂就從祖陳留採訪大使彦允，請北海高天師授道籙於齊州紫極宮。"按李白被賜金還山乃天寶三載事。《全文》卷三九二獨孤及《唐故給事中贈吏部侍郎蕭公（直）墓誌銘》："大曆三年授給事中……前後居官二十……所從之主……汴州刺史李彦允，揚州刺史李成式。"

徐　懌　　天寶四載？（745？）

《金石録》卷七："《唐陳留郡太守徐懌碑》，李邕撰，徐浩行書，天寶五載八月。"按《寶刻叢編》卷二〇引作"天寶六載二月"。《姓纂》卷二東海郯州徐氏："渾，吏部員外，襄、陳留太守，採訪使。"按"渾"當爲"懌"之誤。《新表五下》北祖上房徐氏："懌，字揖，河內採訪使。"按"河內"當爲"河南"之誤。《全文》卷三一八李華《慶王府司馬徐府君（堅）碑銘》："〔君〕開元十六年四月二十九日終於洛陽南郊居，春秋六十……君從父弟懌，御史中丞陳留太守、河南採訪。"按徐懌開元末在湖州刺史任。

韋　陟　　約天寶五載（約746）

《舊書》本傳："後爲禮部侍郎……李林甫忌之，出爲襄陽太守兼本道採訪使，又改陳留採訪使，復加銀青光禄大夫。天寶中襲封郇國公，以親累貶鍾離太守。"又見《韋元甫傳》，《元龜》卷八四四。《新書》本傳未及。《全文》卷三四一顏真卿《朝請大夫行江陵少尹兼侍御史荆南行軍司馬上柱國顏君（允臧）神道碑銘》："解褐太康尉，太守張倚、採訪使韋陟皆器其清嚴。"按張倚天寶二年貶淮陽太守，見《舊書·苗晉卿傳》。韋陟天寶四載在襄州刺史任。

薛江童　　天寶六載？（747？）

《新表三下》薛氏："江童，字靈運，陳留太守、河南採訪使。"《全文》卷三七五韋建《黔州刺史薛舒神道碑》："叔父故陳留郡太守、河南採訪使江童，當代名賢。"薛舒卒大曆十年，春秋六十八。又卷九九〇闕名《大唐宣州刺史薛公（光華）去思碑》："陳留太守兼採訪使江童之仲子。"大曆十四年立。《韓昌黎集》卷二八《殿中侍御史李君（虛中）墓誌銘》："父憚，河南溫縣尉，娶陳留郡太守薛江童女。"

陸景融　　約天寶七、八載（約 748、749）

《舊書・陸象先傳》："〔象先弟〕景融，歷大理正、滎陽郡太守、河南尹、兵吏部侍郎、左右丞、工部尚書、東都留守、襄陽郡太守、陳留郡太守，並兼採訪使。"《新書》本傳未及。按天寶四載景融在東都留守任，約五、六載在襄陽太守任。

元彥冲　　天寶九載—十二載（750—753）

《全文》卷三五七高適《陳留郡上源新驛記》："伊陳留雄稱山東，聲英海内……壬辰歲，太守元公連率河南之三載也……"按壬辰歲爲天寶十一載，其時爲帥三載，知天寶九載始任。又卷三七三陳兼《陳留郡文宣王廟堂碑并序》："唐天寶十有一載，歲次壽星，陳留改文宣王宮，郡守河南道採訪處置使元公彥冲所以崇德樹風、敬教勸學也。"《元龜》卷六六四："元彥冲，玄宗時爲陳留郡太守……天寶十二載坐失移官，詔曰……可使持節南陽郡太守。"《姓纂》卷四河南洛陽元氏："彥將，給事中，陳留太守、採訪使。"按"彥將"當即"彥冲"之誤。

王　濟　　天寶十二載（753）

《會要》卷七八：天寶十二載八月，"河南道採訪處置使陳留郡太守王濟等奏"。《全詩》卷二五五蘇源明《小洞庭洄源亭宴四郡太守詩序》："天寶十二載七月辛丑……陳留太守王公……命屬官湖城主簿王子説會五太守於東平議。"此陳留太守王公，當即王濟。

李　某　　天寶十四載（755）

《全文》卷三二三蕭穎士《蓬池禊飲序》："天寶乙未暮春三月，河南連帥領陳留守李公以政成務簡……率府郡佐吏二三賓客帳飲於蓬池。"按乙未歲乃天寶十四載。又《陪李採訪泛舟蓬池宴李文部序》：

"今茲春歲聿旱，人咨荒歉，朝廷慮東方之耗斁也，慎簡大賢而臨蒞之，明詔乃下，俾鉅鹿守李公往焉……已而襄國士女結去思之怨，大君愍然，又命公族之良前文部侍郎東陽繼焉……登朝而備履清貫，出守而再踐名邦……秋九月，鉅鹿舟輿次於是都，明使君客焉……温温二公，善可知焉。"又卷三二二蕭穎士《蓮蕊散賦并序》："己未歲夏六月，旅寄韋城，憂傷感疾，腫生於左脅之下……友生于逖、張南容在大梁聞之，以言於方牧李公。公，予之舊知也，俯垂驚嗟，遠致是散。"按己未歲乃開元七年(719)，時蕭穎士纔十二歲，似不可能稱方牧李公爲舊知。疑"己未"乃"乙未"之訛。

郭　納　　天寶十四載(755)

《新書·玄宗紀》：天寶十四載十二月"辛卯，〔安禄山〕陷陳留郡，執太守郭納"。《安禄山傳》稱郭納"出降"。《通鑑·天寶十四載》作十二月庚寅。《姓纂》卷一〇穎川郭氏："納，給事中，陳留採訪使。"《新表四上》郭氏同。

張介然　　天寶十四載(755)

《舊書·玄宗紀》：天寶十四載十一月，"以衛尉卿張介然爲陳留太守、河南節度採訪使"。十二月"辛卯，〔禄山〕陷陳留郡，殺張介然"。又見兩《唐書》本傳、《安禄山傳》、《元龜》卷一二二。《通鑑·天寶十四載》：十一月，"置河南節度使，領陳留等十三郡，以衛尉卿猗氏張介然爲之"。按《通鑑考異·天寶十四載》云："《實録》以介然爲汴州刺史，《舊紀》以介然爲陳留太守。按是時無刺史，郭納見爲太守，介然直爲節度使耳。"

李庭望　　天寶十四載(755)

《舊書·張介然傳》：天寶十四載，"〔禄山〕頓軍於陳留郭下，以其將李庭望爲節度鎮之"。《新書·張介然傳》略同。又見《通鑑·天寶十四載》十二月。

李　隨　　至德元載（756）

《通鑑・至德元載》：正月，“李隨至睢陽，有衆數萬。丙辰，以隨爲河南節度使”。

李　祇　　至德元載（756）

《舊書》本傳：“〔天寶〕十五載二月，授祇靈昌太守，又左金吾大將軍、河南都知兵馬使。其月，又加御史中丞、陳留太守，持節充河南道節度採訪使，本官如故。五月，詔以爲太僕卿。”又見《新書》本傳，《通鑑・至德元載》三月、五月，《元龜》卷二八一。

李　巨　　至德元載（756）

《舊書・李祇傳》：天寶十五載五月，“遣御史大夫、虢王巨代之〔爲陳留太守〕”。本傳：“及禄山陷東京，玄宗方擇將帥，張垍言巨善騎射，有謀略……尋授陳留、譙郡太守，攝御史大夫……遂以巨兼統嶺南節度使何履方、黔中節度使趙國珍、南陽節度使魯炅，先領三節度事……至德二年，爲太子少傅。”《新書》本傳略同。又見《通鑑・至德元載》五月。《全文》卷三六六賈至《授李巨憲部尚書制》：“陳留太守嗣虢王巨……可守憲部尚書。”

尹子奇　　至德二載（757）

《通鑑・至德二載》：正月，“〔安〕慶緒以尹子奇爲汴州刺史、河南節度使”。

張　鎬　　至德二載—乾元元年（757—758）

《舊書・肅宗紀》：至德二載八月“己丑，以平章事張鎬兼河南節度、採訪處置等使”。乾元元年五月“戊子，以河南節度、中書侍郎、平章事張鎬爲荆州大都督府長史、本州防禦使”。又見兩《唐書》本傳，《新書・宰相表中》，《封氏聞見記》卷九，《唐語林》卷三，《通鑑・至德二載》八月、《乾元元年》五月。《大詔令集》卷一二三《至德二載收復兩京大赦》：“河南節度採訪處置使、賜紫金魚袋張鎬……封南陽縣公，餘並如故。"《全文》卷六〇六劉禹錫《汴州刺史廳壁記》："謹按前賢之在此堂者，張平原首之，陸氏撰《節度使記》揭於東壁，詳矣。""張平原"，即指張鎬。

崔光遠　乾元元年（758）

《舊書·蕭宗紀》：乾元元年五月戊子，"以禮部尚書崔光遠爲河南節度"。"八月壬寅……河南節度使崔光遠兼汴州刺史"。"十二月癸卯，以河南節度崔光遠爲魏州刺史"。又本傳："乾元元年，兼御史大夫。五月，爲河南節度使。八月，代張鎬爲汴州刺史兼本州防禦使。十二月，代蕭華爲魏州刺史，充魏州節度使。"《新書》本傳略同。又見《通鑑·乾元元年》五月及十二月記載。

【李國貞（李若幽）　乾元中（未之任）】

《全文》卷五〇一權德輿《唐故通議大夫守户部尚書兼御史大夫持節充朔方鎮西北庭興平陳鄭等州行營兵馬及河中節度都統處置使兼管内觀察使權知絳州刺史李公（國貞）神道碑銘并序》："天寶末，林胡覆三川，犯秦關……換房陵太守……徵拜長安縣令……改秦州刺史，成命中止，復爲長安令。尋遷汴州刺史。未及行，復輟爲京兆少尹。"按兩《唐書》本傳未及刺汴州。

許叔冀　乾元二年（759）

《舊書·蕭宗紀》：乾元二年三月辛卯，"以滑州刺史許叔冀充滑汴曹宋等州節度使"。《通鑑·乾元二年》：五月"壬午，以滑濮節度使許叔冀爲汴州刺史，充滑汴等七州節度使"。九月，"〔史〕思明至汴州，叔冀與戰，不勝，遂與濮州刺史董秦及其將梁浦、劉從諫、田神功等降之。思明以叔冀爲中書令，與其將李詳守汴州"。

安太清　乾元二年（759）

《通鑑·乾元二年》：十月，"賊衆大潰……其河南節度使安太清走保懷州"。

張獻誠　　上元元年—廣德二年（760—764）

《舊書》本傳："天寶末，陷逆賊安禄山，受僞官；連陷史思明，爲思明守汴州，統逆兵數萬。寶應元年冬，東都平，史朝義逃歸汴州，獻誠不納，舉州及所統兵歸國，詔拜汴州刺史，充汴州節度使。逾年來朝……三遷檢校工部尚書兼梁州刺史，充山南西道觀察。"《新書》本傳略同。又見《元龜》卷一六四。《隋唐五代墓誌匯編·洛陽卷》第十二册《唐故開府儀同三司檢校户部尚書知省事贈太子太師御史大夫鄧國公張公（獻誠）墓誌銘并序》（大曆四年二月三日）："〔史〕朝義繼逆，疑公攜貳，遂污公爲兵部侍郎、汴州節度使……時寶應之初也，與從事田僎等……裂帛題表，募間道入奏之使，申潛謀破虜之策……上嘉其忠良，授特進、試太常卿兼汴州刺史防禦等使。"

田神功　　廣德二年—大曆九年（764—774）

《全文》卷三三八顔真卿《有唐宋州官吏八關齋會報德記》："廣德元年，授〔田神功〕户部尚書，封信都郡王。上幸陝，公首來扈從……二年，拜汴宋節度……大曆二年，加右僕射。"《舊書·代宗紀》：大曆九年正月"壬寅，汴宋節度使、太子少師，檢校尚書右僕射、兼御史大夫、汴州刺史田神功卒"。又見兩《唐書》本傳，《通鑑·大曆九年》。《全文》卷四一〇常袞《授田神功右僕射制》："檢校兵部尚書使持節汴州諸軍事兼汴州刺史……田神功……可檢校尚書右僕射兼充本道觀察處置使。"又卷四一四常袞有《加田神功實封制》，《大詔令集》卷六三同。

田神玉　　大曆九年—十一年（774—776）

《舊書·代宗紀》：大曆九年"二月己丑，以田神功弟神玉權知汴宋留後"。又本傳："自曹州刺史權汴州留後。大曆十年正月，加檢校兵部郎中、兼御史中丞，爲汴州刺史，知汴州節度觀察留後事……十一年卒，詔滑州李勉代之。"《新書》本傳略同。又見《通鑑·大曆九年》二月己丑及《大曆十一年》五月。

*李　迥　　大曆十年(775)

《舊書·李述傳》："〔大曆〕十年二月,詔曰……韓王迥可汴宋等節度觀察處置等大使。"又見《大詔令集》卷三三《封睦王述等制》。《舊書·代宗紀》大曆十年二月詔："第七子韓王迥可充汴宋節度大使……并可開府儀同三司,不出閣。"又見《舊書》本傳。

【李　勉　　大曆十一年(776)(未之任)】

《舊書·代宗紀》:大曆十一年"五月癸巳,以永平軍節度使李勉爲汴州刺史,充汴宋等八州節度觀察留後。時汴將李靈耀專殺濮州刺史孟鑒,北連田承嗣,故命勉兼領汴州"。《通鑑·大曆十一年》五月謂李勉兼汴宋留後。《舊書》本傳:"〔大曆〕十一年,汴宋留後田神玉卒,詔加勉汴州刺史、汴宋節度使。未行,汴州將李靈耀阻兵……詔勉與李忠臣、馬燧等攻討,大破之。"《新書》本傳略同。又見《元龜》卷七八及《通鑑·大曆十一年》五月。

李靈耀　　大曆十一年(776)

《舊書·代宗紀》:大曆十一年"六月戊戌,以李靈耀爲汴州刺史,充節度留後"。八月丙寅,"李靈耀據汴州叛"。十一月丙午,"汴州平。丁未,滑將杜如江生擒靈耀而獻"。又見《通鑑·大曆十一年》。

李忠臣　　大曆十一年—十四年(776—779)

《舊書·代宗紀》:大曆十一年十二月"庚戌,加淮西節度、檢校右僕射、安州刺史、西平郡王李忠臣檢校司空、同中書門下平章事,仍兼汴州刺史"。大曆十四年"三月丁未,汴宋節度使李忠臣爲麾下將族姪李希烈所逐,忠臣狼狽歸朝。上以忠臣立功於國,乃授檢校司空、同平章事"。又見兩《唐書》本傳,《通鑑·大曆十一年》十二月。《全文》卷四八代宗《宥李忠臣詔》稱:"司空、同中書門下平章事、汴州刺史、上柱國、西平郡王李忠臣……可檢校司空、同中書門下平章事,散官勳封如故。"《新書·方鎮表二》:大曆十一年,"淮西節度使增領汴州,徙治汴州"。

李　勉　　大曆十四年—建中四年(779—783)

《通鑑·大曆十四年》：三月丁未，"以永平節度使李勉兼汴州刺史，增領汴、潁二州，徙鎮汴州"。《舊書》本傳："〔建中〕四年，李希烈反，以他盜爲名，悉衆來寇汴州。勉城守累月，救援莫至……遂潛師潰圍，南奔宋州，詔以司徒平章事徵"。《新書》本傳略同。按李希烈於建中四年十二月庚午陷汴州，見《舊書·德宗紀上》。《全文》卷七八四穆員《河南少尹裴公墓誌銘》稱："故司徒李公勉……自江西入尹京兆，洎節制廣滑汴三府。"《全詩》卷二七三戴叔倫有《和汴州李相公勉人日喜春》、《奉同汴州李相公勉送郭布殿中出巡》等。

【張　鎰　　建中二年(781)(未之任)】

《舊書》本傳："尋除河中晉絳都防禦觀察使。到官數日，改汴滑節度觀察使、汴州刺史、兼御史大夫，以疾辭，逗留於中路，徵入……未幾，拜中書侍郎、平章事，集賢殿學士。"《新書·宰相表中》：建中二年"七月庚申，永平軍節度使張鎰爲中書侍郎、同平章事"。按永平軍節度自大曆十四年至興元元年治汴州，見《新書·方鎮表二》。

李　澄　　興元元年(784)

《舊書·德宗紀上》：興元元年二月戊寅，"以滑州刺史李澄兼汴州刺史、汴滑節度使"。十月"甲午，以李澄爲汴州刺史、汴滑節度使，封武威郡王"。貞元元年三月戊午，"以汴滑節度使李澄爲滑州刺史，充鄭滑節度使"。又見兩《唐書》本傳。

薛　珏　　興元元年—貞元元年(784—785)

《通鑑·興元元年》：十一月，"〔李〕澄引兵屯鄭州。詔以都統司馬寶鼎薛珏爲汴州刺史"。《舊書·德宗紀上》：貞元元年六月壬午，"以汴州刺史薛珏爲河南尹"。又本傳："李希烈自汴州走，除珏汴州刺史，遷河南尹。"《新書》本傳略同。

劉玄佐(劉洽)　　貞元元年—八年(785—792)

《舊書·德宗紀上》：貞元元年四月，"汴帥劉洽賜名玄佐"。六月

“辛巳，劉玄佐兼汴州刺史”。又《德宗紀下》：貞元八年二月“庚午，宣武軍節度使、司徒、平章事劉玄佐卒”。《通鑑·貞元元年》及《貞元八年》同。《舊書》本傳：“〔李〕希烈棄汴州，洽率軍收汴，詔加汴宋節度……貞元三年三月薨於位。”按“三年”當爲“八年”之誤。又見《新書》本傳，《元龜》卷七二二。

【吳　湊　　貞元八年(792)(未之任)】

《舊書·德宗紀下》：貞元八年二月“己卯，以陝虢觀察使吳湊爲汴州刺史、宣武軍節度、汴宋等州觀察使”。又本傳：“會劉玄佐卒，以湊檢校兵部尚書、汴州刺史、御史大夫、宣武軍節度使。時汴州軍亂……謀立玄佐子士寧……恐軍中拒命，乃詔湊回，授右金吾衛大將軍，而以梁宋節鉞授士寧。”《新書》本傳略同。

劉士寧　　貞元八年—九年(792—793)

《舊書·德宗紀下》：貞元八年四月“庚寅，以汴州長史劉士寧爲汴州刺史、宣武軍節度使”。九年十二月“丙辰，宣武軍亂，逐節度使劉士寧”。《通鑑·貞元八年》四月及《貞元九年》十二月同。又見兩《唐書》本傳。《元龜》卷一七六誤作“李志寧”。

＊李　諶　　貞元九年—十一年(793—795)

《舊書·德宗紀下》：貞元九年十二月“壬戌，以通王諶爲宣武軍節度使”。又本傳：“貞元九年十月，領宣武軍節度大使、汴宋等州觀察支度營田等使……王不出閣。十一年，河東帥李自良卒，以諶爲河東節度大使。”《新書》本傳略同。又見《元龜》卷二八一，《通鑑·貞元九年》十二月。

李萬榮　　貞元九年—十二年(793—796)

《舊書·德宗紀下》：貞元九年十二月壬戌，“以宣武軍節度副使李萬榮爲汴州刺史、宣武軍節度、汴宋等州觀察留後”。十一年五月“丁丑，以宣武留後李萬榮爲汴州刺史、宣武節度副使、知節度事”。

十二年七月乙未，"汴州節度使李萬榮卒"。又見兩《唐書》本傳，《元龜》卷五五三，《通鑑·貞元九年》十二月、《貞元十年》四月、《貞元十一年》五月、《貞元十二年》六月、七月。

董 晉 貞元十二年—十五年（796—799）

《舊書·德宗紀下》：貞元十二年"七月乙未，以東都留守、兵部尚書董晉檢校左僕射、同中書門下平章事、汴州刺史、宣武軍節度使、宋亳潁觀察使"。十五年二月"丁丑，宣武軍節度使、檢校左僕射、平章事、汴州刺史董晉卒"。《通鑑·貞元十二年》及《貞元十五年》同。又見兩《唐書》本傳。《韓昌黎集》卷三七《贈太傅董公（晉）行狀》："由留守未盡五月，拜檢校尚書左僕射、同中書門下平章事、汴州刺史、宣武軍節度副大使、知節度事……貞元十二年七月也……十五年二月三日薨於位。"又見卷一《復志賦序》，卷一三《汴州東西水門記》、《科斗書後記》。《全詩》卷三四九歐陽詹《東風二章序》："貞元十二年，相國東都留守隴西董公牧於浚。"《全文》卷四九九權德輿《唐故宣武軍節度副大使知節度事董公（晉）神道碑銘并序》謂晉於汴州"居四年"。

陸長源 貞元十五年（799）

《舊書·德宗紀下》：貞元十五年二月"乙酉，以行軍司馬陸長源檢校禮部尚書、汴州刺史、御史大夫、宣武軍節度度支營田、汴宋亳潁觀察等使……是日，汴州軍亂，殺陸長源……"《通鑑·貞元十五年》二月同。又見兩《唐書》本傳，《新表三下》陸氏。《全文》卷六三六李翱《賀行軍陸大夫書》："其爲汝州猶信州也……惟閣下孜孜不怠，致汴州猶汝州也。"《全詩》卷五一〇張祜有《哭汴州陸大夫》。

劉全諒（劉逸準） 貞元十五年（799）

《舊書·德宗紀下》：貞元十五年二月"乙丑，以宋州刺史劉逸準檢校工部尚書、兼汴州刺史、宣武軍節度使，仍賜名全諒"。八月"庚戌，宣武軍節度使、檢校工部尚書、汴州刺史劉全諒卒"。《通鑑·貞元十五年》謂二月己丑任，八月庚辰卒。又見兩《唐書》本傳。《寶刻叢編》卷七引《京兆金石録》有《唐宣武節度昭德郡王劉全諒碑》，楊於陵撰，徐藏器書。

韓　弘　　貞元十五年—元和十四年（799—819）

《舊書·德宗紀下》：貞元十五年九月“辛酉，以大理評事宣武軍都知兵馬使韓弘檢校工部尚書、兼汴州刺史、御史大夫、宣武軍節度使”。又《憲宗紀下》：元和十四年八月“己酉，制宣武軍節度副大使知節度事、汴宋亳潁等州觀察處置等使、開府儀同三司、守司徒兼侍中、汴州刺史、上柱國、許國公、食邑三千户韓弘，可守司徒、兼中書令。弘堅辭戎鎮故也”。又見《通鑑·貞元十五年》《元和十四年》。《大詔令集》卷四七《韓弘中書令制》：“宣武軍節度副大使知節度事、汴宋亳潁等州觀察處置等使、開府儀同三司、守司徒兼侍中、使持節汴州諸軍事汴州刺史……韓弘……可依前守司徒、兼中書令……元和十四年八月三日。”又見兩《唐書》本傳，《元龜》卷一七七，《全文》卷五九憲宗制。

張弘靖　　元和十四年—長慶元年（819—821）

《舊書·憲宗紀下》：元和十四年八月“癸丑，以吏部尚書張弘靖爲檢校尚書左僕射、同平章事、汴州刺史、宣武軍節度使”。又《穆宗紀》：長慶元年三月癸丑，“以宣武軍節度使、檢校右僕射、同平章事張弘靖爲檢校司空、同平章事、兼幽州大都督府長史，充幽州盧龍軍節度使”。又見兩《唐書》本傳，《通鑑·元和四年》、《長慶元年》。

李　愿　　長慶元年—二年（821—822）

《舊書·穆宗紀》：長慶元年三月，“以鳳翔節度使李愿檢校司空、汴州刺史，充宣武軍節度使”。二年七月“戊戌，汴州軍亂，逐節度使李愿……丙午，貶李愿爲隨州刺史”。又見兩《唐書》本傳，《唐語林》卷四。《全文》卷六四八元稹《授李愿檢校司空宣武軍節度使制》：“鳳翔節度……李愿……可檢校司空、兼汴州刺史宣武軍節度使。”

李 齐　　長慶二年（822）

《舊書·穆宗紀》：長慶二年七月戊戌，“〔汴州〕立牙將李齐爲留後……乙巳，詔南北省五品已上官議討李齐”。《通鑑·長慶二年》：七月“庚子，李齐自奏已權知留後”。《舊書·李質傳》：“李齐既爲留後，倚質爲心腹。及朝廷以齐爲郡守，志邀節鉞，質勸喻不從。會齐疽發首，乃與監軍姚文壽謀，斬齐傳首京師。”又見兩《唐書·李愿傳》。

韓 充　　長慶二年—四年（822—824）

《舊書·穆宗紀》：長慶二年七月丙午，“以鄭滑節度使韓充爲汴州刺史、宣武軍節度使、汴宋亳潁觀察等使，鄭滑如故”。《通鑑·長慶二年》：七月丙午，“以韓充爲宣武節度兼義成節度”。八月“癸未，以韓充專爲宣武節度使”。《舊書·敬宗紀》：長慶四年八月“乙巳，宣武軍節度韓充卒”。又見兩《唐書》本傳，《元龜》卷一二八，《新表三上》韓氏。

令狐楚　　長慶四年—大和二年（824—828）

《舊書·敬宗紀》：長慶四年九月“庚戌，以河南尹令狐楚檢校禮部尚書、汴州刺史、宣武軍節度、宋汴亳觀察等使”。又《文宗紀上》：大和二年十月癸酉，“以〔令狐〕楚爲户部尚書”。又見兩《唐書》本傳。《全文》卷六〇五劉禹錫《唐故相國贈司空令狐公（楚）集序》：“長慶四年改河南尹，其秋授檢校禮部尚書兼汴州刺史、充宣武軍節度管内觀察處置等使……文宗纂服三年冬上表……遷户部尚書。”又見卷六〇六《汴州刺史廳壁記》、卷六〇八《東都留守令狐楚家廟碑》等。《寶刻叢編》卷八引《集古録目》有《唐章敬寺石巖大師靈塔碑》，“唐汴州刺史宣武節度副大使令狐楚撰”。《白居易集》卷二四有《奉和汴州令狐相公二十二韻》。《全詩》卷八八三楊巨源有《和汴州令狐相公白菊》等等。

李逢吉　　大和二年—五年（828—831）

《舊書·文宗紀上》：大和二年十月癸酉，“以〔李〕逢吉爲宣武軍節度使，代令狐楚"。又本傳："大和二年，改汴州刺史、宣武軍節度使。五年八月，入爲太子太師、東都留守、東畿汝防禦使。"《新書》本傳略同。

楊元卿　　大和五年—七年（831—833）

《舊書·文宗紀下》：大和五年八月"壬申，以河陽三城懷州節度使楊元卿爲宣武軍節度使，代李逢吉"。七年閏月"乙丑，以前宣武軍節度楊元卿爲太子太保"。又見兩《唐書》本傳。上圖藏拓片《唐故桂州員外司户滎陽鄭府君（當）墓誌銘并叙》（開成五年三月二十一日）："故汴州節度使楊公元卿前鎮三城，辟署營田巡官……洎節制大梁，職改參謀……翌歲，楊公薨於鎮。"鄭當卒開成四年九月五日，享年四十八。【補遺】《唐故光禄大夫太子太保贈司徒弘農楊公（元卿）墓誌銘》（大和八年七月二十八日）："寶曆二年，拜左僕射、河陽三城節度使、懷州刺史。……進光禄大夫、檢校司空。大和五年以本官作宣武軍節度、汴宋亳等州觀察使。"（趙君平《唐楊元卿墓誌搨本跋》，《書法叢刊》2001年第4期。文物出版社2001年版）

李　程　　大和七年—九年（833—835）

《舊書·文宗紀下》：大和七年七月"癸丑，以左僕射李程檢校司空，兼汴州刺史、宣武軍節度使"。九年六月乙亥，"以前宣武軍節度使李程爲河中節度使"。又見兩《唐書》本傳。《大詔令集》卷一一三《修亳州太清宫詔》："宜令宣武軍節度使李程，兼充亳州太清宫使。"李程出鎮大梁，見《廣記》卷一八〇引《摭言》。

王智興　　大和九年—開成元年（835—836）

《舊書·文宗紀下》：大和九年五月"癸酉，以河中節度使王智興爲宣武軍節度使，依前守太傅、兼侍中"。開成元年七月"癸酉，宣武軍節度使王智興卒"。又本傳："〔大和〕九年五月，改汴州刺史、宣武軍節度、宋亳汴潁觀察等使。開成元年七月卒。"《新書》本傳略同。

李　紳　　開成元年—五年（836—840）

《舊書·文宗紀下》：開成元年六月“癸亥，以河南尹李紳檢校禮部尚書、汴州刺史，充宣武軍節度使”。又《武宗紀》：開成五年九月，“以宣武軍節度使、檢校吏部尚書、汴州刺史李紳代〔李〕德裕鎮淮南”。又見兩《唐書》本傳。《全詩》卷四八二李紳《拜宣武軍節度使詩序》：“開成元年六月二十六日，制授宣武軍節度使。”又《到宣武三十韻序》：“七月十二日到汴州。”《白居易集》卷七一《淮南節度使檢校尚書右僕射趙郡李公家廟碑銘并序》稱“宣武軍節度使、檢校尚書右僕射、汴州刺史、上柱國、賜紫金魚袋趙郡李公”。又卷三四有《洛下雪中頻與劉李二賓客宴集因寄汴州李尚書》詩，《全詩》卷三六〇劉禹錫亦有《和樂天洛下雪中宴集寄汴州李尚書》，《全詩補逸》卷一一張祜有《憶江東舊遊四十韻寄宣武李尚書》、《戊午年感事書懷二百韻謹寄獻太原裴公淮南李相公漢南李僕射宣武李尚書》。詩中之李尚書皆指李紳。《雲溪友議》卷上亦有“李相公紳鎮大梁日”事記載。

王彥威　　開成五年—會昌五年（840—845）

《新書》本傳：“俄檢校禮部尚書，爲忠武節度使……徙節宣武，封北海縣子。”《舊書》本傳未及。《全文》卷六〇九劉禹錫《唐故監察御史贈尚書右僕射王公（俊）神道碑》：“季子彥威……尋起爲陳許節度使，檢校禮部尚書，充汴宋亳等州節度觀察處置等使。”《樊南文集》卷六《爲絳郡公（李褒）祭宣武王尚書文》：“淮陽勁兵，潁水豪族，既佩新印，仍推舊轂……夷門地古，梁苑藩雄。雙旌大斾，二矛重弓。”吳氏《方鎮年表》謂王彥威自開成五年至會昌五年爲宣武節度使。姑從之。

孫　簡　　會昌六年—大中元年（846—847）

《新書》本傳：“會昌初，遷尚書左丞……歷河中、興元、宣武節度使，檢校尚書右僕射、東都留守。”按會昌五年正月孫簡爲太常卿，見《舊書·武宗紀》；會昌六年九月在吏部尚書任，見《元龜》卷五九二。《隋唐五代墓誌匯編·洛陽卷》第十三冊《唐故銀青光禄大夫檢校司

空兼太子少師分司東都上柱國樂安縣開國侯孫公（簡）墓誌銘并序》
（大中十一年）：“出鎮山南西道……其後三爲太常卿，相武宗。及今
聖郊天之儀，動循故實，禮無違者，□（授）檢校兵部尚書節度宣武軍。
及受代……加正議大夫、檢校右僕射，又爲之加銀青光禄大夫。”由此
證知宣宗於會昌六年即位時，孫簡尚在太常卿任。然後任命節度宣
武軍，爲汴州刺史。

【劉　約　　大中元年（847）（未之任）】

《新書·盧鈞傳》：“宣宗即位，改吏部尚書。會劉約自天平徙宣
武，未至，暴死，家僮五百無所仰衣食，思亂，乃授鈞宣武節度使，人情
妥然。”按孫簡節度宣武當至大中元年，劉約當繼孫簡任，未至而暴
卒。北圖藏拓片《唐京兆府鄠縣丞安定張君亡妻中山劉氏夫人
（冰）墓誌并序》（咸通十五年閏四月十四日）：“父約，宣武節度使，檢
校吏部尚書，贈左僕射。”

盧　鈞　　大中元年—四年（847—850）

《舊書》本傳：“大中初，檢校尚書右僕射、汴州刺史、御史大夫、宣
武軍節度、宋亳汴潁觀察等使，就加檢校司空。四年，入爲太子少
師。”《樊南文集補編》卷四有《爲中丞滎陽公與汴州盧僕射狀》，盧僕
射，即指盧鈞。滎陽公，指鄭亞。李商隱大中元年在桂州鄭亞幕。
《新書》本傳：“宣宗即位，改吏部尚書。會劉約自天平徙宣武，未至，
暴死……乃授鈞宣武節度使。”由此可證盧鈞在宣宗即位後，先爲吏
部尚書，至大中元年，始爲汴州刺史、宣武節度使。北圖藏拓片《唐故
郴縣尉趙府君（燁）墓誌銘并序》（咸通三年正月二十八日）：“汴帥僕
射盧公鈞辟奏上僚，兼賜章綬。”

盧弘止（盧弘正）　　大中四年（850）

《舊書》本傳：大中三年，“檢校户部尚書，出爲徐州刺史、武寧軍
節度使、徐泗濠觀察等使……鎮徐（疑二字衍）四年，遷檢校兵部尚
書、汴州刺史、宣武軍節度、宋亳潁觀察等使，卒于鎮”。《新書》本傳：

"出爲武寧節度使……徙宣武,卒于鎮。"

鄭 朗　　大中五年(851)

《舊書》本傳:"大中朝,出爲定州刺史、義武軍節度、易定觀察、北平軍等使。尋遷檢校户部尚書、汴州刺史、宣武軍節度、宋亳汴潁觀察等使,入爲工部尚書,判度支。"《新書》本傳略同。按《全文》卷七八八蔣伸《授鄭光河中節度使鄭朗汴州節度使制》稱"浙江道觀察使檢校工部尚書鄭朗"轉汴州,兩《唐書》本傳謂由"義武"轉宣武,誤。鄭光大中五年五月已在河中節度使任,知鄭朗爲汴刺亦當在此年。

崔龜從　　大中五年—約七年(851—約853)

《舊書·宣宗紀》:大中五年"十一月,中書侍郎、兼吏部尚書、平章事崔龜從檢校尚書左僕射、汴州刺史,充宣武軍節度使"。《新書·宰相表下》:大中五年"十一月庚寅,〔崔〕龜從檢校吏部尚書、同平章事、宣武節度使"。《新書》本傳同。《舊書》本傳謂六年始任,誤。《會要》卷六一有大中六年二月汴州觀察使崔龜從奏事。

劉 瑑　　約大中七年—十年(約853—856)

《舊書》本傳:"大中初,轉刑部侍郎……出爲河南尹,遷檢校工部尚書、汴州刺史、宣武軍節度使。十一年五月,加檢校禮部尚書、太原尹、北都留守、河東節度觀察等使。"《新書》本傳略同。按《新書·宰相表下》:大中十年,十月戊子,裴休爲宣武節度使。則《舊傳》之"十一年"當爲"十年"之誤。《匋齋藏石記》卷三四《李畫墓誌》:"三年服除,大梁率劉公八座辟爲掌書記……大中八年,擢授萬年尉。"知劉瑑鎮汴在大中八年前。《舊書·宣宗紀》謂:大中九年"十一月,以河南尹劉瑑檢校工部尚書、汴州刺史、兼御史大夫,充宣武軍節度、宋亳汴潁觀察處置等使"。"九年"疑爲"七年"之誤。

裴 休　　大中十年(856)

《舊書》本傳:"〔大中〕十年,罷相,檢校户部尚書、汴州刺史、御史大夫，充宣武軍節度使。其年冬，進階金紫光禄大夫、上柱國、河東縣子、食邑五百户，守太子少保，分司東都。”《新書》本傳略同。又《宰相表下》作大中十年十月戊子出任，《通鑑·大中十年》作“六月戊寅”。《大詔令集》卷五四《裴休宣武軍節度平章事制》稱：“裴休……可檢校户部尚書同中書門下平章事、使持節汴州諸軍事行汴州刺史、宣武軍節度使知節度事、汴宋亳等州觀察處置兼亳州太清宫使。大中十年六月。”又見《全文》卷七六三沈珣行制。按《舊書·宣宗紀》稱“大中九年二月”出爲汴刺，誤。

馬　植　約大中十一年（約857）

《舊書》本傳：“出爲許州刺史、檢校刑部尚書、忠武軍節度觀察等使。大中末，遷汴州刺史、宣武軍節度觀察等使。卒于鎮。”《新書》本傳略同。

鄭　涯　大中十一年—約十三年（857—約859）

《舊書·宣宗紀》：大中十一年八月，“以義武軍節度、易定觀察等使、檢校禮部尚書、定州刺史、上柱國、滎陽縣開國男、食邑三百户鄭涯檢校户部尚書、汴州刺史、上柱國，充宣武軍節度副大使、知節度事、宋亳觀察、亳州太清宫等使”。按《英華》卷四五三《玉堂遺範·授鄭涯山南東道節度使制》：“屬者干旄入覲，宣室對敭，掌地征而天府既饒，執邦憲而朝綱載肅。”證知鄭涯由汴州刺史入爲户部尚書，又爲御史臺長官，而後出爲山南東道節度。又按鄭涯咸通二年十月爲山南東道節度使。

畢　諴　大中十三年—咸通元年（859—860）

《舊書·懿宗紀》：大中十三年十月，“以河中（按當爲河東）節度使、檢校尚書左僕射畢諴爲汴州刺史，充宣武軍節度、宋亳觀察等使”。《新書》本傳：“懿宗立，遷宣武節度使，召爲户部尚書，判度支。”按《舊書》本傳謂“移授汴州刺史、充宣武軍節度、宋亳汴觀察等使。其年，入爲户部尚書、領度支”。嚴氏《僕尚丞郎表》疑“其年”爲“期年”之誤。

楊漢公　　約咸通二年（約 861）

《新書》本傳：“宣宗擢爲同州刺史……漢公自同州更宣武、天平兩節度使，卒。”《舊書》本傳未及。按漢公於大中十三年爲同州刺史。

令狐綯　　咸通二年—三年（861—862）

《舊書》本傳：“咸通二年，改汴州刺史、宣武軍節度使。三年冬，遷揚州大都督府長史、淮南節度副大使、知節度事。”《新書》本傳略同。

李　福　　約咸通三年—四年（約 862—863）

《新書》本傳：“徙鎮鄭滑，再遷兵部侍郎、判度支，出爲宣武節度使，入遷戶部尚書。”《舊書》本傳未及爲宣武節度事。按嚴氏《僕尚丞郎表》謂李福咸通三年末由兵侍判度支出鎮宣武，四年九、十月間入爲戶部尚書。

蔣　伸　　約咸通四年—五年（約 863—864）

《新書》本傳：“咸通二年，出爲河中節度使、同中書門下平章事，徙宣武。俄以太子少保分司東都。”《舊書》本傳未及。按《新書·宰相表下》：咸通三年“正月己酉，〔蔣〕伸檢校兵部尚書、同平章事、河中節度使”。五年“五月戊戌，伸爲太子少保，分司東都”。《全文》卷八三懿宗有《授河中節度蔣伸宣武節度使守兵部尚書畢諴河中節度使同制》。

鄭處誨　　咸通五年—八年（864—867）

《舊書》本傳：“累遷工部、刑部侍郎，出爲越州刺史、浙東觀察使，檢校刑部尚書、汴州刺史、宣武軍節度觀察等使，卒于汴。”《新書》本傳略同。《全文》卷八九五羅隱《陳先生後集序》：“咸通甲申，余東遊大梁。”又《辭宣武鄭尚書啓》：“淹延館宇，荏苒春秋。”按甲申，乃咸通五年。《寶刻叢編》卷六引《集古錄目》：“《唐太子太師裴休神道碑》，唐宣武節度副大使〔鄭〕處誨撰，右散騎常侍韓琮書，碑以咸通八年立。"

李　蔚　　咸通九年—十一年（868—870）

《舊書·懿宗紀》："咸通九年春正月丙申，以吏部侍郎李蔚檢校刑部尚書、汴州刺史、御史大夫，充宣武節度、汴宋亳觀察處置等使。"十一年十一月，"以蔚檢校吏部尚書、揚州大都督府長史，兼淮南節度副大使、知節度事"。《新書》本傳略同。按《舊書》本傳謂李蔚由汴州刺史轉揚州大都督府長史在咸通十四年，誤。《全文》卷九三三杜光庭《歷代崇道記》："咸通十年九月十日，徐州逆寇龐勛領從黨三千餘人來亳州太清宮……龐勛溺水而死，群凶自此殄滅。汴州節度使太清宮使李蔚具事上聞。"《雲笈七籤》卷一一七《李蔚相國應夢天尊修觀驗》："李相國蔚擁旄汴州，兼太清宮使，每翹心玄關，思真念道。"

鄭從讜　　咸通十一年—十二年（870—871）

《舊書·懿宗紀》：咸通十一年十一月，"以吏部侍郎鄭從讜檢校户部尚書，兼汴州刺史、御史大夫，充宣武軍節度使，代李蔚"。十二年"十二月，以檢校户部尚書、汴州刺史、御史大夫、宣武軍節度使鄭從讜爲廣州刺史、嶺南東道節度觀察處置等使"。又見兩《唐書》本傳。

歸仁晦　　咸通十三年—十四年（872—873）

《舊書·李磎傳》："歸仁晦鎮大梁，穆仁裕鎮河陽，自監察、殿中相次奏爲從事。"按咸通十二年七月有侍御史李磎，見《會要》卷二三。咸通十二年三月歸仁晦爲吏部侍郎，乾符三年三月爲吏部尚書，見《舊書·懿宗紀》及《僖宗紀》。咸通十二年前汴州刺史無闕，吳氏《方鎮年表》列仁晦刺汴在十三年至十四年，從之。

王　鐸　　咸通十四年—乾符四年（873—877）

《新書·宰相表下》：咸通十四年"六月，〔王〕鐸檢校尚書左僕射、同平章事、宣武軍節度使"。乾符四年閏二月，"王鐸檢校司徒兼門下侍郎、同中書門下平章事"。《通鑑·咸通十四年》同。按《舊書·僖宗紀》稱乾符元年正月乙丑王鐸爲汴州刺史、宣武節度使,乾符二年復相,《舊書》本傳亦謂二年復相,皆誤。

穆仁裕　　乾符四年—約六年(877—約879)

《通鑑·乾符四年》:八月,"忠武大將張貫等四千人與宣武兵援襄州,自申、蔡間道逃歸。詔忠武節度使崔安潛、宣武節度使穆仁裕遣人約還"。《姓纂》卷一〇河南穆氏:"諶,改名仁裕,宣武節度、檢校兵部尚書。"

安　某　　約乾符六年—廣明元年(約879—880)

《千唐誌·唐宣武軍節度押衙兼侍御史河東柳公(延宗)墓誌銘并序》(廣明元年十月十四日):"從舅淮南節度使燕公……乃署西川節度押衙……宣武節度使安公仰其材器,縻授節度押衙。"廣明元年七月十三日卒,享年四十一。按"淮南節度使燕公"指高駢,高駢乾符二年至五年爲西川節度,六年至光啓三年爲淮南節度。

康　實　　中和元年—約三年(881—約883)

《通鑑·中和二年》:正月"辛亥,以王鐸兼中書令,充諸道行營都都統"。辛未,"以周岌、王重榮爲都都統左右司馬,諸葛爽及宣武節度使康實爲左右先鋒使"。

朱全忠(朱温)　　中和三年—天祐四年(883—907)

《舊書·僖宗紀》:中和三年五月,"以檢校尚書右僕射、華州刺史、潼關防禦等使朱温檢校司空,兼汴州刺史、御史大夫,充宣武節度觀察等使,仍賜名全忠"。又《哀帝紀》:天祐二年十一月辛巳,"守太尉、中書令、河中尹、汴滑鄆等州刺史……朱全忠,可授相國,總百揆……依前充諸道兵馬元帥、太尉、中書令、宣武宣義天平護國等軍節度觀察處置等使"。又見《舊書·昭宗紀》,《通鑑·中和三年》,兩《五代史·梁太祖紀》。

待考録

李行褘

《新書·宗室世系表下》紀王房："汴州節度使行褘。"乃紀王慎孫，宋州刺史莊之子。約仕玄宗時。時無汴州節度使，未知誤否。

皇甫亮

《大唐新語》卷六："裴景昇爲尉氏尉，以無異效，不居最課。考滿，刺史皇甫亮曰：'裴尉苦節若是，豈可使無上考……'時人咸稱亮之推賢。景昇之考，省知左最，官至青刺。"按《全文》卷七四〇收皇甫亮文一篇，即《尉氏尉裴景昇考詞》，餘無考。

卷五六　宋州(睢陽郡)

隋梁郡。武德初置宋州。天寶元年改宋州爲睢陽郡。乾元元年復爲宋州。領縣十:宋城、襄邑、寧陵、虞城、碭山、下邑、穀熟、單父、楚丘、柘城。

郭孝恪　　武德元年(618)

《通鑑·武德元年》:十一月,"以〔郭〕孝恪爲宋州刺史"。《舊書》本傳:"隋末,率鄉曲數百人附於李密……後密敗,〔徐〕勣令孝恪入朝送款,封陽翟郡公,拜宋州刺史……及破〔竇〕建德,平〔王〕世充……歷遷貝、趙、江、涇四州刺史。"《新書》本傳略同。又見《元龜》卷一三三、卷一六四、卷八四九。

陳寶遇　　約武德二、三年(約 619、620)

《舊書·盛彦師傳》:"初,彦師之入關也,王世充以其將陳寶遇爲宋州刺史,處其家不以禮,及此,彦師因事殺之。"《新書·盛彦師傳》略同。

盛彦師　　武德四年—五年(621—622)

《舊書》本傳:"太宗討王世充,遣彦師與〔史〕萬寶軍於伊闕,絶其山南之路。賊平,除宋州總管……會徐圓朗反,彦師爲安撫大使,因戰,遂没於賊。"《通鑑·武德四年》:六月"乙巳,以右驍衛將軍盛彦師爲宋州總管,安撫河南"。八月"辛亥,〔徐〕圓朗執彦師,舉兵反"。《武德五年》:三月,"宋州總管盛彦師帥齊州總管王薄攻須昌,徵軍糧於潭（譚）州……戊戌夜,〔李〕義滿兄子武意執薄,殺之;彥師亦坐死"。又見《新書》本傳,《元龜》卷一五三。

破六韓蕃　　約貞觀中

《姓纂》卷八河南破六韓氏:"蕃,唐宋州刺史,始興男。"乃隋東武公景之子。

【房玄齡　　貞觀十一年(637)(未之任)】

《舊書》本傳:"〔貞觀〕十一年,與司空長孫無忌等十四人並代襲刺史,以本官爲宋州刺史,改封梁國公,事竟不行。十三年,加太子少師。"《長孫無忌傳》、《新書》本傳略同。又見《會要》卷四七,《全文》卷六太宗《功臣世襲刺史詔》、卷五二九顧況《宋州刺史廳壁記》。

崔　幹　　約貞觀中

《元龜》卷六七七:"崔幹,歷宋、幽二州刺史,爲下所懷。"據《新表二下》,其爲隋虞部侍郎叔重之子。

封言道　　貞觀中

《舊書》本傳:"尚高祖女淮南長公主,官至宋州刺史。"《新書》本傳略同。又見《新表一下》封氏。

王波利　　貞觀二十一年(647)

《通鑑·貞觀二十一年》:九月"戊戌,敕宋州刺史王波利等發江南十二州工人造大船數百艘,欲以征高麗"。又見《元龜》卷九八五。北圖藏拓片《輕車都尉强君(偉)墓誌銘并序》:"〔貞觀〕十八年,將作大匠閻立德江南造船……廿一年,副虞部員外郎唐遜造船□一千艘;其年勒差副宋州刺史王波利更造海船事。"

李元名　　貞觀二十一年—二十三年(647—649)

《元龜》卷二八一:"舒王元名……貞觀十一年拜壽州刺史,後歷

743

許、滑、宋三州，轉石州刺史。在州二十年，垂拱年除青州。"又卷七五
七："程袁師，宋州人，年十二喪父母，以孝聞……刺史舒王元名表言
之。"兩《唐書》本傳未及。《舊書》本傳謂："後歷滑、許、鄭三州刺史"，
與《元龜》異。

皇甫烜　　永徽中？

《全文》卷三六〇杜甫《唐故德儀贈淑妃皇甫氏神道碑》："曾祖
烜，皇朝宋州刺史；祖粹，皇朝越州刺史、都督諸軍事……〔妃〕以開元
二十三年……十月……薨於東京某宮院，春秋四十有二。"

李　鳳　　顯慶三年—龍朔三年（658—663）

拓本《大唐故使持節青州諸軍事青州刺史虢莊王（鳳）墓誌之銘
并序》："顯慶三年除使持節宋州諸軍事宋州刺史……龍朔三年授使
持節壽州諸軍事壽州刺史。"（《考古》1977 年第 5 期）兩《唐書》本傳未
及。《全文》卷一四高宗《册虢王鳳宋州刺史文》："維顯慶三年歲次戊
午正月甲申朔二十九日壬子……豫州刺史上柱國虢王鳳……是用命
爾爲使持節宋州諸軍事宋州刺史。"又見《大詔令集》卷三七。

房先忠　　高宗時

拓本《大唐故雍王贈章懷太子并妃清河房氏墓誌銘》："妃清河房
氏，皇朝左領軍大將軍、衛尉卿、贈兵部尚書仁裕之孫，銀青光禄大
夫、宋州刺史、贈左金吾衛大將軍先忠之女……上元中制命爲雍王
妃……〔景雲二年〕薨。"（《文物》1972 年第 7 期）

韋　潁　　高宗時？

《新表四上》韋氏彭城公房："潁，宋州刺史。"其父慶祚與貞觀中
魏王府長史慶植爲兄弟。

權懷恩　　高宗時

《舊書》本傳："咸亨初，累轉尚乘奉御……後歷慶、萊、衛、邢四州

刺史、洛州長史……俄出爲宋州刺史。時汴州刺史楊德幹亦以嚴肅
與懷恩齊名……遷益州大都督府長史。"又見《元龜》卷六八九。《新
書》本傳略同。

高　昱　　高宗末

上圖藏拓片《唐故朝散大夫行洛州偃師縣令高君（安期）墓誌銘
并序》（光宅元年十一月）："父昱，前中大夫守宋州刺史、上騎都尉、安
德縣開國男。"

王　璿　　約垂拱中

《廣記》卷四五一引《廣異記》："唐宋州刺史王璿，少時貌甚美，爲
牝狐所媚……後璿職高，狐乃不至。蓋某禄重，不能爲怪。"所謂"少
時"，當距爲"職高"之時有相當長時間，故疑其爲宋州刺史約在武后
初之垂拱時。按唐代有三王璿，一爲唐玄宗時侍御史，一爲唐德宗時
易州司士參軍，均與《廣異記》所説"後璿職高"不符。唯武后時官至
宰相之王璿乃可謂"職高"。《新書·宰相表上》：長壽元年八月"辛
巳，營繕大匠王璿守夏官尚書、同鳳閣鸞臺平章事"。《廣異記》所記
王璿，當即此人。

史　晡（史暕？）　　武后時

《姓纂》卷六河南史氏："晡，宋州刺史。"按《舊書·阿史那忠傳》：
"子暕，襲封薛國公，垂拱中歷位司僕卿。"疑"晡"爲"暕"之訛。

李　琨　　武后時

《舊書》本傳："則天朝歷淄、衛、宋、鄭、梁、幽六州刺史，有能名。
聖曆中，嶺南獠反，救琨爲招慰使。"《新書·宗室世系表下》吳王房：
"淄衛宋鄭梁幽六州刺史贈吳王琨。"又見《元龜》卷二八一。《新書》
本傳唯稱"歷六州刺史"。

李　莊　　約武后時

《新書·宗室世系表下》紀王房："丹楊郡公、宋州刺史莊。"乃紀

王李慎子。

郭待聘　　長安中

《舊書・郭孝恪傳》："少子待聘，長安中官至宋州刺史。"又見《姓纂》卷一〇潁川郭氏。

鄭邠卿　　神龍中？

《新表五上》鄭氏："邠卿，宋州刺史。"乃高宗時密州刺史仁愷之子；約中宗時工部侍郎越客之弟。《隋唐五代墓誌匯編・洛陽卷》第十三册《唐故太常少卿清河崔公故夫人滎陽鄭氏合祔墓誌銘并序》（元和八年正月十五日）："曾祖邠卿，皇朝宋州刺史。大父令諲，潁州司功參軍。烈考光紹，江州司士參軍。"按《新表五上》鄭氏：邠卿無後，令諲乃其兄盧客子。

姚　崇　　神龍末—景龍元年（約 706—707）

《新書》本傳："張柬之等謀誅二張，崇適自屯所還，遂參計議，以功封梁縣侯……俄爲亳州刺史。後五王被害，而崇獨免。歷宋、常、越、許四州。睿宗立，拜兵部尚書、同中書門下三品，進中書令。"《舊書》本傳未及。《會稽掇英總集・唐太守題名》："姚元之，景龍元年自宋州刺史授；移常州刺史。"《嘉泰會稽志》同。《全文》卷二三〇張説《故開府儀同三司上柱國姚文貞公（崇）神道碑奉敕撰》："出典亳、宋、常、越、許、申、徐、潞、揚、同十郡。景雲初……封梁國公。"

尹正義　　約景龍初—三年（約 707—709）

《姓纂》卷六河間尹氏："正義，度支郎中、宋州刺史。"《會稽掇英總集・唐太守題名》："尹正義，景龍三年六月自宋州刺史授；其年便除相州刺史。"《嘉泰會稽志》同。《元龜》卷四九八權德輿《唐故成德軍節度營田副使正議大夫趙州別駕河間尹府君（錟）神道碑銘》："初都督之禰曰本古，仕至常州武進尉；武進之父曰正義，歷許、相、宋三州刺史，司農少卿。"

韋嗣立　　景龍四年(710)

《舊書·睿宗紀》：景龍四年六月，“兵部尚書、逍遥公韋嗣立爲宋州刺史”。七月壬戌，“韋嗣立爲許州刺史”。《新書·睿宗紀》：景雲元年六月，“〔貶〕韋嗣立宋州刺史”。七月壬戌，“〔貶〕韋嗣立許州刺史”。《新書·宰相表上》、《通鑑·景雲元年》同。

趙彦昭　　景雲元年(710)

《舊書·睿宗紀》：景龍四年七月壬戌，“趙彦昭爲宋州刺史”。又見《新書·睿宗紀》、《宰相表上》，《通鑑·景雲元年》七月。按《舊書》本傳：“睿宗時，出爲涼州都督……又爲宋州刺史，入爲吏部侍郎。”而《新書》本傳稱：“睿宗立，出爲宋州刺史，坐累貶歸州，俄授涼州都督。”歷官次序異，疑《舊傳》誤。

劉知柔　　先天二年(713)

《舊書》本傳：“歷荆、揚、曹、益、宋、海、唐等州長史、刺史。”《新書》本傳未及。《元龜》卷六七三：先天二年，“宋州刺史劉知柔……等，各賜物一百段”。《全文》卷二六四李邕《唐贈太子少保劉知柔神道碑》：“出荆府長史，復户部，徙同、宋二州，揚、益二府，一淮南廉察，再山東巡撫。”開元十一年六月十五日薨，年七十五。

蕭　嵩　　約開元三、四年(約715、716)

《舊書》本傳：“開元初，爲中書舍人……歷宋州刺史，三遷爲尚書左丞，兵部侍郎。十五年……乃以嵩爲兵部尚書、河西節度使，判涼州事。”《新書》本傳略同。按開元十一年十一月在尚書左丞任，見《通鑑》。

崔慎先　　約開元五、六年(約717、718)

《元龜》卷六五八：“劉知柔開元中爲河南道巡察使，奏……宋州刺史崔慎先……等清白可陟之狀。”

張廷珪（張庭珪） 開元七年（719）

《舊書》本傳：“開元初，入爲禮部侍郎……俄坐泄禁中語，出爲沔州刺史，又歷蘇、宋、魏三州刺史。”《新書》本傳略同。《金石萃編》卷七二《修孔子廟碑》：“正議大夫使持節宋州諸軍事守宋州刺史上柱國范陽張庭珪書……大唐開元七年歲在己未十月乙酉朔十五日乙亥建。”又見《唐故贈工部尚書張公（庭珪）墓誌銘并序》（《文物》1980年第3期）。

寇 **泚** 開元十三年—十五年（725—727）

《新書·許景先傳》：“〔開元〕十三年，帝自擇刺史……兵部侍郎寇泚宋州。”《元龜》卷六七一同。《唐詩紀事》卷二及《全詩》卷三明皇帝《賜諸州刺史以題座右》詩序作“開元十六年”，誤。《通鑑·開元十三年》：十一月，“上〔自泰山〕還，至宋州，宴從官於樓上，刺史寇泚預焉”。上圖藏拓片《唐故孝廉上谷寇君（鈞）墓誌銘并序》：“曹州長史思遠之孫、宋州刺史上谷公泚之元子也。”鈞卒開元十一年，春秋二十三。開元十五年鎸。《千唐誌·進士寇塒誌》：“宋州之次子……父泚援翰而叙之。”塒卒開元十四年，春秋三十。又見《有唐朝議郎守尚書工部郎中寇公（錫）墓誌銘并序》（大曆十三年四月二十七日）。

司馬銓（司馬詮） 開元十七年（729）

《千唐誌·大唐故薛王傅上柱國司馬府君（銓）墓誌銘并序》（開元十九年十一月二十七日）：“除慈州刺史……改仙州刺史，入爲薛王府長史，轉宋州刺史，授薛王傅。”開元十九年終薛王傅，年六十七。《廣記》卷二二二引《定命録》：“有梁十二者名知人，至宋州，刺史司馬詮作書，薦於蘇州刺史李無言。”按開元十一年司馬詮爲仙州刺史，又按李無言開元十七年爲蘇州刺史，則司馬詮亦當在開元十七年爲宋州刺史。與十九年終薛王傅合。

劉 **彤** 開元二十七年（739）

拓本《唐故鎮軍大將軍行右衛大將軍贈户部尚書廣平公（程伯

獻）墓誌銘并序》稱："宋州刺史劉肜文,給事中褚庭誨書……粤開元廿七年正月二十七日葬我公於邙山先公之塋。"

趙冬曦　　約開元二十九年（約 741）

《趙冬曦墓誌銘》："以親累,貶合州刺史,歷眉、濮、亳、許、宋等州刺史,弘農、滎陽、華陰等郡太守。是以入侍一紀,出牧九邦。"天寶九載卒,十載四月葬（《中原文物》1986 年第 4 期）。按趙冬曦開元二十三年在濮州刺史任,二十六年在亳州刺史任,天寶二載在弘農太守任。

馬光淑　　開元末—天寶初?

《姓纂》卷七京兆馬氏："光淑,左司郎中、宋州刺史。"按《千唐誌·柏虔玉誌》（開元十八年）,署名爲"河南府士曹參軍馬光淑撰"。又《沈浩豐誌》（開元廿九年）中有"巡察使馬光淑"之文。疑其刺宋在玄宗時。《淳熙祕閣續法帖》卷六《張九齡加銀青光禄大夫中書令制》,末署開元廿二年五月廿八日左司郎中光淑。《金石録目》卷六第一千一百八十二有《唐扶溝令馬光淑頌》,崔顥撰,開元廿九年立。高適有《同馬太守聽九思法師講金剛經》詩,馬太守,疑即馬光淑。約天寶初在任。《郎官柱》吏部員外有馬光淑,在源玄緯後,苗晉卿前。祠部員外亦有馬光淑,在鄭嚴後,趙賓前。

李少康　　天寶元年—三載（742—744）

《舊書·李涵傳》："父少康,宋州刺史。"《新書·宗室世系表上》畢王房："睢陽郡太守少康。"《元龜》卷三九〇獨孤及《唐故睢陽太守贈祕書監李公（少康）神道碑銘》："玄宗後元年,改宋州爲睢陽郡,命公爲太守……三年春,賜告歸洛陽。是歲十二月丙午薨,春秋六十有四。"《全詩》卷二一三高適有《畫馬篇（同諸公宴睢陽李太守各賦一物）》,卷二一四有《奉酬睢陽李太守》。"李睢陽"、"李太守"皆指李少康。

裴　寬　　天寶三載—五載（744—746）

《舊書》本傳：天寶三載，"貶寬爲睢陽太守……及韋堅構禍，寬又以親累貶爲安陸別駕員外置"。《新書》本傳略同。又見《通鑑·天寶三載》十二月、《天寶五載》七月，《廣記》卷一四七引《定命録》。

姚　弈　　天寶中

《新書》本傳："開元中，有事五陵，有司以鷹犬從，弈曰：'非禮也。'奏罷之。請治劇，爲睢陽太守，召授太僕卿。後爲尚書右丞……弈貶永陽太守，卒。"《舊書》本傳未及，唯云：開元末爲禮部侍郎、尚書右丞。《郎官柱》司封郎中有姚弈，在李彦□後，蔣挺前。祠部員外在張昶後，鄭長裕前。

張九皋　　約天寶八載（約749）

《舊書·張九齡傳》："弟九皋，自尚書郎歷唐、徐、宋、襄、廣五州刺史。"又《高適傳》："適年過五十，始留意詩什，數年之間，體格漸變……宋州刺史張九皋深奇之，薦舉有道科。時右相李林甫擅權。"《新書·高適傳》略同。又見《元龜》卷六八八。《全文》卷三五五蕭昕《唐銀青光禄大夫嶺南五府節度經略採訪處置等使攝御史中丞賜紫金魚袋殿中監張公（九皋）神道碑》："及元昆出牧荆鎮，公亦隨貶外臺，遂歷安康、淮安、彭城、睢陽四郡守。"天寶十四載四月二十日薨，春秋六十六。又見卷四四〇徐浩《唐尚書右丞相中書令張公（九齡）神道碑》。

路齊暉　　天寶八載—十載（749—751）

《新表五下》路氏："齊暉，徐、宋二州刺史。"《元龜》卷六三八："李彭年玄宗時爲吏部侍郎……掌選七年，好聚財……至是睢陽太守路齊暉之子曰畿，納絹千匹求官，爲選人所發。"按李彭年約天寶二年至八載在吏部侍郎任。《全詩》卷二一四高適有《奉贈睢陽路太守見贈（一作貽）之作》，周勳初《高適年譜》繫此詩於天寶十載，疑爲路齊暉。

李　岠　　天寶十二載—十四載（753—755）

《舊書》本傳："楊國忠秉政，郎官不附己者悉出於外，岠自考功郎中出爲睢陽太守，尋而弟峴出爲魏郡太守，兄弟夾河典郡，皆以理行稱。十四載，入計京師。"《新書》本傳略同。《全文》卷三六二封利建《大唐睢陽郡柘城縣令李公德政碑并序》："今太守越國李公明照肝膽，首加賞譽。""太守越國李公"當指李岠。《全詩》卷一二五王維《送李睢陽》詩，即指李岠。

許　遠　　天寶十四載—至德二載（755—757）

《舊書·張巡傳》："禄山之亂……時許遠爲睢陽守，與城父令姚誾同守睢陽城，賊攻之不下……〔至德二年〕十月，城陷，巡與姚誾、南霽雲、許遠皆爲賊所執。"《通鑑·至德元載》：正月，"以前高要尉許遠爲睢陽太守兼防禦使"。《新書·肅宗紀》：至德二載十月"癸丑，安慶緒陷睢陽。太守許遠及張巡、鄆州刺史姚誾、左金吾衞將軍南霽雲死之"。又見兩《唐書》本傳，《元龜》卷四〇〇，《姓纂》卷六高陽北新城縣許氏，《新表三上》許氏，《會要》卷四五，《全文》卷四五九杜確《許公墓誌銘》、卷七五三杜牧《宋州寧陵縣記》。

張通晤　　天寶十四載（755）

《通鑑·天寶十四載》：十二月，"〔安〕禄山以張通儒之弟通晤爲睢陽太守，與陳留長史楊朝宗將胡騎千餘東略地"。

李　岑　　乾元中

《舊書·劉昌傳》："及史朝義遣將圍宋州……刺史李岑計蹙，昌爲之謀。"《新書·劉昌傳》略同。又見《元龜》卷四〇〇、卷四二一，《新書·李光弼傳》、《杜兼傳》。《全文》卷三三八顏真卿《有唐宋州官吏八關齋會報德記》："時宋州刺史李岑爲賊所圍，副元帥李光弼請公討平之。"又卷四九九權德輿《唐故四鎮北庭行軍兼涇原等州節度支度營田等使開府儀同三司檢校尚書右僕射使持節涇原諸軍事涇州刺史劉公（昌）神道碑銘并序》："次從宋州刺史李岑扞城半歲，劇賊遁去。"

劉　展　　乾元二年—上元元年(759—760)

《舊書·李峘傳》："〔乾元〕二年，以宋州刺史劉展握兵河南，有異志，乃陽拜展淮南節度使，而密詔揚州長史鄧景山與峘圖之。時展徒黨方强，既受詔，即以兵渡淮。"《舊書·蕭宗紀》：上元元年十一月，"宋州刺史劉展赴鎮揚州"。又見《通鑑·上元元年》十一月，《新書·李峘傳》、《鄧景山傳》。

鄭　釜　　大曆初期？

《新表五上》鄭氏："釜，宋州刺史。"其兄咢，倉部郎中。《郎官柱》倉部員外有鄭咢，在張萱後，李憺前。疑鄭釜刺宋在大曆初。

蕭　定　　大曆六年前(771 前)

《舊書》本傳："爲元載所擠，出爲祕書少監，兼袁州刺史，歷信、湖、宋、睦、潤五州刺史。"《新書》本傳未及。《嘉泰吳興志》卷一四郡守題名："蕭定，永泰二年自信州刺史授，遷宋州刺史。《統記》云：蕭定，大曆六年宋州刺史授，遷蘇州、袁、潤等六州刺史。大曆中有司差天下刺史治最，定與常州蕭復、濠州張鎰爲第一。"《姑蘇志》卷二："蕭定，大曆六年自宋州刺史徙湖州，又徙蘇州。"

徐　向　　大曆七年(772)

《新表五下》北祖上房徐氏："向字文伯，衢、江、陳、穎、鄭、宋六州刺史。"《姓纂》卷二東海郯州徐氏："向，司勳員外，陳、宋、荆州刺史。"《全文》卷三三八顏真卿《有唐宋州官吏八關齋會報德記》稱："有唐大曆壬子歲……使持節宋州諸軍事行宋州刺史兼侍御史本州團練守捉使賜紫金魚袋徐向等"。又見《中州金石記》卷三。按壬子歲爲大曆七年。

長孫全緒　　約大曆九年—十一年(約 774—776)

《姓纂》卷七河南洛縣（陽）長孫氏："全緒，右金吾將軍，宋州刺史。"按寶應元年官左金吾大將軍，見《元龜》卷一〇四；廣德元年全緒爲六軍使。按《舊書·馬燧傳》："〔大曆〕十一年五月，汴州大將李靈耀反……〔田〕承嗣又遣〔田〕悦將兵二萬救靈耀，破永平軍將杜如江，略曹州，又敗李正己遊軍，擊走劉洽、長孫全緒等軍，乘勝去汴州一舍，方陣而進。"時長孫全緒當在宋州刺史任。

李僧惠　　大曆十一年（776）

《舊書·馬燧傳》：大曆十一年，"〔李忠臣〕擊殺宋州刺史李僧惠"。《新書·馬燧傳》略同。《通鑑·大曆十一年》："九月壬戌，以〔李〕僧惠爲宋州刺史"。十一月，"汴州平……〔李〕忠臣入城，果專其功；宋州刺史李僧惠與之爭功，忠臣因會擊殺之"。又見《元龜》卷一六四、卷七二二，兩《唐書·劉昌傳》。

劉玄佐（劉洽）　　大曆十二年—興元元年（777—784）

《舊書·代宗紀》：大曆十二年十月，"以滑州牙將劉洽爲宋州刺史"。又《德宗紀上》：建中二年正月丙子，"以宋州刺史劉洽爲宋亳潁節度使"。興元元年"十一月癸卯，宋亳節度使劉洽與曲環破〔李〕希烈之衆於陳州"。貞元元年，爲汴宋節度使，賜名玄佐，見《舊書·德宗紀上》及本傳。又見《新書》本傳，《通鑑·大曆十二年》、《建中二年》，《元龜》卷三五九、卷三八五，《全文》卷五二九顧況《宋州刺史廳壁記》。又卷四六二陸贄《劉洽檢校司空充諸道兵馬都統制》："開府儀同三司、檢校尚書左僕射、同中書門下平章事、使持節宋州諸軍事兼宋州刺史、宣武軍節度使……懷德郡王劉洽……可檢校司空、同中書門下平章事，依前宣武軍節度。"《大詔令集》卷三二〇同。

范陽君　　貞元初

《全文》卷五二九顧況《宋州刺史廳壁記》："今相國彭城劉公，勳德有光，亦典此郡……范陽君以智略佐之，由御史中丞、行軍司馬節度留後而領於是邦……貞元五年四月十九日記。"乃繼劉玄佐爲宋刺者。姓名不詳。

元　俯　貞元七年（791）

《姓纂》卷四太原元氏："俯，宋州刺史。"《全詩續補遺》卷七權德興《貞元七年蒙恩除太常博士自江東來朝時與郡君同行西岳廟停車祝謁元和八年拜東都留守途次祠下追計前事已二十三年於茲矣時郡君以疾恙續發因代書却寄》："憶昔辛未歲，詔書下江潏。盡室赴禮官，脂車雜輜軿。行役過梁苑，淹留經圃田。"注："郡君表姊婿元俯爲宣武從事，權理宋州。郡君從婿李融，時爲鄭州，各淹留累日。"

翟良佐　貞元八年（792）

《通鑑·貞元八年》：四月，"〔劉〕士寧疑宋州刺史翟良佐不附己……以都知兵馬使劉逸準代之"。又見兩《唐書·劉全諒傳》。《韓昌黎集》卷三三《楚國夫人墓誌銘》："楚國夫人姓翟氏，故檢校御史大夫、宋州刺史良佐之女，今司徒兼中書令許國公（韓弘）之妻……元和十四年十一月一日薨於鄜之公府，春秋若干。"

劉全諒（劉逸準）　貞元八年—十五年（792—799）

《舊書》本傳：宣武節度劉士寧，"至宋州，遂以〔劉〕逸準代良佐爲刺史。及董晉卒，兵亂，殺陸長源，監軍俱文珍與大將密召逸準赴汴州，令知留後；朝廷因授以檢校工部尚書、汴州刺史，兼宣武軍節度觀察等使，仍賜名全諒"。《舊書·德宗紀下》：貞元十五年二月"乙丑，以宋州刺史劉逸準檢校工部尚書、兼汴州刺史、宣武軍節度使，仍賜名全諒"。又見《舊書·劉玄佐傳》，《新書·德宗紀》、本傳，《通鑑·貞元八年》、《貞元十年》、《貞元十五年》，《元龜》卷八二五。《全文》卷五二德宗《誅李迺詔》："宋州刺史兼御史大夫劉逸準……可檢校右散騎常侍。"《大詔令集》卷一二四同。《廣記》卷二八〇引《祥異集驗》："麻安石，唐貞元中至壽春，謁太守楊承恩……是年，武成刺史三人：安州伊公慎、宋州劉公逸〔準〕、壽州楊公淮，并加散騎常侍。"

崔　顥　貞元十五年？（799？）

《新表二下》博陵安平第二房崔氏："顥，宋州刺史。"《廣記》卷三七六引《獨異志》:“大曆元年,周智光爲華州刺史……後三十年,崔顒爲宋州牧。”按從大曆元年下推三十年,當在貞元十二年,然其時劉全諒在宋州。疑崔顒爲劉全諒後任。

湯　賁(湯桑)　　貞元中

《新書·藝文志四》有“《湯賁集》十五卷”,注:“字文叔,潤州丹陽人,貞元宋州刺史。”按《通志》卷二八《氏族四》湯氏:“唐貞元道人湯靈徹、宋州刺史湯桑,並吴人。”疑“湯桑”爲“湯賁”之訛誤。

庾　侹　　貞元中

《姓纂》卷六新野庾氏:“侹,宋州刺史、鴻臚卿。”按庾侹貞元七年爲鴻臚少卿,吊祭迴紇,見《舊書·迴紇傳》。《隋唐五代墓誌匯編·陝西卷》第四册《唐故左金吾判官前華州司户參軍李公故夫人新野庾氏墓誌銘并序》(大和六年正月十八日):“王父侹,皇宋州刺史,鴻臚少卿,兼御史大夫。”庾氏卒大和四年,享年十九。

李　銛　　元和二年(807)

《舊書·憲宗紀上》:元和二年十月“辛巳,〔李〕錡從父弟宋州刺史銛、通事舍人銑坐貶嶺外”。《通鑑·元和二年》同。又見《新書·李錡傳》,《唐語林》卷四,《國史補》卷中。

韋　屺　　元和中?

《姓纂》卷二京兆杜陵西眷韋氏:“屺,宋州刺史。”《新表四上》韋氏平齊公房同。《韓昌黎集》卷二六《唐朝散大夫贈司勳員外郎孔君(戡)墓誌銘》:“元和五年將浴臨汝之湯泉,壬子,至其縣食,遂卒,年五十七……始娶弘農楊氏女,卒;又娶其舅宋州刺史京兆韋屺女。”《隋唐五代墓誌匯編·洛陽卷》第十三册《右監門衛胄曹參軍故夫人京兆韋氏墓誌銘》(寶曆元年二月):“光禄卿、宋鄭虢三州刺史屺之季女,監察御史楚材之妹。”甲辰年(長慶四年)卒,春秋二十七。疑仕於元和中。

高承簡　　長慶二年（822）

《舊書》本傳："尋轉邢州刺史……遷宋州刺史，屬汴州逐其帥，以部將李齐行帥事。齐遣其將責宋官私財物，承簡執而囚之……會徐州救兵至，齐爲汴將李質執之，傳送京師，兵圍宋者即遁去。授承簡檢校左散騎常侍、兗海沂密等州節度觀察處置等使。"《舊書・穆宗紀》：長慶二年八月，"以宋州刺史高承簡爲兗州刺史、兗海沂密等州節度使"。《通鑑・長慶二年》：七月，"宋州刺史高承簡斬其（李齐）使者"。八月癸未，"高承簡爲兗海沂密等州節度使"。又見《新書》本傳，《元龜》卷六八六、卷一二八。《全文》卷七二四崔郾《唐義成軍節度使持節滑州諸軍事兼滑州刺史高公德政碑并序》："移守鉅鹿……復以高第，遂遷於宋……策勳棫賞，鎮于魯邦。"

田　穎　　長慶二年（822）

《元龜》卷一二八：長慶二年八月，"以亳州刺史田穎爲宋州刺史"。又卷一三四："汴州平，策勳拜〔田穎〕宋州刺史，人皆諝穎宜受方任，會以疾卒。"《全詩》卷五一〇張祐有《觀宋州田大夫打毬》、卷五七三賈島有《寄宋州田中丞》。按"田大夫"、"田中丞"當即田穎。

于季友　　大和中？

《新表二下》于氏："季友，絳、宋等州刺史，駙馬都尉。"《新書》本傳未及。《全詩》卷五一〇張祐有《觀宋州于使君家樂琵琶》，"于使君"蓋即于季友。

唐弘實　　開成三年（838）

《舊書・文宗紀下》：開成三年十一月"癸亥，以宋州刺史唐弘實爲邕管經略使"。《中州金石記》卷三《重刻顏真卿宋州官吏八關齋會報德記》："大中五年正月立，崔倬叙……先有太師魯國顏公以郡守僚吏州人等爲田氏八關齋會鐫紀大幢……倬於前刺史唐氏之家得其模石本，遂命攻追□□殘，補緝其次。大中五年正月一日叙。"

崔倬　大中三年—六年（849—852）

《中州金石記》卷三《重刻顏真卿宋州官吏八關齋會報德記》："碑後有刺史崔倬叙石幢事。略云……倬大中己巳歲守郡，明年嘗暇日訪求前賢事迹。"按己巳歲，爲大中三年。《千唐誌·江陵縣尉清河崔公（芑）墓誌銘并序》（大中六年二月）稱："堂姪通議大夫、前守宋州刺史、上柱國倬撰。"

溫璋　大中十二年（858）

《新書》本傳："遷婺州刺史，以政有績，賜金紫。徙廬、宋二州刺史。宣州逐鄭薰也，崔鉉調淮南兵討之，以璋爲宣州刺史。"《通鑑·大中十二年》：八月"己亥，以宋州刺史溫璋爲宣州團練使"。又見《東觀奏記》卷下，《唐語林》卷二、卷七。《全文》卷七六五杜宣猷《鄭左丞祭梓華府君碑陰記》："有李惟貞、康全參者，平地起戎……朝廷命令廷尉溫公自睢陽守杖劍來討。"按《舊書》本傳未及。

李琢　大中十三年（859）

《全文》卷八〇六張雲《復論令狐滈疏》："〔李〕琢官實由賄得。〔令狐〕綯拔自群小……其坐罪貶官，綯猶專爲掩覆，依前要用，更與壽州……又除宋州，直至綯罷相權，琢始廢居東格。"又見《元龜》卷五四七。按令狐綯大中十三年罷相，見《新書·宰相表下》。

鄭處冲　咸通九年—十一年（868—870）

《新書·康承訓傳》："〔龐〕勛聞徐已拔，氣喪……沙陀將朱邪赤衷急追至宋州，勛焚南城，爲刺史鄭處冲所破。"《通鑑·咸通十年》：九月，"〔龐〕勛襲宋州，陷其南城，刺史鄭處冲守其北城，賊知有備，捨去"。《全文》卷八〇二鄭就《宋州重修五驛記》："戊子歲，大彭戍卒有在南方者，一旦衆譁於營，刃殺主將……我季父貂蟬適守睢陽……明年九月，賊平……就久奉隴西公命……識我季父之多能。咸通庚寅年秋七月記。"按戊子歲乃咸通九年，庚寅年乃咸通十一年。又按鄭就季父守睢陽者疑即處冲。

鄭允謨　　乾符中？

《新表五上》鄭氏："允謨,宋州刺史。"乃鄭餘慶孫,鄭瀚子。其弟從讜,相僖宗。疑其刺宋或在乾符中。

高　途　　文德初

《元龜》卷六七七："高途,唐末爲汴宋亳觀察判官。僖宗文德初,監宋州軍州事。"

張廷範　　景福元年—乾寧元年(892—894)

《通鑑·景福二年》:四月"己丑,〔朱〕全忠入彭城,以宋州刺史張廷範知感化留後,奏乞朝廷除文臣爲節度使"。又《乾寧元年》:"六月甲午,以宋州刺史張廷範爲武寧節度使,從朱全忠之請也。"《新書》本傳未及。

張　蕐　　昭宗時？

《北夢瑣言》卷一七："梁祖魏公夫人張氏,碭山富室女。父蕐,曾爲宋州刺史。"

袁象先　　光化元年(898)

《宋高僧傳》卷一三《唐東京封禪寺圓紹傳》:"即昭宗戊午歲也,睢陽相國袁象先理于浚郊。"按昭宗戊午歲爲光化元年。

張存敬　　光化三年—天復元年(900—901)

《舊五代史》本傳:光化三年九月,"引軍收鎮州……尋爲宋州刺史"。天復元年,"乃以存敬爲護國軍留後。未幾,檢校司空,尋移宋州刺史。將之任所,寢疾,逾旬卒於河中"。《新五代史》本傳略同。又見《元龜》卷三四六、卷三八六。

高季興(高季昌)　　天復三年(903)

《舊五代史》本傳:"迎昭宗歸京,以季興爲迎鑾毅勇功臣、檢校大司空,行宋州刺史。從梁祖平青州,改知宿州事,遷潁州防禦使。"《新五代史》本傳略同。《九國志·北楚武信王世家》:"天復三年,拜宋州團練使,徙潁州防禦使。"

劉　捍　　天祐三年—四年（906—907）

《舊五代史》本傳:"天祐三年正月,授宋州刺史。四月,加檢校司徒。"《新五代史》本傳:"拜宋州刺史。太祖即位,遷左天武指揮使。"又見《元龜》卷三四六。

王　皋　　天祐四年（907）

《舊五代史·梁太祖紀》:開平元年"四月,唐帝御札敕宰臣張文蔚等備法駕奉迎梁朝。宋州刺史王皋進赤烏一雙"。又見《元龜》卷二〇三。《元龜》卷二〇二作開平元年正月"丁巳,宋州刺史王皋進赤烏一",四月"戊辰,宋州刺史王皋進兩歧麥"。

待考録

丁　某

《唐摭言》卷一二:"宋人衛元規,酒後忤宋州丁僕射,謝書略曰:'自兹囚酒星於天獄,焚醉目於秦坑。'人多譏之。"

鄭　某

《全詩》卷八七五《任叟書授劉生》序:"叟居汝州紫邐山,以樵爲業,有劉生者,欲謁中表梁宋鄭牧求濟。"《神仙感遇傳》卷五:"鄭南海爲牧梁宋,其表弟進士劉生寓居汝州。"

卷五七　滑州(靈昌郡)

隋東郡,武德元年改爲滑州。二年陷寇。及平王世充,復置。天寶元年改爲靈昌郡。乾元元年復爲滑州。領縣七:白馬、衛南、韋城、匡城、胙城、靈昌、酸棗。

王　軌　　武德元年—二年(618—619)

《元龜》卷一六四:武德元年"十一月,隋東郡王軌以滑州來降,拜滑州總管"。《通鑑·武德二年》:十月,"滑州刺史王軌奴殺軌,攜其首詣建德降"。又見兩《唐書·竇建德傳》,《元龜》卷一六二,《通鑑·武德元年》十一月。

趙孝舉　　武德中

《隋唐五代墓誌匯編·北京大學卷》第二册《唐故許州扶溝縣令天水趙府君(季康)隴西李氏合祔墓誌銘并序》(貞元十八年十一月二十九日):"曾祖粲,隋朝常州□□。王父孝舉,國初滑、鄭二州刺史。先考謙光,皇朝尚書户部郎中、楚州刺史。"季康天寶初卒。未言享年。

杜才幹　　武德中

《隋唐嘉話》中:"高宗乳母盧,本滑州總管杜才幹妻。才幹以謀逆誅,故盧没入於宫中。帝既即位,封燕國夫人,品第一。"

高履行（高慜）　　貞觀中

《舊書》本傳："貞觀初歷祠部郎中。丁母憂……服闋，累遷滑州刺史。尚太宗女東陽公主，拜駙馬都尉。十九年，除户部侍郎，加銀青光禄大夫。"《新書》本傳未及。《全文》卷二一五陳子昂《唐故循州司馬申國公高君墓誌》："父慜，字履行，秦府軍直千牛、滑州刺史、將作大匠、金紫光禄大夫、太常卿、洪州都督、上柱國、申國公，尚東陽長公主，駙馬都尉。"

李元名　　貞觀二十一年（647）

《舊書》本傳："〔貞觀〕十一年，徙封舒王，賜實封八百户，拜壽州刺史。後歷滑、許、鄭三州刺史。二十三年，加實封滿千户，轉石州刺史。"《新書》本傳未及。《元龜》卷二六八："〔貞觀〕二十一年十月，滑州刺史舒王元名……來朝貢。"

李元慶　　永徽四年（653）

《舊書》本傳："永徽四年，歷滑州刺史……後歷徐、沁、衛三州刺史……麟德元年薨。"《會要》卷五："道王元慶歷趙、豫、滑、徐、沁、衛州刺史，皆以政聞。"《新書》本傳略同。又見《元龜》卷二八一。

李靈夔　　高宗時

《舊書》本傳："永徽六年，轉隆州刺史。後歷絳、滑、定等州刺史，太子太師。垂拱元年，授邢州刺史。"又見《元龜》卷二八一。《新書》本傳唯云："頻歷五州刺史。"按弘道元年在絳州刺史任。

崔文操　　高宗時？

《新表二下》博陵安平崔氏第二房："文操，滑州刺史。"乃隋左千牛崔璡之姪，閬州刺史萬善之子。疑文操仕高宗時。

李元名　　垂拱中

《舊書》本傳："垂拱年，除青州刺史，又除鄭州刺史……轉滑州刺

761

史，政理如在鄭州。尋加授司空。永昌年，與子宣俱爲丘神勣所陷，被殺。”《元龜》卷二八一：“舒王元名……貞觀十一年拜壽州刺史，後歷許、滑、宋三州，轉石州刺史。在州二十年，垂拱年除青州，又除鄭州，轉滑州刺史。”《新書》本傳未及滑州刺史。

王及善　　神功元年（697）

《通鑑·神功元年》：四月，“前益州長史王及善已致仕，會契丹作亂，山東不安，起爲滑州刺史……癸酉，留爲内史”。又見《舊書》本傳，《御覽》卷二五三，《元龜》卷四五七。《新書》本傳謂“擢魏州刺史”，未知孰是，姑兩存之。

賈敬言（賈慶言）　　長安中

《新表五下》賈氏：“敬言，刑部郎中，滑州刺史。”《姓纂》卷七洛陽賈氏作“慶言”，當是後晉及宋時避諱改。長安四年敬言爲司刑正，見《通鑑》。其刺滑當在此前後。

胡元禮　　武后末或神龍初

《廣記》卷二六九引《御史臺記》：“唐胡元禮，定城人也……則天朝右臺員外監察，尋即真，加朝請大夫。丁憂免，起復。尋檢校秋官郎中，累遷司刑少卿、滑州刺史、廣州都督。”按《會稽掇英總集·唐太守題名》：“胡元禮，神龍二年八月自蘇州刺史授，移廣州都督。”《嘉泰會稽志》作“三年”。疑其刺滑在武后末或神龍初。

敬　暉　　神龍二年（706）

《舊書·中宗紀》：神龍二年閏正月“乙卯，以特進敬暉、桓彥範、袁恕己等三人爲滑、洺、豫刺史”。《通鑑·神龍二年》：三月，“武三思與韋后日夜譖敬暉等不已，復左遷暉爲朗州刺史，崔玄暐爲均州刺史，桓彥範爲亳州刺史，袁恕己爲郢州刺史”。按兩《唐書》本傳未及。

崔諤之　　中宗時

《隋唐五代墓誌匯編‧洛陽卷》第九册《□□大夫太府卿少府監贈□州都督上柱國趙國公崔府君（諤之）墓誌》（開元七年十月二十二日）：“預謀劉章……封趙國公，食邑□□□，拜衛尉卿，將作少匠，滑州刺史，太府卿，汾州刺史，少府監，檢校司農卿，加銀青光禄大夫，太府卿兼檢校御史中丞，□拜少府監。”開元七年卒。按《舊書》本傳：“神龍初爲將作少匠，預誅張易之有功，封博陵縣侯，賜實封二百户。開元初，累遷少府監。”《新書》本傳略同。

楊隆禮（楊崇禮）　　約景龍中

《舊書‧楊慎矜傳》：“父隆禮，長安中天官郎中。神龍後，歷洺、梁、滑、汾、懷五州刺史……開元初，擢爲太府少卿。”又見《元龜》卷八二五。《新書‧楊慎矜傳》未及。

鄭休遠（鄭休還）　　景雲中

《嘉泰吴興志》卷一四郡守題名：“鄭休還，垂拱元年自金州刺史授；遷越州都督。《統記》云：景雲元年自太常少卿授，遷滑州刺史。”按《會稽掇英總集‧唐太守題名》無“鄭休還”，有“鄭休遠”，開元十一年自汾州刺史授。則《吴興志》謂“垂拱”中“遷越州都督”誤，《統記》所云“景雲中”近是。“鄭休還”疑即“鄭休遠”之誤。

裴　談　　先天元年（712）

《新書‧周利貞傳》：“開元初詔：利貞及滑州刺史裴談、饒州刺史栖貞……皆酷吏，且終身勿齒。”又見《元龜》卷一五二。

李　絳　　開元初？

《新表二上》隴西李氏姑臧房：“絳，滑州刺史。”乃貞觀初常州刺史李玄道之孫，高宗時尚書右丞雲將子。《全文》卷三六二封利建《大唐睢陽郡柘城縣令李公德政碑》：“昭考絳，皇職方郎中、滑州刺史。”碑以天寶十三載立，疑李絳爲滑州刺史在開元初。

李朝隱　　開元四年（716）

《舊書》本傳：“〔開元〕四年春，以授縣令非其人，出爲滑州刺史，轉同州刺史。”《新書》本傳略同。《通鑑·開元四年》：五月，“李朝隱左遷滑州刺史”。按開元五年正月李朝隱已在同州刺史任，其時已離滑州。

＊李守禮　　開元六年？（718？）

《舊書》本傳：“先天二年，遷司空。開元初，歷虢、隴、襄、晉、滑六州刺史。非奏事及大事，並上佐知州……源乾曜、袁嘉祚、潘好禮皆爲邠府長史兼州佐，守禮唯弋獵、伎樂、飲謔而已。”又見《元龜》卷二八一。《大詔令集》卷三五《邠王守禮等兼晉州刺史制》：“司空兼滑州刺史上柱國邠王守禮……可使持節晉州諸軍事兼晉州刺史……開元元年十二月。”按“開元元年”疑爲“開元六年”之誤。開元二年六月邠王守禮爲虢州刺史，見《舊書·玄宗紀上》及《通鑑》。

潘好禮　　開元六年？（718？）

《舊書》本傳：“開元三年，累轉邠王府長史。俄而邠王出爲滑州刺史，以好禮兼邠王府司馬，知滑州事。”《新書》本傳略同。

王　琚　　約開元七、八年間（約719、720）

《舊書》本傳：開元二年，“便除澤州刺史，削封。歷衡、郴、滑、虢、沔、夔、許、潤九州刺史。又復其封。二十年，丁母憂”。《新書》本傳唯云：“歷九刺史。”

張景昇（張景升）　　開元十二年（724）

《元龜》卷六七一：“開元十二年……張景升以大理少卿爲滑州刺史。”兩《唐書》本傳未及。

韋秀莊　　開元中

《廣記》卷三〇二引《廣異記》：“開元中，滑州刺史韋秀莊，暇日來城樓望黄河。"按《姓纂》卷二京兆諸房韋氏及《新表四上》韋氏龍門公房均有"韋季莊，扶風太守"，乃商州刺史韋弼之子，疑即此人。

崔翹　　開元二十三年前後（735 前後）

《全文》卷三〇九孫逖《授崔翹等諸州刺史制》稱"前使持節滑州諸軍事守滑州刺史上柱國崔翹等"。兩《唐書》本傳未及。按崔翹開元二十七、二十八、二十九年爲春官小宗伯，見《唐語林》卷八；二十九年十月爲大理卿，天寶五載三月爲左丞，見《舊紀》。其刺滑當在此之前。按孫逖於開元二十四年始爲中書舍人。

李　禕　　約開元二十五年（約 737）

《舊書》本傳："〔開元〕二十二年，遷兵部尚書……久之，坐事出爲衢州刺史。俄歷滑、懷二州刺史。天寶初，拜太子少師。"《新書》本傳略同。又見《元龜》卷二八一。《大詔令集》卷三八《信安郡王禕滑州刺史制》："使持節衢州刺史信安郡王禕……可滑州刺史。"又見《全文》卷二三。按開元二十四年三月李禕貶衢州刺史，開元二十八年六月，懷州刺史李禕爲太子少師，則刺滑州約在開元二十五年。

翟璋　　約開元二十六、二十七年（約 738、739）

《英華》卷三九九孫逖《授翟璋等將作少監制》稱"滑州刺史翟璋"。又卷四一〇《授翟璋等諸州刺史制》稱將作少匠上柱國翟璋。開元元年正月翟璋爲監察御史裏行，七年正月爲左臺御史，皆見《會要》卷六二，又見《新書·周利貞傳》。

李　邕　　開元二十九年—天寶元年（741—742）

《舊書》本傳："邕後於嶺南從中官楊思勖討賊有功，又累轉括、淄、滑三州刺史，上計京師。"《新書》本傳："開元二十三年，起爲括州刺史……後歷淄、滑二州刺史。"《全詩》卷三明皇帝有《送李邕之任滑臺》。《寶刻叢編》卷五滑州引《集古錄目》："《唐淄川令裴大智碑》，唐滑州刺史李邕撰……碑以開元二十九年十一月立，在濟源。"《新書·

五行志三》：“〔開元〕二十九年三月，滑州刺史李邕獻馬。”證知開元二十九年李邕已爲滑州刺史。《全文》卷三五七高適《奉和李泰和鶻賦有序》：“天寶初，有自滑臺奉太守李公《鶻賦》以垂示。”按泰和乃李邕字。又卷二六三李邕《靈巖寺碑并序》稱“靈昌郡太守邕”。《山左金石志》卷一二録此碑有“大唐天寶元年歲次壬（闕）”。《宋高僧傳》卷一四《唐京兆西明寺道宣傳》稱“天寶元載靈昌太守李邕”。又《唐京師崇聖寺文綱傳》稱：“乃請滑臺太守李邕爲碑”。《金石萃編》卷八五《唐故雲麾將軍李府君（秀）神道碑并序》：“靈昌郡太守李邕文并書……天寶元載歲在壬午正月丁未朔十□日建。”證知天寶元年尚在滑州。李邕爲滑刺，又見《金石録》卷九，《元龜》卷二四，《柳河東集》卷一九《龍馬圖贊》，《國秀集目録》。《千唐誌·唐朝散大夫試大理司直兼曹州考城縣令柳府君靈表》（貞元十八年七月十九日），李師稷撰，稱：曾王父北海郡守曾剖符東郡。東郡即滑州。

李　隨　　天寶中

《新書·宗室世系表下》許王房：“靈昌太守褒國公隨。”

薛　弼　　玄宗時？

《新表三下》薛氏：“弼，滑州刺史。”乃武后時揚州長史薛寶積之孫。

竇　銓　　玄宗時

《新表一下》竇氏三祖房：“銓，滑州刺史。”《姓纂》卷九河南洛陽竇氏同。按其父希玠景龍至景雲中爲禮部尚書，遷太子少傅，見《舊書·中宗紀》及《睿宗紀》，則銓刺滑當在開元或天寶中。

李　祇　　天寶十五載（756）

《舊書》本傳：“〔天寶〕十五載二月，授祇靈昌太守，又左金吾大將軍、河南都知兵馬使。其月，又加兼御史中丞、陳留太守，持節充河南道節度採訪使，本官如故。”《通鑑·至德元年》二月略同。《新書》本傳未及。又見《舊書·張巡傳》,《元龜》卷七六三。

李　巨　　天寶十五載(756)

《舊書·李祗傳》:天寶十五載"五月,詔以爲太僕卿,遣御史大夫虢王巨代之〔爲靈昌太守〕"。兩《唐書》本傳未及。

許叔冀　　至德元載—二載(756—757)

《舊書·許遠傳》:"初,賀蘭進明與房琯素不相叶。及琯爲宰相,進明時爲御史大夫,琯奏用進明爲彭城太守、河南節度使、兼御史大夫,代嗣虢王巨;復用靈昌太守許叔冀爲進明都知兵馬、兼御史大夫。"《新書·肅宗紀》:至德二載八月,"靈昌郡太守許叔冀奔於彭城"。《通鑑·至德二載》同。《舊書·肅宗紀》稱"投睢陽郡",誤。又見《新書·賈至傳》,《全文》卷四三二李(賈)至《諫貸死以流人使自效疏》,《元龜》卷四〇〇,《唐語林》卷八等。

許叔冀　　乾元元年(758)

《舊書·肅宗紀》:乾元元年八月壬寅,"以青州刺史許叔冀兼滑州刺史,充青滑六州節度使"。

劉　展　　乾元二年(759)

《舊書·肅宗紀》:乾元二年五月,"乃以汝州刺史劉展爲滑州刺史"。《通鑑·乾元二年》五月同。

令狐廣　　肅宗時?

《隋唐五代墓誌匯編·江蘇卷·燉煌郡令狐府君(懷斌)墓誌并序》(大中十二年十二月三十日):"高祖諱廣,皇節度參謀□滑州刺史,虞部員外郎。"

令狐彰　　上元二年—大曆八年(761—773)

《舊書·肅宗紀》:上元二年"五月甲午,〔史〕思明僞將滑州刺史令狐彰以滑州歸朝，授彰御史中丞，依前滑州刺史、滑魏德貝相六州節度使"。又《代宗紀》：大曆八年二月"壬申，永平軍節度使、檢校右僕射、滑州刺史、霍國公令狐彰卒。遺表薦劉晏、李勉代己"。《大詔令集》卷六〇有《滑州節度使令狐彰加御史大夫制》(《全文》卷四二)，注："上元二年九月。"《全文》卷四一〇常袞《授令狐彰右僕射制》稱檢校工部尚書持節滑州諸軍事兼滑州刺史令狐彰。又見兩《唐書》本傳，《元龜》卷一六四，《封氏聞見記》卷六，《唐語林》卷八。《隋唐五代墓誌匯編·洛陽卷》第十四冊《唐故棣州刺史兼侍御史燉煌令狐公(梅)墓誌銘并序》(大中十年四月二十二日)："皇祖義成軍節度使開府儀同三司、滑亳穎等七州觀察處置使、檢校尚書右僕射、封霍國公、贈太傅、又贈太師、謚曰肅、諱彰。"梅卒大中八年六月二十九日，享年六十二。又《江蘇卷·燉煌郡令狐府君(懷斌)墓誌并序》(大中十二年十二月三十日)："高祖叔諱彰，皇滑州節度使、檢校□部尚書、右僕射、遼陽郡王、霍國公……大曆八年，僕射薨。"

李 勉 大曆八年—十四年(773—779)

《舊書·代宗紀》：大曆八年"三月丙子，以工部尚書李勉兼御史大夫、滑州刺史，充永平軍節度、滑亳觀察等使"。《通鑑·大曆十四年》：三月丁未，"以永平節度使李勉兼汴州刺史，增領汴、穎二州，徙鎮汴州"。《舊書》本傳："及滑亳永平軍節度令狐彰卒，遺表舉勉自代，因除之。在鎮八年……十一年，汴宋留後田神玉卒，詔加勉汴州刺史、汴宋節度使。未行，汴州將李靈曜阻兵……既而李忠臣代鎮汴州，而勉仍舊鎮。忠臣遇下貪虐，明年為麾下所逐，詔復加勉汴宋節度使，移理汴州，餘並如故。"《新書》本傳略同。又見《舊書·田神玉傳》，《大詔令集》卷一一九《貶田承嗣永州刺史詔》，《全文》卷七八四穆員《河南少尹裴公墓誌銘》。《寶刻叢編》卷五引《集古錄》："《唐滑臺新驛記》，唐滑亳節度使李勉撰，李陽冰篆……以大曆九年八月立此碑於驛中。"《全詩》卷二七六盧綸《送李尚書郎君昆季侍從歸覲滑州》，李尚書，當即李勉。《新書·方鎮表二》：大曆十四年，"永平節度增領汴、穎二州，徙治汴州"。由此知李勉大曆十四年離滑州。

郎餘仙　　大曆中？

《唐代墓誌彙編·唐故中山郡郎氏夫人墓誌銘并序》（大中二年正月廿四日）："皇祖諱餘仙，滑州刺史、御史大夫。"夫人卒大中元年，享年七十三。

李　澄　　大曆十四年—貞元二年（779—786）

《舊書·李澄傳》："及〔李〕勉移理汴州，乃奏澄爲滑州刺史。〔建中〕四年冬，李希烈陷汴州，勉奔歸行在，澄遂以城降希烈，僞署尚書令，兼滑州永平軍節度使。興元元年春，澄密令親信人盧融間道賫表達於奉天，上嘉之，乃以帛詔藏於蠟丸中，加澄刑部尚書、兼汴州刺史、汴滑節度觀察使⋯⋯貞元元年三月，就加澄檢校左僕射、義成軍鄭滑許等州節度使。二年卒。"又《德宗紀上》：興元元年二月，"以滑州刺史李澄兼汴州刺史、汴滑節度使"。貞元元年三月，"以汴滑節度使李澄爲滑州刺史，充鄭滑節度使"。貞元二年九月"丁酉，義成軍節度、鄭滑觀察等使、檢校尚書左僕射、滑州刺史、武威郡王李澄卒"。又見《新書》本傳，《元龜》卷一二九、卷三七三、卷六九四，《通鑑·建中二年》《建中四年》《興元元年》，《大詔令集》卷一二四《破淮西李希烈敕》，《全文》卷四六二陸贄《李澄贈司空制》，《新表二上》遼東李氏。《新書·方鎮表二》：興元元年，"永平軍節度以汴滑二州隸宣武軍，尋復領滑州，徙治滑州"。貞元元年，"永平軍節度更號義成軍節度"。

賈　耽　　貞元二年—九年（786—793）

《舊書·德宗紀上》：貞元二年九月丁酉，"以東都畿唐鄧汝等防禦觀察使賈耽檢校尚書右僕射，兼滑州刺史、義成軍節度、鄭滑等州觀察使"。又《德宗紀下》：貞元九年五月"甲辰，以義成軍節度使、檢校右僕射賈耽爲左僕射、同中書門下平章事"。又見兩《唐書》本傳，《宋高僧傳》卷一八《唐滑州龍興寺普明傳》，《酉陽雜俎》前集卷一四，《唐語林》卷七，《廣記》卷三九九引《玉泉子》。《韓昌黎集》外集卷二有《上賈滑州書》。《全文》卷三九四賈耽《進海內華夷圖及古今郡國縣道四夷述表》稱：“興元元年，伏奉進止，令臣撰國圖，旋即充使魏州、汴州，出鎮東洛、東郡。”

李　融　　貞元九年—十年（793—794）

《舊書·德宗紀下》：貞元九年五月，“以鄭州刺史李融爲滑州刺史、義成軍節度使”。十年二月“乙丑，義成軍節度使、鄭滑觀察使李融卒”。又本傳：“貞元十年，歷官至渭州節度使卒。”按“渭”當爲“滑”之訛。《全文》卷七八三穆員《鮑防碑》：“鄭滑節度使李融，公之吏也。”

李　復　　貞元十年—十三年（794—797）

《舊書·德宗紀下》：貞元十年“三月乙亥……以華州刺史李復爲滑州刺史、義成軍節度使”。貞元十三年四月“庚午，義成軍節度使、鄭滑觀察營田、檢校左僕射、滑州刺史李復卒”。又見兩《唐書》本傳，《元龜》卷一七六。《全文》卷六二〇周愿《牧守竟陵因遊西塔著三感説》：“愿與百越節度使扶風馬公曩時俱爲南海連率隴西李公復從事，公詔移滑臺，扶風公泊予又爲幕下賓。”又卷六四〇李翱《故東川節度使盧公（坦）傳》，卷四八一馬總有《代鄭滑李僕射乞朝覲表》，卷七一七張述及卷九〇二王總有《爲鄭滑李僕射辭官表》，皆指李復。王總疑爲馬總之誤。

姚南仲　　貞元十三年—十六年（797—800）

《舊書·德宗紀下》：貞元十三年四月“庚辰，以陝虢都防禦觀察轉運等使姚南仲爲滑州刺史、義成軍節度、鄭滑觀察使”。十六年四月“己丑，以義成軍節度使姚南仲爲右僕射”。又見兩《唐書》本傳，《全文》卷五〇〇權德輿《故中散大夫守尚書右僕射上柱國賜紫金魚袋贈太子太保姚公（南仲）神道碑銘并序》，韓偓《金鑾密記》。《舊書》本傳作“貞元十五年，代李復爲鄭滑節度使”。“十五”乃“十三”之誤。

盧　群　　貞元十六年（800）

《舊書·德宗紀下》：貞元十六年四月“辛卯，以義成軍行軍司馬盧群爲滑州刺史、兼御史中丞、義成軍節度使"。九月，"義成軍節度使盧群卒"。又見兩《唐書》本傳，《南部新書》甲，《宋高僧傳》卷一五《唐杭州靈隱山道標傳》。上圖藏拓片《唐故殿中侍御史隴西李府君夫人范陽盧氏墓誌銘并序》（元和十二年六月二十七日）："父群，皇銀青光禄大夫義成軍節度使兼御史大夫贈工部尚書。"夫人元和十二年卒。《全文》卷五二七柳冕有《與滑州盧大夫論文書》，疑即盧群。

李元素　　貞元十六年—元和元年（800—806）

《舊書·德宗紀下》：貞元十六年九月"戊辰，以右丞李元素爲滑州刺史、兼御史大夫、義成軍節度使"。又本傳："鄭滑節度盧群卒，遂命元素兼御史大夫，鎮鄭滑，就加檢校工部尚書，在鎮稱理。元和初，徵拜御史大夫。"《新書》本傳略同。《全文》卷六一五庾承宣有《唐前義成軍節度李公二州慰思述》。

袁　滋　　元和元年—七年（806—812）

《舊書·憲宗紀上》：元和元年十月（?）"庚辰，以吉州刺史袁滋爲御史大夫，充義成軍節度使"。又《憲宗紀下》：元和七年十月，"以鄭滑節度使袁滋爲户部尚書"。《全文》卷四九一權德輿《送袁尚書相公赴襄陽序》："公在東郡，徵還不累月，而推轂於兹。"《姓纂》卷四華陰袁氏："滋，中書侍郎、鄭滑節度。"又見兩《唐書》本傳，韓愈《袁氏先廟碑》，杜牧《上宣州高大夫書》。

薛　平　　元和七年—十三年（812—818）

《舊書·憲宗紀下》：元和七年八月"辛亥，以左龍武大將軍薛平爲滑州刺史、義成軍節度使"。又本傳："元和七年，淮西用兵，自左龍武大將軍授兼御史大夫、滑州刺史、鄭滑節度觀察等使……居鎮六年，入爲左金吾大將軍。"《新書》本傳略同。又見《元龜》卷六八三。《全文》卷七五六杜牧《唐故灞陵駱處士（峻）墓誌銘》："潘侍郎孟陽在蜀之東川，司徒薛公苹（平）在鄭滑，皆挈卑詞幣馬至門。"

李光顏　元和十三年(818)

《舊書·憲宗紀下》：元和十三年五月"丙辰，以忠武軍節度使李光顏爲滑州刺史、義成軍節度使"。十月丙子，"以義成軍節度使李光顏爲許州刺史，充忠武軍節度使、陳許觀察等使"。《山右石刻叢編》卷九《李光顏碑》："鄆人不龔，命□討叛，遂有義成之拜。公以所統者許師，所處者東郡。"又見兩《唐書》本傳，《關中金石記》卷四《雲麾將軍朱孝誠碑》，《全文》卷七五五杜牧《唐故處州刺史李君墓誌銘并序》。

薛　平　元和十三年—十四年(818—819)

《舊書·憲宗紀下》：元和十三年十月"丙子，以左金吾衛大將軍薛平檢校刑部尚書、滑州刺史，充義成軍節度使"。十四年三月"己丑，以義成軍節度使薛平爲青州刺史，充平盧軍節度、淄青齊登萊等州觀察等使"。又見兩《唐書》本傳。《金石錄》卷三〇《唐司徒薛平碑跋尾》："碑言平罷滑臺，爲金吾，嘗見二神人自天執節臨庭中，呼曰：薛平還汝舊節。公俯伏拜受。及再爲滑臺，以爲當之矣。後爲平盧，乃驗焉。其事甚怪，而唐史無之，豈非妄歟？"

劉　悟　元和十四年—十五年(819—820)

《舊書·憲宗紀下》：元和十四年二月"庚午，制以淄青兵馬使、金紫光禄大夫、試殿中監、兼監察御史劉悟檢校工部尚書、滑州刺史，充義成軍節度使"。又《穆宗紀》：元和十五年十月乙酉，"以義成軍節度使劉悟依前檢校右僕射、兼潞州大都督府長史，充昭義節度、澤潞邢洺磁等州觀察等使"。又見兩《唐書》本傳。《全文》卷六三九李翱《唐故金紫光禄大夫尚書右僕射致仕楊公(於陵)墓誌銘》："元和十四年淄青平……得兗鄆州等十二州，列爲三道。劉悟既除滑州，猶未出鄆，及公至，悟出迎，公促之，悟即日遂發。"

王承元　元和十五年—長慶二年(820—822)

《舊書·穆宗紀》：元和十五年十月乙酉，"以鎮冀深趙等觀察度支使、朝議郎、試金吾左衞冑曹參軍、兼監察御史王承元可銀青光禄大夫、檢校工部尚書、使持節滑州諸軍事、守滑州刺史、御史大夫，充義成軍節度、鄭滑等州觀察等使”。長慶二年二月癸酉，“以〔王〕承元爲鄜坊節度使”。又見兩《唐書》本傳。北圖藏拓片《唐故山南東道節度押衙光禄大夫檢校太子賓客前行鄧州長史兼侍御史弘農縣開國男楊公(孝直)墓誌銘并序》(大和九年四月二十五日)：“元和末，王司空承元遭議言姜菲，憲宗見疑，司空乃剖心歸朝，聖恩尋宥……司空重拜滑臺，公亦在焉。”上圖藏拓片《平盧軍討擊副使銀青光禄大夫檢校太子賓客□城郡開國男食邑三百户劉公(逸)墓誌銘并序》(大和八年四月二十五日)：“太原公勳績超拔，乃授義成軍節度使，公即從焉；俄太原公除鳳翔節制，公又親從，既至，十年從事。”按太原公當即王承元。

韓　充　　長慶二年(822)

《舊書·穆宗紀》：長慶二年二月“癸酉，以鄜坊節度使韓充爲義成軍節度使，以代王承元”。七月丙午，“以鄭滑節度使韓充爲汴州刺史、宣武軍節度使、汴宋亳潁觀察等使，鄭滑如故”。又見兩《唐書》本傳。

曹　華　　長慶二年—三年(822—823)

《舊書·穆宗紀》：長慶二年八月丁丑，“以兗海沂密節度使曹華爲滑州刺史，充義成軍節度、鄭滑潁等州觀察等使”。三年“八月，鄭滑節度使曹華卒”。又見兩《唐書》本傳，《元龜》卷一二八。《隋唐五代墓誌匯編·河南卷·唐故譙郡曹府君(謙)墓誌銘并序》(咸通十二年五月二日)：“義成軍節度檢校尚書右僕射諱華之子姪也。”

高承簡　　長慶三年—四年(823—824)

《舊書》本傳：“授承簡檢校左散騎常侍、兗海沂密等州節度觀察處置等使。俄遷檢校工部尚書、義成軍節度使、鄭滑潁等州觀察處置等使。就加檢校尚書右僕射。入拜右金吾衞大將軍。”《新書》本傳略同。《舊書·敬宗紀》：長慶四年十二月癸未，"晉州李寰、滑州高承簡並自尚書加檢校右僕射"。《全文》卷七二四崔鄖《唐義成軍節度鄭滑穎等州觀察處置等使使持節滑州諸軍事兼滑州刺史高公德政碑并序》："巨唐二百廿載，穆宗皇帝握符御圖……詔工部尚書高公承簡建節義成軍，佩金魚印，洎督郡而遷鎮於滑臺。"又卷七五六杜牧《唐故銀青光禄大夫檢校禮部尚書御史大夫充浙江西道都團練觀察處置等使崔公行狀》："高承簡罷鄭滑節度使，滑人叩闕，乞爲承簡樹德政碑。"

李　聽　寶曆元年—大和三年(825—829)

《舊書·敬宗紀》：寶曆元年閏七月"壬辰，以前河東節度使李聽爲義成軍節度使"。又《文宗紀上》：大和三年六月，"以義成軍節度使李聽兼充魏博節度使"。十月"丙辰，以前義成軍節度使李聽爲太子少師"。兩《唐書》本傳稱長慶四年七月轉滑州刺史、義成軍節度使，誤。《全文》卷六二三宋申錫《義成軍節度使持節滑州諸軍事兼滑州刺史李公(聽)德政碑銘并序》："寶曆元祀，公朝京師……換大將之旌旗，改拜義成軍節度使、鄭滑穎等州觀察處置等使兼滑州刺史。"又卷七三九白敏中《滑州明福寺新修浮圖記》："唐乙巳歲，帝命司空隴西公作藩於滑。"按乙巳歲爲寶曆元年。又見《寶刻叢編》卷五，《唐語林》卷四。北圖藏拓片《唐故太尉兼中書令西平郡王贈太師李公(晟)神道碑銘并序》(大和三年四月六日)："〔子〕曰聽，檢校司徒、義成軍節度觀察等使……大和元年秋七月，聽拜疏上言。"可證大和元年至三年在任。

李德裕　大和三年—四年(829—830)

《舊書·文宗紀上》：大和三年九月"壬辰，以兵部侍郎李德裕檢校户部尚書，兼滑州刺史、義成軍節度使"。又《文宗紀下》：大和四年十月戊申，"以德裕檢校兵部尚書、兼成都尹，充劍南西川節度使"。又見兩《唐書》本傳。《全文》卷七三一賈餗《贊皇公李德裕德政碑》："及貳夏官，至未發軔，復慰滑人。"又卷七四六劉三復《滑州節堂記》："我連帥贊皇公以全才上略……歲值己酉，擁旄來斯。"按己酉歲，大和三年。《中州金石記》卷三《東郡懷古詩刻》："李德裕撰，大和四年六月立……其自署云：義成軍節度使、銀青光禄大夫、檢校户部尚書、兼滑州刺史、御史大夫。"《全詩》卷三五六劉禹錫《吐綬鳥詞并序》稱"滑州牧尚書李公以《吐綬鳥詞》見示"，又卷三五八有《酬滑州李尚書秋日見寄》、卷三六五有《和滑州李尚書上巳憶江南禊事》，卷三五九《送李尚書鎮滑州》注："自浙西觀察使徵拜兵部侍郎，月餘有此拜也。"皆指李德裕。北圖藏拓片《滑州瑶臺觀女真徐氏墓誌銘并序》（大和三年十二月二十日）："義成軍節度使銀青光禄大夫檢校户部尚書兼滑州刺史御史大夫李德裕撰。"可證大和三年十二月在任。

崔元略　　大和四年（830）

《舊書·文宗紀下》：大和四年十月"戊申，以東都留守崔元略檢校吏部尚書，兼滑州刺史、義成節度使，代李德裕"。十二月"己酉，義成軍節度使崔元略卒"。《舊書》本傳謂大和五年爲滑刺，誤。《新表二下》博陵安平崔氏大房："元略，義成節度使。"

段　嶷　　大和四年—九年（830—835）

《舊書·文宗紀下》：大和四年十二月"壬子，以左金吾衛大將軍段嶷爲義成軍節度使"。《新書》本傳："嶷自鄭滑節度使入爲右金吾衛大將軍，封西平郡公。甘露之變，嶷當誅，裴度奏忠臣後，宜免死，貶循州司馬。"《全文》卷七六〇吕受《佛頂尊勝陀羅尼經幢序》："有唐義成軍節度使、檢校禮部尚書、兼御史大夫、西平公……自臨雄鎮，事理數行……是以三州有和樂之化，五載無造次之行。"知在滑州五年。北圖藏此拓片稱"大和八年六月廿九日建"。又見《全文》卷七四文宗《賜段嶷敕》、卷七三一賈餗《贊皇公李德裕德政碑》。

史孝章　　大和九年—開成元年（835—836）

《舊書·文宗紀下》：大和九年八月戊寅，"以鄜坊節度使史孝章爲義成軍節度使"。又本傳："遷於滑。一歲，入爲右領軍大將軍。"《新書》本傳未及。《全文》卷六〇九劉禹錫《唐故邠寧慶等州節度觀察處置使朝散大夫檢校户部尚書兼御史大夫史公（孝章）神道碑》：
"遷鎮於滑，一歲，入爲右領軍衛大將軍。"

裴弘泰　開成元年—五年（836—840）

《舊書・文宗紀下》：開成元年四月"癸酉，以亳州刺史裴弘泰爲
義成軍節度使"。《新表一上》洗馬裴氏："弘泰，義成、邠寧、鳳翔節度
使，太子少傅，河東縣伯。"按吳氏《方鎮年表》謂裴弘泰開成五年由鄭
滑節度移邠寧節度，姑從之。周紹良藏拓片《裴氏室女阿八墓誌銘》：
"開成丁巳歲六月十六日歿於滑州使宅之深閨……厥有其父節制滑
臺，援亳掩涕，誌而銘曰……"（《文史》29 輯周紹良《唐志校史》）。按
"開成丁巳"爲開成二年，可證其時裴弘泰在任。

高　銖　開成五年—會昌三年（840—843）

《新書》本傳："〔李〕訓當國，出銖爲浙東觀察使，歷義成軍節度
使。大中初，遷禮部尚書判户部。"按開成四年由浙東遷刑部侍郎，七
月，出爲河南尹，見《嘉泰會稽志》、《舊書》本傳、《文宗紀下》。會昌四
年以吏部侍郎宣慰澤潞，見《全文》卷七七武宗《平潞州德音》。則其
刺滑當在開成五年至會昌三年。

劉　沔　會昌三年—四年（843—844）

《舊書・武宗紀》：會昌三年十月，"以河東節度使劉沔檢校司空，
兼滑州刺史、御史大夫，充義成軍節度、鄭滑濮觀察等使"。《通鑑・
會昌三年》同。又《會昌四年》：二月"戊寅，以義成節度使劉沔爲河陽
節度使"。《金石補正》卷七四《太子太傅贈司徒劉沔碑》：會昌三年
"六月，又詔領師南討澤潞……移滑州節度使，守本官。會昌四年二
月廿五日以萬善之戰□克，詔除河陽節度使"。《舊書》本傳稱會昌四
年劉沔移太原，誤。《新書》本傳未及。

敬　昕　約會昌四年（約 844）

《全文》卷七二八封敖《批敬昕謝上表》："洎尹正洛沬，臨戎孟津，

治行推高，號令有律……遽遷白馬，重擁青幢。"按白馬指滑州，知敬昕由河陽節度遷鄭滑。又按會昌三年九月敬昕自河南尹爲河陽節度，見《通鑑》。

崔元式　　約會昌五年—六年（約845—846）

《新書》本傳："會昌中，澤潞用兵，遷河中，拜河東、義成節度使。宣宗初，以刑部尚書判度支。"按《舊書》本傳謂元式會昌四年拜河東節度使，六年入爲刑部尚書，則義成節度使當在此兩者之間。

周　墀　　大中元年（847）

《舊書》本傳："大中初，檢校禮部尚書、滑州刺史、義成軍節度鄭滑觀察等使……入朝爲兵部侍郎、判度支。"《舊書·宣宗紀》：大中元年"六月，以義成軍節度使周墀爲兵部侍郎、判度支"。《新書》本傳略同。《全文》卷七五五杜牧《唐故東川節度檢校右僕射兼御史大夫贈司徒周公墓誌銘》："遷禮部尚書鄭滑節度使……入拜兵部侍郎……今天子即位二年五月，以本官平章事。"

盧弘止（盧弘正）　　約大中元年—三年（約847—849）

《通鑑·大中三年》：五月，"以義成節度使盧弘止爲武寧節度使"。《全文》卷四三八李訥《授盧弘正韋讓等徐滑節度使制》稱"義成軍節度使盧弘正"。兩《唐書》本傳未及。

韋　讓　　大中三年—四年（849—850）

《全文》卷四三八李訥有《授盧弘正韋讓等徐滑節度使制》。《會要》卷八六："大中三年六月，右巡使奏：義成軍節度使韋讓，前任宮苑使日，故違敕文，於懷真坊西南角亭子西侵街造舍九間。"

韋　愨　　大中五年—六年（851—852）

《英華》卷四五六沈珣《授韋愨鄂岳觀察使制》："前鄭滑觀察使韋愨……流美化於洪河之曲，布威聲於白馬之津，宜舉寵光，用酬休績。

乃眷夏口,實曰雄藩……興滑臺之詠歌,慰鄂渚之黎庶。"兩《唐書·韋保衡傳》未及,唯《舊書·韋保衡傳》云:"父愨……大中四年,拜禮部侍郎。五年選士,頗得名人,載領方鎮節度,卒。"吳氏《方鎮年表》列於大中五年至六年,從之。

李 業　大中六年—約八年（852—約854）

《新書·魏謩傳》:"河東節度使李業殺降虜,邊部震擾,業内恃憑藉,人無敢言者,謩奏徙滑州。遷中書侍郎。"按魏謩大中六年十一月爲中書侍郎,見《新書·宰相表下》。《全文》卷七六三沈珣《授李業鄭滑節度使契苾通振武節度使制》稱:"前河東節度使李業……政能檢下,故授以統馭之權。"《千唐誌·唐故鄉貢進士隴西李君（昕）墓誌銘》（大中十一年五月廿四日）:"次兄業……轉岐隴,歷太原,移白馬,今秉天平軍節度使。""白馬",即指滑州。

李 福　約大中八年—咸通二年（約854—861）

《舊書》本傳:"大中時,檢校工部尚書、滑州刺史、兼御史大夫,充義成軍節度、鄭滑潁觀察使。入爲刑部侍郎,累遷刑部、户部尚書。"《新書》本傳略同。《舊書·懿宗紀》:咸通二年二月,"鄭滑節度使、檢校工部尚書李福奏:'屬郡潁州去年夏大雨……乞蠲租賦。'從之"。上圖藏拓片《原武縣令京兆王公墓誌銘并序》（景福四年十月十七日）:"夫人隴西李氏,唐故滑州節度使李諱福之猶女也。"《南部新書》癸:"滑州有僧景陽碣,在開元寺……大中十二年二月,刺史李福置。"

衛 洙　咸通二年—約四年（861—約863）

《舊書·懿宗紀》:咸通二年"八月,以中書舍人衛洙爲工部侍郎。尋改銀青光禄大夫、檢校禮部尚書,兼滑州刺史、御史大夫、駙馬都尉,充義成軍節度、鄭滑潁觀察處置等使"。又見《御覽》卷二五五。《新書》本傳:"乃爲左拾遺,歷義成節度使。咸通中卒。"《舊書》本傳未及。

李 荀　　咸通四年—約六年（863—約 865）

《舊書·懿宗紀》：咸通四年"二月，以左散騎常侍李荀檢校工部尚書、滑州刺史、義成軍節度、鄭滑觀察等使"。

蕭 做　　咸通六年—九年（865—868）

《舊書·懿宗紀》：咸通六年九月，"以吏部侍郎蕭做檢校禮部尚書、滑州刺史、御史大夫，充義成軍節度、鄭滑潁觀察等使"。又本傳："以檢校工部尚書出爲滑州刺史，充義成軍節度、鄭滑潁觀察處置等使。在鎮四年……就加刑部尚書，入爲兵部尚書、判度支，轉吏部尚書。"《新書》本傳略同。

康承訓　　咸通九年—十年（868—869）

《通鑑·咸通九年》：十一月癸卯，"詔以右金吾大將軍康承訓爲義成節度使、徐州行營都招討使"。《咸通十年》：十月，"以康承訓爲河東節度使、同平章事"。又見《新書》本傳。按《舊書·懿宗紀》：咸通十年正月，"乃授〔康〕承訓檢校尚書右僕射，兼滑州刺史、義成軍節度使"。十二月，"以義成軍節度使、光禄大夫、檢校尚書左僕射、同平章事、滑州刺史、上柱國、會稽縣開國伯、食邑二千户康承訓以本官兼太原尹、北都留守，充河東軍節度使"。任職時間與《通鑑》異，今從《通鑑》。

杜 悰　　咸通十年—約乾符元年（869—約 874）

《通鑑·咸通十年》：十月，"以杜悰爲義成節度使"。按《舊書·懿宗紀》：咸通十一年正月，"以檢校左散騎常侍、泗州刺史杜悰檢校工部尚書、滑州刺史、義成軍節度、鄭滑觀察等使"。今從《通鑑》。《舊書·僖宗紀》：咸通十四年十二月，"義成軍節度使、檢校刑部尚書杜悰就加兵部尚書"。《新書》本傳："咸通中爲泗州刺史。會龐勛反，圍城……賊平，悰遷義成軍節度使，檢校兵部尚書，卒。"《闕史》卷下《辛尚書神力》："邕府辛讜尚書，傳有神力，嘗與滑臺杜僕射爲泗上郡職。"杜僕射當即杜悰。

李 嶧 乾符三年—六年（876—879）

《舊書·僖宗紀》：乾符三年九月，"以太府卿李嶧檢校工部尚書、滑州刺史、御史大夫，充義成軍節度、鄭滑潁觀察處置等使"。《新書·黃巢傳》："巢破考城，取濮州……巢方掠襄邑、雍丘，詔滑州節度使李嶧壁原武。"按黃巢乾符六年取濮州。

王 鐸 中和元年?—四年（881?—884）

《舊書·僖宗紀》：中和元年七月丁巳，"以侍中王鐸檢校太尉、中書令，兼滑州刺史、義成軍節度、鄭滑觀察處置，兼充京城四面行營都統"。四年十一月，"制以義成軍節度、檢校太師、中書令、上柱國、晉國公王鐸爲滄州刺史、義昌軍節度、滄德觀察處置等使"。《元龜》卷一二〇同。《舊書》本傳："〔鄭〕畋病歸行在，朝議復以鐸爲侍中、滑州刺史、義成軍節度使，充諸道行營都統……僖宗自蜀將還，乃以鐸爲滄景節度使。"按《新書》本傳、《宰相表下》及《通鑑》作中和二年，鐸爲義成節度使。《大詔令集》卷五二有樂朋龜《王鐸中書令諸道行營都統權知義成軍節度使制》，中和二年正月。《全文》卷八六僖宗有《授王鐸義成軍節度使兼中書令制》，《大詔令集》卷五四署樂朋龜行制。《大詔令集》卷五二又有《王鐸判户部制》，稱"諸道行營都統指揮收復京城兼租庸等使權知義成軍節度使、鄭滑潁等州管内觀察處置等使"。《北夢瑣言》卷一三："王中令鐸落都統，除滑州刺史，尋罷鎮。"《全詩》卷五五七王鐸有《罷都統守鎮滑州作》。

安師儒 約光啓元年—二年（約 885—886）

《舊五代史·梁太祖紀》：光啓二年"十一月，滑州節度使安師儒以怠於軍政，爲部下所殺"。《新五代史·梁太祖紀》略同。又見《通鑑·光啓二年》十一月。《新書·僖宗紀》：光啓二年十月，"朱全忠陷滑州，執義成軍節度使安師儒"。

胡 真 光啓二年—大順元年（886—890）

《通鑑·光啓二年》：十一月，"〔朱〕全忠以牙將江陵胡真知義成留後"。《大順元年》：六月"辛未，以朱全忠爲宣武、宣義節度使。全忠以方有事徐、楊，徵兵遣戍，殊爲遼闊，乃辭宣義，請以胡真爲節度使，從之……及胡真入爲統軍，竟以全忠爲兩鎮節度使"。又見《舊五代史》本傳。《新書・方鎮表二》：光啓二年，"義成軍節度使改爲宣義軍節度使，朱全忠請改，以避其父名"。

朱全忠　　大順元年—天祐四年（890—907）

《舊五代史・梁太祖紀》：大順元年六月"辛未，昭宗命帝爲宣義軍節度使，充河東東面行營招討使"。《通鑑・大順元年》：十月"乙酉，朱全忠自河陽如滑州視事"。又見《舊書・昭宗紀》《哀帝紀》，《新五代史・梁太祖紀上》。

待考録

李　稹

《唐語林》卷七："滑州城，北枕河堤……貞元中，賈丞相耽鑿八角井於城隅，以鎮河水。咸通初，刺史李潼以其事上聞。"按咸通年間爲滑刺者歷歷可考，不容插入。李潼當即李稹，吳氏《方鎮年表》列此人於乾符元年至二年，並引《舊紀》"乾符二年五月，王仙芝進陷濮州，鄭州節度使李稹出兵擊之"。鄭州非節度使治所，吳氏以爲即滑州。岑仲勉《正補》謂鄭州蓋鄆州之訛誤，濮州在天平轄下，非義成轄下，其名應退入存疑之列。

卷五八　虢州(弘農郡)

隋末於盧氏縣置虢郡，武德元年改爲虢州。貞觀八年廢鼎州，移虢州於弘農。天寶元年改爲弘農郡。乾元元年復爲虢州。領縣六：弘農、盧氏、閿鄉、玉城、朱陽、湖城。

張士貴　　武德四年(621)

《舊書》本傳："大業末，聚衆爲盜，攻剽城邑……高祖降書招懷之，士貴以所統送款，拜右光禄大夫。累有戰功，賜爵新野縣公。從平東都，授虢州刺史……尋入爲右武候將軍。"《新書》本傳略同。又見《元龜》卷三五七、卷七八二。《大唐故輔國大將軍〔贈〕荆州都督虢國公張公(士貴)墓誌銘并序》："及東都庶定……除虢州刺史。"(《考古》1978年第3期)

【頡　利　　貞觀四年(630)(未之任)】

《舊書·突厥傳上》：貞觀四年"三月，行軍副總管張寶相率衆奄至沙鉢羅營，生擒頡利送於京師……頡利鬱鬱不得志，與其家人或相對悲歌而泣。帝見羸憊，授虢州刺史……頡利辭不願往，遂授右衛大將軍，賜以田宅"。又見《太平寰宇記》卷一九五。《通鑑》作貞觀六年十月。

李元曉　　貞觀九年(635)

《舊書》本傳："密王元曉，高祖第二十一子也。貞觀五年受封。九年，授虢州刺史。十四年，賜實封八百户。二十三年，加滿千户，轉澤州刺史。"又見《元龜》卷二八一。《新書》本傳稱貞觀中爲虢刺。

李　鳳　　貞觀十年—十八年（636—644）

《大唐故使持節青州諸軍事青州刺史虢莊王（鳳）墓誌銘并序》："〔貞觀〕十年詔曰……可改封虢王，食邑如故，仍授使持節虢州諸軍事虢州刺史……十八年，除使持節豫州諸軍事豫州刺史。"又貞觀十二年册書稱"惟爾使持節虢州諸軍事虢州刺史虢王鳳"（《考古》1977年第5期）。又見兩《唐書》本傳，《元龜》卷二八一，兩《唐書・李元景傳》，《全文》卷六太宗《荆王元景等子孫代襲刺史詔》，《會要》卷四六。

李　愔　　貞觀十八年—永徽元年（644—650）

《舊書》本傳："〔貞觀〕十三年，賜實封八百户，除岐州刺史……貶爲虢州刺史。二十三年，加實封滿千户。愔在州數遊獵，不避禾稼，深爲百姓所怨……永徽元年，爲御史大夫李乾祐所劾……貶愔爲黄州刺史。"《新書》本傳略同。又見《元龜》卷一五七，《會要》卷五。

高季通　　永徽二年（651）

《舊書・高季輔傳》："永徽二年，授光禄大夫，行侍中，兼太子少保。以風疾廢於家，乃召其兄虢州刺史季通爲宗正少卿視其疾。"《新書・高季輔傳》略同。又見《元龜》卷三一九。

于立政　　顯慶元年（656）

《新表二下》于氏："立政字匡時，太僕少卿、虢州刺史。"《全文》卷二三七于知微《明堂令于大猷碑》："父立政，尚書吏部郎中，國子司業，太子率更令，渠、虢二州刺史。"卷二〇六姚崇《兖州都督于知微碑》略同。又卷一三七令狐德棻《大唐故柱國燕國公于君碑銘并序》："以乾封元年歲次景寅十一月癸亥朔□二□甲申葬於雍州三原縣萬壽鄉……□□，尚□□部郎中，國子司業，太子率更令，使持節渠、虢二州刺史。"按碑文中所及于姓爲虢州刺史者，蓋即立政。《金石録》卷四："《于立政碑》，調露元年立。顯慶元年，立政爲虢州刺史。"《廣記》卷三九三引《廣古今五行記》：“唐虢州有兄弟析居，共分堂宇。至顯慶元年夏夜……刺史于立政奏之。”

唐同仁　　顯慶中—龍朔元年（?—661）

《會稽掇英總集・唐太守題名》：“唐同仁，龍朔元年五月十二日自虢州刺史授。”《嘉泰會稽志》同。

李　明　　麟德元年—總章二年（664—669）

《全文》卷一四高宗《册曹王明虢州刺史文》：“維麟德元年歲次甲子正月己酉朔二十二日庚午……惟爾凉（梁）州都督上柱國曹王明……命爾爲使持節虢州諸軍事虢州刺史。”又《册曹王明豫州刺史文》：“維總章二年歲次己巳三月己卯朔十三日辛卯……惟爾使持節虢州諸軍事虢州刺史上柱國曹王明……命爾爲使持節豫州諸軍事豫州刺史。”二文又見《大詔令集》卷三七。《舊書》本傳：“顯慶中，授梁州都督，後歷虢、蔡、蘇三州刺史。”又見《元龜》卷二八一。《新書》本傳未及。《千唐誌・有唐山南東道節度使嗣曹王（李皋）墓銘并序》（貞元八年五月十二日）：“王之四代祖受封於曹，則文皇第十四子也，歷虢、蔡、蘇、常等四州刺史。”

封道弘　　高宗時

《姓纂》卷一渤海蓨縣封氏：“道弘，右司郎中，虢州刺史。”《新表一下》封氏同。按《千唐誌・大理評事封無遺墓誌》稱：“祖道弘，皇朝太府少卿。”無遺卒開元三年，年五十五。又按顯慶二年封道宏（弘）爲許州長史，見《會要》卷二六。《郎官柱》左司郎中有封道弘，在李公淹後，邸懷道前。《金石録》卷四有《唐襄州刺史封公碑》，垂拱元年立，疑即封道弘。

竇義節　　約高宗時

《姓纂》卷九河南洛陽竇氏：“義節，虢州刺史。”《新表一下》竇氏三祖房同。乃陝州刺史竇德冲之子。其孫庭芝天寶末爲陝郡太守。按昭陵陪葬名氏有"寧州刺史寶義節"，見《會要》卷二一，約仕於高宗時。

高敬言　　約高宗時

《千唐誌·唐故銀青光祿大夫行光祿少卿上柱國渤海郡開國公高府君（懲）墓誌銘并序》（開元十八年）："祖敬言，皇朝給事中、户部侍郎、吏部侍郎，果、穀、虢、許四州刺史……〔懲〕開元十七年……遘疾薨於河南之尚賢里，春秋六十有六。"《廣記》卷二二一引《定命録》："高敬言爲雍州法曹……追入爲刑部侍郎。至吏部侍郎，忽患風。則天命與一近小州養疾，遂除虢州刺史，卒年七十三。"按《新表一下》高氏有"敬言，吏部侍郎"，乃北齊左僕射德政曾孫。永徽二年在吏部侍郎任，見《會要》卷三九。

盧　玢　　武后時

《芒洛四編》卷五《大唐故左屯衛將軍盧府君（玢）墓誌銘并序》："出爲鄜州刺史……拜虢州刺史……累遷貝州刺史、絳州刺史……又徵拜左驍衛將軍。俄除并州大都督府長史……拜左屯衛將軍東都留守，兼判左衛及太常卿事。"春秋五十四，景雲元年十一月廿九日卒。又見《千唐誌·大中大夫使持節房州□□□□（諸軍事房）州刺史上柱國魏縣開國子盧府君（全操）誌銘并序》（開元二十三年九月十八日）、《唐故兖州鄒縣尉盧君（仲容）墓誌銘并序》（乾元二年二月十二日）。《隋唐五代墓誌匯編·洛陽卷》第十一册《唐故朝議郎平原郡長河縣令盧府君（全貞）墓誌銘并序》（天寶十年十月二十日）："父銀青光祿大夫、虢貝絳州刺史、并州大都督府長史玢。"全貞卒天寶五載，春秋六十。【補遺】《唐代墓誌匯編·唐故朝議郎平原郡長河縣令盧府君（全貞）墓誌銘並序》（天寶十載十月廿四日）："祖銀青光祿大夫、尚書左右丞、雍洛州長史承業；父銀青光祿大夫、虢貝絳州刺史、并州大都督府長史玢。……公即絳州先府君之第四子也。"

韋承慶　　約聖曆中

《舊書》本傳："長壽中，累遷鳳閣舍人，兼掌天官選事……尋坐忤大臣旨，出爲沂州刺史。未幾，詔復舊職，依前掌天官選事。久之，以病免，改授太子諭德。後歷豫、虢等州刺史，頗著聲績，制書褒美。長安初，入爲司僕少卿。"《新書》本傳略同。又見《元龜》卷六七三。《隋唐五代墓誌匯編・陝西卷》第三册《大唐故黄門侍郎兼修國史韋府君（承慶）墓誌銘并序》（神龍二年十二月二十四日）："遷使持節豫州諸軍事，又遷虢州刺史……尋遷太僕少卿，天官侍郎，又授鳳閣侍郎兼知政事。"神龍二年卒，春秋六十七。

姚　珽（姚班）　　久視元年（700）

《舊書》本傳："舉明經，累除定、汴、滄、虢、幽等五州刺史，加銀青光禄大夫，轉秦州刺史。以善政有聞，璽書褒美，賜絹百匹。神龍元年，累封宣城郡公。"《新書》本傳未及。《千唐誌・大周故左衞翊衞沈君（浩禕）墓誌銘并序》（久視元年十一月十六日）："夫人吳興姚氏，虢州刺史之第九女也。"浩禕卒聖曆元年，春秋廿一。由此知久視元年姚珽在虢州刺史任。珽神龍二年爲左庶子，見《舊書・節愍太子傳》。

薛元宗　　武后時？

《新表三下》薛氏："元宗，虢州刺史。"乃濮州刺史薛鄭賓之祖，疑其刺虢在武后時。

楊思景　　武后時？

《隋唐五代墓誌匯編・洛陽卷》第十二册《大唐故祕書郎席府君夫人弘農縣君楊氏墓誌銘并序》（大曆九年八月二十七日）："曾祖綸（按：即楊恭仁），皇銀青光禄大夫吏部尚書、中書令，謚曰孝。祖思景，正議大夫虢州刺史。父正名，皇朝散大夫宋州單父縣令。"夫人卒大曆九年五月十七日，享年五十九。

陳　憲　　約武后末

《全文》卷九九五闕名《陳憲墓誌銘》："出爲虢州刺史，復大理少卿，遷工部侍郎。又出爲兗州都督，入拜衞尉少卿……以開元十三年

九月廿五日薨。"兩《唐書》本傳未及。按神龍元年陳憲在工部侍郎
任，見《會要》卷三六，《元龜》卷五六〇作神龍三年。其刺虢州當在此
之前。

韋岳子（韋岳、韋嶽）　　約中宗時

《舊書》本傳："會則天幸長安，召拜尚舍奉御，從駕還京，因召
見……尋拜太原尹，嶽素不習武，固辭邊任，由是忤旨，左遷宋州長
史，歷海、虢二州刺史，所在皆著威名。睿宗時，入爲殿中少監。"《新
書》本傳未及。《全文》卷四九七權德輿《唐故光禄大夫檢校太尉兼中
書令成都尹劍南西川節度副大使知節度事韋公先廟碑銘并序》：贈太
子少保府君諱嶽，"在武后時……由太原令移佐睢陽。出入四紀，績
宣中外，歷殿中監；剖符八州：廬、海、潮、虢、眉、徐、衛、陝，所至之邦，
有威有懷。"

張少師　　約中宗、睿宗間

《千唐誌·大唐故蘇州長洲縣令孫府君夫人吳郡張氏墓誌銘有
序》（大中四年十月十七日）："夫人吳郡張氏，實皇中大夫虢州刺史少
師之曾孫，皇太（大）中大夫左諫議珦之孫，皇漢州什邡縣尉江陵節度
巡官玠之女。"夫人卒大中四年四月，享年六十一，則生於貞元六年。
按《新表二下》吳郡張氏有"小（少）師，朱陽令"。其姪孫"珦，吏部郎
中"（據此《誌》，《新表》所列世系誤）。《新表》謂小（少）師父乃後胤。
按後胤顯慶二年爲睦州刺史。又按張説《邠王府長史陰府君碑》稱
"子婿吏部郎中吳興張珦"，知珦仕開元中，則珦父少師刺虢約在中
宗、睿宗間。

馬懷素　　開元初

《全文》卷九九五闕名《故銀青光禄大夫祕書監兼昭文館學士侍
讀馬公（懷素）墓誌銘》："除虢州刺史……入爲太子少詹事，判刑部侍
郎……轉户部侍郎。"以開元六年七月廿七日卒。兩《唐書》本傳
未及。

李守禮　開元二年—三年（714—715）

　　《舊書·玄宗紀上》：開元二年六月丁巳，“司空、邠王守禮爲虢州刺史”。《通鑑·開元二年》同。《舊書》本傳：“開元初，歷虢、隴、襄、晉、滑六州刺史。”又見《元龜》卷二八一。《新書》本傳未及。《全文》卷二一玄宗《封邠王守禮第二女華亭縣主制》：“司空兼虢州刺史邠王守禮第二女……可封華亭縣主。”

李　範　開元三年—四年（715—716）

　　《舊書·玄宗紀上》：開元三年“四月，岐王範兼虢州刺史”。兩《唐書》本傳未及。《大詔令集》卷三五《岐王範太子少師等制》：“虢州刺史岐王範……可太子少師兼虢州刺史……開元四年六月七日。”又見《全文》卷二五二蘇頲行制。

【補遺】李　邕　約開元四年（約716）

　　《唐研究》第十二卷（2006年版）《唐故贈荆州大都督嗣虢王（李邕）墓誌並序》（開元十五年十二月廿九日）：“中宗竟以毒禍而崩。……緣累出爲沁州刺史。迨天保已定，朝命克宣……是用復階三品，增封百户。除隴州刺史，遷宗正卿，移虢州刺史，改太僕卿，轉衛尉卿，出守貝州刺史，入爲秘書監，又拜衛尉卿。……開元十五年七月八日薨於東都嘉善里之私第，春秋五十。”

李　濬　約開元四、五年間（約716、717）

　　《舊書》本傳：“開元初，置諸道按察使，盛選能吏，授濬潤州刺史、江東按察使……濬尋拜虢、潞二州刺史，又拜益州長史、劍南節度使，攝御史大夫……八年卒官。”又見兩《唐書·李麟傳》，《元龜》卷六七七。按開元四年七月李濬尚在潤州刺史任，見《大詔令集》卷一○四蘇頲《遣王志愔等各巡察本管内制》。

李　撝　開元五年—六年（717—718）

　　《舊書·玄宗紀上》：開元五年十一月己亥，“司徒兼鄧州刺史、申王撝兼虢州刺史”。六年十二月，“司徒兼虢州刺史、申王撝爲絳州刺史”。又見《舊書》本傳，《大詔令集》卷三五《邠王守禮等兼晉州刺史制》。《新書》本傳未及。

李　業　　開元六年—八年（718—720）

《舊書·玄宗紀上》：開元六年十二月，“以太子少保兼衞州刺史薛王業爲虢州刺史”。八年九月甲子，“太子少保兼虢州刺史薛王業爲太子太保，餘並如故”。又見本傳。《新書》本傳未及。《大詔令集》卷三五《邠王守禮等兼晉州刺史制》：“太子少保兼衞州刺史薛王業……可使持節虢州諸軍事兼虢州刺史……開元元（六）年十二月。”

王　琚　　約開元九、十年間（約721、722）

《舊書》本傳：開元二年二月，“除澤州刺史，削封。歷衡、郴、滑、虢、沔、夔、許、潤九州刺史，又復其封。二十年，丁母憂”。《新書》本傳未及。

韓　休　　開元十二年—十三年（724—725）

《舊書》本傳：“歷遷中書舍人、禮部侍郎，兼知制誥，出爲虢州刺史……歲餘，以母艱去職，固陳誠乞終禮，制許之。服闋，除工部侍郎，仍知制誥。”《元龜》卷六七一：開元十二年，“韓休以禮部侍郎爲虢州刺史”。又見《新書》本傳，《元龜》卷六七四、卷六八八、卷八六二。

許景先　　開元十三年—十四年（725—726）

《舊書》本傳：“〔開元〕十三年，玄宗令宰臣擇刺史之任，必在得人，景先首中其選，自吏部侍郎出爲虢州刺史。後轉岐州，入拜吏部侍郎，卒。”《舊書·梁文貞傳》：“虢州閺鄉人……〔開元〕十四年，刺史許景先奏：‘文貞孝行絶倫。’”知景先十四年尚在任。《唐詩紀事》卷二作開元十六年始任虢州，誤。又見《新書》本傳、《梁文貞傳》，《元龜》卷六七一、卷七五七，《御覽》卷二五八、卷四一一，《全詩》卷三明皇帝《賜諸州刺史以題座右詩序》，《咸淳毗陵志》卷一六。《元龜》卷六八七作"鄂州刺史"，當爲"虢州刺史"之誤。

鄔元崇 開元十四年？（726？）

《全文》卷九三三杜光庭《歷代崇道記》："帝東封……又幸懷州開元觀……乃詔授鄔元崇爲虢州刺史。"

蕭　誠 開元中

《新表一下》蕭氏齊梁房："誠，虢州刺史。"按開元十五年蕭誠爲恒州刺史，其刺虢當在此後。

龐景劌 開元中？

《姓纂》卷一南安今潁州龐氏："景劌，虢州刺史。"乃約高宗時饒州刺史、安北都護龐同福之孫。

屈突紹先 開元中？

《姓纂》卷一〇昌黎屈突氏："紹先，虢州刺史。"乃神龍中瀛州刺史仲翔之再從姪。

趙冬曦 天寶元年—二年（742—743）

《寶刻叢編》卷一〇引《復齋碑録》："《唐蒙泉湯記》，唐弘農太守趙冬曦撰，天寶二年三月甲寅建。"兩《唐書》本傳未及。《趙冬曦墓誌》："以親累，貶合州刺史，歷眉、濮、亳、許、宋等州刺史，弘農、滎陽、華陰等郡太守……是以入侍一紀，出牧九邦。"（《中原文物》1986 年第 4 期）

裴　昌 天寶中

《新表一上》南來吳裴氏："昌，弘農太守。"乃袁州長史無悔子，禮部尚書裴寬兄。《隋唐五代墓誌匯編·陝西卷》第四册《唐故太原府太谷縣尉元府君亡夫人河東裴氏墓誌銘并序》（元和十五年十一月二十二日):“曾祖諱昌,皇朝高平、弘農二郡太守。”夫人卒元和十五年,享年五十一。

蕭　恕　天寶中?

《舊書·蕭定傳》:“父恕,虢州刺史,以定贈工部尚書……〔定〕興元元年卒,年七十七。”《新表一下》蕭氏齊梁房:“恕,虢州刺史。”【補遺】《文博》2000年第2期《華陰發現的兩方唐墓誌》引《唐故華州司倉參軍蕭公(鄼)墓誌銘並序》(元和五年四月廿八日):“五年春三月,華有良吏司倉蕭君暴疾而卒。……大父恕,剖符虢州。……公諱鄼,始以門緒歷數任。太守天水公知公之能,遂奏請天子,且以爲倉曹。……太守美公之誠,華吏揖公之清。可以壽永年。……乃不幸遇疾,溘爾而終。”

張　衮　天寶中?

《新表二下》清河張氏:“衮,虢州刺史。”乃高宗相文瓘之曾孫,揚州長史宥之子。《郎官柱》司封員外有裴衮,在程休後,閻伯興前。勞格云:裴衮當文宗時,時代不合。疑爲張衮,當玄宗時代,正合。

元　瓌　天寶中?

《隋唐五代墓誌匯編·陝西卷》第一册《唐故金紫光禄大夫潁王府司馬上柱國元府君(瓌)墓誌銘并序》(大曆四年二月十日):“拜衛尉少卿,除虢州刺史,改懷州刺史……加銀青光禄大夫,除豐王府長史。屬由狂寇稱亂,中原不安。”上元元年七月八日卒,未言享年。

李　曅(李煜)　至德中

《英華》卷三九六賈至《授李曅宗正卿制》稱:“前弘農太守李曅……可守宗正卿。”《全文》卷三六七作“李煜”。按至德二載李煜爲鳳翔尹,見《會要》卷六八。勞格謂此李煜即李曅。乾元二年刑部侍郎李曅與鳳翔尹嚴向皆貶嶺下尉,見《通鑑》。又按賈至在至德中爲中書舍人,乾元元年出爲汝州刺史,二年又貶岳州司馬。約寶應元年復爲中書舍人,遷尚書左丞。則李曄爲弘農太守當在至德中。

王奇光　　乾元二年(759)

《御覽》卷九五七:"乾元中虢州刺史王奇光奏:閺鄉縣界女媧墳,天寶十三載大雨晦暝,失所在,今河上側近忽聞雷風聲,曉見墳踴出。"按兩《唐書·五行志》並載此事在乾元二年六月。《會要》卷五九亦云:"乾元二年六月十八日,虢州刺史王奇光奏……"又見《酉陽雜俎》前集卷一,《太平寰宇記》卷六,《廣記》卷三〇四、卷三九〇引《唐曆》作"王晉光",當爲"王奇光"之誤。

李　勉　　約廣德元年(約 763)

《舊書》本傳:"肅宗將大用勉,會李輔國寵任,意欲勉降禮於己。勉不爲之屈,竟爲所抑,出歷汾州、虢州刺史,改京兆尹,檢校右庶子、兼御史中丞、都畿觀察使。"又見《元龜》卷七八一。《新書》本傳未及。按上元寶應中,李勉爲河東王思禮、朔方李國貞行軍司馬,進梁州都督、山南西道觀察使。

龐　充　　大曆元年(766)

《舊書·代宗紀》:大曆元年十二月"癸卯,同華節度使周智光專殺陝州監軍張志斌、前虢州刺史龐充,據華州叛"。又見兩《唐書·周智光傳》。《新書·代宗紀》:大曆元年十二月"癸卯,周智光反,殺虢州刺史龐充"。

李　椅(李琦)　　約大曆二年—四年(約 767—769)

《全文》卷三九〇獨孤及《福州都督府新學碑銘》:"〔公〕諱椅,字某,皇帝之諸父,宗室之才子……中興之後,歷御史、尚書郎、諫議大夫、給事中,十餘年間,周歷三臺……無何,出守弘農,弘農人和;又移典華陰……大曆七年冬十有一月加御史大夫持節都督福建泉汀漳諸軍事。"《閩中金石記》卷一《成公李椅去思碑》略同。按《舊書·代宗紀》作"琦"。

宋　晦　　約大曆五年—九年（約 770—774）

　　《舊書·代宗紀》：大曆九年“八月辛未，以虢州刺史宋晦爲同州刺史，充長春宮營田等使”。《元龜》卷六九七：“宋晦爲虢州刺史，與元載賄交。”《長安志》卷七引《唐實録》：“〔宋〕晦嘗任虢州刺史，率百姓採盧氏山木爲〔元〕載造東都私第。”

王　冰（王砅）　　約大曆中

　　《金石補正》卷七三《大唐故王府君（從政）墓誌銘并序》：“曾祖諱冰，使持節諸軍事守虢州刺史……〔從政〕享年七十，於大和四年夏四月啓手足於靈臺縣之私第。”按《新書·藝文志三》有“王冰注《黄帝素問》二十四卷”。又有“《釋文》一卷”，注：“冰，號啓元子。”王冰有《黄帝素問自序》，寶應元年作，參見余嘉錫《四庫提要辨證》卷一二《黄帝素問》條。又按《郡齋讀書志》卷三下作“王砅”。杜甫有《送重表姪王砅評事使南海》詩，大曆五年作。

盧　杞　　大曆末

　　《舊書》本傳：“出爲虢州刺史。建中初，徵爲御史中丞。”《新書》本傳略同。《柳河東集》卷一二《故弘農縣令柳府君墳前石表辭》：“爲弘農二年，裕於其人……刺史盧杞加禮褒旌。”又見《國史補》卷上，《唐語林》卷六。

李　紓　　建中元年—約二年（780—約 781）

　　《舊書》本傳：“大曆初，吏部侍郎李季卿薦爲左補闕，累遷司封員外郎、知制誥，改中書舍人。尋自虢州刺史徵拜禮部侍郎。德宗居奉天，擇爲同州刺史。”《新書》本傳未及。《宋高僧傳》卷一五《唐蘇州開元寺辨秀傳》：“以建中元年六月十五日寢疾而終……虢州刺史李紓、御史中丞李道昌，盡欽慕往德。”《全文》卷九一八清晝《唐蘇州開元寺律和尚墳銘并序》：“今虢州刺史李公紓……懷人撫事，相顧泫然。”按李紓知建中四年春貢舉，四年冬出爲同州刺史，見《南部新書》甲，《登科記考》卷一一。

李若初 建中時

《舊書》本傳：“〔李〕芃遷河陽三城使，奏若初爲從事，軍中之事，多以委之。累授檢校郎中、兼中丞、懷州刺史。轉虢州刺史，坐公事爲觀察使劾奏，免歸。久之，出爲衢州刺史。”《新書》本傳未及。

李　堅 貞元初？

《新書·宗室世系表上》大鄭王房：“虢州刺史堅。”乃文宗相李石之祖，其爲虢刺疑在貞元初。

張　式 貞元九年（793）

《舊書·德宗紀下》：貞元九年“三月己亥，以駕部郎中、知制誥張式爲虢州刺史”。《全文》卷六二八吕温《虢州三堂記》：“由是南陽張公輟揮翰之任，受剖符之寄，遊刃而理此焉。”

崔　衍 約貞元十年—十二年（約794—796）

《舊書·德宗紀下》：貞元十二年八月“癸酉，以虢州刺史崔衍爲宣歙池觀察使”。又本傳：“故衍官至江州刺史……後歷蘇、虢二州刺史。虢居陝、華二州之間，而稅重數倍……衍乃上其事，時裴延齡領度支。”《新書》本傳略同。又見《元龜》卷四八八，《全文》卷四八一崔衍有《請減虢州賦錢疏》。又卷五二九顧況《宛陵公署記》：“博陵崔公端憲臺出九江，涉吴換虢，三牧作乂，仁聲上騰，上褒之以宣歙等州團練觀察採石軍使……庚辰年正月下旬日……顧況記。”按《姑蘇志》卷三八謂崔衍天寶末歷蘇、虢二州刺史，遷宣歙池觀察使，誤。

于　頔 約貞元十二年（約796）

《全文》卷四九七權德輿《唐金紫光禄大夫守司空同中書門下平章事燕國公于公先廟碑銘并序》：“惠綏外服，則湖、蘇、虢、陝二千石察廉，克宣功化，繇山南東道節度使平章事入覲。”兩《唐書》本傳唯云任陝虢觀察，未及刺虢事。按貞元十一、十二年于頔在蘇州刺史任，貞元十三年爲陝虢觀察使，其刺虢州約在貞元十二年。

馬　錫　　約貞元中

《姓纂》卷七陝郡馬氏：“錫，諫議大夫，虢州刺史。”《全文》卷六二八呂溫《虢州三堂記》：“開元初，天子思二南之風，並選宗英，共持理柄。虢大而近，匪親不居。時惟五王出入相授，承平易理。逸政多暇，考卜惟勝，作爲三堂……棟宇制度，非諸侯居。後刺史馬公錫，因其頹陊，始革基構。”按貞元元年馬錫官殿中少監，見《元龜》卷一四四。又按《英華》卷三九九常袞有《授馬錫少府少監制》。

王　顔　　貞元十三年—十七年（797—801）

《金石補正》卷六七：“《軒轅鑄鼎原銘》，虢州刺史王顔撰，華州刺史袁滋書，貞元十七年二月十日立。”又見《金石録》卷九。按《寶刻叢編》卷一〇引《集古録目》作“貞元十一年正月立”。岑仲勉《貞石證史》謂“十一年”乃“十七年”之誤。《全文》卷五四五王顔《追樹十八代祖晉司空太原王公神道碑銘》：“屪孫顔，由進士官歷臺省，除洛陽令，移典杭州，入大理少卿，拜御史中丞，出虢州刺史。”《金石萃編》卷一〇四收此文署“貞元十七年十月二十日建”。按王顔貞元六年至八年在杭州刺史任。《全文》卷六二八呂溫《送琴客摇兼濟東歸便道謁王虢州序》：東海摇兼濟，“貞元丁丑歲觀藝京師……浩然東歸……弘農守御史中丞王公得子最深”。按丁丑歲，乃貞元十三年。“王虢州”當即王顔。

薛　苹　　約貞元十八年—永貞元年（約802—805）

《舊書·憲宗紀上》：永貞元年十一月甲申，“以虢州刺史薛苹爲潭州刺史、湖南觀察使”。又本傳：“累官至長安令，拜虢州刺史，朝廷以尤課擢爲湖南觀察使。”又見《元龜》卷六八四。《新書》本傳：“苹以吏最拜長安令，歷虢州刺史。憲宗時，奏最，擢湖南觀察使。”

元義方　　元和元年—三年（806—808）

《新書》本傳：“歷京兆府司録，韋夏卿、李實繼爲尹，事必咨之。歷虢、商二州刺史，福建觀察使。”按韋夏卿尹京兆在貞元十七年至十八年，李實尹京在貞元十九年至二十一年，元義方元和四年四月爲福建觀察。《隋唐五代墓誌匯編・陝西卷》第二册《唐故同州澄城縣主簿韋府君(孟明)墓誌銘并序》(元和三年十一月二十四日)："夫人河南元氏，虢州刺史義方之女。"孟明卒元和三年正月，享年三十九。證知元和三年元義方正在虢州刺史任。

王　播　　約元和三、四年間(約 808、809)

《舊書》本傳："順宗即位，除駕部郎中，改長安令。歲中，遷工部郎中……轉考功郎中，出爲虢州刺史。李巽領鹽鐵，奏爲副使、兵部郎中。元和五年，代李夷簡爲御史中丞。"《新書》本傳略同。

裴　向　　約元和五、六年(約 810、811)

《舊書》本傳：德宗季年，"向已選爲太原少尹……尋用爲行軍司馬、兼御史中丞，改汾州刺史，轉鄭州。又復爲太原少尹，兼河東節度副使。改晉州刺史，充本州防禦使，遷虢州刺史。入爲京兆少尹，拜同州刺史，充本州防禦使"。《新書》本傳未及。

鄭　敬　　約元和六、七年(約 811、812)

《千唐誌・唐故朝散大夫絳州刺史上柱國賜紫金魚袋鄭公(敬)墓誌銘并叙》(元和十一年二月十三日)："徵授尚書金部員外郎，遷户部郎中，左司郎中……改虢州刺史……入爲京兆少尹。"按元和三年至四年鄭敬爲左司郎中，見《舊書・韋貫之傳》、《潘孟陽傳》及《會要》卷七七。

劉伯芻　　元和七年——十年(812—815)

《舊書》本傳："裴垍罷相，爲太子賓客，未幾而卒……伯芻上疏論之，贈垍太子少傅……或議於吉甫，以此論奏。伯芻懼，亟請散地，因出爲虢州刺史。吉甫卒，裴度擢爲刑部侍郎，俄知史部選事。元和十年，以左常侍致仕，卒，年六十一。"又見《元龜》卷三三七。《新書》本傳略同。《元龜》卷四八："元和七年六月癸丑，以給事中劉伯芻爲虢州刺史，以疾求出故也。"《全詩》卷三四三韓愈《奉和虢州劉給事使君

(伯芻)三堂新題二十一詠》注："劉伯芻以元和八年出刺虢州。"《白居易集》卷五五《除劉伯芻虢州刺史制》："給事中劉伯芻……可授虢州刺史。"按白居易時在丁憂，此制當非白作。又按李吉甫元和九年十月卒，裴度元和十年拜相，見《新書·宰相表中》。

胡　珦？　　元和中

《西陽雜俎》前集卷一四："胡珦爲虢州時，獵人殺得鹿重一百八十觔（斤）。"又見《廣記》卷四四三。按《韓昌黎集》卷三〇有《唐故中散大夫少府監胡良公(珦)墓神道碑》，未及虢刺，未知《西陽雜俎》之説可靠否。

韋　屺　　元和中？

《隋唐五代墓誌匯編·洛陽卷》第十三册《右監門衛胄曹參軍故夫人韋氏墓銘》(寶曆元年二月)："光禄卿、宋鄭虢三州刺史屺之季女，監察御史楚材之妹。"夫人甲辰年（長慶四年）卒，年二十七。按《姓纂》卷二西眷韋氏："瑶再從姪屺，宋州刺史。"《新表四上》同。

韋　繟　　元和十一年(816)

《舊書·韋貫之傳》："貫之爲相，嚴身律下……〔張〕宿深銜之，卒爲所構，誣以朋黨，罷爲吏部侍郎。不涉旬，出爲湖南觀察使。弟虢州刺史繟，亦貶遠郡。"又見《元龜》卷九二五。按貫之元和十一年八月罷爲吏部侍郎，見《新書·宰相表中》。

錢　徽　　約元和十二年—十五年（約 817—820）

《新書》本傳："梁守謙爲院使，見徽批監軍表語簡約……銜之。以論淮西事忤旨，罷職，徙太子右庶子，出虢州刺史。入拜禮部侍郎。"《元龜》卷四五八誤稱"元和四年拜禮部侍郎"。《舊書》本傳未及虢刺，唯云：十一年罷學士之職守本官。長慶元年爲禮部侍郎。按錢徽元和八年至十年爲翰林學士，見《重修承旨學士壁記》。又按錢徽長慶元年知貢舉，見《唐摭言》。嚴氏《僕尚丞郎表》謂元和十五年由虢州刺史入爲禮部侍郎。可從。《白居易集》卷一八有《錢虢州以三堂絶句見寄因以本韻和之》詩，錢虢州當即錢徽。

蕭　祐　　　長慶中

《舊書》本傳：元和末，"授兵部郎中。出爲虢州刺史，入爲太常少卿，轉諫議大夫。逾月爲桂州刺史、御史中丞、桂管防禦觀察使。大和二年八月，卒於官。"《新書》本傳未及。《御覽》卷九五四："長慶中，虢州刺史蕭祐奏湖城縣永方鄉百姓閭鄼五代同居。"

盧士玫　　　長慶中

《舊書》本傳："幽州亂……士玫及從事皆被拘執，送幽州，囚於賓館。及朝廷宥〔朱〕克融之罪，士玫方得歸東洛。尋拜太子賓客，留司洛中，旋除虢州刺史，復爲賓客。寶曆元年七月卒。"《新書》本傳略同。

陸　亘　　　寶曆元年—大和二年（825—828）

《舊書》本傳："歷刺兖、蔡、虢、蘇四郡，遷越州刺史、浙東團練觀察等使，移宣歙觀察使，加御史大夫。大和八年九月卒。"《新書》本傳略同。《元龜》卷一四〇："敬宗寶曆元年六月，虢州刺史陸亘上言：玉城縣百姓閭鄼五代同居。"《姑蘇志》卷三："陸亘，自虢州刺史移任，大和三年九月遷越州。"

楊歸厚　　　約大和四、五年（約 830、831）

《新書·藝文志三》："《楊氏產乳集驗方》三卷。"注："楊歸厚，元和中，自左拾遺貶鳳州司馬，虢州刺史。"《全文》卷六一〇劉禹錫《祭故虢州楊庶子文》：維大和六年，"敬祭於故虢州楊公之靈……五剖竹符……俾臨本州，錫以貴綬"。《全詩》卷三五九劉禹錫有《寄楊虢州與之舊姻》，皆謂楊歸厚。

王　質　　　大和五年—七年（831—833）

《舊書》本傳："大和中，王守澄構陷宰相宋申錫，文宗怒，欲加極

法。質與常侍崔玄亮雨泣切諫，請付外推，申錫方從輕典。質爲中人
側目，執政出爲虢州刺史……尋召爲給事中、河南尹。八年，爲宣州
刺史、兼御史中丞、宣歙團練觀察使。"《新書》本傳略同。又見《元龜》
卷五四七、卷六八三。《全文》卷六〇九劉禹錫《唐故宣歙池等州都團
練觀察處置使宣州刺史王公（質）神道碑》："會宋丞相坐狷直爲飛語
所陷……公率諫官數輩，日晏伏閣……公終以言責爲憂，求爲虢州刺
史……公雅爲今揚州牧贊皇公所知……方在虢略，贊皇入相，擢爲左
曹給事中。"按"贊皇公"指李德裕。宋申錫大和五年三月罷相，李德
裕大和七年二月入相，見《新書·宰相表下》。又按大和七年十二月
王質以給事中權知河南尹，見《舊書·文宗紀下》。

崔玄亮　　大和七年（833）

《舊書·文宗紀下》：大和七年七月"乙巳，虢州刺史崔玄亮卒"。
又本傳："〔大和〕七年，以疾求爲外任，宰相以弘農便其所請，乃授檢
校左散騎常侍、虢州刺史。是歲七月，卒於郡所。"《新書》本傳略同。
又見《新表二下》博陵崔氏第三房，《唐詩紀事》卷三九，《白居易集》卷
七〇《唐故虢州刺史贈禮部尚書崔公（玄亮）墓誌銘并序》。

楊敬之　　開成四、五年（839、840）

《全詩》卷五三三姚鵠有《虢州獻楊抑卿二首》。"抑"下注："一作
大。"姚鵠會昌三年進士，詩當作於開成、會昌中。又《樊南文集補編》
卷五有《爲弘農公上虢州後上中書狀》。當爲同一人。友人陶敏云：
按楊卿，當爲楊敬之。《新書》本傳："文宗尚儒術，以宰相鄭覃兼國子
祭酒，俄以敬之代。未幾，兼太常少卿。是日，二子戎、戴登科，人號
'楊家三喜'。轉大理卿，檢校工部尚書，兼祭酒，卒。"姚詩首云："蓋
世英華更有誰？賦成傳寫遍坤維。"《千唐誌·唐鄉貢進士孫備夫人
于氏墓誌銘并序》："姓弘農楊氏，夫人外王父左馮翊太守諱敬之，韓
吏部、柳柳州皆伏比賈、馬。"《北夢瑣言》卷七："弘農楊敬之撰《華山
賦》，朱崖李太尉（德裕）每置座右，行坐諷之。"《新書》本傳："敬之嘗
爲《華山賦》示韓愈，愈稱之，士林一時傳布，李德裕尤咨賞。"都與詩

相合。李商隱《爲弘農公虢州上後上三相公狀》云：“豈意相公拔自曲臺，致之近郡。”曲臺，即太常寺，見《漢書·鄒陽傳》及顏注引應劭説。楊敬之當自太常少卿出守虢州。又《新傳》所云“俄以敬之代”鄭覃爲國子祭酒事，實有誤，據《金石萃編》卷一○九《石刻十二經并五經文字九經字樣》：“開成二年丁巳歲，月次于元，日維丁亥……朝散大夫、守國子司業、騎都尉、賜緋魚袋臣楊敬之，都檢校官銀青光禄大夫、□□□□□□□□□國子祭酒、同中書門下平章事、太清宫使、監修國史、上柱國、滎陽郡開國公、食邑二千户臣覃。”知楊敬之實爲國子司業，故可兼領品秩相同之太常少卿。《樊南文集補編》錢振倫注疑弘農公爲楊知温，張采田《玉谿生年譜會箋》卷四謂其未的，又疑爲楊歸厚。岑仲勉《玉谿生年譜會箋平質》駁二氏之説，又以弘農公爲注《荀子》之楊倞，更無據。唯岑氏謂此弘農公出守虢州“約當開成四、五年(據《新表》，四年七月甲辰至五年八月庚午期内，宰相三人)，即商隱守弘農尉時代作，弘農，虢州郭下，宜乎有此代勞矣”，當近事實。

李景讓　會昌二年（842）

《新書》本傳：“歷中書舍人、禮部侍郎、商華虢三州刺史。”按《舊書》本傳唯云：“大和中爲尚書郎，出爲商州刺史。開成二年，入朝爲中書舍人，二年十月，出爲華州刺史、潼關防禦、鎮國軍使。四年，入爲禮部侍郎。五年，選貢士李蔚，後至宰相。”《全詩》卷五二一杜牧《春日言懷寄虢州李常侍十韻》，疑即景讓。考《全詩》卷五六三李景讓有《寄華州周侍郎（墀）立秋日奉詔祭嶽》，周墀有《酬李常侍（景讓）立秋日奉詔祭嶽見寄》云：“豈是瑣才能祀事，洪（弘）農太守主張來。”由此證知李景讓刺虢，時周墀爲華州刺史。周墀於開成末至會昌三年在華刺任。友人陶敏謂李景讓、周墀寄酬詩作於會昌二年。

張文規　會昌中？

《廣記》卷四○二引《尚書故實》：“張文規牧弘農日，捕獲伐墓盜十餘。”兩《唐書》本傳未及。按張文規會昌元年七月自安州刺史移湖州刺史，大中時爲桂管觀察。

李　褒　　會昌末？

《全文》卷八三二錢珝《授李褒刺史等制》：“承休前理蜀川，頗聞嘉績……是可以分我符竹，光於省闥……褒可虢州刺史。韋暄、崔荆並可刑部員外郎，承休可果州刺史。”按錢珝，昭宗時知制誥，時代不合，疑作者名誤。又按李褒會昌四年爲鄭州刺史；大中三年自前禮部侍郎授浙東觀察，六年八月追赴闕，見《嘉泰會稽志》。李褒由浙東歸義興，未幾物故，見《廣記》卷二二三引《雲溪友議》。韋暄乃韋執誼之子，約大中時爲鄭州刺史。大中五、六年間崔洪爲東都留守時，崔荆爲庶子，見《廣記》卷二四四引《芝田錄》。則李褒爲虢刺疑在會昌末。

庾簡休　　大中元年—四年（847—850）

《舊書·宣宗紀》：大中元年六月，“以左諫議大夫庾簡休爲虢州刺史”。《全文》卷七五三杜牧《上宰相求湖州第二啓》：某“〔會昌元年〕七月却歸京師，明年七月出守黃州。在京時詣今虢州庾使君”。虢州庾使君當即簡休。繆鉞《杜牧年譜》繫此文爲大中四年作。《新書·庾敬休傳》：“弟簡休，亦至工部侍郎。”未及爲虢州刺史事。

崔　某　　大中時？

《全文》卷七六六薛逢有《上虢州崔相公啓》。崔相公未知何人。按崔鉉會昌末罷相，爲陝虢觀察使，未知有關否。

柳仲郢　　咸通三年（862）

《舊書》本傳：咸通初，“俄出爲興元尹、山南西道節度使……逾年，爲虢州刺史。數月，檢校尚書左僕射、東都留守”。《新書》本傳略同。

薛廷望（薛庭望）　　約咸通時

《新表三下》薛氏：“庭望，字遂之，虢州刺史。”按咸通初薛廷望爲朗州刺史。《新書·藝文志三》“《續會要》四十卷”注：“楊紹復……薛廷望、于珪、于球等撰，崔鉉監修。”據《舊書·宣宗紀》，崔鉉上《續會要》在大中七年十月。《樊川文集》卷一九有《薛廷望除美原尉直弘文館等制》。

袁 郊　　約咸通中

《新表四下》袁氏："郊字子乾，虢州刺史。"按袁郊咸通九年撰《甘澤謠自序》，時爲刑部郎中，見《直齋書録解題》卷一一。則袁郊刺虢約在此稍後。

劉 瞻　　約咸通末年—乾符元年（?—874）

《舊書》本傳："〔咸通〕十一年八月，同昌公主薨，懿宗尤嗟惜之。以翰林醫官韓宗召、康仲殷等用藥無效，收之下獄……瞻自上疏……帝閱疏大怒，即日罷瞻相位，檢校刑部尚書、同平章事、江陵尹，充荆南節度等使。再貶康州刺史，量移虢州刺史。入朝爲太子賓客分司。"《新書》本傳："僖宗立，徙康、虢二州刺史，以刑部尚書召，復以中書侍郎平章事，居位三月卒。"《通鑑・乾符元年》：二月，"以虢州刺史劉瞻爲刑部尚書"。又見《會要》卷五二。

崔 某　　約乾符中

《全詩》卷六九五韋莊有《冬日長安感志寄獻虢州崔郎中二十韻》。

滿 存　　光啓中

《新書・楊守亮傳》："朱玫取興、鳳州，虢州刺史滿存以兵赴行在，復收二州，昭宗擢爲感義軍節度使。"按滿存以鳳州防禦使爲節度使、同平章事，見《通鑑・文德元年》。

張 存　　約光啓中

《全文》卷八一〇司空圖《華帥許國公德政碑》："〔秦〕宗權復遣賊將圍逼陝郊，虢州刺史張存背陝迎降。"《北夢瑣言》卷九："唐監察李航，福相之子……黃巢後，扶持聖善，歸東都別墅，與御史穆延晦同行，宿於虢州公館。翌日，修謁郡牧張存，即王珙下部將也。"

待考錄

陳義感

《姓纂》卷三新安陳氏："後周熊州刺史許昌公琬之後。曾孫義感，唐右司郎中、虢州刺史。"

宋　倚

《姓纂》卷八廣平宋氏："倚，虢州刺史。"按《新表五上》宋氏："倚，虢州長史。"乃宋璟之孫。

李　丹

《莆陽比事》卷三唐家遺裔："李丹，唐宗室，蔡王蔚八代孫，以朝議郎、祠部郎中爲虢州刺史，貶泉州莆田令，卒於官。州刺史王審邽銘其墓曰……子孫因家於後埭。子崇，校書郎。朱梁受禪，李氏仕者悉易告身。崇嘆曰：'吾寧能爲劉國師耶？'遂棄官歸。"按《新書·宗室世系表上》蔡王房有"莆田令丹"，乃蔡王蔚八代孫，武德中尚書左丞、濟北郡王瑊六代孫。子崇，未署官職。

卷五九　許州（潁川郡）

隋潁川郡。武德四年平王世充，改爲許州。貞觀十三年置都督府，十六年罷都督府。天寶元年改爲潁川郡。乾元元年復爲許州。領縣八：長社、長葛、許昌、鄢陵、扶溝、臨潁、舞陽、襄城。

杜之松　　約貞觀前期

《姓纂》卷六中山杜氏："之松，唐許州刺史。"按杜之松貞觀中爲泰州刺史。

長孫無忌　　貞觀十三年（639）

張彥遠《歷代名畫記》卷三《叙自古跋尾押署》："〔貞觀〕十三年月日……許州都督趙國公臣無忌。"

李元名　　貞觀十七年（643）

《舊書》本傳："〔貞觀〕十一年……拜壽州刺史，後歷滑、許、鄭三州刺史。二十三年，加實封滿千户，轉石州刺史。"《新書》本傳唯云"歷五州刺史"。《元龜》卷二八一作"歷許、滑、宋三州"。《全文》卷四太宗《授鄧王元裕等刺史制》："壽州刺史舒王元名……可許州刺史。"又見《大詔令集》卷三五。

李　惲　　貞觀二十年（646）

《元龜》卷二六八："〔貞觀〕二十年十月……許州刺史奬（蔣）王惲

804

來朝。”兩《唐書》本傳未及。

王　諶（王湛）　　約高宗初

《全文》卷二一五陳子昂《申州司馬王府君墓誌》：“祖儉，隋離石郡守、唐石州刺史……父諶，唐虞部郎中、荆州大都督府司馬、商壁廊許冀五州刺史，加銀青光禄大夫、瀘州都督。”按《楊炯集》卷八《瀘州都督王湛神道碑》：“高祖受禪……稍遷虞部郎中……尋起爲隴西別駕、商廊二州刺史、上柱國、荆州大都督府司馬、冀州刺史。”龍朔三年，爲瀘州都督，未及許刺。

高敬言　　約高宗初

《千唐誌·大唐故蒲州猗氏縣令□（高）府君（隆基）墓誌銘并序》（長安三年十月三日）：“祖王臣，北齊給事中、廣德將軍、襲封藍田公。父敬言，唐給事中、吏部侍郎、許州刺史。”隆基聖曆元年卒，春秋六十四。又《唐故銀青光禄大夫行光禄少卿高府君（懲）墓誌銘并序》（開元十八年）：“祖敬言，皇朝給事中、户部侍郎、吏部侍郎，果穀虢許四州刺史。”又見《大周故潞州司士參軍高君（志遠）誌文并序》（長安三年十月二日）。按高敬言永徽二年在吏部侍郎任，見《會要》三九；《新書·藝文志二》作三年。其刺許約在高宗初期。

陶大舉　　咸亨中

《全文》卷九一二靈廓《唐宣州刺史陶府君德政碑》：“咸亨元年□使持節都督十五州諸軍事守池州刺史……轉授□□都督七州諸軍事都州刺史……其年轉授使持節許州諸軍事許州刺史……至咸亨五年授中散大夫使持節都督四州諸軍事守秦州都督。”按《寶刻類編》卷二有《宣州刺史陶大舉德政碑》，僧靈廓撰，陶德甄書，永昌元年二月十三日立。

陳　某　　約高宗時

上圖藏拓片《陳希烈墓誌》（永泰二年七月十三日）：“祖許州刺

805

史。"(失其名)計其時當在高宗時。

韋玄儼　　弘道元年(683)

《舊書·韋溫傳》："父玄儼，高宗末官至許州刺史。"按《新表四上》東眷韋氏駙馬房："玄儼，邢州刺史，博城縣公。"《千唐誌·大唐故金鄉郡君夫人京兆韋氏墓誌銘并序》(天寶十一載閏三月二十一日)："祖玄儼，皇工部郎中、河南縣令、許州刺史，贈户部尚書，魯國公。"夫人卒天寶九載，春秋六十六。

畢　憬　　武后時

《姓纂》卷一〇東平畢氏："憬，唐衛尉少卿、許州刺史。"《新表五下》畢氏："憬，司衛少卿、許州刺史。"《韓昌黎集》卷二五《唐故河南府王屋縣尉畢君墓誌銘》："畢氏出東平……入國朝有爲司衛少卿、貝邢廬許州刺史者曰憬。憬之子構……是爲景公。景公生抗，爲廣平太守，抗安禄山，陷覆其宗。"《舊書·畢構傳》："父憬，則天時爲司衛少卿。"

沈伯儀　　武后時

《千唐誌·唐故中散大夫汾州長史□□□(沈浩豐)墓誌銘并序》："〔大〕父伯儀，皇國子祭酒，武康縣開國男，食邑三百户，歷嘉、婺、亳、許四州刺史。"又《大周故左衛翊衛沈君(浩襌)墓誌銘并序》："祖伯儀，成均祭酒，嘉婺亳許四州刺史。"浩襌卒聖曆元年，春秋廿一。按《新書》本傳："沈伯儀，湖州吳興人。武后時，爲太子右諭德……歷國子祭酒、脩文館學士，卒。"

武懿宗　　武后時

《隋唐五代墓誌匯編·陝西卷》第三册《大唐故懷州刺史贈特進耿國公武府君(懿宗)墓誌銘并序》(景龍元年十一月廿六日)："天授建元之初……封河内郡王……三爲洛州刺史，歷魏、汴、同、許四州刺史，三爲懷州刺史。"神龍二年卒，春秋六十六。

李千里(李仁)　　武后時

《舊書》本傳：“天授後，〔仁〕歷唐、盧、許、衛、蒲五州刺史。”《元龜》卷二八一：“成王千里……永昌元年授襄州刺史……歷唐、盧、許、衛、蒲五州刺史，神龍初拜左金吾大將軍。”《新書》本傳未及。《隋唐五代墓誌匯編·陝西卷》第三册《大唐故左金吾衛大將軍廣益二州大都督上柱國成王(李千里)墓誌銘并序》(景雲元年十一月二十五日)：“乃授使持節襄、盧二州諸軍事二州刺史……累遷許、衛二州刺史……改牧蒲坂。”神龍四年遇害，年六十二。

鄭固忠(鄭越客)　　武后時

《金石萃編》卷六八《唐故密亳二州刺史贈安州都督鄭公(仁愷)碑》：“次子固忠，定、潞、許三州刺史。”又見《全文》卷二二○。按《新表五上》鄭氏：仁愷子“越客，一名固忠，工部侍郎”。嚴氏《僕尚丞郎表》以爲中宗時爲工侍。

楊元琰　　長安四年(704)

《舊書》本傳：“載初中，累遷安南副都護，又歷蘄、蒲、晉、魏、宣、許六州刺史，凉、梁二都督，荆府長史。”又見《元龜》卷六七七。《新書》本傳未及許州刺史，唯云“五遷州刺史”。《全文》卷二四○宋之問《爲楊許州讓右羽林將軍表》：“未盈一紀，連刺九州……蒲蒲關左之重鎮，魏郡山東之奧區，宣城襟帶於吳郊，許昌密邇於周室。”“楊許州”當即楊元琰。按《舊書》本傳：“長安中，張柬之代元琰爲荆州長史，與元琰泛江中流，言及則天革命，議諸武擅權之狀，元琰發言慷慨，有匡復之意。及柬之知政事，奏引元琰爲右羽林將軍……乃結元琰與李多祚等，定計誅張易之兄弟。”又《則天皇后紀》，長安四年十一月，張柬之爲鳳閣侍郎、同鸞臺鳳閣平章事；次年，即神龍元年正月，誅張易之兄弟。故宋之問《表》當作於長安四年十一月。蓋其時楊元琰正在許州任。

尹正義　　神龍中？

《全文》卷四九八權德輿《唐故成德軍節度營田副使正議大夫越

州別駕贈壽州都督河間尹府君神道碑銘并序》：“都督之禰曰本古，仕至常州武進尉，武進之父曰正義，歷許、相、宋三州刺史，司農少卿。”按《會稽掇英總集・唐太守題名》：“尹正義，景龍三年六月自宋州刺史授；其年便除相州刺史。”疑其刺許在神龍時。

姚　崇（姚元之）　　景龍中

《新書》本傳：“歷宋、常、越、許四州。睿宗立，拜兵部尚書、同中書門下三品，進中書令。”《舊書・睿宗紀》：景龍四年六月“丁未，許州刺史、梁縣侯姚元之爲兵部尚書、同中書門下三品”。《新書・睿宗紀》、《宰相表上》、《通鑑・景雲元年》均作六月戊申。又見《元龜》卷七二。《全文》卷二三○張說《故開府儀同三司上柱國梁國公姚文貞公神道碑奉敕撰》：“出典亳、宋、常、越、許、申、徐、潞、揚、同十郡，景雲初……封梁國公。”

蕭至忠　　景龍四年（710）

《舊書・睿宗紀》：景龍四年六月癸卯，“中書令、鄧國公蕭至忠爲許州刺史”。《新書・睿宗紀》：景雲元年六月壬寅，“〔貶〕蕭至忠許州刺史”。又見《新書・宰相表上》。《通鑑・景雲元年》：六月癸卯，“中書令蕭至忠貶許州刺史”。又六月戊申，“許州刺史蕭至忠爲中書令”。

韋嗣立　　景雲元年（710）

《舊書・睿宗紀》：景龍四年七月壬戌，“〔貶〕韋嗣立許州刺史”。又本傳：“睿宗踐祚，拜中書令，旬日，出爲許州刺史。”又見《新書》本傳、《睿宗紀》，《新書・宰相表上》、《通鑑・景雲元年》七月壬戌。

狄光嗣　　景雲中？

《新書》本傳：“聖曆初，爲司府丞。武后詔宰相各舉尚書郎一人，仁傑薦光嗣，由是拜地官員外郎，以稱職聞……歷淄、許、貝三州刺史。母喪，奪爲太府少卿，固讓，睿宗嘉其誠，許之。”又見《大唐新語》卷一二。按神龍元年光嗣爲兵部郎中，見《會要》卷三九及《新書・藝文志二》。開元四年八月四日檢校河南河北捕蝗使,見《舊書・五行志》。疑其刺許在景雲中。

王　珣　　約景雲—先天中

《新書》本傳:"神龍初,爲河南丞,武三思矯制貶臨川令。宋璟輔政,召授侍御史。出許州長史。歲旱,珣時假刺史事,開廩振民,即自劾,玄宗赦之。"《舊書》附《王方翼傳》及《王珙傳》,並未及假許刺事。按宋璟於景雲元年七月檢校吏部尚書、同中書門下三品。疑王珣假刺史事在景雲至先天中。又見《同治開封府志》卷二〇。

李　範　　開元五年(717)

《舊書・玄宗紀》:開元六年正月,"以太子少師兼許州刺史、岐王範兼鄭州刺史"。兩《唐書》本傳未及許刺。唯《舊傳》云:"開元初,拜太子少師,帶本官,歷絳、鄭、岐三州刺史。"

【楊執一　　開元前期(未之任)】

賀知章《大唐故金紫光禄大夫行郇州刺史楊府君(執一)墓誌銘并序》(開元十五年九月三日):"復授涼州……尋復右衛將軍,餘官如故……或忤時政,頗不見容,出許州刺史。屬單于犯關,上急邊任,復授右衛將軍,檢校勝州都督處置降户等使。"(《文物》1961年第8期)《全文》卷二二九張説《贈户部尚書河東公楊君(執一)神道碑》:"復授涼州都督……尋移許州刺史,未到……授右衛將軍檢校勝州都督。"開元十四年正月二日卒。

王　喬　　開元十一年(723)

《舊書・王晙傳》:開元十一年冬,"會許州刺史王喬家奴告喬與晙潛謀構逆,敕侍中源乾曜、中書令張説鞫其狀"。《新書・王晙傳》略同。

皇甫忠　　開元十一年(723)

《會稽掇英總集・唐太守題名》:"皇甫忠,開元十年八月自杭州刺史授，十一年移許州刺史。”《嘉泰會稽志》同。

【吕仁誨　　約開元中期（未之任）】

《全文》卷五二二梁肅《外王父贈祕書少監東平吕公神道表銘》：“郴州之嗣曰仁誨……由成王文學轉岐王府屬，累遷……資州刺史，除許州，未拜而薨。”

王　琚　　開元中期

《舊書》本傳：開元二年，“除澤州刺史，削封。歷衡、郴、滑、虢、沔、夔、許、潤九州刺史，又復其封。二十年，丁母憂”。《新書》本傳未及。

劉温玉　　約開元中期

《姓纂》卷五彭城劉氏：“温玉，許州刺史。”《新表一上》劉氏同。按温玉父延景，爲陝州刺史，永昌元年被殺。温玉刺許約在開元中期。

韓朝宗　　約開元二十年（約 732）

《全文》卷三二七王維《大唐吴興郡別駕前荊州大都督府長史山南東道採訪使京兆尹韓公（朝宗）墓誌銘》：“除許州刺史、荊州大都督府長史……天寶九載六月二十一日寢疾薨。”兩《唐書》本傳未及。按開元二十二年在荊州長史任。

姚　某　　開元二十二年（734）

《隋唐五代墓誌匯編・洛陽卷》第十册《王夫人墓誌銘并序》（開元二十二年正月二十三日）：“金紫光禄大夫兵吏户部尚書、御史大夫、同中書門下三品、中山公晙之女……乃適於大理評事李延祚。有女一人，又歸於許州刺史姚府君。”夫人卒開元廿二年正月七日，享年三十六。則是時姚某正在任。

趙冬曦　　約開元二十七年—二十八年（約 739—740）

《趙冬曦墓誌銘》：“以親累，貶合州刺史，歷眉、濮、亳、許、宋等州刺史，弘農、滎陽、華陰等郡太守。是以入侍一紀，出牧九邦。”天寶九載卒，十載四月葬（《中原文物》1986 年第 4 期）。按趙冬曦開元二十三年在濮州刺史任，二十六年在亳州刺史任，天寶二載在弘農太守任。

李崇儉　　開元中？

《全文》卷五三八裴度《劉府君（太真）神道碑銘并序》：“夫人趙郡郡君李氏，皇許州刺史崇儉之孫。”按太真貞元八年卒。

鄭長裕　　天寶中

《舊書·鄭餘慶傳》：“祖長裕，官至國子司業，終潁川太守。”《新表五上》鄭氏：“長裕，許州刺史。”《全文》卷七八四穆員《相國崔公（渙）墓誌銘》：“夫人滎陽鄭氏……潁川太守長裕之女。”《芒洛遺文》卷中《崔程墓誌》：“公兩娶一門，女弟繼室，即潁川太守長裕之曾孫……洛州司兵叔向之長女。”按長裕天寶二年在蘇州刺史任，見《元龜》卷五四。《權載之集》卷三一《祕書郎壁記》稱：開元初，滎陽鄭公具瞻之王考潁川府君、叔祖刑部府君皆繇禮部博士繼登其任。北圖藏拓片崔群撰《鄭氏季妹（崔珏）墓誌銘并序》（元和十四年五月十九日）：“季妹即河南府君之第二女也。維鄭之出，潁川守長裕，其外曾王父。”元和十四年卒，年三十四。

田　琦　　天寶中

《全文》卷四四七竇臮《述書賦下》：“赫赫許昌，翰苑文房。徵前賢而少對，當聖代而難方。”注：“田琦，雁門人，德平之孫……官歷陝令，豫、蘄、許等州刺史。”《書小史》卷一〇：“田琦，雁門人，武德功臣兵部尚書德平之孫……歷官豫、蘄、許等州刺史。”按《新書·藝文志三》“田琦畫《洪崖子橘木圖》”注：“德平子（當爲“孫”），汝南太守。”汝南郡即豫州，其刺許當在天寶中。

戴休璇　天寶中

《千唐誌・唐齊州豐齊縣令程府君（俊）墓誌銘并序》（貞元六年十月廿八日）：“妣譙縣君戴氏，倉部郎中、饒陽潁川二太守休璇之伯姊也。”

龐　堅　天寶末

《新書》本傳：“堅歷潁川太守。安禄山反，南陽節度使魯炅表堅爲長史兼防禦副使，以薛愿爲潁川太守，共守潁川。”《舊書》本傳未及。

薛　愿　至德元載（756）

《舊書》本傳：“禄山之亂，南陽節度使魯炅奏用愿爲潁川太守、本郡防禦使。時賊已陷陳留、滎陽、汝南等郡，方圍南陽。潁川當其來往之路，愿與防禦副使龐堅同力固守……自至德元年正月至十一月，賊晝夜攻之不息……賊夜半乘梯而入。愿、堅俱被執……一夕凍死。”又見《通鑑・至德元載》正月、十二月，兩《唐書・肅宗紀》，《新書・龐堅傳》，《元龜》卷四〇〇，《御覽》卷三二〇。

來　瑱　至德元載（756）

《舊書・玄宗紀下》：天寶十五載“夏四月丙午，以贊善大夫來瑱爲潁川太守、招討使”。《新書》本傳：“拾遺張鎬薦瑱能斷大事，有禦侮才，擢潁川太守，充招討使。會母喪免，以孝聞。”《新書・玄宗紀》同。又見《舊書》本傳，《元龜》卷四六八，《廣記》卷一九二引《譚賓録》，《通鑑・至德元載》四月。

魏仲犀？　至德元載（756）

《元龜》卷四〇〇：“魯炌（炅）爲南陽節度使……潼關失守，賊使哥舒翰招之，不從……潁川太守魏仲犀合勢救之。”

來　瑱　至德二載—乾元元年（757—758）

《舊書》本傳：“安禄山反，張垍復薦之，起復兼汝南郡太守，未行，改潁川太守……以功加銀青光禄大夫，攝御史中丞、本郡防禦使及河南淮南遊奕逐要招討等使。魯炅敗於葉縣，退守南陽，乃以瑱爲南陽太守、兼御史中丞，充山南東道節度防禦處置等使以代炅。尋以嗣虢王巨爲御史大夫、河南節度使，因奏炅能守南陽，詔各復本位……詔爲淮南西道節度使。收復兩京，與魯炅同制加開府儀同三司、兼御史大夫，封潁國公……乾元元年，召爲殿中監。"《新書》本傳略同。《元龜》卷一一九："來瑱爲潁川郡太守，乾元中史思明又陷東京，詔瑱爲陝州刺史，充陝虢節度使。"《大詔令集》卷一二三《至德二載收復西京大赦》："淮南西道節度採訪使潁川太守來瑱，可開府儀同三司兼御史大夫，封潁國公，餘如故。"又見《全文》卷四四，《元龜》卷八七、卷一二八。

季廣琛　　乾元元年(758)

《舊書·肅宗紀》：乾元元年"八月壬寅，以青徐等五州節度使季廣琛兼許州刺史"。

李　春　　上元中(760—761)

《通鑑·寶應元年》：建寅月，"李光弼拔許州，擒史朝義所署潁川太守李春"。

鄭　賁　　大曆中？

《新表五上》鄭氏："賁，許州刺史。"乃定州刺史鄭宏之子。杜甫《祭外祖祖母文》稱：外孫滎陽鄭宏之。《廣記》卷四四九引《紀聞》：鄭宏之自寧州刺史改定州。鄭宏之約仕開元、天寶中，則其子賁疑仕於大曆中。

趙某或鄭某　　大曆中

《又玄集》卷下僧護國有《許州趙使君孩子晬日》詩。《全詩》卷八一一題作《許州鄭使君孩子》，注云："一作法振詩。"按護國大曆間有詩名。

王　玢　　約建中時

《全文》卷五四德宗《褒贈淮寧軍忠義將吏敕》稱"李希烈背天逆物"時，"故許州都督……賜太常卿兼御史中丞……王玢"等"悉嬰屠戮，無辜殞命"，褒贈"玢可司徒，賜食封二百户，通前二百五十户"。

李光暉　　貞元二年（786）

《元龜》卷一六五：貞元二年"七月，以許州鎮遏使李光暉爲許州刺史"。

曲　環　　貞元三年—十五年（787—799）

《舊書》本傳："李希烈侵陷汴州，環與諸軍守固寧陵、陳州，大破希烈軍於陳州城下……環以功加檢校工部尚書，兼陳州刺史。希烈平，加環兼許州刺史、陳許等州節度觀察……十二年，加檢校左僕射。卒時年七十四。"《新書》本傳略同。又見《元龜》卷一七六、卷三八五。《舊書·德宗紀上》：貞元二年七月己酉，"以隴右行營節度使曲環爲陳許節度使"。又《德宗紀下》：貞元十五年八月"丙申，陳許節度使、檢校尚書右僕射、許州刺史曲環卒"。按《新書·方鎮表二》：貞元三年，置陳許節度使，治許州。則曲環之任許州刺史當自貞元三年始。《舊紀》"二年"疑爲"三年"之誤。河南博物館藏拓片《唐故河南府河清縣丞曲府君（元縝）墓誌銘并序》："祖環，皇檢校左僕射，陳許等州節度觀察處置等使。"元縝卒會昌元年，年四十八。又見《通志》卷二七《氏族略三》曲氏。

上官涗　　貞元十五年—十九年（799—803）

《舊書·德宗紀下》：貞元十五年八月"丙午，以陳許兵馬使、前陳州刺史上官涗爲許州刺史、陳許節度使"。又見《劉昌裔傳》《王沛傳》。《柳河東集》卷三七《京兆府獲嘉瓜白兔連理棠樹等表》："今月日，中使王自寧出徐州刺史張愔所進嘉瓜圖……并陳許等州觀察使上官涗所進許州連理棠樹圖。"

劉昌裔　　貞元十九年—元和八年（803—813）

　　《舊書・德宗紀下》：貞元十九年五月“甲辰，以陳許行軍司馬劉昌裔檢校工部尚書，兼許州刺史、陳許節度使”。又本傳：“〔上官〕涚卒，詔昌裔爲許州刺史，充陳許節度使，再加檢校右僕射。元和八年……六月，徵昌裔加檢校左僕射，兼左龍武統軍……上乃促令韓皋代之。”《新書》本傳略同。又見《姓纂》卷五諸郡劉氏，《韓昌黎集》卷二九《唐故檢校尚書右僕射左龍武統軍劉公（昌裔）墓誌銘》。《千唐誌・唐滑州匡城縣尉博陵崔君故夫人彭城劉氏（琬）墓誌銘并序》（大中元年十月二十八日）：“祖諱昌裔，皇左僕射，陳許等州節度使，贈太尉。”琬卒大中元年五月五日，享年二十三。

韓　皋　　元和八年—九年（813—814）

　　《舊書・憲宗紀下》：元和八年六月“丙戌，以東都留守韓皋檢校吏部尚書、兼許州刺史，充忠武軍節度使”。九年十月“壬戌，以忠武軍節度使韓皋爲吏部尚書”。又見《元龜》卷四八四。兩《唐書》本傳略同。上圖藏拓片《唐故河南府司録參軍盧君（士瓊）墓誌銘并序》（大和元年九月一日卒）：“鄭少師之留守東都，奏爲□官，得大理評事。韓尚書代爲留守，請君如初。尚書節將陳許，奏充觀察判官。”按韓尚書即韓皋。《隋唐五代墓誌匯編・洛陽卷》第十册《王汶誌》（寶曆元年四月十一日）：“元和九年，許帥韓皋假公爲功。”可證韓皋是年在任。

李光顔　　元和九年—十三年（814—818）

　　《舊書・憲宗紀下》：元和九年十月壬戌，“以忠武軍節度副使兼陳州刺史李光顔爲許州刺史、忠武軍節度使”。十三年五月“丙辰，以忠武軍節度使李光顔爲滑州刺史、義成軍節度使”。又見兩《唐書》本傳，《姓纂》卷五阿蹊氏、《全文》卷五八憲宗《李光顔檢校司空封郡公制》：“〔李光顔〕可檢校司空使持節許州諸軍事兼許州刺史、御史大夫、依前充忠武軍節度。”《山右石刻叢編》卷九有《李光顔碑》，《全詩補逸》卷一〇張祜有《投陳許李司空二十韻》。

馬 摠（馬總）　元和十三年(818)

《舊書・憲宗紀下》：元和十三年五月丙辰，"以彰義軍節度使馬摠爲許州刺史、忠武軍節度使、陳許溵蔡觀察等使"。又見兩《唐書》本傳。《全文》卷七一四李宗閔《馬公（總）家廟碑》："治蔡州，居一年，蔡人和且寧；遷於許州，而并有殷蔡。朝京師，留拜禮部尚書、華州刺史，而爲鎮國軍。元和十四年，齊寇始誅……析其都府別爲一道……命爲帥。"

李光顏　元和十三年—十四年(818—819)

《舊書・憲宗紀下》：元和十三年十月丙子，"以義成軍節度使李光顏爲許州刺史，充忠武軍節度使、陳許觀察等使"。十四年五月丙戌，"以忠武軍節度使李光顏爲邠寧慶節度使，仍以忠武軍六千人赴鎮"。又見《新書》本傳，《山右石刻叢編》卷九《李光顏碑》，《關中金石記》卷四《雲麾將軍朱孝誠碑》。《舊書》本傳未及。

郗士美　元和十四年(819)

《舊書・憲宗紀下》：元和十四年五月"庚寅，以工部尚書郗士美檢校刑部尚書、許州刺史，充忠武軍節度使"。八月"戊辰，陳許節度使、檢校刑部尚書郗士美卒"。又本傳："〔元和〕十二年，以疾徵爲工部尚書，稍間，拜忠武節度使、檢校刑部尚書。至鎮逾月，寢疾，元和十四年九月卒，年六十四。"《新書》本傳略同。

李 遜　元和十四年—長慶元年(819—821)

《舊書・憲宗紀下》：元和十四年九月"癸未，以國子祭酒李遜檢校禮部尚書、許州刺史、忠武軍節度、陳許溵蔡等觀察使"。又《穆宗紀》：長慶元年十二月戊寅，"以李遜爲鳳翔節度使"。又見兩《唐書》本傳。《全文》卷六四七元稹《追封李遜等母制》稱"使持節許州刺史李遜"。又卷七五五杜牧《唐故處州刺史李君（方元）墓誌銘并序》："刑部尚書贈司空貞公長子……後淮西平，李光顏移鄭滑，陳許無帥……起貞公爲陳許帥。"按貞公即指李遜。

李光顔　　長慶元年—寶曆元年（821—825）

　　《舊書·穆宗紀》：長慶元年十二月"戊寅，以鳳翔節度使李光顔為忠武軍節度使，代李遜，仍兼深冀行營節度"。《舊書·敬宗紀》：長慶四年六月丙申，"加陳許節度使李光顔守司徒"。寶曆元年"七月癸卯朔，以忠武軍節度使、守司徒、兼侍中李光顔為太原尹、北都留守、河東節度使"。又見兩《唐書》本傳。《山右石刻叢編》卷九《李光顔碑》："復遷岐下，寄重股肱。幽鎮挺災，輔車為□，詢於群議，非公莫能，促召不俟駕而至。再總忠武之師，兼魏博行營節度使……下班師之令，公乃還鎮，休馬息人。浚郊逐帥，李齐怙亂，帝用震怒，俾公問罪……上以太原公之故里……拜河東節度使、北都留守、太原尹。"

王　沛　　寶曆元年—大和元年（825—827）

　　《舊書·敬宗紀》：寶曆元年七月癸卯，"以兗海節度使王沛為許州刺史、忠武軍節度使"。又《文宗紀上》：大和元年四月"己未，忠武軍節度使王沛卒"。又見兩《唐書》本傳。《全文》卷七五六杜牧《唐故銀青光禄大夫檢校禮部尚書御史大夫充浙江西道都團練觀察處置等使崔公（鄲）行狀》："魏博節度使史憲誠拜章為故帥田季安樹神道碑……居數月，陳許節度使王沛拜章乞為王父樹神道碑。"

高　瑀　　大和元年—六年（827—832）

　　《舊書·文宗紀上》：大和元年四月"庚申，以太僕卿高瑀檢校左散騎常侍，充忠武軍節度"。又《文宗紀下》：大和六年三月"辛酉，以前忠武軍節度使高瑀檢校右僕射，充武寧軍節度、徐泗濠觀察等使"。又見兩《唐書》本傳，《元龜》卷三二一。

王智興　　大和六年—七年（832—833）

　　《舊書·文宗紀下》：大和六年三月"辛丑，以武寧軍節度使、守太傅、同平章事王智興兼侍中，充忠武軍節度、陳許蔡觀察等使"。七年九月"甲寅，以前忠武軍節度使王智興依前守太傅、兼侍中、河中尹、河中晉絳慈隰節度使。"又見兩《唐書》本傳。

高　瑀　大和七年—八年(833—834)

《舊書·文宗紀下》：大和七年八月戊申，"以刑部尚書高瑀爲忠武軍節度使"。八年六月"壬辰，陳許節度使高瑀卒"。又見兩《唐書》本傳。《白居易集》卷三一有《送陳許高僕射赴鎮》詩。

杜　悰　大和八年—九年(834—835)

《舊書·文宗紀下》：大和八年六月"丙申，以前鳳翔節度使、駙馬都尉杜悰起復檢校户部尚書，充忠武軍節度使"。又見兩《唐書》本傳。《雲溪友議》卷中《澧陽宴》："故荆州杜司空悰，自忠武軍節度使出澧陽，宏詞李宣古者，數陪遊宴。"

【李　聽　大和九年(835)(未之任)】

《舊書·文宗紀下》：大和九年九月"庚申，以鳳翔節度使李聽爲忠武軍節度使"。十月乙亥，"李聽爲太子太保分司"。又本傳："〔大和〕九年，改陳許節度，未至鎮，復除太子太保分司。"《新書》本傳略同。

杜　悰　大和九年—開成二年(835—837)

《舊書·文宗紀下》：大和九年十月"乙亥，杜悰復爲陳許節度使"。開成二年十二月"壬寅，以前忠武軍節度使杜悰爲工部尚書、判度支"。又見兩《唐書》本傳。《全文》卷六〇八劉禹錫《許州宣王新廟碑》："歲在丙辰，元曰開成，許州牧尚書杜公(悰)作文宣王廟暨學舍於兑隅……前年，公受社與鉞，且董淮陽、汝南之師……於是元年修戎律以通衆志，次年成郡政以蠲民瘼，季年崇教本以厚民風……〔禹錫〕近年牧汝州，道許昌，躬閱其政。"按丙辰爲開成元年。又見卷七五六杜牧《唐故岐陽公主墓誌銘》。

殷　侑　開成二年—三年(837—838)

《舊書·文宗紀下》：開成二年十一月"壬戌，以太子賓客分司東都殷侑爲忠武軍節度使"。三年七月"壬戌，陳許節度使殷侑卒"。又見兩《唐書》本傳。

王彥威　　開成三年—五年（838—840）

　　《舊書·文宗紀下》：開成三年七月“甲子，以衛尉卿王彥威檢校禮部尚書，充忠武軍節度使”。又本傳：“〔開成〕三年七月，檢校禮部尚書，代殷侑爲許州刺史，充忠武軍節度、陳許漵觀察等使。會昌中，入爲兵部侍郎。”《新書》本傳略同。又見《元龜》卷四六。《白居易集》卷三四《天寒晚起引酌詠懷寄許州王尚書汝州李常侍》詩，“許州王尚書”，即指王彥威。

王茂元　　約開成五年—會昌三年（約840—843）

　　《舊書》本傳：“李訓之敗，中官利其財，掎摭其事，言茂元因王涯、鄭注見用。茂元懼，罄家財以賂兩軍，以是授忠武軍節度、陳許觀察使。會昌中，爲河陽節度使。”《新書》本傳略同。《通鑑·會昌三年》：四月“丁亥，以忠武節度使王茂元爲河陽節度使”。《樊南文集》卷一有《爲濮陽公陳許謝上表》；又《代僕射濮陽公遺表》：“昨者分領許昌，兼臨河內。”按濮陽公即指王茂元。

王　宰　　會昌三年—四年（843—844）

　　《通鑑·會昌三年》：四月丁亥，“邠寧節度使王宰爲忠武節度使”。又《會昌四年》：“十二月，以忠武節度使王宰爲河東節度使。”又見《新書》本傳。《全文》卷六九八李德裕《授王宰兼充河陽行營諸軍攻討使制》稱“忠武軍節度使銀青光禄大夫檢校工部尚書兼許州刺史、御史大夫、上柱國王宰”。《金石補正》卷七四《冷泉關河東節度王宰題名記》：“會昌三年，蒙恩換許昌節，至九月，自許昌統當軍驍卒……充攻討使，誅除壺關寇，嗣至四年八月十日梟逆首獻闕下，蒙恩獎寵，除左僕射，至九月將歸許昌，軍次温縣，天使持節至，又授寵詔，遷鎮北門。”

劉　沔　　會昌四年—五年（844—845）

　　《新書》本傳：“〔劉〕積平，進檢校司徒，徙忠武節度使。以病改太

子少保,不任謁,拜太子太傅致仕。"《舊書》本傳未及。《金石補正》卷
七四《太子太傅贈司徒劉沔碑》:"自河陽又遷光禄大夫、檢校司空,鎮
許昌。"

李執方 會昌五年—六年(845—846)

《全文》卷七二八封敕《授李執方陳許節度使盧宏宣易定節度使
制》:"義武軍易定節度使……李執方……可檢校吏部尚書兼御史大
夫,充陳許節度使。"按盧宏宣會昌五年正月庚申爲義武節度,見《通
鑑》。《樊南文集補編》卷五有《上許昌李尚書狀》,又卷六《上忠武李
尚書狀》,均指李執方。

盧簡辭 約會昌六年—大中元年(約 846—847)

《舊書》本傳:"會昌中,入爲刑部侍郎,轉户部。大中初,轉兵部
侍郎、檢校工部尚書、許州刺史、御史大夫、忠武軍節度使,遷檢校刑
部尚書、襄州刺史、山南東道節度使,卒。"《新書》本傳略同。吳氏《方
鎮年表》列於會昌六年至大中元年,姑從之。

高　銖 大中元年—六年?(847—852?)

《樊南文集補編》卷七有《爲滎陽公上陳許高尚書啓》。按滎陽公
指鄭亞,商隱大中元年入鄭亞桂管幕。《全文》卷七五二杜牧《薦韓乂
啓》謂:"蕭〔俶〕、高〔銖〕二連帥至〔浙東〕,即日造其廬。"又稱:"及高
至許下,厚禮辟之。"兩《唐書》本傳未及。按高銖開成四年由浙東入
遷爲刑侍,見《嘉泰會稽志》;會昌四年八月在吏侍任,見《舊紀》;大中
初,爲禮尚判户部。吳氏《方鎮年表》列於大中元年至六年,姑從之。

王　逢 大中七年—九年(853—855)

《舊書》本傳:"王宰攻劉積,逢領陳許七千人屯翼城,代田令昭。
賊平,檢校左散騎常侍。累遷至忠武軍節度、陳許觀察等使。"《新書》
本傳略同。《方鎮年表》列於大中七年至九年,姑從之。

馬　植　　大中九年—約十一年(855—約 857)

《舊書·柳璧傳》:"大中九年登進士第……馬植鎮陳許,辟爲掌書記,又從植汴州。"又本傳:"俄以本官同平章事,遷中書侍郎,兼禮部尚書。〔白〕敏中罷相,植亦罷爲太子賓客,分司東都。數年,出爲許州刺史、檢校刑部尚書、忠武軍節度觀察等使。大中末,遷汴州刺史、宣武軍節度觀察等使。"《新書》本傳略同。

裴　識　　大中十一年—約十三年(857—約 859)

《舊書·宣宗紀》:大中十一年四月,"以鳳翔節度使、正議大夫、檢校户部尚書、兼鳳翔尹……裴識,可許州刺史、充忠武軍節度、陳許蔡觀察等使"。又見本傳。《新書》本傳:"徙鳳翔、忠武、天平、邠寧、靈武等軍……歷六節度。"《隋唐五代墓誌匯編·河南卷·唐故邠寧慶等州節度管内觀察營田處置等使裴公(識)墓誌銘并序》(咸通五年八月八日):"移忠武,又改天平。罷歸拜大……(下漫漶)。"

孔温裕　　咸通初

《全文》卷八三懿宗《授孔温裕忠武軍節度使制》:"朝散大夫守尚書户部侍郎上柱國賜紫金魚袋孔温裕……可檢校禮部尚書兼許州刺史、御史大夫,充忠武軍節度、陳許蔡州觀察處置等使。"按孔温裕咸通六年正月由河東節度遷天平節度,咸通十三年三月爲右丞,見《舊書·懿宗紀》。

劉　異　　咸通五年—八年(864—867)

《隋唐五代墓誌匯編·河南卷·唐張氏墓記》(咸通十四年十一月三日):"咸通五年,有劉異自鳳翔節度使移鎮於許,始面張氏。八年,納而貯於别館。從余罷許,憩於洛,〔余〕官於朝。十一年又從余出鎮荆南……咸通十四年十一月三日河間劉異記。"

李　琢　　約咸通八年—十年(約 867—869)

《廣記》卷四三〇引《芝田録》:"許州西三四十里有雌虎暴,損人不一。統軍李琢聞之驚怪。其視事日，厲聲曰：忠武軍十萬豈無勇士！《新書》本傳未及刺許。唯云：“以家閥擢累義昌、平盧、鎮海三節度使，無顯功，不爲士大夫稱道，數免復遷。”吳氏《方鎮年表》列於咸通八年至十年，從之。

曹　汾　約咸通十年—十四年（約869—873）

《舊書·曹確傳》：“弟汾，亦進士登第，累官尚書郎、知制誥，正拜中書舍人。出爲河南尹，遷檢校工部尚書、許州刺史、忠武軍節度觀察等使。入爲戶部侍郎，判度支。弟兄並列將相之任，人士榮之。”《新書·曹確傳》：“弟汾以忠武軍節度使入爲戶部侍郎，判度支，卒。”按咸通四年三月，刑侍曹汾爲河南尹。《金石録》有《唐修繁城廟記》，曹汾撰，咸通十二年九月。《登科記考》卷二三引《唐詩紀事》：“〔曹〕希幹，汾之子，咸通十四年登第。汾以尚書鎮許下……榜至鎮，張宴置榜於側”。知咸通十四年曹汾尚在許州任。《寶刻叢編》卷七引《京兆金石録》有《唐贈右僕射曹汾墓誌》，李郁撰，咸通十五年。按是年十一月改元乾符。

杜審權　乾符元年—二年（874—875）

《舊書》本傳：咸通十一年，“檢校司徒、同平事、河中尹，充河中晉絳節度觀察等使。數年，以本官兼許州刺史、忠武軍節度觀察等使，入爲太子大傅，分司東都，卒”。《新書》本傳略同。《全文》卷八一二鄭仁表《左拾遺魯國孔府君（紓）墓誌銘并序》（咸通十五年三月）稱：今許昌太傅、相國、襄陽公。證知杜審權咸通十五年（乾符元年）已在許州。

崔安潛　乾符三年—五年（876—878）

《舊書》本傳：“咸通中，累歷清顯，出爲許州刺史、忠武軍節度觀察等使。乾符中，遷成都尹、劍南西川節度等使。”《新書》本傳：“咸通中，歷江西觀察、忠武節度使。乾符初，王仙芝寇河南，安潛募人增陴繕械……俄代高駢領西川節度。”《通鑑·乾符三年》：八月，“〔王〕仙芝陷陽翟、郟城，詔忠武節度使崔安潛發兵擊之”。又《乾符四年》：八月，“忠武大將張貫等四千人與宣武兵援襄州，自申、蔡間道逃歸，詔忠武節度使崔安潛、宣武節度使穆仁裕遣人約還”。

薛　能　乾符五年—廣明元年(878—880)

《全詩》卷五六一薛能《柳枝詞五首并序》：“乾符五年，許州刺史薛能於郡閣與幕中談賓酣飲酕酊。”《舊書·僖宗紀》：廣明元年“九月，徐州兵三千人赴溵水，途經許。許州節度使薛能前爲徐帥，得軍民情。徐軍吏至，請館……許軍懼徐人見襲，許州大將周岌自溵水以其戍卒還，逐薛能”。《新書·僖宗紀》：廣明元年九月，“忠武軍將周岌殺其節度使薛能”。《全文》卷八二九顏蕘《顏上人集序》稱：“故許州節度使尚書薛公”，《北夢瑣言》卷六、卷一四稱“薛許州能”，又見《唐語林》卷四。

周　岌　廣明元年—中和四年(880—884)

《舊書·僖宗紀》：廣明元年九月，“許州大將周岌自溵水以其戍卒還，逐薛能，自據其城”。《通鑑·廣明元年》：十一月，“以周岌爲忠武節度使”。《中和四年》：十一月，“〔鹿〕晏弘引兵轉掠襄、鄧、均、房、廬、壽，復還許州。忠武節度使周岌聞其至，棄鎮走，晏弘遂據許州”。《唐摭言》卷一五：“薛能尚書鎮彭門，時溥、劉巨容、周岌俱在麾下。未數歲，溥鎮徐，巨容鎮襄，岌鎮許。”《新書·僖宗紀》：中和四年“十一月，鹿晏弘陷許州，殺節度使周岌，自稱留後”。

田從異　中和三年？(883?)

《舊五代史·唐武皇紀上》：中和三年“十二月，許帥田從異、汴帥朱溫、徐帥時溥、陳州刺史趙犨各遣使來告”。

鹿晏弘　中和四年—光啓二年(884—886)

《通鑑·中和四年》：十一月，“〔鹿〕晏弘遂據許州，自稱留後，朝廷不能討，因以爲忠武節度使”。《舊書·僖宗紀》：光啓二年七月，

“蔡賊秦宗權陷許州，殺鹿晏弘”。又見《新書·僖宗紀》《通鑑·光啓二年》《舊五代史·梁太祖紀》。

楊守宗　　光啓三年（887）

《舊書·僖宗紀》：光啓三年五月，“詔以扈駕都頭楊守宗權知許州事”。又見《通鑑·光啓三年》。《舊書·楊復光傳》：“諸假子……守宗，忠武節度使。”

王　蘊（王緼）　　文德元年（888）

《新書·昭宗紀》：文德元年“十一月丙申，秦宗權陷許州，執忠武軍節度使王緼”。《全文》卷八〇三李磎有《授許州節度使王蘊母趙氏進封楚國夫人制》。

趙克裕　　景福元年（892）

《舊五代史》本傳：光啓中，“率所部歸於太祖……數年之内，繼領亳、鄭二州刺史……太祖表爲河陽節度使、檢校右僕射，尋移理許田。入爲金吾衛大將軍”。按是時忠武節度使徙治陳州，許州爲支郡，克裕當自河陽節度使貶許州刺史，非移鎮也。又按《通鑑·景福元年》：二月，“朱全忠奏貶河陽節度使趙克裕”。蓋即於是時貶刺許州。

朱友裕　　景福中—乾寧二年（約893—895）

《舊五代史》本傳：景福中，“令權知許州。乾寧二年，加檢校司空，尋爲武寧軍節度留後”。又見《元龜》卷二八一。《新五代史》本傳略同。

朱友恭　　乾寧三年（896）

《舊五代史·梁太祖紀》：乾寧三年四月，“帝遣許州刺史朱友恭領兵萬人渡淮，以便宜從事。時洪、鄂二州累遣使求援，故有是行”。又見《元龜》卷一八七，《通鑑·乾寧三年》，《十國春秋·吳太祖世家》。《新書》本傳未及。

朱友裕　　光化元年—二年(898—899)

《舊五代史》本傳：“光化元年，再領許州。”《元龜》卷二八一略同。《新五代史》本傳：“還領許州……太祖兼鎮護國軍，以友裕爲留後，遷忠武軍節度使。”《通鑑·光化二年》：二月，“〔朱〕全忠命許州刺史朱友裕守蔡州”。

朱友恭　　光化二年—三年(899—900)

《舊書·昭宗紀》：光化三年七月甲午，“以許州刺史朱友恭檢校司徒，爲潁州刺史”。《新書》本傳未及。

趙　霖　　光化三年(900)

《舊書·昭宗紀》：光化三年七月甲午，“以左武衛將軍趙霖檢校左僕射，爲許州刺史”。

朱全忠　　天祐元年(904)

《舊五代史·梁太祖紀》：天祐元年閏月“乙卯，昭宗以帝爲宣武、宣義、護國、忠武四鎮節度”。《通鑑·天祐元年》：閏四月“乙卯，以〔朱〕全忠爲護國、宣武、宣義、忠武四鎮節度使”。十月“丁酉，復以全忠爲宣武、護國、宣義、天平節度使”。

馮行襲　　天祐三年—四年(906—907)

《通鑑·天祐三年》：五月“丙子，廢戎昭軍，并均、房隸忠義軍，以武定節度使馮行襲爲匡國節度使”。岑仲勉《通鑑隋唐紀比事質疑·馮行襲爲匡國節度》云：“《通鑑》此條謂應正作‘以戎昭、武定節度使馮行襲爲忠武節度使’，方合於事實。”吳蘭庭《五代史記纂誤補三》謂馮行襲“自均州徙許州”，《舊五代史·馮行襲傳》亦謂“在許三年”。

待考録

王　得

《乾隆虞鄉縣志》卷一地輿："唐許州刺史王得墓，在縣東十五里石衛村，有碑剥落，邑令萬資劉公復立。"《山右金石記》卷五："《許州刺史王得碑》，今在虞鄉縣東十五里石衛村，碑多剥落，見縣志。"

卷六〇　陳州（淮陽郡）

隋淮陽郡。武德元年討平房憲伯，改爲陳州。天寶元年改爲淮陽郡。乾元元年復爲陳州。領縣六：宛丘、太康、項城、溵水、南頓、西華。

孟宣文　　武德初（618—619）

《嘉泰吳興志》卷一四郡守題名：“孟宣文，武德二年自陳州刺史授；後遷涇州刺史。”

鄭言約　　貞觀中？

《新表五上》南祖鄭氏：“言約，陳州刺史。”乃藍田令德玄子，隋侍御史乾嘉姪。疑仕於貞觀中。

盧文儹　　貞觀中？

《隋唐五代墓誌匯編·河南卷·唐故舒州太湖縣丞盧府君（懷俊）墓誌銘并序》（開元十七年八月十八日）：“祖文儹，唐陳州刺史。父爭臣，唐曹州司馬。”懷俊卒神龍初，未言享年。

侯君集　　貞觀十一年（637）

《舊書》本傳：“〔貞觀〕十一年，與長孫無忌等俱受世封，授君集陳州刺史，改封陳國公。明年，拜吏部尚書，進位光禄大夫。”《新書》本傳略同。又見《舊書·長孫無忌傳》，《全文》卷六，《元龜》卷一二九。《大詔令集》卷六二《册侯君集改封陳國公文》：“惟爾兵部尚書潞國公

827

侯君集……是用命爾爲使持節陳州諸軍事陳州刺史，改封陳國公。"
《全文》卷九同。

王仁祐　　貞觀十七年（643）

《舊書・后妃・高宗廢后王氏傳》："高宗登儲，册爲皇太子妃，以
父仁祐爲陳州刺史。永徽初，立爲皇后，以仁祐爲特進、魏國公……
仁祐尋卒，贈司空。"《新書・后妃傳上》略同。又見《元龜》卷一四一。
按高宗李治於貞觀十七年被册立爲皇太子。

陳沖用　　貞觀中？

上圖藏拓片《大唐左相兼兵部尚書陳希烈墓誌》（永泰二年七月
十三日）："曾祖沖用，皇陳州刺史。"按希烈乃玄宗時宰相，其曾祖疑
仕貞觀中。

李道立　　永徽初

《舊書・李孝基傳》：從兄韶子道立，"永徽初，卒於陳州刺史"。
《新書》本傳略同。《全文》卷三九一獨孤及《唐故衢州司士參軍李府
君（濤）墓誌銘》："曾祖道立，嘗典陝、濟、陳三州刺史。"按《千唐誌》有
大曆九年四月十八日此《誌》拓片，稱道立"嘗典隰、齊、陳三州，封高
平郡王"。濤乾元二年卒，春秋五十。北圖藏拓片梁肅撰《唐故衢州
司士參軍府君李公（濤）墓誌銘并序》（大曆十三年七月廿三日）："曾
祖道立，嘗典隰、齊、陳三州。"

李　沖　　高宗時

《元龜》卷二六二："琅邪王沖，越王貞長子……歷陳、壽、博州刺
史，皆有能名。"按兩《唐書》本傳未及陳州刺史。《舊書》本傳謂"歷
密、濟、博三州刺史"。

姚　感　　高宗時？

《千唐誌・大唐故恒州真定縣丞姚府君（如衡）墓誌銘并序》（開

元二十七年四月九日）：“祖感，皇大中大夫陳州刺史。父良，正議大夫普州刺史。”如衡卒開元廿六年，年六十七。其祖刺陳州疑在高宗時。

崔玄機　　高宗時？

《新表二下》崔氏清河小房：“玄機，陳州刺史。”乃延州刺史崔玄弼之弟。《郎官柱》度支員外有崔玄機，在杜依賢後，韋萬石前，疑仕於高宗時。

裴希莊　　高宗時？

《千唐誌・大唐故通議大夫使持節寧州諸軍事寧州刺史上柱國裴公（撝）墓誌銘并序》（開元九年十月二十二日）：“父希莊，皇朝太子左贊善大夫陳州刺史……公即使君之第五子也。”撝卒太極元年，春秋七十七，疑其父刺陳在高宗時。《新表一上》東眷裴氏：“希莊，陳州刺史。”

弓志弘　　約高宗末

《姓纂》卷一太原弓氏：“志弘，陳州刺史。”按其弟相州刺史弓志元、蒲州刺史弓彭祖，皆在永昌元年被殺，見《新書・則天皇后紀》。則志弘爲陳州刺史約在高宗末武后初。

李上金　　垂拱元年—永昌元年（685—688）

《舊書》本傳：“垂拱元年，改陳州刺史。”《新書》本傳未及。《元龜》卷二八一：“澤王上金……文明元年爲蘇州刺史，垂拱元年改陳州刺史，永昌元年爲遂州刺史。”

楊正言　　武后時

《新表一下》楊氏觀王房：“正言，陳州刺史。”乃武后時宰相楊執柔從兄弟。

王美暢　　武后時

《金石補正》卷五九《北峰塔院銘殘碑》：“我明府清源縣開國子王公預兹選矣。公名□，字臣忠……皇朝水部員外、主爵郎中、陳鄂饒潤四州刺史、薛國公之孫。”按《新表二中》烏丸王氏有美暢，封薛公。《寶刻叢編》卷八引《集古錄目》有《唐贈益州都督王美暢碑》，謂“官至潤州刺史”，由此知“陳鄂饒潤四州刺史、薛國公”即王美暢。又按《金石補正》卷四九《王美暢夫人長孫氏墓誌銘》云：“聖曆元年王府君止坐挺災，奠楹俄及……”知王美暢卒於聖曆元年。夫人卒大足元年。則王美暢刺陳當在武后天授至長壽年間。

林游楚　　武后時

《姓纂》卷五濟南鄒縣林氏：“游楚，自萬泉令應變理陰陽科第二等，擢夏官郎中，出鳳、陳、鄜三州刺史。”

温延賞　　約武后時

《新表二中》温氏：“延賞，陳州刺史。”乃陝州刺史温璥之子，武德元年中書侍郎温彥將之孫。約仕武后時。

張翁喜　　約武后時

《新表二下》中山張氏：“翁喜，陳州刺史。”乃武后時張昌宗、張易之從兄弟。

李　愿　　約神龍時

《芒洛四編》卷五《趙郡李府君（迪）墓誌銘并序》（天寶六載十一月二十五日）：“父愿，倉部員外，給事中，博、陳二州刺史，朝請大夫，襲贊皇縣開國男，公即其元子也。”李迪卒天寶六載，年六十五。

盧　粲　　景龍元年（707）

《舊書》本傳：“後安樂公主婿武崇訓爲節愍太子所殺，特追封爲魯王，令司農少卿趙履溫監護喪事，履溫諷公主奏請依永泰公主故事，爲崇訓造陵。詔從其請。粲駁奏……帝竟依粲所奏。公主大怒，粲以忤旨出爲陳州刺史。累轉祕書少監。開元初卒。"《新書》本傳略同。按《通鑑》繫此事於景龍元年七月，云："〔安樂〕公主怒，出〔盧〕粲爲陳州刺史。"

韓　琦　　景龍四年(710)

《全文》卷二二六張説《唐陳州龍興寺碑》："陳州者，上古太皞之虛，近代淮陽之地……刺史南陽韓府君名琦，其爲邦也，勝殘去殺，聖主之得賢臣。別駕彭城郡王名隆業，其從政也，能肅而慕。"按《集古録目》卷三謂此碑以景龍四年五月立。又云："唐龍興寺碑陰，唐薛融書，檢校陳州刺史韓琦等題名，凡五十六人。"又見《寶刻叢編》卷五。

唐先慎　　延和元年(712)

《舊書·唐休璟傳》："子先慎襲爵，官至陳州刺史。"《新書·唐休璟傳》略同。《新表四下》唐氏："先脊，陳州刺史。"《全文》卷二五七蘇頲《右僕射太子少師唐璿（休璟）神道碑》："延和元年七月戊子薨於長安……嗣子陳州刺史先脊、左千牛中郎將先擇等克奉遺命，能循懿業，以年月日葬於舊塋。"

楊慎交　　約開元初

《全文》卷二九二張九齡《故特進贈兖州都督駙馬都尉觀國公楊公（慎交）墓誌銘并序》："神龍元祀，中興在運，預聞大策，克樹休勳，而貴主宜家，既增湯沐，列侯傳國，復錫山川。至是始襲觀國公，拜駙馬都尉、左千牛衛將軍，加上柱國，累遷祕書監兼太子賓客，增秩金紫光禄大夫，又特進、散騎常侍、右千牛將軍、陝王傅。坐事左出巴州刺史，入爲光禄卿，復出爲亳、襄、陳、鄧四州刺史，左轉郿、亳、許、絳四州別駕……開元十二年四月……薨……春秋五十。"按《舊書》本傳作"睿交"（"睿"當爲"脊"之訛誤），《新書》作"脊交"，《新表一下》楊氏觀王房作"慎交，駙馬都尉、祕書監"，皆未及爲刺史事。

韋嗣立　　開元六年—七年（718—719）

《元龜》卷一七二：開元六年二月，“海州別駕員外置同正員韋嗣立爲陳州刺史”。《新書·劉知柔傳》：“開元六年，河南大水，詔知柔馳驛察民疾苦及吏善惡，所表陳州刺史韋嗣立……止二十七人有治狀。”《舊書》本傳：“左遷岳州別駕。久之，遷陳州刺史。時河南道巡察使、工部尚書劉知柔奏嗣立清白可陟之狀，詔命未下，開元七年卒，贈兵部尚書，謚曰孝。”《新書》本傳略同。又見《元龜》卷六五八。《全詩》卷一一八孫逖有《故陳州刺史贈兵部尚書韋公挽詞》。

李　邕　　開元十三年—十四年（725—726）

《舊書》本傳：“左遷括州司馬。後徵爲陳州刺史。十三年，玄宗車駕東封回，邕於汴州謁見，累獻詞賦，甚稱上旨……俄而陳州贓污事發……貶爲欽州遵化縣尉。”《新書》本傳略同。又見《舊書·張廷珪傳》，《元龜》卷三三九、卷八〇四。《元龜》卷一五〇：“〔開元〕十四年詔曰：陳州刺史李樂詐盜受贓，其數甚廣……貶爲欽州遵化縣尉員外置長任。”《全文》卷二九玄宗《貶陳州刺史李樂詔》同。按“李樂”當爲“李邕”之訛誤。《全文》卷三七五有孔璋《理李邕疏》。按《金石補正》卷五三《王化清遊石室新記》稱“開元十五年正月二十五日左遷陳州刺史北海李邕述”，《唐文續拾》卷五同。又見《金石萃編》卷七八《麓山寺碑》、《東林寺碑記》，《廬山記》卷五《東林寺碑并序》，《寶刻叢編》卷五《唐八卦壇碑》、卷一〇《唐左羽林大將軍臧懷亮碑》等。

鄭　繇　　開元十七年（729）

《嘉泰吳興志》卷一四郡守題名：“鄭繇，開元九年自陳州刺史授；遷博州刺史。《統記》云：十七年。”《舊書》本傳未及。按李範約開元六至八年在岐州任，時鄭繇爲長史，則《統記》說近是。

陶　禹　　開元十九年（731）

北圖藏拓片《大唐故銀青光禄大夫使持節陳州諸軍事陳州刺史上柱國陶府君（禹）墓誌銘并序》：“累牧綿、澤、陳三郡……以開元十九年二月十九日終於許州之旅館。"未言享年。乃姚崇婿，陶大舉子。按《寶刻叢編》卷四引《訪碑録》："《唐陳州刺史陶公碑》，唐姚奕撰序，張昇銘，徐浩書，開元二十年。"當即陶禹。

郭　崇　　開元中？

《會要》卷三："〔寶曆元年〕七月，敕殿中上奉御郭環曾祖故陳州刺史崇，可封工部尚書；曾祖母唐氏，可贈晉昌郡夫人……以環妹才人有寵故也。"按《姓纂》卷一〇諸郡郭氏有濟州刺史崇禮，時代相合，不知是否此人？郭崇禮開元十八年時爲濟州刺史，見《全文》卷四二〇常衮《咸陽縣丞郭君墓誌銘》。

源光乘　　開元中

《千唐誌・唐故通議大夫守太子詹事上柱國源府君（光乘）墓誌銘并序》（天寶六載二月癸酉）："轉淄、盧二州刺史，揚州大都督府司馬，陳、汝二州持節。天寶改元，官號復古，除絳郡太守、馮翊太守……入拜太子詹事……五載二月庚戌薨於宣陽里第，春秋七十有七。"

張　倚　　天寶二年（743）

《舊書・苗晉卿傳》："天寶二年春，御史中丞張倚男奭參選，晉卿與〔宋〕遥以初承恩，欲悦附之，考選人判等凡六十四人，分甲乙丙科，奭在其首。衆知奭不讀書，論議紛然……玄宗大集登科人，御花樓親試，登第者十無一二；而奭手持試紙，竟日不下一字，時謂之'曳白'。上怒，晉卿貶爲安康郡太守，遥爲武當郡太守，張倚爲淮陽太守。"《新書・苗晉卿傳》略同。又見《元龜》卷一五二。《通鑑・天寶二年》同。《全文》卷三四一顏真卿《朝請大夫行江陵少尹兼侍御史荆南行軍司馬上柱國顏君（允臧）神道碑銘》："解褐太康尉，太守張倚、採訪使韋陟皆器其清嚴。"按天寶五載張倚爲河南道採訪使，見《會要》卷四一。

李　浦（李琬、李輔、李備、獨孤琬）　　天寶初

《李太白文集》卷三〇《虞城縣令李公去思頌碑并序》："父浦，鄆、

海、淄、唐、陳五州刺史，魯郡都督，廣平太守。"按李浦原名琬，後奉詔改爲輔（浦），天寶八載時爲魯郡都督，見《李太白文集》卷二九《崇明寺佛頂尊勝陀羅尼幢頌并序》。其刺陳當在天寶初。又按岑仲勉《姓纂四校記》卷一〇謂李琬即"京兆獨孤氏"之琬，《古今姓氏書辯證》京兆獨孤氏："琬，太僕卿，開元中上表請改姓李氏，名備。"李備，即李浦。

李　某　　天寶中

《金石録》第一千八百七十八有《唐淮陽太守李公廟記》，李謙撰，柳公權書，大中二年十二月立。《寶刻叢編》卷二〇引作"《淮陽太守李公廟碑》，李謙撰，慕容鎬正書，大中三年三月"。當是天寶中爲淮陽太守者。

袁建康　　天寶中

《姓纂》卷四樂陵東光縣袁氏："建康，淮陽太守。"《新表四下》袁氏同。乃中宗時中書令袁恕己之子，建中時湖州刺史袁高之父。

薛　愿？　　天寶末

《全文》卷七五三杜牧《宋州寧陵縣記》："天寶末，淮陽太守薛愿、睢陽太守許遠……等兵守二城。"按兩《唐書》本傳皆未及守淮陽，唯謂守潁川，未知誤否。

劉秋子　　至德中

《御覽》卷三一〇："至德中，宜春郡太守劉秋子率士卒攻賊，兵盡矢窮，秋子張空拳大呼於軍前，死戰而勝，詔嘉其忠勇，授淮陽太守。"

獨孤峻　　至德中

《會稽掇英總集·唐太守題名》："獨孤峻，自陳州刺史授；充節度採訪使，加御史中丞，改金吾衛大將軍。"《嘉泰會稽志》略同。按乾元元年峻已爲越州刺史，其爲陳州刺史當在至德中。

獨孤允　　乾元元年（756）

《新書・安慶緒傳》：“慶緒懼人之貳己，設壇加載書、杍血與群臣盟。然〔阿史那〕承慶等十餘人送密款，有詔以承慶爲太保、定襄郡王……獨孤允陳州刺史。”《姓纂》卷一〇（原本誤入《古今姓氏書辯證》）京兆獨孤氏：“允，主客郎中、陳州刺史。”

鄭　某　　約肅宗、代宗間

《全詩》卷二〇〇岑參有《送顏少府投鄭陳州》。

吕　某　　永泰中（765）

《全文》卷五二二梁蕭《外王父贈祕書少監東平吕公神道表銘》：“永泰中，嗣子某位朝散大夫、右贊善兼陳州刺史。尋遷檢校祕書少監兼徐州別駕，因詣闕拜章，乞回所授，賜命於先人，詔追贈公太子中允。謝恩之際，又以公所著書上聞，遂改贈祕書少監。”

徐　向　　大曆初

《姓纂》卷二東海郯州徐氏：“向，司勳員外，陳、宋、荆州刺史。”《新表五下》北祖上房徐氏：“向字文伯，衢、江、陳、穎、鄭、宋六州刺史。”按大曆七年徐向爲宋州刺史，其爲陳刺當在大曆初。

李　芃　　大曆十一年—十四年（776—779）

《舊書》本傳：“永平軍節度李勉署奏檢校工部郎中、兼侍御史，爲判官，尋攝陳州刺史。歲中，即值李靈曜反於汴州，勉署芃兼亳州防禦使，練達軍事，兵備甚肅；又開陳、穎運路，以通漕輓。德宗嗣位，授檢校太常少卿、兼御史中丞、河陽三城鎮遏使。”《新書》本傳未及陳刺。《舊書・德宗紀上》：大曆十四年閏五月壬辰，“陳州刺史李芃檢校太常少卿，爲河陽三城鎮遏使”。又見《元龜》卷四九八、卷七二八，兩《唐書・李若初傳》。

薛　珏　　約大曆十四年—建中四年（約 779—783）

《舊書》本傳：“遷陳州刺史。建中初……加中散大夫，賜紫。宣武軍節度使劉玄佐署奏兼御史大夫、汴宋都統行軍司馬。無幾，李希烈自汴州走，除珏汴州刺史。"又見《元龜》卷六七三。《新書》本傳未及陳刺。

【補遺】張堪貢　　大曆時？

《文博》1998 年第 1 期賀忠輝《唐刺史考補》引《大唐故張君（堪貢）墓誌銘》（建中元年八月）："南陽縣開國侯兼使持節諸軍事陳州刺史。"謂張堪貢大曆年間爲陳州刺史。按拓本未見，難以確考。

薛　寶　　建中四年（783）

《全文》卷六九一符載《賀州刺史武府君（充）墓誌銘》："自廣州司士掾轉陳州錄事參軍。甲子歲，蔡賊希烈叛，猛用凶器。逆師至於襄城，遣裨將鄭貴以精卒一萬來逼我城焉，刺史薛寶任公如臂指，憑公如金湯……寇用慴息，不得攻取，井邑完固，我之力焉。俄而大梁陷……遂馳劉宣武……由是淄青致寧陵之師，解陳州之圍。"按李希烈至襄城乃建中四年三月至八月事，陷汴州在十二月。《墓誌》稱"甲子歲"乃興元元年，誤。未知薛寶是否薛珏之誤。

李公廉　　興元元年（784）

《舊書·劉昌傳》："〔李〕希烈解〔寧陵〕圍攻陳州，刺史李公廉計窮，〔劉〕昌從劉玄佐以浙西兵合三萬人救之。"又見《元龜》卷三五九。按希烈圍寧陵在興元元年二月，圍陳州在閏十月，劉昌、曲環解陳州圍、收汴州在十一月，皆見《通鑑》。

曲　環　　興元元年—貞元二年（784—786）

《舊書》本傳："李希烈侵陷汴州，環與諸軍守固寧陵、陳州，大破希烈軍於陳州城下……環以功加檢校工部尚書，兼陳州刺史。希烈平，加環兼許州刺史、陳許等州節度觀察。"《新書》本傳略同。又見《元龜》卷三八五。《太平寰宇記》卷一〇陳州商水縣："潁岐渡夾河月城在縣東北三十里，貞元元年刺史曲環築，以備李希烈之亂。"《舊書·德宗紀上》：貞元二年七月，“以隴右行營節度使曲環爲陳許節度使”。《新書·方鎮表二》：貞元三年，“置陳許節度使，治許州”。

韋　某　　約貞元中

《全詩續補遺》卷七權德輿《韋使君亭海榴詠》：“淮陽臥理有清風，臘月榴花帶雪紅。”

上官涚　　貞元十五年（799）

《舊書·德宗紀下》：貞元十五年八月“丙午，以陳許兵馬使、前陳州刺史上官涚爲許州刺史、陳許節度使”。又見《通鑑·貞元十五年》。

劉昌裔　　貞元十六年—十九年（800—803）

《舊書》本傳：“〔貞元〕十六年，以全陳許功，以〔上官〕涚爲節度使，昌裔爲陳州刺史……十八年，改充陳許行軍司馬。明年，涚卒，詔昌裔爲許州刺史，充陳許節度使，再加檢校右僕射。”《新書》本傳略同。《舊書·德宗紀下》：貞元十九年五月“甲辰，以陳許行軍司馬劉昌裔檢校工部尚書，兼許州刺史、陳許節度使”。又見《通鑑·貞元十六年》九月，《元龜》卷六九一、卷七二四。《韓昌黎集》卷二九有《唐故檢校尚書左僕射右龍武軍統軍劉公（昌裔）墓誌銘》，卷二七有《劉統軍碑》。

孟元陽　　貞元十九年—二十一年（803—805）

《新書》本傳：“韓全義敗五樓，列將多私去，獨元陽與神策將蘇元策、宣州王幹以所部屯溵水，破賊二千，詔拜陳州刺史。憲宗立，遷河陽節度使。”按韓全義被吳少誠敗，孟元陽與吳少誠戰，事在貞元十六年九月，見《通鑑》。《舊書》本傳未及陳刺。《舊書·憲宗紀上》：貞元二十一年九月“癸酉，以陳州刺史孟元陽爲懷州刺史、河陽三城孟懷節度使”。

李光顏　元和九年（814）

《舊書·憲宗紀下》：元和九年“九月甲戌朔，以洺州刺史李光顏爲陳州刺史、忠武軍都知兵馬使”。十月壬戌，“以忠武軍節度副使兼陳州刺史李光顏爲許州刺史、忠武軍節度使”。又本傳：“〔元和〕九年，將討淮、蔡，九月，遷陳州刺史，充忠武軍都知兵馬使。逾月，遷忠武軍節度使、檢校工部尚書。”又見《吳元濟傳》，《新書》本傳，《通鑑·元和九年》九月。

令狐通　約元和十一年（約816）

《隋唐五代墓誌匯編·洛陽卷》第十四册《唐故棣州刺史燉煌令狐公（楳）墓誌銘并序》（大中十年四月二十二日）：“皇考歷宿、陳、壽、淄、唐、泗等六郡太守，官兼御史中丞，唐、陳二州皆經再授，凡專城之任者八，贈右散騎常侍諱通。公即先公常侍第二子也。”大中八年卒，享年六十二。按令狐通元和九年自泗州刺史遷壽州，十五年爲淄州，見《舊書》本傳。

令狐通　約元和十四年—十五年（約819—820）

此當爲“再授”。見上條。

高　瑀　約元和末

《舊書》本傳：“歷陳、蔡二郡刺史，入爲太僕卿。大和初，忠武節度使王沛卒……乃授檢校左散騎常侍、許州刺史、忠武節度使。”《新書》本傳略同。又見《元龜》卷一二〇。

王　沛　長慶元年—三年（821—823）

《舊書》本傳：“及李師道誅，詔分許州兵戍於鄆，以沛爲都將，救鹽州，擊退吐蕃。以功加寧州刺史，遷陳州。李齐反，詔沛兼忠武節度副使，率師討齐。齐平，加檢校右散騎常侍，遷兖海沂密節度、觀察等使。”《元龜》卷一二〇：長慶元年十二月，“陳州刺史兼御史中丞王沛宜委〔李〕光顏量才任用，沛比爲光顏麾下都將，部署有方略。淮蔡平,授陳州刺史,以光顔方務征討,故委以軍任”。又見《新書》本傳,《元龜》卷三五九。

【補遺】柏元封　　約寶曆中

《唐故中散大夫守衛尉卿上柱國賜紫金魚袋贈左散騎常侍魏郡柏公（元封）墓誌銘》（大和六年十一月）:“公諱元封,字子上。……未幾,薛司空復鎮平盧,表爲軍司馬。詔授檢校職方郎中、兼御史中丞,充其職。公從容中道,人望日崇。徵拜陳州刺史,兼官如故。……轉蔡州刺史,兼龍陂監牧使。”（戴應新《唐柏元封墓誌考》,《考古與文物》1992年第2期）其爲陳州刺史約在寶曆中。

薛昌族　　寶曆、大和間?

《新表三下》薛氏:“昌族,陳州刺史,侍御史。”按昌族元和末爲寧州刺史,其爲陳州刺史或在寶曆、大和間。

蘇　特　　會昌末—大中二年（約846—848）

《舊五代史·蘇循傳》:“父特,陳州刺史。循,咸通中登進士第。”《嘉泰吳興志》卷一四郡守題名:“蘇特,大中二年五月自陳州刺史拜;除鄭州刺史。”

李　蒙　　大中六年（852）

《全文》卷七四九杜牧有《鄭液除通州刺史李蒙除陳州刺史制》。按杜牧於大中五年冬始拜考功郎中、知制誥。

許　珂　　約乾符元年—三年（約874—876）

《舊書·僖宗紀》:乾符四年五月,“以陳州刺史許珂爲睦州刺史”。《嚴州圖經》卷一題名:“許珂,乾符三年自陳州刺史拜。”

趙　犫　　廣明元年—龍紀元年（880—889）

《舊五代史》本傳:“及黃巢陷長安,天子幸蜀,中原無主,人心騷動……於是天子下詔，以鞏守陳州刺史……中和三年，朝廷聞其功，就加檢校兵部尚書……五年八月，除鞏爲蔡州節度使……文德元年……充泰寧節度使，又改浙西節度使，不離宛丘，兼領二鎮。龍紀元年三月……就加平章事，充忠武軍節度使，仍以陳州爲理所……念仲弟昶同心王事，共立軍功，乃下令盡以軍州事付於昶，遂上表乞骸，後數月，寢疾，卒於陳州官舍。”又見《舊書·僖宗紀》、《黃巢傳》、《新書》本傳，《新五代史》本傳，《通鑑·中和三年》五月、《光啓元年》八月，兩《五代史·梁太祖紀》，《元龜》卷七、卷一八七、卷三六〇、卷七七一。

趙　昶　　龍紀元年—乾寧二年（889—895）

《舊五代史》本傳：“及鞏遥領泰寧軍節度，以昶爲本州刺史、檢校右僕射。俄而鞏有疾，遂以軍州盡付於昶。詔授兵馬留後，旋遷忠武軍節度使，亦以陳州爲理所……乾寧二年寢疾，薨於鎮。”《新書》本傳、《新五代史》本傳略同。又見《元龜》卷六七三、卷六七七。

趙　玨　　乾寧二年—天復元年（895—901）

《新書》本傳：“昶帥忠武，玨遷行軍司馬。昶之喪，知忠武留後……〔朱〕全忠表爲忠武軍節度使……三加檢校太保。光化二年，同中書門下平章事，進兼侍中，封天水郡公……一家三節度，相繼二十餘年，陳人宜之。天復初，韓建帥忠武，以玨知同州節度留後。”兩《五代史》本傳略同。又見《元龜》卷七七一。

韓　建　　天復元年—天祐元年（901—904）

《舊書·昭宗紀》：天復元年十一月“乙卯，〔朱〕全忠知帝出幸，乃回兵攻華州……韓建出降，乃署爲忠武軍節度使，以陳州爲理所”。《舊五代史》本傳：“〔朱全忠〕尋表建爲許州節度使。昭宗東遷，以建爲佑國軍節度使、京兆尹。”按“許州節度使”當爲“陳許節度使”之誤。是時治所不在許州，而在陳州。又按韓建天祐元年爲京兆尹。

袁象先　　天祐三年—四年（906—907）

《舊五代史》本傳：“天祐三年，授陳州刺史、檢校司空。”《新五代史》本傳：“歷宿、洺、陳三州刺史。太祖即位，累遷左龍武統軍。”又見《舊五代史·梁太祖紀三》，《元龜》卷六八一。按袁象先光化二年爲宿州刺史，天復三年爲洺州刺史。

待考録

崔靈遇

《廣記》卷一五九引《續玄怪録》：“天寶末，幽薊起戎。〔李〕希仲則挈家東邁，以避兵亂。行至臨淮，謁縣尹崔祈……時崔喪妻半歲，中饋無主，幼稚零丁，因求娶於希仲……希仲遇自詢問，則出一年孤孩……名之靈遇。及長，官至陳郡太守。”按唐無陳郡，疑或指陳州，姑列於此俟考。

卷六一　豫州（汝南郡、蔡州）

　　隋汝南郡。武德四年四月平王世充，置豫州，設總管府。七年改爲都督府。貞觀元年罷都督府。天寶元年改爲汝南郡。乾元元年復爲豫州。寶應元年以避代宗廟諱，改爲蔡州。領縣十一：汝陽、朗山、吳房（遂平）、上蔡、新蔡、褒信、新息、真陽、平輿、西平、郾城。

楊仲達　　武德三年（620）

　　《千唐誌·大周左監門長上弘農楊君（昇）墓誌銘并序》：“曾祖仲達，唐金紫光禄大夫、蔡州總管、上柱國、魯國公。”楊昇卒萬歲登封元年。又見《大唐故朝議郎行鄭州管城縣令上柱國楊君（璀）墓誌銘并序》（開元八年十月三十日）。《元龜》卷一六四：武德三年九月，“王世充豫州豪右楊仲達以三州之地來降”。《隋唐五代墓誌匯編·洛陽卷》第七册《大周故并州志節府果毅都尉楊府君墓誌銘并序》（萬歲登封元年三月十九日）：“祖唐行豫州都督。考行師，唐左衛郎將。”府君天授二年正月五日卒，年四十七。按行師父當即楊仲達。

楊行矩（楊行規）　　武德三年（620）

　　《元龜》卷一六四：武德三年九月，“王世充豫州豪右楊仲達以三州之地來降，拜……其子行規爲豫州總管”。《乾道臨安志三》：“楊行矩，蔡州總管，杭州刺史……右見《元和姓纂》。”疑行矩即行規。

許世緒　　武德中

《舊書》本傳:"武德中,累除蔡州刺史,封真定郡公,卒。"《新書》本傳同。《千唐誌·唐故太府卿真定郡公許府君(緒)墓誌銘并序》(顯慶五年十二月十三日):"于是高祖經綸大寶……除左武候長史……歷司農、太府卿,轉鄂、瓜、豫三州刺史。因入朝,遂嬰重疾。承明謁帝,方獻替於紫廬;鈞天動心,奄□□於金奏,春秋六十三,追贈靈州都督。"未言卒年。又《唐故滄州東光縣令許君(行本)墓誌銘并序》(上元二年二月廿八日)、《行本與崔氏合葬墓誌》(證聖元年正月廿九日)稱:考緒,太原佐命恕死第一等功臣、左侍極、外府司農卿、瓜州都督、豫州刺史、上柱國、真定縣開國公。又《大唐桂州都督府倉曹許君(義誠)墓誌銘并序》(開元三年六月十一日)稱"祖世緒",官爵同。義誠卒開元二年,年四十二。又見上圖藏拓片《唐故廣州都督府長史吳郡朱公妻潁川郡君許氏墓誌銘》(開元十一年二月十三日)。《姓纂》卷六中山許氏:"緒,太府少卿、蔡州刺史、左常侍。"

武士彠　　武德九年—貞觀元年(626—627)

《全文》卷二四九李嶠《攀龍臺碑》:"大周無上孝明皇帝諱某字某,太原文水人也……始高祖之餞帝也,期以半年……復留鎮撫。九年,太宗以儲宮統事,乃徵帝入朝……使持節豫息舒道等四州諸軍事豫州都督……貞觀元年,拜利隆始靜西龍等六州諸軍事利州都督。"兩《唐書》本傳未及。

明　恪　　約貞觀初

《舊書·明崇儼傳》:"父恪,豫州刺史。"《千唐誌·唐故河南府壽安縣尉明府君(希晉)誌文并序》(至德二載十一月十日):"曾祖恪,豫州刺史。祖崇儼,正諫大夫,贈侍中。"按明崇儼儀鳳二年爲正諫大夫,四年被殺。其父刺豫州約在貞觀初。

李敬本　　貞觀中?

《新表二上》隴西李氏武陽房:"敬本,豫州刺史。"乃後周滑州刺史充穎之子,武后時宰相李迥秀之叔,疑敬本刺豫在貞觀中。

李元則　　貞觀七年—十年(633—636)

《舊書》本傳:"貞觀七年,授豫州刺史。十年,改封彭王,除遂州都督。"又見《元龜》卷二八一。《新書》本傳未及。按《大詔令集》卷三四岑文本《册遂州都督彭王元則文》:"襄帷汝穎之地,聲績可紀;建旟巴蜀之境,民俗以康。"汝穎指豫州,巴蜀指遂州。

李元慶　　貞觀十年—約十八年(636—約644)

《舊書》本傳:"〔貞觀〕十年,改封道王,授豫州刺史。二十三年,加實封滿千户。"《新書》本傳略同。又見《元龜》卷二六八、卷二八一,《會要》卷六。《全文》卷六太宗《荊王元景等子孫代襲刺史詔》:"豫州刺史道王元慶……其所任刺史,咸令子孫代代承襲。"兩《唐書·李元景傳》同。《會要》卷四六注此爲貞觀十一年六月六日詔。

李　鳳　　貞觀十八年—顯慶三年(644—658)

《舊書》本傳:"〔貞觀〕十年,徙封虢王,歷虢、豫二州刺史……麟德初,累授青州刺史。"《新書》本傳:"歷虢、豫、青三州刺史。"又見《元龜》卷二八一。拓本《大唐故使持節青州諸軍事青州刺史虢莊王(鳳)墓誌銘并序》:"〔貞觀〕十八年除使持節豫州諸軍事豫州刺史……廿一年服闋,又復本任……顯慶三年,除使持節宋州諸軍事宋州刺史。"又《册虢王鳳宋州刺史文》稱:顯慶三年歲次戊午正月甲申朔廿九日壬子除宋刺(《考古》1977年第5期《唐李鳳墓發掘簡報》)。又見《大詔令集》卷三七,《全文》卷一四。

李　明　　總章二年—調露二年(669—680)

《舊書》本傳:"顯慶中,授梁州都督,後歷虢、蔡、蘇三州刺史。"《新書》本傳未及。《大詔令集》卷三七《册曹王明豫州刺史文》:"維總章二年歲次己巳三月己卯朔十三日辛卯,皇帝若曰……虢州刺史上柱國曹王明……命爾爲使持節豫州諸軍事豫州刺史,上柱國、王如故。"又見《全文》卷一四。《千唐誌·有唐山南東道節度使嗣曹王（李皋）墓銘并序》（貞元八年五月十二日）："王之四代祖受封於曹，則文皇第十四子也，歷虢、蔡、蘇、常等四州刺史，贈司空。司空諱明。"

魏叔瑜　　高宗時？

《新書·魏徵傳》："四子：叔玉、叔琬、叔璘、叔瑜……叔瑜，豫州刺史。"《舊書·魏徵傳》未及。《全文》卷二二七張說《唐故豫州刺史魏君（叔瑜）碑》："歷慶、慈、儀、豫四州刺史。春華韡於兩宮，時雨零於四郡……春秋五十有一，終於豫州。"又卷二二四張說《與魏安州書》："尊豫州府君，德業高遠。"《金石録》卷五《唐豫州刺史魏叔瑜碑》："張說撰，子華正書，開元六年五月。"又見《寶刻叢編》卷八引《集古録目》。按其父魏徵卒貞觀十六年，叔瑜刺豫州約高宗時。《古今姓氏書辯證》卷二九館陶魏氏："叔瑜，豫州刺史。"

姚　感　　高宗時？

《千唐誌·唐故汝陰郡司法參軍姚公（希直）墓誌銘并序》："曾祖霓，隨左武衛大將軍。祖感，皇豫州刺史。父忠肅，皇申王府文學。"希直卒天寶十二載，享年七十，疑其祖仕高宗時。

竇　邃　　高宗時？

《姓纂》卷九河南洛陽竇氏："邃，蔡州刺史。"《新表一下》竇氏三祖房同。乃武德間宰相竇抗之孫，龍朔二年司農少卿竇遜弟，其刺豫疑亦在高宗時。

李元嬰　　弘道元年（683）

《舊書·則天皇后紀》：弘道元年十二月"庚午，加授……豫州刺史、滕王元嬰爲開府儀同三司"。兩《唐書》本傳未及。

韋玄貞　　光宅元年（684）

《通鑑·光宅元年》：正月，"立太子妃韋氏爲皇后；擢后父玄貞自普州參軍爲豫州刺史”。二月庚申，“流韋玄貞於欽州”。《舊書・韋温傳》：“父玄儼……玄儼弟玄貞，初爲普州參軍，以女爲皇太子妃，擢拜豫州刺史。中宗嗣位，妃爲后。及帝降爲廬陵王，玄貞配流欽州而死。”《新書・韋温傳》略同。又見《元龜》卷一四一、卷三〇三，《舊書・中宗紀》《后妃傳上》，兩《唐書・外戚傳》，《姓纂》卷二東眷韋氏韋庶人房，《新表四上》東眷韋氏駙馬房。《大唐贈衛尉卿并州大都督京兆韋府君(泂)墓誌銘并序》：“考玄貞……歷普州參軍，使持節豫州諸軍事豫州刺史，贈上洛郡王。”(《文物》1959 年第 8 期)

李　貞　　嗣聖元年—垂拱四年(684—688)

《舊書》本傳：“則天臨朝，加太子太傅，除蔡州刺史。”又《則天皇后紀》：垂拱四年八月庚戌，“豫州刺史、越王貞又舉兵於豫州。與〔李〕冲相應”。九月“丙寅，斬貞及冲等”。《新書》本傳、《通鑑・垂拱四年》略同。又見《元龜》卷二八一、卷二八九、卷九五一，《會要》卷五，《唐詩紀事》卷三，《全文》卷二七玄宗《命越王貞從孫琳嗣爵詔》。昭陵博物館藏《唐故太子少保豫州刺史越王(貞)墓誌銘并序》(開元六年正月二十六日)：“歷安、徐、揚三州都督，相州刺史，遷絳州刺史……乃授綿州刺史，又遷豫州刺史。”

狄仁傑　　垂拱四年(688)

《舊書》本傳：“出爲豫州刺史。時越王貞稱兵汝南事敗。”《新書》本傳：“轉文昌右丞，出豫州刺史。”《通鑑・垂拱四年》：九月，“以文昌左丞狄仁傑爲豫州刺史……時張光輔(討平越王貞之亂)尚在豫州，將士恃功，多所求取，仁傑不之應……光輔不能詰，歸，奏仁傑不遜，左遷復州刺史”。又見《元龜》卷六一八、卷六七四，《大唐新語》卷四。《寶刻叢編》卷五蔡州引《訪碑録》有《唐豫州刺史狄梁公碑》，元通禮撰，党復書，貞元三年立。按仁傑約於當年左遷復州。

韋承慶　　約萬歲通天元年(約 696)

《舊書》本傳：“後歷豫、虢等州刺史，頗著聲績，制書褒美。長安

初，入爲司僕少卿，轉天官侍郎，兼修國史。"《新書》本傳略同。又見
《元龜》卷六七三。《隋唐五代墓誌匯編・陝西卷》第三册《大唐故黄
門侍郎兼修國史韋府君（承慶）墓誌銘并序》（神龍二年十二月二十四
日）："改授太子左諭德，遷使持節豫州諸軍事，又遷虢州刺史……尋
遷太僕少卿、天官侍郎，又授鳳閣侍郎兼知政事……忽以非罪，殛於
循州。"計其任豫刺約在萬歲通天元年。

鄭慈力　　武后時？

北圖藏拓片《大唐同州澄城縣令鄭公（楚相）德政碑并序》（貞元
十四年正月二十五日）："貞元十一年秋閏八月十七日辛巳詔諭銘記
左馮翊澄城令鄭楚相功德於其理所之南門也……公字叔敖，鄭州榮
陽人。高祖元胄，皇朝散大夫祠部郎中。曾祖慈力，皇朝議大夫蔡州
刺史。祖敬賓，梓州通泉丞。烈考琨，冀州南宫尉。"《全文》卷五一五
陳京名下收有此文。

【李　嶠　　神龍元年（705）（未之任）】

《舊書》本傳："中宗即位，嶠以附會張易之兄弟，出爲豫州刺史，
未行，又貶爲通州刺史。"《新書》本傳略同。

袁恕己　　神龍二年（706）

《舊書・中宗紀》：神龍二年閏正月"乙卯，以特進敬暉、桓彦範、
袁恕己等三人爲滑、洛、豫刺史"。《通鑑・神龍二年》：閏正月，"武三
思以敬暉、桓彦範、袁恕己尚在京師，忌之，乙卯，出爲滑、洛、豫三州
刺史"。《考異》曰："《實録》、《新紀》、新舊列傳皆不見崔玄暐及暉等
出爲刺史年月，惟《舊紀》及《統紀》《唐曆》有此三人。蓋玄暐先已出
矣。但不知何時。然暉等貶爲司馬時，乃刺朗、亳、郢、均四州，蓋於
後又經遷徙矣。《唐曆》《統紀》以爲在王同皎誅後，今從之。"

李　禕　　景雲中

《舊書》本傳："景雲元年，復爲德、蔡、衢等州刺史。開元後，累轉

蜀、濮等州刺史。"《新書》本傳未及。又見《元龜》卷二八一。

潘好禮 開元初

《舊書》本傳："開元三年，累轉邠王府長史。俄而邠王出爲滑州刺史，以好禮兼邠王府司馬，知滑州事……好禮尋遷豫州刺史。"又見《元龜》卷六九七。《新書》本傳略同，唯謂"開元初爲邠王府長史"。按邠王守禮開元元年十二月由滑州刺史轉晉州刺史，開元二年六月爲虢州刺史，則好禮以邠王府司馬知滑州事當爲開元元年事，其爲豫州刺史當在開元初。又按好禮睿宗時自上蔡令拜御史，見《廣記》卷二五九引《御史臺記》。

李行休 開元四年(716)

《全文》卷二三〇張説《贈陳州刺史義陽王(琮)神道碑》："神龍之初，興廢斷絶……季子豫州刺史行休……迎喪遠裔，開元四年二月至桂林。"按《新書·李慎傳》：慎七子。義陽王琮等五人皆爲武后所殺。琮與二弟同死桂林。開元四年，子行休請身迎柩，於是以三喪歸，陪葬昭陵。未及爲豫州刺史。

盧從愿 開元四年(716)

《舊書》本傳："開元四年……從愿以注擬非才，左遷豫州刺史……無幾，入爲工部侍郎。"《新書》本傳略同。《通鑑·開元四年》：五月，"吏部侍郎盧從愿左遷豫州刺史"。又見《元龜》卷六七三、卷六八四。《會要》卷五三："開元四年，黄門監盧懷慎上疏曰……豫州刺史盧從愿，清貞謹慎，理識周密。"

裴 綱(裴剛) 開元八年(720)

《大詔令集》卷一〇三蘇頲《處分朝集使敕八道》："朝集使豫州刺史裴綱，分典荆豫，爲政煩苛……是用點綱於嶺裔……開元八年二月十九日。"又見《全文》卷二五四、《元龜》卷一五七。《全文》卷七八四穆員《河南少尹裴公(濟)墓誌銘》："高祖懷節……生太府少卿昭，昭生蔡州刺史剛，剛生扶風郡雍縣令據，公則雍縣府君之長子也。"濟卒貞元八年，享年五十。其祖父裴剛當即此裴綱。《新表一上》東眷裴氏："綱，蔡州刺史。"即裴懷節之孫。

魏啓心　　約開元十三年（約 725）

《全詩》卷二二二杜甫《壯遊》詩："往昔十四五，出遊翰墨場。斯文崔魏徒，以我似班揚。"原注："崔鄭州尚，魏豫州啓心。"按杜甫生於先天元年，十四五歲正當開元十三四年。《郎官柱》度支郎中有魏啓心，在劉昂、裴眺後，李融、吕周前。《會要》卷七六稱：神龍二年才膺管樂科，魏啓心及第。

徐嶠之　　約開元十六年（約 728）

《全文》卷四四〇徐浩《唐徐氏山口碣石題刻》："廣德元年八月二十一日制，復贈公嗣子故銀青光禄大夫洺州刺史上柱國嶠之左散騎常侍，洺州府君歷典趙、衢、豫、吉、湖、洺六州，開元二十四年薨。"按徐嶠之開元二十三年自吉州刺史授湖州刺史，轉洺州刺史，知《山口碣》所舉官職乃循先後任爲序。又卷二六八武平一《徐氏法書記》："豫州刺史東海徐公嶠之，懷才蘊藝，依仁踐禮，自許筆精，人稱草聖。"

【補遺】元通理　　開元中

劉敞《雙廟記》："開元中，刺史元通理始作《感德碑》。"（《公是集》卷三六，《全宋文》第三十册，卷一二九三，頁 345）。按《寶刻叢編》卷五蔡州引《訪碑録》有《唐豫州刺史狄梁公碑》，元通理撰，党復書，貞元三年立。又按《姓纂》卷四元氏："義恭生孝節，工部員外、黄州刺史；生通理、希聲。通理，給事中，生從、備（修）。"

宇文瑄　　開元中？

《姓纂》卷六河南洛陽宇文氏："瑄，蔡州刺史。"乃隋梁州總管神慶曾孫。

裴令温 開元中？

《新表一上》南來吳裴氏："令温，房、豫、陝三州刺史。"乃裴守真再從姪，玄宗相裴耀卿再從兄弟，下邳令裴守祚子。

王 琚 開元末—天寶初

《舊書》本傳："〔開元〕二十二年，起復右庶子，兼襜州刺史，又改同、蒲、通、鄧、蔡五州刺史。天寶後，又爲廣平、鄴郡二太守。"《新書》本傳唯云"又改六州、二郡"，未及州郡名。《全文》卷三四一顏真卿《左衛率府兵曹參軍賜紫金魚袋顏君（幼輿）神道碑銘》："調補汝南郡新息縣主簿……太守趙國公王琚器君才名……哥舒之攻石堡城，請君隨軍，拜左衛率府兵曹參軍。"幼輿天寶九載卒。

田 琦 天寶中

《全文》卷四四七竇泉《述書賦下》："赫赫許昌，翰苑文房。徵前賢而少對，當聖代而難方。"注："田琦，雁門人，德平之孫……官歷陝令，豫、蘄、許等州刺史……德平，武德功臣。"《歷代名畫記》卷一〇："田琦，雁門人，武德功臣兵部尚書德平之子（孫），善寫貌人物，官至汝南太守。"又見《圖繪寶鑒》卷二，《書小史》卷一〇等記載。《新書·藝文志三》"田琦畫《洪崖子橘木圖》"注："德平子（當爲孫），汝南太守。"

董思簡 天寶中

《全文》卷六一〇劉禹錫《故荊南節度推官董府君墓誌銘》："元和七年夏四月某日……董府君以疾終於故府私第……大父曰思簡，位至汝南太守。"

楊 獻 天寶中

《新表一下》楊氏觀王房："獻，汝南太守。"乃武后、中宗時宰相楊再思孫。按《全詩》卷二〇〇岑參有《送楊千牛趁歲赴汝南郡覲省便成婚》，疑楊千牛之父即楊獻。《郎官柱》司封員外有楊獻，在裴士淹後，裴寬前。司勳員外又有楊獻，在孫成、蔣將明後，梁涉前。

李　遵　　約天寶十二載（約 753）

《全文》卷三九一獨孤及《唐故特進太子少保鄭國李公（遵）墓誌銘》："天寶六年出守，始於淄川，歷濟南、汝南……十四年秋九月，由執金吾爲彭原郡守。"

薛　愿　　天寶十四載（755）

《新表三下》薛氏："愿，汝南太守。"據兩《唐書》本傳，安禄山叛亂時爲潁川太守，被執而死。

【來　瑱　　天寶十五載（756）（未之任）】

《舊書》本傳："安禄山反，張垍復薦之。起復兼汝南郡太守，未行，改潁川太守。"《新書》本傳略同。

武令珣　　天寶十五載（756）

《舊書・魯炅傳》："尋而潼關失守，賊使哥舒翰招之，不從。又使偏將豫州刺史武令珣等攻之，累月不能克。武令珣死，又令田承嗣攻之。"

李　奐　　乾元二年（759）

《舊書・肅宗紀》：乾元二年四月，"以商州刺史、興平軍節度李奐兼豫許汝等州節度使"。《新書・方鎮表二》：乾元元年，"淮南西道節度徙治鄭州，增領陳、潁、亳三州，別置豫許汝節度使，治豫州"。則李奐兼豫許汝等州節度使當亦兼豫州刺史，姑繫於此。

韋叔將　　約肅宗時

《姓纂》卷二京兆諸房韋氏："叔將，蔡州刺史。"《新表四上》韋氏龍門公房："叔將，豫州刺史。"按其父韋弼，萊、濟、商三州刺史。《郎官柱》司勳員外有韋叔將，在崔圓、李楫後，沈東美、陸據前。《精舍碑》亦有韋叔將，在鄭欽説後，許遠前。約仕至肅宗時。

李忠臣（董秦） 大曆五年—十一年（770—776）

《舊書》本傳：“大曆三年，加檢校工部尚書，實封通前三百户。五年，加蔡州刺史。七年，檢校右僕射、知省事……十一年十二月，加檢校司空平章事、汴州刺史。”《新書》本傳略同。又見《元龜》卷三五八、卷三八五。《全文》卷四一〇常袞《授李忠臣右僕射制》稱：“檢校工部尚書兼安州、蔡州刺史……李忠臣……可檢校尚書右僕射知省事，餘並如故。”又卷六八九符載《土洑鎮保寧記》：“永泰中，代宗以董秦（李忠臣本名）爲淮西節度，是鎮隸焉……李希烈自裨將驅除董秦，奪其兵權。”《新書·方鎮表二》：大曆八年，“淮西節度使徙治蔡州”。大曆十一年，“淮西節度使增領汴州，徙治汴州”。

李希烈 大曆十四年—貞元二年（779—786）

《舊書》本傳：“大曆末，〔李〕忠臣軍政不修，事多委妹婿張惠光……〔希烈〕與少將丁暠等斬惠光父子，忠臣奔赴朝廷。詔以忻王爲淮西節度副大使，授希烈蔡州刺史、兼御史中丞、淮西節度留後。”“貞元二年三月，因食牛肉遇疾，其將陳仙奇令醫人陳仙（山）甫置藥以毒之而死。”《新書》本傳略同。《通鑑·大曆十四年》：三月，“以〔李〕希烈爲蔡州刺史、淮西留後”。五月“戊子，以淮西留後李希烈爲節度使”。又《貞元二年》：“夏四月丙寅，〔希烈〕大將陳仙奇使醫陳山甫毒殺之。”《全文》卷四四四韓翃《爲李希烈謝留後表》稱：“伏奉今月日制書授臣使持節蔡州刺史”。《新書·方鎮表二》：大曆十四年，“淮西節度使復治蔡州”。

陳仙奇 貞元二年（786）

《舊書·德宗紀上》：貞元二年四月“甲申，詔以淮西牙將陳仙奇爲蔡州刺史、淮西節度使”。又《李希烈傳》：“陳仙奇者……自希烈死，朝廷授淮西節度……未幾，爲別將吳少誠所殺。”又見《新書·李希烈傳》。《全文》卷四六三陸贄《誅李希烈後原宥淮西將士并授陳仙奇節度詔》：“以仙奇爲檢校工部尚書兼蔡州刺史、御史大夫、充淮西節度。”《大詔令集》卷一二一同。《元龜》卷一二八作“貞元二年四月甲申詔"。

＊李 諒　　貞元二年（786）

《舊書・德宗紀上》：貞元二年七月"己酉，以虔王諒爲申光隨蔡節度大使"。《大詔令集》卷三六陸贄《虔王諒申光節度制》："開府儀同三司虔王諒……可申、光、隨、蔡等州節度大使兼充管内觀察使，開府封如故。貞元二年七月。"又見《舊書》本傳，《全文》卷四六二，《元龜》卷二八一。

吳少誠　　貞元二年—元和四年（786—809）

《舊書・德宗紀上》：貞元二年七月己酉，"以淮西兵馬使吳少誠爲蔡州刺史、知節度留後"。又《憲宗紀上》：元和四年十一月"己巳，彰義軍節度使、檢校司空、同平章事吳少誠卒"。按《新書・方鎮表二》：貞元十四年，"申光蔡節度賜號彰義軍節度"。又見兩《唐書》本傳，《元龜》卷一七六。《大詔令集》卷一二二《雪吳少誠詔》稱："可依前檢校右僕射兼蔡州刺史、御史大夫、彰義軍節度、申光蔡等州觀察支度營田使。"又卷六三《册贈吳少誠司徒文》："維元和四年歲次己丑十二月壬申朔二十七日戊戌，皇帝若曰……故彰義軍節度……使持節蔡州諸軍事兼蔡州刺史上柱國濮陽郡王吳少誠……册贈爾爲司徒。"《全文》卷六三同。

＊李 宥　　元和五年（810）

《舊書・憲宗紀上》：元和五年三月"己未，制以遂王宥爲彰義軍節度使"。《大詔令集》卷三六《遂王宥彰信（義）軍節度制》："遂王宥……可開府儀同三司彰信軍節度管内支度營田申光蔡等州觀察處置等使。元和五年三月。"

吳少陽　　元和五年—九年（810—814）

《舊書・憲宗紀上》：元和五年三月己未，"以申州刺史吳少陽爲申光蔡節度留後"。六年正月"丙申，以彰義軍留後吳少陽檢校工部尚書、充彰義軍節度、申光蔡等州觀察使”。又《憲宗紀下》：元和九年九月己丑，“淮西節度使吳少陽卒”。又見兩《唐書》本傳，《元龜》卷一七七，《通鑑·元和四年》《元和五年》。《白居易集》卷五四《授吳少陽淮西節度留後制》稱：“使持節申州諸軍事申州刺史兼御史大夫、會稽郡王吳少陽……可銀青光禄大夫、檢校左散騎常侍、依前兼御史大夫、使持節蔡州諸軍事、權知蔡州刺史。”注：“三月十九日。”

吳元濟　　元和九年—十二年(814—817)

《舊書》本傳：“吳元濟，少陽長子也。初爲試協律郎、兼監察御史、攝蔡州刺史。及父死，不發喪，以病聞，因假爲少陽表，請元濟主兵務。”十二年十一月十一日，“擒元濟並其家屬以聞”。《新書》本傳略同。《通鑑·元和九年》：“閏月丙辰，彰義節度使吳少陽薨……其子攝蔡州刺史元濟，匿喪，以病聞，自領留務。”《元和十二年》：二月，“李愬謀襲蔡州”。十月“甲戌，愬以檻車送元濟詣京師，且告於裴度。是日，申、光二州及諸鎮兵二萬餘人相繼來降”。《韓昌黎集》卷三〇《平淮西碑》：“九年蔡將死，蔡人立其子元濟以請，不許。”

裴　度　　元和十二年(817)

《舊書·憲宗紀下》：元和十二年七月“丙辰，制以中書侍郎、平章事裴度守門下侍郎、同平章事、使持節蔡州諸軍事、蔡州刺史，充彰義軍節度、申光蔡觀察處置等使，仍充淮西宣慰處置使”。《全文》卷五三九令狐楚有《授裴度彰義軍節度使制》。又見《大詔令集》卷五二，兩《唐書》本傳。《全文》卷六二四馮宿《爲裴相公謝淮西節度使表》：“伏奉去年七月二十五日制，除臣門下侍郎同中書門下平章事，充淮西節度觀察處置等使，蔡州刺史……緣逆賊吳元濟尚拒王師，遂於郾城縣權爲理所……今月十七日……生致元凶……臣以二十五日……至蔡州上訖。”

馬　摠(馬總)　　元和十二年—十三年(817—818)

《舊書·憲宗紀下》：元和十二年十一月“戊申，以淮西宣慰副使、

刑部侍郎馬總爲彰義軍節度留後。十二月壬戌……以蔡州留後馬總
檢校工部尚書、蔡州刺史、彰義軍節度使、溵州潁陳許節度使”。十三
年五月丙辰，“以彰義軍節度使馬總爲許州刺史、忠武軍節度使、陳許
溵蔡觀察等使”。兩《唐書》本傳略同。又見《元龜》卷一二八。《全
文》卷七一四李宗閔《馬公（總）家廟碑》：“徵拜尚書刑部侍郎，尋副丞
相晉公討淮西。淮西平，遂代晉公鎮其地……治蔡州，居一年，蔡人
和且寧，遷於許州。”

【楊元卿　　元和十三年(818)（未之任）】

　　《舊書》本傳：“元和十三年，授蔡州刺史、兼御史中丞。未行，改
授光祿少卿。”又見《元龜》卷三一三。【補遺】《全編》卷六一《豫州（汝
南郡、蔡州）》：“楊元卿，元和十年(815)。”按《唐故光祿大夫太子太保
贈司徒弘農楊公（元卿）墓誌銘》（大和八年七月二十八日），所記元卿
歷官甚爲詳盡，且是平定蔡州統帥裴度所撰，因而對於蔡州事記述尤
詳：“少倜儻有大志，不爲章句儒，好兵法，達吏理。弱歲侍奉之官滯
游彰義軍節度巡官。少誠且死，表以其弟少陽嗣之。公以淮右之帥，
自希烈以降有年矣。雖云授爵，不曰順命。公隱忠潛精，將有爲也。
陽委質焉。得監察御史推官。余嘗奉使使蔡，公在掾吏中，目余以見
意，乃心結之。既而極爲本道請事於朝，常竊以情僞虛實上告。……
及少陽死，其子元濟復爲三軍所立，公稱事入奏，得承問焉。憲宗定
志討之，公請第往觀變，將至賊，已距險不得入，且聞公之賣己，遂族
公之家。還報，授岳王府司馬。蓋謂血屬猶存，不欲受顯秩，以速賊
之凶怒。改太子僕，旋兼御史中丞，爲蔡州刺史，俾環視而經略之。
未果行，除光祿少卿。……遷右金吾衛將軍，出守汾州。”（趙君平《唐
楊元卿墓誌搨本跋》，《書法叢刊》2001 年第 4 期。文物出版社
2001 年版）則楊元卿爲蔡州刺史，僅有一次，且未赴任。《唐大詔令
集》所載“元和十年三月”，當爲“元和十三年三月”之脫誤。

劉元鼎　　元和十三年(818)

　　《酉陽雜俎》前集卷一五：“劉元鼎爲蔡州，蔡州新破，食(倉)場狐

暴,劉遣吏生捕,日於毬場縱犬,逐之爲樂,經年所殺百數。"又見《廣記》卷四五四。按《新表一上》尉氏劉氏："元鼎,慈州刺史。"乃京兆少尹劉昂之孫。又按元鼎自太子詹事授大理卿兼御史大夫,充西蕃盟會使,見《白居易集》卷三二。《全文》卷七一六劉元鼎有《與吐蕃使盟文》。【補遺】《洛陽新獲墓誌 116·唐故朝請大夫守衛尉卿柱國分司東都賜紫金魚袋劉公(略)墓誌銘並序》(咸通九年閏十二月一日):"少師生我先公尚書諱元鼎……歷官大理卿兼御史大夫,慈、蔡、壽、絳四郡,贈兵部尚書。……貞元十七年生公於潞尚書公從事之府也。……咸通九年十月十八日薨於永通門外別墅。享年六十有九。""季弟銀青光禄大夫檢校刑部尚書兼秘書監異撰"。

丁 倪　　元和十三年(818)

《元龜》卷六二一:"〔元和〕十三年十一月,賜蔡州群牧號隴陂,以刺史丁倪充使。"

高 瑀　　長慶中

《舊書》本傳:"累辟諸府從事,歷陳、蔡二郡刺史,入爲太僕卿。大和初,忠武節度使王沛卒……乃授檢校左散騎常侍、許州刺史、忠武節度使。"《新書》本傳略同。又見《酉陽雜俎》前集卷六,《元龜》卷一二〇。

陸 亘　　約長慶中

《舊書》本傳:"入爲户部郎中、祕書少監、大常少卿,歷刺兗、蔡、虢、蘇四郡,遷越州刺史、浙東團練觀察等使。"《新書》本傳略同。按陸亘寶曆元年在虢州刺史任,大和三年自蘇刺遷浙東觀察,則其刺蔡約在長慶中。

王茂元　　約寶曆間

《樊南文集補編》卷一二《祭外舅贈司徒公(王茂元)文》:"乃乘驄馬,來臨株歸……遷去郾城,乃臨蔡壤……容山至止,朗寧去思。"按郾城指爲郾州刺史，蔡壤當指爲蔡州刺史。容山指容州，朗寧指邕州。兩《唐書》本傳未及。又按王茂元大和二年自邕管經略使遷容管經略使，則其刺蔡州約在寶曆間。

柏元封　　大和元年（827）

《全文》卷六三八李翱《唐故特進左領軍衛上將軍兼御史大夫平原郡王贈司空柏公（良器）神道碑》："有子曰元封，爲蔡州刺史……大和元年，翱自廬以諫議大夫徵，路出於蔡，元封泣拜。"【補遺】《唐故中散大夫守衛尉卿上柱國賜紫金魚袋贈左散騎常侍魏郡柏公（元封）墓誌銘》（大和六年十一月）："公諱元封，字子上。……天平軍節度使馬公總聞其事，樂其賢，表請爲節度判官、檢校兵部員外郎兼侍御史，仍知州事。……馬公感其意，薦刺濮州，詔許之。……未幾，薛司空復鎮平盧，表爲軍司馬。詔授檢校職方郎中、兼御史中丞，充其職。公從容中道，人望日崇。征拜陳州刺史，兼官如故。……轉蔡州刺史，兼龍陂監牧使。"（戴應新《唐柏元封墓誌考》，《考古與文物》1992 年第 2 期）

韓　威　　開成三年（838）

《舊書·文宗紀下》：開成三年十一月"壬申，以蔡州刺史韓威爲定州刺史、義武軍節度、北平軍等使"。《通鑑·開成三年》同。

楊敬之　　文宗時？

《入唐新求聖教目錄》："《維摩經疏》十卷，豫州刺史楊敬之撰。"按《新表一下》楊氏越公房："敬之，同州刺史。"乃文宗時人。又按大和九年七月戊午貶楊敬之連州刺史。兩《唐書》本傳未及爲蔡州刺史，文宗時亦不當稱豫州，未知誤否。

田　群　　會昌中

《新書》本傳："群，會昌中歷蔡州刺史，坐贓且抵死，兄肇聞之，不食卒……於是武宗詔減死一等。"《舊書》本傳未及。《全文》卷四九六姚合《送田使君赴蔡州》、卷四九七《寄題蔡州蔣亭兼簡田使君》，又卷五五五馬戴《寄田使君牧蔡州》等，皆指田群。《又玄集》卷下僧無可《夏日送田中丞赴蔡州》，亦當指田群。按《全詩》卷五七三賈島《蔣亭和蔡湘州》：“蔣宅爲亭榭，蔡城東郭門。”證知題誤，題當作《蔣亭和田蔡州》。“田蔡州”即田群，唐無湘州。

南　卓　　會昌末

《雲溪友議》卷中《南黔南》：“南中丞卓，吳楚遊學十餘年。衣布縷、乘牝衞，薄遊上蔡。蔡牧待之似厚，而爲客吏難阻……後十七年，爲蔡牧……遂戮仇吏。”據卞孝萱考證，南卓“薄遊上蔡”乃大和二年前事，下推“十七年”，當在會昌末爲蔡州刺史（《中華文史論叢》第4輯）。

李　叢　　大中十二年（858）

《舊書·宣宗紀》：“大中十二年二月，〔貶〕蔡州刺史李叢爲邵州司馬。”

劉　符　　咸通中

《舊書·劉崇望傳》：藻生符，“咸通中位終蔡州刺史”。《新表一上》河南劉氏：“符字端期，蔡州刺史。”《舊五代史·劉岳傳》：“祖符，蔡州刺史。”又見《元龜》卷八六六。

秦宗權　　廣明元年—龍紀元年（880—889）

《舊書》本傳：廣明元年十一月，“忠武軍亂，逐其帥薛能。是月，朝廷授別校周岌爲許帥。初，軍城未變，宗權因調發至蔡州……洎岌至，即令典郡事。天子幸蜀，姑務蒭寇，上蔡有勁兵萬人，宗權即與監軍楊復光同議勤王，出師破賊，以蔡牧授之，仍置節度之號。中和三年，巢賊走關東，宗權迎戰不利，因與合從爲盜。巢賊既誅，宗權復熾，僭稱帝號，補署官吏……龍紀元年二月，其愛將申叢執宗權，搚折其足，送於汴。”《新書》本傳略同。又見《舊書·僖宗紀》，《通鑑·廣明元年》十一月，兩《五代史·梁太祖紀》，《元龜》卷一八七。《新書·方鎮表二》：中和二年，“升蔡州防禦使爲奉國軍節度”。《新書·僖宗紀》：廣明元年“九月，忠武軍將周岌殺其節度使薛能，牙將秦宗權自稱權知蔡州事”。

﹡趙　犨　中和五年—文德元年(885—888)

《舊五代史》本傳：中和五年八月，“除犨爲蔡州節度使……文德元年，蔡州平……以犨檢校司徒，充泰寧軍節度使，又改浙西節度使，不離宛丘，兼領二鎮”。

申　叢　龍紀元年(889)

《舊五代史·梁太祖紀》：龍紀元年二月，“蔡將申叢遣使來告縛宗權，即日，承制以叢爲淮西留後”。

郭　璠　龍紀元年(889)

《通鑑·龍紀元年》：正月“壬子，蔡將郭璠殺申叢，送秦宗權於汴……全忠以璠爲淮西留後”。

崔　洪　乾寧四年—光化二年(897—899)

《通鑑·乾寧四年》：“五月，加奉國節度使崔洪同平章事。”《舊書·昭宗紀》：光化元年十月，“汴將張存敬以兵襲蔡州，刺史崔洪納款，請以弟賢質於汴，許之”。二年“二月，蔡州刺史崔洪爲衙兵所迫，同竄淮南”。又見《十國春秋·吳太祖世家》。《新書·昭宗紀》：光化二年“二月甲子，朱全忠陷蔡州，奉國軍節度使崔洪奔於淮南”。

朱友裕　光化二年—天復元年(899—901)

《舊書·昭宗紀》：光化二年二月，“汴人遣〔崔〕賢還蔡，徵兵三千出征。蔡兵亂，殺賢，遂擁〔崔〕洪渡淮。朱全忠令其子友裕守蔡州”。《通鑑·光化二年》：“二月，蔡將崔景思等殺〔崔〕賢，劫崔洪，悉驅民渡淮奔楊行密……全忠命許州刺史朱友裕守蔡州。”《舊五代史》本傳：“光化元年，再領許州。天復初，爲奉國軍節度留後。太祖兼鎮河中，以友裕爲護國節度留後。”又見《元龜》卷二八一。

朱延壽　　　天復二年(902)

《九國志》本傳："天復初，北司擁駕西幸，昭宗聞延壽有武幹，遣李儼間道賫詔授延壽蔡州節度使，令促〔楊〕行密與諸道犄角，共誅梁祖，會鳳翔圍解而止。"《通鑑・天復二年》：三月，"朱延壽爲奉國節度使"。又見《十國春秋・吳太祖世家》。

黄文靖　　　天祐二年—天祐三年(905—906)

《舊五代史》本傳："天祐二年春，命佐楊師厚深入淮甸……振旅而還。改蔡州刺史，加檢校司空。又遷潁州刺史。太祖受禪，復爲蔡州刺史。"

待考錄

皇甫德驥

《姓纂》卷五安定朝那縣皇甫氏："德驥，蔡州刺史。"乃皇甫元凱之子。

張巨濟

《寶刻叢編》卷五許州引《集古錄目》："《唐張敬因碑》，敬因，南陽西鄂人，子巨濟，爲淮西節度使，追贈敬因和州刺史。"

胡　璿

《廣記》卷四五三引《騰聽異志錄》："李令緒即兵部侍郎李紓堂兄，其叔選授江夏縣丞，令緒因往覲叔……其叔謂令緒曰：汝知乎，吾與一狐知聞逾年矣……經半年，令緒擬歸東洛，其姑遂言：此度阿姑得令緒心矣。阿姑緣有厄，擬隨令緒到東洛……後數月云：厄已過矣，擬去。令緒問云：欲往何處？阿姑云：胡璿除豫州刺史，緣二女長成，須有匹配，今與渠處置……乃往豫州……令緒便投刺……胡璿後歷數州而卒。"按李紓德宗時人，其時已無豫州，是否有誤，待考。

卷六二　穎州（信州、汝陰郡）

隋蔡州，煬帝改爲汝陰郡。武德四年平王世充，於汝陰縣西北十里置信州。六年改爲穎州，移於汝陰。天寶六年改爲汝陰郡。乾元元年復爲穎州。領縣四：汝陰、沈丘、穎上、下蔡。

姜子建　　武德二年？（619?）

《太平寰宇記》卷一一穎州汝陰縣：“廢信州城在縣西北十五里，隋大業十四年郡城爲賊房獻伯所陷。其年，郡民姜子建率衆於險處作柵。唐武德二年(?)，授子建信州刺史，以柵近汝南褒信縣，故名信州。四年(?)復爲穎州。”

田　瓚　　武德三年（620）

《新書·王世充傳》：武德三年八月，“穎州總管田瓚請舉山南二十五郡歸”。

柳寶積　　永徽中

《新書·地理志二》穎州汝陰縣注：“南三十五里有椒陂塘，引潤水溉田二百頃，永徽中，刺史柳寶積修。”【補遺】《唐研究》第六卷（2000年）《唐墓誌二則録釋》引《大周故前貝州司馬柳府君（明逸）墓誌銘並序》：“父寶積，……爲唐職方員外、懷岐二州長史、涪穎二州刺史。”

裴弘獻　　永徽四年（653）

《新表一上》洗馬裴氏：“弘獻，刑部郎中、潁州刺史，初以蜀王府法曹參軍刪改律令。”《唐律疏義·進律疏表》：“朝請大夫使持節潁州諸軍事守潁州刺史輕車都尉裴弘獻……永徽四年十一月十九日進。”又見《全文》卷一三六。

元懷式　　約咸亨二年（約671）

《隋唐五代墓誌匯編·洛陽卷》第六册《□□□□□法曹參軍劉君故妻元氏墓誌銘并序》（調露元年十月四日）：“曾祖白澤，皇朝梁州都督，新安公……祖禮誠，早卒……父懷式，潁州刺史。”夫人卒咸亨二年八月二十八日，春秋一十八。

李　欣　　垂拱中

《大唐故濮恭王妃閻氏墓誌銘并序》：“垂拱之際，有命除其子嗣濮王欣爲潁州刺史。無何，令環州安置。未至，遭禍薨於途中。”閻氏天授元年九月八日卒邵州官舍，開元十二年六月二日葬（《文物》1987年第8期）。按兩《唐書·李泰傳》，謂李欣武后時爲酷吏所陷，貶昭州別駕，薨。未及潁州刺史。

王　勖（王遂古）　　天授中

《新書·高安公主傳》：“下嫁潁州刺史王勖。天授中，勖爲武后所誅。”《全文》卷二五七蘇頲《高安長公主神道碑》：“始封宣城公主，下嫁於王氏駙馬都尉故潁州刺史……王府君諱勖字遂古。”《金石録》卷二七《唐忠武將軍王暕墓誌》：“父遂古，駙馬都尉、潁州刺史，尚高安公主，高宗大帝之女也。”又見《長安志》卷一〇。

袁忠臣　　睿宗時？

《姓纂》卷四京兆袁氏：“忠臣，左羽林將軍，潁州刺史。”按《千唐誌·袁公瑜誌》（久視元年）稱：“孤子殿中省丞奉宸大夫内供奉忠臣等。”

張廷珪(張庭珪)　　睿宗、玄宗間

《唐故贈工部尚書張公(庭珪)墓誌銘并序》:"〔公〕持節潁、洪、沔、蘇、魏、汴、饒、同等州刺史……九典外郡。"(《文物》1980 年第3 期)兩《唐書》本傳未及。《舊書》本傳云:"景龍末,爲中書舍人,再轉洪州都督。"按開元五年在蘇州刺史任,其刺潁州在洪州前,更在蘇州刺史前,似疑在睿宗、玄宗之間爲潁州刺史。

蕭德緒　　開元中?

《千唐誌·唐故天德軍攝團練判官太原府參軍蕭府君(鍊)墓誌銘并序》(元和元年二月二日):"曾祖德緒,皇銀青光禄大夫舒、杭、潁三州刺史,蘭陵郡公……〔公〕以永貞元年八月三日遘疾終於豐州之官舍。"

蕭　炅　　天寶八載(749)

《通鑑·天寶八載》:六月"辛亥,刑部尚書、京兆尹蕭炅坐贓左遷汝陰太守"。

苗殆庶　　天寶中

《千唐誌·唐故朝議郎守殿中少監兼通事舍人知館事上柱國賜紫金魚袋苗公(弘本)墓誌銘》(大中九年閏四月廿五日):"曾祖殆庶,汝陰郡太守,贈太師。祖晉卿……〔公〕以大中乙亥歲三月六日終於靜恭里第,凡春秋五十九。"按殆庶子晉卿,肅宗、代宗朝爲相,見《舊書·苗晉卿傳》,《新表五上》。

陳　澍　　天寶十四載(755)

《廣記》卷二一七引《定命録》:"陳澍爲潁陰太守。屬安禄山反,遣縣尉姓孫向東京……至東京,遇禄山,請往潁陰取陳澍頭。禄山補孫爲潁陰太守,賜緋,並領二十餘人取澍……後五日孫到,陳於是潛以庫物遺諸衙内人。至夜後,僞作敕書,追入京,令向西兩驛上,差人逆來,夜半敕書至,明早,召集諸官宣敕,便令手刃,就館中誅殺孫。"

按此事未見其他史籍記載,未知是否可靠,姑繫於此。

論惟貞　　約寶應、廣德間

《新書》本傳:"〔李〕光弼討史朝義,以惟貞守徐州。賊將謝欽讓據陳,乃假惟貞穎州刺史,斬賊將,降者萬人……光弼病,表以自代,擢左領軍衛大將軍,爲英武軍使,卒。"【補遺】《全唐文補遺》第七輯141頁《有唐幽州盧龍節度左都衙銀青光禄大夫檢校國子祭酒攝檀州刺史充威武軍使兼御史中丞上柱國晉昌論公(博言)墓誌銘並序》(咸通六年十月廿五日):"公即……英武軍使、奉天定難功臣、銀青光禄大夫、檢校右散騎常侍、穎州刺史兼御史大夫、榆溪王、贈太子太師惟貞之孫。……咸通乙酉重五,聘東垣回,暍疾於路,迄秋分永逝於蘇城南郭析津坊,壽六十一。"(師海軍提供)

徐　向　　大曆初

《新表五下》北祖上房徐氏:"向字文伯,衢、江、陳、穎、鄭、宋六州刺史。"按徐向大曆七年爲宋州刺史。

李　岵　　大曆三年—四年(768—769)

《通鑑·大曆三年》:九月,"穎州刺史李岵以事忤滑亳節度使令狐彰"。《大曆四年》:正月"壬午,流李岵於夷州"。《新書·代宗紀》:大曆四年正月"甲戌,殺穎州刺史李岵"。又見《舊書·代宗紀》,《新書·令狐彰傳》,《元龜》卷六五三,《新書·宗室世系表下》吳王房。《全文》卷三八七獨孤及《送穎州李使君赴任序》:"公之爲穎州也,朝廷以不失人爲明。"此穎州李使君疑即李岵。《元龜》卷一五二:"〔大曆〕四年正月辛卯詔曰:'前穎州刺史李岵……輕侮法令,動搖軍州……宜賜自盡。'"又見《全文》卷四七。

【姚　奭　　大曆三年(768)(未之任)】

《新書·令狐彰傳》:"怒穎州刺史李岵,遣姚奭代之,戒曰:'不時代,殺之。'岵知其謀,因殺奭。"又見《通鑑·大曆三年》九月。

崔　朝　　大曆中

《全文》卷六八二牛僧孺《崔相國群家廟碑》："懷州公諱朝，字守忠，即鄭州公第二子也……四遷檢校倉部郎中兼侍御史，知鄭潁兩州節度使觀察留後錄刺史事。時副元帥梁國公抱玉以全師軍岐下，餼饋廩食，悉責於公……移試國子司業兼懷州刺史。"按李抱玉永泰元年至大曆五年在鳳翔節度使任。

韋　允　　大曆中？

《姓纂》卷二東眷韋氏郎公房："允，吏部員外，潁州刺史。"《新表四上》東眷韋氏郎公房同。乃睿宗時宰相韋安石之孫。《郎官柱》吏部員外有韋允，在令狐峘後，王定、鄭叔則前。其刺潁疑在大曆中。

李長卿　　建中三年（782）

《元龜》卷一六五：建中三年四月，"李納將攝德州刺史李士真、攝潁州刺史李長卿皆以州降，因授……長卿檢校祕書監、兼爲潁州刺史"。

韋　勺　　約貞元初

《全文》卷五〇五權德輿《唐故銀青光禄大夫守吏部尚書兼御史大夫充諸道鹽鐵轉運等使上柱國趙郡開國公贈尚書右僕射李公（巽）墓誌銘并序》：元和四年，"趙郡公巽寢疾薨於永崇里，享年六十三……凡三合姓：初曰范陽盧夫人，太子賓客幼平之女；次京兆韋氏二夫人，潁州刺史勺洎膳部員外郎襄之女，以從祖妹而繼室焉。皆以華腴淑哲，不幸凋落。"

裴　涇　　約貞元七年（約 791）

《全文》卷七八四穆員《河南少尹裴公（濟）墓誌銘》："唐貞元八年冬十月二十有八日，前河南少尹裴公諱濟、字莊時、春秋五十、卒於京師……母弟澄，檢校膳部郎中；潤，大理司直；涇，前潁州刺史。"按《新表一上》東眷裴氏有"涇，泉州刺史"。

高彦昭　　貞元十二年—元和中（796—？）

《新書·高愍女傳》：“〔父〕彦昭從〔劉〕玄佐救寧陵，復汴州，累功授潁州刺史。朝廷録其忠，居州二十年不徙，卒贈陝州都督。”又見《元龜》卷七五九，《廣記》卷二七〇。《全文》卷六三八李翱《高愍女碑》：“父彦昭……貞元十三年，翱在汴州，彦昭時爲潁州刺史。”《全文》卷五二德宗《誅李迺詔》：“潁州刺史兼御史大夫高五立等……並可檢校右散騎常侍。”《大詔令集》卷一二四作“高立昭”，疑“高五立”“高立昭”皆爲“高彦昭”之誤。按李迺汴州作亂乃貞元十二年事。

時元佐（時玄佐）　　元和、長慶間？

《姓纂》卷二陳留時氏：“元佐，潁州刺史。”按《寶刻叢編》卷一四有《唐紀功銘并將士題名》，唐時元佐撰，元和二年。德宗末，前進士時玄佐任協律郎，見《廣記》卷一五五引《續定命録》。《全文》卷六三一吕温《祭座主顧公文》，貞元二十年作，稱奉禮郎時元佐。則時元佐刺潁約元和長慶間。

高　証　　文宗時？

《芒洛四編》卷六《唐故鹽鐵河陰院巡官試左武衛兵曹參軍彭城劉府君（思友）墓誌并序》：“以咸通十年六月廿七日遘疾，易簀于綏福里之第，享齡八十一……二男一女……次曰戬，前汴州開封縣主簿……娶渤海高氏，故潁州刺史諱証之孫，鄉貢進士滌之女。”又見《劉夫人王氏墓誌》。

李　福　　會昌中

《舊書》本傳：“大和七年進士第，累辟使府。〔李〕石爲宰相，自薦弟〔福〕于延英……累遷尚書郎，出爲商、鄭、汝、潁四州刺史。大中時，檢校工部尚書、滑州刺史、兼御史大夫、充義成軍節度、鄭滑潁觀察使。”《新書》本傳未及。按李福大中五年自右諫議大夫遷夏綏節度，八年爲滑州刺史。

李　廓　　大中初？

《舊書》本傳："廓進士登第,以詩名聞於時。大中末,累官至潁州刺史,再爲觀察使。"《新書》本傳未及。又見《唐詩記事》卷六〇。按大中三年五月,徐州軍亂,逐節度使李廓。李廓刺潁當在此前,疑在大中初。

陸　紹　　約大中時

《新表三下》陸氏："紹,潁州刺史。"按杜牧有《陸紹除信州刺史等制》稱:中大夫前使持節申州諸軍事守申州刺史上柱國賜紫金魚袋陸紹。《劉賓客文集》卷三《王質神道碑》稱"吳郡陸紹"。其爲潁刺約在大中時。

楊元孫　　大中時？

《新表一下》楊氏越公房："元孫字立之,潁州刺史。"乃大和九年京兆尹楊虞卿之子。其刺潁疑在大中時。

裴　閺　　咸通二年(861)

《舊書·懿宗紀》:咸通二年"四月,以前婺州刺史裴閺爲潁州刺史,充本州團練鎮遏等使"。

【劉　瞻　　咸通八年(867)(未之任)】

《重修承旨學士壁記》:"劉瞻,咸通八年十一月二十二日自潁州刺史不赴任,再入召對,其月二十六日三殿召對,賜紫,九年五月二十六日拜中書舍人依前充。"兩《唐書》本傳未及。

宗　回　　咸通十三年(872)

《舊書·懿宗紀》:咸通十三年"六月,義成軍節度使、檢校工部尚書杜悰奏:當管潁州僧道百姓舉留刺史宗回"。又見《元龜》卷四八四、卷六八三,《唐文拾遺》卷八。

張自勉　　乾符四年—五年(877—878)

《通鑑·乾符四年》：十二月，"黃巢陷匡城，遂陷濮州，詔潁州刺史張自勉將諸道兵擊之"。《乾符五年》：正月壬寅，"敕以宋威久病，罷招討使，還青州；以曾元裕爲招討使，潁州刺史張自勉爲副使"。

王敬蕘　　中和四年—乾寧四年(884—897)

《通鑑·中和四年》："是歲，餘杭鎮使陳晟逐睦州刺史柳超，潁州都知兵馬使汝陰王敬蕘逐其刺史，各領州事，朝廷因命爲刺史。"《舊五代史》本傳："王敬蕘，潁州汝陰人……中和初，寇難益熾，郡守庸怯，不能自固，敬蕘遂代之監軍，俄真拜刺史……〔乾寧〕四年冬……知武寧軍節度、徐州觀察留後。數月，真拜武寧軍節度使。"《新五代史》本傳略同。又見《新書·楊行密傳》，《元龜》卷六七五。《舊書·昭宗紀》：乾寧四年十一月，"以潁州刺史王敬蕘檢校尚書左僕射，兼徐州刺史，充武寧軍節度使：從〔朱〕全忠奏也"。《全文》卷八三二錢珝有《授潁州刺史充本州防禦使王敬蕘加檢校太子太保制》。《寶刻叢編》卷五引《集古録目》有《唐張龍公廟碑》，稱"潁川(州)刺史王敬蕘"。

王重師　　乾寧中

《舊五代史》本傳："及討兗鄆，擢爲指揮使……重師枕戈擐甲，五六年於齊魯間……尋授檢校司空，爲潁州刺史。乾寧中……尋知平盧軍留後。"《新五代史》本傳略同。又見《元龜》卷三六七、卷三九六。《千唐誌·梁故昌黎韓(仲舉)夫人王氏墓誌銘并序》(乾化三年十月二日)："父重師……太祖撫運中原，亟遷潁州防禦使，尋又除拜青州節度使。"

張存敬　　乾寧三年—光化二年(896—899)

《舊五代史》本傳："乾寧三年，充武寧軍留後，行潁州刺史。光化二年四月，復以存敬爲都指揮使。"

朱友恭　　光化三年—天復三年(900—903)

《舊書·昭宗紀》：光化三年七月甲午，"以許州刺史朱友恭檢校司徒、爲潁州刺史”。天復三年五月，“制以潁州刺史朱友恭檢校司空、兼徐州刺史，充武寧軍節度使”。又見《新書》本傳，兩《五代史》本傳，《通鑑·天復三年》五月，《元龜》卷三六〇、卷三八六。

高季興（高季昌）　　天祐初

《舊五代史》本傳：“從梁祖平青州，改知宿州事，遷潁州防禦使。”《新五代史》本傳：天復三年，“拜宋州刺史。從破青州，徙潁州防禦使”。又見《九國志·北楚武信王世家》《十國春秋·武信王世家》。《廣記》卷七九引《北夢瑣言》：“梁主署武信王高季昌自潁州刺史爲荆南兵馬留後。”

黄文靖　　約天祐三年—四年（約 906—907）

《舊五代史》本傳：“天祐二年春，命佐楊師厚深入淮甸……振旅而還。改蔡州刺史，加檢校司空，又遷潁州。太祖受禪，復爲蔡州刺史。”

卷六三 亳州（譙郡）

隋譙郡。武德四年平王世充，改爲亳州。五年置總管府。七年改爲都督府。貞觀元年罷都督府。天寶元年改爲譙郡。乾元元年復爲亳州。領縣八：譙、酇、城父、鹿邑、真源、永城、臨渙、山桑（蒙城）。

丁叔則　　*武德初*

《舊書·夏侯端傳》："屬李密爲王世充所破，以衆來降，關東之地，未有所屬，端固請往招諭之，乃加大將軍，持節爲河南道招慰使。至黎陽，李勣發兵送之……行次譙州，會亳州刺史丁叔則及汴州刺史王要漢並以所部降於世充，路遂隔絶。"

藺　謩　　*武德五年—八年（622—625）*

《元龜》卷九九〇：武德五年八月"己未，突厥進寇并州，以……太子左衛率藺謩爲亳州總管"。按武德八年藺謩爲代州都督。

李　檀　　*貞觀中？*

《新表二上》遼東李氏："檀，亳州刺史，燉煌公。"乃隋梁州總管李寬之姪。李寬爲周、隋間名將，則其姪疑仕於武德、貞觀間。

于　哲　　*貞觀中？*

《姓纂》卷二河南洛陽于氏："哲，亳州刺史。"《新表二下》于氏同。乃隋黔州總管于顗之子。其叔仲文，亦仕隋爲右翊衛大將軍，則于哲刺亳疑在貞觀中。

杜安期　　貞觀中？

《姓纂》卷六襄陽杜氏："安期,唐亳州刺史。"乃隋水部郎中杜恒之子,疑仕於貞觀中。

裴思莊　　貞觀十六年(642)

《元龜》卷一四二："〔貞觀〕十六年十一月,亳州刺史裴思莊奏請伐高麗。"《通鑑·貞觀十六年》十一月作"亳州刺史裴行莊奏請伐高麗"。按《郎官柱》度支郎中有裴思莊,疑《通鑑》"行"字爲"思"字之誤。

張文琮　　貞觀末

《舊書》本傳："貞觀中爲持書侍御史。三遷亳州刺史,爲政清簡,百姓安之。永徽初,表獻《太宗文皇帝頌》,優制褒美,賜絹百匹,徵拜户部侍郎。"《新書》本傳略同。又見《元龜》卷六八〇。《全文》卷二一六陳子昂《唐故袁州參軍李府君妻張氏墓誌銘》："父某,唐户部侍郎,復、亳、建三州刺史。尚書北斗,始贊於南宫;方岳專城,終榮於獨坐。"當即張文琮。按文琮約永徽元年由亳刺入爲户部侍郎,永徽四年出爲建州刺史。

韓　倫　　高宗初？

《千唐誌·大周故中散大夫行澤州長史楊正本妻□□縣君韓氏墓誌銘》(聖曆二年六月十九日)："夫人諱令德,字光容,京兆人也……父倫,金紫光禄大夫使持節亳州諸軍事亳州刺史,黄金公。"夫人卒聖曆二年,享年五十二。按兩《唐書·韓思復傳》,思復祖亦名倫,未及爲亳州刺史,唯云:貞觀中爲左衛率,賜爵長山縣男。未知是否同一人。韓倫刺亳疑在高宗初。

權知節　　高宗時

《隋唐五代墓誌匯編·洛陽卷》第七册《故袁州刺史右監門衛將

軍駙馬都尉天水權君（毅）墓誌銘并序》（神龍元年八月十八日）：“父
知節，郇王府長史，沁、亳、潤三州刺史，使持節桂州諸軍事桂州都
督。”按郇王乃高宗子許王素節，始王雍，更王郇，後爲許王。

鄭仁愷　　高宗時

《金石萃編》卷六八崔融《唐故密亳二州刺史贈安州都督鄭公（仁
愷）碑》：“高宗升中岱嶽，預陪□□□□（下缺）尋□□州長史……權
授使持節密州諸軍事守密州刺史……居無何，遷使持節亳州諸軍事
亳州刺史……（下缺）……薨於東都……以其年十一月與夫人合
葬……垂拱二年，貝州父老乃相與謀曰……神龍二年二月一日制贈
公□□□（下缺）銘曰……按節海沂，分符譙沛。明明良牧，帝庭稱
最。”又見《全文》卷二二〇。按高宗登中嶽在調露二年二月，見《舊
書·高宗紀》。計仁愷刺亳約在高宗末。《全文》卷七八五穆員《舒州
刺史鄭公（甫）墓誌銘》：“曾祖仁愷，密、亳二州刺史。”甫卒於貞元六
年，享年五十四。

崔仲立　　高宗時？

《新表二下》博陵大房崔氏：“仲立，亳州刺史。”乃後魏南兗州別
駕叔業之曾孫，疑仕高宗時。

樊思孝　　高宗時？

《姓纂》卷四廬江樊氏：“思孝，唐亳州刺史。”按其子樊忱，神龍元
年時爲地官侍郎，則思孝刺亳疑在高宗時。

裴　貞　　約垂拱時

洛陽關林藏石刻《大唐故貝州宗城縣丞裴君（宥）墓誌銘并序》
（開元二十八年正月二十八日）：“殿中少監、亳州刺史、高平縣開國男
貞之孫。”宥卒開元二十年。《新表一上》東眷裴氏：“貞，亳州刺史。”
乃貞觀十七年洛州刺史裴懷節之孫。按裴貞天授元年爲恒州刺史，
被侯思止害死，見兩《唐書·侯思止傳》、《通鑑·天授元年》。則裴貞

刺亳約在垂拱時。

沈伯儀　　武后時

《千唐誌・唐故中散大夫行汾州長史沈浩豐墓誌銘并序》（開元二十九年十月十四日）：“大父伯儀，皇國子祭酒，武康縣開國男，食邑三百戶，歷嘉、婺、亳、許四州刺史。”浩豐卒開元廿八年。又《大周故左衛翊衛沈君（浩禕）墓誌銘并序》稱：“祖伯儀，成均祭酒，嘉婺亳許四州刺史。”浩禕卒聖曆元年，年廿一。按《新書》本傳未及爲刺史事，唯云：“武后時，爲太子右諭德……歷國子祭酒，修文館學士，卒。”

崔神鼎　　武后時？

《新表二下》鄭州崔氏：“神鼎，亳州刺史。”乃後魏尚書左丞崔瓚之曾姪孫，其從兄弟元奕、元綜皆仕武后時，疑其刺亳亦在武后時。

崔　揣　　武后時？

《新表二下》博陵安平崔氏：“揣，亳州刺史。”按其父仁師相太宗、高宗，其弟崔挹，景龍二年春在禮部侍郎任。則崔揣刺亳州疑在武后時。

李　愻　　長安末—神龍元年（？—705）

《千唐誌・大唐故使持節亳州諸軍事亳州刺史李府君（愻）墓誌銘并序》（神龍二年正月二十一日）：“以中表之累，出爲洪州都督府長史，累遷泗州刺史，歲餘除揚州大都督府司馬，又遷貝州刺史、亳州刺史……粵神龍元年，國朝中興之始，公自亳還都……是歲四月廿七日遘疾終，春秋七十有三。”按《新表二上》趙郡李氏東祖房：“愻，度支郎中。”《全文》卷二八〇崔湜《故吏部侍郎元公（希聲）碑》：“夫人李氏，故亳州刺史某之女。”希聲景龍元年卒。疑李夫人之父即李愻。【補遺】《大唐故中散大夫守少府鹽（監）上柱國趙郡李府君（述）墓誌銘並序》（開元十八年十一月十日）：“父愻，侍御史、駕部員外郎、度支郎中，泗、貝、亳三州刺史。”（周紹良、趙超《唐代墓誌匯編續集》，上海古

籍出版社 2001 年版）

姚　崇（姚元之）　　神龍元年（705）

《舊書·中宗紀》：神龍元年二月甲寅，“太僕卿、同中書門下三品姚元之出爲亳州刺史”。又本傳：“則天移居上陽宮，中宗率百官就閤起居，王公已下皆欣躍稱慶，元之獨嗚咽流涕……無幾，出爲亳州刺史，轉常州刺史。”《新書》本傳及《宰相表上》、《元龜》卷三一五、《通鑑·神龍元年》略同。《全文》卷二三〇張說《故開府儀同三司上柱國贈揚州刺史大都督梁國公姚文貞公（崇）神道碑奉敕撰》：“出典亳、宋、常、越、許、申、徐、潞、揚、同十郡。景雲初……封梁國公。”

桓彦範　　神龍二年（706）

《舊書·中宗紀》：神龍二年六月戊寅，“特進、亳州刺史、扶陽郡王桓彦範〔貶〕瀧州司馬”。《通鑑·神龍二年》：三月，“〔復左遷〕桓彦範爲亳州刺史”。五月，“武三思使鄭愔告朗州刺史敬暉、亳州刺史韋（時賜姓韋）彦範……與王同皎通謀，六月戊寅，貶暉崖州司馬，彦範瀧州司馬……並員外置，仍長任，削其勳封；復彦範姓桓氏”。按兩《唐書》本傳謂彦範由洺州刺史改“濠州刺史”，再由“濠州刺史”貶瀧州司馬，疑“濠州”乃“亳州”之誤。

韓令英　　睿宗時？

《姓纂》卷四昌黎棘城縣韓氏：“令英，亳州刺史。”按其父韓孝城，乾封二年爲右金吾衛大將軍卒。疑令英刺亳在景雲中。

楊慎交（楊睿交）　　約開元初

《全文》卷二九二張九齡《故特進贈兗州都督駙馬都尉觀國公楊公（慎交）墓誌銘并序》：“復出爲亳、襄、陳、鄧四州刺史，左轉郇、亳、許、絳四州別駕……”開元十二年四月遘疾薨。按《舊書》本傳作“睿交”，《新書》本傳作“睿交”，《新表一下》觀王房楊氏作“慎交，駙馬都尉，祕書監”，皆未及爲刺史事。

蕭　憲　　開元六年(718)

《新表一下》齊梁房蕭氏："憲,亳州刺史。"《元龜》卷六五八："劉知柔開元中爲河南道巡察使,奏……亳州刺史蕭憲……等清白可陟之狀。"按遣工部尚書劉知柔持節往河南道存問事在開元六年九月,見《舊書·玄宗紀上》。太極元年爲國子司業,見《會要》卷六六。

裴　恪　　開元前期?

《新表一上》東眷裴氏："恪,亳州刺史。"乃隋絳州留守裴文度之曾孫,丹州刺史裴千鈞之父。疑仕開元中。

王同人　　開元前期

《新表二中》太原王氏："同人,亳州刺史、光禄少卿。"乃隋祕書監王邵之姪孫。按同人開元十六年七月卒泗州刺史任,見上圖藏拓片《大唐故泗州刺史王〔同人〕妻裴夫民墓誌》。

高　懲　　約開元十年(約 722)

《千唐誌·唐故銀青光禄大夫行光禄少卿上柱國渤海郡開國公高府君(懲)墓誌銘并序》(開元十八年)："遷都水使者,兼判大理、衛尉兩卿,使持節隰州刺史……换雲麾將軍,左衛副率、判大理卿……歷澤、亳、曹、潞、瀛五州刺史,入爲光禄少卿……開元十七年歲在荒落遘疾薨於河南之尚賢里,春秋六十有六。"

李行正　　開元十九年(731)

《金石録》卷六第一千五十一："《唐亳州刺史李行正碑》,崔圓月撰,魏包八分書,開元十九年九月。"

王　某　　開元二十年(732)

《千唐誌·大唐故亳州譙縣令梁府君(璵)之墓誌》："調補公爲邑宰,自下車理,寬猛相濟……太守王公以□爲判官,巡行縣鄙……年七十有三,遘疾彌留,□寝七日,開元廿年二月十九日壬辰終於公館……

太守群寮，素服臨吊……自出譙城，入於宋界，號□道側，萬有餘人。"

李昇朝　　開元二十三年前後（753前後）

《全文》卷三〇九孫逖《授李昇朝等諸州刺史制》："亳州刺史李昇朝等……可依前件。"

趙冬曦　　開元二十六年（738）

《太平寰宇記》卷一二亳州譙縣："《岳牧上考詞石表》，唐開元二十六年趙冬曦所建。其歲降十道採訪使精擇天下岳牧之尤者二十二人。"《書小史》卷一："玄宗至道大聖大明孝皇帝諱隆基……開元中御書御注《道德經》，詔列郡咸建石臺，譙郡太守趙冬曦請置聖祖降生之地。"《新書》本傳未及。《趙冬曦墓誌銘》："以親累，貶合州刺史，歷眉、濮、亳、許、宋等州刺史，弘農、滎陽、華陰等郡太守……是以入侍一紀，出牧九邦。"（《中原文物》1986年第4期）

鄭　愿　　開元二十九年（741）

《元龜》卷二四："〔開元〕二十九年正月，亳州刺史鄭愿奏玄元皇帝廟中之井涌氣成雲，五色相映。"《郎官柱》司勳員外有鄭愿，在盧象後，李嘉祐前。金部郎中在裴眺後，鄭楚客前。《全文》卷三九三獨孤及《唐故亳州刺史鄭公故夫人河南獨孤氏墓版文》："歸鄭氏，生二男二女而寡，男始孩，女未齔，鞠而育之……乾元三年因洛陽再擾，隨子北征。永泰二年某日終於鉅鹿郡，享年若干。"乃獨孤及長姊，疑鄭某即鄭愿。《隋唐五代墓誌匯編·洛陽卷》第十二冊《大唐故侍御史江西道都團練副使鄭府君（高）墓誌銘并序》（貞元二十一年正月二十六日）："金部郎中、坊亳二州刺史愿之元孫，大理評事寶之長子。"鄭高卒貞元二十一年，年六十一。又見《鄭高及夫人崔氏合祔志》（長慶三年二月十六日崔群撰）。

盧重明　　開元、天寶間？

《新表三上》盧氏："重明，亳州刺史。"乃天寶時魏郡太守盧見義之兄，疑其刺亳在開元天寶間。

楊萬石　　天寶十四載（755）

《通鑑·至德元載》：二月，“先是，譙郡太守楊萬石以郡降安禄山，逼真源令河東張巡使爲長史，西迎賊。巡……起兵討賊，吏民樂從者數千人。”《郎官柱》倉部員外有楊萬石，在張瑄後，鄭章前。

李　巨　　天寶十五載（756）

《舊書》本傳：“及禄山陷東京，玄宗方擇將帥，張垍言巨善騎射，有謀略，玄宗追至京師……尋授陳留譙郡太守、攝御史大夫、河南節度使……即日詔兼御史大夫。”《新書》本傳略同。又見《元龜》卷二六九。《通鑑·至德元載》：五月，“太常卿張垍薦夷陵太守虢王巨有勇略，上……以巨爲陳留譙郡太守、河南節度使。”

閭丘曉　　至德二載（757）

《通鑑·至德二載》：十月，“張鎬聞睢陽圍急，倍道亟進，檄浙東、浙西、淮南、北海諸節度及譙郡太守閭丘曉，使共救之。曉素傲很，不受鎬命。比鎬至，睢陽城已陷三日。鎬召曉，杖殺之”。《考異》曰：“《舊傳》作‘豪州刺史’，《新傳》作‘濠州刺史’，《統記》作‘亳州刺史’。按濠州在淮南，去睢陽遠，亳州與睢陽接境，必亳州也。今從《統記》。”按是時亳州仍名譙郡。

唐　昇　　至德二載？—乾元中？（757？—759？）

《新表四下》唐氏：“昇，亳州刺史。”乃中宗時宰相唐休璟之孫，陳州刺史唐先畜之子。《全文》卷三八四獨孤及《爲譙郡唐太守賀赦表》：“伏奉二月五日制書大赦天下……陛下執大象以御物，不得已而用兵。假一戎之威，爲萬物戡難。再造區宇，以康黎元……纂服配天，不失舊物。然後增鴻名以嚴父，正榮號以恭己……臣位忝郡守，預沐渥恩。”疑文中所云指至德二年收復兩京及給玄宗、肅宗加尊號時之大赦。唐太守疑即唐昇。

劉　瓊　　大曆初

《金石録》卷八第一千四百十一：“《唐亳州刺史劉瓊碑》，路藘撰，李著八分書并篆，大曆二年十月。”又見《寶刻叢編》卷二〇引。

張令暉　　大曆中？

北圖藏拓片《唐故開府儀同三司使持節隴州諸軍事行隴州刺史上柱國南陽縣開國伯張府君（道昇）墓誌銘并序》（永貞元年十一月二十五日）：“王父驃騎大將軍持節亳州刺史令暉。公則亳州府君之元子。”享年六十七。卒年已漫漶不可辨。

李　瀚　　大曆中？

《全文》卷四一二常袞《授李瀚宗正少卿制》稱“銀青光禄大夫前亳州刺史本州團練守捉使上邽縣開國男李瀚”。《唐文拾遺》卷六七《唐故承務郎試左武衛兵曹參軍攝無極縣令天水趙公（全泰）墓誌銘并序》：“殁世之年五十有四，時則大和四年十二月廿九日。夫人隴西李氏，宗正卿、亳州刺史瀚之孫。”

裴　諝　　大曆中

《舊書》本傳：“爲元載所排，爲河東道租庸鹽鐵等使……拜左司郎中。上時訪以事，執政者忌之，出爲虔州刺史，歷饒、廬、亳三州刺史。入爲右金吾將軍。”《新書》本傳略同。《郎官柱》左司郎中有裴諝，在姚喬枿後，林琨前。《全文》卷四五七裴曙《祈雨感應頌并序》：“二年，余從兄自左司郎中詔領虔州牧。”按裴諝貞元五年至九年爲河南尹，卒。見《舊書·德宗紀下》。

李　芃　　大曆十一年(776)

《舊書》本傳：“尋攝陳州刺史。歲中，即值李靈曜反於汴州，〔李〕勉署芃兼亳州防禦使。”《新書》本傳略同。

盧幼卿　　大曆中？

《新表三上》盧氏：“幼卿，亳州刺史。”乃高宗時潤州刺史盧朗曾孫,疑仕於大曆中。

孫 遘　　大曆中?

《古今姓氏書辯證》卷七孫氏:"遜弟遘,亳州刺史,詹事司直。"按《新表三下》孫氏作"亳州長史"。《千唐誌・同州長史韋夫人孫氏墓誌銘》:"烈考遘,左補闕,太子舍人。"夫人卒元和四年,年五十七。疑孫遘刺亳在大曆中。

盧 瑗　　貞元八年(792)

《廣記》卷三六三引《通幽記》:"貞元九年,前亳州刺史盧瑗家於東都康裕坊。"按盧瑗貞元中爲常州刺史,貞元末爲歙州刺史,《金石錄》有《歙州刺史盧瑗碑》,元和元年立。《隋唐五代墓誌匯編・洛陽卷》第十三册《唐故朝議郎行大理評事上柱國范陽盧公(方)墓誌銘并序》(大和四年二月二十八日):"父檢校御史中丞亳撫歙三州刺史府君諱瑗。"

許孝常　　貞元十二年(796)

《姓纂》卷六安陸許氏:"孝常,亳州刺史。"《新表三上》安陸許氏同。《大詔令集》卷一二四《平李迺詔》:"亳州刺史兼御史大夫食封五十户許孝常,潁州刺史兼御史大夫高立昭等,咸竭爲臣之節,各懷奉國之誠,並可檢校右散騎常侍……其本官並如故。"《全文》卷五二作德宗《誅李迺詔》。按李迺在汴州作亂乃貞元十二年事。

楊 凝　　貞元十四年—十五年(798—799)

《新書》本傳:"宣武董晉表爲判官,亳州刺史缺,晉以凝行州事……晉卒,亂作。凝走還京師,閤門三年。拜兵部郎中,以痼疾卒。"《柳河東集》卷九《唐兵部郎中楊君(凝)墓碣》:"亳人缺守,往蒞其政……理不半歲,利垂千祀。會朝復命,次於汴郊,帥喪卒亂,不可以入。"按董晉卒貞元十五年二月。

田 穎 元和十五年—長慶二年（820—822）

《白居易集》卷五三《田穎可亳州刺史制》：“敕正議大夫，前檢校右散騎常侍、使持節洺州諸軍事兼洺州刺史、御史大夫、充本州團練使、上柱國、賜紫金魚袋田穎……可檢校左散騎常侍、使持節亳州諸軍事兼亳州刺史、御史大夫、本州團練使、鎮遏使，散官、勳封如故。”《元龜》卷一二八：長慶二年八月，誅李介（齊），汴州平……以亳州刺史田穎爲宋州刺史。”

張 遵 約寶曆二年—大和元年（約826—827）

《舊書·文宗紀上》：大和元年四月，“以前亳州刺史張遵爲邕管經略使”。《隋唐五代墓誌匯編·洛陽卷》第十三册《邕州本管經略招討處置等使邕州刺史張公（遵）墓誌》（大和五年二月三日）：“不數月授楚州刺史，又改亳州刺史……詔遷邕州刺史本管經略招討處置等使。”大和四年二月三日卒，享年六十二。

李 繁 大和元年—三年（827—829）

《舊書》本傳：寶曆二年“九月，除大理少卿，復加弘文館學士。時諫官御史章疏相繼，宰臣不得已，出爲亳州刺史。州境嘗有群賊，剽人廬舍……繁潛設機謀，悉知賊之巢穴，出兵盡加誅斬。時議責繁以不先啓聞廉使……敕於京兆府賜死”。《舊書·文宗紀上》：大和三年十一月“丙戌，敕前亳州刺史李繁於京兆府賜死”。又見《新書》本傳、《王起傳》，《元龜》卷九四一。

裴弘泰 大和九年—開成元年（835—836）

《全詩》卷四九六姚合《送裴大夫赴亳州》：“杭人遮道路，垂泣浙江前。譙國迎舟艦，行歌汴水邊。”按裴弘泰於大和八年爲杭州刺史，次年即由姚合接任。當於是年爲亳州刺史。《舊書·文宗紀下》：開成元年四月“癸酉，以亳州刺史裴弘泰爲義成軍節度使”。

楊漢公 約會昌元年—三年（約841—843）

《新書》本傳：“坐虞卿，下除舒州刺史，徙湖、亳、蘇三州。擢桂管、浙東觀察使。"《舊書》本傳未及。《嘉泰吳興志》卷一四郡守題名：
"楊漢公,開成三年三月二十日自舒州刺史拜;遷亳州刺史、充本道團
練鎮遏使。"

孫公乂　會昌三年—五年(843—845)

《千唐誌‧唐故銀青光禄大夫工部尚書致仕孫府君(公乂)墓誌
銘》(大中五年七月三日):"至會昌二年五月自饒移于睦……時盧公
簡辭重難其變,更將緩其事……公移爲亳守,是秋九月,公始如
亳……時又壺關阻兵,徵發方困,亳實軍郡,人多告勞……不終考遷
合肥郡……是時連帥故李相國以嚴法律郡縣……六年五月,徵入,拜
大理卿。"大中五年四月廿五日卒,享年八十。

李暨　大中五年(851)

《全文》卷七四八杜牧《李暨除絳州刺史魏中庸除亳州刺史等
制》:"中散大夫使持節亳州諸軍事守亳州刺史、充本州團練鎮遏使、
雲騎尉、賜紫金魚袋李暨等……可依前件。"按杜牧於大中五年冬始
拜考功郎中知制誥,此制當作於大中五年後。則李暨刺亳州當在
此前。

魏中庸　大中六年(852)

《全文》卷七四八杜牧有《李暨除絳州刺史魏中庸除亳州刺史
等制》。

韋仕符　約大中七年(約853)

《雲溪友議》卷下《雜嘲戲》:"池州杜少府慥、亳州韋中丞仕符,二
君皆以長年精求釋道。"按《全詩》卷八七一張魯封有《謔池亳二州賓
佐兼寄宣武軍掌書記李畢》,李畢有《戲酬張魯封》。張詩序云:"池州
杜少府慥、亳州韋中丞仕符,二君皆以長年精求釋道。"李畢詩云:"秋
浦亞卿顔叔子,譙郡中憲老桑門。"證知"杜少府"當爲少府少監杜慥,
非縣尉杜慥。按李畢大中七年爲劉瑑宣武掌書記,見《匋齋藏石記》卷

三四《李晝墓誌》。由此知韋仕符大中七年在亳州任（友人陶敏見告）。

李　某　　大中十年（856）

上圖藏拓片《唐河南府洛陽縣尉孫嗣初妻京兆韋夫人墓誌銘并序》（大中十四年二月二十七日）：“夫人姓韋氏，京兆杜陵人也⋯⋯大中十年，余叔父嗣初，爲今少府李監任亳州刺史日辟爲團練判官，因來譙郡⋯⋯大中十三年十二月廿一日得疾，廿六日終於東都履信坊私第。”

韓　賓　　大中時

《新表三上》韓氏：“賓，亳州刺史。”按韓賓大中三年爲台州刺史。《郎官柱》户部郎中有韓賓，在盧匡後，趙格前。主客員外在李當、胡德章後，裴諴前。

【補遺】杜子遷　　大中時

《唐研究》第六卷（2000 年）《唐商州刺史杜子遷墓誌銘考釋》引《唐故朝請大夫□□□州諸州事守商州刺史兼御史中丞充本州防禦使上柱國賜紫金魚袋□尚書禮部侍郎杜府君（子遷）墓誌》：“除漢州刺史，入拜祠部郎中，改萬年縣令。復爲荆南節度副使，兼御史中丞、賜紫金魚袋。陟征爲刑部郎中，出典杭州，改亳州。未幾，除黔中經略觀察使。受代歸漢上，除授商州刺史、充本州防禦使。以咸通四年二月上旬寢疾，至於閏六月廿日終於城□□莊，享年七十一。”

辛　讜　　咸通十年（869）

《新書》本傳：“龐勛反，攻杜慆於泗州。讜聞之，挐舟趨泗口，貫賊栅以入⋯⋯後以功第一，拜亳州刺史，徙曹、泗二州。乾符末，終嶺南節度使。”《舊書》本傳未及。《通鑑·咸通十年》：十月，“以辛讜爲亳州刺史”。

韓　憬　　咸通中？

《姓纂》卷四南陽堵（赭陽）縣韓氏：“憬，亳州刺史。”《新表三上》

韓氏同。乃汲郡太守韓澄六世孫，疑仕於咸通中。

楊知退　　乾符三年(876)

　　北圖藏拓片《唐故范陽盧氏夫人墓誌銘并序》："以乾符三年歲次景申八月乙巳朔十六日庚申，粵自長安城東遷祔於洛都城北尹村……中散大夫、使持節亳州諸軍事守亳州刺史、兼御史中丞、充本州團練鎮遏使、上柱國、賜紫金魚袋楊知退記。"《千唐誌·唐故朝議大夫前鳳翔節度副使檢校兵部郎中兼御史中丞上柱國賜紫金魚袋弘農楊府君(思立)墓誌銘并序》(乾符三年九月十日)署銜與上《誌》同。兩《唐書》本傳未及。

潘稠　　廣明元年—中和三年(880—883)

　　《全文》卷九三三杜光庭《歷代崇道記》："〔中和〕三年三月十一日，亳州刺史潘稠差道士馬含章、孫栖梧等奏。"按《雲笈七籤》卷一一七《亳州太清宮老君挫賊驗》："廣明中，黃巢將領徒伴欲焚其宮……乃往亳州城下，因圍逼州城，攻打彌急，刺史潘稠望宮焚香，以希神力救護。"證知廣明中已在任。

宋袞　　光啓三年(887)

　　《新書·僖宗紀》：光啓三年六月"壬戌，亳州將謝殷逐其刺史宋袞"。《通鑒·光啓三年》六月同。又八月，"朱全忠引兵過亳州，遣其將霍存襲謝殷，斬之"。又見《舊五代史·梁太祖紀一》、《元龜》卷一八七。

趙克裕　　光啓中

　　《舊五代史》本傳："光啓中……率所部歸於太祖……數年之内，繼領亳、鄭二州刺史。"又見《元龜》卷六九二。

謝瞳　　龍紀二年(890)

　　《舊五代史》本傳："龍紀二年，至東京……表爲亳州團練使兼太清宮副使……是年冬，表爲宣義軍節度副使，充兩使留後。"

高　劭　　景福年間？

《舊五代史》本傳：“光啓中……劭爲賊所得……疾趨至中牟，遂達於汴。太祖以客禮遇之，尋表爲亳州團練副使，知州事。又數年，辟爲宣武軍節度判官。”

牛存節　　乾寧五年（898）

《舊五代史》本傳：“〔乾寧〕五年，除亳州刺史，俄遷宣武軍都指揮使，改宿州刺史。”《新五代史》本傳略同。按《元龜》卷三四六作“濠州”，誤。

張慎思　　光化中

《舊五代史》本傳：“光化中，加檢校右僕射，權知亳州。天復三年，昭宗還長安……尋除汝州防禦使。”

寇彥卿　　天祐中

《舊五代史》本傳：“昭宗還京，改邢州刺史，尋遷亳州團練使。太祖受禪，爲華州節度使。”

李思安　　天祐四年（907）

《舊五代史》本傳：“拒孫儒，迫濠州，皆有奇績……尋拜亳州刺史。”《通鑑·開平元年》：三月“癸未，王（朱全忠）以亳州刺史李思安爲北路行軍都統”。七月“丁巳，帝以亳州刺史李思安代懷貞爲潞州行營都統”。又見《舊五代史·梁太祖紀三》，《元龜》卷三六〇、卷四四五。

待考録

徐　康　　貞觀中？

《新表五下》高平北祖上房徐氏：“康字德榮，譙郡太守。”乃太宗、高宗時相徐世勣之叔父，疑仕於貞觀中。唯其時應稱亳州刺史，不應稱譙郡太守。或仕隋歟？姑存待考。

鄭行之

　　《新表五上》鄭氏："行之，亳州刺史。"後魏侍中鄭幼儒玄孫。年代不詳。

卷六四　徐州（彭城郡）

隋彭城郡。武德四年平王世充，置徐州總管府。七年改爲都督府。貞觀十七年罷都督府。天寶元年改徐州爲彭城郡。乾元元年復爲徐州。領縣七：彭城、蕭、豐、沛、滕、符離、蘄。

任　瓛　　武德六年(623)

《舊書》本傳："關東初定，持節爲河南道安撫大使……瓛至宋州，屬徐圓朗據兗州反……事平，遷徐州總管，仍爲大使……及輔公祏平，拜邢州都督。"《元龜》卷一二二：武德六年"九月，輔公祏侵海州……詔……徐州總管任瓛爲徐州道副元帥，濟自揚子津以討之"。又見《元龜》卷三六五、卷六九八。《新書》本傳略同。

田留安　　貞觀中

《元龜》卷六八〇："田留安，貞觀中歷徐、洪二州都督，皆以寬簡爲吏民所安。"

李　貞　　貞觀七年—十年(633—636)

《舊書》本傳："貞觀五年，封漢王。七年，授徐州都督。十年改封原王，尋徙封越王，拜揚州都督。"又見《元龜》卷二八一。《新書》本傳未及。昭陵博物館藏《唐故太子少保豫州刺史越王(貞)墓誌銘》(開元六年正月二十六日)："歷安、徐、揚三州都督，相州刺史，遷絳州刺史……又遷豫州刺史。"

李元禮　　貞觀十年—十六年(636—642)

《舊書》本傳:"貞觀六年,賜實封七百户,授鄭州刺史,徙封徐王,遷徐州都督。十七年,轉絳州刺史。"又《李元景傳》:"〔貞觀〕十一年,定制元景等爲代襲刺史。詔曰……徐州都督徐王元禮……等……其所任刺史,咸令子孫代代承襲。"《元龜》卷二六八:"〔貞觀〕十六年十一月癸丑朔……徐州都督徐王元禮……來朝。"《大詔令集》卷三四(《全文》卷九)有《册徐州都督徐王元禮文》。又見《新書》本傳,《會要》卷四六,《元龜》卷二八一,《通鑑·貞觀十年》,《全文》卷六《代襲刺史詔》。

李元軌　　貞觀十六年?—二十年(642?—646)

《舊書》本傳:"〔貞觀〕十年,改封霍王,授絳州刺史,尋轉徐州刺史……二十三年,加實封滿千户,爲定州刺史。"《通鑑·貞觀十二年》:十二月,"霍王元軌好讀書……爲徐州刺史,與處士劉玄平爲布衣交"。按"十二年"疑爲"十六年"之誤。《元龜》卷二六八:"〔貞觀〕二十年十月,徐州刺史霍王〔元軌〕……來朝。"又見《新書》本傳,《會要》卷五,《元龜》卷二八一。

李　慎　　約顯慶初—三年(約656—658)

《全文》卷一四高宗《册紀王慎澤州刺史文》:"維顯慶三年歲次戊午正月甲申朔三十日癸丑……左衛大將軍徐州刺史上柱國紀王慎……爲使持節澤州諸軍事澤州刺史。"又見《大詔令集》卷三七。兩《唐書》本傳未及。《舊書》本傳唯云:"永徽元年,拜左衛大將軍。二年,授荆州都督,累除邢州刺史。文明元年,加授太子太師,轉貝州刺史。"

李元慶　　約顯慶末

《舊書》本傳:"永徽四年,歷滑州刺史,以政績聞,賜物二百段。後歷徐、沁、衛三州刺史……麟德元年薨。"《新書》本傳略同。又見《元龜》卷二八一,《會要》卷五。

王元揩　高宗時

《隋唐五代墓誌匯編・河南卷・大唐故朝散郎行潞州上黨縣尉王少府公(嵩)墓誌銘并序》(開元十四年四月二十一日):"祖元揩,唐夏官郎中、越州都督府長史、徐州刺史。父師順,唐睦州遂安縣令。"嵩卒開元十四年四月,春秋五十五。

李元曉　儀鳳三年前(678前)

《舊書・高宗紀下》:儀鳳三年"十月丙午,徐州刺史、密王元曉薨"。《通鑑・儀鳳三年》十月同。又見《元龜》卷二八一。按《舊書》本傳:"永徽四年,除宣州刺史,後歷徐州刺史。上元三年薨。"疑"上元"爲"儀鳳"之誤。《新書》本傳未及。《大詔令集》卷三八《封嗣密王制》稱:"徐州刺史密王元曉,望重天人,地居藩屏……其封元曉姪孫……東莞郡開國公澂爲嗣密王,以奉其祀。開元五年五月。"《元龜》卷二八四、《全文》卷二一同。

李沖寂　高宗時

《楊炯集》卷九《李懷州(沖寂)墓誌銘》:"遷大府、鴻臚二少卿,丁艱去職……服闋,歷青、德、齊、徐四州刺史。"永淳元年薨。

李子旦　開耀元年(681)

《金石補正》卷三九《開業寺碑》(開耀元年立)碑陰:"伽藍主陝州刺史司徒公李徽伯,息徐州刺史北海郡子旦,息豪州刺史兵部尚書子碓。"

李　續　永昌元年(689)

《通鑑・永昌元年》:七月,"〔紀王慎〕八男徐州刺史東平王續等,相繼被誅"。按《舊書》本傳作"和州刺史",《新書》本傳未及。

李　璥　約武后時

《新書・宗室世系表上》大鄭王房:"徐州刺史璥。"乃唐初淮安王神通之孫,孝同之子。

郭紹宗　　約武后時

《姓纂》卷一〇京兆郭氏:"紹宗,徐州刺史。"乃貞觀中司農卿嗣本之子。

張道一　　約武后時

《千唐誌・大唐故幽府士曹參軍孟府君(裕)墓誌銘并序》(開元三年四月九日):"夫人中山張氏……父道一,徐州刺史。"夫人卒垂拱三年七月十六日,年二十五。

元延壽　　萬歲通天元年—二年(696—697)

《嚴州圖經》卷一題名:"元延壽,通天二年正月十五日自徐州刺史拜。"按《新表五下》元氏有"延壽,睦州刺史"。乃魏州刺史義端子。

司馬鍠　　長安四年(704)

《通鑑・長安四年》:三月,"得韋嗣立及御史大夫楊再思等二十人。癸巳,制各以本官檢校刺史……其後政績可稱者,唯常州刺史薛謙光、徐州刺史司馬鍠而已。"又見《元龜》卷六七一,《通典》卷三三《州郡下》。按《舊書》本傳唯云:"神龍中,卒於黃門侍郎。"

杜嗣先　　神龍元年(705)

《徐州刺史杜嗣先墓誌》(先天二年二月二日):"至神龍元年,又除徐州刺史……粵以先天元年九月六日薨於列祖舊墟偃師之別第,春秋七十有九。"(《臺大中文學報》1995年第7期葉國良《唐代墓誌考釋八則》引)

盧齊卿　　景龍中

《舊書・孫思邈傳》:"太子詹事盧齊卿童幼時,請問人倫之事。思邈曰:'汝後五十年位登方伯,吾孫當爲屬吏,可自保也。'後齊卿爲

徐州刺史,思邈孫溥果爲徐州蕭縣丞。"又見《新書·孫思邈傳》,《元
龜》卷九五五,《廣記》卷二一引《仙傳拾遺》及《宣室志》。兩《唐書》本
傳未及。按《舊書·王希夷傳》:"徐州滕縣人也……景龍中,年七十
餘,氣力益壯。刺史盧齊卿就謁致禮。"證知"景龍中"任。

張合愍　　神龍三年(707)

《會稽掇英總集·唐太守題名》:"張合愍,神龍二年七月自光禄
員外卿授;移徐州刺史。"

姚　崇　　景雲中

《新書》本傳:"玄宗在東宮,太平公主干政……崇與宋璟建請主
就東都,出諸王爲刺史,以壹人心。帝以謂主,主怒……貶爲申州刺
史。移徐、潞二州,遷揚州長史。"《舊書》本傳未及徐州。又見《全文》
卷二三〇張説《故開府儀同三司上柱國贈揚州刺史大都督梁國公姚
文貞公(崇)神道碑奉敕撰》。

韋岳子(韋岳、韋嶽)　　約先天中

《全文》卷四九七權德輿《唐故光禄大夫檢校太尉兼中書令成都
尹劍南西川節度副大使知節度事韋公(皋)先廟碑銘并序》:"贈太子
少保府君諱嶽……在武后時……由太原令移佐睢陽,出入四紀,續宣
中外,歷殿中監;剖符八州:廬、海、潮、虢、眉、徐、衛、陝,所至之邦,有
威有懷。"

蘇　詵　　開元七年前(719前)

《舊書·蘇頲傳》:弟詵,"歷授……給事中、徐州刺史。先是,拜
給事中時,頲爲中書侍郎,上表讓詵所授。"《新書》本傳略同。又見
《姓纂》卷三鄭西蘇氏。《金石録》卷五:"《唐徐州刺史蘇詵碑》,裴耀
卿撰,劉升八分書,開元七年八月。"《全詩》卷四八張九齡有《故徐州
刺史贈吏部侍郎蘇公挽歌詞三首》。又卷九九盧僎有《送蘇八給事出
牧徐州用芳韻》,《國秀集》卷上收此詩題中有"相國請出"四字。按蘇

公、蘇八(六)即蘇詵。

王　罃　　開元前期?

《新表二中》太原王氏：“罃，徐州刺史。”其弟佶，開元二十七年十月以主客郎中往東都及諸州宣慰百姓，見《舊書·玄宗紀下》。則罃爲徐州刺史疑在開元前期。

賈　曾　　開元十年—十一年(722—723)

《舊書·音樂志三》：“玄宗開元十一年祭皇地祇於汾陰樂章十一首：……迎俎用《雍和》，黃鐘均之南呂羽，徐州刺史賈曾作。”又見《全詩》卷一二。兩《唐書》本傳未及。北圖藏拓片《唐故銀青光禄大夫博州刺史柱國李君(尚貞)墓誌銘并序》(開元十年十二月九日)：“徐州刺史賈曾撰。”證知開元十年已在任。

崔玄同　　約開元十二年(724)

《韓昌黎集》卷二四《崔評事翰墓銘》：“大父玄同爲刑部侍郎，出刺徐、相州。父倚舉進士，天寶之亂，隱居而終。”按玄同開元十一年二月在刑侍任，見《舊書·音樂志三》“玄宗開元十一年祭皇地祇於汾陰樂章十一首”，又見《全詩》卷一二。

李　暢　　約開元十三年前後(約 725 前後)

《隋唐五代墓誌匯編·洛陽卷》第九册《唐正議大夫使持節相州諸軍事守相州刺史上柱國贊皇縣開國子李公(暢)墓誌銘并序》(開元十八年七月九日)：“外出爲虔州刺史……服闋拜吉州刺史，復如虔州之政；轉衢州刺史……又轉梁州刺史……又轉徐州刺史……轉瀛州刺史……又除公爲相州刺史，未到官，寢疾。”開元十八年六月十八日卒，春秋五十二。按開元元年在虔州任。

董　婁　　開元十八年(730)

《隋唐五代墓誌匯編·山西卷·唐故徐州刺史□德記之銘》(開

元二十四年二月十日）："公諱夔，字英，隴西人也……榮期壽考，三□
在躬，制授徐州刺史，春秋九十。不謂晨歌繞路，夕夢□魂……開元
十九年正月二日卒於家第。"

源　復　　開元後期

《全文》卷三〇九（《英華》卷四一〇）孫逖《授源復等諸州刺史
制》："使持節徐州諸軍事守徐州刺史上柱國源復等……可依前件。"

李少康　　約開元末—天寶元年（?—742）

《全文》卷三九〇獨孤及《唐故睢陽太守贈祕書監李公（少康）神
道碑銘并序》："遷公於常州……復以高第擢拜徐州刺史……玄宗後
元年，改宋州爲睢陽郡，命公爲太守。"按《舊書·李涵傳》云："父少
康，宋州刺史。"

李　憕　　天寶三載前後（744 前後）

《新書》本傳："天寶初，除清河太守。舉美政，遷廣陵長史……以
捕賊負，徙彭城太守……連徙襄陽、河東，並兼採訪處置使。"按《舊
書》本傳未及徐刺事，唯云："〔天寶〕十一載，累轉河東太守、本道採
訪。謁於行在所，改尚書右丞、京兆尹。"

張九皋　　約天寶四載—六載（約 745—747）

《舊書·張九齡傳》："弟九皋，自尚書郎歷唐、徐、宋、襄、廣五州
刺史。"《全文》卷三五五蕭昕《唐銀青光祿大夫嶺南五府節度經略採
訪處置等使攝御史中丞賜紫金魚袋殿中監南康縣開國伯贈揚州大都
督長史張公（九皋）神道碑》："及元昆出牧荊鎮，公亦隨貶外臺，遂歷
安康、淮安、彭城、睢陽四郡守……以天寶十四載四月二十日疾亟薨
於西京……春秋六十有六。"按天寶八載在睢陽太守任。

路齊暉　　約天寶七載（約 748）

《新表五下》路氏："齊暉，徐、宋二州刺史。"按天寶十載在睢陽太

守任。

王　燾　約天寶十載(約751)

《千唐誌・唐故知鹽鐵福建院事監察御史裏行王府君(師正)墓誌銘并序》:"皇朝給事中,房陵、大寧、彭城、□□郡太守,累贈工部尚書、太子少師燾,公之皇祖也。"師正大和二年卒,年四十九。按王燾天寶十一載爲鄴郡太守,十四載爲河間太守,其爲彭城太守約在十一載前。

鄭　濟　天寶十一載(752)

《嚴州圖經》卷一題名:"鄭濟,天寶十一載七月十一日自徐州刺史拜。"

賀蘭進明　至德元載—二載(756—757)

《舊書・許遠傳》:"及〔房〕琯爲相,〔賀蘭〕進明時爲御史大夫。琯奏用進明爲彭城太守、河南節度使、兼御史大夫,代嗣虢王巨。"《通鑑・至德元載》:十月,"以賀蘭進明爲河南節度使"。《至德二載》:八月,"以張鎬兼河南節度、採訪等使,代賀蘭進明"。按是時汴州陷,河南節度治彭城。

尚　衡　至德二載(757)

《通鑑・至德二載》:八月,"靈昌太守許叔冀爲賊所圍,救兵不至,拔衆奔彭城……是時,許叔冀在譙郡,尚衡在彭城,賀蘭進明在臨淮"。

尚　衡　乾元二年(759)

《舊書・肅宗紀》:乾元二年三月辛卯,"以鄆州刺史尚衡爲徐州刺史,充亳、潁等州節度使"。四月甲辰,"以徐州刺史尚衡爲青州刺史,充青、淄、密、登、萊、沂、海等州節度使"。又見《通鑑・乾元二年》四月。

武　勝　　蕭宗時？

《全文》卷六九一符載《賀州刺史武府君（充）墓誌銘》："尚書膳部員外郎徐州刺史勝之子。外祖母爲玄宗皇帝之姑，皇姊爲蕭宗之姨。"按《新表四上》武氏有武勝，未署官職。乃九江郡王魏州刺史武弘度（懷運）之孫。

論惟貞　　蕭宗時

《新書》本傳："〔李〕光弼討史朝義，以惟貞守徐州。賊將謝欽讓據陳，乃假惟貞潁州刺史，斬賊將，降者萬人。"按《姓纂》卷九論氏稱："惟貞，右金吾大將軍。"

田神功　　上元二年—寶應元年（761—762）

《通鑑·上元二年》：六月，"加田神功開府儀同三司，徙徐州刺史"。《全文》卷三三八顔真卿《有唐宋州官吏八關齋會報德記》："汴州刺史上柱國信都郡王田公……名神功……討劉展於潤州，斬平之，遷徐州刺史。明年，拜淄青節度使。"兩《唐書》本傳未及。

鄭　旷　　寶應元年（762）

《全文》卷六七九白居易《故滁州刺史贈刑部尚書滎陽鄭公墓誌銘》："太尉李公光弼鎮徐州，奏公爲徐州刺史，充海登沂三州招討使。"誌稱"長子雲逵"，知此"鄭公"爲鄭旷。李光弼鎮徐州在上元二年至寶應元年。鄭旷刺徐當在寶應元年。《全詩》卷二四五韓翃有《寄徐州鄭使君》，當即鄭旷。

劉如伶　　寶應元年—二年（762—763）

《舊書·史朝義傳》：寶應二年正月，"又以僞官以城降者恒州刺史、成德軍節度張忠志爲禮部尚書，餘如故；趙州刺史盧淑……徐州劉如伶……並加封爵，領舊職"。《新書·史思明傳》略同。

蕭　直　　廣德元年（763）

《全文》卷三九二獨孤及《唐故給事中贈吏部侍郎蕭公（直）墓誌

銘》："自殿中進兼御史中丞、徐州刺史。廣德元年中，一歲四遷，更七職……大曆三年，授給事中。"

曹　昇　永泰元年(765)

《舊書·列女·盧甫妻李氏傳》："父瀾，永泰元年春任蘄縣令……時曹昇任徐州刺史。"《新書·烈女·盧甫妻李氏傳》略同。

賈　深　大曆初

《姓纂》卷七長樂賈氏："深，職方郎中，徐、盧、夔、岳四州刺史。"按大曆三年十月二十五日自盧州刺史拜睦州。

陸　易　約大曆初

《新表三下》陸氏："易，徐州刺史。"乃武后相陸元方之孫。《郎官柱》祠部員外有陸易，在薛據後，岑參前。其刺徐約在大曆初。

薛　愉　大曆中

《新表三下》薛氏："愉，徐州刺史。"乃天寶時餘杭太守薛自勉之姪，其刺徐約在大曆中。

梁　乘　約大曆八年—九年(約773—774)

《新書·代宗紀》："大曆九年二月辛未，徐州兵亂，逐其刺史梁乘。"《通鑑·大曆九年》同。按永泰二年，梁乘爲吉州刺史。

李　洧　建中元年—三年(780—782)

《舊書·德宗紀上》：建中二年十月戊申，"徐州刺史李洧棄其帥李納，以州來降"。三年三月"乙未，以徐州刺史李洧爲徐沂海團練觀察使"。八月"庚辰，徐海沂都團練使李洧卒"。又本傳："〔李〕正己用爲徐州刺史。正己死，子納犯宋州，洧以其州歸順，加御史大夫……加洧徐、海、沂都團練觀察使……旋加洧檢校戶部尚書……疽潰於背而卒。"又見《新書》本傳，兩《唐書·張建封傳》、《王智興傳》、《白居易傳》、《元龜》卷一六五、《會要》卷四五、《新書・憲宗紀下》、《通鑑・建中二年》、《建中三年》、《大詔令集》卷六五、《全文》卷六〇、《白居易集》卷四六《襄州別駕府君（白季庚）事狀》、卷六八《薦李晏韋楚狀》。

高承宗　　建中三年—興元元年（782—784）

《舊書・德宗紀上》：建中三年“九月丁亥，以李洧部將高承宗爲徐州刺史、徐海沂都團練使”。興元元年五月癸酉，“徐沂海團練使高承宗卒”。《新書・張建封傳》：“李洧以徐降，洧卒，高承宗、獨孤華代之。”

＊高明應　　興元元年—貞元四年（784—788）

《舊書・德宗紀上》：興元元年五月癸酉，“徐沂海團練使高承宗卒，以其子明應知徐州事”。《新書・張建封傳》：貞元四年，李泌建言：“今徐州刺史高明應甚少……請以建封代之”。又見《元龜》卷六七一，《通鑑・貞元四年》十一月。

獨孤華　　貞元初

《舊書・張建封傳》：“建中年李洧以徐州歸附，洧尋卒，其後高承宗父子、獨孤華相繼爲刺史，爲賊侵削，貧困不能自存……”又見《元龜》卷六七一。《新書・張建封傳》略同。

白季庚　　貞元初

《白居易集》卷四六《襄州別駕府君（白季庚）事狀》：“貞元初，朝廷念公前功，加檢校大理少卿，依前徐州別駕、當道團練判官，仍知州事……秩滿，又除檢校大理少卿、衢州別駕。”

張建封　　貞元四年—十六年（788—800）

《通鑑・貞元四年》：十一月，“李泌言於上曰：‘……請徙壽、廬、濠都團練使張建封鎮徐州，割濠、泗以隸之……’上從之。以建封爲徐、泗、濠節度使”。《貞元十六年》：五月，“徐、泗、濠節度使張建封鎮彭城十餘年,軍府稱治,病篤,請除代人。辛亥……敕下,建封已薨"。又見兩《唐書》本傳,《舊書·德宗紀下》,《元龜》卷一七六。《全詩》卷四德宗皇帝《送徐州張建封還鎮》詩注:"貞元十三年,徐州節度使張建封來朝,上御製詩以賜之。"又卷三四五韓愈有《贈張徐州莫辭酒》,卷三七七孟郊有《上張徐州》、卷三七八《答韓愈李觀別因獻張徐州》、卷三七九《張徐州席送岑秀才》,《全文》卷六八八符載有《寄徐泗張大夫書》,卷六三五李翱有《薦所知於徐州張僕射書》,卷五二七柳冕有《答徐州張尚書論文武書》,卷六二七吕温有《代李侍郎與徐州張尚書書》,《韓昌黎文集集外文·上張徐州薦薛公達書》,並指張建封。《全文》卷四八九權德輿有《徐泗濠節度使贈司徒張公(建封)文集序》。

【韋夏卿　　貞元十六年(800)(未之任)】

《新書·張建封傳》:貞元十六年,張建封以病求代,"詔韋夏卿代之,未至而建封卒"。按《通鑑》《舊紀》《舊書·張建封傳》皆云:以韋夏卿爲徐泗濠行軍司馬,未至而建封卒,以建封子愔爲留後。

＊李　諒　　貞元十六年(800)

《舊書》本傳:"〔貞元〕十六年,徐帥張建封卒,徐軍亂,又以諒領徐州節度大使、徐泗濠觀察處置等使,以建封子愔爲留後。"《新書》本傳略同。又見《會要》卷七八,《元龜》卷二八一。

張　愔　　貞元十六年—元和元年(800—806)

《舊書·德宗紀下》:貞元十六年五月"壬子,徐州軍亂,不納行軍司馬韋夏卿,迫〔張〕建封子愔爲留後"。六月丙午,"以前虢州參軍張愔起復驍衛將軍,兼徐州刺史、御史中丞、本州團練使、知徐州留後"。又《憲宗紀上》:元和元年十一月"甲申,以武寧軍節度張愔爲工部尚書"。又見兩《唐書》本傳,《元龜》卷四三六,《通鑑·貞元十六年》《永貞元年》《元和元年》。《柳河東集》卷三七《京兆府賀嘉瓜白兔連理棠樹等表》:"臣某言,今月日,中使王自寧出徐州刺史張愔所進嘉瓜圖。"

王　紹　　元和元年—六年（806—811）

《舊書・憲宗紀上》：元和元年十一月，甲申，“以東都留守王紹檢校右僕射，兼徐州刺史、武寧軍節度使、徐泗濠等州觀察等使”。又本傳：“元和初，遷檢校尚書右僕射、徐州刺史、武寧軍節度，復以濠泗二州隸焉……六年，徵拜兵部尚書。”《新書》本傳略同。又見《通鑑・元和元年》。《柳河東集》卷一二《先君石表陰先友記》：“王紓，其弟紹……今爲徐泗節度。”《全文》卷六四六李絳《兵部尚書王紹神道碑》：“遷檢校尚書右僕射、徐州刺史……充武寧軍節度……居鎮六年，復徵拜兵部尚書。”又見卷五〇〇權德輿《故尚書工部員外郎贈部尚書王公（端）神道碑銘并序》。

李　愿　　元和六年—十三年（811—818）

《舊書・憲宗紀上》：元和六年“冬十月，以前夏州節度使李愿檢校兵部尚書、徐州刺史，充武寧軍節度使”。又見兩《唐書》本傳。《全文》卷七一六高瑀《使院新修石幢記》：“唐元和十二年九月十二日，徐之從事立石紀氏於府庭之南端。初，元戎岐公辛卯歲自夏臺帥奉詔朝於京師……故有鈇鉞印綬之賜……自歲十一月四日至於理所。”按辛卯歲爲元和六年。北圖藏此文拓片有“金紫光禄大夫檢校尚書左僕射使持節徐州諸軍事兼徐州刺史……李愿，元和六年十一月四日”字樣。《唐語林》卷四：“〔李〕愿爲夏州、徐泗、鳳翔、宣武、河中五節度。”

李　愬　　元和十三年—十五年（818—820）

《舊書・憲宗紀上》：元和十三年“七月癸未，以新除鳳翔節度使李愬爲徐州刺史、武寧軍節度使”。又《穆宗紀》：元和十五年九月戊午，“又以武寧軍節度、徐泗濠等州觀察等使、檢校尚書左僕射、徐州刺史、上柱國、凉國公、食邑三千户李愬爲同中書門下平章事、潞州大都督府長史，充昭義軍節度、澤潞磁邢洺觀察處置等使”。又見兩《唐書》本傳，《元龜》卷三八五，《全文》卷七二五高鍨《論于頔謚疏》、卷七四七奚敬元《唐左羽林大將軍史公神道碑》。《唐語林》卷四：“〔李〕愬爲唐鄧、襄陽、徐泗、鳳翔、澤潞、魏博六節度。”

崔　群　　元和十五年—長慶二年（820—822）

《舊書·穆宗紀》：元和十五年九月“丙寅，以御史大夫崔群檢校兵部尚書、徐州刺史，充武寧軍節度、徐泗宿濠觀察等使”。長慶二年三月“癸丑，徐州節度使崔群爲其副使王智興所逐，智興自專軍務”。又見兩《唐書》本傳，《唐語林》卷六。《白居易集》卷五一《崔群可祕書監分司東都制》稱：“前武寧軍節度、徐泗濠等觀察處置等使、正議大夫、檢校兵部尚書、使持節徐州諸軍事兼徐州刺史、御史大夫、上柱國、賜紫金魚袋崔群……可守祕書監、分司東都。”

王智興　　長慶二年—大和六年（822—832）

《舊書·穆宗紀》：長慶二年三月“己未，以武寧軍節度副使王智興檢校工部尚書，兼徐州刺史，充武寧軍節度使”。又《文宗紀下》：大和六年三月“辛丑，以武寧軍節度使、守太傅、同平章事王智興兼侍中，充忠武軍節度、陳許蔡觀察等使”。又見兩《唐書》本傳，《元龜》卷一七七，《因話錄》卷六。《大詔令集》卷六〇《王智興等加官爵制》稱：“武寧軍節度徐泗濠等州觀察處置等使，充滄州行營招撫使……王智興，可特進……元和□年□月。”按“元和”當爲“大和”之誤。《元龜》錄此詔爲大和二年十一月，是。《樊南文集補編》卷一一《請盧尚書撰故處士姑臧李某誌文狀》稱：處士長慶中由淮海塗出徐州，時徐帥王侍中。按王侍中即智興。

【李　聽　　大和六年（832）（未之任）】

《舊書·文宗紀下》：大和六年三月辛丑，“以邠寧節度李聽爲武寧軍節度、徐泗濠觀察等使”。四月“戊寅，以新除武寧軍節度使李聽爲太子太保”。又本傳：“大和六年，轉武寧軍節度使。時聽有蒼頭爲徐州將，不欲聽至，聽先使親吏慰勞徐人，爲蒼頭所殺。聽不敢進，固以疾辭，用爲太子太保。”《新書》本傳略同。又見《通鑑·大和六年》。

高　瑀　　大和六年—七年(832—833)

《舊書·文宗紀下》:大和六年三月"辛酉,以前忠武軍節度使高瑀檢校右僕射,充武寧軍節度、徐泗濠觀察等使"。七年正月"丙辰,以前武寧軍節度使高瑀爲刑部尚書"。又見兩《唐書》本傳,《通鑑·大和七年》正月。《白居易集》卷二六有《送徐州高僕射赴任》詩。

崔　珙　　大和七年—開成元年(833—836)

《舊書·文宗紀下》:大和七年正月,"以新除嶺南節度使崔珙檢校工部尚書,充武寧軍節度使"。又本傳稱:大和七年正月,拜廣州刺史、嶺南節度使。時高瑀鎮徐州,承〔王〕智興之後,軍驕難制,即以王茂元代珙鎮廣南,"授珙檢校工部尚書、徐州刺史、兼御史大夫,充武寧軍節度、徐泗濠觀察使。開成初,就加檢校兵部尚書。二年,檢校吏部尚書、右金吾大將軍,充街使。"又見《御覽》卷二五五,《新書》本傳,《唐摭言》卷二。

薛元賞　　開成元年—約會昌元年(836—約841)

《舊書·文宗紀下》:開成元年"十二月丙申朔,以京兆尹、兼御史大夫薛元賞爲武寧節度、徐泗宿濠觀察等使"。《新書》本傳:"出爲武寧節度使……俄徙邠寧。"《英華》卷四五五李訥《授薛元賞昭義節度使制》:"再尹京邑,威名甚高……旋以長轂,臨于彭城,嚴而不苛,通則有守。移旆巨野,益恢壯猷。"按會昌元年元賞爲天平節度使。

李彦佐　　約會昌元年—三年(約841—843)

《通鑑·會昌三年》:五月,"以武寧節度使李彦佐爲晉絳行營諸軍節度招討使"。

田　牟　　約會昌三年—大中元年(約843—847)

《舊書》本傳:"會昌初爲豐州刺史、天德軍使,歷武寧軍節度使,大中朝爲兗海節度使,移鎮天平軍。"《新書》本傳:"累遷鄜坊節度使,再徙天平,三爲武寧,一爲靈武軍,官至檢校尚書左僕射,卒。"《英華》

卷四〇二崔璵《授張直方田牟將軍等制》稱:"前太(天)平軍節度使田牟……馬嶺雁塞,長絶風塵之警;西楚東魯,屢聞輯睦之方……牟可右金吾將軍。"

李　廓　　約大中二年—三年(約848—849)

《新書》本傳:"累遷刑部侍郎。大中中,拜武寧節度使,不能治軍……既而果逐廓。"《舊書》本傳未及。《通鑑·大中三年》:"五月,徐州軍亂,逐節度使李廓。"又見《唐語林》卷三。《匋齋藏石記》卷三四《李畫墓誌》:"皇考廓,徐州節度……朝廷以失守,連爲澧唐典午,君乃長子也。"大中九年卒,享年三十八。《新書·宣宗紀》:大中三年"五月,武寧軍亂,逐其節度使李廓"。

盧弘止(盧弘正)　　大中三年—四年(849—850)

《舊書》本傳:大中三年,"檢校户部尚書,出爲徐州刺史、武寧軍節度使、徐泗濠觀察等使……鎮徐四年(按"鎮徐"二字疑衍),遷檢校兵部尚書、汴州刺史、宣武軍節度、宋亳潁觀察等使,卒於鎮"。《新書》本傳略同。又見《通鑑·大中三年》五月。《英華》卷四五五李訥有《授盧弘正韋讓等徐滑節度使制》。

鄭　涓　　大中四年—六年(850—852)

《全文》卷七八八蔣伸有《授鄭涓徐州節度使制》。吳氏《方鎮年表》列於大中四年至六年,從之。

康季榮　　大中六年—八年(852—854)

《全文》卷七六三沈珣《授康季榮徐州節度使鄭涓昭義節度使制》:"前四鎮北庭涇原節度使康季榮……武寧軍節度使鄭涓……建高牙於徐土,移大斾於邢郊。"《南部新書》癸:"大中(無年份)九月十七日敕,徐泗節度使康季榮奏:據濠州刺史劉彦謀狀……"按大中初至六年康季榮在涇州任。

田　牟　　約大中八年—約十二年(約 854—約 858)

《新書》本傳:"累遷鄜坊節度使,再徙天平,三爲武寧,一爲靈武軍,官至檢校尚書左僕射,卒。"《舊書》本傳未及。

康季榮　　大中十二年—十三年(858—859)

《通鑑·大中十三年》:四月,"武寧節度使康季榮不恤士卒,士卒噪而逐之……貶季榮於嶺南"。又見《東觀奏記》卷下。按《舊書·宣宗紀》云:大中十二年二月,"以光祿大夫、守左領軍衛大將軍分司東都、上柱國、會稽縣開國公、食邑一千五百户康季榮可檢校尚書右僕射,兼左衛上將軍分司"。則其再爲武寧不得早於此。吳氏《方鎮年表》以爲《舊紀》誤,並引《東觀奏記》(按引文有誤),岑仲勉已指出所斷非當。

田　牟　　大中十三年—約咸通二年(859—約 861)

《新書》本傳:"累遷鄜坊節度使,再徙天平,三爲武寧,一爲靈武軍,官至檢校尚書左僕射,卒。"《舊書》本傳未及。《通鑑·大中十三年》:四月,"上以左金吾大將軍田牟嘗鎮徐州,有能名,復以爲武寧軍節度使,一方遂安"。

溫　璋　　咸通二年—三年(861—862)

《舊書·懿宗紀》:咸通三年七月,"前年壽州刺史溫璋爲節度使,驕卒素知璋嚴酷,深負憂疑……不期月(年?)而逐璋"。按《舊書》本傳作"咸通末,爲徐泗節度使",當爲"咸通初"之誤。《新書·懿宗紀》:咸通三年"七月,武寧軍亂,逐其節度使溫璋"。又見《新書》本傳,《通鑑·咸通三年》七月。《全文》卷八三懿宗《授溫璋王式節度使制》:"武寧軍節度……檢校左散騎常侍兼徐州刺史御史大夫……溫璋……可檢校禮部尚書兼邠州刺史、御史大夫,充邠寧節度營田觀察處置等使。"

王　式　　咸通三年(862)

《舊書·懿宗紀》:咸通三年"七月,徐州軍亂,以浙東觀察使王式檢校工部尚書、徐州刺史、御史大夫、武寧軍節度、徐泗濠觀察等使”。又見兩《唐書》本傳，《通鑑·咸通三年》七月、八月，《唐語林》卷二。《全文》卷八三懿宗有《授溫璋王式節度使制》。《大詔令集》卷九九《降徐州爲團練敕》：“徐州宜改爲本州團練使……王式且充武寧軍節度使兼徐泗濠宿等州制置使……俟許滑將士歸後，既無公事，便赴闕廷。”注：“咸通三年八月。”

曹　慶　　約咸通三年—五年（約 862—864）

《通鑑·咸通四年》：四月“庚戌，群盜入徐州，殺官吏，刺史曹慶討平之”。

孟　球　　咸通五年—六年（864—865）

《舊書·懿宗紀》：咸通五年四月，“以晉州刺史孟球檢校工部尚書，兼徐州刺史”。《舊書·崔彥曾傳》：咸通六年，“南蠻寇五管，陷交阯，詔徐州節度使孟球召募二千人赴援”。

薛　縚　　咸通六年—七年（865—866）

《舊書·懿宗紀》：咸通六年“七月，以右衛大將軍薛縚檢校工部尚書、徐州刺史，充徐泗團練觀察防禦等使”。

崔彥曾　　咸通七年—九年（866—868）

《舊書》本傳：“〔咸通〕七年，檢校左散騎常侍，徐州刺史，御史大夫，充武寧軍節度使。”《新書》本傳略同。《舊書·懿宗紀》：咸通九年九月“乙未，龐勛陷徐州，殺節度使崔彥曾”。又見《通鑑·咸通九年》十月。《新表二下》南祖崔氏：“彥曾，初名宣孝，徐州觀察使。”【補遺】《唐故徐宿濠泗觀察判官試大理評事兼監察御史李府君（梲）墓誌銘》（咸通十四年十二月七日）：“崔大夫彥曾廉問徐方，精擇寮佐以自貳。……遂以觀察判官辟。”（中國社會科學院考古研究所河南第二工作隊《河南偃師杏園村的六座紀年唐墓》，《考古》1986 年第5 期）

龐 勛 咸通九年(868)

《舊書·崔彦曾傳》:咸通九年九月,"賊將趙可立害〔崔〕彦曾,龐勛自稱武寧軍節度使"。又《令狐綯傳》:咸通九年,"其年冬,龐勛殺崔彦曾,據徐州"。

張玄稔 咸通九年(868)

《通鑑·咸通十年》:七月"初,龐勛怒梁丕專殺姚周,黜之,使徐州舊將張玄稔代之治州事"。

王晏權 咸通十年(869)

《舊書·懿宗紀》:咸通十年正月,"以神武大將軍王晏權檢校工部尚書、徐州刺史,御史大夫,充武寧軍節度、徐泗濠觀察,兼徐州北路行營招討等使"。

曹 翔 咸通十年(869)

《舊書·懿宗紀》:咸通十年十月,"以右武衛大將軍、徐州東南面招討使曹翔檢校兵部尚書,兼徐州刺史、御史大夫,徐泗濠團練防禦等使"。

夏侯瞳 咸通十一年(870)

《通鑑·咸通十一年》:四月,"徐賊餘黨猶相聚閭里爲群盜……詔徐州觀察使夏侯瞳招諭之"。

郭 銓 約咸通十二年—約十三年(約871—約872)

《新表四上》郭氏:"銓,武寧節度使。"《唐詩紀事》卷六六陳淑:"鴻之子也。咸通中,佐廉使郭常侍銓於徐。"

薛 能 咸通十四年—約乾符二年(873—約875)

《唐詩紀事》卷六〇稱:"出領感化節度。入爲工部尚書,復節度徐州。"知其兩領徐州節度,中入爲工尚,故應分列兩次。此當爲第一次。《唐語林》卷七："許棠初試進士，與薛能、陸肱齊名……棠登第，薛已自京尹出鎮徐州，陸亦出守南康。"按許棠咸通十二年登第，薛能咸通十二年至十四年在京兆尹任。此指薛能第一次鎮徐州乃自京兆尹遷任。《全詩》卷五八九李頻《送薛能赴鎮徐方》詩，乃第一次薛能赴徐時作。

薛　能　　約乾符三年—五年（約 876—878）

《唐摭言》卷一五："薛能尚書鎮彭門，時溥、劉巨容、周岌俱在麾下，未數歲，溥鎮徐，巨容鎮襄，岌鎮許。"此指第二次鎮徐事。《全詩》卷七〇二張蠙《送徐州薛尚書》，當爲薛能第二次鎮徐時作，時薛能由工部尚書出鎮徐州。

支　詳　　乾符五年—中和二年（878—882）

上圖藏拓片《唐故西川少尹支公（訥）墓誌銘并序》（乾符六年五月廿五日）："仲弟詳，見任武寧軍節度使。"支訥卒乾符五年七月十三日，享年五十六。《通鑑·中和元年》：八月，"武寧節度使支詳遣牙將時溥、陳璠將兵五千入關討黃巢……〔溥〕及彭城，詳迎勞，犒賞甚厚。溥遣所親説詳曰：'衆心見迫，請公解印以相授。'詳不能制，出居大彭館，溥自知留務。"按《舊書·時溥傳》記此事作中和二年。又見《舊五代史·時溥傳》，《北夢瑣言》卷一四，《通志》卷二六《氏族二》支氏，《古今姓氏書辯證》卷三支氏。

時　溥　　中和二年—景福二年（882—893）

《舊書》本傳："中和二年，武寧軍節度使支詳遣溥與副將陳璠率師五千赴難。行至河陰，軍亂……溥乃移軍向徐州。既入，軍人大呼，推溥爲留後，送詳於大彭館……天子還宮，授之節鉞……淮南亂，朝廷以全忠遙領淮南節度……路出徐方，溥阻之。全忠怒，出師攻徐，自光啓至大順六七年間，汴軍四集……溥窘蹙，求和於汴……朝廷以尚書劉崇望代溥，以溥爲太子太師。溥懼出城見害，不受代……與妻子登樓自焚而卒，景福二年四月也。"又見兩《唐書·昭宗紀》，

《新書》本傳,《舊五代史》本傳,兩《五代史·梁太祖紀》,《會要》卷一四,《通鑑·中和元年》《中和三年》《景福二年》。

【劉崇望　大順二年(891)(未之任)】

《舊書·昭宗紀》:大順二年"十二月丙子朔,以光禄大夫、門下侍郎、右僕射、平章事、監修國史、判度支、上柱國、彭城縣開國男劉崇望檢校司空、同平章事,兼徐州刺史,充武寧軍節度、徐宿觀察制置使。"又本傳:大順二年,"時溥與朱全忠争衡,全忠謀兼徐、泗,上表請以重臣鎮徐,乃以崇望守本官,充武寧軍節度使。溥不受代,行至華陰而還"。《新書》本傳略同。《全文》卷八二〇吴融《授劉崇望東川節度使制》:"尋於東土多虞,徐方擇帥,乃兼金鉉,付以牙幢,爰自罷歸,累更寒暑。"

龐師古　景福二年(893)

《舊書·昭宗紀》:景福二年"四月己巳,汴將王重師、牛存節陷徐州……朱全忠遣將龐師古守徐州。"《舊五代史》本傳:師古攻徐州,破〔時〕溥。太祖表師古徐州留後。《新五代史·梁太祖紀上》略同。

張廷範　乾寧元年—三年(894—896)

《通鑑·景福二年》:四月"己丑,全忠入彭城,以宋州刺史張廷範知感化留後,奏乞朝廷除文臣爲節度使"。又《乾寧元年》:"六月甲午,以宋州刺史張廷範爲武寧節度使,從朱全忠之請也。"《新書》本傳未及。

龐師古　乾寧四年(897)

《舊五代史》本傳:"乾寧四年正月,復統諸軍伐鄆,拔之,擒其帥朱瑄以獻,始表爲天平軍節度留後,尋授徐州節度使。"十一月,"師古没于陣"。《舊書·昭宗紀》乾寧四年稱"權徐州兵馬留後龐師古"。《通鑑·乾寧四年》:"三月丙子,朱全忠表曹州刺史葛從周爲泰寧留後……龐師古爲武寧留後。"《全文》卷八一八張元晏《授龐從武寧平難軍節度使改名師古制》:"具官龐從,夙懷明略,早負壯圖……可某官,仍改名師古。"

＊朱　瑾　　乾寧四年(897)

《舊五代史》本傳:及鄆州陷,"爲〔龐〕師古所逼,遂擁州民渡淮依楊行密,行密表瑾領徐州節度使"。《新五代史》本傳、《十國春秋》本傳略同。《通鑑・乾寧四年》:"二月戊申,〔葛〕從周入兗州,獲〔朱〕瑾妻子。朱瑾……奔楊行密。行密逆之於高郵,表瑾領武寧節度使。"注:"領,遥領也。"

王敬蕘　　乾寧四年—天復二年(897—902)

《舊書・昭宗紀》:乾寧四年十一月,"以潁州刺史王敬蕘檢校尚書左僕射,兼徐州刺史,加司空,充武寧軍節度使"。《舊五代史》本傳:乾寧四年冬,"表知武寧節度、徐州觀察留後。數月,真拜武寧節度使。天復二年,入爲右龍武統軍"。又見《新五代史》本傳。《全文》卷八一八張元晏有《授王敬蕘武寧軍張珂彰義軍節度使制》。

馮弘鐸　　天復二年—三年?(902—903?)

《通鑑・天復二年》:三月,"馮弘鐸爲武寧節度使"。又見《十國春秋・吴太祖世家》。

朱友恭　　天復三年—天祐元年(903—904)

《舊書・昭宗紀》:天復三年五月,"制以潁州刺史朱友恭檢校司空,兼徐州刺史,充武寧軍節度使"。《新書》本傳:"遷潁州刺史,感化軍節度留後。帝東遷,爲左龍武統軍。"《新五代史》本傳:"友恭爲潁州刺史。天復中,爲武寧留後。天祐初,遷洛陽,拜右龍武統軍。"

楊師厚　　天祐元年—二年(904—905)

《舊五代史》本傳:"天復四年三月,加檢校司徒、徐州節度使……〔天祐〕二年八月,太祖討趙匡凝於襄陽……表師厚爲山南東道節度留後。"又見《舊書·哀帝紀》《十國春秋·吴太祖世家》。《隋唐五代墓誌匯編·河南卷·故山陽縣君鞏氏夫人墓誌》(天祐元年九月十二日):"夫人即家之季女也,聘弘農公十五載矣……公正任曹州刺史,加司空,遷牧齊州,又遷鎮徐州節度使,檢校司徒。""弘農公"即指楊師厚。

張慎思　天祐二年—四年(905—907)

《舊書·哀帝紀》:天祐二年十一月,"左龍武統軍張慎思爲武寧軍兵馬留後"。《舊五代史》本傳:"天祐元年,除匡國軍節度使。明年十一月,權知武寧軍留後。太祖受禪,入爲左金吾大將軍。"

待考録

程　超

《寶刻叢編》卷一封丘縣引《訪碑録》:"徐州刺史寧遠將軍程超碑,在縣西北十六里墓下。"

高　實

《九國志·高澧傳》:"祖實,唐武寧軍節度使。父瑰,湖州刺史。澧爲錢鏐之將,累功遷特進、湖州刺史,武義軍使。"按高瑰當即高彦,乾寧四年至天祐三年爲湖刺。高彦卒,其子高澧繼爲湖刺。

崔敏殻

《廣記》卷三〇一引《廣異記》:"博陵崔敏殻,性耿直,不懼神鬼……其後爲徐州刺史……後爲華州刺史。"

卷六五　泗州（臨淮郡）

隋下邳郡。武德四年置泗州。開元二十三年自宿預移治所於臨淮。天寶元年改爲臨淮郡。乾元元年復爲泗州。領縣六：臨淮、徐城、漣水、宿預、虹縣、下邳。

夏侯雄　　武德四年(621)

《太平寰宇記》卷一六泗州招信縣："唐武德二年，刺史楊益置爲睢陵縣，至武德四年刺史夏侯雄才廢。"按《姓纂》卷七魏郡夏侯氏："雄，唐刑部郎中。"

薛大鼎　　貞觀中

《舊書·乙弗弘禮傳》："初，泗州刺史薛大鼎隋時嘗坐事没爲奴，貞觀初與數人詣之，大鼎次至……弘禮曰：'觀其頭目，直是賤人，但不知餘處何如耳？'大鼎有慚色，乃解衣視之，弘禮曰：'看君面，不異前言。占君自腰已下，當爲方嶽之任。'其占相皆此類也。"又見《元龜》卷八六〇。兩《唐書》本傳未及泗州刺史。

崔公禮　　約貞觀中

《千唐誌·大唐太原王曉故夫人崔氏墓誌》（開元十四年十二月十七日）："曾祖公禮，皇泗州刺史。祖延慶，新安令。父克昌，絳州萬泉尉。"夫人卒開元十四年，春秋三十四。《新表二下》鄭州崔氏："公禮，泗州刺史。"

魏　倫　　貞觀二十二年(648)

《隋唐五代墓誌匯編·陝西卷》第三册《大唐故使持節泗州諸軍事泗州刺史魏府君(倫)墓誌銘并序》(顯慶三年十一月二十三日)："〔貞觀〕二十二年有詔授公使持節泗州諸軍事泗州刺史。"是年卒，年六十九。

元乾直　　高宗時？

北圖藏拓片《大唐京兆府美原縣丞元府君(復業)墓誌銘并序》(廣德元年八月十四日)："曾祖濬，皇隨州刺史、左武衛大將軍、襲雲寧公。祖乾直，泗州刺史。父思莊，朝散大夫右肅政臺侍御史……府君，侍御之第四子也。"開元廿八年卒，春秋六十。

趙本質　　天授元年—二年(690—691)

《姓纂》卷七趙氏："本質，泗州刺史。"北圖藏拓片《周故泗州刺史趙府君(本質)墓誌銘并序》(天授二年十月廿四日)："起家神堯皇帝挽郎……釋褐王府參軍……累遷嘉、陝二州司倉軍事，冀州都督府兵曹，雍州司功，始平縣令……又授□□諸軍事泗州刺史。"天授二年五月三日卒於履道坊之私第。按《千唐誌》有景龍二年十月二十六日《故太中大夫泗州刺史趙本質妻晉陽郡君溫氏誌》。

許　樞　　約證聖元年—神功元年(約695—697)

《千唐誌·大周故正議大夫使持節都督巂州諸軍事守巂州刺史上柱國高陽縣開國男許君(樞)墓誌銘》(久視元年閏七月六日)："累遷龍州刺史，封高陽縣開國男，食邑三百户，俄除泗州刺史，又重授泗州刺史，加上柱國……頃除太中大夫使持節都督巂州諸軍事巂州刺史，又加正議大夫……以久視元年五月廿五日遘疾，薨於神都進德里，春秋有八十。"

李　愻　　約聖曆間(約698—700)

《千唐誌·大唐故使持節亳州諸軍事亳州刺史李府君(愻)墓誌

銘并序》（神龍二年正月二十一日）："以中表之累，出爲洪州都督府長
史……累遷泗州刺史，歲餘除揚州大都督府司馬，又遷貝州刺史、亳
州刺史……粤神龍元年，國朝中興之始，公自亳還都。"【補遺】《大唐
故中散大夫守少府鹽（監）上柱國趙郡李府君（述）墓誌銘並序》（開元
十八年十一月十日）："父慈，侍御史，駕部員外郎、度支郎中，泗、貝、
亳三州刺史。"（周紹良、趙超《唐代墓誌彙編續集》，上海古籍出版社
2001 年版）

張繼本　　中宗時？

《新表二下》吳郡張氏："繼本，泗州刺史。"乃天寶中朔方節度使
張齊丘之伯父。疑仕於武后、中宗間。

杜惟孝　　景龍中

《全文》卷二六三李邕《大唐泗州臨淮縣普光王寺碑》："〔和尚〕以
景龍四年三月二日端坐棄代於京薦福寺……州牧杜公惟孝，其直如
箭，其潔如水……長史宗公、司馬盧公，或清節自公……或禮容
虛己。"

裴　撝　　景雲中

《千唐誌·大唐故通議大夫使持節寧州諸軍事寧州刺史上柱國
裴公（撝）墓誌銘并序》（開元九年十月二十九日）："詔遷使持節泗州
刺史……詔遷使持節寧州刺史。"太極元年三月廿六日卒，春秋七十
有九。

楊元禕　　先天中？

曲石藏《唐故鹽鐵轉運等使河陰留後巡官前徐州蘄縣主簿弘農
楊君（仲雅）墓誌銘并序》（元和十三年七月三日）："府君即皇西臺侍
郎同東西臺三品之玄孫，宣、泗、饒、合四州使君之曾孫，均州長史君
之孫，尚書工部員外郎兼侍御史之元子。"仲雅卒元和十三年四月九
日，年六十。按《新書·宰相表》，乾封二年"六月乙卯，西臺侍郎楊武

（弘武）、戴至德……並同東西臺三品"。總章元年"四月辛巳，武薨"。
則四州刺史楊某當即楊弘武之子，據《新表一下》楊氏及《舊書·楊弘
武傳》，其子元禕仕至宣州刺史。證知"宣、泗、饒、合四州使君"即楊
元禕。楊弘武總章元年卒，其子約仕至開元初。

郭 某 約開元三、四年（約715、716）

《隋唐五代墓誌匯編·河南卷·大唐故通議大夫上柱國劍州刺
史晉陽縣開國男郭府君夫人新鄭郡君河南元氏權殯墓誌》（天寶五載
二月三日）："夫人諱婉……年將及笄，歸我府君矣。府君時爲監察御
史，後轉著作郎……除主客郎中……府君歷棣、泗、劍三州刺史，開元
七年即世。"

蘇 晉 開元四年—六年（716—718）

《舊書》本傳："玄宗監國，每有制命，皆令晉及賈曾爲之……俄出
爲泗州刺史，以父老，乞辭職歸侍，許之。"《新書》本傳略同。北圖藏
拓片《大唐故銀青光禄大夫衛尉卿扶陽縣開國公護軍（韋頊）墓誌銘
并序》（開元六年七月二十九日）："前中大夫守泗州刺史上柱國野王
縣開國男蘇晉撰。"證知開元四年至六年在任。又見《遼居稿·衛尉
卿韋頊墓誌跋》。

王同人 開元十六年（728）

《新表二中》琅邪王氏："同人，泗州刺史。"北圖藏拓片《唐故太中
大夫使持節泗州諸軍事泗州刺史琅邪王公（同人）墓誌銘并序》（開元
十七年八月二十二日）："入拜工部員外郎，轉屯田郎中……除使持節
泗州諸軍事泗州刺史……以開元十六年七月十三日寢疾終於郡館，
春秋五十有七。"上圖藏拓片《大唐故泗州刺史琅邪王〔公〕妻河東裴
郡君夫民墓誌銘并序》（天寶四載十月二十五日）："夫民，故尚書工部
員外、屯田郎中、泗州刺史、琅邪王公諱同人之妻河東裴郡君也……
先君以開元十六年七月十三日薨於泗州官舍。"夫民卒開元廿九年，
子渙撰文。

李孟犫　　約開元十六年—十九年（約 728—731）

　　《全文》卷三七一李軨《泗州刺史李君（孟犫）神道碑》："屬東封扈蹕，轉虞部員外郎，出牧泗州，清明簡肅，治行第一……辭以疾歸。開元十九年十一月十九日終於大梁旅館，享年五十有五。"《千唐誌·唐故朝議郎守尚書比部郎中上柱國賜緋魚袋隴西李府君（蟾）墓誌銘并序》："曾祖孟犫，皇任泗州刺史，襲膠西郡公。"蟾卒大和七年，享年五十一。《新書·宗室世系表上》大鄭王房："泗州刺史孟犫，字公悦。"

馮　某　　開元中？

　　《全詩》卷一三一祖詠有《泗上馮使君南樓作》。

盧　暕　　開元中

　　《新表三上》盧氏："暕，泗州刺史。"乃懷州刺史盧師丘之子。又按其弟盧暉，開元二十三年在易州刺史任，見《舊書·地理志二》。則暕刺泗當在開元中。

王　弼　　開元二十六年（738）

　　《宋高僧傳》卷一四《唐越州法華山寺玄儼傳》："開元二十六載，恩制度人，採訪使潤州刺史齊澣、越州都督景（敬）誠、採訪使盧見義、泗州刺史王弼，無不停艫净境，稟承法訓。"又見《全文》卷三三五萬齊融《法華寺戒壇院碑》。按《新表二中》烏丸王氏有"弼，長安丞"，乃王美暢之子，未知即其人否。

韋　繩　　開元中

　　《新書》本傳："擢監察御史，更泗、涇、鄜三州刺史。天寶初，入爲祕書少監。"

李　裕　　開元中

　　《全文》卷三一〇孫逖《授李裕鄧州別駕魏滉德州別駕制》："前使持節泗州刺史上柱國□山縣開國子李裕……可行鄧州別駕。"按《新表二上》趙郡李氏東祖房有"裕，海州刺史"。其父嶠，字巨山，相武后。

魏　晃　　開元中

《姓纂》卷八宋城魏氏："晃，泗州刺史。"《全文》卷三一〇孫逖《授李裕鄧州別駕魏滉德州別駕制》："朝議大夫前使持節泗州刺史、上柱國、開國男魏滉等，咸資舊德，早踐通班，頃坐微瑕，因從免職，賢哲之後，可以勸能，邦國之功，期於補過……滉可守德州別駕。勳封如故。"按《全文》卷一八睿宗《褒恤魏元忠制》稱：其子著作郎晃實封一百户。當作"晃"爲是，"滉"字誤。

于光嗣　　開元中？

上圖藏拓片《唐故洪州都督府武寧縣令于府君（季文）墓誌銘并序》（元和九年十月二十九日）："曾祖光嗣，皇大中大夫泗州刺史。"季文卒元和八年，壽五十七。按《姓纂》卷二江陵于氏有光嗣，乃神龍二年宰相于惟謙之子，疑其刺泗州在開元中。

郭敬之　　約開元末

《舊書·郭子儀傳》："父敬之，歷綏、渭、桂、壽、泗五州刺史。"按《新表四上》華陰郭氏："敬之，字敬之，吉、渭、壽、綏、憲五州刺史。"無桂州、泗州，有憲州、吉州，未知孰是。

宋　珣　　天寶初？

《隋唐五代墓誌匯編·陝西卷》第一册《唐故殿中省進馬宋公（應）墓誌銘并序》（天寶十四載四月十一日）："祖珣，皇臨淮郡太守……父昱，朝議大夫中書舍人。"應卒天寶十四載，年十九。

權寅獻　　天寶中

《新書·馬懷素傳》謂元行冲知麗正院時，奏冠氏尉權寅獻等入校麗正書，又謂："寅獻，臨淮太守。"

范冬芬　　天寶中

上圖藏拓片《唐故桂州臨桂縣令范府君(弈)墓誌銘并序》(永貞元年十一月一日)："祖履冰，皇禮部尚書，平□□□；考□，皇臨淮、宣城二郡太守，公即宣城府君第四子也……以貞元十一年五月三日終於交州龍興精舍，享年五十有七。"按《姓纂》卷七及《新表四上》范氏：履冰子冬芬，宣州刺史。此爲臨淮、宣城二郡太守者，當即冬芬。

賀蘭進明　　至德二載(757)

《通鑑·至德二載》：八月，"睢陽士卒死傷之餘，纔六百人，張巡、許遠分城而守之……是時，許叔冀在譙郡，尚衡在彭城，賀蘭進明在臨淮，皆擁兵不救"。《唐詩紀事》卷一七："禄山亂，進明守臨淮，以御史大夫爲節度使。"又見兩《唐書·張巡傳》。

李　某　　乾元中

《宋高僧傳》卷一八《唐泗州普光王寺僧伽傳》："又乾元中，州牧李(亡名)。有推步者云：'爲士宿加臨，灾當惡弱。'伽忽現形，撫李背曰：'吾來福至，汗出灾銷。'後無他咎。"

張崇暉　　上元元年(760)

《嚴州圖經》卷一題名："張崇暉，上元元年□月□日自泗州刺史拜。"

李　晃　　上元元年(760)

《通鑑·上元元年》：十二月，"〔劉〕展以李晃爲泗州刺史"。

韋幼章　　約上元中—寶應中

《全文》卷三九〇獨孤及《唐故朝議大夫申王府司馬上柱國贈太常卿韋公(縝)神道碑銘并序》："季子幼章……自兵部郎中持節典泗、楚二州，錫金印紫綬……寶應二年春三月，以子爲大夫，故詔追贈公太常卿……由是，楚州稽首於廟。"

李秀璋 代宗時

《全文》卷四一三常袞《授李秀璋開府儀同三司制》："特進檢校左散騎常侍兼泗州刺史上柱國李秀璋……可開府儀同三司……餘如故。"

劉好順 大曆四年前（769 前）

《韓昌黎集》卷二五《唐河中府法曹張君（圓）墓碣銘》："妻〔劉氏〕，彭城人，世有衣冠。祖好順，泗州刺史。"張圓卒元和四年。徐州博物館藏《大唐故豪州定遠縣丞劉府君（兊）墓誌銘》（大曆四年十一月二十日）："君終於開元之末……少姪好順，河南副元帥左廂兵馬使、銀青光祿大夫、試太常卿、前隰泗等州刺史、上柱國、彭城縣開國侯。"又按《金石錄》卷八有《唐兗州都督劉好順碑》，大曆十二年四月立。

張萬福 約興元元年（約 784）

《舊書》本傳："李正己反，將斷江、淮路，令兵守埇橋、渦口……德宗以萬福爲濠州刺史……改泗州刺史。魏州饑，父子相賣，餓死者接道……令其兄子將米百車往餉之。又使人於汴口，魏人自賣者，給車牛贖而遣之。爲杜亞所忌，徵拜右金吾將軍。"《新書》本傳略同，又見《御覽》卷八三八，《元龜》卷三八五、卷三九三、卷六七四，《韓昌黎集》外集卷九《順宗實錄四》。按杜亞興元元年始爲淮南節度使，見《舊書·德宗紀上》。《酉陽雜俎》前集卷七："柳芳爲郎中，子登疾重，時名醫張方福初除泗州。""張方福"當爲"張萬福"之誤。

張 伾 貞元八年—二十一年（792—805）

《舊書》本傳："建中初，以澤潞將鎮臨洺，田悅攻之……圍解，以功遷泗州刺史。在州十餘年，拜右金吾衛大將軍，詔未至，病卒。貞元二十一年，贈尚書右僕射。"《新書》本傳略同。又見兩《唐書·張愭傳》，《通鑑·貞元十六年》，《御覽》卷三二〇，《元龜》卷一三九、卷三七三、卷七五九。《全文》卷四八一吕周任《泗州大水記》："皇唐貞元八年歲在壬申夏六月，上帝作孽，罰茲東土，浩渺長瀾，周亘千里……

泗州刺史武當郡王張公侁，以其始至也，聚邑老以訪故，搴薪槱石以禦之……謹述而記之。時貞元十三年歲在丁丑。"《千唐誌·大唐故銀青光祿大夫檢校太子賓客上柱國范陽郡開國子兼監察御史盧公（翊）墓誌銘并序》稱："亞相兼泗州刺史、淮南節度泗州留後使張公，作鎮淮泗。"盧翊貞元二十年三月卒於泗州。

薛　謇　　元和五年—八年（810—813）

《通鑑·元和六年》：四月庚午，"或告泗州刺史薛謇爲代北水運使，有異馬不以獻；事下度支，使巡官往驗"。《舊書·憲宗紀下》：元和八年十一月"丁卯，以泗州刺史薛謇爲福建觀察使"。又見《新書·盧坦傳》、《新表三下》薛氏，《元龜》卷五一〇，《全文》卷六四〇李翱《故東川節度使盧公（坦）傳》。《全文》卷六〇九劉禹錫《唐故福建等州都團練觀察處置使福州刺史薛公（謇）神道碑》："擢爲泗濱守……俄遷福建都團練觀察使。"

田景度　　約元和八年—九年（約 813—814）

《全文》卷六〇憲宗《貶路恕田景度等詔》："光祿大夫行太子詹事路恕、正議大夫泗州刺史田景度，僥求非類，意望賄成……恕可吉州刺史，景度可虔州刺史。"又見《元龜》卷一五三。按元和三年至六年路恕在鄜坊觀察使任，入爲太子詹事。則其由太子詹事外貶約在元和八、九年間。

令狐通　　元和九年（814）

《舊書》本傳："憲宗念彰之忠，即授通贊善大夫，出爲宿州刺史。時討淮、蔡，用爲泗州刺史。歲中改壽州團練使、檢校御史中丞。"《新書》本傳未及。《通鑑·元和九年》：九月庚辰，"以泗州刺史令狐通爲壽州防禦使。通，彰之子也"。《隋唐五代墓誌匯編·洛陽卷》第十四冊《唐故棣州刺史兼侍御史燉煌公令狐公（梅）墓誌銘并序》（大中十年四月二十二日）："皇考歷宿、陳、壽、淄、唐、泗等六郡太守，官兼御史中丞，唐、陳二州皆經再授，凡專城之任者八，贈右散騎常侍諱通。

公即先公常侍第二子也。"大中八年六月二十九日卒，享年六十二。

劉　某　　元和中？

《全詩補逸》卷一〇張祐有《泗州劉中丞郡中新樓》。疑在元和中。

李進賢　　元和末（820）

《白居易集》卷五三有《前河陽節度使魏義通授右龍武統軍前泗州刺史李進賢授右驍衛將軍並檢校常侍兼御史大夫制》。按進賢元和八年爲振武節度使，見《舊書·憲宗紀下》，文宗朝爲朔方節度，見《劇談録下》。又按白居易元和十五年冬始入朝爲主客郎中、知制誥。此制當行於是年或下年。《全詩》卷八八三張祐有《觀泗州李常侍打毬》，李常侍，當即李進賢。

蘇　遇　　長慶元年（821）

《白居易集》卷六九《大唐泗州開元寺臨壇律德徐泗濠三州僧正明遠大師塔碑銘》："師與郡守蘇遇等謀，於沙湖西隙地，創避水僧坊。"《宋高僧傳》卷一八《唐泗州普光王寺僧伽傳》："長慶元年夜半於州牧蘇公寢室前歌曰：'淮南淮北，自此福焉。自東自西，無不熟矣。'其年獨臨淮境内有年耳。"

【李　諒　　長慶元年（821）（未之任）】

《白居易集》卷五〇有《李諒除泗州刺史兼團練使當道兵馬留後兼侍御史賜紫金魚袋張愉可岳州刺史同制》。又《李諒授壽州刺史薛公幹授泗州刺史制》："敕：泗州刺史李諒等……吾前命諒爲泗守，未即路，會壽守植卒；因改諒守壽，命公幹守泗……諒可壽州刺史，公幹可泗州刺史。"又見《唐詩紀事》卷四三。按《姑蘇志》卷二《古今守令表上》云："李諒，長慶四年自泗州刺史以御史中丞徙任。"誤。

薛公幹　　長慶元年（821）

《白居易集》卷五〇有《李諒授壽州刺史薛公幹授泗州刺史制》，見上條，知公幹爲李諒後任。按元和十一年九月辛巳，貶度支郎中薛公幹房州刺史，言與韋貫之朋黨故也，見《舊書·憲宗紀下》及《元龜》卷九三三。

李宜臣　　長慶三年（823）

《元龜》卷六五三：“李行修，長慶三年爲宣撫使……至泗州，舉刺史李宜臣之贓犯，時以爲奉使得人。”

崔　琪　　大和初

《舊書》本傳：“大和初，累官泗州刺史，入爲太府卿。七年正月，拜廣州刺史、嶺南節度使。”《新書》本傳略同。《元龜》卷一二〇：“〔大和〕七年正月甲寅，以新授鎮（嶺）南節度使崔琪爲武寧軍節度徐泗觀察等使……琪嘗爲泗州刺史，深練兵事，頗得士心。”《全詩》卷四七八陸暢《夜到泗州酬崔使君》，疑即崔琪。

韋正貫　　約開成、會昌間

《全文》卷七六四蕭鄴《嶺南節度使韋公（正貫）神道碑》：“又改太原行軍司馬、兼御史中丞，加金紫，從狄僕射之幕，徵爲太府少卿，改泗州刺史，歷光祿卿、晉州刺史，入拜司農卿……貶均州刺史，升壽州團練使……今上初即位，以理行徵拜京兆尹。”《新書》本傳未及泗州刺史。按狄兼謨開成三年至五年在太原節度使任。

鄭　助（鄭溆）　　約大中初

《千唐誌·唐故國子助教范陽盧公（當）墓誌銘并序》（大中九年二月十一日）：“今夏州節度使鄭常侍助□刺臨淮也，以君才識高遠，人情暢洽，首辟從事。”盧當卒大中八年十月，春秋三十三。按《新表五上》鄭氏：“溆，兗海節度使。”作“溆”。又按鄭助大中八年八月爲夏州節度，大中十一年二月爲邠寧慶節度，其爲泗州刺史約在大中初。

郭　圓　約大中時

《雲溪友議》卷中《苗夫人》:"張延賞相公……其妻苗氏,太宰苗公晉卿之女也。夫人有才鑒,甚别英鋭,特選韋臯秀才,曰:'此人之貴,無與比儔。'既以女妻之。不二三歲,以韋郎性度高廓,不拘小節,張公稍悔之,至不齒禮,一門婢僕漸見輕怠,惟苗氏待之常厚矣……會德宗行幸奉天……聖駕旋復之日,〔韋臯〕自金吾持節西川,替妻父清河公(張延賞)……韋公侍奉外姑,過於布素之時。海内貴門,不敢忽於貧賤東床者乎! 所以郭泗濱圓詩曰:'宣父從周又適秦,昔賢多少出風塵。當時甚蔚張延賞,不識韋臯是貴人!'"證知郭圓爲泗州刺史。按郭圓會昌五年五月在司門員外郎任,見《益州名畫録》下引《胡氏亭畫記》及《唐詩紀事》卷五九。又李固言爲西川節度時(開成二年至會昌元年),郭圓在其幕,見《雲溪友議》卷中《白馬吟》。則其刺泗州或在大中年間。

徐　鄑　約大中末

《新表五下》北祖上房徐氏:"鄑,光、處、齊、淄、明、泗六州刺史。"按徐鄑大中四年爲處州刺史。

穆栖梧　約咸通前期

《姓纂》卷一〇河南穆氏:"栖梧,泗州刺史兼〔中〕丞。"按《全文》卷七九三王鐸有《加水部郎中穆栖梧等柱國制》,據《舊書・王鐸傳》,王鐸於"咸通初,由駕部郎中知制誥,拜中書舍人";又按咸通二年栖梧爲水部郎中,見《金石録補》卷二一《唐主簿范隋告》。

杜　慆　咸通九年—十一年(868—870)

《新書》本傳:"慆,咸通中爲泗州刺史。會龐勛反,圍城……圍凡十月,慆拊循士,皆殊死奮……賊平,慆遷義成軍節度使,檢校兵部尚書,卒。"又見兩《唐書・令狐綯傳》,《元龜》卷六八六、卷七六二,《通鑑・咸通九年》,《金華子》雜編卷上,《新表二上》襄陽杜氏。《舊書・懿宗紀》:咸通十一年正月,"以檢校左散騎常侍、泗州刺史杜慆檢校工部尚書、滑州刺史、義成軍節度、鄭滑觀察等使”。

辛　讜　咸通末—乾符初

《新書》本傳：龐勛平，“以功第一，拜亳州刺史，徙曹、泗二州。乾符末，終嶺南節度使”。《舊書》本傳未及。《闕史》卷下《辛尚書神力》：“邑府辛讜尚書，傳有神力。嘗與故滑臺杜僕射爲泗上郡職。時屬豐沛兵起……獨讜請行……獲告鄰部，果解重圍……朝廷録功，累授刺史於曹州，團練於泗州，節度於邑州。”按咸通十年十月以辛讜爲亳州刺史；乾符二年二月已在嶺南〔西〕道觀察使任，見《通鑑》。

韋　岫　乾符二年—三年(875—876)

《舊書·僖宗紀》：乾符二年正月，“庫部郎中韋岫爲泗州刺史”。《新書》本傳：“〔盧〕攜執政，岫自泗州刺史擢福建觀察使云。”按韋岫乾符五年在福建觀察使任，見《淳熙三山志》及《通鑑·乾符五年》十二月。吳氏《方鎮年表》以爲乾符三年始任福建。《全詩》卷六六九章碣有《送韋岫郎中典泗州》。

劉　讓　中和四年(884)

《宋高僧傳》卷一八《唐泗州普光王寺僧伽傳附木叉傳》：“中和四年，刺史劉讓，厥父中丞忽夜夢一紫衣僧云：吾有弟子木叉，葬寺之西。”

鄭　廉(鄭庚)　約中和間

《桂苑筆耕集》卷七《泗州鄭庚常侍別紙》：“伏承已到貴鎮上訖，伏惟感慰……今則常侍族茂山東，威臨泗上。”卷一〇《前泗州鄭廉常侍別紙》：“然則郡守懸魚，既繼古人之節；塞翁喪馬，可寬達士之懷云云。”又見《唐文拾遺》卷三七、卷三八。鄭廉、鄭庚，疑爲同一人。未知孰是。按崔致遠爲高麗人，約在中和至光啓間，爲高駢淮南從事。

于　濤　約光啓中

《新安志》卷九牧守：“于濤者，宰相琮之姪，授泗州防禦使、歙州刺史，佐淮南楊行密爲副使。”《桂苑筆耕集》卷八《泗州于濤常侍別

紙》："常侍榮戴貂冠，遠驅熊軾，能施善政，遍恤疲氓。暫牧雄州，已
安樂國。"卷一三又有《請泗州于濤尚書充都指揮使》。又見《唐文拾
遺》卷三七、卷四〇。

張　諫　　大順二年—乾寧元年（891—894）

《通鑑·大順二年》：七月，"〔孫儒〕悉焚揚州廬舍，盡驅丁壯及婦
女渡江，殺老弱以充食。〔楊〕行密將張訓、李德誠潛入揚州，滅餘火，
得穀數十萬斛以賑饑民。泗州刺史張諫貸數萬斛以給軍"。又《景福
元年》：十一月，"時溥濠州刺史張璙、泗州刺史張諫以州附於朱全
忠"。又《乾寧元年》：十一月，"朱全忠遣使至泗州，陵慢刺史張諫，諫
舉州降楊行密"。又見《新書·時溥傳》《十國春秋·吳太祖世家》。

臺　濛　　乾寧元年—二年（894—895）

《宋高僧傳》卷一八《唐泗州普光王寺僧伽傳》："乾寧元年，太守
臺濛夢伽云：寒東南少備。"《通鑑·乾寧二年》：九月，"董昌求救於楊
行密，行密遣州防禦使臺濛攻蘇州以救之"。又見《十國春秋·吳太
祖世家》。

待考録

鄭　某

《白居易集》卷四二《故滁州刺史贈刑部尚書榮陽鄭公墓誌銘并
序》："曾祖諱某，下邽郡守。"按《文苑英華》作"下邳郡守"。

李茂復

《全詩》卷七六八李茂復小傳："李茂復，泗州刺史。"詩二首。

鄭言思

《新表五上》鄭氏："言思，泗州刺史。"乃後魏鴻臚少卿鄭胤伯五
世孫。齊州刺史懷隱父。

卷六六　鄆州(東平郡)

隋東平郡。武德四年平徐圓朗,於鄆城置鄆州,設總管府。七年改總管府爲都督府。貞觀元年罷都督府。八年自鄆城移治須昌。天寶元年改鄆州爲東平郡。乾元元年復爲鄆州。貞元三年升爲都督府。領縣五:須昌、宿城(東平)、壽張、鄆城、鉅野。

蔣　喜(蔣善人)　武德四年—六年(621—623)

《元龜》卷一二六:武德四年"六月戊戌,蔣善人以鄆州……來降"。《唐代墓誌彙編・蔣喜墓誌》(貞觀十年十月十七日):"君諱喜,字玄符,洛陽人也。其先出自有周,德式於蔣,後以國爲姓……大唐武德四年,詔使授公戴州禹城縣令。刺史孟噉鬼河濟凶渠,圖爲反噬。公陰結義勇……斬獲魁首,奉喪奏聞,詔授大將軍、鄆城縣開國公,食邑□□户。尋奉詔授持節鄆州諸軍事鄆州刺史。武德六年,詔授持節扶州刺史。"

張德政　武德六年—八年(623—625)

《舊書・張暐傳》:"祖德政,武德中鄆州刺史。"《新表二下》張氏:"德政,鄆州都督,范陽公。"《元龜》卷九九〇:武德五年八月"己未,突厥進寇并州,以……驃騎將軍張德政爲鄆州總管"。《新書・高祖紀》:武德八年"八月壬申,并州行軍總管張謹及突厥戰於太谷,敗績,鄆州都督張德政死之"。又見《突厥傳上》,《元龜》卷四二五、卷四四三。

顏遊秦　　約武德末、貞觀初

《舊書・顏師古傳》：叔父遊秦，"武德初累遷廉州刺史……俄拜鄆州刺史，卒官"。《新書》本傳略同。又見《元龜》卷六〇六，《姓纂》卷四琅邪江都顏氏。《全文》卷三三七顏真卿《送辛子序》："昔我高叔祖鄆州使君著《決疑》一十二卷。"

柳震　　貞觀中

《新表三上》柳氏："震，鄆州刺史。"按《姓纂》卷七河東解縣柳氏作"鄆州刺史"，又按其弟柳範，貞觀十一年爲侍御史，官至尚書右丞。則柳震刺鄆約在貞觀中。

楊續　　貞觀中

《舊書・楊恭仁傳》："恭仁弟續，頗有辭學。貞觀中，爲鄆州刺史。"《全文》卷二二九張説《贈户部尚書河東公楊君（執一）神道碑》："鄆州弘農公續之孫。"《大唐故金紫光禄大夫行鄜州刺史贈户部尚書上柱國河東忠公楊府君（執一）墓誌銘并序》："祖續，皇鄆州刺史，都水使者，弘農公。"（《文物》1961年第8期）執一卒開元十四年，享年六十五。

張偉度　　貞觀中

《芒洛遺文》卷中《故太原府太原縣丞蕭府君（令臣）墓誌銘》："夫人南陽張氏，鄆州刺史偉度之孫，洺州長史越石之女。"夫人卒開元八年六月十三日，春秋六十四。又見《唐文續拾》卷一五。按《登科記考》卷一，張越石貞觀元年秀才科登第。則越石之父當仕貞觀中。

李道明　　約貞觀中

《舊書・李道玄傳》："無子，詔封其弟武都郡公道明爲淮陽王，令主道玄之祀。累遷左驍衛將軍。送弘化公主還蕃，坐泄主非太宗女，奪爵國除，後卒於鄆州刺史。"《新書・李道玄傳》略同。又見《元龜》卷二八一。按送弘化公主於吐谷渾，乃貞觀十四年事。

李　豐　　約高宗時

《芒洛三編·唐故隴西李公(珪)墓誌銘》："祖豐，皇朝都水使者，鄆州刺史。"珪卒開元廿九年，春秋六十五。

燕敬嗣　　約高宗、武后時

《芒洛續編補·大唐故燕府君(紹)墓誌銘》（開元六年五月三日）："父敬嗣，皇朝鄂、鄆二州刺史，昌平郡公。"

□(陸?)爲績　　武后時？

《千唐誌·唐故中散大夫行汾州長史沈府君(浩豐)墓誌銘并序》（開元二十九年十一月十四日）："夫人吳郡□氏，會稽縣君，故鄆州刺史□□□爲績之女……君佐汾之日，先夫而終。"浩豐卒開元廿九年。其岳父疑仕於武后時。

薛思貞　　武后時

《新表三下》薛氏西祖房："思貞，鄆州刺史。"爲"虞部郎中仁軌"子。據《表》，思貞有從弟"思行，右羽林將軍"。薛思行神龍元年爲左羽林衛將軍，預誅張昌宗、張易之，見《新書·則天皇后紀》（《通鑑》作"左威衛將軍"），薛思貞爲鄆州刺史當在武后朝。

吳文涣　　武后時？

《宋高僧傳》卷八《唐鄆州安國院巨方傳》："鄆帥吳文涣侍中欽慕其風，遣使請歸府建安國院，傳法化徒……方後於五臺山道化，涉二十餘載。入滅時告衆……春秋八十一。以開元十五年九月三日，全身入塔云。"

李　紹　　約中宗時

《新表二上》李氏姑臧房："紹，鄆州刺史。"義璋子。北齊尚書考功郎中李蒨之之玄孫。其叔義琛，儀鳳二年在工部侍郎任，永淳初爲雍州長史。則李紹約仕於中宗時。《隋唐五代墓誌匯編·洛陽卷》第十二册《故蔚州刺史張府君（任）夫人李氏墓誌銘并序》（貞元十七年七月十三日）：“曾祖紹，故丹、鄆二州刺史。祖晃，故宋州司士參軍。父脩，故□州録事參軍。”夫人卒貞元十七年，未言享年。

【補遺】薛 儆　　開元初

拓本《唐銀青光禄大夫駙馬都尉上柱國汾陰郡開國公贈兗州都督薛君（儆）墓誌銘》（開元九年七月）：“拜駙馬都尉、殿中少監，貺親也。加銀青光禄大夫、太僕少卿、上柱國、汾陰公，邑二千，封五百，懋功也。轉岐州刺史，告身御書，明宏也。……換太常少卿，比賢也。……旋拜右常侍，肆其閒養，至誠也。有累授澤鄧二州刺史……除鄆州刺史，踶而不起，無以龑命，綸旨薦及，迫於鴻恩，因乞絳州別駕，以侍松梓，孝也。禮終，轉汾州別駕，遘疾於郡，來朝鎬都，開元八年十二月七日，春秋卅二，薨於安業里，命也。”（山西省考古研究所《唐代薛儆墓發掘報告》，科學出版社 2000 年版）

崔 球　　開元前期？

《新表二下》南祖崔氏：“球，鄆州刺史。”《全文》卷六三八李翱《皇祖實録》：“公諱楚金，諸議詔第二子。明經出身，初授衛州參軍，又授貝州司法參軍。夫人清河崔氏，父球，兗、鄆、懷三州刺史。”按球乃崔神慶子，武后時宰相崔神基之姪。疑刺鄆在開元前期。

吕元悟（吕元晤）　　約開元十五年（約 727）

《姓纂》卷六諸郡吕氏：“元晤，陳王傅，光禄卿生（按“生”字衍）同正，鄆、酈州刺史。”按《全文》卷二九二張九齡《唐贈慶王友東平吕府君（處貞）碑銘并序》：“天册二年夏四月遇疾終於家……有四子……次曰元悟，中散大夫使持節酈州諸軍事守酈州刺史……開元十七年有制贈公慶王友。”則吕元悟刺鄆當在開元十七年前。

李元緘　　開元中

《姓纂》卷七北海朱虛縣丙氏：“元緘，鄆州刺史。”（其曾祖丙粲與高祖有舊，因姓犯諱，賜姓李氏）《新表二上》丙氏賜姓李氏同。按元緘父道廣，相武后，兄元紘，相玄宗，其刺鄆州亦當在開元中。

薛自勸　　天寶六載（747）

《全文》卷三五七高適有《爲東平薛太守進王氏瑞詩表》。《全詩》卷二一四高適有《東平旅遊奉贈薛太守二十四韻》。據周勳初《高適年譜》考證，薛太守當爲薛自勸，繫此詩於天寶六載。按薛自勸開元二十四年由涇州刺史貶澧州別駕，見《通鑑》。

蘇源明　　天寶十二載（753）

《新書》本傳：“工文辭，有名天寶間。及進士第，更試集賢院。累遷太子諭德，出爲東平太守。”《全詩》卷二一六杜甫《戲簡鄭廣文虔兼呈蘇司業源明》注：“蘇源明，武功人，爲東平太守，召爲國子司業。”又卷二五五蘇源明《小洞庭洄源亭宴四郡太守詩序》：“天寶十二載七月辛丑，東平太守扶風蘇源明，觴濮陽太守清河崔公季重、魯郡太守隴西李公蘭、濟南太守太原田公琦、濟陽太守隴西李公倰於洄源亭。”又見《唐詩記事》卷一九。《全文》卷五四三令狐楚《刻蘇公太守二文記》：“從天寶十二載而下，及兹八十年，源明有盛名於朝，遺愛在鄆。”

李　祗　　天寶十四載—十五載（755—756）

《舊書》本傳：“天寶十四載，爲東平太守。安禄山反，率衆渡河，凶威甚盛，河南陳留、滎陽、靈昌等郡皆陷於賊，祗起兵勤王，玄宗壯之。十五載二月，授祗靈昌太守，又左金吾大將軍、河南都知兵馬使。”《新書》本傳略同。又見《舊書·玄宗紀》《安禄山傳》，《通鑑·天寶十四載》十二月，《元龜》卷二四。

李　通　　至德中

《芒洛四編》卷六《唐故太子司議郎盧府君（寂）墓誌銘并序》：“嘗爲泗上從事，是時安賊亂□，鄆守李通誣州將陳彪獻款於寇，遂縶深狴。公懇到誠請,彪乃雪枉。"寂卒貞元九年,享年八十。

姚 誾 至德二載(757)

《新書·肅宗紀》:至德二載十月"癸丑,安慶緒陷睢陽,太守許遠及張巡、鄆州刺史姚誾、左金吾衛將軍南霽雲皆死之"。《新書》本傳:"歷壽安尉。素善〔張〕巡,及爲城父令,遂同守睢陽。累加東平太守。"《新書·忠義傳上》載凌烟閣畫像有"東平郡太守姚誾"。《全詩》卷二四七獨孤及有《東平蓬萊驛夜宴平盧楊判官醉後贈別姚太守置酒留宴》,未知是否姚誾。按《新表四下》陝郡姚氏稱"誾,睢陽太守、右金吾將軍",誤。

尚 衡 乾元元年—二年(758—759)

《通鑑·至德元載》:正月,"濮陽客尚衡起兵討禄山"。《舊書·肅宗紀》:乾元二年三月辛卯,"以鄆州刺史尚衡爲徐州刺史,充亳潁等州節度使"。

竇延祚 上元中?

《新表一下》竇氏三祖房:"延祚,鄆州刺史。"天水都督懷恪子。按懷恪爲秦州刺史、懷亮爲懷州刺史皆約在武后時,延祚爲鄆刺似不能遲過肅宗時。然拓本《大唐故左金吾衛長史裴利物故妻竇夫人墓誌并序》(乾元二年十月十日):"河南(內?)郡大守懷亮之孫,駙馬都尉延祚之女。"夫人乾元二年九月九日卒,享年五十七。只稱其父延祚爲"駙馬都尉",未及鄆州刺史,則疑其刺鄆亦當在此之後,故暫疑列於上元中。

崔 紹 肅宗、代宗間

《新表二下》崔氏清河小房:"紹,鄆州刺史。"乃延州刺史崔行温之子。曲石藏《唐太常寺奉禮郎盧瞻故妻清河崔氏夫人墓誌》(貞元十六年二月五日):"曾祖紹,皇膳部郎中、鄆州刺史。祖貢,皇蔡州朗山尉。父濟,庫部郎中。"夫人卒貞元十五年,享年三十。

馬　炫　　約大曆初

《全文》卷四五九齊嵩《穀城黃石公碑陰記》：“頃歲，馬公炫自郎官出牧，少與臺長（李栖筠）交契莫逆……唐大曆八年七月十五日建。”按兩《唐書》本傳未及鄆州刺史。謂“田神功鎮汴州，奏授節度判官、檢校兵部郎中。轉連州刺史，徵拜吏部郎中，又出爲閬州刺史，入爲大理少卿，建中初，爲潤州刺史”。岑仲勉《貞石證史》云：“考顏真卿《八關齋會報德記》云……則神功以廣德二年節度汴宋，而據《新唐書》六五，鄆州是時正隸汴宋節度之下，故《炫傳》所謂‘轉連州刺史’者，余謂即鄆州之訛。‘鄆’‘連’字同有‘車’，相類也。嶺南連州爲貶臣之地，炫當日未必有此命耳。”按德宗即位初，炫官大理少卿，見《全文》卷五一三于公異《代賀登極表》。《隋唐五代墓誌匯編·洛陽卷》第十二冊《唐故銀青光禄大夫兵部尚書上柱國漢陽郡公贈太子太保馬公（炫）墓誌銘并序》（貞元八年二月十七日）：“廣德中，僕射田神功鎮大梁，朝論以田武臣，宜得良佐，除公檢校兵部郎中，倅其戎政。轉鄆州刺史……徵拜檢校吏部郎中，俄而出守閬州，復如東平之理。遷大理少卿……建中初……又命公出典潤州。”按田神功鎮大梁在廣德二年至大曆九年。馬炫“倅其戎政”當即在廣德二年，約大曆初轉鄆刺。《全詩》卷二四四韓翃《贈鄆州馬使君》，即馬炫。

郭　岑　　大曆八年（773）

《金石萃編》卷九九《黃石公祠記碑陰》：“今二千石郭公岑尚德是務，踵成厥美……唐大曆八年七月十五日建。”按大曆年間陽穀縣已屬鄆州，“二千石”當即指鄆州刺史。

裴　某　　大曆中？

《全詩》卷二四五韓翃有《寄裴鄆州》。名不詳。

張文韜　　大曆後期？

上圖藏拓片《唐故殿中侍御史淄州長史知軍州事崔府君（澹）墓誌銘并序》：“繼夫人清河張氏，故濮州司馬子罕之孫，故鄆州刺史、左散騎常侍、清河郡王文韜之長女。元和七年，子玠攝曹州南華尉，夫人隨之往，八年六月三日寢□官舍，享年四十六。”

石隱金　　大曆十一年（776）

《通鑑·大曆十一年》：九月壬戌，“〔石〕隱金爲鄆州刺史”。《元龜》卷一六四：大曆十一年九月，“以開府儀同三司攝鄆州刺史石隱金爲鄆州刺史，充本州鎮遏使”。

李正己　　大曆十二年—建中二年（777—781）

《通鑑·大曆十二年》：十二月，“平盧節度使李正己先有淄、青、齊、海、登、萊、沂、密、德、棣十州之地，及李靈曜之亂，諸道合兵攻之，所得之地，各爲己有，正己又得曹、濮、徐、兗、鄆五州，因自青州徙治鄆州，使其子前淄州刺史納守青州”。《舊書·德宗紀上》：建中二年“八月辛卯，平盧淄青節度觀察使、司徒、太子太保、同中書門下平章事李正己卒”。又見兩《唐書》本傳。

李　納　　建中二年—貞元八年（781—792）

《舊書》本傳：“〔建中〕二年，正己卒，納祕喪，統父衆，仍復爲亂……納遂歸鄆州，復與李希烈、朱滔、王武俊、田悅合謀皆反，僞稱齊王，建置百官。及興元之降罪己詔，納乃效順，詔加檢校工部尚書、平盧軍節度、淄青等州觀察使……貞元初，升鄆州爲大都督府，改授長史。年三十四，薨於位。”《新書》本傳略同。《通鑑·興元元年》：正月丙申，“曹州刺史李納爲鄆州刺史、平盧節度使”。注：“李納本爲曹州刺史，建中二年，其父正己卒，納自領軍務，未有朝命，今方命以旌節，故先叙其本職，而加以新命。”《全文》卷四六二陸贄《李納檢校右僕射平章事制》稱：“使持節鄆州諸軍事兼鄆州刺史隴西郡王李納。”《舊書·德宗紀下》：貞元八年五月“癸酉，平盧淄青節度使、檢校司徒、平章事李納卒”。

李師古　　貞元八年—元和元年（792—806）

《舊書·德宗紀下》：貞元八年八月“辛卯，以青州刺史李師古爲

鄆州大都督府長史、平盧淄青等州節度觀察海運陸運、押新羅渤海兩
蕃等使"。又《憲宗紀上》:元和元年六月,"淄青李師古檢校司徒……
閏六月壬子朔,淄青李師古卒"。又見兩《唐書》本傳,《元龜》卷一
七六。

*李　恪(李審)　　元和元年(806)

《舊書·憲宗紀上》:元和元年八月"己巳,以建王審爲鄆州大都
督、平盧淄青節度使"。《舊書》本傳:"建王恪,本名審,憲宗第十子
也。元和元年八月,淄青節度使李師古卒,其弟師道擅領軍務,以邀
符節……乃封審爲建王。間一日,授開府儀同三司、鄆州大都督,充
平盧軍淄青等州節度營田觀察處置、陸運海運、押新羅渤海兩蕃等
使,而以師道爲節度留後。不出閣。七年,改今名。"《新書》本傳略
同。又見《元龜》卷二八一,《會要》卷七八。

李師道　　元和元年—十四年(806—819)

《舊書·憲宗紀上》:元和元年八月己巳,"以節度副使李師道權
知鄆州事,充節度留後"。九月"壬午,以淄青節度使留後李師道檢校
工部尚書,兼鄆州大都督府長史,充平盧淄青節度副大使、知節度
事"。又《憲宗紀下》:元和十三年七月"乙酉,詔削奪淄青節度使李師
道在身官爵,仍令宣武、魏博、義成、武寧、橫海等五鎮之師,分路進
討"。十四年二月"壬戌,田弘正奏,今月九日,淄青都知兵馬使劉悟
斬李師道並男二人首請降,師道所管十二州平"。又見兩《唐書》本
傳,《通鑑·元和八年》《元和十四年》。

田弘正　　元和十四年(819)

《全文》卷四八一馬總《鄆州刺史廳壁記》:"今以平寇之初,魏博
田公奉詔權兼勾當,則位同正牧,宜書爲首。亦《春秋》始魯隱公,賢
之也……時聖曆元和紀號己亥直歲十二月己卯檢校禮部尚書兼鄆州
刺史御史大夫馬總記。"按"己亥"爲元和十四年。兩《唐書》本傳
未及。

馬　摠（馬總）　　元和十四年—長慶元年（819—821）

《舊書·憲宗紀下》：元和十四年三月"戊子，以華州刺史馬總鄆濮曹等州觀察等使"。又《穆宗紀》："鄆曹濮等州節度賜號天平軍，從馬總奏也。"又本傳："〔元和〕十四年，遷檢校刑部尚書、鄆州刺史、天平軍節度、鄆曹濮等州觀察等使，就加檢校尚書左僕射。入爲户部尚書。長慶三年卒，贈右僕射。"《新書》本傳略同。又見《全文》卷四八一馬總《鄆州刺史廳壁記》、《金石録》卷九。《韓昌黎集》卷一四《鄆州谿堂詩序》："憲宗之十四年，始定東平，三分其地。以華州刺史、禮部尚書兼御史大夫扶風馬公爲鄆曹濮節度觀察等使，鎮其地。既一年，褒其軍號曰天平軍。上即位之二年，召公入，且將用之。"《全文》卷七一四李宗閔有《馬公家廟碑》。

【劉　總　　長慶元年（821）（未之任）】

《舊書·穆宗紀》：長慶元年三月"癸丑，以幽州盧龍軍節度副大使、知節度事、押奚、契丹兩蕃經略等使、檢校司空、同中書門下平章事、楚國公劉總可檢校司徒、兼侍中、天平軍節度、鄆曹濮等州觀察等使……幽州奏劉總堅請爲僧，又賜以僧衣，賜號大覺。總是夜遁去，幽州人不知所之"。四月"庚午，易定奏劉總已爲僧，三月二十七日卒於當道界，賜太尉"。兩《唐書》本傳略同。《全文》卷六四八元稹有《授劉總守司徒兼侍中天平軍節度使制》，《大詔令集》卷三四五白居易《册贈劉總太尉文》稱："維長慶元年四月某日，皇帝若曰……天平軍節度使檢校司徒兼侍中楚國公劉總……册贈爾爲太尉。"

馬　摠（馬總）　　長慶元年—二年（821—822）

《舊書·穆宗紀》：長慶元年四月"丙子，以前天平軍節度使馬總復爲天平節度使"。二年十二月"己酉，以前天平軍節度使馬總檢校左僕射、守户部尚書"。又見《新書》本傳。《韓昌黎集》卷一四《鄆州谿堂詩序》："上即位之二年，召公（馬總）入，且將用之。以其人之安公也，復歸之鎮。上之三年，公爲政於曹濮也適四年矣……於是爲堂於其居之西北隅，號曰谿堂。"又見卷二三《祭馬僕射文》。《全詩》卷三四四韓愈有《奉和兵部張侍郎賈酬鄆州馬尚書祇召途中見寄開緘之日馬帥已再領鄆州之作》。

烏重胤　　長慶二年—大和元年（822—827）

《舊書·穆宗紀》：長慶二年十月"戊辰，興元節度使烏重胤來朝，移授天平軍節度使"。又《文宗紀上》：大和元年五月"丙子，以天平軍節度使、守司徒、同中書門下平章事烏重胤爲橫海軍節度使"。又見兩《唐書》本傳。《千唐誌·唐故朝散大夫使持節丹州諸軍事守丹州刺史充本州防禦使上柱國弘農楊公（乾光）墓誌銘并序》（大中九年八月二十四日）："夫人張掖郡君烏氏，天平節度使贈太尉重胤之令女也。"

崔弘禮　　大和元年—三年（827—829）

《舊書》本傳："拜檢校户部尚書、華州刺史。會天平軍節度使烏重胤卒，朝廷難其人，復以弘禮爲天平軍節度使，仍詔即日乘遞赴鎮。文宗即位，就加檢校左僕射。理鄆三載，改授東都留守，仍遷刑部尚書。"又《文宗紀上》：大和三年十二月己丑，"崔弘禮爲東都守"。又見《新書》本傳，《元龜》卷一二八，《全文》卷七一文宗《封王智興等詔》，《大詔令集》卷六〇。《全文》卷六九文宗《授崔弘禮天平軍節度使制》："正議大夫崔弘禮……可檢校户部尚書使持節鄆州諸軍事兼鄆州刺史、御史大夫，充天平軍節度、鄆曹濮等觀察處置使。"《千唐誌·唐故東都留守東都畿汝州都防禦使銀青光禄大夫檢校尚書左僕射判東都尚書省事兼御史大夫上柱國贈司空崔公（弘禮）墓誌銘并序》（大和五年四月二十八日）："大和初，除華州刺史、檢校户部尚書、兼大夫……未周星，遇故太尉烏重胤薨於鄆……詔自華馳傳節制東平……賊平，除東都留守。"

令狐楚　　大和三年—六年（829—832）

《舊書·文宗紀上》：大和三年十二月"己丑，以東都留守令狐楚檢校右僕射、天平軍節度使"。又《文宗紀下》：六年二月甲子朔，"以楚檢校右僕射，兼太原尹、北都留守、河東節度使"。又見兩《唐書》本傳。《劉禹錫集》卷八《天平軍節度使廳壁記》："大和三年冬，天平監軍使以故侯病聞，上方注意治本，乃以牙璋玉節鼎右僕射官稱，賜東都留守令狐公……公西拜稽首，登車有耀。不逾旬，抵治所，夾清河而域之"。又見《全文》卷五四三令狐楚《刻蘇公太守二文記》、卷六〇五劉禹錫《唐故相國贈司空令狐公（楚）集序》、卷九〇一朱閌《歸解書彭陽公碑陰》、《元龜》卷六七一、《唐語林》卷六。《全詩》卷三六〇劉禹錫有《酬鄆州令狐相公官舍言懷》。

殷　侑　　大和六年—九年（832—835）

《舊書·文宗紀下》：大和六年"二月甲子朔，以前義昌軍節度使殷侑檢校吏部尚書，充天平軍節度、鄆曹濮等州觀察使，代令狐楚"。九年正月乙卯，"以侑爲刑部尚書"。兩《唐書》本傳略同。《全文》卷六二四馮宿《天平軍節度使殷公家廟碑》："太和甲寅歲，天平軍節度使、檢校尚書右僕射陳郡殷公侑，建家廟於京師永平里之東北隅，禮也。"按甲寅歲爲大和八年。

庾承宣　　大和九年（835）

《舊書·文宗紀下》：大和九年正月乙卯，"以太常卿庾成（承）宣檢校吏部尚書，充天平軍節度使，代殷侑"。七月"丁卯，天平軍節度使庾承宣卒"。

殷　侑　　大和九年（835）

《舊書·文宗紀下》：大和九年七月"戊辰，以刑部尚書殷侑爲天平軍節度使"。又本傳：大和九年"八月，檢校右僕射，復爲天平軍節度使……開成元年，復召爲刑部尚書"。《新書》本傳略同。

王源中　　大和九年—開成三年（835—838）

《舊書·文宗紀下》：大和九年十二月"丙子，以刑部尚書王源中爲天平軍節度使"。開成三年十一月"乙丑，天平軍節度使王源中卒"。又見《新書》本傳，《南部新書》壬，《新表二中》王氏。

李彦佐　　開成三年—會昌元年(838—841)

《舊書・文宗紀下》：開成三年十一月乙卯，"以滄州節度使李彦佐爲鄆、曹、濮節度使"。

薛元賞　　會昌元年—三年(841—843)

《英華》卷四五五李訥《授薛元賞昭義節度使制》："旋以長轂臨於彭城，嚴而不苛，通則有守。移斾鉅野，益恢壯猷。"鉅野，指鄆州。知其由武寧徙天平，蓋與李彦佐相代。《新書》本傳謂由武寧徙邠寧，誤。按元賞會昌四年五月以司農卿爲京兆尹，見《舊書・武宗紀》。《千唐誌・唐故京兆府涇陽縣尉范陽盧府君（踐言）墓誌銘并序》（大中元年閏三月七日）："遂佐戎於東平府，從檢校吏部尚書薛元賞。公入爲大司農，自前左監門衛録事參軍奏拜太子通事舍人……洎薛公領内史，又上請爲涇陽尉。"踐言會昌六年卒，年四十八。

狄兼謨　　會昌三年—四年(843—844)

《新書》本傳："武宗子峴封益王，命兼謨爲傅。俄領天平節度使，辭疾，以祕書監歸洛陽，遷東都留守，卒。"《舊書》本傳未及。按《李衛公集》卷四有《授狄兼謨益王傅制》，據《元龜》卷七〇八引《唐年補録》，事在會昌三年二月；兼謨出鎮天平，應在此後。又按白居易《七老會詩序》云：會昌五年三月二十四日於白家履道宅同宴，時祕書監狄兼謨雖與會而不及列，則其罷鎮當在四年。

劉　約　　約會昌四年—六年(約844—846)

《新書・盧鈞傳》："宣宗即位，改吏部尚書。會劉約自天平徙宣武，未至，暴死……乃授鈞宣武節度使。"

崔　蠡　　約會昌六年—大中元年(約846—847)

《新書》本傳："歷平盧、天平軍節度使，終尚書左丞。"《舊書》本傳未及。《全文》卷七二六崔嘏《授崔蠡尚書左丞制》稱："前天平軍節度使崔蠡"。按《新書・李德裕傳》：宣宗初，"德裕之斥，中書舍人崔嘏……坐書制不深切，貶端州刺史”。此爲大中元年七月事。證知崔蠡卸天平最遲當在大中元年七月崔嘏罷免中書舍人之前。

田　牟　　約大中元年—約四年（約847—約850）

《舊書》本傳：“大中朝爲兖海節度使，移鎮天平軍。”《新書》本傳：“累遷鄜坊節度使，再徙天平，三爲武寧，一爲靈武軍，官至檢校尚書左僕射，卒。”《英華》卷四〇二崔瑤《授張直方田牟將軍等制》稱：“前天平軍節度使田牟……西楚東魯，屢聞輯睦之方……可右金吾將軍。”按西楚指徐州，東魯當指兖州，則田牟由兖州轉鄆州。

【馬　植　　大中四年（850）（未之任）】

《新書》本傳：“同中書門下平章事，進中書侍郎……罷爲天平軍節度使。既行，詔捕親吏下御史獄，盡得交私狀，貶常州刺史，以太子賓客分司東都。”《通鑑·大中四年》：“四月庚戌，以中書侍郎、同平章事馬植爲天平節度使……再貶常州刺史。”按《新書·宣宗紀》《宰相表》皆謂馬植大中三年三月罷相，《舊書·宣宗紀》謂大中三年四月罷相，《舊書》本傳云：“〔白〕敏中罷相，植亦罷爲太子賓客，分司東都。”白敏中罷相事在大中五年。紀、傳不合，皆誤。

李景讓　　約大中五年—六年（約851—852）

《新書》本傳：“入爲尚書左丞，拜天平節度使，徙山南東道……大中中，進御史大夫。”《舊書》本傳未及。《全文》卷七六三沈珣《授李景讓襄州節度使制》稱“天平軍節度使李景讓”。按《新書·吐蕃傳》，大中三年有左丞李景讓。大中五年五月在左丞任，見《通鑑》。又按《英華》卷四五六沈珣此制在《授白敏中西川節度使制》後，在《授韋損鄆州節度使制》前。則景讓爲天平約在大中五年至六年。

韋　損　　約大中六年—八年（約852—854）

《全文》卷七六三沈珣《授韋損鄆州節度使制》稱“銀青光禄大夫守刑部尚書韋損”。在《授李景讓襄州節度使制》後。按大中五年韋損在武昌節度任。

田　牟　　約大中八年（約 854）

《新書》本傳：「累遷鄜坊節度使，再徙天平，三爲武寧，一爲靈武軍，官至檢校尚書左僕射，卒。」《舊書》本傳未及。《新表五下》田氏：「牟，天平節度使。」此當爲「再徙天平」。

孫景商　　大中八年—十年（854—856）

《隋唐五代墓誌匯編・洛陽卷》第十四册《唐故天平軍節度鄆曹濮等州觀察處置等使朝請大夫檢校禮部尚書使持節鄆州諸軍事兼鄆州刺史御史大夫上柱國賜紫金魚袋贈兵部尚書孫府君（景商）墓誌銘并序》（大中十年十月二十七日）：「爲京兆尹……居二年，政以清，遷刑部侍郎……出拜天平軍節度、鄆曹濮觀察等使、檢校禮部尚書、兼御史大夫……年六十四，以大中十年八月廿二日薨於鎮。」證知大中十年景商卒於鄆州刺史任。吳氏《方鎮年表》天平列孫景商至大中十一年，誤。《新書・孫偓傳》：「父景商，爲天平軍節度使。」《新表三下》孫氏：「景商，天平節度使，檢校禮部尚書。謚曰康。」《千唐誌・唐故河南府洛陽縣尉孫府君（備）墓誌銘并序》：「烈考故天平軍節度使檢校禮部尚書贈兵部尚書諱景商，君其嫡長子也……天子受英武至仁號之年夏五月卒」，年三十九。按咸通十二年文武百僚爲懿宗上徽號曰睿文英武明德至仁大聖廣孝皇帝，見《舊書・懿宗紀》。「英武至仁號」當即指此。又見《唐樂安孫氏女子墓誌銘并序》（咸通十五年十月十八日）。按吳氏《方鎮年表》列景商於大中九年至十一年爲天平，岑仲勉《正補》以爲：其在鎮年分，斷應再考；大中八年至十一年當爲李業，《方鎮年表》未著。按岑説亦誤，見下條。

李　業　　大中十年—十二年（856—858）

《千唐誌・唐故鄉貢進士隴西李君（眈）墓誌銘》（大中十一年五月二十四日）：「親兄天平節度使朝請大夫檢校兵部尚書兼御史大夫業撰。」《誌》云：「左羽林軍使元楷，即其曾祖也。有子十三人……次兄業……轉岐隴，歷太原，移白馬，今秉天平軍節度使。」證知大中十一年在任。按孫景商大中八年至十年在任，李業當爲其後任。岑仲勉《方鎮年表正補》云：李業鎮義成（白馬）至大中八年止，蓋於是年移天平。誤。又《隴西李氏長女墓誌銘并序》（咸通二年四月二日）：“祖業，皇檢校兵部尚書、鄆州節度使，贈右僕射。父鈎。”

杜　勝　　大中十三年（859）

《新書》本傳：“遷戶部侍郎判度支，〔宣宗〕欲倚爲宰相。及蕭鄴罷，爲中人沮毁，而更用蔣伸，以勝檢校禮部尚書，出爲天平節度使，不得意，卒。”又見《新表二上》京兆杜氏，《雲溪友議》卷中《彰術士》，《廣記》卷二二三。按蔣伸大中十二年十二月甲寅同平章事，見《新書·宣宗紀》《宰相表》。

裴　識　　咸通元年（860）

《新書》本傳：“爲涇原節度使……徙鳳翔、忠武、天平、邠寧、靈武等軍。進檢校尚書右僕射……歷六節度，所蒞皆有可述。”《舊書》本傳未及。《隋唐五代墓誌匯編·河南卷·唐故邠寧慶等州節度管内觀察營田處置等使裴公（識）墓誌銘并序》（咸通五年八月八日）：“移忠武，又改天平，罷歸，拜大……（漫漶不可辨）□武節使未周歲，自靈武復以本官重領邠郊。”知卒於邠州任，計其鎮天平當在咸通初。

【補遺】【楊漢公　　約咸通二年（861）（未之任）】

《新書》本傳：“漢公自同州更宣武、天平兩節度使，卒。”《舊書》本傳未及。按漢公大中十三年爲同州刺史。《隋唐五代墓誌匯編·洛陽卷》第十四冊《大唐故天平軍節度副大使知節度事鄆曹濮等州觀察處置等使持節鄆州諸軍事兼鄆州刺史上柱國賜司徒楊公夫人韋氏墓誌銘》（中和三年十一月二十一日）：“孤子篆泣血撰奉……咸通壬午歲，余遭大禍。”《唐故銀青光祿大夫、檢校戶部尚書、使持節鄆州諸軍事、守鄆州刺史，充天平軍節度、鄆曹濮等州觀察處置等使、御史大夫、上柱國、弘農郡開國公、食邑二千戶弘農楊公（漢公）墓誌銘並序》（咸通二年十一月廿日）：“遷宣武軍節度使，檢校戶部尚書。汴州頻易主帥，府庫空虚。公至之日,告志□辟,阜安軍伍。未周歲,報政政成,而受代遷天平軍節度使。道病歸於東都。以咸通二年七月十日,薨於宣教坊之私第。"(周紹良、趙超《唐代墓誌匯編續集》,上海古籍出版社 2001 年版)據此漢公墓誌,證知其鎮天平軍在咸通二年,未抵任而卒。

李　稹(李種)　　約咸通三年—四年(約 862—863)

《唐摭言》卷九:"永寧劉相鄴,字漢藩,咸通中自長春宮判官召入内庭,特敕賜及第。中外賀緘極衆,唯鄆州李尚書種一章最著,乃福建韋尚書岫之辭也。於是韋佐鄆幕。"按劉鄴大中十四年十月十二日爲翰林學士,見《重修承旨學士壁記》。又按咸通初裴識在任,二年至三年楊漢公在任,疑李稹於三年楊漢公卒後繼任。

柳仲郢　　咸通五年—六年(864—865)

《舊書》本傳:"除華州刺史,不拜。數月,以本官爲鄆州刺史、天平軍節度觀察等使,授節鉞於華原別墅,卒於鎮。"《新書》本傳:"咸通五年,爲天平節度使。"又見《新表三上》柳氏。

田　鏚　　咸通六年?—七年? (865?—866?)

《新表五下》田氏:"鏚,天平節度使、檢校尚書左僕射。"《新書》本傳未及。

孔温裕　　咸通八年—十年(867—869)

《舊書·孔戣傳》:子温裕,"温裕位京兆尹、天平軍節度使"。《新書·孔戣傳》略同。《全文》卷七九一孔温裕《請修孔廟狀》稱"右軍(鄆)曹濮等州觀察使孔温裕奏"。又卷七八八賈防《新修曲阜縣文宣王廟記》:"皇帝御宇之十年,歲在己丑,夫子三十九代孫魯國公節鎮汶陽之三載……道已清矣,政已成矣。"按己丑歲爲咸通十年。又卷八一二鄭仁表《左拾遺魯國孔府君(紓)墓誌銘并序》稱:"拾遺始及第,乞假拜慶……時僕射太常公節制天平軍。"《千唐誌·唐故華州衙前兵馬使魏公(虔威)志銘》(咸通九年十一月八日):"丁亥歲,鄒魯尚書自東都留守節鎮天平，遵令獲事旄麾。"按丁亥歲，爲咸通八年。
"鄒魯尚書"即指孔溫裕。證知咸通八年至十年在任。按《舊書·懿宗紀》：咸通六年正月"丁亥，制以河東節度使、檢校刑部尚書孔溫裕爲鄆州刺史、天平軍節度、鄆曹棣觀察處置等使"。據上引諸證，知《舊紀》誤。

高 駢 咸通十年—乾符元年(869—874)

《通鑑·咸通九年》：八月，"以前靜海節度使高駢爲右金吾大將軍"。《考異》曰："駢爲金吾半歲，始除天平。"又《咸通十年》十二月《考異》："駢時爲鄆州節度使。"又《乾符元年》：十二月，"仍命天平節度使高駢詣西川制置蠻事"。《乾符二年》："正月丙戌，以高駢爲西川節度使。"《舊書·僖宗紀》：乾符元年四月，"以天平軍節度使、檢校尚書右僕射、兼鄆州刺史高駢檢校司空，兼成都尹，充劍南西川節度副大使，知節度事"。《全文》卷七九三王徽《創築羅城記》："臣伏見今天平軍節度使駢，即武威公崇文之孫也。"又卷七六七鄭畋《切責高駢詔》："自秦州經略使授交趾節旄……次則汶陽之日，政聲洽平。洎臨成都，脅歸驃信。"又見兩《唐書》本傳，《北夢瑣言》卷一一。

薛 崇 乾符二年—四年(875—877)

《通鑑·乾符二年》：六月，"王仙芝及其黨尚君長攻陷濮州、曹州，眾至數萬。天平節度使薛崇出兵擊之，爲仙芝所敗"。（按《舊書·僖宗紀》作"李稹"，誤）《乾符四年》：二月，"黃巢陷鄆州，殺節度使薛崇"。《新書·僖宗紀》作"乾符四年三月"。按兩《五代史·朱瑄傳》皆云，薛崇卒於中和二年。其卒後崔君預據城叛，曹全晟攻殺之。疑有誤。《北夢瑣言》卷一四作"蔡崇"，與徐州支詳等同時。

張 楊 乾符四年—六年(877—879)

《通鑑·乾符五年》：二月，"〔黃〕巢襲陷沂州、濮州，既而屢爲官軍所敗，乃遣天平節度使張楊（禓）書，請奏之。詔以巢爲右衛將軍，令就鄆州解甲"。《乾符六年》："三月，天平軍節度使張禓薨"。《新表二下》河間張氏：“禓字公表，天平節度使。”按《舊書·僖宗紀》：乾符二年七月，“以京兆尹張禓檢校户部尚書，兼鄆州刺史、御史大夫，充天平軍節度、鄆曹濮觀察等使”。《舊書》本傳云：“乾符三年，出爲華州刺史。其年冬，檢校吏部尚書、鄆州刺史、天平軍節度觀察等使。四年，卒於鎮。”今按乾符四年秋張禓尚在華州，《舊紀》《舊傳》皆誤。吳氏《方鎮年表》及岑仲勉《正補》皆謂乾符四年始爲天平。

【楊　損　　乾符六年(879)(未之任)】

《舊書》本傳：“改青州刺史、御史大夫、淄青節度使。又檢校刑部尚書、鄆州刺史、天平軍節度使。未赴鄆，復留青州，卒於鎮。”

崔君裕　　乾符六年(879)

《通鑑·乾符六年》：“三月，天平節度使張禓薨，牙將崔君裕自知州事，淄州刺史曹全晸討誅之。”《新書·僖宗紀》：乾符六年，“是歲，淄州刺史曹全晸克鄆州，殺崔君裕”。按《舊書·朱瑄傳》云：中和初，“鄆帥薛崇爲草賊王仙芝所殺，鄆將崔君裕權知州事”。誤。

曹全晸　　廣明元年—中和元年(880—881)

《通鑑·廣明元年》：七月“辛酉，以淄州刺史曹全晸爲天平節度使、兼東面副都統”。《中和元年》：十月，“天平節度使、南面招討使曹全晸與賊戰死”。又見《新書·僖宗紀》。《大詔令集》卷五《改元天復赦》：“故南面招討使、天平節度使曹全晸，頃當强敵，大振奇勳……天時莫救，壯氣空存。宜從超等之褒，用勸百夫之特。”

曹存實　　中和元年—二年(881—882)

《通鑑·中和元年》：十月，“天平節度使、南面招討使曹全晸與賊戰死，軍中立其兄子存實爲留後”。《中和二年》：五月，“以天平留後曹存實爲節度使”。十月，“韓簡復引兵擊鄆州，節度使曹存實逆戰，敗死”。

朱 瑄(朱宣)　　中和二年—乾寧四年(882—897)

《新書·僖宗紀》:中和四年十二月,"濮州刺史朱宣逐天平軍節度使曹存實,自稱留後"。《通鑑·中和二年》:十月,曹存實敗死,"天平都將下邑朱瑄收餘衆,嬰城拒守,簡攻之不下。詔以瑄權知天平留後"。《乾寧四年》:正月,"龐師古、葛從周併兵攻鄆州,朱瑄兵少食盡,不復出戰"。丙申,"棄城奔中都"。《舊五代史·梁太祖紀》:乾寧四年正月,"葛從周逐之至中都北,擒〔朱〕瑄并其妻男以獻,尋斬汴橋下,鄆州平"。又見《舊書·昭宗紀》,《元龜》卷一八七。按《舊書》本傳云:"光啓初,魏博韓簡欲兼并曹鄆,以兵濟河收鄆。〔曹〕全晸出兵逆戰,爲魏軍所敗,全晸死之。瑄收合殘卒,保州城……會魏軍亂退去,朝廷嘉之,授以節鉞……乾寧四年正月,城中食竭,瑄與妻榮氏出奔,至中都,爲野人所害,傳首汴州。"《舊五代史》本傳略同。《通鑑·中和二年》十月《考異》謂:"新舊傳、薛史皆誤。"考《新書》本傳云:"中和初,魏博韓簡東窺曹、鄆,引兵濟河。〔曹〕存實迎戰,死於陣,宣(瑄)收殘卒嬰城……僖宗嘉其守,拜宣(瑄)天平節度使。"《新五代史》本傳略同。《考異》謂《新傳》與《舊傳》同,故云皆誤;二傳實有別,《新傳》當不誤。

龐師古　　乾寧四年(897)

《舊書·昭宗紀》:乾寧四年正月,"朱全忠署龐師古爲鄆州兵馬留後"。《通鑑·乾寧四年》:正月,"朱全忠入鄆州,以龐師古爲天平留後"。

朱友裕　　乾寧四年(897)

《通鑑考異·乾寧四年》:正月,"按《編遺録》:'三月丙子,以〔朱〕友裕爲鄆州留後,〔龐〕師古爲徐州留後。'蓋初以師古守鄆州,後以友裕代之,而徙師古於徐州也"。《元龜》卷一八七:乾寧四年正月,"鄆州平。乙亥,帝入於鄆,以朱友裕爲鄆州兵馬留後"。

＊朱全忠　　光化元年—天祐元年(899—904)

《通鑑·光化元年》:三月,"朱全忠遣副使萬年韋震入奏事,求兼鎮天平……朝廷不得已,以全忠爲宣武、宣義、天平三鎮節度使”。《天祐元年》:閏四月乙卯,“以全忠爲護國、宣武、宣義、忠武四鎮節度使”。又見《舊書·昭宗紀》,兩《五代史·梁太祖紀》等。

韋　震　　光化元年—天祐元年(899—904)

《通鑑·光化元年》:三月,“〔朱〕全忠以〔韋〕震爲天平留後”。《天祐元年》:閏四月戊申,“以韋震爲河南尹兼六軍諸衛副使”。

張全義　　天祐元年(904)

《通鑑·天祐元年》:閏四月“癸丑,以張全義爲天平節度使”。十月“丙申,天平節度使張全義來朝。丁酉……以全義爲河南尹兼忠武節度使、判六軍諸衛事”。《舊五代史》本傳:“昭宗至洛陽,梁祖將圖禪代,慮全義心有異同……移全義天平軍節度使。”其年“十月,復以全義爲河南尹,兼忠武軍節度使”。又見《舊書·哀帝紀》《舊五代史·梁太祖紀二》。

韋　震　　天祐元年(904)

《舊書·哀帝紀》:天祐元年十二月癸卯,“權知河南尹、天平軍節度副使韋震權知鄆州軍州事”。由此知韋震兩次任鄆州,此爲第二次。

＊朱全忠　　天祐元年—四年(904—907)

《通鑑·天祐元年》:十月“丁酉,復以全忠爲宣武、護國、宣義、天平節度使……乙巳,全忠辭赴鎮,庚戌,至大梁”。《舊書·哀帝紀》:天祐二年十一月“辛巳,制……宣武、宣義、天平、護國等軍節度觀察……河中尹、汴滑鄆等州刺史……朱全忠,可授相國,總百揆”。

待考録

顧　纘

《姓纂》卷八顧氏:“纘,鄆州刺史。”宋倉部郎中顧訓六代孫。

鄭再思

《新表五上》鄭氏："再思，一名崇順，鄆州刺史。"乃泗州刺史鄭言思弟。

陸欽嗣

《姓纂》卷一○河南洛陽陸氏："欽嗣，左監門將軍、鄆州刺史。"郢州刺史陸徹子。

卷六七　濮州（濮陽郡）

隋東平郡之鄄城縣。武德四年平王世充，於此置濮州。天寶元年改爲濮陽郡。乾元元年復爲濮州。領縣五：鄄城、濮陽、臨濮、范、雷澤。

杜才幹　　武德三年（620）

《通鑑·武德三年》：九月，"濮州刺史杜才幹，李密故將也……壬午，以濮州來降"。又見《元龜》卷一二六。

龐相壽　　貞觀三年（629）

《通鑑·貞觀三年》：十二月，"濮州刺史龐相壽坐貪污解任"。

李　靖　　貞觀十一年（637）

《舊書》本傳："〔貞觀〕十一年，改封衛國公，授濮州刺史，仍令代襲，例竟不行。"《新書》本傳未及。《會要》卷四七："貞觀十一年六月十五日……特進李靖爲濮州刺史，改封衛國公。"又見《舊書·長孫無忌傳》，《元龜》卷一二九，《全文》卷六太宗《功臣世襲刺史詔》、卷一五二許敬宗《大唐故尚書右僕射特進開府儀同三司上柱國贈司徒并州都督衛景武公（李靖）碑并序》，《金石録》卷二四《唐李靖碑跋》。

唐　敏　　高宗時

《新表四下》唐氏："敏字季卿，延、濮、青、汴、邠等州刺史。"按顯

945

慶中在延州刺史任。

李德穎　　約高宗時

《芒洛遺文》卷中《故隴西李府君（系）墓誌銘并序》（天寶九載十一月十七日）：“曾祖諱德穎，皇濮、兗等州刺史。祖貞實，皇朝散大夫、尚書工部員外，太子舍人。父庭訓，皇朝議郎、濟南郡禹城縣令。”李系卒天寶七載，春秋三十八。又《故濟南郡禹城縣令李府君（庭訓）墓誌銘并序》（天寶九載十一月十七日）：“高祖諱世贊，隋司隸刺史，隴西縣開國男。曾祖諱德穎，皇濮、兗等州刺史。”庭訓卒開元廿一年，春秋五十。按貞觀十一年爲宣義郎行參軍，見《歷代名畫記》卷三。

郭敬宗　　約高宗末

《姓纂》卷一〇京兆郭氏：“敬宗，濮州刺史。”乃貞觀中司農卿郭嗣本之姪。《隋唐五代墓誌匯編·洛陽卷》第六册《大唐故濮州刺史太原郭府君（敬宗）石誌銘并序》（文明元年八月一日）：“歷滑、越二州司馬，趙州長史，遷使持節密、濟、濮三州刺史……文明元年七月廿三日薨於洛陽修義里第，春秋七十有四。”

劉易從　　武后時

《姓纂》卷五彭城劉氏：“易從，濮州刺史。”按兩《唐書》本傳未及刺濮事，唯云：永昌中坐爲徐敬貞所誣構遇害。《新表一上》劉氏謂“易從，漢州長史”。《古今姓氏書辯證》作“通州”。疑均指以前官職。

李　誼　　武后時？

《舊書·李元嘉傳》：“次子誼，封武陵王，官至濮州刺史。”又見《元龜》卷二四一。

康希銑　　武后時

《全文》卷三四四顏真卿《銀青光禄大夫海濮饒房睦台六州刺史上柱國汲郡開國公康使君（希銑）神道碑銘》謂：遷海州刺史，遷濮州，轉饒州，入爲國子司業，以言事貶房州，轉睦州，遷台州。開元初，入計至京，抗表請致仕。仍留三年，請歸鄉。至本州，冬十月二十二日卒於會稽，春秋七十一。則卒於開元三四年間，《嘉定赤城志》卷八謂開元十一年希銳爲台州刺史，誤。其爲濮州刺史約在武后時。

＊**李重福**　　神龍元年(705)

《舊書·中宗紀》：神龍元年，二月“丙寅，左散騎常侍、譙王重福貶濮州員外刺史，不知州事”。又本傳：“神龍初，爲韋庶人所譖，云與張易之兄弟潛構成重潤之罪，由是左授濮州員外刺史，轉均州，司防守，不許視事。”《新書》本傳略同。又《中宗紀》：神龍元年二月丙寅，“貶譙王重福爲濮州刺史”。《通典》卷三三州郡下：“當時復有員外刺史者。”注：“神龍初，以譙王重福之妃，張易之甥也，貶重福爲濮州員外刺史，皆不領州務。”

楊令深(楊令琛)　　約開元初期

《全文》卷六九一符載《犀浦縣令楊府君(鷗)墓誌銘》：“楊府君春秋三十九，以大曆十四年冬十月卒於郫縣之私第……漢、潤、夔、濮等六州刺史令深之孫。”按《新表一下》楊氏觀王房：“令深，商州刺史。”乃隋納言楊士達之姪孫。又按《全文》卷二六六睿宗時人黃元之《潤州江寧縣瓦棺寺維摩詰畫像碑》謂“刺史楊令琛”。

張　洽　　開元二、三年(714、715)

《嘉泰吳興志》卷一四郡守題名：“張洽，大足元年自濮州刺史授；遷魏州刺史。《統記》云：開元三年。”按兩《唐書·張文瓘傳》謂：洽中宗時爲衛尉卿。未及濮州刺史。《新表二下》清河張氏謂“洽，魏州刺史”。則魏州刺史當爲洽終官。《統記》說近是，其刺濮州當在開元二、三年。又按開元五年爲禮部郎中，見《舊書·一行傳》。

李　禕　　約開元三、四年(約715、716)

《舊書》本傳：“開元後，累轉蜀、濮等州刺史……入爲光禄卿，遷將作大匠。丁母憂去官，起復授瀛州刺史，又上表固請終制，許之。十二年，改封信安郡王。"《新書》本傳未及。又見《元龜》卷二八一、卷六八九。

侯莫陳渙　　開元六年（718）

《元龜》卷六五八："劉知柔開元中爲河南道巡察使，奏……濮州刺史侯莫陳渙……等清白可陟之狀。"按開元六年九月遣工部尚書劉知柔持節往河南道存問，見《舊書·玄宗紀上》及《新書·劉知柔傳》，當即《元龜》所云"爲河南道巡察使"。

李　粲　　約開元中

《新表二上》趙郡李氏東祖房："粲，濮州刺史。"其父李嶠，相武后。

陳　忠　　開元十八年前（730 前）

《寶刻叢編》卷八引《京兆金石録》有《唐濮州刺史陳忠墓誌》，開元十八年。

嚴挺之　　開元十八年（730）

《舊書》本傳："遷考功郎中，特敕又令知考功貢舉事，稍遷給事中……因出爲登州刺史、太原少尹……尋遷濮、汴二州刺史……二十年，〔王〕毛仲得罪賜死，玄宗思曩日之奏，擢爲刑部侍郎。"《新書》本傳略同。按嚴挺之於開元十四、十五、十六三年知貢舉。《郎官柱》考功郎中有嚴挺之，在李审後，張談前。

趙冬曦　　開元二十三年（735）

《元龜》卷一二八："〔開元〕二十三年十二月，命十道採訪使舉良刺史縣令，以……濮州刺史趙冬曦……等聞上。"《金石録》卷二六《唐趙冬曦祭仲山甫文跋》："開元二十三年冬曦爲濮州刺史，因明皇耕籍田致祭刻此文焉。"《新書》本傳未及。按開元二十六年冬曦爲亳州刺史,見《太平寰宇記》卷一二。《趙冬曦墓誌銘》:"以親累,貶合州刺史,歷眉、濮、亳、許、宋等州刺史,弘農、滎陽、華陰等郡太守……是以入侍一紀,出牧九邦。"(《中原文物》1986 年第 4 期)按開元二十六年在亳州刺史任。

盧成務　　開元中

《全文》卷五一九梁蕭《京兆府司録西廳盧氏世官記》:"廣陽公諱齊卿,由司倉掾爲之,驟登郎官,更貳本府……開元初,嗣公諱成務,罷録岐下軍事,實居其任,其後作牧於壽、於杭、於濮、於洛、於魏,繼受元社,以處太原,咸有嘉績,藏在册府。"又見《新表三上》盧氏。

薛鄭賓　　約開元中

《新表三下》薛氏:"鄭賓,濮州刺史。"按其祖元宗,爲虢州刺史,其兄珣,爲殿中侍御史。《精舍碑》有薛珣,在李濯後,元彦冲前,約開元間人。

李全璋　　開元中?

《廣記》卷四六三引《紀聞》:"濮州刺史李全璋妻張,牛肅之姨也。開元二十五年卒於伊闕莊。"

崔季重　　天寶十二載—十三載(753—754)

《新書·蘇源明傳》:"源明議廢濟陽,析五縣分隸濟南、東平、濮陽。詔河南採訪使會濮陽太守崔季重、魯郡太守李蘭、濟南太守田琦及源明、〔李〕俊五太守議於東平。"《唐詩紀事》卷一九蘇源明:"天寶十二載,源明守東平,宴濮陽守崔季重、魯郡李蘭、濟南田琦、濟陽李俊於洄源亭,爲小洞庭五太守讌集。"《全詩》卷二五五蘇源明有《小洞庭洄源亭宴四郡太守詩并序》。《隋唐五代墓誌匯編·陝西卷》第四册《閻力妻王氏墓誌銘并序》(天寶十三年十二月十二日):"二女縣郡君夫人,夫朝請大夫使持節濮陽郡太守諸軍事清河崔季重。"證知天寶十三載十二月尚在任。按《新表二下》清河大房崔氏:"孝童,監察御史、濮州刺史。"乃杭州刺史元獎之孫，駙馬都尉惠童之兄，疑孝童即季重之訛。《精舍碑》有崔季重，在苻子璋、崔譚後，張昶、班景倩前。【補遺】《唐故左驍衛騎曹參軍夫人清河崔氏墓誌銘並序》："夫人號玄華，其先清河東武城人也。……祖季重，皇朝濮陽郡太守。"（王育龍、程蕊萍《陝西西安新出唐代墓誌銘五則》，《唐研究》第七卷，北京大學出版社 2001 年版）

薛景元　　至德元載（756）

《廣記》卷一五〇《前定錄》："逆胡陷兩京，玄宗幸蜀……臨濮令薛景元率吏及武士持兵與賊戰，賊退郡平，節度使以聞，即拜景〔元〕爲長史，領郡務。"

張萬頃（張方須）　　至德二載—乾元元年（757—758）

《元龜》卷一四九："肅宗至德二年十二月，既收洛陽。先是博陵太守張萬頃陷賊，僞授河南尹，安撫百姓，全洛宗枝。帝嘉之，捨其罪，授濮陽太守。"《舊書·肅宗紀》：乾元元年十月乙未，"以濮州刺史張方須爲廣州都督、五府節度使"。按"張方須"當即"張萬頃"之訛誤。《新書·安祿山傳》："初，祿山陷東京，以張萬頃爲河南尹，士人宗室賴以免者衆。肅宗嘉其仁，拜濮陽太守。"

李忠臣（董秦）　　乾元二年（759）

《舊書·肅宗紀》：乾元二年五月，"以平盧軍節度都知兵馬使董秦爲濮州刺史"。又本傳："〔乾元元年九月〕與郭子儀等九節度圍安慶緒於相州。明年二月，諸軍潰歸，忠臣亦退……尋拜濮州刺史、緣河守捉使，移鎮杏園渡。及史思明陷汴州，節度使許叔冀與忠臣並力屈降賊。"又見《元龜》卷三五八，《新書》本傳、《安慶緒傳》，《通鑑·乾元二年》九月。

孟　鑒　　大曆十一年前（776 前）

《舊書·代宗紀》：大曆十一年"五月癸巳，以永平軍節度使李勉爲汴州刺史,充汴宋等八州節度觀察留後。時汴將李靈耀專殺濮州刺史孟鑒,北連田承嗣,故命勉兼領汴州"。又見《新書‧代宗紀》,《元龜》卷七八,《通鑑‧大曆十一年》五月。

【李靈耀　大曆十一年(776)(未之任)】

《舊書‧代宗紀》:大曆十一年五月,"授〔李〕靈耀濮州刺史,靈耀不受詔。六月戊戌,以李靈耀爲汴州刺史,充節度留後"。《通鑑‧大曆十一年》:五月"乙未,以靈曜爲濮州刺史,靈曜不受詔。六月戊午,以靈曜爲汴宋留後,遣使宣慰"。

高彦昭　建中二年(781)

《全文》卷六三八李翱《高愍女碑》:"愍女姓高,妹妹名也。生七歲,當建中二年,父彦昭以濮陽歸天子。前此逆賊質妹妹與其母兄,而使彦昭守濮陽。及彦昭以城歸,妹妹與其母兄皆死……貞元十三年,翱在汴州,彦昭時爲潁州刺史。"

劉　昌　興元元年(784)

《舊書》本傳:"李納反,以師收考城,充行營諸軍馬步都虞候,加檢校太子詹事、兼御史中丞。明年,〔劉〕玄佐圍濮州,昌攝濮州刺史。李希烈既陷汴州……時昌以三千人守寧陵,希烈率五萬衆陣於城下,昌深塹以遏地道……大破希烈……隨玄佐收汴州,加檢校工部尚書。"《新書》本傳略同。《通鑑‧興元元年》:二月,"李希烈將兵五萬圍寧陵,引水灌之,濮州刺史劉昌以三千人守之"。《全文》卷四九六權德輿《大唐四鎮北庭行軍兼涇原等州節度度支營田等使涇州刺史兼御史大夫南川郡王劉公紀功碑銘并序》謂:"既定彭城之急,旋假濮陽之守。"又謂貞元四年,遷涇州刺史。

楊　頊　貞元四年(788)

《嘉泰吳興志》卷一四郡守題名:"楊頊,貞元四年自濮州刺史授;遷國子祭酒。《統記》云:興元元年。"

李惟誠　　貞元中

《新表五下》柳城李氏："惟誠，濮州刺史。"按《舊書》本傳謂"入仕於鄆州，爲李納營田副使。歷兗、淄、濟、淮四州刺史，竟客死東平"。《新書》本傳僅云"四爲州刺史"，皆未及刺濮。疑《舊書》之"淮"爲"濮"之誤。

高　沐　　元和中

《新書》本傳："師道叛，沐率其僚郭旰、郭航、李公度引古今成敗，前後鐫説，不能入。師道所厚吏李文會、林英等乘間訴曰……由是疏斥沐，令守濮州。沐上書盛誇山東煮海之饒，得其地可以富國。師道謀皆露……師道怒，誅沐，而囚旰濮州，守衛苛嚴，凡十年。"《舊書》本傳未及守濮事。唯叙元和十四年四月詔曰："濮州刺史高沐，劫在凶威，潛輸忠款……遂死王事，殁而不朽……可贈吏部尚書。"此詔又見《全文》卷六一，《元龜》卷一四〇。

【補遺】柏元封　　元和末

《唐故中散大夫守衛尉卿上柱國賜紫金魚袋贈左散騎常侍魏郡柏公（元封）墓誌銘》（大和六年十一月）："公諱元封，字子上。……天平軍節度使馬公總聞其事，樂其賢，表請爲節度判官、檢校兵部員外郎兼侍御史，仍知州事。……馬公感其意，薦刺濮州，詔許之。……未幾，薛司空復鎮平盧，表爲軍司馬。詔授檢校職方郎中、兼御史中丞，充其職。公從容中道，人望日崇。徵拜陳州刺史，兼官如故。……轉蔡州刺史，兼龍陂監牧使。"（戴應新《唐柏元封墓誌考》，《考古與文物》1992 年第 2 期）其爲濮州刺史約在穆宗長慶初，因馬總爲天平節度使在元和十四年至長慶二年。

奚敬則　　大和七年（833）

《全文》卷六〇九劉禹錫《唐故朝議郎守尚書吏部侍郎奚公（陟）神道碑》："第二子敬則，歷太僕少卿，今爲濮州刺史兼御史中丞。"按奚陟卒貞元十五年，見兩《唐書》本傳。此碑立於卒後三十四年。

薛　從　　約大和中

《新書·薛平傳》："子從，字順之，以蔭授左清道率府兵曹參軍，累遷汾州刺史……徙濮州，儲粟二萬斛以備凶灾。於是山東大水，詔右司郎中趙傑爲賑卹使，傑表其才，擢將作監。"

郭　琮　　開成中？

《新表四上》華陰郭氏："琮，濮州刺史。"乃郭子儀曾孫；郭曜之孫；郭錡之子。約仕於開成會昌間。

梁叔明　　會昌初

《隋唐五代墓誌匯編·陝西卷》第四册《唐故銀青光禄大夫檢校國子祭酒前兼彭州別駕御史大夫孫公夫人梁氏墓誌銘并序》（咸通十一年二月二十七日）："嚴考叔明，皇攝濮州刺史、御史中丞……夫人即濮州府君第十女也。"夫人卒咸通十一年正月二十九日，享年三十五。按《新書·叛臣·梁崇義傳》："崇義孫叔明，養於李納，後從劉晤爲昭義將，從諫死，遣進旌節，有詔誅之。"又見《新書·劉稹傳》。按劉從諫死、劉稹叛事在會昌三年四月。

令狐梅　　會昌六年（846）

《隋唐五代墓誌匯編·洛陽卷》第十四册《唐故棣州刺史兼侍御史燉煌令狐公（梅）墓誌銘并序》（大中十年四月二十二日）："〔會昌〕六年三月，授銀青光禄大夫守濮州刺史，兼侍御史不改。今上即位，改元大中，冬十二月授代歸於鄭郊，以早從贊皇公故也。"大中八年卒，年六十二。

崔　銖　　大中時？

《新表二下》博陵安平大房崔氏："銖，安、濮二州刺史。"乃宣宗時宰相崔元式之姪。《舊五代史·崔梲傳》："祖銖，安、濮二州刺史。"《舊書》本傳未及。

【補遺】劉　略　　大中、咸通間

《洛陽新獲墓誌116·唐故朝請大夫守衛尉卿柱國分司東都賜紫金魚袋劉公（略）墓誌銘並序》（咸通九年閏十二月一日）：“少師生我先公尚書諱元鼎……歷官大理卿兼御史大夫，慈、蔡、壽、絳四郡，贈兵部尚書。……貞元十七年生公於潞尚書公從事之府也。……公以少習筆硯，思展志學……遷太僕少卿，轉太府少卿。……遂出爲洋州、濮州二刺史。到郡則搖扇宣風，褰帷問俗。……擢授衛尉卿，賜紫金魚袋。……咸通九年十月十八日薨於永通門外別墅。享年六十有九。”“季弟銀青光禄大夫檢校刑部尚書兼秘書監異撰”。

曹　翔？（曹朔）　　咸通中

《南部新書》癸：“濮州刺史曹朔，於汴水岸掘得鄂公馬鞭，表進之，不朽。”按曹朔疑爲曹翔之訛誤。曹翔咸通九年由隴州刺史除兗海節度，其刺濮當在此之前。

徐　宮　　咸通中

《新表五下》北祖上房徐氏：“宮字應黃，濮州刺史。”其兄徐商，相懿宗。

韋　浦　　乾符三年(876)

《舊書·僖宗紀》：乾符三年“六月，敕福建觀察使李播……濮州刺史韋浦……等九人，授官之時，衆詞不可……實污方州，並宜停任”。又見《全文》卷八八僖宗《停福建觀察使李播等任敕》。

【蘇　祐　　廣明元年(880)（未之任）】

《新書·王景崇傳》：“黃巢反，帝西狩，僞使齎詔至，景崇斬以徇……蔚州刺史蘇祐爲沙陀所攻，乞師於幽州，屯美女谷，兵不利。祐將出奔，會詔徙濮州刺史，擁兵之官，道于鎮，景崇館于靈壽，肆其下剽奪，景崇殺之。”《全文》卷八一七王景崇《誅蘇祐奏》：“蘇祐本自微人，謬承聖奬……加騎省之榮資，除濮陽之望郡。”

朱　瑄(朱宣)　　中和元年—二年(881—882)

《舊書》本傳："中和初,黃巢據長安,詔徵天下兵……時鄆帥薛崇爲草賊王仙芝所殺,鄆將崔君裕權知州事。〔曹〕全晟知其兵寡,襲殺君裕,據有鄆州,自稱留後。以瑄有功,署爲濮州刺史,留將牙軍。光啓初,魏博韓簡欲兼并曹鄆,以兵濟河收鄆……全晟死之。瑄收合殘卒,保州城……會魏軍亂退去,朝廷嘉之,授以節鉞。"《舊五代史》本傳略同。《新書》作"朱宣",其傳略同。"全晟"作"存實"。《新書·僖宗紀》:中和四年,"濮州刺史朱宣逐天平軍節度使曹存實,自稱留後"。《舊五代史·賀瓌傳》:"朱瑄爲濮州刺史兼鄆州馬步軍都指揮使,拔爲小將。唐光啓初,鄆州三軍推瑄爲留後。"《通鑑》記此事在中和二年十月。《考異》謂"《新》《舊》傳、薛《史》皆誤"。

朱　裕　　光啓二年—三年(886—887)

《通鑑·光啓二年》:十一月,"天平節度使朱瑄謀取滑州,遣濮州刺史朱裕將兵誘張驍,殺之"。又見《光啓三年》:十月"丁未,朱珍拔濮州,刺史朱裕奔鄆"。又見《舊五代史·梁太祖紀一》,《元龜》卷一八七,《新五代史·朱珍傳》《華溫琪傳》。

邵　儒　　景福元年(892)

《新書·昭宗紀》:景福元年十一月"乙巳,朱友裕陷濮州,執刺史邵儒"。《通鑑·景福元年》十一月作"邵倫",當即"邵儒"之訛誤。又見《舊五代史·梁太祖紀一》《張歸霸傳》,《元龜》卷一八七。

待考録

党敬元

《姓纂》卷七馮翊党氏:"濮州刺史、監門將軍党敬元。"

劉穎考

《姓纂》卷五濮陽劉氏:"唐濮州刺史劉穎考。"

卷六八　曹州(濟陰郡)

隋濟陰郡。武德四年平孟海公，改爲曹州。天寶元年改曹州爲濟陰郡。乾元元年復爲曹州。領縣六：濟陰、考城、冤句、乘氏、離狐(南華)、成武。

孟啖鬼　　武德四年(621)

《元龜》卷一二六：武德四年六月戊戌，“孟啖鬼以曹州來降”。

劉子威　　貞觀初？

《大唐故十學士太子中舍人上柱國河間縣開國男劉府君(濬)墓誌銘并序》(開元十八年五月十九日)：“後漢章帝子河間孝王開十九代孫，曹州使君之孫，尚書左丞相司空文獻公之子。公……長流嶺南，終於廣州，春秋四十有七，延載元年權殯河南午橋東原。”(《文物》1965年第12期)據《舊書·劉仁軌傳》，垂拱元年仁軌爲文昌左相，卒。開元時謚曰文獻。子濬，官至太子中舍人，垂拱二年爲酷吏所殺。由此知《濬誌》之“曹州使君”即劉仁軌父。按《新表一上》尉氏劉氏，仁軌父名子威，未列官職。疑貞觀初爲曹州刺史。

張約通　　貞觀中？

《千唐誌·夫人張氏墓誌銘并序》(開元十二年十一月廿八日)：“故曹州刺史約通之孫女。”夫人享年七十二，未記卒年。按《新表一下》河間張氏，隋代張惠珍孫有約、通二人。約，未列官職；通，曹州刺史。據此《誌》，實爲一人，《新表》誤分爲二。若張夫人開元初卒，年七十二，其祖疑仕於貞觀中。

韋元整　　貞觀中

《姓纂》卷二京兆杜陵東眷韋氏：“萬頃生元整，曹州刺史。”《新表四上》韋氏逍遥公房：“元整，曹州刺史。”《金石補正》卷五八《唐故武部常選韋府君（瓊）墓誌銘并序》：“曾祖元整，皇中大夫使持節曹州刺史上柱國。祖絿，皇益州成都縣令。父景，皇廣平郡肥鄉縣令。”瓊卒天寶四載，春秋四十六。《隋唐五代墓誌匯編·陝西卷》第三册《大唐故益州大都督府成都縣令韋府君（絿）墓誌銘并序》（永昌元年五月二十一日）：“考元整，皇朝西府東閤祭酒，天策上將府鎧曹參軍事，通、曹二州刺史，上柱國。”絿卒垂拱四年，春秋五十七。又《大唐故曹州刺史韋府君夫人晉原郡君王氏墓誌銘并序》（永淳元年七月十八日）：“以開耀元年十二月六日終於明堂之静□里第，春秋七十有九。”此誌中之“曹州刺史韋府君”當即韋元整。按韋元整唐初官城門郎，見《元龜》卷九二二，則其刺曹州當在貞觀中。【補遺】《考古與文物》2000 年第 1 期《西安碑林藏唐志有關校補唐史之資料》引《大唐故朝議郎行婺州司曹參軍事柱國韋（晃）墓誌銘並序》（開元十年七月四日）：“祖元整，唐太中大夫，通、曹二州刺史。”

柳　亨？　　貞觀中

唐臨《冥報記》卷下：“河東柳智感以貞觀初爲興州長舉令……明旦到州告刺史，刺史李懷鳳遣人往……智感今尚存，任慈州司馬，光祿卿柳亨（亨）爲臨説之，亨爲曹州刺史……”按《廣記》卷二九八引《冥報録》作“亨爲邛州刺史”，未知此誤否。

孟　政　　約貞觀中

《千唐誌·大周故相州刺史袁府君（公瑜）墓誌銘并序》（久視元年十月二十八日）：“前夫人孟氏……隋車騎將軍陟之孫，唐曹州刺史政之女。”夫人卒永徽六年，享年三十五。則孟政刺曹約在貞觀中。

李　慎　　永徽中

《廣記》卷四一〇引《洽聞記》："唐永徽中，魏郡臨黄王國村人王方言，嘗於河中灘上拾得一小樹栽埋之，及長，乃林擒也……紀王慎爲曹州刺史，有得之獻王，王貢於高宗。"按兩《唐書》本傳未及曹州刺史。

薛文度　　約高宗時

《全文》卷三六二徐季鴒《屯田令薛僅善政碑》："祖文度，曹州刺史。"《新表三下》薛氏："文度，曹州刺史。"乃後魏南州刺史薛和之孫。按薛僅開元二十年爲左拾遺。則其祖文度約仕於高宗時。

楊德裔　　高宗時

《楊炯集》卷九《常州刺史伯父東平楊公（德裔）墓誌銘》："遷棣、曹、恒、常四州刺史……罷歸初服，告老私庭……維文明元年夏四月薨於正寢，春秋八十有五。"又見《補遺·伯母東平郡夫人李氏墓誌銘》。按龍朔二年楊德裔爲司憲大夫，劾奏左武衛大將軍鄭仁泰等，三年三月以阿黨流庭州。見《通鑑》。《郎官柱》倉部郎中有楊德裔，在李思諒後，房玄基前。

【補遺】衛　某　　高宗時

《隋唐五代墓誌匯編》陝西卷第三册《大唐故曹州刺史衛府君夫人晉原郡王氏墓誌銘並序》（永淳元年七月十八日）：夫人"年甫初笄，式嬪君子"。開耀元年卒，春秋七十九。則其夫衛某刺曹當在高宗時。

李高行　　高宗時？

《新表二上》趙郡李氏東祖房："高行，曹州刺史。"乃隋介州刺史李純之孫。

李　宏　　約垂拱中

《舊書·李鳳傳》："鳳第三子定襄郡公宏，則天初爲曹州刺史。"又見《元龜》卷二八一。

李　融　　永昌元年(689)

《廣記》卷三八〇引《廣異記》:"魏靖,鉅鹿人。解褐武城尉,時曹州刺史李融,令靖知捕賊。賊有叔爲僧,而止盜贓。靖案之,原其僧。刺史讓靖以寬典,自案之,僧辭引伏,融命靖杖殺之。載初二年夏六月,靖會疾暴卒……經十二日,靖活。"按載初無二年,載初元年即永昌元年。又按魏靖開元初爲慶州刺史。此李融其他事迹不詳。

路勵言　　約武后時

《姓纂》卷八平陽路氏:"勵言,兵部員外、曹州刺史。"《新表五下》路氏同。乃北齊員外郎路君儒之孫,唐相州刺史路德準之子,華州刺史路勵節之兄。《郎官柱》司封員外有路勵言,在李思遠、王德真後,楊思正、李同福前。

李上義　　約武后時

北圖藏拓片《唐故承務郎行瀛州平舒縣主簿知薊州漁陽縣事李府君(弘亮)墓誌銘并序》(元和十四年二月二十四日):"烈考曰子武,懷州武陟縣丞……武陟府君之父曰真玉……累任至常州無錫縣令。無錫府君之父曰上義,銀青光禄大夫涇、隴、汾、晉、岐、曹等七州刺史,揚府長史,右庶子,隴西縣開國公。"弘亮卒元和十三年五月十七日,享年四十四。

柳秀誠　　久視元年前(700前)

《隋唐五代墓誌匯編·山西卷·唐故壯武將軍幽州良社府統軍廣州番禺府折衝上柱國柳府君(行滿)墓誌銘并序》(久視元年十月二十八日):"三子秀誠,文昌金部郎中,銀青光禄大夫、濟彭曹三州刺史,左羽林將軍。"又見同日《柳行滿妻乙弗玉墓誌》。按《郎官柱》金部郎中有柳秀誠,在劉守敬、楊守節、盧師立、杜從則後,梁皓、盧萬石、趙承恩前。

張 某 神龍中

《宋高僧傳》卷一九《唐長安西明寺惠安傳》："神龍中遊于京兆，抑多先見。時唐休璟既立邊功，貴盛無比，安往造焉，曰：'相公，甚美必有甚惡。將有大禍……請選一有才幹者用爲曹州。'因得張君，本京官，即日升之宮贊，相次作守定陶。"《廣記》卷九四引《宣室記》："唐中宗時，唐公休璟爲相……張君者，家甚貧，爲京卑官，即日拜贊善大夫；又旬日，用爲曹州刺史。"

武嗣宗 中宗時

《舊書·武延基傳》："中宗時，〔武〕嗣宗至曹州刺史。"

劉知柔 約中宗時

《舊書·劉子玄傳》："兄知柔，少以文學政事，歷荊、揚、曹、益、宋、海、唐等州長史、刺史，户部侍郎，國子司業，鴻臚卿，尚書右丞，工部尚書，東都留守。卒。"《新書》本傳未及。按知柔先天二年爲宋州刺史；開元六年爲工部尚書，見《舊書·玄宗紀上》。

鄭慈明 約景雲中

《全文》卷二二〇崔融《唐故密亳二州刺史贈安州都督鄭公（仁愷）碑》："有子十人……次子慈明……曹州刺（闕）。"按《金石萃編》載此碑稱："大唐景（缺十字）亥朔廿八甲寅建。"知乃景雲中建。按《新表五上》鄭氏：仁愷子"慈明，豪州刺史"。又按仁愷約總章咸亨間爲亳州刺史，其子固忠中宗時爲工部侍郎。

韋虛心 約開元八、九年（約 720、721）

《全文》卷三一三孫逖《東都留守韋虛心神道碑》："命公作歙、曹二州刺史，荊、潞、揚三州長史，以至於太原尹……左右丞、兵部侍郎，以至於工部尚書……享年七十，以開元二十九年某月日遘疾薨於東都。"按兩《唐書》本傳未及刺曹事，開元十三年爲荊州長史，開元二十三年爲揚州長史。

韋　湊　　開元十年(722)

《新書》本傳：“尋徙河南尹，封彭城郡公。會洛陽主簿王均以賕抵死，詔曰：‘兩臺御史、河南尹縱吏侵漁，《春秋》重責帥，其出湊曹州刺史，侍御史張洽通州司馬。’久之，遷太原尹。”《元龜》卷五二二記此作開元十年事。《舊書》本傳未及貶曹州事，唯云“以公事左授杭州刺史，轉汾州刺史”。按《全文》卷九九三闕名（《英華》卷九一四作韋述）《唐太原節度使韋湊神道碑》：“〔開元〕十年，以屬官有犯，出爲杭州刺史；十一年，轉汾州刺史。”則《新書》及《元龜》之“曹州”誤歟？抑先貶曹州，又移杭州歟？

高　懲　　約開元十二年(約724)

《千唐誌·唐故銀青光禄大夫行光禄少卿上柱國高府君(懲)墓誌銘并序》（開元十八年）：“遷都水使者，兼判大理、衛尉兩卿，使持節隰州刺史……換雲麾將軍、左衛副率，判大理卿……歷澤、亳、曹、潞、瀛五州刺史，入爲光禄少卿……開元十七年歲在荒落遘疾薨於河南之尚賢里，春秋六十有六。”

李道邃　　開元十四年(726)

《舊書·渤海靺鞨大祚榮傳》：“〔開元〕十四年，黑水靺鞨遣使來朝，詔以其地爲黑水州，仍置長史，遣使鎮押。武藝……遣母弟大門藝及其舅任雅發兵以擊黑水……門藝遂棄其衆，間道來奔，詔授左驍衛將軍。武藝尋遣使朝貢，仍上表極言門藝罪狀，請殺之。上密遣門藝往安西……俄有泄其事者，武藝又上書……由是鴻臚少卿李道邃、源復以不能督察官屬，致有漏泄，左遷道邃爲曹州刺史，復爲澤州刺史。”又見《元龜》卷一〇〇〇。兩《唐書》本傳未及。

李元紘　　開元十七年(729)

《舊書·玄宗紀上》：開元十七年六月甲戌，“中書侍郎李元紘爲曹州刺史”。又本傳：“後與杜暹多所異同，情遂不叶，至有相執奏者，上不悦，由是罷知政事，出爲曹州刺史，以疾去官。久之，拜户部尚書，仍聽致仕。"《新書》本傳略同。又見《新書·宰相表中》《通鑑·開元十七年》。《大詔令集》卷五七有《杜暹荆州長史李元紘曹州刺史制》，《元龜》卷三三三、《全文》卷二三同。

陸彥恭　　開元中

《姓纂》卷一〇陸氏："元方弟彥恭，曹州刺史。"按《新表三下》陸氏："彥恭，杭州刺史。"又按《道園學古錄》卷四七《杭州開元宮碑》謂"杭故有開元宮，唐開元中刺史陸彥恭用詔書所作"。

牛　容　　開元中

《趙冬曦墓誌銘》："夫人隴西牛氏，父容，曹州刺史。"夫人卒開元六年，春秋三十二（《中原文物》1986年第4期）。

張　愿　　約開元末

《唐文拾遺》卷二六崔歸美《唐故文貞公曾孫故穀城縣令張公（曛）墓誌銘并序》："考諱愿，皇駕部郎中，曹、婺等十一州刺史，吳郡太守兼江南東道廿四州採訪黜陟使。"按天寶三載張愿由台州刺史遷睦州刺史，其刺曹約在開元末。

張九章　　約天寶前期

《全文》卷四四〇徐浩《唐尚書右丞相中書令張公（九齡）神道碑》：開元二十八年薨於韶州。"季弟九章，温、吉、曹等州刺史。"《舊書·張九齡傳》："九章，歷吉、明、曹三州刺史，鴻臚卿。"

源光時　　約天寶前期

《新表五上》源氏："光時，濟陰太守。"《全文》卷五二一梁肅《鄭州原武縣丞崔君夫人源氏墓誌銘》："父光時，濟陰太守。"夫人卒大曆甲辰（按大曆無甲辰，誤），未記享年。

張齊丘　　天寶九載（750）

《通鑑·天寶九載》：八月，"朔方節度使張齊丘給糧失宜……癸亥,齊丘左遷濟陰太守"。《新書》本傳未及。

李彭年　　天寶十二載—十四載(753—755)

《舊書》本傳:"天寶十二載,起彭年爲濟陰太守,又遷馮翊太守,入爲中書舍人、給事中、吏部侍郎。"《新書》本傳略同。

高承義　　天寶十四載(755)

《新書·張巡傳》:"俄而魯、東平陷賊,濟陰太守高承義舉郡叛,〔李〕巨引兵東走臨淮。"

常休明　　上元二年—寶應元年(761—762)

《新書·肅宗紀》:"元年建子月癸巳,曹州刺史常休明及史朝義將薛崿戰,敗之。"又見《元龜》卷四三四。

李　長　　約廣德、永泰中(約764、765)

《全文》卷五二〇梁肅《明州刺史李公(長)墓誌銘》:"大曆七年冬十月甲子,前明州刺史李公寢疾終……歷隨、曹、婺三州,三州輯寧,徵傅韓王……出爲梓州,又換明州。"

許臨謙　　大曆初?

《姓纂》卷六晉陵許氏:"臨謙,右卿相(二字誤)將軍,曹州刺史。"乃長壽二年吏部侍郎許子儒之子,大曆間撫州刺史許鳴謙之兄。

田神玉　　大曆八年前(773前)

《舊書·田神功傳》:"弟神玉,自曹州刺史權汴州留後。"《新書·田神功傳》:"〔大曆〕八年,自力入朝,卒……詔其弟曹州刺史神玉知汴州留事。"又見《元龜》卷四三六。

高　憑　　大曆十一年(776)

《舊書·高沐傳》:"父憑,從事於宣武軍,知曹州事。李靈曜作亂，憑密遣使奏賊中事狀，詔除曹州刺史。無何，李正己盜有曹、濮，憑遂陷於賊，數年卒。"《通鑑・大曆十一年》："九月壬戌，〔高〕憑爲曹州刺史"。《元龜》卷一六四：大曆十一年九月，"以大中大夫、檢校兵部員外郎兼侍御史高憑爲曹州刺史，充本州團練守捉使"。又見《新書・高沐傳》，《元龜》卷四四四。

李　納　　大曆末—建中二年（？—781）

《舊書》本傳："正己將兵擊田承嗣，奏署節度觀察留後。尋遷青州刺史，又奏署行軍司馬，兼曹州刺史、曹濮徐兗沂海留後，又加御史大夫。建中初，正己、田悦、梁崇義、張惟岳皆反。二年，正己卒，納祕喪，統父衆，仍復爲亂。"《新書》本傳未及曹刺。《通鑑・興元元年》：正月，"曹州刺史李納爲鄆州刺史、平盧節度使"。注："李納本爲曹州刺史，建中二年，其父正己卒，納自領軍務，未有朝命，今方命以旌節，故先叙其本職，而加以新命。"

梁伯倫　　元和中？

《隋唐五代墓誌匯編・陝西卷》第四册《唐故光禄大夫檢校國子祭酒前彭州別駕御史大夫孫公夫人梁氏墓誌銘并序》（咸通十一年二月二十七日）："祖伯倫，皇曹州刺史、御史大夫。嚴考叔明，皇攝濮州刺史。"夫人咸通十一年卒，享年三十五。

李　銳　　元和末

《元龜》卷九七九："長慶元年五月丙申，回鶻都督、宰相、公主、摩尼等五百七十三人入朝迎公主……以前曹州刺史李銳爲太府卿，兼御史大夫，持節赴回鶻充婚禮使。"

張仲方　　長慶三年（823）

《舊書・張九皋傳》：曾孫仲方，"駁李吉甫謚，吉甫之黨惡之，出爲遂州司馬。稍遷復、曹、鄭三郡守"。兩《唐書》本傳未及曹刺。《白居易集》卷七〇《唐故銀青光禄大夫祕書監曲江縣開國伯贈禮部尚書范陽張公墓誌銘并序》謂：仲方歷殿中、金州刺史，"移復州司馬，俄遷刺史，改曹州刺史，河南少尹，鄭州刺史"。《寶刻叢編》卷一九引《集古録目》："《唐張九皋碑》，唐工部尚書蕭昕撰，九皋孫曹州刺史仲方書……以長慶三年立。"

崔玄亮　　約寶曆中

《舊書》本傳："再遷監察御史，轉侍御史。出爲密、湖、曹三郡刺史。每一遷秩，謙讓輒形於色。大和初，入爲太常少卿。"《新書》本傳："稍遷密、歙二州刺史……歷湖、曹二州，辭曹不拜。"《白居易集》卷七〇《唐故虢州刺史贈禮部尚書崔公（玄亮）墓誌銘》："俄改湖州刺史，政如密、歙……入爲祕書少監，改曹州刺史。"按《嘉泰吳興志》卷一四："崔元亮，長慶三年十一月二十二日自刑部郎中拜，遷祕書少監，分司東都。"則其刺曹當在寶曆中或大和初。

裴　及　　開成二年(837)

《元龜》卷六七三："裴及爲曹州刺史，開成二年，賜金紫，旌異政也。"

仇亢宗　　會昌中

《全文》卷七九〇鄭薰《内侍省監楚國公仇士良神道碑》稱：會昌三年夏優詔以本官致仕，其年六月二十三日卒，四年正月葬。有男五人，"次光禄大夫檢校散騎常侍持節曹州諸軍事守曹州刺史兼御史中丞……曰亢宗"。

崔　耿　　大中三年(849)

《千唐誌・唐故朝散大夫守陝州大都督府左司馬上柱國上谷寇公（章）墓誌銘并序》（大中四年正月六日）："通議大夫前守曹州刺史上柱國清河崔耿撰。皇唐大中三年冬十月十一日陝州大都督府左司馬寇公寢疾終於官舍，享年七十有五。易簀前二日，命姪孫貢曰：爾將葬我，必乞崔耿文識我墓。"

李 續 約大中前期

《新表二上》趙郡李氏東祖房:"續,曹州刺史。"乃蘇州刺史事舉子。《酉陽雜俎》續集卷三:"中書舍人崔嘏弟崔蝦,娶李氏,〔父〕爲曹州刺史,令兵馬使國邵南勾當障車。"又見《廣記》卷二七九引。《全詩》卷八六八國邵南《夢崔蝦妻詩》注:"崔蝦娶曹州刺史李續女,李令兵馬使國邵南勾當障車。"按李續長慶寶曆間爲李逢吉黨八關十六子之一,大和元年四月己巳由山南東道節度副使貶爲涪州刺史,大中時爲同州刺史。

崔 罿 大中八年(854)

上圖藏拓片《曹州刺史崔府君(罿)墓誌銘并序》(大中九年二月二十三日):"除曹州刺史……以大中八年十月既望□寢疾……至十一月十二日告終於濟陰之官舍,享齡六十八。"

崔芸卿 約咸通十一、十二年(約870、871)

《隋唐五代墓誌匯編・洛陽卷》第十四册《唐故朝散大夫前使持節澧州諸軍事守澧州刺史柱國清河崔公(字芸卿)墓誌銘并序》(咸通十五年十月二十九日):"累刺黃、岳、曹、澧四郡,中間詔下守登,收不之郡,而改潯陽。"咸通十五年卒,享年六十八。

辛 讜 約咸通十二年—十四年(約871—873)

《新書》本傳:平龐勛,"後以功第一,拜亳州刺史,徙曹、泗二州。乾符末,終嶺南節度使"。《舊書》本傳未及。《闕史》卷下《辛尚書神力》:"邕府辛讜尚書,傳有神力,嘗與故滑臺杜僕射爲泗上郡職,時屬豐沛兵起……杜公將有包胥乞師之請於鄰部……獨讜請行……果解重圍……朝廷録功,累授刺史於曹州,團練於泗州,節度於邕州。"按咸通十年十月以辛讜爲亳州刺史,乾符二年二月已在嶺南西道觀察使任,見《通鑑》。

丘弘禮 光啓三年(887)

《新書・僖宗紀》:光啓三年八月"壬子,陷曹州,刺史丘弘禮死之"。《通鑑・光啓三年》:八月,"全忠遣其將朱珍、葛從周襲曹州,壬子,拔之,殺刺史丘弘禮"。又見《舊五代史・梁太祖紀一》《葛從周傳》,《新五代史・朱珍傳》,《元龜》卷一八七、卷三四六。

郭　詞　　光啓三年—大順二年(887—891)

《通鑑・光啓三年》:十月,"〔朱〕瑄乘勝復取曹州,以其屬郭詞爲刺史"。又見《新書・朱宣傳》。《通鑑・大順二年》:"十一月,曹州都將郭銖殺刺史郭詞,降於朱全忠。"《新書・昭宗紀》同。

郭　饒　　大順二年(891)

《舊五代史・梁太祖紀一》:大順二年"十一月丁未,曹州裨將郭紹賓殺刺史郭饒,舉郡來降"。又見《元龜》卷一八七。《新五代史・梁太祖紀上》作龍紀二年十一月。

郭紹賓　　大順二年(891)

《元龜》卷三四六:"曹州刺史郭紹賓之來歸也,〔霍〕存以師援之。"《舊五代史・張歸霸傳》:"大順中,郭紹賓拔曹州,歸霸率兵數千守之。"

霍　存　　景福元年—二年(892—893)

《舊五代史》本傳:"曹州刺史郭紹賓之來歸也,存以師授之,遂代其任……景福二年春……存亦中流矢而卒……始遙領韶州牧,又改賀州,後用爲權知曹州刺史。"《新五代史》本傳略同。又見《元龜》卷三九六。

葛從周　　乾寧三年(896)

《舊五代史》本傳:乾寧二年十月,圍兗州,"從周累立戰功,自懷州刺史歷曹、宿二州刺史"。又見《元龜》卷三四六。《通鑑・乾寧四年》:三月"丙子,朱全忠表曹州刺史葛從周爲泰寧留後"。

氏叔琮　　光化中

《新書》本傳:"又與李克用戰洹水,遷曹州刺史。天復初,拔澤、潞,擊太原,授晉慈觀察使。"《舊五代史》本傳:"尋又捍禦晉軍於洹水有功,遷曹州刺史。天復元年春,領大軍攻拔澤潞。"《新五代史》本傳略同。又見《元龜》卷三八六。《會要》卷二:"哀皇帝諱柷……天祐四年……遷於曹州。明年二月,遇害〔於〕前刺史氏叔琮之第。"《舊書·哀帝紀》略同。

楊師厚　　天復中

《舊五代史》本傳:"累遷檢校右僕射,表授曹州刺史。唐天復三年,從太祖迎昭宗於岐下……及王師範以青州叛……師厚逆擊……授齊州刺史。"《新五代史》本傳略同。又見《元龜》卷三四六,《通鑑·天復三年》七月,《十國春秋·吳太祖世家》。《隋唐五代墓誌匯編·河南卷·故山陽縣君鞏氏夫人墓誌》(天祐元年九月十二日):"夫人即家之季女也,聘弘農公十五載矣。公任曹州牧、檢校左僕射……公正任曹州刺史,加司空,遷牧齊州。又遷鎮徐州節度使。"

賀　瓌　　天復中

《舊五代史》本傳:"天復中,預平青州王師範,以功授曹州刺史兼先鋒都指揮使……天祐二年……授荊南兩使留後。"《新五代史》本傳略同。又見《元龜》卷三八六。

張歸霸　　天祐中

《舊五代史》本傳:"天祐初,遷萊州刺史,秩滿授左衛上將軍,又除曹州刺史……太祖受禪,拜右龍虎統軍。"《新五代史》本傳略同。又見《元龜》卷三四六。

待考録

司馬曜

《姓纂》卷二河內温縣司馬氏:"曜,曹州刺史。"

崔昌遠

《新表二下》博陵安平崔氏:"昌遠,曹州刺史。"

卷六九 兖州（魯郡）

隋魯郡。武德初改爲兖州。貞觀十四年置都督府。天寶元年改兖州爲魯郡。乾元元年復爲兖州。領縣十一：瑕丘、曲阜、泗水、鄒、任城、龔丘、乾封、萊蕪、金鄉、方與（魚臺）、平陸（中都）。

徐圓朗　　武德二年—五年（619—622）

《通鑑·武德二年》：七月，"海岱賊帥徐圓朗以數州之地請降，拜兖州總管"。《舊書·高祖紀》：武德四年"八月，兖州總管徐圓朗舉兵反，以應劉黑闥，僭稱魯王"。《通鑑·武德五年》：七月，"〔李世民〕使淮安王神通、行軍總管任瓌、李世勣攻圓朗；乙酉，班師"。又見兩《唐書》本傳，《元龜》卷一六四，《新書·高祖紀》，《通鑑·武德五年》。

李　寬　　約貞觀中

《匋齋藏石記》卷二〇《唐故麗山府果毅都尉梁君妻隴西李氏墓誌銘并序》："曾祖輝，隋并州太原府果毅都尉……祖寬，唐右武衛將軍、使持節兖州諸軍事兖州刺史……父瑗，唐泗州下邳縣令……夫人即其少女也。"長安四年卒，春秋七十一。

李元懿　　貞觀七年（633）

《舊書》本傳："貞觀七年，授兖州刺史……十年，改封鄭王，歷鄭、潞二州刺史。"《新書》本傳略同。又見《元龜》卷二八一。《全文》卷九一二洪滿《大唐故贈司徒荊州大都督兖安二州都督鄭絳潞三州刺史上柱國鄭惠王石記》："王即太武皇帝之第十三子……都督荆安，惟德是順，出守絳潞，非賢勿居。"又見《金石萃編》卷五八。

李靈夔　　貞觀十四年（640）

《舊書》本傳："〔貞觀〕十四年，改封魯王，授兗州都督……永徽六年，轉隆州刺史。"又見《元龜》卷二八一。《新書》本傳未及。

李元裕　　麟德二年前（665 前）

《舊書》本傳："高宗時，又歷壽、襄二州刺史、兗州都督。麟德二年薨。"《新書》本傳："鄧康王元裕……五爲州刺史，遷兗州都督。"又見《元龜》卷二八一。《通鑑·麟德二年》："七月己丑，兗州都督鄧康王元裕薨。"

李　賢　　麟德二年（665）

《大唐故雍王墓誌銘并序》："王諱賢……麟德二年加右衛大將軍。其年從駕東封，攝兗州都督。"（《文物》1972 年第 7 期）兩《唐書》本傳未及。

李元軌　　乾封元年（666）

《全文》卷一七五崔行功《贈太師魯國孔宣公碑》："皇唐之御天下四十有九載，即乾封之元年也……兗州都督霍王元軌大啓藩維，肅承綸誥。"又見《金石萃編》卷五五。兩《唐書》本傳未及。

李　慎　　高宗時

《舊書·王元感傳》："少舉明經，累補博城縣丞。兗州都督、紀王慎深禮之，命其子東平王續從元感受學。"《新書·王元感傳》略同。兩《唐書》本傳未及。

竇懷哲　　約高宗時

《新書·諸帝公主·蘭陵公主傳》："下嫁竇懷哲，薨顯慶時。懷

哲官兗州都督，太穆皇后之族子。"《寶刻叢編》卷九引《京兆金石録》
有《唐駙馬都尉兗州都督竇懷哲碑》。

李德穎　　約高宗時

《芒洛遺文》卷中《故隴西李府君（系）墓誌銘》（天寶九載十一月
十七日）："曾祖諱德穎，皇濮、兗等州刺史。"系卒天寶七載，春秋三十
八。《千唐誌·故濟南郡禹城縣令李府君（庭訓）墓誌銘并序》："高祖
諱世贊，隋司隸刺史、隴西縣開國男。曾祖諱德穎，皇濮、兗等州刺
史。"庭訓卒開元二十一年，春秋五十。

宇文有意　　約武后時

《姓纂》卷六河南洛陽宇文氏："有意，膳部郎中、兗州刺史。"其祖
宇文儒童，唐初奔李密。按《郎官柱》金部員外有宇文有意，在游祥、
盧師丘後，楊博物、紀先知前。

劉如璿　　長安元年（701）

《廣記》卷二六九引《御史臺記》謂劉如璿則天朝爲秋官侍郎。來
俊臣誣其黨惡，"處以絞刑，則天特流於瀼州。子景憲訟冤，得徵還。
復秋官侍郎。辭疾，授兗州都督"。按劉如璿神功元年正月"制流瀼
州"，見《通鑑》。按《隋唐五代墓誌匯編·洛陽卷》第七册《大周故兗
州都督彭城劉府君（璿，字如璿）墓誌銘并序》（長安二年十一月二十
七日）："守司僕少卿，十日轉司農少卿，一月攝文昌秋官侍郎，尋而正
授……以風疾出爲衛州刺史，陛辭之後，改授中大夫使持節都督兗州
諸軍事守兗州刺史。"長安元年十二月十五日卒，春秋七十二。

于知微　　約中宗時

《新表二下》于氏："知微，字辯機，兗州都督、東海郡公。"《全文》
卷二〇六姚崇《兗州都督于知微碑》："長安二年，改授常州刺史……
鳳閣侍郎……屈資除雍州司馬……乃加銀青光禄大夫，改授絳州刺
史……乃除兗州都督……景雲二年，封□海公。"《全文》卷二三七于

知微《明堂令于大猷碑》稱"兄銀青光禄大夫太子左庶子使持節都督兗州諸軍事兗州刺史"。《寶刻叢編》卷一〇引《復齋碑録》有《唐兗州都督于知微碑》，唐姚崇撰，正書，無姓名，開元七年六月三日立。又見《寰宇訪碑録》卷三。

盧齊卿　　景龍中

《舊書·王希夷傳》："更居兗州徂徠山中，與道士劉玄博爲棲遁之友……景龍中，年七十餘，氣力益壯。刺史盧齊卿就謁致禮，因訪以字人之術。"《新書·王希夷傳》《大唐新語》卷一〇略同。《元龜》卷六八七："盧齊卿爲兗州刺史，王希夷隱於徂徠山，齊卿就謁致禮，因訪以字人之術。"

獨孤仁政　　景雲元年？（710？）

《中州金石目》卷二《行兗州都督獨孤仁政碑》："景雲二年二月，劉待賈撰，劉珉正書。"

宋　璟　　景雲二年(711)

《舊書》本傳："時太平公主謀不利於玄宗……乃與姚崇同奏請令公主就東都，玄宗懼，抗表請加罪於璟等，乃貶璟爲楚州刺史。無幾，歷魏、兗、冀三州刺史、河北按察使。遷幽州都督、兼御史大夫。尋拜國子祭酒，兼東都留守。"《新書》本傳略同。《全文》卷三四三顏真卿《有唐開府儀同三司行尚書右丞相上柱國贈太尉廣平文貞公宋公（璟）神道碑銘》："鎮國太平長公主潛謀廢立……繇是貶楚州刺史……復拜銀青，歷魏、兗、冀三州。"又見《金石録》卷二八《唐宋璟碑跋》。

崔日用　　景雲二年(711)

《舊書》本傳："歷婺、汴二州刺史、兗州都督、荆州長史。因入奏事，言：太平公主謀逆有期。"《新書》本傳略同。《金石萃編》卷五三《岱嶽觀碑》："大唐景雲二年歲次辛亥八月癸卯朔十四日景辰，蒲州丹崖觀上座吕皓仙奉今年閏六月十九日敕，往東嶽及萊州東海投龍……宣義郎行瑕丘縣丞裴遇等奉都督齊國公崔處分，令此起居呂尊師，時屬仲秋，謹題斯記。"按"齊國公崔"即崔日用。

陽　嶠　　約先天中(712)

《舊書》本傳："睿宗即位，拜尚書右丞。時分建都督府以統外臺，精擇良吏，以嶠爲涇州都督府，尋停不行。又歷魏州刺史，充兖州都督、荆州長史，爲本道按察使，所在以清白聞。"又見《元龜》卷六八三。《新書》本傳未及。按景雲二年陽嶠在魏州刺史任。

喬　侃　　開元初

《舊書》本傳："侃，開元初爲兖州都督。"又見《唐詩紀事》卷六沈佺期。

蘇　詵　　約開元三年前後(約715前後)

《廣記》卷三五八引《廣異記》："天寶末，長安有馬二娘者，善於考召。兖州刺史蘇詵與馬氏相善，初詵欲爲子萊求婚盧氏……馬氏乃於佛堂中結壇考召……天寶末，萊至永寧令，死於禄山之難。"按《金石録》卷五有《唐徐州刺史蘇詵碑》，開元七年立。則《廣記》稱"天寶末"誤，當爲開元初事。兩《唐書》本傳未及兖州都督。

韋元珪　　約開元六年—九年(約718—721)

《舊書·后妃·肅宗韋妃傳》："父元珪，兖州都督。"又《韋堅傳》："父元珪……開元初，兖州刺史。"《元龜》卷六五八："劉知柔開元中爲河南道巡察使，奏……兖州刺史韋元珪……等清白可陟之狀。"《全文》卷二六二李邕《兖州曲阜縣孔子廟碑并序》："兖州牧京兆韋君元珪。"《金石萃編》卷七二稱：大唐開元七年歲在己未十月乙酉朔十五日己亥建。又卷五三《岱嶽觀碑》："歲六月，我皇有意於神仙，敕使正議大夫内給事梁思陀……等與道士任無名於東嶽太山投龍……都督韋君仰祗帝命……開元八年歲次庚申七月壬子朔廿日辛未畢此功也。"《金石録》卷五："《唐兖州刺史韋府君遺愛頌》，狄光時撰，張庭珪正書，開元十年十一月。”《山東通志》卷一五二《金石存目》：“《唐兗州刺史韋元珪遺愛頌》，開元九年，兗州。”

陳　憲　　約開元十年（約 722）

《全文》卷九九五闕名《陳憲墓誌銘》：“又出爲兗州都督，入拜衛尉少卿，復工部侍郎，又出爲蒲州刺史，入拜太子右庶子……以開元十三年九月廿五日薨。”

韋元琰　　開元中

《長安志》卷九永嘉坊：“東門之南，侍中張文瓘宅。宅東，兗州都督韋元琰宅。”注：“薛王妃父。”

崔　球　　開元中

《全文》卷六三八李翱《皇祖實錄》：“公諱楚金，諡議詔第二子……夫人清河崔氏，父球，兗、鄆、懷三州刺史。”按崔球乃崔神慶子，武后時相崔神基之姪，當仕於開元中。

蘇　倜　　開元中

《新表四上》趙郡蘇氏：“倜，兗州刺史。”其父蘇味道，相武后；其弟蘇俛，仕於開元中。

鄭　溥　　開元中

《古刻叢鈔·故右内率府兵曹鄭君（準）墓誌銘并序》：“王父溥，尚書右部郎中，歷青、邢、相、衛、兗、幽、懷七州刺史，入爲左庶子。”準卒大和四年，六十三歲。按《英華》卷三九五蘇頲《授鄭溥殿中侍御史等制》稱“奉議郎行監察御史鄭溥等”，則鄭溥當於開元中刺兗。又按《新表五上》鄭氏：“溥，左庶子。”

崔　瑶　　約開元末期

《隋唐五代墓誌匯編·洛陽卷》第十一册《唐故光禄卿崔公

(瑤)墓誌銘并序》(天寶八載十月二十三日)："除宣州刺史,内憂去職,制闕轉兗府都督,又移睦州刺史……拜光禄卿。"天寶八載九月廿五日卒,享年七十二。

柳　絳?　　開元末?

《全文》卷三七三蘇源明《自舉表》："伏奉今年正月五日制,詣闕自舉……伏惟開元神武皇帝陛下道密旒扆……縣令臣柳國狀臣於編户之中,刺史臣柳絳諭臣以明制之意。"據《新書·蘇源明傳》,源明京兆武功人,寓居徐、兗間,天寶間進士及第。疑柳絳乃兗州刺史。

李庭誨　　天寶元年(742)

《金石萃編》卷八五《兗公頌》："都督李庭誨命縣令張之宏撰頌……天寶元年四月廿三日建。"《全文》卷三六五張之宏《兗公頌》稱"都督渤海李公諱庭誨"。按《郎官柱》金部員外有李庭誨,在鄭少微、馮紹烈後,孔眘言、姜昂前。

敬　誠　　天寶初

《姓纂》卷九平陽敬氏："誠,魯郡太守,右威武大將軍。"按《新表五上》敬氏："誠,右衛大將軍。"又按敬誠開元二十六年由台州刺史遷越州都督,二十七年改盧州刺史,見《會稽掇英總集·唐太守題名》。

李　浦(李琬、李俌、李輔)　　天寶八載(749)

《李太白文集》卷三〇《虞城縣令李公去思頌碑并序》："父浦,鄆、海、淄、唐、陳五州刺史,魯郡都督,廣平太守。"又卷二九《崇明寺佛頂尊勝陀羅尼幢頌并序》："我太官廣武伯隴西李公,先名琬,奉詔書改爲輔(浦)……五鎮方牧,聲聞於天,帝乃加剖竹於魯,魯道粲然可觀……有律師道宗……以天寶八載五月一日示滅大寺……太官李公乃命門於南,垣廟通衢。"

韋南金　　約天寶十載(約751)

《姓纂》卷二京兆諸房韋氏:"南金,兗州都督。"按韋南金天寶五載自台州刺史遷睦州刺史;八載自睦州遷湖州,又遷梁州;其爲兗州都督約在十載前後。

李　蘭　　天寶十二載(753)

《新書·蘇源明傳》:"出爲東平太守……詔河南採訪使會濮陽太守崔季重、魯郡太守李蘭、濟南太守田琦及源明、〔李〕俊五太守議於東平,不能決。"《唐詩紀事》卷一九蘇源明:"天寶十二載,源明守東平,宴濮陽守崔季重、魯郡李蘭、濟南田琦、濟陽李俊于洄源亭,爲小洞庭五太守讌集。"《全詩》卷二五五蘇源明有《小洞庭洄源亭宴四郡太守詩并序》。

韓擇木　　天寶十四載(755)

《舊書·張建封傳》:"安祿山反,令僞將李庭偉率蕃兵脅下城邑,至魯郡,太守韓擇木具禮郊迎,置於郵館,〔張〕玠率鄉豪張貴、孫邑、段絳等集兵將殺之。"《新書·張建封傳》略同。按至德末韓擇木爲刑部侍郎兼御史中丞,見《舊書·刑法志》。上元元年爲禮部尚書,見《舊書·肅宗紀》。

能元皓　　上元元年—寶應元年(760—762)

《通鑑·上元元年》:"十二月,兗鄆節度使能元皓擊史思明兵,破之。"《元龜》卷四三四稱"能元皓爲兗州刺史"。《舊書·肅宗紀》:上元二年四月,"兗州刺史能元皓並奏破賊"。又見《通鑑·上元二年》四月。按《新書·方鎮表二》:乾元二年,"升鄆、齊、兗三州都防禦使爲節度使,治兗州"。寶應元年,"廢兗鄆節度。以兗、鄆、濮、徐四州隸河南節度,登、萊、沂、海、泗隸淄青平盧節度"。《千唐誌·唐故朝散大夫試光祿寺丞譙郡能府君(政)墓誌銘并序》(長慶三年十二月十日):"烈祖諱元皓,開府儀同三司檢校禮部尚書兗鄆節度使譙國公。"政卒長慶三年,春秋六十四。北圖藏拓片《唐故女道士前永穆觀主能師誌銘并序》（大和四年十月二十日）："祖元皓，皇禮部尚書、淄青兖鄆等八州節度使。"能師卒大和四年，年六十三。按《通鑑·上元二年》："六月甲寅，青密節度使能元皓敗史朝義將李元遇。"胡三省注："'青密'恐當作'兖鄆'。"是。又《寶應元年》：建寅月"戊申，平盧節度使侯希逸於青州北渡河而會田神功、能元皓於兖州"。

田神功　　寶應元年—廣德元年（762—763）

《新書》本傳："俄而禽〔劉〕展送京師，遷淄青節度使。會侯希逸入青州，更徙兖鄆……進封信都郡王，徙河南節度、汴宋八州觀察使。"《舊書》本傳未及。《全文》卷三三八顏真卿《有唐宋州官吏八關齋會報德記》："〔田神功〕討劉展於潤州，斬平之，遷徐州刺史。明年，拜淄青節度使。屬侯希逸自平盧至，公以州讓之……充兖鄆節度……廣德元年，授户部尚書，封信都郡王……二年，拜汴宋節度。"按寶應元年五月，侯希逸爲平盧淄青節度使，見《通鑑》。

張日昌　　大曆初

《全文》卷四三七李陽冰《龔邱縣令庾公（賁）德政碑頌并序》："於是齊魯丕變，井閭咸復。三載考績，一方歸最。都督兼侍御史清河張公日昌，牧伯之賢也……大曆中，邑老彭滔等三十五人，以公撫柔之大，咸願刻石褒美，申於元戎，元戎允答。"

孟休鑒　　大曆八年（773）

《全文》卷四五八裴孝智《文宣王廟新門記》："刺史孟公休鑒，德潤尊師，道肥希聖，研精百代，□□□言。夜火非官曹之燭，春桑無附枝之詠。判官郡功曹盧曈，以文發身，以清檢物……於是孟公首之，盧公翊之，因命縣大夫兼大（闕五字）裴公新其南門，書時也。公名有象，育元含貞……不腆之文，俾刊永貞之石，時大曆八年十二月一日也。"《全詩》卷二四三韓翃有《贈兖州孟都督》《祭嶽回重贈孟都督》等。

劉好順　　大曆十二年前（777 前）

《金石録》卷八第一千五百十八：“《唐兗州都督劉好順碑》，梁秉撰，元訥正書，盧曉八分題額，大曆十二年四月。”

辛巢父　　大曆中

《全詩》卷二七四戴叔倫《暮春遊長沙東湖贈辛兗州巢父二首》。又有《同辛兗州巢父盧副端岳相思獻酬之作因抒歸懷兼呈辛魏二院長楊長寧》，一作戎昱詩。按盧嶽大曆中在湖南韋之晉、辛京杲幕，見《全文》卷七八四穆員《陝虢觀察使盧公（嶽）墓誌銘》。

李惟誠　　約貞元初

《舊書》本傳：“入仕於鄆州，爲李納營田副使。歷兗、淄、濟淮四州刺史，竟客死東平。”《新書》本傳僅云“四爲州刺史”。按李納自建中二年至貞元八年爲鄆州節度。

任　要　　貞元十四年（798）

《金石萃編》卷五三《岱嶽觀碑·任要等祭嶽記并詩》：“檢校尚書駕部郎中使持節都督兗州諸軍事兼兗州刺史侍御史充太州團練使任要，貞元十四年正月十一日立春祭嶽，遂登太平頂宿，其年十二月廿二日立春再來致祭。”又見《唐文拾遺》卷二三。《全詩》卷八八七任要《臘月中與韋户曹遊發生洞裴回之際見雙白蝙蝠三飛洞門時多異之同爲口號》注：“貞元十四年。”

王　僚　　元和三年（808）

《宋高僧傳》卷一〇《唐沂州寶真院光瑤傳》：“後到沂水蒙山，結草成庵，怡然宴坐……時慎邑大夫知重，首創禪宮；次兗州節度使王僚尚書躬請入州行化，奏著額號寶真。學侶憧憧，多霑其利。元和三年示滅，享年九十二云。”

陸　亘　　約元和末

《舊書》本傳：“其後入爲户部郎中、祕書少監、太常少卿，歷刺兗、蔡、虢、蘇四郡，遷越州刺史浙東團練觀察等使。"《新書》本傳略同。
按元和二年陸亘博通墳典達於教化科及第，見《會要》卷七六。大和
三年陸亘由蘇州刺史遷浙東觀察。

曹　華　　元和十五年—長慶二年(820—822)

　　《舊書·憲宗紀下》：元和十五年正月"丙戌，沂海四州觀察使府
移置於兖州，改觀察使曹華爲兖州刺史"。又本傳："朝廷遂授華左散
騎常侍、沂州刺史、沂海兖觀察使……華惡沂之地褊，請移理於兖，許
之……及鎮州軍亂，殺田弘正，華表請以本軍進討，就加檢校工部尚
書，升兖海爲武寧節度，賜之節鉞……〔李〕夰平，以功加檢校尚書右
僕射。以河朔拒命，移華爲滑州刺史、義成軍節度使。"《新書》本傳略
同。《舊書·穆宗紀》：長慶二年正月"庚子，以兖沂密觀察使曹華爲
節度使"。八月，"以兖海沂密節度使曹華爲滑州刺史，充義成軍節
度、鄭滑潁等州觀察等使"。按《太平寰宇記》卷二一兖州萊蕪縣謂：
元和十四年六月，兖海節度使曹華奏請併入乾封縣；《舊書·地理志
一》、《會要》卷七〇作元和十七年，均誤。《新書·地理志二》作元和
十五年，是。

高承簡　　長慶二年—三年(822—823)

　　《舊書·穆宗紀》：長慶二年八月，"以宋州刺史高承簡爲兖州刺
史、兖海沂密等州節度使"。又本傳："授承簡檢校左散騎常侍、兖海
沂密等州節度觀察處置等使。俄遷檢校工部尚書、義成軍節度、鄭滑
潁等州觀察處置等使。"《新書》本傳略同。又見《元龜》卷一二八。
《全文》卷七二四崔郾《唐義成軍節度鄭滑潁等州觀察處置等使……
使持節滑州諸軍事兼滑州刺史……高公(承簡)德政碑并序》："遂遷
於宋……鎮於魯邦……寒暑一換，報功義寧，旌政進秩，乃之兹土。"

王　沛　　長慶三年—寶曆元年(823—825)

　　《舊書》本傳："李夰反，詔沛兼忠武節度副使，率師討夰。夰平，
加檢校右散騎常侍，行兖海沂密節度、觀察等使。"《新書》本傳略同。

《舊書·敬宗紀》：寶曆元年七月，"以兗海節度使王沛爲許州刺史、忠武軍節度使"。

張茂宗　　寶曆元年—大和元年(825—827)

《舊書·敬宗紀》：寶曆元年七月"癸丑，以右金吾衛大將軍張茂宗爲兗海沂密節度使"。又本傳："長慶二年，檢校工部尚書，兼兗州刺史、御史大夫，充兗海沂節度等使，加檢校兵部尚書。"按"長慶二年"下當有脫文。《新書》本傳："寶曆初，遷兗海節度使。終左龍武統軍。"是。

【李同捷　　大和元年(827)(未之任)】

《舊書·文宗紀上》：大和元年五月丙子，"以前攝橫海軍節度副使、檢校國子祭酒、侍御史李同捷檢校左散騎常侍，兼兗州刺史，充兗海沂密等州節度使"。七月，"李同捷除兗海，不受詔"。《通鑑·大和元年》同。又見兩《唐書》本傳，《元龜》卷一七七。

張茂宗　　大和元年—四年(827—830)

《舊書·文宗紀上》：大和元年八月"庚子，詔削奪李同捷在身官爵，復以張茂宗爲兗海沂密節度使"。又本傳："大和五年，入爲左金吾衛大將軍，充左衛使，轉左龍武統軍卒。"

庾承宣　　大和四年—六年(830—832)

《舊書·文宗紀下》：大和四年十一月"癸巳，以左丞康(庾)承宣爲兗海沂密等州節度使"。按大和七年二月庾承宣以吏部侍郎爲太常卿。見《文宗紀下》。

李文悦　　大和六年—八年(832—834)

《舊書·文宗紀下》：大和六年七月"癸丑，以前靈武節度使李文悦爲兗海沂密節度使"。八年三月"癸酉，充兗海節度使李文悦卒"。《樊南文集》卷一《代安平公(崔戎)遺表》稱："前使李文悦。"

崔　戎　　大和八年（834）

《舊書·文宗紀下》：大和八年三月“丙子，以右丞李固言爲華州刺史，代崔戎；以戎爲兗海觀察使”。六月“庚子，兗海觀察使崔戎卒”。按《舊書》本傳謂“理兗一年”，《新書》本傳謂“至兗州……歲餘卒”，均誤。又按《樊南文集》卷一有《爲安平公謝兗海觀察使表》，《玉溪生詩集》有《安平公》詩，皆指崔戎。《新表二下》博陵安平大房崔氏：“戎字可大，兗海觀察使、安平縣公。”北圖藏拓片《唐故朝議郎河南府壽安縣令賜緋魚袋渤海高府君（瀚）墓誌銘并序》（大中十年五月二十四日）：“夫人博陵崔氏……皇兗海觀察使贈禮部尚書諱戎之女。”

崔　杞　　大和八年—約開成二年（834—約 837）

《舊書·文宗紀下》：大和八年六月“戊申，以將作監、駙馬都尉崔杞爲兗海沂密觀察使”。《新表二下》博陵安平第二房崔氏：“杞，駙馬都尉。”《白居易集》卷三二有《送兗州崔大夫駙馬赴鎮》詩。

張　賈　　開成二年—五年（837—840）

《舊書·文宗紀下》：開成二年七月“甲申，以太府卿張賈爲兗海觀察使”。按會昌元年張賈以鴻臚卿爲巡邊使，使察回鶻情僞，見《通鑑》。北圖藏拓片《唐故王侍御夫人南陽張氏墓誌銘并序》（開成五年二月十三日）稱：“兗海戎帥御史大夫張公。”證知開成五年尚在任。

李　批　　會昌元年（841）

《寶刻類編》卷六：《李批（注：刺史）題名》。注云：“會昌元年，兗。”按大中三年李批爲鳳翔節度，見《通鑑》。

路　異　　會昌中？

《新表五下》路氏：“異，兗州刺史。”按《姓纂》卷八京兆三原路氏作“化州刺史”，誤。又按路異大和中爲杭州刺史。《郎官柱》金部員外有路異，在崔璫後，路群前。

高承恭　　會昌六年（846）

《寶刻類編》卷六：“《高承恭題名》，會昌六年，兖。”按承恭開成元年至二年爲嶺南西道節度，會昌三年至六年爲邠寧節度，見封敖制及《舊書·武宗紀》。咸通二年至四年爲振武節度，見《全文》卷七〇懿宗制。

田　牟　　大中元年（847）

《舊書》本傳：“大中朝爲兖海節度使，移鎮天平軍。”《新書》本傳未及。《英華》卷四〇二崔璵《授張直方田牟將軍等制》稱：“前天平節度使田牟……西楚東魯，屢聞輯睦之方。”西楚指徐州，東魯疑即指兖海。

臧　某　　大中元年（847）

孔林刻石有大中元年兖州臧大夫。《山東通志》卷一五二《藝文志·金石存目》：“《唐大夫臧公謁聖記》，大中元年，曲阜。”

裴　某　　大中初期？

《全詩》卷五四四劉得仁《送雍陶侍御赴兖州裴尚書命》。按雍陶大中八年自國子《毛詩》博士出爲簡州刺史，疑作於大中初。

蕭　俶　　大中四年—六年（850—852）

《舊書》本傳：“〔大中〕四年，檢校户部尚書、兖州刺史、兖沂海節度使。復入爲太子賓客。大中十二年，以太子少保分司東都，卒。”《舊書·列女·鄭神佐女傳》：“大中五年，兖州瑕丘縣人鄭神佐女……以父戰歿邊城，無由得還，乃剪髮壞形，自往慶州護父喪還，至瑕丘縣進賢鄉馬青村，與母合葬。便廬於墳所，手植松檟，誓不適人。節度使蕭俶以狀奏之。”《元龜》作“大中六年六月兖海節度使奏”。

敬　晦　　大中七年—九年？（853—855？）

《新書》本傳：“大中中，歷御史中丞、刑部侍郎、諸道鹽鐵轉運使、浙西觀察使……徙兗州節度使，以太子賓客分司，卒，贈兵部尚書。”
按敬晦大中七年前爲浙西觀察使。《郎官柱》司封郎中有敬晦，在崔
鉉後，張□□前。

盧　某　　大中十年(856)

《唐文續拾》卷七高諷《太師中書令北平王再修文宣王廟院記》：
“昔日大中歲范陽盧公仗鉞東山，因命再葺，以今之去范陽公又六十
載……乃於天祐十三年七月十九日始修正殿。”按天祐十三年上推六
十年，當在大中十年。

劉　莒　　約大中十二年—十三年(約 858—859)

《山左金石志》卷一九崔先之《重修兗州宣聖廟碑記》(金天眷三
年十月立)：“同知泰寧軍節度使趙公謙牧作新宣聖廟於魯城之巽維，
即兗海觀察使劉公莒所卜之舊址也……粵自唐大中十三年歲次己卯
劉公始擇兹地以遷作之，更諸爽壋以就文明之方也。”

鄭　助(鄭泐)　　咸通元年—二年(860—861)

《新表五上》鄭氏：“泐，兗海節度使。”按大中八年至十一年鄭助
爲夏綏節度，十一年鄭助除邠寧節度，見《舊書·宣宗紀》。其爲兗海
時間，吳氏《方鎮年表》列於咸通元、二年，姑從之。

焦　軫　　咸通中？

《九國志·焦彥賓傳》：“父軫，唐兗海節度使。彥賓少聰敏，多智
略，事後唐武皇。”則焦軫疑仕於咸通中。

鄭漢璋　　咸通九年(868)

《金石補正》卷六三《文宣王廟新門記》碑陰題名：“兗海沂密等州
節度觀察使兼御史大夫鄭漢璋，咸通九年八月廿九日。”《山東通志》
卷一五二《金石存目》：“《唐鄭漢璋題名》，咸通九年，曲阜。”按《舊
書·宣宗紀》：大中十二年二月，“以前右金吾衛將軍鄭漢璋、前鴻臚

少卿鄭漢卿,並起復授本官,國舅光之子也"。

曹　翔　　咸通九年—十三年(868—872)

《新書·康承訓傳》:"始,帝以〔王〕宴權故智興子,節度武寧,欲以怖賊。及是,返爲賊困,不敢戰,乃更以隴州刺史曹翔爲兗海節度,北面都統招討使,屯滕、沛。"《通鑑·咸通九年》:十二月,"朝廷命泰寧節度使曹翔代〔王〕晏權爲徐州北面招討使"。《考異》引《彭門紀亂》曰:"王晏權數爲賊所攻,雖不敗傷,亦時退縮。朝廷復除隴州牧曹翔領兗海節度使,充北面都統招討等使。"《寶刻類編》有《兗州宣聖廟記》,曹翔撰,咸通十年。按《舊書·懿宗紀》:咸通十年十月,"以右武衛大將軍、徐州東南面招討使曹翔檢校兵部尚書,兼徐州刺史、御史大夫、徐泗濠團練防禦等使"。吳氏《方鎮年表》兗海下列曹翔自咸通九年至十三年,蓋是時曹翔以兗海兼徐州。《隋唐五代墓誌匯編·河南卷·唐故譙郡曹府君(謙)墓誌銘并序》(咸通十二年五月二日):"今泰寧節度以府君骨肉之分,追慕前修,力謀遷祔。"證知咸通十二年在任。

崔　某　　乾符中

《廣記》卷一○八引《報應記》:"乾符中,兗州節度使崔尚書,法令嚴峻,嘗有一軍將衙參不到,崔大怒,令就衙門處斬。"

齊克讓　　乾符三年(876)

《舊書·僖宗紀》:乾符三年正月,"以左金吾衛大將軍、右街使齊克讓檢校兵部尚書,兼兗沂海等州節度使"。

李　係　　乾符五年—六年(878—879)

《舊書·僖宗紀》:乾符五年"三月,王鐸奏兗州節度使李係爲統府左司馬,兼潭州刺史,充湖南都團練觀察使"。《通鑑·乾符六年》:五月,"泰寧節度使李係,晟之曾孫也,有口才而實無勇略,王鐸以其家世良將,奏爲行營副都統兼湖南觀察使"。

齊克讓　　乾符六年—光啓元年(879—885)

《舊書·黃巢傳》：“乾符中……及仙芝盜起，時議畏之。詔左金吾衛上將軍齊克讓爲兗州節度使，以本軍討仙芝。”《通鑑·廣明元年》：七月，“泰寧節度使齊克讓屯汝州，以備黃巢”。知廣明元年克讓已在兗州。《舊書·僖宗紀》：光啓元年五月，“以克讓檢校司徒，兼定州刺史、御史大夫，充義武節度觀察、北平軍等使”。《通鑑·光啓元年》：五月，“以泰寧節度使齊克讓爲義武節度使”。

【王重榮　　光啓元年(885)（未之任）】

《舊書·僖宗紀》：光啓元年“五月，制以河中節度使、檢校司徒、同平章事、河中尹、上柱國、琅邪郡王王重榮爲檢校太傅、同平章事，兼兗州刺史、兗沂海節度觀察處置等使，代齊克讓”。《通鑑·光啓元年》五月略同。《新書》本傳：“〔田〕令孜徙重榮兗海節度使……重榮上書劾令孜離間方鎮。”《新五代史·唐莊宗紀上》：光啓元年，“徙重榮兗州……重榮既不肯徙，僖宗遣邠州朱玫、鳳翔李昌符討之”。

齊克讓　　光啓元年—二年(885—886)

《舊書·朱瑾傳》：“初，乾符末，朝廷以將軍齊克讓爲兗州節度，瑾將襲取之，乃求婚於克讓。及親迎，瑾選勇士衛從，禮會之夜竊發，逐克讓，遂據城稱留後。”《通鑑·光啓二年》：“是歲，天平牙將朱瑾逐泰寧節度使齊克讓，自稱留後。”又見《新書·僖宗紀》《舊五代史·朱瑾傳》《新五代史·朱宣傳》。

朱　瑾　　光啓二年—乾寧四年(886—897)

《舊書》本傳：“逐克讓，遂據城稱留後。朝廷不獲已，以節鉞授之。及朱瑄平，汴人移兵攻兗，經年食盡……乃渡淮依楊行密。”《新五代史·梁太祖紀上》：乾寧四年，“遂攻兗州，朱瑾奔於淮南。以葛從周爲兗州留後”。又見《舊五代史》本傳，《新五代史·朱宣傳》，兩《五代史·梁太祖紀》，《元龜》卷一八七，《通鑑·光啓二年》。

***趙　犨**　　文德元年(888)

《舊五代史》本傳：“文德元年，蔡州平……以犨檢校司徒、充泰寧軍節度使，又改浙西節度使。不離宛丘(陳州)，兼領二鎮。”

葛從周　　乾寧四年—天祐二年(897—905)

《舊書·昭宗紀》：乾寧四年十月，“朱全忠遣其將權徐州兵馬留後龐師古、兖州留後葛從周率兖、鄆、曹、濮、徐、宿、滑等兵士七萬渡淮討楊行密”。十一月，“以檢校司空、權知兖州兵馬事葛從周爲兖州刺史，充泰寧軍節度使”。又《哀帝紀》：天祐二年二月，“泰寧軍節度、檢校司空、兖州刺史、御史大夫葛從周檢校司徒、兼右金吾上將軍致仕，從周病風，不任朝謁故也”。又見《通鑑·乾寧四年》，《新五代史·劉鄩傳》，兩《五代史》本傳，《元龜》卷一八七。《全文》卷八四〇韓儀有《授葛從周兖州節度使制》。又卷八三三錢珝有《泰寧軍節度使葛從周母廣平郡太君宋氏進封廣平郡太夫人制》。

劉仁遇　　天祐二年—四年(905—907)

《舊書·哀帝紀》：天祐二年四月“丙午，前棣州刺史劉仁遇檢校司空，兼兖州刺史、御史大夫，充泰寧軍節度使”。

待考録

陶貞益

《廣記》卷四四八：“唐兖州李參軍拜職赴上，途次新鄭逆旅，遇老人讀《漢書》，李因與交言，便及姻事。老人問先婚何家，李辭未婚。老人曰：‘君名家子，當選婚好。今聞陶貞益爲彼州都督，若逼以女妻君，君何以辭之？陶李爲婚，深駭物聽，僕雖庸劣，竊爲足下羞之。今去此數里，有蕭公是吏部璿之族，門地亦高，見有數女，容色殊麗。’李聞而悦之，因求老人紹介於蕭氏。”

卷七〇　沂州（琅邪郡）

武德四年平徐圓朗，置沂州。天寶元年改爲琅邪郡。乾元元年復爲沂州。領縣五：臨沂、費、承、沂水、新泰。

楊令本　　武德或貞觀中？

《全文》卷四一玄宗《楊珣碑》："大父令本，庫部郎中，□、沂、□三郡守，講信修睦，不隕厥問。"據《舊書‧后妃‧玄宗楊貴妃傳》，令本乃楊貴妃之高祖。疑令本約仕於武德、貞觀中。

李道遷　　約貞觀十四年（約 640）

《全文》卷一五一許敬宗《賀富平縣龍見表》："又得沂州刺史李道遷狀云：去年二月内景雲出。"按同卷許敬宗《賀杭州等龍見并慶雲朱草表》稱："伏見杭州刺史潘求仁表稱：於錢唐縣界見青龍一；又江州刺史左難當稱：尋陽縣界見青龍二；又得汝州及沂州狀稱：所部各有慶雲見；又延州刺史席辨稱：臨貞縣界有朱草生。"當爲同時之作。《元龜》卷二四稱：貞觀十四年九月杭州刺史言青龍見。則李道遷爲沂州刺史亦當在貞觀十四年前後。

徐孝德　　約貞觀中

景宋鈔本《寶刻叢編》卷一引《集古録目》有《唐刺史徐孝德清德頌》，唐將仕郎葛玄暉撰。云："君名孝德，字順孫，高平昌邑人，嘗爲沂州刺史，後終於果州刺史，而沂州人爲立此碑，以顯慶五年立。"按

《舊書·徐齊聃傳》:"父孝德,以女爲才人,官至果州刺史。"《新書·后妃·太宗賢妃徐惠傳》謂父孝德,貞觀中擢水部員外郎。又按《姓纂》卷二長城徐氏謂"孝德,唐水部郎中"。張九齡《徐文公神道碑》謂"孝德,唐果州刺史"。

馬　某　　顯慶五年(660)

《金石萃編》卷五三《平百濟國碑》:"左一軍總管、使持節沂州刺史、上柱國、馬□□□□□之□□□□。"顯慶五年八月十五日建。又見《全文》卷二○○。

李　煒　　永隆元年(680)

《舊書·李惲傳》:"子煒嗣,歷沂州刺史,垂拱中爲則天所害。"《新書·李惲傳》未及煒刺沂事。《通鑑·永隆元年》:"冬,十月壬寅,蘇州刺史曹王明,沂州刺史嗣蔣王煒,皆坐故太子賢之黨,明降封零陵郡王,黔州安置;煒除名,道州安置。"

楊守愚　　高宗末

《唐長安城郊隋唐墓·〔大〕周朝散大夫行定王府掾獨孤府君故夫人楊氏墓誌銘并序》:"祖纂,唐尚書左、右丞,吏部侍郎,太常少卿,銀青光禄大夫行雍州長史,太僕卿,度支、户部兩司尚書,柱國,長平公,贈幽易嬀檀燕平六州諸軍事幽州刺史,諡曰敬。父守愚,唐宣州司馬,定、汾二州長史,沂州刺史,皇朝并州大都督府司馬,雍州長史兼文昌左丞,平原公。"夫人卒垂拱三年,年三十二。長安三年遷葬。

李　琮　　垂拱初

《全文》卷二三○張説《贈陳州刺史義陽王(琮)神道碑》:"弱冠拜歸州刺史,又守檀州,又撫沂州……遭王運中微,投於南海……某年月日遭六道酷史,薨於桂林之野。春秋五十。"《舊書·李慎傳》:"次子沂州刺史義陽王琮……等五人,垂拱中並遇害,家屬徙嶺南。"

劉仁景　　約永昌元年(約 689)

《全文》卷二五七蘇頲《司農卿劉公神道碑》："豫、博之連謀也……拜公爲齊州長史以鎮之。難平,轉沂、鄜二州諸軍事二州刺史……遷將作監。尋加銀青光禄大夫、司僕卿。"後又以羽林將軍平節愍太子之難。按"豫博連謀"指豫州刺史李貞與其子博州刺史李冲之亂,事在垂拱四年八月。同年九月平。又按《舊書·劉弘基傳》:"從子仁景,神龍初官至司農卿。"又《節愍太子從俊傳》稱:"召左羽林將軍劉仁景等。"證知此"司農卿劉公"當即劉仁景。

韋承慶　　長壽中

《舊書》本傳:"長壽中,累遷鳳閣舍人……尋坐忤大臣旨,出爲沂州刺史。未幾,詔復舊職。"《新書》本傳略同。按《姓纂》卷二襄陽韋氏謂"承慶,鳳閣侍郎,平章事"。景宋鈔本《寶刻叢編》卷一引《集古録目》有《唐韋使君頌》,唐當涂縣丞王待徵撰,不著書人名氏,韋使君名承慶,字延休,京兆杜陵人,自沂州刺史入爲鳳閣舍人。《隋唐五代墓誌匯編·陝西卷》第三册《大唐故黄門侍郎兼修國史贈禮部尚書上柱國扶陽縣開國子韋府君(承慶)墓誌銘并序》(神龍二年十二月二十四日):"雖惟允樞揆,而有誤權豪,尋出爲沂州刺史。則天皇帝提衡宅海……特降恩敕,追還,正除中書舍人。"

馮　岡　　約武后時

《隋唐五代墓誌匯編·北京大學卷》第二册《唐故定遠將軍守右領軍衞潞州八大諫府折衝都尉馮公(術)墓誌銘并序》(大曆十二年十月二十八日):"曾祖岡,大中大夫守沂州刺史。祖濤,光州别駕。父均,幽州范陽縣尉。君即范陽第二子也。"大曆十二年卒,年五十四。

李　志　　約武后時

《新表二上》趙郡李氏東祖房:"志,沂州刺史。"乃隋獲嘉丞李孝端孫。

高玄景　　武后時？

《新表一下》高氏：“玄景，沂州刺史。”乃北齊高祖神武皇帝高歡玄孫。

翁義恪　　神龍元年前（705前）

景宋鈔本《寶刻叢編》卷一引《集古録目》：“《唐翁公浮圖碑》，唐潮州武康縣主簿王待徵撰，不著書人名氏。翁公名義恪，字敬玄，杭州鹽官人，爲沂州刺史……碑以神龍元年立。”按《姓纂》卷一翁氏有“比部郎中翁恪”。

劉　軫　　中宗時？

《全文》卷五三八裴度《劉府君（太真）神道碑銘并序》：“曾祖軫，皇沂州刺史。”太真卒貞元八年，春秋六十八。疑劉軫仕於中宗時。

郭山惲　　延和元年（712）

《元龜》卷五二〇：“玄宗踐祚，〔倪〕若水劾奏〔祝〕欽明、〔郭〕山惲……於是左授欽明饒州刺史，山惲沂州刺史。”按兩《唐書》本傳皆謂景雲初倪若水劾奏。《舊書》本傳謂“景雲中左授括州長史”，《新書》本傳謂貶括州刺史。姑兩存之。

顏元孫　　開元四年（716）

《全文》卷三四一顏真卿《朝議大夫守華州刺史上柱國贈祕書監顏君（元孫）神道碑銘》：“玄宗登極，同列皆遷中書舍人，君讓范陽盧俌，俄爲琚等所擠，出爲潤州長史，遷滁州刺史，按察使王志愔以清白名聞，拜沂州。志愔娶於顏餘慶，以男求婚，君拒之，遂誣奏請降階奪禄。”按王志愔開元四年爲揚州大都督府長史、按察使。又見同卷《祕書省著作郎夔州都督長史上護軍顏公（勤禮）神道碑》、卷三三九《晉侍中右光禄大夫本州大中正西平靖侯顏公大宗碑》、卷三四〇《唐故通議大夫行薛王友柱國贈祕書少監國子祭酒太子少保顏君碑銘》。

北圖藏拓片大曆九年正月刻《干禄字書》稱："朝議大夫滁、沂、豪三州刺史上柱國贈祕書監顔元孫撰。"

陸餘慶　開元四年(716)

《廣記》卷三二八引《御史臺記》："陸餘慶，吳郡人……主睿宗輻車不精，出授沂州刺史。"兩《唐書》本傳未及。按睿宗卒於開元四年。

李　福　開元中？

《柳河東集》卷一〇《故嶺南鹽鐵院李侍御墓誌》："天寶中，詔李氏由涼武昭王以下皆得籍宗正，故沂州刺史福以姑臧人，附屬於寧、岐爲族。"

蘇　韀　約天寶前期

《姓纂》卷三鄴西蘇氏："韀，琅邪太守。"按《新表四上》蘇氏："韀，驍衛將軍。"其父琛，廣州都督，乃中宗、睿宗時宰相蘇瓌之弟。韀爲蘇頲從弟。

房　琯　天寶八載前後(749前後)

《舊書》本傳："坐與李適之、韋堅等善，貶宜春太守。歷琅邪、鄴郡、扶風三太守。"《新書》本傳略同。按天寶十三載房琯在扶風太守任，見《通鑑》。

許誠言　約天寶末

《廣記》卷三三二引《紀聞》稱"琅邪太守許誠言"。又卷四六六："唐王旻之在牢山，使人告琅邪太守許誠言曰：貴部臨沂縣其沙村，有逆鱗魚，要之調藥物，願與太守會於此。"又卷四九四："許誠言爲琅邪太守，有囚縊死獄中，乃執去年修獄典鞭之。"按《姓纂》卷六安陸許氏有"戒言，太僕卿，右武衛大將軍"。《英華》卷三九七賈至有《授金吾大將軍許誠言檢校太僕卿制》。

陸　廣　　約肅宗時

《姓纂》卷一〇陸氏："廣，沂州刺史。"《新表三下》陸氏同。按其父象先，開元初宰相。其弟偃，永泰中泉州刺史。

鄭　旴　　約廣德、永泰間

《新書·鄭雲逵傳》："父旴，爲鄖城尉……擢北海尉。安禄山反，縣民孫俊驅市人以應，旴率衆擊殺之。改登州司馬。李光弼表爲武寧府判官，遷沂州刺史，諭降賊李浩五千人。終滁州刺史。"《白居易集》卷四二《故滁州刺史贈刑部尚書滎陽鄭公墓誌銘》："太尉李公光弼鎮徐州，奏公爲節度判官，改太子左諭德。屬海州、沂州饑，盜賊起，詔除沂州刺史，充海、密、沂三州招討使。"按李光弼廣德年間在徐州，見兩《唐書·李光弼傳》，鄭旴爲武寧判官，約在寶應至廣德年間，除沂刺約在廣德、永泰間。

馬萬通　　建中二年（781）

《舊書·李洧傳》："〔李〕正己用爲徐州刺史。正己死，子納犯宋州，洧以其州歸順，加御史大夫……初，洧遣攝巡官崔程奉表至京師，令口奏并白宰相：'徐州恐不能獨當賊，若得徐、海、沂三州節度都團練使，即必立功。況海、沂兩州，亦並爲賊納所據，非國家州縣。其刺史王涉、馬萬通等，洧並素與之約，若有詔命，冀必成功。'"又見《通鑑·建中二年》十月。《新書·李洧傳》未及馬萬通名。

翟　濟　　建中三年（782）

《新書·李洧傳》：弟淡，"陰約〔李〕納攻徐〔州〕爲内應，并説滕將翟濟，濟執以聞。擢濟沂州刺史"。《元龜》卷一三四："建中三年，徐帥〔李洧〕卒……洧弟淡……使人……説滕將翟濟同叛，濟表奏之，詔以濟兼沂州刺史。"

李　某　　貞元中？

《全文》卷五三二李觀《與處州李使君書》："處州使君移病屆此，

曾歷京尹、琅邪大夫，觀曩固聞矣。"

王　遂　　元和十四年(819)

《舊書・憲宗紀下》：元和十四年三月己丑，"以淄青四面行營供軍使王遂爲沂州刺史，充沂海兗密等州都團練觀察等使"。七月，"沂州軍亂，殺節度使王遂"。又本傳："時分〔李〕師道所據十二州爲三鎮，乃以遂爲沂州刺史、沂兗海等州觀察使……牙將王弁乘人心怨怒，十四年七月，遂方宴集，弁謀集其徒，害遂於席。"《新書》本傳略同。《新表二中》王氏："遂，沂海觀察使。"又見《元龜》卷四三七。

曹　華　　元和十四年—十五年(819—820)

《舊書・憲宗紀下》：元和十四年七月"甲辰，以棣州刺史曹華爲沂州刺史，充沂海兗密等州都團練觀察使"。又本傳："王遂爲沂兗海觀察使，褊刻不能馭衆，爲牙將王弁所害，朝廷遂授華左散騎常侍、沂州刺史、沂海兗觀察使……華惡沂之地褊，請移理於兗，許之。"《新書》本傳略同。又見《元龜》卷四〇一，《通鑑・元和十四年》七月、《元和十五年》正月。

王智興　　元和十五年—長慶元年(820—821)

《舊書》本傳："〔元和〕十三年，王師誅李師道……以功遷御史中丞。賊平，授沂州刺史。"《新書》本傳略同。《舊書・穆宗紀》：長慶元年十月"乙亥，沂州刺史王智興爲武寧軍節度副使"。又見《崔群傳》，《通鑑・長慶元年》十月，《白居易集》卷五二《王智興可檢校右散騎常侍兼御史大夫充武寧軍節度副使領本道兵馬赴行營制》。

傅良弼　　長慶二年(822)

《新書》本傳："有詔以樂壽爲左神策行營，拜良弼爲都知兵馬使……俄以良弼爲沂州刺史。"《通鑑・長慶二年》：二月丙寅，"以左神策行營樂壽鎮兵馬使清河傅良弼爲沂州刺史"。《白居易集》卷五二《傅良弼可鄭州刺史制》稱"金紫光禄大夫使持節沂州諸軍事行沂州刺史、兼御史中丞、騎都尉傅良弼"。《全文》卷六三八李翱《唐故橫海軍節度使持節齊州諸軍事兼齊州刺史御史大夫傅公(良弼)神道碑》:"以功遷沂州刺史,未到,遽以爲左神策軍將軍。數月,拜鄭州刺史。"又見《元龜》卷一二八、卷七五九。

李萬瑀　　大和元年(827)

《新書・崔弘禮傳》:"李同捷叛,與李聽合師討之。至濮州,大將李萬瑀、劉寀擁兵自固,弘禮表萬瑀守沂州,寀守黃州,奪其兵,擊賊禹城,破之,獲鎧裝數十萬。"按李同捷叛亂在大和元年。

韋　諲　　大中十年(856)

《芒洛遺文》卷中《唐故祕書郎兼河中府寶鼎縣令趙郡李府君夫人榮陽鄭氏墓誌銘并序》:"有四男四女……小〔女〕適今沂州刺史韋諲。"夫人卒大中十年八月,享年七十三。

王　某　　咸通七年(866)

《隋唐五代墓誌匯編・洛陽卷》第十四冊《唐故定州節度使檢校尚書右僕射贈太子少保陳公(君賞)夫人王氏墓誌銘并叙》(咸通八年十月十四日):"〔武俊〕生冀州刺史刑部尚書諱士德,冀州生鴻臚卿諱承榮,娶范陽盧氏,生二男二女,長男曰……次曰□□,沂州刺史。夫人即鴻臚之長女也。"咸通七年十一月七日卒,享年六十。

尹處賓　　乾寧四年(897)

《通鑑・乾寧四年》:"二月戊申,〔葛〕從周入兗州,獲〔朱〕瑾妻子。朱瑾還,無所歸,帥其衆趨沂州,刺史尹處賓不納,走保海州。"又見兩《五代史・朱瑾傳》,《元龜》卷四三八,《十國春秋・朱瑾傳》。《新書・朱宣傳》作"尹懷賓"。

徐懷玉　　光化初—天復四年(約899—904)

《舊五代史》本傳:"光化初,轉滑州右都押牙兼右步軍指揮使,俄奏授沂州刺史……天復四年,轉齊州防禦使。"《新五代史》本傳略同,又見《元龜》卷三四六。

曾　某　　唐末?

王安石《王文公文集》卷八七《户部郎中贈諫議大夫曾公墓誌銘》:"蓋豫章之南昌,後分爲南豐,故今爲南豐人。某爲唐沂州刺史。再世生某,贈尚書水部員外郎,公考也。李氏有江南,〔撫州〕上公進士第一,不就。太平興國八年,乃舉進士中第,選主符離簿……以祥符五年五月二十日疾不起,年六十六。"

待考録

李元畾

《廣記》卷四九四引《紀聞》:"李元畾爲沂州刺史,怒司功郄承明,命剥之屏外。"

卷七一 密州（高密郡）

隋高密郡。武德五年山東平定，改爲密州。天寶元年改爲高密郡。乾元元年復爲密州。領縣四：諸城、高密、安丘（輔唐）、莒。

潘 某　　貞觀初

《續高僧傳》卷二〇《唐密州茂勝寺釋明净傳》："貞觀三年，從去冬至來夏六月，迥然無雨。天子下詔：釋李兩門，嶽瀆諸廟，爰及淫祀，普令雩祭……有潘侍郎者，曾任密州，知净能感，以狀奏聞。敕召至京，令往祈雨。"

韋慶植　　貞觀中

北圖藏拓片《大唐故銀青光禄大夫衛尉卿韋公（頊）墓誌銘并序》（開元六年七月二十九日）："父慶植，皇秦國公府録事參軍、秦王府司馬，倉部郎中，舒、密二州刺史。"頊卒開元四年四月，年八十一。《全文》卷二九五韓休《贈邠州刺史韋公（鈞）神道碑》："祖慶植，皇朝舒、密二州刺史……〔公〕以開元十一年十二月十九日遘疾終於漢州之官舍，春秋六十有四。"按《新表四上》東眷韋氏彭城公房："慶植，魏王府長史。"《廣記》卷一三四引《法苑珠林》謂：貞觀中，魏王府長史韋慶植妻夢見亡女已變爲羊，慶植殺之，悲痛發病卒。

鄭仁愷　　高宗時

《新表五上》鄭氏："仁愷，密州刺史。"《全文》卷二二〇崔融《唐故密亳二州刺史贈安州都督鄭公（仁愷）碑》：“屬高宗昇中岱嶽，預陪（闕十字）尋□□州長史，權授使持節密州諸軍事、守密州刺史……居無何，遷使持節亳州諸軍事亳州刺史……薨於東都……以其年十一月與夫人合葬（闕）垂拱二年……神龍二年二月一日，制贈公（下闕）。”《金石萃編》卷六云：景雲□年立，□暹正書。《全文》卷七八五穆員《舒州刺史鄭公（甫）墓誌銘》：“曾祖仁愷，密、亳二州刺史。”《朝野僉載》卷一稱：“鄭仁凱（愷）爲密州刺史。”又見《廣記》卷一六五引。按高宗登中嶽在調露二年二月，見《舊書·高宗紀》。

郭敬宗　　高宗時

《隋唐五代墓誌匯編·洛陽卷》第六册《大唐故濮州刺史太原郭府君（敬宗）石誌銘并序》（文明元年八月十一日）：“歷滑、越二州司馬，趙州長史，遷使持節密、濟、濮三州刺史……以文明元年七月廿三日薨於洛陽修義里第，春秋七十有四。”

李　冲　　高宗後期

《舊書·李貞傳》：“冲，貞長子也……歷密、濟、博三州刺史，皆有能名。”又見《會要》卷五，《元龜》卷二八一。按自則天稱制，貞與博州刺史冲等密有匡復之志，垂拱四年起兵，被殺，見《李貞傳》。其爲密刺約在高宗後期。

杜元景　　高宗、武后間

《姓纂》卷六京兆杜氏：“元景，密州刺史。”乃隋左衛將軍杜整之孫，約仕於高宗、武后時。

竇懷讓　　中宗時？

《新表一下》竇氏三祖房：“懷讓，密州刺史。”《姓纂》卷九河南洛陽竇氏作“懷讓，德州刺史”。乃高宗時宰相竇德玄之子。

元希古　　約開元初

《千唐誌・大唐故朝議大夫使持節密州諸軍事守密州刺史上柱國元府君（希古）墓誌銘并序》（開元五年正月五日）："儀鳳三年秀才擢第，授定州鼓城、彭州唐昌縣尉……拜都官員外……出爲定州長史，尋遷密州刺史……以開元四年六月廿七日終於沂州貢縣之賓館。"按《姓纂》卷四河南洛陽元氏有"希古，都官員外"。

鄭　杳　　開元十三年（725）

《金石萃編》卷七六《後漢大司農鄭公（康成）之碑》："正議大夫使持節密州軍州事刺史上柱國鄭杳，以開元十三年秋八月巡兹郡縣，敬謁先宗……乃命參軍劉朏校理舊文，規模新勒……冬閏十二月，公伺其歲隙因遣巡團，使令建立。"按《新表五上》北祖房鄭氏有"杳，婺州刺史"。

薛　繪　　約開元中

《全文》卷六〇九劉禹錫《唐故福建等州都團練觀察處置使福州刺史薛公（謇）神道碑》："王父繪……刺三郡：金、密、綿，皆以治聞。"謇卒元和十年，年六十七。按《新表》薛氏西祖房："繪，祠部郎中。"乃少府少監寶胤子。寶胤仕高宗、武后時，其子繪約仕於開元中。

林　洋　　約開元末或天寶初

《姓纂》卷五濟南鄒縣林氏："洋，密、衢、常、潤、蘇九州刺史。"按天寶九載林洋爲吳郡太守，天寶七載爲丹陽太守。

張　愿　　天寶九載（750）

《千唐誌・唐齊州豐齊縣令程府君（俊）墓誌銘并序》（貞元六年十月二十八日）："解褐恒州參軍，刺史張公愿居上不覓，惟公□任。遷青州司户。會天寶九年冬，詔下□□□□縣令。時張移密州，公膺首舉。"天寶十二載卒，享年五十七。

殷仲卿　　乾元二年(759)

《舊書·地理志一》密州輔唐縣："漢安丘縣，屬北海郡。乾元二年，刺史殷仲卿奏請治於故昌安城，因改爲輔唐。"

楊仲嗣　　肅宗時？

《舊書·楊元琰傳》："子仲嗣，密州刺史；仲昌，吏部郎中。"按元琰卒開元六年，年七十九。仲嗣刺密疑在肅宗時。

陽　濟　　約廣德二年(約764)

《千唐誌·唐故鴻臚少卿貶明州司馬北平陽府君(濟)墓誌銘并序》(貞元十二年七月十三日)："元帥李公光弼領河南，御史大夫王仲昇領許蔡，咸請佐幕，以公力焉。後太尉表公爲密州刺史，加朝散大夫，攝侍御史。"貞元元年八月廿九日卒，享年七十二。按李光弼卒廣德二年七月，見《舊書·李光弼傳》。

程　諫　　大曆中？

《全文》卷三七四程諫小傳："諫字仲幾，休寧人。靈洗七世孫。開元二十七年進士，再選藍田尉，累遷著作郎、大理司直、汾州巡官，入爲衛尉卿、京兆少尹，終密州刺史。"

馬萬通　　建中二年(781)

《通鑑·建中二年》："十二月，李納密州刺史馬萬通乞降；丁酉，以爲密州刺史。"又見《元龜》卷一六五。

李師道　　貞元十三年—元和元年(797—806)

《舊書》本傳："師道時知密州事，師古死，其奴不發喪，潛使迎師道於密而奉之……元和元年七月，遂命建王審遙領節度，授師道檢校左散騎常侍、兼御史大夫，權知鄆州事，充淄青節度留後。"《新書》本傳略同。《通鑑·元和元年》：六月，"及師古疾篤，師道時知密州事"。閏六月"壬戌朔，師古薨，〔高〕沐、〔李〕公度祕不發喪，潛逆師道于密州,奉以爲節度副使"。北圖藏拓片《李□□題名》(貞元十三年三月二十六日):"開府儀同三司檢校太子賓客使持節密州諸軍事□□海青密曹濮齊等七州刺史□□□使御史中丞安國郡王李□□□□男還珠□□,貞元十三年歲次丁丑三月丁亥朔廿六。"當即李師道,證知貞元十三年已在密州任。

崔玄亮　　元和十四年?—十五年(819?—820)

《舊書》本傳:"至元和初,因知己薦達入朝。再遷監察御史,轉侍御史。出爲密、湖、曹三郡刺史……太和初,入爲太常少卿。"《新書》本傳略同。又見《御覽》卷二五九。《白居易集》卷七〇《唐故虢州刺史贈禮部尚書崔公(玄亮)墓誌銘并序》:"歷侍御史、駕部員外郎、洛陽令、密州刺史。"《新安志》卷九牧守:"崔玄亮,字晦叔……稍遷密州刺史,元和十五年遷歙州。"又卷一〇:"元和十五年春,穆宗皇帝龍飛……時玄亮罷密州刺史,謁宰相……不數日,宣州奏歙州刺史闕,其日印在段相(文昌)宅,便除歙州刺史。"又見《廣記》卷一五四引《續定命録》。

樊宗諒　　大和中

《廣記》卷一二八引《宣室志》:"唐樊宗諒爲密州刺史……時大和中也。"

烏行專　　咸通中?

《新表五下》烏氏:"行專,密州刺史。"乃天平節度烏重胤子。重胤大和元年卒,見《舊紀》。行專爲密刺疑在咸通時。

劉康乂　　天復三年(903)

《舊五代史》本傳:"從太祖連年攻討徐、兗、鄆……及太祖盡下三鎮,議其功……尋遷密州刺史……時王師範叛據青州,乞師於淮夷,淮人遂攻密州……晝夜急攻,遂陷,康乂爲賊所害。"《新書·昭宗紀》:天復三年三月,"楊行密陷密州,刺史劉康乂死之"。《通鑑·天復三年》作五月事。又見《十國春秋·吳太祖世家》。

張　訓　　天復三年(903)

《通鑑·天復三年》：五月，"淮南將王茂章會王師範弟萊州刺史師誨攻密州，拔之，斬其刺史劉康乂。以淮海都遊弈使張訓爲刺史"。又見《九國志》本傳，《新書·王敬武傳》，《十國春秋》本傳、《吳太祖世家》。

王　檀　　天復三年—天祐四年(903—907)

《通鑑·天復三年》：七月，"〔朱〕全忠遣左踏白指揮使王檀攻密州，既至，望旗幟，數日乃敢入城……全忠以檀爲密州刺史"。又見《舊五代史》本傳，《元龜》卷三八六。《新五代史》本傳："梁兵攻王師範，檀以一軍破其密州，拜密州刺史。太祖即位，遷保義軍節度使。"

卷七二　海州（東海郡）

隋東海郡。武德四年臧君相以郡歸順，置海州總管府。後爲都督府。貞觀元年罷都督府。天寶元年以海州爲東海郡。乾元元年復爲海州。領縣四：朐山、東海、沭陽、懷仁。

臧君相　　武德四年（621）

《通鑑·武德四年》：六月，"海州賊帥臧君相以五州來降，拜海州總管"。又見《元龜》卷一六四。

蕭　顗　　武德八年（625）

《全文》卷二六四李邕《海州大雲寺禪院碑》："有確師禪房者，武德八年，邦守蕭公諱顗護法之所建也。"

崔大方　　咸亨元年前（670前）

《新表二下》博陵安平第二房崔氏："大方，海州刺史。"乃芮州刺史崔弈子。《千唐誌·大周故溧州司戶崔府君（思古）墓誌》："唐海州刺史陽信縣大方之嫡子……以咸亨元年五月十一日襲封陽信縣開國子。"思古卒天授二年二月九日。上圖藏拓片崔季梁撰《大唐故奉義郎行洪州高安縣令護軍崔府君夫人河南獨孤氏墓誌銘并序》（天寶二年十一月二日）："夫人先舅諱大方，海州刺史。"夫人天寶二年十月十七日卒，時年七十。嫡子季梁，時爲朝議郎通事舍人内供□。又見《唐文拾遺》卷一九。北圖藏拓片《大唐故越州諸暨縣主簿崔君（齊

榮)墓誌銘并序》(開元十六年七月二十六日):"曾祖大方,皇海州刺
史。"齊榮卒開元十六年,未言享年。

康希銑　　武后時

《全文》卷三四四顏真卿《銀青光禄大夫海濮饒房睦台六州刺史
上柱國汲郡開國公康使君(希銑)神道碑銘》:"屬突厥侵轢,君以偏師
抗之,遷海州刺史……遷濮州……轉饒州……貶房州,轉睦州,遷台
州……開元初入計至京。"又稱"赴海州時,君兄德言爲右臺侍御史,
弟爲偃師令。俱以詞學擅名"。

韋岳子(韋岳、韋嶽)　　約武后末

《舊書》本傳:"會則天幸長安,召拜尚書奉御,從駕還京,因召
見……尋拜太原尹。岳素不習武,固辭邊任,由是忤旨,左遷宋州長
史,歷海、虢二州刺史,所在皆著威名。睿宗時,入爲殿中少監。"《新
書》本傳:"歷廬、海等州刺史……睿宗立,召爲殿中少監。"《全文》卷
四九七權德輿《唐故光禄大夫檢校太尉兼中書令成都尹劍南西川節
度副大使知節度事兼管内支度營田觀察處置統押近界諸蠻夷西山八
國雲南安撫等使上柱國南康郡王贈太師韋公先廟碑銘并序》:"贈太
子少保府君諱嶽……由太原令移佐睢陽,出入四紀,績宣中外,歷殿
中監,剖符八州:廬、海、潮、虢、眉、徐、衛、陝,所至之邦,有威有懷。"

武大冲(武太中)　　中宗時

《嘉泰吳興志》卷一四郡守題名:"武太中,弘道二年自海州刺史
授,卒官。《統記》云:以上三政,中宗時。"按《統記》說近是。

劉知柔　　約睿宗時

《舊書‧劉子玄傳》:"兄知柔,少以文學政事,歷荆、揚、曹、益、
宋、海、唐等州長史刺史、户部侍郎、國子司業、鴻臚卿、尚書右丞、工
部尚書、東都留守。"按開元六年在工部尚書任,後遷太子賓客,致仕,
見《新書‧劉藏器傳》。

1003

慕容珣　　約開元初

　　《隋唐五代墓誌匯編·洛陽卷》第十册《唐中散大夫守祕書監致仕上柱國慕容公（珣）墓誌銘并序》（開元廿四年十月二十六日）："出爲海州刺史，俄遷洺州刺史……徵拜刑部侍郎，俄□户部侍郎。"開元二十四年六月廿四日卒，春秋六十八。按景雲中慕容珣在殿中侍御史任，見《舊書·薛登傳》；開元六年在吏部侍郎任，見《舊書·刑法志》《新書·藝文志二》。

李　邕　　約開元八年—十二年（約720—724）

　　《全文》卷二六四李邕《海州大雲寺禪院碑》："邕來守是邦，偶聞兹事。"《寶刻叢編》卷一二引《集古録目》："《唐大雲寺碑》，唐海州刺史李邕撰并書……碑以開元十二年四月立。"又卷一〇引《集古録目》："《唐左武衛大將軍李思訓碑》，思訓從子福州刺史李邕撰并書……碑以開元八年立。"按"福州"當爲"海州"之訛誤。《輿地碑記目》卷二《楚州碑記》有《唐娑羅木碑》，注云："唐開元十一年海州刺史李邕文并書。"又見《太平寰宇記》卷一二四，《楚州金石録》，《直齋書録解題》卷七等。

姜　晦　　開元十二年（724）

　　《舊書·姜皎傳》："晦坐皎左遷春州司馬，俄遷海州刺史，卒。"《新書》本傳："開元初，擢御史中丞……除黄門侍郎，辭不拜，改兵部。滿歲，爲吏部侍郎，主選……皎被放，晦亦左除宗正卿，貶春州司馬，徙海州刺史，卒。"按開元五年七月庚子，以晦爲宗正卿，見《通鑑》。姜皎被放事在開元十年，見《舊傳》。

杜令昭　　開元十四年（726）

　　《太平寰宇記》卷二二海州朐山縣："永安堤在縣東二十里。唐開元十四年七月三日海潮暴漲，百姓漂溺，刺史杜令昭課築此堤。"又見《新書·地理志二》海州朐山縣注。按《姓纂》卷六扶風郿縣杜氏有"唐宗正少卿杜令怡"。岑仲勉《姓纂四校記》疑即此人，怡、昭字近，未詳孰是。

李　浦（李琬、李輔、李備）　　開元中

《李太白文集》卷三〇《虞城縣令李公去思頌碑并序》：“父浦，郢、海、淄、唐、陳五州刺史。”按《姓纂》卷一〇京兆獨孤氏（岑仲勉補）有“琬，太僕卿，開元中上表請改姓李氏，名備”。李備，即李浦。

姚　彝　　開元中

《新表四下》陳郡姚氏：“彝，鄧、海二州刺史。”按《舊書·姚崇傳》云：“長子彝，開元初光禄少卿。”

李　裕　　約開元中

《新表二上》趙郡李氏東祖房：“裕，海州刺史。”按其父李嶠，相武后。

裴　寬　　天寶中

《舊書》本傳：“累遷東海太守，襄州採訪使，銀青光禄大夫，轉馮翊太守，入拜禮部尚書。十四載卒，年七十五。”《新書》本傳略同。

齊　某　　肅宗時？

《全詩》卷一四七劉長卿《送齊郎中赴海州》：“直廬收舊草，行縣及新苗。”

李昌岠　　大曆中

《全文》卷四一三常袞《授李昌岠辰錦等州團練使制》：“試光禄卿前兼海州刺史李昌岠……可試祕書監使持節都督辰州諸軍事辰州刺史兼御史中丞，充辰溪巫錦等五州團練守捉使。”

董元爽　　大曆中？

北圖藏拓片《故太常寺奉禮郎隴西董府君（开）墓誌文》（長慶三

年十二月二十九日）："祖諱元爽，皇朝散大夫海州諸軍事海州刺史。父諱崇，皇銀青光禄大夫、宣州司馬，贈監察御史、陳州刺史。公即司馬之次子也。"長慶二年十一月廿八日卒，享年一周甲子。

王　涉　　建中二年（781）

《舊書・德宗紀上》：建中二年十一月，"李納將海州刺史王涉以州降"。又見《李洧傳》。《通鑑・建中二年》十一月同。

張昇璘　　貞元九年（793）

《元龜》卷一七六："〔貞元〕九年四月，削海州刺史本州團練使張昇璘官。"

獨孤密　　元和七年？（812？）

《姓纂》卷一〇獨孤氏（岑仲勉補）："密，海州刺史。"按密以貞元十一年登第，見《柳河東集》卷二二注；元和元年爲韋皋幕僚，見《通鑑》。按《新表五下》獨孤氏作"雲州刺史"。頗疑海州刺史乃《姓纂》修撰時見官，雲州刺史爲終官。

王元輔　　元和十五年（820）

《白居易集》卷四八《海州刺史王元輔加中丞制》："敕：海州刺史王元輔……可加御史中丞。"

裴克諒　　寶曆三年（827）

《白居易集》卷六八《海州刺史裴君夫人李氏墓誌銘并序》："適河東裴君克諒，今爲海州刺史。"夫人卒寶曆三年三月一日，其歲十一月十四日歸祔先塋。

李　晏　　大和三年（829）

《白居易集》卷六八《薦李晏韋楚狀》："朝議大夫、前使持節海州諸軍事、守海州刺史、上柱國李晏……況晏爲宰牧，皆蕃良能……自經停罷，已涉三年，退居洛陽，窮餓至甚，身典三郡，家無一金……大和六年六月二十六日河南尹白居易狀奏。"

吕　讓　　大和四年—八年（830—834）

《岳陽風土記》："岳陽樓上有吕先生留題……先生名巖，字洞賓，河中府人。唐禮部尚書渭之孫。渭四子：温、恭、儉、讓。讓，終海州刺史。先生，海州出也。會昌中兩舉進士，不第。"按吕讓位至太子右庶子，見兩《唐書》本傳；會昌六年在右庶子任，見《舊紀》。《全詩》卷五五五馬戴有《送吕郎中牧東海》，卷八一三無可亦有《送吕郎中赴滄（一作海）州》，吕郎中蓋即吕讓。北圖藏拓片《唐故中散大夫祕書監致仕上柱國賜紫金魚袋贈左散騎常侍東平吕府君（讓）墓誌銘并序》（大中十年四月十二日）："以留守判官佐相國彭原公於北都，轉檢校都官郎中。府換，隨表赴闕，授海州刺史。罷郡西歸，時彭原公鎮大梁，以軍司馬留公，改檢校秘書少監兼御史中丞。未半歲，彭原公再領河中，公職如故。"大中九年十月廿四日卒，享年六十三。按"相國彭原公"指李程，《舊書·李程傳》："尋加中書侍郎，進封彭原郡公。寶曆二年，罷相，檢校兵部尚書、同平章事、太原尹、北京留守、河東節度使。大和四年三月，檢校尚書左僕射、平章事、河中尹、河中晉絳節度使……七年六月，檢校司空、汴州刺史、宣武軍節度使。"《全文》卷七一六吕讓《楚州刺史廳壁記》："八年夏，予罷郡西歸，道出於此，而是廳新成……太（大）和八年八月一日記。"罷"郡"，當即指罷海州而言。由此證知，吕讓刺海州爲大和四年至八年。

顏　揩（顏措）　　開成三年—四年（838—839）

《隋唐五代墓誌匯編·河南卷·唐故左内率府兵曹參軍顏府君（元貞）墓誌銘并序》（開成三年九月五日）："今次孫揩……幸遇出守東海，逢年月日時皆利，遂自任城啓祖及姚，以開成三年九月五日葬於河陽。"〔日〕圓仁《入唐求法巡禮行記》卷一："開成四年三月廿九日……到海州管内東海縣。"四月八日，"〔海州〕刺史姓顏名措，粗解佛教，向僧等自説……刺史顏大夫差一軍將，令相送僧等三人及行者，暫住海龍王廟"。作"措"，未知孰是。

裴　某　　會昌四年—五年（844—845）

〔日〕圓仁《入唐求法巡禮行記》卷四：會昌五年六月廿三日，"從煦眙縣至揚州……在路見裴舍人，曾任海州刺史，今春追入，貶任台州長史"。

李行言　　大中八年（854）

《唐語林》卷二："宣宗獵苑北，見樵者數人，因留與語，言涇陽百姓，因問：'邑宰爲誰？'曰：'李行言。'……後二年，行言領海州。"按《通鑑·大中八年》："上獵於苑北，遇樵夫，問其縣，曰：'涇陽人也。''令爲誰？'曰：'李行言。''爲政何如？'曰：'性執。有强盜數人，軍家索之，竟不與，盡殺之。'上歸，帖其名於寢殿之柱。冬，十月，行言除海州刺史。"證知大中八年十月行言爲海刺。

盧　紹　　大中十二年（858）

《海州志·金石錄》盧紹題名："海州刺史賜緋魚袋盧紹，軍事判官前左領侍衛倉曹參軍□□，前軍事判官前太子通事舍人王句，大中十二年正月十七日同登。"《嘉慶海州直隸州志·職官》："盧紹，大中年任，見白虎巖石刻。"（黃震雲提供）

康　璙（康僚、康鐐）　　咸通二年—六年（861—865）

《全文》卷七九五孫樵《唐故倉部郎中康公墓誌銘并序》："咸通元年改檢校禮部郎中……明年，詔授海州刺史……秩罷，退居淮陰。咸通八年，詔拜大理少卿。"按《郎官柱》倉部郎中有康璙，或作"僚"或"鐐"，勞格謂此人即孫樵文中之"康公"。

李　鋭　　咸通十四年（873）

《千唐誌·唐故隴西李氏墓誌銘文并序》（咸通十五年二月七日）："夫人……自笄年適故河南府洛陽縣丞韋府君……元女一

人……適海州刺史李鋭，至得良配……〔夫人〕咸通十四年歲在癸巳十一月十七日遘疾，終於洛陽縣殖業里之私第，享年五十有五。”

閻　佐　　僖宗時？

《舊五代史·閻寶傳》：“父佐，海州刺史。寶少事朱瑾爲牙將。”

朱用芝　　乾寧四年（897）

《新書·朱宣傳》：乾寧四年，“〔朱全忠〕使〔龐〕師克攻兗州。二月，食盡，〔朱〕瑾自出督芻粟，轉掠豐、沛間，而子用貞及大將康懷英等舉城降。瑾引麾下走沂州，刺史尹懷賓不納，乃趨海州，刺史朱用芝以其衆與瑾奔楊行密”。

劉知俊　　約乾寧末—光化初

《舊五代史》本傳：“攻海州，下之，遂奏授刺史。天復初，歷典懷、鄭二州。從平青州，以功奏授同州節度使。”《新五代史》本傳略同。又見《元龜》卷三六〇。《十國春秋》本傳：“降全忠，全忠以爲左開道指揮使……歷海、懷、鄭三州刺史。從破青州，以功表匡國軍節度使。”

牛從義　　光化二年（899）

《九國志·王綰傳》：“光化三年，青州戍將陳漢賓殺海州刺史牛從義，歸款於〔楊〕行密。”按《通鑑·光化二年》：“七月，朱全忠海州戍將陳漢賓請降於楊行密。”則《九國志》之“三年”當爲“二年”之誤。

臺　濛　　光化二年（899）

《通鑑·光化二年》：“淄青節度使王師範以沂、密内叛，乞師於〔楊〕行密。十月，行密遣海州刺史臺濛、副使王綰將兵助之，拔密州，歸於師範。”《九國志》本傳：“光化二年，〔楊〕行密初得朐山，以濛爲海州刺史。”又見《十國春秋·吳太祖世家》。

王　綰　　光化三年—天復三年(900—903)

《九國志·王綰傳》：光化三年，"是歲王師範告沂、密內叛，授綰海州刺史、兼沂密兗鄆諸州副使。與臺濛攻密州，下之；將擊沂州……沂人大北。未幾，代臺濛爲海州刺史。天復三年，改漣州制置使"。

王　綰　　天祐中

《九國志·王綰傳》："天祐中，復刺海州，就加平盧軍節度使。"

卷七三　齊州（臨淄郡、濟南郡）

隋齊郡。武德元年改爲齊州。二年置總管府。後改都督府。貞觀元年廢都督府，七年又置都督府。天寶元年改爲臨淄郡；五載改爲濟南郡。乾元元年復爲齊州。領縣八：歷城、章丘、臨邑、臨濟、全節、亭山、祝阿（禹城）、山茌。

崔　同　　武德初

《太平寰宇記》卷一九齊州禹城縣：“源陽城在縣南一百里……武德初，大使崔同就築城，奏授〔桓〕孝才爲縣令。”按《新表二下》清河大房崔氏：“同，博州刺史。”乃後魏東莞太守子聿之孫。

王　薄　　武德二年—五年（619—622）

《通鑑·武德二年》：四月，“隋將帥、郡縣及賊帥前後繼有降者，詔以王薄爲齊州總管”。《新書·高祖紀》：武德五年三月“戊戌，譚州刺史李義滿殺齊州都督王薄”。又見《元龜》卷九二〇，《通鑑·武德五年》三月。

李　勣　　武德五年—六年（622—623）

《元龜》卷九九〇：武德五年八月“丙辰，頡利可汗率騎十五萬人入雁門，己未，突厥進寇并州，以左監門將軍李勣爲齊州總管”。又卷一二二：武德六年“九月，輔公祐遣其黨徐紹宗侵海州，陳政通侵壽陽，詔……齊州總管李世勣出淮泗以討公祐”。《通鑑·武德六年》

1011

同。又見《新書·輔公祐傳》。《隋唐五代墓誌匯編·陝西卷》第一册《大唐故司空太子太師贈太尉揚州大都督上柱國英國公勣墓誌銘并序》（總章三年二月六日）："轉左監門衛大將軍、齊州總管。逆賊劉黑闥、徐員朗、輔公祐之平也，咸有大功焉。"

劉義節（劉世龍）　　武德、貞觀間

《會要》卷四五總章元年三月六日詔"太原元從，西府舊臣"有"齊州刺史劉義節"等爲第一等功臣。按兩《唐書》本傳未及齊州刺史，唯云：貞觀初轉少府監，以罪配流嶺南，尋授欽州別駕，卒。

李　恪　　貞觀十年前（636 前）

《新書》本傳："貞觀二年徙蜀，與越、燕二王同封。不之國。久乃爲齊州都督。十年，改王吴，與魏、齊、蜀、蔣、越、紀六王同徙封。"《舊書》本傳未及。

李　祐　　貞觀十年—十七年（636—643）

《舊書》本傳："〔貞觀〕十年，改封齊王，授齊州都督……十七年，詔刑部尚書劉德威往按之，并追祐及〔權〕萬紀入京。"《舊書·玄宗紀》《劉德威傳》，《新書》本傳及兩《唐書·李元景傳》略同。又見《元龜》卷二六八、卷二八一、卷九五一，《會要》卷四六、卷一二二，《通鑑·貞觀十年》二月及《貞觀十七年》二月。《全文》卷六太宗《荆王元景等子孫代襲刺史詔》作"齊州都督齊王裕"，"裕"字誤。

長孫操　　貞觀中

《新書》本傳："從秦王征討，常侍旁，與聞祕謀。徙陝州……以母喪解……服除，封樂壽縣男。爲齊、揚、益三州刺史，課皆最，下詔褒揚。永徽初，以陝州刺史卒。"《舊書》本傳未及齊刺，唯云："貞觀中，歷洺州刺史、益揚二州都督府長史，並有善政。"

李道立 貞觀末

《千唐誌·皇五從叔祖故衢州司士參軍府君（濤）墓誌銘并序》（大曆九年四月二十八日獨孤及撰）：“曾祖道立，甞典隰、齊、陳三州，封高平郡王。”濤卒乾元二年六月。按《全文》卷三九一收此誌誤爲“甞典陝、濟、陳三州刺史”。又按兩《唐書》本傳未及齊刺，唯云：“永徽初，卒於陳州刺史。”

劉玄意 顯慶二年（657）

《金石補正》卷二九《神通寺造像題字》有“大唐顯慶二年九月十五日，齊州刺史、上柱國、駙馬都尉、渝國公劉元（玄）意敬造像供養”。又見《山左金石志》卷一一。按兩《唐書》本傳及《新表一上》河南劉氏唯云汝州刺史、駙馬都尉，未及齊刺。

薛寶積 總章二年（669）

《全文》卷四九七權德輿《大唐浙江西道都團練觀察等使潤州刺史兼御史大夫河東郡公薛公（苹）先廟碑銘并序》：隋禮部尚書道實，“生皇尚書議曹郎德儒，德儒生寶積，濟、齊、潤三州刺史，揚州大都督府長史”。《金石錄》卷四：“《唐齊州刺史薛寶積清德頌》，正書，無書撰人姓名，總章二年八月。”

崔恭禮 高宗時

《全文》卷三九一獨孤及《唐前楚州司馬河南獨孤公故夫人博陵崔氏墓誌銘》：“曾祖恭禮，國朝駙馬都尉，延、齊、易三州刺史。”夫人卒大曆八年。按《舊書·崔器傳》謂：“曾祖恭禮……貞觀中拜駙馬都尉，尚神堯館陶公主。”《新書·崔器傳》謂尚真定公主。按《全文》卷一九七駱賓王有《爲齊州父老請陪封禪表》，《全詩》卷七七駱賓王有《同崔駙馬曉初登樓思京》，據友人陶敏考證，此崔駙馬即崔恭禮，時駱賓王正閑居齊魯，可知崔恭禮爲齊州刺史在高宗時。

王福時? 高宗時

《廣記》卷二四九引《御史臺記》：“唐王福時名行温恭，累授齊、澤二州，世以才學稱。"按《舊書·王勃傳》謂福時"爲雍州司户參軍，坐勃左遷交趾令"，未及齊、澤刺史。未知可靠否。

李冲寂　高宗時

《楊炯集》卷九《李懷州（冲寂）墓誌銘》："服闋，歷青、德、齊、徐四州刺史。"卒永淳元年。

崔承福　高宗時

《千唐誌·大唐前徐州録事參軍太原王君故夫人博陵崔氏墓誌銘》（開元十二年夏壬寅）："父承福，皇朝左司郎中，齊、潤等五州刺史，越、廣二府都督，封博陵郡開國公，贈汴州刺史。"夫人卒開元十二年，六十一歲。按承福永淳二年自浙西（潤）州遷越州都督，見《會稽掇英總集·唐太守題名》。又按《新表二下》博陵崔氏第二房："承福，越、廣二州都督。"

楊德幹　高宗時

《新書》本傳："德幹歷澤、齊、汴、相四州刺史，有威嚴，時語曰：'寧食三斗炭，不逢楊德幹。'天授初，子神讓與徐敬業起兵，皆及誅。"按"天授初"疑"垂拱初"之誤。《舊書·楊炯傳》：德幹"高宗末歷澤、齊、汴、相四州刺史"。又見《御覽》卷二五八、卷六八九。

鄧　武　高宗時？

北圖藏拓片《故寧遠將軍左衛郎將彭城劉府君夫人南陽鄧氏墓誌銘并序》（燕順天元年十一月二十七日）："曾祖武，皇齊州刺史……祖仁期，皇秀才應辟。父文思，唐進士出身，懷州獲嘉縣尉。"夫人順天元年卒，年七十四。按"順天"乃史思明僞年號（759—760）。

【補遺】皇甫胤　約高宗武后間

《洛陽新獲墓誌112·唐故朝議郎使持節撫州諸軍事守撫州刺史柱國皇甫公（煒）墓誌銘並序》（咸通六年七月三十日）："謚以高尚稱

晉代，皇朝齊州刺史諱胤，公之曾大父也。齊州生蜀州刺史諱徹，永泰初登進士科，首冠群彦，由尚書郎出爲蜀郡守。文學政事爲時表儀。蜀州生汝州刺史贈尚書右丞諱曙……五典劇郡。……公即右丞第三子也。諱煒，字重光。……（大中）六年，丁右丞府君憂。……今岐相司徒公之總邦計也，奏充主客員外郎……無何出爲撫州刺史。……咸通六年十月二十二日捐館於撫州官舍，享年五十三。兩娶太原白氏，並故中書令敏中之女。”

武攸歸　　武后時

《新書·武承嗣傳》：“攸歸歷司屬少卿，至齊州刺史。”

封　某　　武后時？

《金石録》卷一〇有《唐齊州刺史封公德政碑》，李迴秀撰，李思惲行書。又見《寶刻叢編》卷一。

李　構　　武后時？

《新表二上》趙郡李氏東祖房：“構字承業，齊州刺史。”隋大理少卿李孝威之孫。

張　沛　　武后後期

《全文》卷二四二李嶠《授張沛司膳少卿制》：“新除齊州刺史張沛……可司膳少卿。”按兩《唐書》本傳未及，唯云：中宗時官同州刺史。

徐彦伯　　武后末

《新書》本傳：“武后撰《三教珠英》，取文辭士皆天下選，而彦伯、李嶠居首。遷宗正卿，出爲齊州刺史。帝復位，改太常少卿。”《舊書》本傳未及。

韋　湜　　中宗時？

《新表四上》韋氏郎公房：“湜，齊州刺史。”按其子昭訓，玄宗爲壽王娶其女。其孫光輔，貞元三年爲衢州刺史。疑韋湜仕武后、中宗時。

楊元亨？　　中宗、睿宗間

《舊書》本傳："張易之誅後，元亨等皆復任京職，元亨至齊州刺史。元禧台州刺史。"《新書》本傳未及。據《金石萃編》卷七〇《大唐齊州章丘縣常白山醴泉寺誌公之碑》，似其弟元禧仕至齊州刺史，未知《舊書》誤否。參見下文"楊元禧"條。

王志愔　　景雲二年(711)

《舊書》本傳："〔景雲〕二年……遂拜志愔齊州都督，事竟不行。又授齊州刺史，充河南道按察使。未幾，遷汴州刺史。"《新書》本傳略同。

楊元禧　　太極元年(712)

《金石萃編》卷七〇《大唐齊州章丘縣常白山醴泉寺誌公之碑》："以天監十三年歲次甲午十二月八日□內（下闕）示終……至今大唐太極元年歲次壬子皇帝御天下之三載，凡一百九十九年……刺史楊元禧分符北極，露冕東藩。"開元三年十月十五日立。又見《山左金石志》卷一二。

高仲舒　　開元初？

《廣記》卷二二二引《定命錄》："孫思邈年百餘歲，善醫術，謂高仲舒曰：君有貴相，當數政刺史。若爲齊州刺史，邈有一兒作尉，事使君……後果如其言。"按兩《唐書》本傳未及齊刺。唯云神龍中爲相王府文學，開元中累授中書舍人。

【補遺】李　述　　約開元八年（約720）

《大唐故中散大夫守少府鹽（監）上柱國趙郡李府君（述）墓誌銘並序》（開元十八年十一月十日）："君諱述，字處真，趙郡元氏人。……累遷太子文學、金部員外郎、贊善大夫、給事中、將作少匠、少府少監、齊州刺史，重授少府少監。”（周紹良、趙超《唐代墓誌匯編續集》，上海古籍出版社 2001 年版）開元十年卒，春秋五十八。則其爲齊州刺史在開元十年前。

馮光嗣　　開元中

《姓纂》卷一長樂信郡馮氏：“元常生光嗣，齊州刺史。”按《英華》卷四一四蘇頲有《授馮光嗣揚州都督府司馬制》，則其刺齊州當在開元中。

【補遺】王　悌　　開元中？

《唐故遂州長史王公墓誌銘》（大曆十一年二月十五日）：“唐故遂州長史王公名鈞，太原祁人也。……父悌，司門郎中、齊杭二州刺史。”（周紹良、趙超《唐代墓誌匯編續集》，上海古籍出版社 2001 年版）

盧全□　　開元二十四年（736）

《金石補正》卷五五《齊州神寶寺碣》：“刺史盧諱全□，門有卿相，家有銀璜……維開元廿四年，歲次景子十月丁未朔五日辛亥樹。”

盧　奐　　天寶初

《舊書·姚崇傳》：“天寶元年，右相牛仙客薨，〔姚〕彝男閎爲侍御史、仙客判官，見仙客疾亟，逼爲仙客表，請以弈及兵部侍郎盧奐爲宰相代己。其妻因中使奏之，玄宗聞而怒之，閎決死，弈出爲永陽太守，奐爲臨淄太守。”又見《舊書·牛仙客傳》，《元龜》卷九二二。兩《唐書》本傳未及。

李　某　　天寶四載（745）

《李太白文集》卷一八有《陪從祖濟南太守泛鵲山湖三首》。按李白約天寶四載游濟南。

李延業　天寶八載(749)

《全文》卷五一四殷亮《顏魯公行狀》："〔天寶〕八載，又充河東朔方軍試覆屯交兵使……左金吾將李延業素承恩渥，曾召蕃客内宴，引駕仗不報臺，公責之。延業憑恃權勢，於朝堂詬憤，公奏之，出爲濟南太守。朝廷憚焉，不敢不肅。"

李　遵　約天寶十載(約 751)

《全文》卷三九一獨孤及《唐故特進太子少保鄭國李公(遵)墓誌銘》："天寶六年出守，始於淄川，歷濟南、汝南……十四年秋九月，由執金吾爲彭原郡守。"

田　琦　天寶十二載(753)

《新書·蘇源明傳》："源明議廢濟陽，析五縣分隸濟南、東平、濮陽。詔河南採訪使會濮陽太守崔季重、魯郡太守李蘭、濟南太守田琦及源明、〔李〕俊五太守議於東平。"又見《全詩》卷二五五蘇源明《小洞庭洄源亭宴四郡太守詩并序》。《唐詩紀事》卷一九稱此爲天寶十二載事。

李　隨　天寶十四載(755)

《舊書·張巡傳》："禄山之亂……時吴王祇爲靈昌太守，奉詔糾率河南諸郡，練兵以拒逆黨，濟南太守李隨副之。"《新書·玄宗紀》：天寶十四載十二月"壬子，濟南郡太守李隨、單父尉賈賁、濮陽人尚衡以兵討安禄山"。又見《顏真卿傳》《安禄山傳》，《通鑑·天寶十四載》十二月。《元龜》卷七六三作"李清"，當爲"李隨"之誤。《全文》卷五一四殷亮《顏魯公行狀》、卷三九四令狐峘《光禄大夫太子太師上柱國魯郡開國公顏真卿墓誌銘》亦叙"濟南太守李隨"事。

能元皓　乾元元年—二年(758—759)

《舊書·肅宗紀》：乾元元年九月，"貝州刺史能元皓爲齊州刺史、齊兖鄆等州防禦使"。按《新書·方鎮表二》：至德元載，"置鄆、齊、兖三州都防禦使,治齊州"。乾元二年,"升鄆、齊、兖三州都防禦使爲節度使,治兖州"。

劉寡悔　　約大曆前

《姓纂》卷五彭城劉氏:"寡悔,齊州刺史。"《新表一上》同。按其曾祖劉德威,唐初刑部尚書。其祖劉延景,陝州刺史,永昌元年被殺。其父温玉,約開元中許州刺史。又按天寶十四年劉寡悔授福州刺史,不至,見《淳熙三山志》卷二一郡守。其刺齊當在大曆之前。

田　朝　　貞元六年(790)

《新書·田緒傳》:"兄朝,仕李納爲齊州刺史。或言納將入之魏以代緒,緒厚賂納,且召朝,朝以死請不行,乃送之京師,過滑,緒將纂取之,賈耽以兵援接,乃免。"又見《通鑑·貞元六年》二月。按李納於建中二年至貞元八年爲平盧節度;賈耽於貞元二年至九年爲滑州刺史。

李惟誠?　　約貞元中

《舊書》本傳:"入仕於鄆州,爲李納營田副使。歷兖、淄、濟、淮四州刺史,竟客死東平。"《新書》本傳云:"四爲州刺史。"按是時已無濟州,疑"濟"爲"齊"之誤。

高士榮　　元和十三年(818)

《會要》卷七〇:"行齊州:元和十三年冬十月,齊州刺史高士榮奏:蒙恩受任,其州猶在賊中,須置行州,及倚郭歷城縣行印。從之。"

嚴　纂　　元和中

《元龜》卷一五三:"〔元和〕十四年五月,敕淄青營田副使兼齊州刺史嚴纂……除名,配流雷州。"《全文》卷六二憲宗《貶嚴纂雷州敕》稱:"淄青營田副使兼齊州刺史嚴纂,頃在賊中,頗聞惡迹。"

張士階　　元和十五年(820)

《白居易集》卷五一有《衢州刺史鄭群可庫部郎中齊州刺史張士階可祠部郎中同制》。按鄭群治衢州五年遷庫部郎中，行至揚州遇疾，居月餘卒，時長慶元年八月二十四日，則此制必作於長慶元年七月前。

劉　約　　約長慶元年(約821)

《白居易集》卷五〇《劉約授棣州刺史制》稱"前齊州刺史兼御史中丞劉約"。《舊書·穆宗紀》：長慶元年四月，"授劉總弟約及總男等一十一人官，内五人爲刺史"。劉約爲齊州刺史殆即此時所授。

【傅良弼　　大和二年(828)(未之任)】

《全文》卷六三八李翱《唐故橫海軍節度使持節齊州諸軍事兼齊州刺史傅公(良弼)神道碑》："大和二年九月以公爲橫海軍節度使……俾治齊州……旌旗及於陝而得疾……以十月晦薨於硤石驛。"《舊書·文宗紀上》：大和二年九月，"以前夏州節度使傅良弼爲橫海軍節度使"。十一月"乙酉，以右金吾衛大將軍李祐爲橫海軍節度使，新除傅良弼赴鎮，卒於陝州故也"。按《新書·方鎮表三》：大和元年，"橫海節度增領齊州"。三年，"罷橫海節度，更置齊德節度使，治德州，尋廢，復置，更號齊滄德節度使"。五年，"齊德滄節度使賜號義昌軍節度"。

支　竦　　會昌中

上圖藏拓片《唐故鄉貢三傳支府君(詢)墓誌銘》(大中十年五月十八日)："父竦，皇任雲、瀘、齊、光、邢五郡刺史，鄆王傅，鴻臚卿致仕……公年十七，以會昌二年八月三日終於瀘州。"由此知會昌二年支竦在瀘州任，則刺齊約在會昌四年前後。《千唐誌·唐故贈隨州刺史太子少詹事殿中監支公(成)墓誌銘并序》(大中十年五月十八日)："太君生子三人……次子竦，皇任雲、瀘、齊、光、邪五州刺史，鄆王傅，鴻臚卿致仕。"《芒洛續編》卷下《唐故鄂州司士參軍支府君(叔向)墓誌銘》：“顯考竦，歷典雲、瀘、齊、光、邢五州刺史，東朝親王傅，鴻臚卿。”未言叔向卒年，春秋三十七。

劉　某　　大中五年（851）

《金石萃編》卷一一四牟璿《修方山證明功德記》：“寺主僧泛惠大中五年奉皇恩遠降，許令添飾舊基……至齊州□□□此□祥瑞，□□七月廿八日呈上刺史劉將軍，遂喚入，見問其由，八月一日得度，九月一日入□□□□尚住會□□節度使……大中八年四月廿日記。”

王晏實　　大中五年（851）

《全文》卷七四九杜牧有《王晏實除齊州吳初本巴州陳伸渝州刺史等制》稱：“前使持節淄州諸軍事守淄州刺史……王晏實等……可依前件。”按杜牧大中五年冬拜考功郎中知制誥，此制疑即作於是年。又按《新書》本傳謂：“〔劉〕積平，擢淄州刺史，終天雄節度使。”

徐　鄷　　大中八年（854）

《新表五下》徐氏北祖上房：“鄷，光、處、齊、淄、明、泗六州刺史。”《全文》卷七三二張磻《新移麗陽廟記》：“大中四年，今齊州刺史徐公鄷理處之日……八年冬郡闕守，時録事參軍天水姜公蕭處紀綱之司，明糾察之務，當道觀察使御史大夫李公仰其清廉，委知軍州事……曰：郡邑無事，山廟可完，齊州肇謀，俾我繼作。”

李弘讓　　大中時？

《新書·宗室世系表下》惠莊太子房有“鳳、齊、乾、婺、安五州刺史弘讓”，乃惠莊太子李撝之玄孫。按“乾州”乃大曆三年置。

李　肱　　約大中、咸通間

《雲溪友議》卷上《古製興》：“文明元年秋，詔禮部高侍郎鍇，復司貢籍……主司先進五人詩，其最佳者，其李肱乎？……乃以榜元及第……然止於岳、齊二牧，未登大任，其有命焉！”又見《唐詩紀事》卷五二。

張歸弁 　大順元年(890)

《元龜》卷三八六:"張歸弁……大順初爲齊州刺史。明年春,青寇大舉來伐……青州平,超加檢校右僕射,遥領愛州刺史。"《舊五代史》本傳:"大順初,攻討兖、鄆……尋爲齊州指揮使。屬青帥王師範叛……青州平,超加檢校右僕射,遥領愛州刺史。"

朱　威 　景福二年(893)

《舊五代史·梁太祖紀一》:景福二年十二月,"〔龐〕師古遣先鋒葛從周引軍以攻齊州,刺史朱威告急於兖、鄆"。又見《元龜》卷一八七。

朱　瓊 　乾寧二年(895)

《舊五代史·梁太祖紀》:乾寧二年十月,"帝駐軍於鄆,齊州刺史朱瓊遣使請降,瓊即瑾之從父兄也。帝因移軍至兖,瓊果來降。未幾,瓊爲朱瑾所紿,掠而殺之"。又本傳:乾寧二年春,"太祖令大將朱友恭攻瑾……十一月,瑾從父兄齊州刺史瓊以州降"。又見《新書·昭宗紀》,《元龜》卷一八七,《北夢瑣言》卷一六,《通鑑·乾寧二年》十一月。

朱　玭 　乾寧中

《舊五代史·梁太祖紀一》:"〔朱〕瓊爲朱瑾所紿,掠而殺之,帝即以其弟玭爲齊州防禦使。"《全文》卷八三二錢珝有《授齊州刺史充武肅軍防禦使朱玭加檢校司空制》。

楊師厚 　天復三年(903)

《通鑑·天復三年》:"八月戊辰朔,朱全忠留齊州刺史楊師厚攻青州,身歸大梁"。《舊五代史》本傳:"及王師範以青州叛……師厚逆擊……授齊州刺史。將之任,太祖急召見於鄆西境……天復四年三月,加檢校司徒、徐州節度使。"又見《元龜》卷三四六,《新五代史》本傳。《隋唐五代墓誌匯編·河南卷·故山陽縣君鞏氏夫人墓誌》(天祐元年九月十二日):"夫人即家之季女也,聘弘農公十五載矣……公正任曹州刺史,加司空,遷牧齊州,又遷鎮徐州節度使。"

徐懷玉　　天復四年(904)

《舊五代史》本傳:"天復四年,轉齊州防禦使,加檢校司空。從大軍迎駕於岐下。歸署華州觀察留後。"《新五代史》本傳略同。

待考録

鄭懷隱

《新表五上》鄭氏:"懷隱,齊州刺史。"泗州刺史言思子。

卷七四　淄州（淄川郡）

　　武德元年析齊州之淄川置淄州。天寶元年改爲淄川郡。乾元元年復爲淄州。領縣五：淄川、長山、高苑、鄒平、濟陽。

陳君通　　約武德中
　　《新表一下》陳氏："君通，淄州刺史。"按其兄君範，隋温令；其弟君賓，虔州刺史。

封言道　　貞觀中
　　《芒洛遺文》卷上《大唐故瀛州刺史束城鄭明府君（贍）墓誌銘并序》（永昌元年四月十五日）："夫人渤海封氏，皇朝右僕射密國公之孫，淄州刺史尚淮南長公主駙馬都尉蔣公之第二女也。"按蔣公即封言道，《會要》卷六作道言。又按《舊書》本傳云："尚高祖女淮南長公主，官至宋州刺史。"《新書》本傳略同。《新表一下》封氏有"言道，汝、宋二州刺史、駙馬都尉"。《姓纂》卷一渤海蓚縣封氏："言道，駙馬、司門郎中、汝汴二州刺史。"

孫　襲　　貞觀中？
　　北圖藏拓片《大周宣州涇縣尉杜府君故夫人孫氏墓誌銘并序》（長安四年三月三十日）："祖襲，唐淄州刺史……父行廉，唐懷州河内縣尉、綿州顯武縣丞。"夫人卒聖曆二年三月廿五日，春秋三十六。

柳　範　　約高宗前期

《芒洛遺文》卷中《唐故榮州長史薛府君夫人河東郡君柳氏墓誌銘并序》（開元六年八月二十九日）：“考範，皇朝尚書右丞，商、蔚、淄、雅、婺五州刺史，揚州大都督府長史。”夫人春秋七十六，開元六年四月廿三日卒。又見《唐文拾遺》卷六五。按兩《唐書》本傳皆云：貞觀中爲侍御史，高宗時歷位尚書右丞、揚州大都督府長史。《會要》卷六一謂：貞觀十一年爲侍御史。

□元嗣　　顯慶五年（660）

《金石萃編》卷五三《平百濟國碑》：“右一軍總管使持節淄州刺史上柱國□元嗣。”顯慶五年八月十五日建。又見《全文》卷二〇〇賀遂亮《大唐平百濟國碑銘》。

武弘度（武懷運）　　乾封元年（666）

《舊書·高宗紀上》：乾封元年八月“丁未，殺司衛少卿武惟良、淄州刺史武懷運，仍改姓蝮氏”。又《武承嗣傳》：“乾封年，惟良與弟淄州刺史懷運，以岳牧例集於泰山之下……則天密令人以毒藥貯賀蘭氏食中，賀蘭氏食之，暴卒，歸罪於惟良、懷運，乃誅之。”又見《新書·高宗紀》《武士彠傳》，《通鑑·乾封元年》八月。

獨孤諶　　約高宗時

《姓纂》卷一一獨孤氏：“諶，駙馬、淄州刺史。”按《會要》卷六云：太宗女安康公主“降獨孤謀”。“謀”乃“諶”之訛。《元龜》卷三〇〇正作“諶”。《寶刻叢編》卷九引《京兆金石錄》有《駙馬都尉獨孤湛碑》，“湛”，亦爲“諶”之訛。

李　琨　　武后時

《舊書·李恪傳》：琨，“則天朝歷淄、衛、宋、鄭、梁、幽六州刺史，有能名。聖曆中，嶺南獠反，敕琨爲招慰使……長安二年，卒官”。又見《新書·宗室世系表下》吳王房，《元龜》卷二八一。《新書》本傳未及州名。

崔言道　　約武后時

《千唐誌·大唐故朝議郎行岐王府西門□□□（崔）府君之誌銘并序》（開元七年閏七月五日）："曾祖君肅……祖思約……父言道，皇朝任北門直長……岳州刺史、淄州刺史。"府君卒開元七年，年六十四。

李玄同　　約武后時

《新書·宗室世系表上》梁王房："淄州刺史陳國公玄同，以隴西王博義（乂）第五子繼。"按博乂乃高祖兄李湛子，卒咸亨二年。

獨孤昌　　約武后時

《姓纂》卷一〇獨孤氏："昌，淄州刺史。"乃武德五年禄（相）州刺史開徹之孫。

狄光嗣　　約中宗時

《新書》本傳："聖曆初，爲司府丞……歷淄、許、貝三州刺史。母喪，奪爲太府少卿，固讓，睿宗嘉其誠，許之。累遷揚州長史，以罪貶歙州別駕，卒。"又見《大唐新語》卷一二。按神龍元年，光嗣爲兵部郎中，見《會要》卷三九及《新書·藝文志二》；開元四年八月四日檢校河南河北捕蝗使，見《舊書·五行志》。疑其刺淄在景龍中。

杜休纂　　約中宗時

《姓纂》卷六中山杜氏："休纂，淄州刺史。"乃顯慶中黄州刺史杜之亮之子。

李　亨　　開元中？

《新表二上》隴西李氏姑臧房："亨字嘉會，淄州刺史。"按其祖玄道，常州刺史，貞觀三年致仕。《全文》卷四二〇常袞《贊善大夫李君墓誌銘》：“父犯肅宗廟諱，皇膳部郎中淄州刺史。”《隋唐五代墓誌匯編·洛陽卷》第十二册《李氏幼女墓誌銘并序》（貞元六年十二月六日）：“考監察御史府君挺，祖贊善大夫成性，曾祖淄州刺史亨，姑臧公之後也。”【補遺】《唐故隴西李君（盈）墓誌銘並序》（寶應二年四月辛丑）：“祖淄州刺史，名犯肅宗廟諱。”（周紹良、趙超《唐代墓誌匯編續集》，上海古籍出版社 2001 年版）按即李亨。

李行淳　　開元中

《新書·宗室世系表下》紀王房：“淄州刺史行淳。”乃紀王慎之孫。

盧　某　　約開元中

《全文》卷三二七王維《唐故潞州刺史王府君夫人榮國夫人墓誌銘》：“夫人姓盧氏，范陽人也……父某，濠、淄、邛等三州刺史。”

魏方回　　約開元中

《新表二中》魏氏：“方回，淄、青二州刺史。”《姓纂》卷八西祖魏氏：“方回，淄州刺史。”乃天寶時御史大夫方進之兄，武后朝宰相玄同之孫。

李　浦（李琬、李備、李輔）　　開元中

《李太白文集》卷三〇《虞城縣令李公去思頌碑并序》：“父浦，郢、海、淄、唐、陳五州刺史，魯郡都督，廣平太守。”

源光乘　　開元中

《千唐誌·唐故通議大夫守太子詹事上柱國源府君（光乘）墓誌銘并序》（天寶六載二月癸酉）：“轉淄、盧二州刺史，揚州大都督府司馬，陳、汝二州持節。天寶改元，官號復古，除絳郡太守，馮翊太守……入拜太子詹事……五載二月庚戌，薨於宣陽里第，春秋七十有七。”

李 邕　　約開元二十七年—二十八年（約 739—740）

《舊書》本傳：“於嶺南從中官楊思勗討賊有功，又累轉括、淄、滑三州刺史，上計京師……天寶初，爲汲郡、北海二太守。”《全文》卷二六一李邕有《淄州刺史謝上表》。《寶刻叢編》卷一淄州引《集古録目》：“《唐開元寺碑》，唐淄州刺史李邕撰并書……碑以開元二十八年七月立。”《嘉靖青州府志》卷一三：“李邕……開元中爲淄州刺史。”

裴敦復　　天寶四載—六載（745—747）

《通鑑·天寶四載》：五月，“〔裴〕敦復坐逗留不之官，貶淄州太守”。《舊書·玄宗紀下》：天寶六載正月辛巳朔，“淄川太守裴敦復並以事連王曾、柳勣，遣使就殺之”。《新書·玄宗紀》同。《全詩》卷二〇〇岑參有《送裴校書從大夫淄川覲省》。

李 遵　　天寶六載（747）

《全文》卷三九一獨孤及《唐故特進太子少保鄭國李公（遵）墓誌銘》：“天寶六年出守，始於淄川，歷濟南、汝南……十四年秋九月，由執金吾爲彭原郡守。”

薛 融　　天寶中

《千唐誌·唐故河南府密縣丞河東薛府君（迅）墓誌銘并序》（貞元十七年十一月十二日）：“先考諱融，皇中大夫、淄川、上洛、淮安、清河郡四太守……公即清河府君之第五子也……天寶十三載州舉孝廉，弱冠擢第……俄及家艱，哀過於禮。屬幽燕叛換……以貞元十七年七月廿二日終於東都安業里之私第，春秋七十有九。”按由貞元十七年（801）上推七十九，迅當生於開元十一年，天寶十三載已三十二歲，不可言弱冠，恐年齡有誤。又按《新表三下》薛氏有“融，清河太守”。

鄭 旷　　約乾元中

《白居易集》卷四二《故滁州刺史贈刑部尚書滎陽鄭公墓誌銘并

序》：“禄山始亂……擢授登州司馬，尋轉長史，累加朝散大夫，入爲太子左贊善大夫、尚書屯田員外郎、太子中允，出攝淄州刺史，俄换萊州。”《新書》本傳未及淄州。

殷仲卿　　上元元年（760）

《舊書·肅宗紀》：上元元年十月壬申，“青州刺史殷仲卿爲淄州刺史、淄沂滄德棣等州節度使”。按《新書·方鎮表二》：“上元二年，置淄沂節度使，領淄、沂、滄、德、棣五州，治沂州”。疑有誤。

李　納　　大曆十二年前（777 前）

《舊書》本傳：“少時，〔李〕正己遣將兵備秋，代宗召見嘉之，自奉禮郎超拜殿中丞、兼侍御史，賜紫金魚袋。歷檢校倉部郎中，兼總父兵，奏署淄州刺史。正己將兵擊田承嗣，奏署節度觀察留後。尋遷青州刺史。”《新書》本傳略同。《通鑑·大曆十二年》：十二月，平盧節度使李正己“自青州徙治鄆州，使其子前淄州刺史納守青州”。《考異》曰：“《實録》：此年二月丙戌，以納爲青州刺史，充淄青留後。”又見《元龜》卷一七六。

王　圓　　大曆十四年（779）

《金石萃編》卷五三《岱嶽觀碑》題名：“淄州刺史王圓，□□□□□□，山人王□宇，大曆十四年二月廿七日同登泰嶽。”又見《山左金石志》卷一一。

李惟誠　　貞元中

《舊書》本傳：“入仕於鄆州，爲李納營田副使。歷兖、淄、濟、淮四州刺史，竟客死東平。”《新書》本傳唯云“四爲州刺史”，未及四州州名。

崔　澹　　永貞元年（805）

上圖藏拓片《唐故殿中侍御史淄州長史知軍州事崔府君（澹）墓誌銘并序》（元和四年正月）：“公鎮撫萊州，萊州禮興行，家給人足。

不一年，遷領淄州，淄州之人如寒有裘焉，如濟有舟焉……不久遂寢疾，以永貞元年九月廿七日歿於淄州官舍，享年五十□。"

裴 洽　　元和中？

《白居易集》卷三三《開成二年三月三日河南尹李待價以人和歲稔將禊於洛濱》詩中有"淄州刺史裴洽"。又有《春夜宴席上戲贈裴淄州》詩。又卷三四《戲贈夢得兼呈思黯》詩"裴使君前作少年"原注："裴洽使君，年九十餘。"則裴洽刺淄州疑在元和中。開成時當早已致仕。

張 頍　　元和十三年前（818前）

《元龜》卷一四〇："〔元和十四年〕九月，贈淄州刺史張頍左散騎常侍……以嘗謀殺李師道歸國，爲師道所害故也。"按李師道元和十四年二月被擒而斬首，張頍爲淄州當在此前。

令狐通　　元和十五年—長慶元年（820—821）

《舊書》本傳："〔元和〕十四年，徵爲右衛將軍……歲餘，出爲淄州刺史。長慶初，入爲左衛大將軍，卒。"《新書》本傳未及。《隋唐五代墓誌匯編·洛陽卷》第十四册《唐故棣州刺史兼侍御史燉煌令狐公（梅）墓誌銘并序》（大中十年四月二十二日）："皇考歷宿、陳、壽、淄、唐、泗等六郡太守，官兼御史中丞，唐、陳二州皆經再授，凡專城之任者八，贈右散騎常侍諱通。公即先公常侍第二子也……開成元年……十一月，丁先常侍艱。"梅卒大中八年，享年六十二。

鄭 紳　　大和中

《芒洛補遺·唐故邵州鄭使君墓誌》："使君貞元辛未年生，大中景子年歿，十一月□□也……烈考嘗繼伯父留守公……歷守漳、邵、□、夔、淄五州諱紳；留守公諱叔則，建中、貞元之偉人也。使君即淄州之長子，諱珸，字君嚴。"按寶曆元年鄭紳在漳州刺史任，見《芒洛遺文》卷中《唐故鄉貢進士范陽盧府君（子鷟）墓誌》，則其刺淄約在大和中。

李正卿　　會昌初

《千唐誌·唐故綿州刺史江夏李公（正卿）墓誌銘并序》（會昌四年十二月十九日）：“有唐會昌四年四月十一日，左綿守李公歿於位……公……自江陵少尹拜安州刺史……入拜司農少卿，歷衛尉少卿，復爲淄州刺史……卒歲拜綿州刺史……未幾寢疾而歿，享年七十四。”

王晏實　　會昌四年—大中五年（844—851）

《新書·王宰傳》：弟晏實，“〔劉〕積平，擢淄州刺史，終天雄節度使”。《全文》卷七四九杜牧《王晏實除齊州吳初本巴州陳俒渝州刺史等制》稱“正議大夫前使持節淄州諸軍事守淄州刺史……王晏實”。又卷九六二闕名《授王安實天雄軍節度使制》：“剖竹淄州，克茂藩條之政；執金緹騎，彌昭夙夜之勤……〔可〕兼秦州刺史、御史大夫，充天雄軍節度。”按“安實”當爲“晏實”之誤。又按會昌四年七月劉積平，見《舊紀》；其爲淄州蓋在是時。

徐　鄑　　約大中十年（約 856）

《新表五下》北祖上房徐氏：“鄑，光、處、齊、淄、明、泗六州刺史。”按大中四年爲處州刺史。

王　迺　　約大中時

《新表二中》琅邪王氏：“迺，淄州刺史。”《權載之文集》卷二七《唐故朝議大夫洋州刺史王君夫人博陵縣君崔氏祔葬墓誌銘》（貞元二十年）：夫人生子三人，長曰迺。《郎官柱》主客員外有王迺，在裴識後，蕭傑前。

王　邁　　約大中、咸通間

《新表二中》琅邪王氏：“邁，淄州刺史。”乃迺之弟。兄弟皆爲淄州刺史,未知《新表》誤否?

曹全晸　　乾符五年—廣明元年(878—880)

《通鑑·乾符六年》:"三月,天平軍節度使張楊翽薨,牙將崔君裕自知州事,淄州刺史曹全晸討誅之。"《廣明元年》:七月"辛酉,以淄州刺史曹全晸爲天平節度使、兼東面副都統"。《新書·僖宗紀》:乾符六年,"是歲,淄州刺史曹全晸克鄆州"。

朱　珍　　中和四年(884)

《舊五代史·劉捍傳》:"唐中和四年夏,太祖以朱珍爲淄州刺史,令收兵於淄、青間,命捍監其路。"又見《元龜》卷三四六。

朱　珍　　光啓三年(887)

《舊五代史·梁太祖紀》:"〔光啓〕三年春二月乙巳,承制以朱珍爲淄州刺史。"又見《新五代史》本傳,《元龜》卷一八七,《通鑑·光啓三年》。

劉　鄩　　光化二年(899)

《舊五代史》本傳:"光化初,〔王〕師範表鄩爲登州刺史。歲餘,移刺淄州,署行軍司馬。"《元龜》卷三六七:"劉鄩唐末爲淄州刺史,淄青行軍司馬。昭宗幸鳳翔,鄩以偏師襲取兗州……乃告青帥王師範。"

卷七五　濟州（濟陽郡）

隋濟北郡。武德初改爲濟州。天寶元年改爲濟陽郡。十三載六月一日廢濟州，所領盧、長清、平陰、東阿、陽谷等五縣併入鄆州。

伏　德　　武德二年(619)

《通鑑·武德二年》：四月，"隋將帥、郡縣及賊帥前後繼有降者。詔以王薄爲齊州總管，伏德爲濟州總管"。

竇務本　　武德四年(621)

《新書·高祖紀》：武德五年正月"丁亥，濟州別駕劉伯通執其刺史竇務本，叛附於徐圓朗"。《通鑑·武德五年》正月同。

【補遺】趙　寵　　武德中？

《趙寵墓誌》（永徽三年）："君姓趙氏，名寵，字廷貴，平昌人。……仕唐至恒、濟二州刺史。永徽三年，年百有六歲而卒。"（周紹良、趙超《唐代墓誌匯編續集》，上海古籍出版社 2001 年版）

崔弘道　　武德、貞觀間？

《新表二下》清河青州房崔氏："弘道，濟州刺史。"乃北齊中書侍郎崔肇師之孫。

李玄明　　貞觀中

《舊書・李迥秀傳》："迥秀,大亮族孫也。祖玄明,濟州刺史。"
《新表二上》李氏武陽公房："玄明,濟州刺史、成紀縣公。"《楊炯集・補遺・伯母東平郡夫人李氏墓誌銘》："考玄明,皇朝上儀同（闕）濟三州刺史、成紀縣男。"

楊　安　　貞觀中

《新表一下》楊氏越公房："安,濟州刺史。"乃隋安、溫二州刺史楊文偉之子,貞觀中户部尚楊纂之兄。

張文會　　約貞觀中

上圖藏拓片《齊州山茌縣丞張齊丘墓誌》（開元五年三月二十日）："祖文會,隋國子□士;武德初,□五府兵曹,鄭縣令,通事舍人,歷幽、原二州長史,同州別駕,洛州長史,□、濟二州刺史。"按《千唐誌・唐故京兆府渭南縣尉張時譽墓誌銘并序》："曾祖諱文會,皇朝洛州長史。"時譽卒開元二十一年,四十六歲。

柳　楷　　約貞觀中

《姓纂》卷七河東解縣柳氏："楷,濟州刺史。"《新表三上》柳氏："楷,濟、房、蘭、廓四州刺史。"《柳河東集》卷一一《故大理評事柳君墓誌》："其小宗曰楷,至於唐,刺濟、房、蘭、廓四州。"又卷一三《亡姑渭南縣尉陳君夫人權厝誌》："〔夫人〕高祖諱楷,爲濟州刺史。"夫人卒貞元十七年,四十四歲。

崔　潛　　貞觀中？

《新表二下》博陵崔氏第三房："潛,濟州刺史。"乃鳳閣舍人崔承構之父;隋大理少卿世立之孫;睿、玄宗時宰相崔日用之伯父;崔元翰之曾祖。《全文》卷四八九權德興《比部郎中崔君元翰集序》："曾祖某,濟州刺史。"元翰卒貞元十一年。

陸元士　　約高宗初

《姓纂》卷一〇陸氏：“元士，虞部員外，濟州刺史。”按貞觀十四年元士爲晉王府掾，見《和糴粟窖磚》（《唐文續拾》卷一〇）。貞觀二十年爲著作郎，見《會要》卷六三。又按《新書·藝文志二》“《晉書》一百三十卷”注，修書人有“陸元仕”，疑即此人。

薛寶積　　高宗時

《全文》卷四九七權德輿《大唐浙江西道都團練觀察等使潤州刺史兼御史大夫河東郡公薛公先廟碑銘并序》：“隋禮部尚書道實；道實生皇尚書議曹郎德儒；德儒生寶積，濟、齊、潤三州刺史，揚州大都督府長史。”按《金石錄》卷四有《唐齊州刺史薛寶積清德頌》，總章二年立。《山左金石志》卷一〇有《唐揚州長史薛寶積碑》，周長壽二年立。則寶積刺濟當在高宗時。

竇孝仁　　約高宗時

《姓纂》卷九河南洛陽竇氏：“竇覽孫孝仁，濟州刺史。”《新表一下》竇氏三祖房：“孝仁，濟州刺史。”乃晉州總管竇琮之子，洺州刺史孝謙之弟。

崔慎知　　高宗時？

《新表二下》博陵崔氏第二房：“慎知，濟州刺史。”按其曾祖輩仕於北齊。

楊孝仁　　高宗時？

《新表一下》楊氏觀王房：“孝仁，濟、汝二州刺史。”乃後周驃騎大將軍楊紹之孫，隋納言楊達之姪。

蘇　昱　　約高宗時

《姓纂》卷三鄴西蘇氏：“昱，濟州刺史。”《新表四上》蘇氏同。按《山右金石記》卷三《聞喜令蘇君（昱）德政碑》，謂咸亨年間立，則其官聞喜令於總章咸亨間。《碑》謂"父儇，隋尚輦直長，皇朝晉州司功"。則昱官濟州刺史約高宗時。

郭敬宗　　高宗時

《隋唐五代墓誌匯編·洛陽卷》第六册《大唐故濮州刺史太原郭府君（敬宗）石誌銘并序》（文明元年八月十一日）："歷滑、越二州司馬，趙州長史，遷使持節密、濟、濮三州刺史……以文明元年七月廿三日薨於洛陽修義里第，春秋七十四。"

李　冲　　高宗末

《舊書》本傳："歷密、濟、博三州刺史，皆有能名。"又見《元龜》卷二八一。《新書》本傳未及濟州刺史。按李冲於垂拱初在博州刺史任時起兵反武后，被誅。

薛　顗　　垂拱四年（888）

《新書·諸帝公主·城陽公主傳》：子〔薛〕顗，"封河東縣侯、濟州刺史。琅邪王冲起兵，顗與弟紹……應之。冲敗，殺都吏以滅口。事泄，下獄俱死"。又見《李冲傳》。又《則天皇后紀》：垂拱四年"十一月辛酉，殺濟州刺史薛顗及其弟駙馬都尉紹"。《通鑑·垂拱四年》略同。按《新書·張季昭傳》稱薛顗爲齊州刺史，誤。

李元璷　　約武后時

《新表二上》隴西李氏姑臧房："元璷，濟州刺史。"乃玄運之子；延壽之姪。《精舍碑》有李元璷，在王守廉、司□□、□□□、□□潯後，路幼玉、王景前。

柳秀誠　　武后時

《隋唐五代墓誌匯編·山西卷·唐故壯武將軍幽州良社府統軍廣州番禺府折衝上柱國柳府君（行滿）墓誌銘并序》（久視元年十月二十八日）："三子秀誠，文昌金部郎中，銀青光禄大夫濟、彭、曹三州刺史，左羽林將軍。”又見同日《柳行滿妻乙弗玉墓誌》。

郭崇禮　　武后時？

《姓纂》卷一〇諸郡郭氏：“崇禮，濟州刺史。”《全文》卷四二〇常袞《咸陽縣丞郭君（豫）墓誌銘》：“父濟州刺史崇禮……〔君〕三十有六年至於天命，開元十八年四月十八日寢疾終。”

韋　弼　　約中宗時

《全文》卷六三〇呂溫《故太子少保京兆韋府君（夏卿）神道碑》：“大王父諱某，皇朝主客郎中、萊濟商三州刺史。”按《新表四上》韋氏龍門公房：夏卿曾祖“弼，字國楨，商州刺史”。又按沈佺期有《送韋商州弼》詩云：“聞君監郡史，暫罷尚書郎。”《郎官柱》户部員外有韋弼，在韋迥、李昂後，裴子餘、寇泚前。主客郎中在李顒、郭奇後，張宗潔、薛絃前。

郭善愛（郭愛）　　景雲二年（711）

《舊書・郭元振傳》：“景雲二年，同中書門下三品……時元振父愛年老在鄉，就拜濟州刺史，仍聽致仕。”《全文》卷二三三張説《兵部尚書代國公贈少保郭公（元振）行狀》：“父愛，授濟州刺史。後以爲相，奏請解職，授銀青光禄大夫、濟州刺史致仕。公殁後，二親猶在。”元振卒開元元年。按《新表四上》昌樂郭氏：“唐有濟州刺史善愛。”《姓纂》卷一〇館陶郭氏作“唐齊州刺史致仕郭善慶”，皆指元振之父。《姓纂》卷之“齊州”顯爲“濟州”之誤，“善慶”當爲“善愛”之誤。

孫　儆　　開元初

《姓纂》卷四清河孫氏：“儆，濟州刺史。”《新表三下》孫氏同。乃開元二年延州刺史孫俊之弟，幽州都督孫佺之兄。

【崔泰之　　約開元初（未之任）**】**

《千唐誌・大唐故銀青光禄大夫守工部尚書贈荆州大都督清河

郡開國公上柱國崔君（泰之）墓誌銘并序》（開元十一年十月五日）：
"今天子肇揚天光……起爲濟州刺史。未到官，旋拜國子司業……春
秋五十有七，以開元十一年六月七日寢疾薨。"

裴耀卿　　開元十二年—十三年（724—725）

《舊書》本傳："〔開元〕十三年，爲濟州刺史。其年，車駕東巡，州
當大路……時大駕所歷凡十餘州，耀卿稱爲知頓之最。又歷宣、冀二
州刺史，皆有善政，入爲户部侍郎。"《新書》本傳略同。又見《元龜》卷
八四四，《通鑑・開元十三年》十一月。《全文》卷四七九許孟容《唐故
侍中尚書右僕射贈司空文獻公裴公（耀卿）神道碑銘并序》："出濟州
刺史，累換宣、冀二州。"又卷二九七裴耀卿《請緣河置倉納運疏》："臣
嘗任濟、定、冀等三州刺史，詢訪故事。"又見《元龜》卷四九八。按《全
文》卷三一二孫逖有《唐齊州刺史裴公（耀卿）德政頌》，稱開元甲子歲
（十二年）至於是邦。又卷三二六王維有《裴僕射（耀卿）齊州遺愛
碑》，亦稱"齊州刺史"，皆爲"濟州刺史"之誤。

盧　構　　約開元、天寶中

《新表三上》盧氏："構，濟州刺史。"按其弟播，户部郎中。《郎官
柱》户部郎中有盧構，在裴騰後，韋利賓、相里造前，當爲開元、天寶
中人。

裴　序　　天寶中

《全文》卷三七〇李栖筠《濟州穀城黄石公祀記》："天寶歲夏六
月，旱既太甚……太守河東裴公聚黄髮而咨謀。"《金石萃編》卷九九
《黄石公祠記碑陰》："玄宗季年，濟陽廢而東平兼領之，所稱河東裴
公，即故郡守，名序。"

李　倰　　天寶十二載（753）

《新書・蘇源明傳》："是時，濟陽郡太守李倰以郡瀕河，請增領宿
城、中都二縣以紓民力。"《全詩》卷二五五蘇源明《小洞庭洄源亭宴四

郡太守詩并序》：“天寶十二載七月辛丑，東平太守扶風蘇源明，觴濮陽太守清河崔公季重、魯郡太守隴西李公蘭、濟南太守太原田公琦、濟陽太守隴西李公俊於洄源亭。”又見《唐詩紀事》卷一九蘇源明。

卷七六 青州（北海郡）

隋北海郡。武德初改爲青州，置總管府。後改爲都督府。貞觀元年罷都督府。天寶元年改青州爲北海郡。乾元元年復爲青州。領縣七：益都、臨淄、千乘、博昌、壽光、臨朐、北海。

鄭虔符　　*武德二年(619)*

《通鑑·武德二年》：四月，"隋將帥、郡縣及賊帥前後繼有降者，詔以王薄爲齊州總管，伏德爲濟州總管，鄭虔符爲青州總管"。

辛德本　　*約武德中*

《金石補正》卷二九《青州總管平桑公題字》："大像主青州總管平桑公。"《山左金石志》卷一一《駝山造像題字十五種》："一題大像主青州總管柱國平桑公。"考《姓纂》卷三隴西狄道辛氏："德本，唐黄州刺史，平桑公。"《新表三上》同。乃隋隴(《新表》作"龍")州刺史辛迪子。當即此人。

馮少師　　*約武德中*

《姓纂》卷一京兆馮氏："少師，唐駙馬，鴻臚卿，青州刺史，陝東行臺右僕射。"按少師尚高祖女長沙公主，見《會要》卷六。

陽文瓘　　*貞觀前期*

北圖藏拓片《唐故潞府參軍裴府君（肅）夫人北平陽氏合祔誌銘

并序》(天寶十載十月二十四日):"夫人北平陽氏,冠婚之右族也。曾
祖文瓘,皇中書舍人、青州刺史。祖大經,國子司業、坊州刺史。父欽
莊,齊州録事參軍……夫人則齊州府君之季女也。"夫人卒天寶六載
十一月六日,享年四十七。按陽文瓘貞觀四年正月在中書舍人任,見
《舊書‧突厥傳上》。

楊　懽　　約貞觀中

《千唐誌‧大唐故朝議郎守邛州司馬楊公(瑶)墓誌銘并序》(開
元二十年十月二十七日):"曾祖懽,青、陝、青三州刺史,湖城公,贈太
常卿……祖師,慈州刺史,贈汾州刺史,謚忠武公。"楊瑶卒開元十八
年,春秋六十七。其曾祖約仕貞觀中。

元成壽　　約貞觀中

《姓纂》卷四河南洛陽元氏:"成壽,青州刺史。"乃隋安州總管元
景山子。

杜嗣及　　約貞觀中

《姓纂》卷六京兆杜氏:"嗣及,青州刺史。"乃隋杜乾福子,成州刺
史崇允弟。

張　謙　　約貞觀中

《千唐誌‧唐故揚州海陵縣丞張府君(觀)墓誌銘并序》(咸通四
年四月二十三日):"五世祖謙,皇青州刺史、涼國公。高祖眘知,皇夏
官郎中,襲涼國公……父仙,皇大理評事……君,廷評之嫡長。"張觀
卒咸通癸未(四年),享年六十一。

李　福　　顯慶二年—三年(657—658)

《大詔令集》卷三七《册趙王福青州刺史文》:"維顯慶二年歲次丁
巳正月庚申朔二十一日庚辰,皇帝若曰……使持節鄜州諸軍事鄜州
刺史趙王福……命爾爲使持節青州刺史。"又見《全文》卷一四。昭陵

博物館藏《大唐故贈司空荆州大都督上柱國趙王（福）墓誌銘并序》（咸亨二年十二月二十七日）："太宗之第十一子……年始十三歲甫出閣，尋除秦州都督……又除青部……遷隰州刺史……詔除梁州都督……以咸亨元年九月十三日薨於梁州之官第，春秋三十有七。"《金石補正》卷二九《神通寺造像》有"大唐顯慶三年行青州刺史清信佛弟子趙王福爲太宗文皇帝敬造彌陀像一軀"。又見《山左金石志》卷一一。兩《唐書》本傳未及。

劉仁軌　　顯慶四年—五年（659—660）

《舊書》本傳："顯慶四年，出爲青州刺史。五年，高宗征遼，令仁軌監統水軍，以後期坐免，特令以白衣隨軍自效。"又見《新書》本傳，《御覽》卷二七六，《會要》卷六二，《通鑑·顯慶五年》《乾封元年》，《朝野僉載》卷一，《大唐新語》卷一一，《元龜》卷四五〇、卷五二二、卷八八五，《廣記》卷一四六引《朝野僉載》、卷二二一引《定命録》。

唐　敏（唐季卿）　　高宗時

《新表四下》唐氏："敏，字季卿，延、濮、青、汴、邠等州刺史。"按唐季卿顯慶中在延州刺史任，見《寶刻叢編》卷一〇《唐石像文并陰》。則其刺青州約在高宗前期。

李　鳳　　麟德元年—上元元年（664—674）

《舊書》本傳："麟德初，累授青州刺史，上元元年薨。"《新書》本傳："始王豳，爲鄧州刺史。俄徙王，歷虢、豫、青三州刺史。"又見《元龜》卷二八一。《大唐故使持節青州諸軍事行青州刺史虢莊王（鳳）墓誌銘并序》："龍朔三年授使持節壽州諸軍事壽州刺史。未幾，尋除沁州刺史，未及之任，又授使持節青州諸軍事青州刺史……以上元元年來朝東都……以其年十二月廿九日薨於東都懷仁里第，春秋五十有三。"（《考古》1977 年第 5 期《唐李鳳墓發掘簡報》）《大詔令集》卷三七《册虢王鳳青州刺史文》："維麟德元年歲次甲子正月己酉朔二十一日己巳，皇帝若曰……沁州刺史上柱國虢王鳳……是用命王爲使持節青州諸軍事青州刺史。"又見《全文》卷一五四。

李冲寂　　高宗時

《楊炯集》卷九《李懷州（冲寂）墓誌銘》："服闋，歷青、德、齊、徐四州刺史。"卒永淳元年。

韓　秀　　高宗時

康熙十七年《山東通志》卷二四職官："韓秀，昌黎人，高宗時爲青州刺史。"

元神霽　　約高宗、武后間

《姓纂》卷四河南洛陽元氏："神霽，青州刺史。"《中州遺文·元温墓誌》："祖寶藏，唐銀青光禄大夫魏州諸軍事魏州刺史……父神霽，唐朝請大夫潞州司馬襲封武陽郡公。"按寶藏隋大業末以郡叛歸李密。寶藏據魏郡，武德二年降，見《元龜》卷一六四、卷一二六。神霽約仕高宗、武后間。

李元名　　垂拱元年(685)

《舊書》本傳："垂拱年，除青州刺史，又除鄭州刺史。"又《李元嘉傳》："及天后臨朝攝政，欲順物情，乃進授……青州刺史、舒王元名爲司空。"又見《元龜》卷二八一，《會要》卷五。《新書》本傳未及。

騫味道　　垂拱元年(685)

《舊書·則天皇后紀》：垂拱元年四月，"内史騫味道左授青州刺史"。《新書·則天皇后紀》同。又見兩《唐書·劉禕之傳》，《新書·宰相表上》，《會要》卷五三，《通鑑·垂拱元年》。

李元軌　　垂拱三年—四年(687—688)

《舊書》本傳："垂拱元年，加位司徒，尋出爲襄州刺史，轉青州。四年，坐與越王貞連謀起兵，事覺，徙居黔州。"《新書》本傳略同。又見《元龜》卷二八一。《通鑑・垂拱四年》："十二月乙酉，司徒、青州刺史霍王元軌坐與越王連謀，廢徙黔州，載以檻車，行至陳倉而死。"《全文》卷二三六任知古《寧義寺經藏碑》："廣命宗枝，屛藩王室，使持節青州諸軍事青州刺史司徒雍王，亦今上之叔祖也。"碑又云："於時歲在泉獻，大唐之握寶圖七十餘祀，皇太后紹隆景化。"按泉獻即淵獻，當指垂拱三年丁亥。時青州刺史當指元軌。岑仲勉《讀全唐文札記》謂指舒王元名，恐非。疑"雍王"乃"霍王"之訛誤。

張　濟　　武后時？

《姑蘇志》卷八："玉遮山在陽山之南……東爲雅宜山，本名雅兒，唐青州刺史張濟女雅兒葬此。吳語兒爲倪，因訛爲宜。"按《新表二下》吳郡張氏有張濟，乃國子祭酒後胤之子。後胤顯慶二年爲睦州刺史，見《嚴州圖經》卷一。《新書・張後胤傳》謂永徽中致仕，誤。濟刺青州疑在武后時。

崔義斌　　武后時？

《隋唐五代墓誌匯編・洛陽卷》第十二冊《崔府君夫人雁門郡太夫人太原王氏墓誌銘并序》（乾元二年九月二十一日）："君諱寶慶，博陵人也……大父義斌，皇朝散大夫青州刺史。"

尹思貞　　神龍二年（706）

《舊書》本傳："神龍初，爲大理卿，時武三思擅權，御史大夫李承嘉附會之……遂劾奏思貞，出爲青州刺史。"《新書》本傳略同。《通鑑・神龍二年》：四月，"御史大夫李承嘉附武三思。詆尹思貞於朝……承嘉怒，劾奏思貞，出爲青州刺史"。又見《御覽》卷二五八，《元龜》卷六八一，《大唐新語》卷六。

盧　朗　　中宗、睿宗時？

《新表三上》盧氏："朗，潤、青等州刺史。"按其從叔承慶相高宗，疑其刺青在中宗、睿宗時。

【補遺】張 洽 景雲二年(711)

《大唐龍興觀燈臺頌並序》:"維景雲二年歲次辛亥二月景子朔，銀青光禄大夫、使持節青州諸軍事、青州刺史、上柱國、清河郡開國公張洽,通議大夫、行長史裴知言……共結檀心,同開法施,乃於龍興觀、大雲寺、龍興寺等三處各造燈臺一所。"(《中國文物報》2003 年 11 月 5 日第七版)

韋安石 開元元年—二年(713—714)

《舊書》本傳:"爲御史中丞楊茂謙所劾,出爲蒲州刺史。無幾,轉青州刺史。"《新書》本傳略同。《舊書·玄宗紀》:開元二年"三月甲辰,青州刺史、郇國公韋安石爲沔州別駕"。《通鑑·開元二年三月同。又見《會要》卷六一,《御覽》卷二二七,《元龜》卷五二〇、卷九〇九。《全文》卷二六玄宗《貶韋安石等詔》:"青州刺史韋安石……削太上皇輔政之辭,用韋氏臨朝之策……安石可沔州別駕。"

王 昕 開元三年(715)

《齊乘》卷一堯山:"唐開元三年《青州刺史王昕碑》亦云:堯山者,《齊記》謂堯巡狩所登。"按《新表二中》有兩王昕,一爲武后時宰相王方慶之子,字光業,忠王司馬。一爲烏丸王氏,武后時潤州刺史王美暢之子,司農卿,薛公。王美暢子王昕曾爲汝州刺史,見《長安志》卷七,注云:"昕,薛王業之舅。"《嘉靖青州府志》卷一三:"王昕,開元間青州刺史。"

魏方回 開元中

《新表二中》魏氏:"方回,淄、青二州刺史。"玄宗時御史大夫魏方進之兄。

鄭 溥 開元中

《古刻叢鈔·故右内率府兵曹鄭君(準)墓誌銘并序》(大和四年八月二十五日):"王父溥,尚書右部郎中,歷青、邢、相、衛、兖、幽、懷七州刺史,入爲左庶子。皇考華,駕部郎中、吉州刺史……君即吉州之少子也。"大和四年正月二日卒，享年六十三。又見《金石補正》卷七二，《全文》卷七四四。按《英華》卷三九五蘇頲有《授鄭溥殿中侍御史等制》，知溥仕開元中。

李少康 約開元十六年（約 728）

《全文》卷三九〇獨孤及《唐故睢陽太守贈祕書監李公（少康）神道碑銘并序》："拔爲青州刺史……按察使户部侍郎宋遥以狀聞，璽書褒異，遷公於常州。"按宋遥約開元十八年爲户侍。

李 巚 開元十八年（730）

《開元釋教録》卷三沙門釋法顯："時正當晉義熙元年，計從義熙元年太歲乙巳，至今開元十八年歲次庚午，便成一千八百二十二載矣……顯問：此何地耶？獵人曰：是青州長廣郡牢山南岸。獵人還以告太守李巚，巚素敬信，忽聞沙門遠至，躬自迎勞。"

鄭 諶 開元二十年（732）

《芒洛四編》卷五《唐故太中大夫使持節青州諸軍事青州刺史上柱國榮陽鄭公（諶）墓誌銘并序》（開元二十三年二月二十三日）："佐徐、曹、許三州，守歸、楚、萊三郡……於是永懷止足，抗疏誠請，優詔嘉許之，拜青州刺史，仍聽致仕……居數歲，以開元廿二年十一月十五日寢疾薨於河南洛陽審教里之第。"《千唐誌·唐故通議大夫持節開州諸軍事開州刺史鄭公（訢）墓誌銘并序》（開元二十四年十一月七日）："公與兄銀青光禄大夫洺州刺史諿……通議大夫青州刺史諶、銀青光禄大夫婺州刺史諤，咸以清公直道，俱踐通秩，時人榮之。"《隋唐五代墓誌匯編·洛陽卷》第九册《弘農楊氏墓誌并序》（開元二十一年四月十三日）："年廿一歸於大中大夫青州刺史榮陽鄭府君。"此"鄭府君"當即鄭諶。夫人開元二十一年閏三月卒。

蕭 嵩 開元二十七年（739）

《舊書·玄宗紀下》：開元二十七年六月，"太子太師、徐國公蕭嵩以嘗賂〔牛〕仙童,左授青州刺史"。又見兩《唐書》本傳,《元龜》卷七一五,《通鑑·開元二十七年》,《全文》卷二四,《元龜》卷六六九有《貶蕭嵩青州刺史制》。

李津容(李津客) 開元中

《全文》卷五〇二權德輿《金紫光禄大夫司農卿邵州長史李公(紹)墓誌銘并序》:"隴西郡公津容,公之王父也……隴西仕至慈、衛、汝、邢、青五州刺史,終永王傅。"《新書·宗室世系表上》蔡王房:"隴西郡公、青衛慈邢汝五州刺史、永王傅津客。"作"津客",未知孰是。

皇甫翼 開元中

《新表五下》皇甫氏:"翼字謀安,青州刺史。"按皇甫翼開元二十一年官檢校尚書右丞,見《元龜》卷一六二。

竇誡盈 天寶初

《姓纂》卷九河南洛陽竇氏:"誡盈,青州刺史。"《新表一下》竇氏三祖房:"誡盈,青州刺史。"《金石録》卷七:"《唐北海太守竇誡盈碑》,徐浩撰并八分書題額,李遇正書,天寶七年正月。"【補遺】《洛陽新獲墓誌83·故朝散大夫國子司業守河東縣令竇伯陽夫人太原郭氏志銘》(貞元十年七月十四日):"天寶中適扶風竇伯陽爲妻。伯陽貫河南府洛陽縣人也。曾祖諱義節,行鄂州刺史。祖諱誡盈,守青州刺史。父諱庭芝,守陝州刺史、御史中丞。"貞元十年四月廿日卒。

李邕 天寶四載—六載(745—747)

《舊書》本傳:"天寶初,爲汲郡、北海二太守。"又《玄宗紀下》:"〔天寶〕六載正月辛巳朔,北海太守李邕、淄川太守裴敦復並以事連王曾、柳勣,遣使就殺之。"又見《新書·玄宗紀》、本傳,《新表二上》趙郡李氏,《元龜》卷六九七,《廣記》卷二〇一引《譚賓録》,《通鑑·天寶五載》十月及《天寶六載》正月。《全詩》卷二一一高適有《奉酬北海李太守丈人夏日平陰亭》、卷二一六杜甫有《陪李北海宴歷下亭》,《全文》卷三二二蕭穎士有《爲李北海進芝草表》,卷七二一張又新《東林寺碑陰記》稱"北海守李公",卷六〇九劉禹錫《唐故監察御史贈尚書右僕射王公(俊)神道碑》亦謂"邕,北海郡太守"。又見《全文》卷六二九呂溫《狄梁公立廬陵王傳贊并序》、卷六八七皇甫湜《諭業》、卷五三三李觀《與睦州獨孤使君論朱利見書》、卷五九四徐復《駁李巽擬相國贈尚書右僕射鄭珣瑜諡議》等。《千唐誌》有《唐故北海郡守贈祕書監江夏李公(邕)墓誌銘并序》、《唐故大理評事贈左贊善大夫江夏李府君(翹,邕子)墓誌銘并叙》(元和九年七月二十日),上圖藏拓片有《唐故江夏李府君(岐,邕子)墓誌》。《千唐誌·唐故朝散大夫試大理司直兼曹州考城縣令柳府君靈表》(貞元十八年七月十九日)稱:外孫江夏李師稷述,謂"師稷曾王父北海郡守剖符此郡"。又見《唐故綿州刺史江夏李公(正卿)墓誌銘并序》(會昌四年十二月十九日)。

李力牧 約天寶九、十載(約750、751)

《山左金石志》卷三《龍興寺銅鐘》:"第一行刻北海郡□□□鐘銘并序。次行刻益都縣尉進(缺)……後刻序并銘,後書銜有太守李力牧、長史鄭山甫等十餘人。"又云:"《雲門山投龍》詩,天寶元年立,人名與此相同者:長史鄭山甫、李潤,司馬段詵,錄事參軍崔晏,然則此鐘當亦天寶初年所造也。"按《雲門山投龍詩》當爲天寶十一載事,非天寶元年,詳見下條。

趙居貞 天寶十一載(752)

《金石錄》卷二七《唐雲門山投龍詩跋尾》:"右唐雲門山投龍詩,北海太守趙居貞撰。序言:天寶玄黓歲下元日,居貞投金龍環璧於此山。"又見《寶刻叢編》卷一引。《山左金石志》卷一二稱:有唐玄黓歲辜月己巳,中散大夫使持節北海郡太守柱國天水趙居貞。又見《全詩》卷二五八。按玄黓乃十干中"壬"別稱。天寶元年爲壬午,十一年爲壬辰;辜月,指夏曆十一月。趙居貞天寶十載在吳郡太守任,此詩序所稱玄黓歲辜月當指天寶十一載壬辰歲十一月。

賀蘭進明　　天寶十五載（756）

　　《舊書·第五琦傳》：“累至須江丞，時太守賀蘭進明甚重之。會安禄山反，進明遷北海郡太守，奏琦爲録事參軍。”《新書·第五琦傳》同。又見《元龜》卷七二二。《通鑑·至德元載》：三月，“時北海太守賀蘭進明亦起兵，眞卿以書召之并力”。八月，“北海太守賀蘭進明遣録事參軍第五琦入蜀奏事”。十月，“北海太守賀蘭進明詣行在，上命〔房〕琯以〔進明〕爲南海太守，兼御史大夫，充嶺南節度使”。又見兩《唐書·玄宗紀》《房琯傳》《顔眞卿傳》，《全文》卷五一四殷亮《顔魯公行狀》，卷三九四令狐峘《光禄大夫太子太師顔眞卿墓誌銘》。

鄧景山　　至德元載—二載（756—757）

　　《舊書》本傳：“至德初，擢拜青齊節度使，遷揚州長史、淮南節度。”《新書》本傳略同。《新書·方鎮表二》：至德元載，“置青密節度使，領北海、高密、東牟、東萊四郡，治北海郡”。

許叔冀　　乾元元年（758）

　　《舊書·肅宗紀》：乾元元年八月壬寅，“以青州刺史許叔冀兼滑州刺史，充青滑六州節度使”。《全文》卷四二四于邵《爲許卿謝堂弟叔冀授青州節度使表》：“伏奉今月二十二日恩制，除臣堂弟叔冀青州刺史兼御史大夫充淄青等五州節度使。”

尚　衡　　乾元二年（759）

　　《舊書·肅宗紀》：乾元二年四月甲辰，“以徐州刺史尚衡爲青州刺史，充青、淄、密、登、萊、沂、海等州節度使”。

殷仲卿　　上元元年（760）

　　《舊書·肅宗紀》：上元元年十月壬申，“青州刺史殷仲卿爲淄州刺史、淄沂滄德棣等州節度使”。

尚　衡　　上元元年—二年(760—761)

《舊書・肅宗紀》：上元元年十月“甲申，以兵部侍郎尚衡爲青州刺史、青登等州節度使”。《通鑑・上元二年》：四月“乙亥，青密節度使尚衡破史朝義兵，斬首五千餘級”。按寶應元年九月尚衡爲御史大夫，宣慰迴紇登里可汗，見《舊書・代宗紀》。

田神功　　寶應元年(761)

《新書》本傳：“俄而禽〔劉〕展送京師，遷淄青節度使。會侯希逸入青州，更徙兗鄆。”《舊書》本傳未及。《全文》卷三三八顏真卿《有唐宋州官吏八關齋會報德記》：“汴州刺史上柱國信都郡王田公(神功)……討劉展於潤州，斬平之，遷徐州刺史。明年，拜淄青節度使。屬侯希逸自平盧至，公以州讓之。”按平劉展事在上元二年。《通鑑・寶應元年》五月《考異》曰：“此年五月，田神功自淄青移兗鄆。”又見《唐語林》卷四。

侯希逸　　寶應元年—永泰元年(762—765)

《通鑑・寶應元年》：五月“甲申，以平盧節度使侯希逸爲平盧、青淄等六州節度使，由是青州節度有平盧之號”。《舊書・代宗紀》：永泰元年“秋七月辛卯朔，淄青節度使侯希逸爲副將李懷玉所逐”。又見兩《唐書》本傳，《本事詩・情感》。

＊李　邈　　永泰元年(765)

《舊書・代宗紀》：永泰元年秋七月辛卯朔，“制以鄭王邈爲平盧、淄青節度大使”。《通鑑・永泰元年》作“七月壬辰”。《新書》本傳：“寶應元年進王鄭，與韓王同封。淄青牙將李懷玉逐其帥侯希逸，詔邈爲平盧、淄青節度大使，以懷玉知留後。大曆初，代皇太子爲天下兵馬元帥。”《舊書》本傳未及。

李正己(李懷玉)　　永泰元年—大曆十二年(765—777)

《舊書》本傳：“會軍人逐〔侯〕希逸，希逸奔走，遂立正己爲帥，朝廷因授平盧淄青節度觀察使……檢校工部尚書、兼御史大夫、青州刺史,賜今名……後自青州徙居鄆州,使子納及腹心之將分理其地。"
《新書》本傳略同。《通鑑·永泰元年》:"七月,壬辰,以鄭王邈爲淄
青、平盧節度大使,以〔李〕懷玉知留後,賜名正己。"《舊書·代宗紀》:
大曆十年二月甲申,"青州刺史李正己檢校尚書左僕射"。十一年"十
二月丁亥,加平盧淄青節度使、檢校尚書左僕射、青州刺史、饒陽王李
正己爲檢校司空、同中書門下平章事"。《全文》卷四一三常袞有《授
李正己青州刺史制》。

李　納　　大曆十二年(777)

《舊書·代宗紀》:大曆十二年"二月戊子,淄青節度使李正己之
子納爲青州刺史,充淄青節度留後"。《通鑑·大曆十二年》:十二月,
"平盧節度使李正己先有淄、青、齊、海、登、萊、沂、密、德、棣十州之
地,及李靈曜之亂,諸道合兵攻之,所得之地,各爲己有,正己又得曹、
濮、徐、兗、鄆五州,因自青州徙治鄆州,使其子前淄州刺史納守青
州"。又見兩《唐書》本傳,《元龜》卷一七六。

信都承慶(信都崇敬)　　貞元初

《姓纂》卷九河間信都氏:"貞元初,李納將信都承慶爲青州刺史。"

張　胤　　貞元二年(786)

《祖堂集》卷一五永泰和尚:"貞元一年丙寅歲,游青州,州牧張胤
請止龍興寺。"按"丙寅歲"爲貞元二年。

李師古　　貞元八年前(792 前)

《舊書》本傳:"累奏至青州刺史。貞元八年,〔李〕納死,軍中以師
古代其位而上請,朝廷因而授之。起復右金吾大將軍同正、平盧及青
淄齊節度營田觀察……使。"又見《元龜》卷四三六。《新書》本傳略
同。《舊書·德宗紀下》:貞元八年八月"辛卯,以青州刺史李師古爲
鄆州大都督府長史、平盧淄青等州節度觀察海運陸運、押新羅渤海兩
蕃等使"。《通鑑·貞元八年》八月同。

楊　至　　貞元中？

《千唐誌・唐故登仕郎前守左金吾衛兵曹參軍胡府君（泰）墓誌銘并序》（寶曆元年二月二十八日）：“以寶曆元年正月二日奄於河南府洛陽縣綏福里之私第，享年六十有九。夫人弘農楊氏，即故青州刺史至之曾孫，故汴州浚儀縣令重言之孫，故襄州鄧城縣尉盛之次女。”又《唐宣義郎前行亳州永城縣丞胡宗約尊夫人弘農楊氏墓誌銘并序》（會昌四年閏七月十日）：“曾祖至，皇青州刺史兼御史大夫。”夫人卒會昌三年，春秋六十六。

薛　平　　元和十四年—寶曆元年（819—825）

《舊書・憲宗紀下》：元和十四年三月“己丑，以義成軍節度使薛平爲青州刺史，充平盧軍節度、淄青齊登萊等州觀察等使”。又本傳：“及平李師道，朝廷以東平十二州析爲三道，以淄、青、齊、登、萊五州爲平盧軍，以平爲節度、觀察等使……在鎮六周歲……寶曆元年，歸朝，進加檢校左僕射、兼戶部尚書。”《新書》本傳略同。《全詩》卷三三三楊巨源《薛司空自青州歸朝》，“薛司空”即薛平。

康志睦　　寶曆元年—約大和五年（825—約831）

《舊書・敬宗紀》：寶曆元年四月甲戌朔，“以右神策大將軍康志睦檢校工部尚書，兼青州刺史、平盧軍節度使”。又見《元龜》卷七八。《新書》本傳：“進平盧軍節度使。李同捷反……遂下蒲臺，盡奪其械。加檢校尚書左僕射。徙涇原，封會稽郡公。”《大詔令集》卷六〇《王智興等加官爵制》稱：“平盧軍節度使……康至（志）睦，可檢校尚書左僕射，餘如故。”按《舊書・文宗紀下》：大和七年七月康志睦自右龍武統軍爲涇原節度使。

王承元　　大和五年—七年（831—833）

《舊書・文宗紀下》：大和五年十一月“己未，以〔王〕承元檢校司空、青州刺史，充平盧軍節度使”。七年十二月“癸卯，平盧軍節度、檢校司空王承元卒”。又見兩《唐書》本傳。上圖藏拓片《平盧軍討擊副

使銀青光禄大夫檢校太子賓客□城郡開國男食邑三百户劉府君
（逸）墓誌銘并序》：元戎太原王公“除鳳翔節制，公又親從，既至，十年
從事……□□平盧軍節度使，公又從至……元戎寢疾……以至薨殂，
公乃號慟發□……因此成疾，大和八年三月廿日終於青州私第”。按
太原王公即王承元。

嚴休復　　大和七年—八年（833—834）

《舊書·文宗紀下》：大和七年十二月“丁未，以河南尹嚴休復檢
校禮部尚書、充平盧軍節度、淄青登萊棣觀察等使”。

王彦威　　大和九年—開成元年（835—836）

《舊書·文宗紀下》：大和九年二月“甲申，以司農卿王彦威兼御
史大夫，充平盧軍節度使”。開成元年七月甲午，“以彦威爲户部侍
郎、判度支”。又見兩《唐書》本傳。《英華》卷九五八《平盧軍節度巡
官李府君墓誌銘》：“開成元年春二月，平盧軍節度使王公彦威聞君
名，挈卑詞於簡，副以幣焉，請爲節度巡官。明年春平盧府改，君西
歸。”《白居易集》卷三二有《路逢青州王大夫赴鎮立馬贈别》。《全
文》卷六○九劉禹錫《唐故監察御史贈尚書右僕射王公神道碑》：
“季子彦威……入爲少府監、司農卿，改淄青節度使，徵拜户部侍
郎、判度支。”

陳君賞　　開成元年—四年（836—839）

《舊書·文宗紀下》：開成元年七月“甲午，以金吾衛大將軍陳君
賞爲平盧軍節度使，代王彦威”。《元龜》卷四六九：“崔璪爲給事中。
開成四年十一月，詔以前青州節度使陳君賞爲右金吾衛大將軍知衛
事，璪封駁，遂除右羽林軍統軍。先時君賞在青州，貪殘不理。”

韋　長　　開成四年—五年（839—840）

《舊書·文宗紀下》：開成四年七月“壬寅，以河南尹韋長爲平盧
軍節度使”。

烏漢貞(烏漢真)　　會昌元年—二年(841—842)

《廣記》卷二七四引《抒情集》:"薛宜僚,會昌中爲左庶子,充新羅册贈使。由青州泛海,船頻阻惡風雨……回泊青州,郵傳一年,節使烏漢真尤加待遇。"按會昌三年四月,烏漢真、李珏爲左右金吾仗當直將軍,見《會要》卷八二。《新表五下》烏氏有"漢貞,左金吾將軍"。又按吳氏《方鎮年表》據《東藩要錄》稱新羅開成四年連薨兩王,列烏漢貞會昌元年至二年爲青州節度,從之。烏漢貞乃天平節度使烏重胤之子,《廣記》作"漢真"乃宋人避諱改。

李　批　　會昌三年—四年(843—844)

《英華》卷四五六沈珣《授李批鳳翔節度使制》稱:"刑部尚書兼宗正卿李批,生王侯之大家,傳帶礪之盛業……信以自立,誠而致明。北海著輯睦之規,南方流愷悌之化。"文中"北海"即指青州。南方指嶺南東道節度。按李批會昌元年爲兗海節度,見《寶刻類編》。大中元年爲嶺南東道節度,見《全文》卷七七二李商隱《爲滎陽公(鄭亞)論安南將士月糧狀》。三年爲鳳翔節度,見《通鑑》。

崔　蠡　　會昌五年—六年(845—846)

《新書》本傳:"開成中爲户部侍郎……歷平盧、天平軍節度使,終尚書左丞。"《舊書》本傳未及。按開成五年崔蠡爲鄂岳。《全文》卷七二六崔碬《授崔蠡尚書左丞制》稱"前天平軍節度使",約大中元年作。

鄭　光　　大中元年—三年(847—849)

《通鑑·大中元年》:"九月丁卯,以金吾大將軍鄭光爲平盧節度使。"《新書》本傳:"宣宗即位……遷累平盧軍節度使,徙河中、鳳翔,又賜鄂、雲陽二縣良田。大中四年,詔除其租賦。"又見《東觀奏記上》、《唐語林》卷一。《英華》卷四五六蔣伸《授鄭光河中節度使鄭朗汴州節度使制》稱鄭光"鎮青方而謳謠未息,總緹騎而績效已宣"。《隋唐五代墓誌匯編·陝西卷》第四册《唐齊州司馬馮翊魚君故夫人滎陽鄭氏墓誌銘并序》(大中二年十一月十日):"司空生今平盧節度使檢校工部尚書光。夫人即尚書次女。"大中二年卒，享年十六。證知大中二年鄭光正在任。

鄭　涓　　大中四年（850）

《全文》卷七八八蔣伸《授鄭涓徐州節度使制》稱"平盧軍節度使、檢校左散騎常侍鄭涓"。《全文》卷七五三杜牧《上宰相求湖州第三啓》："某去歲閏十一月十四日……乞守錢塘……出於私曲，語今青州鄭常侍云：更與一官，必任東去。"按繆鉞《杜牧年譜》謂此文爲大中四年作。知鄭涓大中四年在任。按大中三年至四年在京兆尹任。

孫　範　　大中四年—六年（850—852）

《新書·孫簡傳》："弟範亦爲淄青節度使，世推顯家。"《全文》卷七八八蔣伸有《授孫範青州節度使制》。《寶刻叢編》卷七引《京兆金石錄》："《唐平盧節度孫公妻滎陽郡君鄭氏墓誌》，唐任繕撰，大中四年。"

韋　博　　大中六年—九年（852—855）

《新書》本傳："進左大夫，爲京兆尹。與御史中丞囂競不平，皆得罪，下除博衛尉卿。出爲平盧節度使、檢校禮部尚書，徙昭義。"《全文》卷七六三沈珣有《授韋博淄青節度使制》。按韋博大中五年爲京兆尹，見《舊書·宣宗紀》。吳氏《方鎮年表》謂韋博大中九年遷昭義節度，從之。

李　琢　　大中九年—十二年（855—858）

《新書·李聽傳》："聽子琢，以家閥擢累義昌、平盧、鎮海三節度使，無顯功，不爲士大夫稱道。數免復遷。"《通鑑·大中十二年》六月《考異》引《實錄》："大中三年，自洺州刺史除義昌節度使。九年九月，自金吾將軍除平盧節度使。"

令狐緒　　大中十二年—十三年（858—859）

《雲溪友議》卷中《買山讖》：邕州蔡大夫京，故令狐相公楚鎮滑臺日,得陪相國子弟青州尚書緒、丞相絢。按令狐緒大中十一年在汝州任。兩《唐書》本傳未及青刺。

韋　澳　大中十三年—咸通二年(859—861)

《舊書》本傳:"懿宗即位,遷檢校户部尚書,兼青州刺史、平盧節度觀察處置等使。入爲户部侍郎,轉吏部。"《新書》本傳略同。又見《東觀奏記》。《南部新書》丁:"韋澳與蕭寘,大中中同爲翰林學士……澳舉進士時,日者陳子諒號爲陳獨快,云:'諸事未敢言,惟青州節度使不求自得。'果除拜。"

封　敖　咸通二年—三年(861—862)

《舊書》本傳:"〔大中〕十一年,拜太常卿,出爲淄青節度使,入爲户部尚書,卒。"《新書》本傳:"大中中,歷平盧、興元節度使……加檢校吏部尚書,還爲太常卿……爲御史所劾,徙國子祭酒。復拜太常,進尚書右僕射。"按《會要》卷六五:"〔大中〕十二年十月,太常卿封敖左遷國子祭酒。"疑《新傳》次序混亂。又按《寶刻類編》有柳公權書平盧節度封敖殘碑。吳氏《方鎮年表》列於咸通二、三年,姑從之。

崔執柔　約咸通四年—六年(約 863—865)

《寶刻類編》卷六有"《平盧節度使崔執柔墓誌》,裴翻撰,咸通六年七月。京兆。"

李　璲　咸通中

《全文》卷九六二闕名《授李璲平盧節度使制》:"檢校工部尚書兼少府監充内中尚使……襲岐國公……李璲……可檢校刑部尚書、兼青州刺史、御史大夫,充平盧軍節度使、登萊棣州觀察處置等使。"按吳氏《方鎮年表》列於咸通三、四年下。岑仲勉《正補》謂此與涇原咸通元年至四年李璲重合。今按李璲約於咸通中期爲青州,基本可定。

于 琄(于涓)　約咸通十一年—十三年(約 870—872)

《舊書・懿宗紀》：咸通十三年五月，"前青州刺史、平盧軍節度使于涓爲凉王府長史"。《新表二下》于氏："琄，平盧節度使。"

宋 威　約咸通十四年—乾符五年(約 873—878)

《通鑑・乾符二年》："十二月，王仙芝寇沂州，平盧節度使宋威表請以步騎五千別爲一使，兼帥本道兵所在討賊。仍以威爲諸道行營招討草賊使。"《乾符五年》：正月，"敕以宋威久病，罷招討使，還青州……九月，平盧軍奏節度使宋威薨"。

曾元裕　乾符五年(878)

《通鑑・乾符五年》：九月"辛丑，以諸道行營招討使曾元裕領平盧節度使"。

楊 損　約乾符五年—六年(約 878—879)

《舊書》本傳："出爲陝虢觀察使……逾年，改青州刺史、御史大夫、淄青節度使。又檢校刑部尚書、鄆州刺史、天平軍節度使。未赴鄆，復留青州，卒於鎮。"《新書》本傳略同。《闕史》卷下稱："青州楊尚書損。"《雲溪友議》卷中："獨楊損尚書三十年來兩爲給事，再任京尹，防禦三峰，青州節度，年逾耳順。"按乾符四年至五年楊損在陝虢觀察使任。

安師儒　乾符六年—中和二年(879—882)

《舊五代史・王師範傳》："父敬武，初爲平盧牙將。唐廣明元年，無棣人洪霸郎合群盗於齊、棣間，節度使安師儒遣敬武討平之。及巢犯長安，諸藩擅易主帥，敬武乃逐師儒，自爲留後。"《新書・王師範傳》略同。《通鑑・中和二年》：九月，"平盧大將王敬武逐節度使安師儒"。《新書・僖宗紀》同。

王敬武　中和二年—龍紀元年(882—889)

《新書》本傳："中和中，盗發齊、棣間，遣敬武擊定。已還，即逐

〔安〕師儒，自爲留後。時王鐸方督諸道行營軍復京師，因承制授敬武平盧節度使，趣其兵使西。及京師平，進檢校太尉、同中書門下平章事。龍紀元年卒。”兩《五代史·王師範傳》略同。《舊書·昭宗紀》：龍紀元年“十月己未朔，青州節度使王敬武卒”。又見《通鑑·龍紀元年》十月。

【崔安潛　　龍紀元年—大順二年(889—891)（未之任）】

《舊書·昭宗紀》：龍紀元年十月己未，“制以特進、太子少師、博陵郡開國侯、食邑一千户崔安潛檢校太傅、兼侍中、青州刺史、平盧軍節度觀察……等使”。大順二年二月，“新授平盧節度使崔安潛自棣州歸朝，復授太子少師”。又本傳：“龍紀初，青州王敬武卒，以安潛代。敬武子師範拒命，安潛赴鎮，至棣州，刺史張蟾出州兵攻青州，爲師範所敗……安潛還京師。”《新書》本傳略同。又見兩《五代史·王師範傳》，《通鑑·龍紀元年》《大順二年》。

王師範　　大順二年—天祐二年(891—905)

《舊書·昭宗紀》：龍紀元年“十月己未朔，青州節度使王敬武卒……青州三軍以敬武子師範權知兵馬事”。大順二年“三月辛亥朔，以青州權知兵馬留後王師範檢校兵部尚書，兼青州刺史、御史大夫，充平盧軍節度觀察……等使”。又《哀帝紀》：天祐二年三月“壬戌，制以前平盧軍節度使、檢校太傅、同平章事、兼青州刺史、上柱國、琅邪郡公、食邑二千五百户王師範爲孟州刺史、河陽三城懷孟節度觀察等使”。又見《舊五代史·梁太紀》，《新書》本傳，兩《五代史》本傳，《通鑑·龍紀元年》《大順二年》《天祐二年》。

李　振　　天祐二年(905)

《通鑑·天祐二年》：正月“庚午，朱全忠命李振知青州事，代王師範”。二月，“李振至青州……表李振爲青州留後”。《舊五代史》本傳：“天祐二年春正月……振至青州，師範即日出公府，以節度、觀察二部及文簿管鑰授於振……太祖乃表爲青州留後，未幾，徵還。”《新五代史》本傳略同。

王重師　　天祐二年—三年（905—906）

《舊五代史》本傳："尋知平盧軍留後,加檢校司徒。其後,北伐幽滄,屢與晉軍接戰。天祐中,授雍州節度使、加同平章事。"《通鑑·天祐三年》:六月,"以淄青節度使長社王重師爲佑國節度使"。

韓　建　　天祐三年—四年（906—907）

《舊五代史》本傳："天祐三年,改青州節度使。及受禪,徵爲司徒、平章事。"《新五代史》本傳略同。又《梁太祖紀》:開平元年五月,"以青州節度使韓建守司徒、平章事"。

待考録

喬　信

上圖藏拓片《唐故喬君（難）墓誌銘》:"祖信,青州刺史;父婁,雍州藍田郡守……夫人杜氏……春秋七十有一,□□元年□□月十二日卒,以其年十一月□日正合葬於洛陽城北邙山平樂□之原。"又見《芒洛三編》。

裴景昇

《大唐新語》卷六:"裴景昇爲尉氏尉,以無異效,不居最課。考滿,刺史皇甫亮曰……時人咸稱亮之推賢。景昇之考,省知左最,官至青刺。"

裴景叔

《新表一上》中眷裴氏:"景叔,青州刺史。"朗州刺史裴喻之從兄,後魏義陽太守三虎七代孫。

卷七七　萊州（東萊郡）

漢東萊郡，隋因之。武德四年討平綦順，置萊州。天寶元年改萊州爲東萊郡。乾元元年復爲萊州。領縣四：掖、昌陽、即墨、膠水。

牛方裕　　貞觀二年（628）

《舊書·太宗紀上》：貞觀二年七月，"萊州刺史牛方裕……除名配流嶺表"。又見《新書·太宗紀》，《通鑑·貞觀二年》，《元龜》卷一五二。《郎官柱》吏部郎中有牛方裕，爲第二人，在鄭元敏後，劉林甫前。金部郎中又有牛方裕，又爲第二人，在長孫操後，袁異度前。

趙弘智　　貞觀中

《舊書》本傳："貞觀中，累遷黃門侍郎，兼弘文館學士，以疾出爲萊州刺史……稍遷太子右庶子。及宮廢，坐除名。尋起爲光州刺史。永徽初，累轉陳王師。"《新書》本傳略同。又見《元龜》卷八五二。《金石録》卷二四有《唐趙弘智碑》，于志寧撰，殷仲容正書，麟德二年立。

李道裕　　貞觀二十二年（648）

《舊書·高麗傳》：貞觀二十二年，"太宗又命江南造大船，遣陝州刺史孫伏伽召募勇敢之士，萊州刺史李道裕運糧及器械，貯於烏胡島，將欲大舉以伐高麗。未行而帝崩"。《新書·高麗傳》略同。又見《元龜》卷一三五。按道裕永徽中爲大理卿，卒，見兩《唐書·李大亮傳》。

丘孝忠　　龍朔初

北圖藏拓片《唐故朝議郎行登州司馬上柱國王府君（慶）墓誌銘并序》：“公諱慶，字弘慶，東萊掖人……龍朔初，刺史河南丘孝忠褰襜海甸，下車未幾，便引公爲談客。”又見《唐文拾遺》卷二二。

王守真　　約高宗時

上圖藏拓片《唐故滑州匡城縣令王公（虔暢）墓誌銘并序》（咸通八年二月一日）：“秦漢已降，代光史册。及國朝則材冠群英名高華省曰守真，歷倉部、膳部、左司郎中，出爲菜（萊）、渝、博、潤、滄、洪六州刺史。實生希儔……謚貞公。”王虔暢爲守真玄孫，卒於咸通七年六月廿二日，享年六十六。《郎官柱》祠部員外有王守真，在鄭元敏後，高梁客、袁利貞前。倉部郎中又有□守真，在房玄基、韋敏後，魏克己、裴琰之前。

鄭仁愷　　高宗時

《金石萃編》卷六八《唐故密亳二州刺史贈安州都督鄭公（仁愷）碑并序》：“轉幽州三水、同州蒲城二縣令……秩滿遷萊州刺史……以西候多虞，邊寄爲重。制授公（闕）州都督府司馬……都督崔餘慶，絶俗之士也……高宗升中岱嶽，預陪（闕十字），尋（闕二字）州長史……權授使持節密州諸軍事、守密州刺史。”按《全文》卷二二〇署爲崔融文，作萊州長史，疑誤。

權懷恩　　高宗時

《舊書》本傳：“咸亨初，累轉尚乘奉御……拜萬年令……後歷慶、萊、衛、邢四州刺史，洛州長史……俄出爲宋州刺史。時汴州刺史楊德幹亦以嚴肅與懷恩齊名。”《新書》本傳略同。又見《元龜》卷六八九。

崔神慶　　武后時

《舊書》本傳：“則天時，累遷萊州刺史。因入朝，待制於億歲殿，奏事稱旨……擢拜并州長史……神慶亦緣坐貶授歙州司馬。長安中，累轉禮部侍郎。"《新書》本傳略同。

韋　弼　　約武后末

《全文》卷六三〇呂溫《故太子少保京兆韋府君（夏卿）神道碑》："大王父諱某，皇朝主客郎中，萊、濟、商三州刺史。"夏卿元和元年三月十二日薨，年六十四。按《新表四上》東眷韋氏龍門公房：夏卿之大王父乃弼，"弼字國楨，商州刺史"。又按《全詩》卷九七沈佺期有《送韋商州弼》詩云："聞君監郡史，暫罷尚書郎。"

王　景　　中宗時？

《舊書·王緯傳》："祖景，司門員外、萊州刺史。父之咸，長安尉，與昆弟之賁、之渙皆善屬文。"

唐貞休　　約景雲元年（約 710）

《金石補正》卷五一（《全文》卷九九〇）《大唐萊州刺史唐府君（貞休）德政碑》："制曰：洛陽縣令唐貞休，理識精密，幹能□□（下缺），持節萊州諸軍事萊州刺史。公拜受……制加通議大夫使持節都督□□□□□□□（下缺）……三品，所管州刺史有犯，停務奏聞。"開元七年七月立。《潛研堂金石文跋尾》卷六云："景雲二年置都督二十四人，察刺史以下善惡，秩比侍御史。貞休除都督，蓋在其時。碑文'都督'下似是'潭'字，疑除潭州都督也……趙氏《金石錄》有《萊州刺史于府君碑》，沙門重閏八分書，開元十年七月立。此碑亦八分書，以年代考之正相近，疑德甫所收即此，後人轉寫誤以'唐'爲'于'爾。"按《新表四下》唐氏有"貞休，鄜州刺史"。

柳齊物　　開元十七年（729）

上圖藏拓片《唐王屋山上清大洞三景女道士柳尊師真宮誌銘》（開成五年十一月三十日）："高祖範，皇朝尚書右丞……曾祖齊物，萊、睦二州刺史。"尊師卒開成五年六月廿九日。《嚴州圖經》卷一題名："柳齊〔物〕,開元十□年□月□日自萊州。"按《全文》卷三〇三《周公祠碑》,開元二年立,中有佐官司録柳齊物。又按《新表三上》柳氏有"齊物,睦州刺史"。按《嚴州圖經》卷一題名,"柳齊〔物〕"後爲楊承令,開元十五年五月任,後爲"崔景",開元十九年三月十日任。由此計之,柳齊物約在開元十七年任萊州刺史。

鄭　諶　　約開元十八年（約 730）

《芒洛四編》卷五《唐故太中大夫使持節青州諸軍事青州刺史上柱國滎陽鄭公（諶）墓誌銘并序》（開元二十三年二月二十三日）："以公之仁,年纔八十四……佐徐、曹、許三州,守歸、楚、萊三郡……拜青州刺史,仍聽致仕。居數歲,以開元廿二年十一月十五日薨於河南洛陽審教里之第……以開元廿三年二月廿三日權窆於洛陽平陰鄉之原。"

鄭　旷　　約上元中

《白居易集》卷四二《故滁州刺史贈刑部尚書滎陽鄭公墓誌銘并序》："禄山始亂……擢授登州司馬,尋轉長史,累加朝散大夫……出攝淄州刺史,俄换萊州,連有善最。"《新書》本傳未及萊刺。

楊胤直　　大曆初?

《新表一下》楊氏觀王房："胤直,萊州刺史。"乃隋司隸校尉楊緋之曾孫。其叔承令,開元十三年二月二十一日由尚書左丞出爲汾州刺史,見《通鑑》。

鄭　閑　　大曆中?

《新表五上》南祖鄭氏："閑,萊州刺史。"宋城尉鄭習子。

崔　澹　　約貞元十九年（約 803）

上圖藏拓片《唐故殿中侍御史淄州長史知軍州事崔府君（澹）墓誌銘并序》（元和四年正月）："建中初,平盧淄青觀察節度□□□□太尉李公……奇其才，異其氣，將授之以政，公辭懇直，不能抑之。時司徒領曹衛……請往曹爲輔益之……公鎮撫萊州……不一年，遷領淄州……不久遂寢疾，以永貞元年九月廿七日殁於淄州官舍，享年五十□。”

李庭遠　　貞元中？元和中？

《元龜》卷一三一：“文宗太和元年正月……平盧軍節度使康至睦上言：故萊州刺史李庭遠，當李師古節制東平之日，庭遠爲屬郡，屢陳忠順，以沮姦凶，繇是父子二人俱爲師古所害。”又卷一四〇：元和十四年“九月，贈……萊州刺史李廷遠洪州都督……皆以嘗謀殺李師道歸國，爲師道所害故也”。按李師古貞元八年至元和元年爲東平節度，李師道元和元年至十四年爲東平節度。

高　沐　　元和十三年(818)

《舊書》本傳：“貞元中進士及第。以家族在鄆，李師古置爲判官。居數年，師道擅襲……前後説師道爲善者凡千言……由是漸見疑忌，令沐知萊州事……沐遂遇害於遷所。”又見《元龜》卷七五九。《通鑑·元和十三年》：正月，“〔李〕師道由是疏沐等，出沐知萊州。會林英入奏事，令進奏吏密申師道云：‘沐潛輸款於朝廷。’〔李〕文會從而構之，師道殺沐”。按《新書》本傳：“疏斥沐，令守濮州。”

王　計　　約長慶元年(約821)

《白居易集》卷五一有《王計除萊州刺史吳暐除蓬州刺史制》。

辛　肱　　大中十一年前(857前)

《全文》卷七九〇許籌《晉東萊太守劉將軍廟記》：“大中十一年四月癸巳，太守辛公肱去，太守姚公琯未臨。”

許　籌　　大中十一年(857)

《全文》卷七九〇許籌《晉東萊太守劉將軍廟記》：“大中十一年四

月癸巳……籌以當道觀察支使奏承空闕,到郡之三日,軍吏疏拜……大中十一年五月二十三日記。”

姚　琯　　大中十一年(857)

《全文》卷七九〇許籌《晉東萊太守劉將軍廟記》:“大中十一年四月癸巳,太守辛公肱去,太守姚公琯未臨,籌以當道觀察支使奏承空闕。”

孔　炅　　約僖宗時

《新表五下》下博孔氏:“炅字濟美,萊州刺史。”按其祖孔戡,元和中爲湖南觀察使;其父温業,大中後歷位通顯。孔炅約仕於僖宗時。

王師誨　　天復三年(903)

《舊五代史・楊師厚傳》:“及王師範以青州叛……師厚逆擊……未幾,萊州刺史王師誨以兵救師範,又大敗之。”《通鑑・天復三年》:五月,“淮南將王茂章會師範弟萊州刺史師誨攻密州”。又見《元龜》卷三四六,《十國春秋・吳太祖世家》。

王師克　　天復三年(903)

《通鑑・天復三年》九月《考異》引《編遺錄》:“冬十月丁卯,楊師厚繼告捷……至十一月,萊州刺史王師克領六千人欲逕入青丘,助其守御,師厚伏兵邀之,殺戮將盡。”

張歸霸　　天祐元年(904)

《舊五代史》本傳:“天祐初遷萊州刺史,秩滿,授左衛將軍,又除曹州刺史。”《新五代史》本傳略同。又見《元龜》卷三四六。按張歸霸光化二年至天復三年在邢州刺史任。

崔　遠　　天祐二年(905)

《舊書・哀帝紀》:天祐二年五月,制:“〔崔〕遠可責授朝散大夫、萊州刺史"。辛巳，"責授萊州刺史崔遠可白州司户"。《通鑑·天祐二年》：五月癸酉，"〔貶〕崔遠爲萊州刺史……辛巳，再貶白州司户"。《大詔令集》卷五八《裴樞登州刺史崔遠萊州刺史制》稱："左僕射崔遠，可責授朝散大夫、萊州刺史。天祐二年五月。"又見《全文》卷九四哀帝制。按兩《唐書》本傳唯云：天祐二年累貶白州長史。行至滑州被害。

待考録

章仇政

《全文》卷三〇二韋述《贈東平郡太守章仇府君（元素）神道之碑》："大王父魏郡太守諱爰，大父萊州□□□政。"

滕　蓋

康熙十七年《山東通志》卷二四《職官》："滕蓋，東陽人，爲萊州刺史。"

姚　汭

《金石録》卷三〇《唐中書舍人王無競碑跋》："碑言，無競無子孫，權知萊州刺史姚汭爲買石立碑，去無競之歿已遠。事得於傳聞，未足盡信也。"按王無競卒神龍初。姚汭未知何時人。

卷七八　登州(東牟郡)

唐初置登州,後廢。如意元年以萊州之牟平、黄、文登置登州。天寶元年以登州爲東牟郡。乾元元年復爲登州。神龍三年由牟平徙治蓬萊。領縣四:蓬萊、黄、牟平、文登。

淳于難　　武德四年(621)

《通鑑・武德四年》:"九月乙卯,文登賊帥淳于難請降,置登州,以難爲刺史。"又見《元龜》卷一六四。《唐文續拾》卷一四闕名有《唐故登州刺史淳于公神道碑》:"……暨隋□□朗爲萊州刺史,封燕國公,蔭緒□勳(下缺)。"又見《山左金石志》。按《姓纂》卷三濟北淳于氏:"唐登州判官巢國公淳于難,以本州爲國。"

時德叡　　武德中

《姓纂》卷二陳留時氏:"唐登州刺史時德叡,世居汴州尉氏。"按《元龜》卷一六六:武德三年九月,王世充蔚州刺史時德叡以其地來降。則其爲登刺約在武德中。

周行冲　　約武后時

《姓纂》卷五河東汾陰周氏:"行冲,登州刺史。"按其兄子恭,則天時地官郎中。

劉　倫　　約武后時

《千唐誌・大唐故吏部常選譙郡夏侯畛墓誌銘并序》(開元二十

三年三月四日）："妻彭城劉氏，登州刺史倫之第若干女，神龍二年四月廿三日卒於綏福里之私第……以開元廿三年歲次乙亥三月丁巳朔四日庚申合葬於河南府河南縣金谷鄉之原。"

裴 琬　約武后時

《新表一上》中眷裴氏："琬，登州刺史。"乃隋營州司馬裴世節之孫。

畢元愷　神龍三年（707）

《太平寰宇記》卷二〇登州文登縣："白鹿山在縣北四十里，唐神龍三年白鹿復見，刺史畢元愷入進。"又見《齊乘》卷一。

崔 琔　開元元年（713）

《嘉泰吳興志》卷一四郡守題名："崔琔，萬歲通天元年自登州刺史授，遷□州刺史。《統記》云：開元元年。"按《統記》說近是。

嚴挺之　約開元十五年（約727）

《舊書》本傳："時黃門侍郎杜暹、中書侍郎李元紘同列爲相，不叶。暹與挺之善，元紘素重宋遙，引爲中書舍人……因出爲登州刺史、太原少尹……尋遷濮、汴二州刺史……〔開元〕二十年……擢爲刑部侍郎。"《新書》本傳略同。又見《元龜》卷三三七。按李元紘與杜暹皆在開元十四年拜相，十七年罷相。則嚴挺之刺登州當在此期間。

裴重皎　開元中

《新表一上》洗馬裴氏："重皎，一名積慶，登州刺史。"乃開元中工部尚書裴仙先之弟，重皎刺登亦當在開元中。

韋 俊　開元二十年（732）

《舊書·玄宗紀》：開元二十年九月，"渤海靺鞨寇登州，殺刺史韋俊"。《新書·玄宗紀》同。又見《元龜》卷九八〇、卷一〇〇〇，《舊書·渤海靺鞨傳》,《通鑑·開元二十年》九月。《唐文拾遺》卷四三崔致遠《上太師侍中狀》:"高勾麗殘孽類聚,北依太白山下,國號爲渤海。開元二十年,怨恨天朝,將兵掩襲登州,殺刺史韋俊。于是明皇帝大怒,命内使高品、何行成、太僕卿金思闌發兵過海攻討。"

徐　憚　　開元二十九年(741)

《嘉泰吴興志》卷一四郡守題名:"徐憚,開元二十三年自登州刺史授,不曾之任,遷洪州刺史,充江西採訪使。《統記》云:二十九年。"按《統記》説近是。

王惟忠　　約開元、天寶間

《芒洛遺文》卷中《唐故蘇州司户參軍王府君(逖)墓誌銘并序》(大和四年二月二十七日):"曾祖惟忠,銀青光禄大夫登州刺史,河南、河北租庸使兼新羅、渤海諸蕃等使,文安郡太守。"王逖大和四年卒。又見《匋齋藏石記》卷三一。

夏侯審　　約貞元五、六年(約 789、790)

《全詩》卷二四三韓翃《送夏侯侍郎(御)》注:"自大理兼侍御史,攝登州。中路徵納吉之禮。愛弟攝青州司馬,故備述其事。"按盧綸有《綸與吉侍郎中孚司空郎中曙苗員外發崔補闕峒耿拾遺湋李校書端風塵追遊向三十載數公皆負當時盛稱榮耀未幾俱沉下泉暢博士當感懷前踪有五十韻見寄輒有所酬以申悲舊兼寄夏侯侍御審侯倉曹釗》詩,證知"夏侯侍御"即夏侯審。詩約作於貞元五、六年。

高　曙　　元和中

《元龜》卷一四〇:元和十四年"九月,贈……登州刺史高曙右散騎常侍……以嘗謀殺李師道歸國,爲師道所害故也"。

李文會　　元和十三年(818)

《通鑑·元和十三年》:十二月,"及官軍四臨,平盧兵勢日蹙……

〔李〕師道不得已，出〔李〕文會攝登州刺史”。

竇 庠　　長慶二年（822）

《舊書》本傳：“〔韋〕皋移鎮浙西，奏庠爲節度副使、殿中侍御史，遷澤州刺史。又爲宣歙副使，除奉天令、登州刺史、東都留守判官，歷信、婺二州刺史。”《新書》本傳未及。《新表一下》竇氏平陵房：“庠字胄卿，漳、登、信、婺四州刺史。”《全文》卷七六一褚藏言《竇庠傳》：“遷登州刺史。昌黎公留守東都，又奏授公爲汝州防禦判官。”按長慶二年八月韓皋爲東都留守，見《舊書·穆宗紀》。又按《唐才子傳》卷四《竇庠傳》：“貞元中，出爲婺、登二州刺史。”誤。《韓昌黎集》卷七《唐故國子司業竇公（牟）墓誌銘》：“年七十四，長慶二年二月丙寅以疾卒……公一兄三弟：常、群、庠、鞏……〔庠〕自奉先令爲登州刺史。”證知長慶二年庠在登州刺史任。

烏 角　　開成四年—五年（839—840）

〔日〕圓仁《入唐求法巡禮行記》卷二：開成四年十二月廿二日，“知登州刺史姓烏名角，時人喚烏使君。有三諱字：‘明’‘綺’‘給’也”。又卷二：開成五年二月“廿八日，盧山寺設登州刺史烏君齋”。

蕭 某　　會昌五年（845）

〔日〕圓仁《入唐求法巡禮行記》卷四：會昌五年八月“十六日，到登州，見蕭端公新來赴任”。

孫方紹　　咸通六年（865）

《新表三下》孫氏：“方紹，登州刺史。”上圖藏拓片《唐故承議郎使持節都督登州諸軍事守登州刺史孫府君（方紹）墓誌銘并序》（咸通九年八月十一日）：“大中十一年授大理寺丞……今上苦于求瘼，遂應良牧之召，拜東牟太守……以咸通六年五月十七日薨於位，享年五十四。”

樊　馴　　咸通十二年(871)

《千唐誌·唐故南陽樊府君(駟)墓誌》(咸通十二年十一月十二日):"咸通辛卯歲仲秋十九日歿於甘水別墅,享年四十二……昆伯五人:驪,進士登第,終倉部郎中。馴,牧登州……"

【崔芸卿　　約咸通十二年(約871)(未之任)】

《隋唐五代墓誌匯編·洛陽卷》第十四册《唐故朝散大夫前使持節澧州諸軍事守澧州刺史柱國清河崔公(字芸卿)墓誌銘并序》(咸通十五年十月二十九日):"累刺黃、岳、曹、澧四郡。中間詔下守登,收不之郡,而改潯陽。"咸通十五年後四月六日卒,享年六十八。

劉　鄩　　光化初

《舊五代史》本傳:"光化初,〔王〕師範表鄩爲登州刺史。歲餘,移刺淄州,署行軍司馬。"《新五代史》本傳:"棣州刺史張蟾叛……使鄩攻張蟾,破之。師範表鄩登州刺史。"

劉　捍　　天復三年(903)

《舊五代史》本傳:"天復三年正旦,宋文通令客將郭啓奇使於太祖,令捍復命。昭宗聞其至,即召見……翌日,授光禄大夫、檢校司空、登州刺史。昭宗還京,改常州刺史。"《新五代史》本傳略同。又見《元龜》卷三四六。

裴　樞　　天祐二年(905)

《舊書·哀帝紀》:天祐二年五月,裴樞"責授朝散大夫、登州刺史……辛巳,敕責授登州刺史裴樞可隴州司户"。《通鑑·天祐二年》五月略同。又見兩《唐書》本傳。《大詔令集》卷五八《裴樞登州刺史崔遠萊州刺史制》:"右僕射裴樞……可責授朝散大夫、登州刺史……天祐二年五月。"又見《全文》卷五八。

柳　璨　　天祐二年(905)

《舊書·哀帝紀》:天祐二年十二月"癸丑,敕光禄大夫、守司空、門下侍郎……柳璨，責授朝議郎，守登州刺史……甲寅，敕：責授登州刺史柳璨……可貶密州司户”。《新書·哀帝紀》：天祐二年十二月“癸丑，貶柳璨爲登州刺史”。甲寅，“殺璨及太常卿張廷範”。又見《宰相表下》，《通鑑·天祐二年》十二月。《新書》本傳：“〔朱〕全忠恚璨背己，貶登州刺史，俄除名爲民，流崖州，尋斬之。”《大詔令集》卷五八《柳璨密州司户制》：“責授登州刺史柳璨……可貶密州司户參軍。天祐二年十二月。”

范居實　　約天祐三年（約 906）

《舊五代史》本傳：“及昭宗還京……遥領錦州刺史，又遷左龍驤馬軍都指揮使。從征南回，改登州刺史……開平元年，用軍於潞州。”又見《元龜》卷三四六、卷三六〇。

鄧季筠　　天祐三年—四年（906—907）

《舊五代史》本傳：“天祐三年，奏授登州刺史……太祖受禪，改鄭州刺史。”

第六編

河東道

卷七九　蒲州（河中府、河東郡）

隋河東郡。武德元年改爲蒲州。二年置總管府。九年改爲都督府。其年罷都督府。開元九年改蒲州爲河中府，置中都。其年罷中都，依舊爲蒲州。天寶元年改爲河東郡。乾元元年復爲蒲州。三年又改爲河中府。領縣八：河東、桑泉（臨晉）、解、猗氏、虞鄉、永樂、安邑、寶鼎。

王行本　　武德元年—二年(618—619)

《新書・高祖紀》：武德元年十二月“丙子，蒲州人殺堯君素，立其將王行本”。《元和郡縣志》卷一二河中府：“武德元年罷郡置蒲州，其年堯君素爲賊人薛宋、李楚客所殺，王行本仍堅守不賓。二年置蒲州總管。三年，行本歸化，自桑泉移蒲州於今理。”

李　琛　　武德二年(619)

《舊書》本傳：“〔突厥始畢可汗〕遣骨咄祿特勤隨琛貢方物。高祖大悦，拜刑部侍郎，進爵爲王。歷蒲、絳二州總管。及宋金剛陷澮州，時稽胡多叛，轉琛爲隰州總管以鎮之。”又見《新書》本傳，《元龜》卷二八一。《會要》卷六八：“河中府……武德二年置總管府，以襄陵(武)王深(琛)爲之。”

元神力　　武德中

《姓纂》卷四河南洛陽元氏：“神力，蒲州總管。”

楊　福　　武德七年(624)

《會要》卷六八:“河中府……〔武德〕七年二月十八日,改爲都督府,以楊福爲之。”《新表十一下》楊氏觀王房:“福,蒲州刺史。”

段　綸　　武德中

《隋唐五代墓誌匯編·陝西卷》第一册《大唐故邳國夫人段氏墓誌銘并序》(永徽二年八月二十三日):“父綸,大丞相府屬,蜀郡太守,劍南道招慰大使,益、蒲二州都督,熊州刺史,散騎常侍,祕書監,宗正卿,禮部尚書,三爲工部尚書,右光禄大夫,尚高密大長公主,駙馬都尉,紀國公。”夫人卒永徽二年,春秋三十五。按武德元年在益州都督任。

＊李世民　　武德九年(626)

《全文》卷三高祖《立秦王爲太子詔》:“天策上將、太尉、尚書令、陝東道大行臺尚書令、益州道行臺尚書令、雍州牧、蒲州都督、領十二衛大將軍、中書令、上柱國、秦王世民……可立爲皇太子。”《元龜》卷二五七引作“武德九年六月癸亥詔”。兩《唐書·太宗紀》未及。

韋叔諧　　貞觀元年(627)

《舊書·韋湊傳》:“祖叔諧,蒲州刺史。”《全文》卷九九三闕名《唐太原節度使韋湊神道碑》:“祖諱叔詣(諧),皇朝薄(蒲)州刺史。”《通鑑·貞觀元年》:“十月乙酉,遣員外散騎侍郎李公掩持節慰諭之。”《考異》曰:“《魏文貞公故事》作‘李公淹’,又有前蒲州刺史韋叔諧偕行。”按《新書·韋湊傳》稱:“祖叔諧,貞觀中爲庫部郎中。”《會要》卷五七稱貞觀三年爲庫部郎中。《姓纂》卷二東眷韋氏南皮公房及《新表四上》同。皆未及蒲州刺史。

鮮于明　　貞觀初?

《姓纂》卷五漁陽鮮于氏:“唐蒲州刺史鮮于明,定襄公。”乃永徽元年右武衛將軍鮮于匡濟及儀鳳同州刺史鮮于匡紹之父。

宇文士及　　貞觀二年(628)

《舊書》本傳:"太宗即位,代封倫爲中書令……尋以本官檢校涼州都督……徵爲殿中監,以疾出爲蒲州刺史,爲政寬簡,人吏安之。數歲,入爲右衛大將軍……在職七年,復爲殿中監……貞觀十六年卒。"《新書》本傳略同。《元龜》卷六八〇:"宇文士及,貞觀初爲蒲州刺史。"又見《姓纂》卷六濮陽宇文氏。按《丙寅稿·宇文士及碑跋》:"傳稱太宗時由殿中監出爲蒲州刺史,碑亦有'貞觀二年授使持節蒲州諸軍(下泐)'語,知士及刺蒲州在貞觀二年。"

李襲譽　　約貞觀初期

《舊書》本傳:"太宗討王世充,以襲譽爲潞州總管……後歷光禄卿、蒲州刺史,轉揚州大都督府長史,爲江南道巡察大使。"《新書》本傳未及。按襲譽武德三年在潞州任,貞觀八年在揚州長史任。

杜楚客　　貞觀四年(630)

《舊書》本傳:貞觀四年,"拜楚客蒲州刺史,甚有能名。後歷魏王府長史,拜工部尚書,攝魏王泰府事"。《新書》本傳略同。又見《續高僧傳》卷二九《蒲州普救寺釋道積傳》,《姓纂》卷六京兆杜氏。

【于志寧　　貞觀七年(633)(未之任)】

《全文》卷二〇六姚崇《兗州都督于知微碑》:"祖志寧,皇朝秦王友、禮部尚書、侍中、尚書左僕射、太子太傅、太師、蒲岐華三州刺史、上柱國、燕國公。"又卷一三七令狐德棻《大唐故柱國燕國公于君(志寧)碑銘并序》:"〔貞觀〕七年,檢校蒲州刺史……十年,進爵爲公,邑一千户。"《金石録》卷二四《唐于志寧碑跋》:"碑云:自中書侍郎遷兵部,授蒲州刺史,不赴,後爲衛尉卿判太常寺卿事。"又見《關中金石記》卷二。兩《唐書》本傳未及。

獨孤開遠　　貞觀八年—九年(634—635)

西安碑林《唐左衛將軍上開府考城縣開國公獨孤使君(開遠)墓

誌銘》（貞觀十六年三月十七日）：“〔貞觀〕七年，詔授使持節成州諸軍事成州刺史……八年，詔授使持節蒲州諸軍事蒲州刺史……九年□海□密……貞觀十六年正月寢疾薨於京師。”《元龜》卷四一八：“獨孤開遠貞觀初詔典屯兵，突厥初降，諸蕃遠至，太宗校獵於昆明池，以示威武，令開遠總統左廂六衛兵馬，軍令嚴肅，太宗大悅，賜雜彩二百段。後出爲蒲州刺史。”

趙元楷　　貞觀十二年（638）

《通鑑·貞觀十二年》：二月“庚午，至蒲州，刺史趙元楷課父老服黃紗單衣迎車駕”。《元龜》卷一五七稱：貞觀十五年十一月，蒲州刺史趙元楷課父老迎謁，欲以求媚。又見《會要》卷二七，《元龜》卷六九七。

薛萬徹　　貞觀十五年—十七年（641—643）

《舊書·北狄傳》：貞觀十五年，“詔英國公李勣、蒲州刺史薛萬徹率步騎數萬赴之”。又本傳：“出爲蒲州刺史。會薛延陀率迴紇、同羅之衆渡磧，南擊李思摩，萬徹副李勣援之……以功別封一子爲縣侯。〔貞觀〕十八年，授左衛將軍，尚丹陽公主，拜駙馬都尉。”《新書》本傳略同。又見《元龜》卷三五七。《新書·地理志三》河中府虞鄉縣注：“北十五里有涑水渠，貞觀十七年，刺史薛萬徹開。”

竇　衍　　貞觀中

《隋唐五代墓誌匯編·江蘇卷·唐故淮南節度使司徒同平章事贈太尉陳公□婦竇氏墓誌銘并序》（貞元三年六月三日）：“高祖衍，唐駙馬都尉，中外歷職廿餘政，終蒲州刺史，贈工部尚書。曾祖壽，越州餘姚縣令。祖翰，國子監丞。父穆，寧王府掾。”按竇衍乃竇抗子，竇靜兄。竇抗卒武德四年。竇靜武德初爲并州大總管府長史。衍曾孫穆爲寧王府掾，寧王爲玄宗兄，則穆約仕開元中。由此推之，衍刺蒲州似不能過貞觀末。

李　緯　　約貞觀二十三年（約 649）

《全文》卷二〇一李尚一《開業寺碑并序》：“開業寺者……李公捨山第之所立也……曾孫緯，皇朝宗正、衛尉、司農三寺卿，金紫光禄大夫，荆州大都督府長史，幽州都督……懷、洛、蒲三州刺史。”按貞觀二十一年，李緯爲洛州刺史。《新表二上》趙郡李氏西祖房：“緯，户部尚書。”乃李公挺子。

【李素立　　永徽初（未之任）】

《舊書》本傳：“永徽初，遷蒲州刺史……道病卒。”《新書》本傳略同。又見《新表二上》趙郡李氏南祖房。

李道裕　　約永徽元年—二年（約 650—651）

《大慈恩寺三藏法師傳》卷七：“〔永徽〕二年春正月壬寅，瀛州刺史賈敦頤、蒲州刺史李道裕……因朝集在京。”按貞觀二十二年在萊州刺史任。

賈敦頤　　約永徽三年—四年（約 652—653）

《金石録》卷二五《唐洛州刺史賈公清德頌跋》：“此碑載：初除洛川，制書云蒲州刺史賈敦頤體業强正，識用優敏。”知敦頤由蒲州遷洛州。按永徽二年春敦頤在瀛州刺史任，五年在洛州刺史任。兩《唐書》本傳未及。

李崇義　　約永徽初

《舊書·李孝恭傳》：“子崇義嗣，降爵爲譙國公，歷蒲、同二州刺史，益州大都督府長史，甚有威名，後卒於宗正卿。”《新書·李孝恭傳》略同。又見《元龜》卷二八一。《新書·宗室世系表上》蔡王房：“蒲同絳陝幽夏六州刺史、益州長史、譙國公崇義。”《隋唐五代墓誌匯編·洛陽卷》第十一册《益州大都督參軍李公（尚旦）墓誌銘并序》（天寶二年）：“父崇義，宗正卿，蒲、同等州刺史。”尚旦卒□□二年二月二十九日，春秋三十一。

崔義玄　　顯慶元年（656）

《舊書》本傳：“顯慶元年，出爲蒲州刺史。尋卒，年七十一。”《新書》本傳稱“終蒲州刺史”，未及年代。又見《元龜》卷六〇六、卷八六六。《古今姓氏書辯證》卷五崔氏：“唐崔義玄、神基、琳，三世爲蒲州刺史。”

程名振　　顯慶五年（660）

《舊書·程務挺傳》：“父名振……永徽六年，累除營州都督，兼東夷都護……後歷晉、蒲二州刺史。龍朔二年卒。”《新書·程務挺傳》略同。《通鑑·顯慶五年》：十二月壬午，“蒲州刺史程名振爲鏤方道總管，將兵分道擊高麗”。北圖藏拓片《大唐陝州司户張君程夫人墓誌銘并序》（上元二年十一月九日）：“顯考名振，蒲州刺史，右驍衛大將軍，上柱國，東平郡開國公。”夫人卒咸亨五年二月八日。未言享年。

劉祥道　　龍朔元年（661）

《舊書》本傳：“龍朔元年，權檢校蒲州刺史。三年，兼檢校雍州長史，俄遷右相。”《新書》本傳未及。

竇智純　　龍朔中？

《新表一下》竇氏三祖房：“智純，蒲州刺史。”按《姓纂》卷九河南洛陽竇氏：“〔　〕，蒲州刺史。”失名，當補“智純”二字。又按永徽五年《萬年宮題名》有左武衛將軍兼太子右衛率、上柱國、永富縣開國公竇智純。

李沖寂　　乾封元年（666）

《楊炯集》卷九《李懷州（沖寂）墓誌銘》：“制曰：師出遼左，卿可爲北道主人，檢校營州都督……遼東平，以功遷蒲州刺史。”按遼東平在乾封元年。《金石録》卷四：“《唐蒲州刺史李公德政碑》，正書，無書撰人姓名，乾封元年九月。”

蔣　儼　　總章時

《舊書》本傳："再遷殿中少監,數陳意見,高宗每優納之。再轉蒲州刺史。蒲州户口殷劇……永淳元年,拜太僕卿。"《新書》本傳略同。又見《元龜》卷六七七,《古今姓氏書辯證》卷二七義興蔣氏,《咸淳毗陵志》卷一六。《舊書・張憬藏傳》:"太子詹事蔣儼年少時,嘗遇憬藏,因問禄命,憬藏曰:'……年至六十一,爲蒲州刺史,十月三十日禄絶。'儼後皆如其言……及在蒲州,年六十一矣。"《新書・張憬藏傳》略同。按儼總章三年六十一歲。又按《廣記》卷二二一引《定命録》稱年八十三爲蒲刺,疑有誤。

李冲寂　　上元二年(675)

《楊炯集》卷九《李懷州(冲寂)墓誌銘》:"又除蒲州刺史……再牧并州。孝敬皇帝……山陵之建也,以公檢校將作大匠。"按《會要》卷二一:"孝敬皇帝恭陵,在河南府緱氏縣界,上元二年八月十九日葬。初修陵,蒲州刺史李仲(冲)寂充使。"《新書・韋弘機傳》:"太子弘薨,詔蒲州刺史李冲寂治陵。"按李弘卒上元二年。

張孝開　　約高宗時

《新表二下》河間張氏:"孝開,蒲州刺史。"乃曹州刺史張約通之子,洪州都督知久之父。

弓彭祖　　永昌元年(689)

《新書・則天皇后紀》:永昌元年八月"丁未,殺相州刺史弓志元、蒲州刺史弓彭祖"。《姓纂》卷一太原弓氏:"彭祖,揚府長史、蒲州刺史。"

楊元琰　　約天授中

《舊書》本傳:"載初中,累遷安南副都護,又歷蘄、蒲、晉、魏、宣、許六州刺史,涼、梁二都督,荊府長史……長安中,張柬之代元琰爲荊府長史。"又見《元龜》卷六七七。《新書》本傳未及。《全文》卷二四〇

宋之問《爲楊許州讓右羽林將軍表》：“未盈一紀，連刺九州……蒲藩
關左之重鎮……”楊許州當即楊元琰。

崔神基　　約武后時

《古今姓氏書辯證》卷五崔氏：“唐崔義玄、神基、琳，三世爲蒲州刺
史。”按《舊書·崔義玄傳》稱：子神基“長壽中爲司賓卿、同鳳閣鸞臺平
章事。爲相月餘，爲酷吏所陷，減死配流。後漸録用，中宗初，爲大理卿”。

裴思義　　約武后時

《新表一上》洗馬裴氏：“思義，河東太守、晉城縣子。”乃薛王騎曹
參軍敦珍之父。《全文》卷三二七王維《故任城縣尉裴府君（回）墓誌
銘》：“祖思義，皇侍御史、吏部員外、左司郎中、户部吏部侍郎、河東郡
太守、晉城縣開國子。”北圖藏拓片《大唐故試大理正兼河南府告成縣
令河東裴公（適）墓誌銘并叙》（大曆十四年四月二十日）：“高祖隋司
隸州刺史諱操之；刺史生京兆府司録參軍、贈潞府長史諱弘泰；長史
生蒲州刺史、天官地官二侍郎、晉城縣開國子諱思義；侍郎生薛王府
騎曹參軍、贈駕部郎中諱敦珍；公即郎中君之第五子。”大曆十一年十
一月八日卒，年五十七。

武嗣宗　　武后時

《新表四上》武氏：“嗣宗，蒲州刺史、管公。”約聖曆中爲懷州
刺史。

李千里(李仁)　　長安二年（702）

《舊書》本傳：“天授後，歷唐、廬、許、衛、蒲五州刺史……長安三
年，充嶺南安撫討擊使，歷遷右金吾將軍。”又見《元龜》卷二八一。
《新書》本傳未及。《山右金石記》卷一〇：“《唐栖巖寺詩碣并記》，周
長安二年……姚崇大略言：崇奉命按視河東鹽池既畢，蒲州刺史李千
里約遊栖巖，崇有詩紀遊，尹元凱爲書之。”《隋唐五代墓誌匯編·陝
西卷》第三册《大唐故左金吾衛大將軍廣益二州大都督上柱國成王

(千里)墓誌銘并序》(景雲元年十一月廿五日):"累遷許、衛二州刺史……改牧蒲坂……爲唐室輔,允膺典册,光啓於成。仍授左金吾衛大將軍,兼廣、益二州大都督。"

竇懷貞(竇從一)　　神龍二年(706)

《通鑑·神龍二年》:十一月"丙辰,以蒲州刺史竇從一爲雍州刺史"。兩《唐書》本傳未及。據《新書》本傳,竇懷貞字從一。

杜從則　　中宗時

《舊書·杜淹傳》:"子敬同襲爵,官至鴻臚少卿。敬同子從則,中宗時爲蒲州刺史。"《長安志》卷八修行坊有"蒲州刺史杜從則宅"。

徐彦伯　　景龍三年(709)

《舊書》本傳:"轉蒲州刺史,入爲工部侍郎,尋除衛尉卿,兼昭文館學士。景龍三年,中宗親拜南郊,彦伯作《南郊賦》以獻。"又見《新書》本傳。《全文》卷二五一蘇頲《授徐彦伯工部侍郎制》:"大中大夫、前守蒲州刺史、修文館學士、上柱國、開平縣開國公徐彦伯……可守尚書工部侍郎。"據《舊傳》,由工侍換衛尉不能遲過景龍三年,刺蒲更在前。然《全詩》卷五上官昭容《駕幸新豐温泉宮獻詩三首》注云:"景龍三年十二月十二日,中宗皇帝駕新豐温泉宮,敕蒲州刺史徐彦伯入仗。"《唐詩紀事》卷九同。《會要》卷一:"〔中宗〕景龍四年六月二十二日崩於神龍殿,景雲元年十一月己酉葬定陵……哀册文,工部侍郎徐彦伯撰。"則景龍四年由蒲刺遷工侍。《舊傳》誤。

裴　談　　景雲元年(710)

《新書·睿宗紀》:景雲元年八月癸巳,"貶裴談爲蒲州刺史"。《新書·宰相表上》、《通鑑·景雲元年》八月同。

李　憲(李成器)　　景雲二年(711)

《舊書》本傳:"太平公主陰有異圖,姚元之、宋璟等請出成器及申王成義爲刺史，以絶謀者之心。由是成器以司徒兼蒲州刺史……先天元年八月，進封司空。”《新書》本傳略同。

崔元綜（崔元琮）　景雲二年（711）

《會要》卷六八：“河中府……景雲二年六月二十八日，又置都督府，以崔元琮爲之，十一月一日廢。”《舊書》本傳：“中宗時，累遷尚書左丞、蒲州刺史，以老疾致仕。”《新書》本傳略同。

蕭至忠　先天元年（712）

《通鑑·先天元年》：二月，“蒲州刺史蕭至忠自託於太平公主，公主引爲刑部尚書”。《考異》曰：“《舊傳》及劉餗《小説》，皆云‘自晉州刺史入爲尚書’。今從《太上皇》《睿宗録》。”按景龍四年爲晉刺。

韋安石　先天元年（712）

《舊書》本傳：“景雲二年，加開府儀同三司……其冬，罷知政事，拜特進，充東都留守……爲御史中丞楊茂謙所劾，出爲蒲州刺史。無幾，轉青州刺史。”《新書》本傳略同。又見《元龜》卷九〇九、卷九二五。

畢　構　開元初—三年（？—715）

《舊書·衛大經傳》：“開元初，畢構爲〔蒲州〕刺史。”《新書·衛大經傳》略同。《全文》卷二五二蘇頲《授畢構河南尹制》：“蒲州刺史……畢構……可河南尹。”兩《唐書》本傳未及蒲刺。按畢構開元三年九月始爲河南尹。

程行諶　開元四年—五年（716—717）

《大詔令集》卷一〇四蘇頲《遣王志愔等各巡察本管内制》：“蒲州刺史程行諶、汴州刺史倪若水……宜令各巡察本管内人……開元四年七月六日。”《元龜》卷一一三：“〔開元〕六年七月辛酉詔曰：‘……去

年從京向都,嘗亦處分。蒲州刺史程行諶、同州刺史李朝隱、陝州刺
史姜師度,至其州界,咸有進奉。'"又見《元龜》卷一五九,《全文》卷二
八玄宗《禁刺史進奉詔》、卷二五八蘇頲《御史大夫贈右丞相程行謀
(諶)神道碑》。

李尚隱　開元七年(719)

《舊書》本傳:開元十三年夏,"左遷桂州都督……累轉京兆尹,歷
蒲、華二州刺史"。《新書》本傳:"進兵部侍郎。俄出爲蒲州刺史……
再遷河南尹……左遷桂州都督。"歷官次序各異。《元龜》卷九二二:
"懷照,蒲州大雲寺僧也。嘗建石碑云:我母夢日入懷而生,因名懷
照。開元七年,或告於郡刺史李尚隱,以聞。"按尚隱約十一年至十三
年在河南尹任,二十二年爲華州刺史,《舊傳》次序誤。

姜師度　開元九年(721)

《會要》卷六八:"河中府……開元九年正月八日,改爲河中府,號
中都,以姜師度爲尹。"《舊書》本傳作"〔開元〕六年,以蒲州爲河中府,
拜師度爲河中尹"。按兩《唐書·地理志》皆謂開元八年改蒲州爲河
中府,其年罷;《舊書·食貨志上》、《元和郡縣志》卷一二、《會要》卷八
八、《元龜》卷四九三作元年;《舊紀》《通鑑》作九年:諸説不同。岑仲
勉《唐史餘瀋》以爲"元""九"形近易訛,廢府實在九年。

陸象先　開元九年(721)

《通鑑·開元九年》:"六月乙卯,罷中都,復爲蒲州。蒲州刺史陸
象先政尚寬簡。"《新書》本傳:"累徙蒲州刺史,兼河東按察使……入
爲太子詹事,歷户部尚書,知吏部選事。"又見《元龜》卷六八〇,《大唐
新語》卷七。按《舊書》本傳謂:"歷遷河中尹。〔開元〕六年,廢河中
府,依舊爲蒲州,象先爲刺史,仍爲河東道按察使……按察使停,入爲
太子詹事,歷工部尚書。十年冬,知吏部選事。"按"六年"當爲"九年"
之誤。開元六年象先在潤州刺史任。

韋 抗 約開元十年—十一年（約 722—723）

《舊書》本傳：開元八年，“出爲安州都督，轉蒲州刺史。十一年，入爲大理卿，其年代陸象先爲刑部尚書”。《新書》本傳略同。《全文》卷二五八蘇頲《刑部尚書韋公（抗）神道碑》：“以郡縣吏坐贓發覺，貶安州都督，尋與之蒲……未幾，拜爲大理，檢校刑部尚書。”開元十四年八月卒，享年六十。

陳 憲 開元十一年？（723？）

《全文》卷九九五闕名《陳憲墓誌銘》：“出爲蒲州刺史，入拜太子右庶子……開元十三年九月廿五日薨。”

崔 琳（崔林） 開元十三年（725）

《新書·宇文融傳》：“會帝封太山還，融以選限薄冬，請分吏部爲十銓。有詔融與禮部尚書蘇頲……蒲州刺史崔琳……分總，而不得參事，一決於上。”《會要》卷七四：“〔開元〕十三年十二月，封嶽回，以選限漸迫，宇文融上策，請吏部置十銓。”注云：“蒲州刺史崔林”。按《舊書·玄宗紀上》亦謂十三年冬分吏部爲十銓，以蘇頲等分掌選事。《封氏聞見記》卷三作“朝集使、蒲州刺史崔材”，當爲“崔林”之誤。

李元紘 約開元十九年（約 731）

《新書》本傳：“以元紘爲曹州刺史，徙蒲州，引疾去。後以户部尚書致仕。”《舊書》本傳未及。按開元十七年六月元紘罷爲曹州刺史。

王 琚 開元二十三年—二十四年（735—736）

《舊書》本傳：“〔開元〕二十二年，起復右庶子，兼襄州刺史，又改同、蒲、通、鄧、蔡五州刺史。”《新書》本傳未及。《通鑑·開元二十四年》：四月“辛未，蒲州刺史王琚貶通州刺史”。

裴 寬 開元二十四年（736）

《舊書》本傳：“開元二十一年冬，裴耀卿以黃門侍郎知政事……

奏寬爲户部侍郎，爲其副……選吏部侍郎。及玄宗還京，又改蒲州刺史……遷河南尹。”《新書》本傳略同。《寶刻叢編》卷一〇引《訪碑錄》：“《唐蒲州刺史裴寬德政碑》，唐趙良器撰，韓擇木八分書，開元二十四年。”又見《山右金石記十》。《全文》卷三〇九孫逖《授裴寬河南尹裴仙先蒲州刺史制》：“使持節蒲州諸軍事蒲州刺史、上柱國裴寬……可守河南尹。”

裴仙先　　約開元二十七年（約 739）

《全文》卷三〇九孫逖《授裴寬河南尹裴仙先蒲州刺史制》：“使持節絳州諸軍事絳州刺史、上柱國、翼城縣開國伯裴仙先……可使持節蒲州諸軍事蒲州刺史。”《新書》本傳未及。【補遺】《唐研究》第五卷（1999 年版）《西安新發現唐裴仙先墓誌考述》引《故銀青光禄大夫、守工部尚書、上柱國、翼城縣開國公贈江陵郡大都督裴府君（仙先）墓誌銘並序》（天寶三載閏二月八日）：“遷主客郎中，有頃加朝散大夫兼鴻臚少卿。將命西聘，公單車深入，結二國之信，一言慷慨，罷十萬之兵。……時上怒褚師，公固争無罪，由是忤旨，出爲絳州刺史，改蒲州刺史，進爵爲伯。俄遷太原尹，兼河東道節度等副使，使停，即授本道采訪處置使。……遷工部尚書，東京留守，兼判省事。……詔賜考，進爵爲公，徵還知京官考使。……以天寶二載九月廿二日薨於永寧里第，春秋八十。”

韓朝宗　　開元二十七年（739）

《元龜》卷二四：“〔開元〕二十七年七月己卯，蒲州刺史韓朝宗奏新置靈貞觀有慶雲見，連理樹生。”《全文》卷三二七王維《大唐吴興郡別駕前荆州大都督府長史山南東道採訪使京兆尹韓公（朝宗）墓誌銘》：“遷蒲州刺史……徵爲京兆尹。”卒於天寶九載六月二十一日，享年六十有五。《金石補正》卷五八《大唐栖巖寺故大禪師塔銘》稱“前刺史裴寬……後太守韓朝宗”。《新書》本傳未及。

劉希逸　　約開元中

《姓纂》卷五沛國相縣劉氏：“希逸，工部侍郎、蒲州刺史、譙郡公。"按《郎官柱》戶部員外有劉希逸,在賀知章後,周履慶、盧元裕前。
又度支郎中在薛會（繪）後,源光譽、韋銑前。約開元中人。嚴氏《僕
尚丞郎表》謂大曆前後官至工侍,疑誤。

薛兼金　　約開元中

《新表三下》薛氏:"兼金,蒲州刺史。"乃靜州刺史伯琳之曾姪
孫。《郎考》卷三吏部郎中有薛兼金,在蘄恒、楊昆後,張昶、褚璆、
杜暹前。卷八司勳員外又有薛兼金,在蔡希寂、王光大後,王璵、蘇
瞻前。

薛　絃　　約開元中

《舊書·薛珏傳》:"父絃,蒲州刺史。"珏約貞元八年卒,年七十
四。按絃父寶胤,高宗時爲邠州刺史。

李知柔　　天寶五載(746)

《元龜》卷二四:"〔天寶〕五載五月乙卯,河東郡太守李知柔,奏乘
（桑）泉縣潘水修功德處有白魚引舟,五色雲起。"

苗晉卿　　約天寶六載(約747)

《舊書》本傳:"天寶三載閏二月,轉魏郡太守,充河北採訪處置
使,居職三年……尋改河東太守、河東採訪使,入爲尚書、東京留守。"
《新書》本傳謂由河東徙扶風,遷工部尚書、東都留守。《全文》卷三二
六王維《魏郡太守河北採訪處置使上黨苗公（晉卿）德政碑》:"某年月
日詔除公河東太守兼採訪使。"

李　憕　　天寶十一載(752)

《舊書》本傳:"〔天寶〕十一載,累轉河東太守、本道採訪。謁于行
在所,改尚書右丞、京兆尹。"《新書》本傳略同。《會要》卷七八:"〔天
寶〕十二載二月,河南（東）道採訪處置使、河東郡太守李憕。"

韋　陟　　天寶十二載—十三載(753—754)

《舊書》本傳:"天寶中襲封郇國公,以親累貶鍾離太守,重貶義陽太守。尋移河東太守,充本道採訪使。十二年入考,在華清宮……坐貶爲桂州桂嶺尉,未之任,再貶昭州平樂尉。"《新書》本傳略同。《舊書·玄宗紀上》:天寶十三載十月,"貶河東太守韋陟爲桂嶺尉"。《通鑑·天寶十三載》作十一月。又見《元龜》卷四八二、卷七〇〇。

李　麟　　天寶十四載(755)

《舊書》本傳:"〔天寶〕十四年七月,以本官出爲河東太守、河東道採訪使。"《新書》本傳略同。又見《元龜》卷八四四。

吕崇賁　　天寶十四載—至德元載(755—756)

《舊書·李麟傳》:天寶十四載冬,"禄山構逆,朝廷以麟儒者,恐非禦侮之用,乃以將軍吕崇賁代還"。又見《元龜》卷八四四。《新書·李麟傳》未及。《舊書·肅宗紀》:至德元載七月,"前蒲州刺史吕崇賁爲關內節度使兼順化郡太守"。《姓纂》卷六河東吕氏:"崇賁,劍南、河東、成都、河中節度,鄂國公。"

崔乾祐　　至德二載(757)

《元龜》卷七六二:"至德二年三月,朔方節度使郭子儀大破賊於潼關……僞蒲州刺史崔乾祐獨以麾下數千騎走。"按崔乾祐乃安禄山僞署之蒲州刺史。

馬承光　　至德二載(757)

《通鑑·至德二載》:六月,"會陝郡賊將楊務欽密謀歸國,河東太守馬承光以兵應之"。《元龜》卷七六二作"至德六年二月",當爲"二年六月"之誤。

顔真卿　　乾元元年(758)

《舊書》本傳:"爲宰相所忌,出爲同州刺史,轉蒲州刺史……貶饒州刺史。"《新書》本傳、《元龜》卷五二二略同。《通鑑·乾元元年》：五月，"〔顏〕真卿時爲蒲州刺史"。《全文》卷五一四殷亮《顏魯公行狀》："乾元元年三月，又改蒲州刺史、本郡防禦使……〔是歲〕貶饒州刺史。"又卷三三六顏真卿有《蒲州刺史謝上表》。卷三三九《華嶽廟題名》稱："皇唐乾元元年歲次戊戌冬十月戊申，真卿自蒲州刺史蒙恩除饒州刺史。"卷四四肅宗有《答顏真卿謝蒲州刺史批》。又見《舊書·顏杲卿傳》，《全文》卷三四四顏真卿《祭姪季明文》《祭伯父豪州刺史文》，卷三九四令狐峘《光祿大夫太子太師上柱國魯郡開國公顏真卿墓誌銘》，《廣記》卷三二引《戎幕閑譚》《玉堂閑話》。北圖藏拓片《大唐興唐寺净善和尚塔銘》（乾元元年九月九日）："蒲州刺史顏真卿書。"證知是年在任。

趙　泚　　乾元元年(758)

《舊書·肅宗紀》：乾元元年"九月庚午朔，右羽林大將軍趙泚爲蒲州刺史、蒲同虢三州節度使"。

王　璵（王嶼）　　乾元二年(759)

《舊書·肅宗紀》：乾元二年七月丁亥，"刑部尚書王璵爲蒲州刺史，充蒲、同、絳三州節度使"。兩《唐書》本傳謂：乾元三年七月，兼蒲州刺史，充蒲同絳等州節度使。中書令崔圓罷相，乃以璵爲中書侍郎、同中書門下平章事。按《新書·宰相表中》：乾元元年五月"乙未，〔崔〕圓罷爲太子少師……太常少卿王嶼爲中書侍郎、同中書門下平章事"。二年三月乙未，"嶼罷爲刑部尚書"。知王嶼非自蒲州入相。兩《唐書》本傳皆誤。《寶刻叢編》卷一〇引《集古錄目》："《唐玄宗登逍遥樓詩》，唐玄宗御製并八分書，太常卿姜皎書年月，蒲州刺史王璵以詩刻石。"又稱"乾元元年立"，疑誤。

崔　寓（崔寓）　　乾元三年(760)

《舊書·肅宗紀》：乾元三年"二月癸巳朔，以右丞崔寓爲蒲州刺史，充蒲、同、晉、絳等州節度使"。"寓"當爲"寓"之訛。

蕭　華　　乾元三年(760)

《舊書・蕭宗紀》:乾元三年四月"戊午,以右丞蕭華爲河中尹、兼御史中丞,充同晉絳等州節度、觀察處置使"。上元二年癸未,"以前河中尹蕭華爲中書侍郎、同平章事、集賢殿崇文館大學士"。又見《新書・宰相表中》。《舊書》本傳謂乾元二年爲河中尹,誤。《新書》本傳未書年月。《會要》卷六八:"乾元三年二月二十三日,改爲河中府,以蕭華爲尹。"《大詔令集》卷四五《蕭華平章事制》:"前河中尹、兼御史中丞、充本府晉絳等州節度觀察處置等使、上柱國、嗣徐國公、賜紫金魚袋蕭華……可中書侍郎、同中書門下平章事……上元二年二月。"又見《元龜》卷七三,《全文》卷四二。

王　昂　　上元元年(760)

《舊書・蕭宗紀》:上元元年八月"己卯,以將作監王昂爲河中尹、本府晉絳等州節度使"。

李光弼　　上元二年(761)

《舊書・蕭宗紀》:上元二年三月戊戌,"李光弼以失律讓太尉、中書令,許之,授侍中、河中尹、晉絳等州節度觀察使"。本傳未及。《新書》本傳:"更拜開府儀同三司、中書令、河中尹、晉絳等州節度使。未幾,復拜太尉,兼侍中、河南副元帥……鎮泗州。"《全文》卷三四二顏真卿《唐故開府儀同三司太尉兼侍中河南副元帥東都留守武穆王李公(光弼)神道碑銘》:上元二年"二月,拜開府儀同三司、中書令,兼河中尹、節度使。夏五月十有一日復拜太尉"。

王　昂　　寶應元年—廣德元年(762—763)

《舊書・代宗紀》:廣德元年六月癸未,"河中節度使王昂檢校刑部尚書,封邡國公"。又本傳:"以軍功累遷河中尹,充河中節度使……永泰元年正月,檢校刑部尚書知省事。"

崔　寓(崔寓)　　廣德二年(764)

《舊書・代宗紀》:廣德二年九月"丙申,詔徵河中兵討吐蕃,將發，是夜軍衆喧譟，劫節度使崔寓家財及民家財産殆盡”。《通鑑·廣德二年》：“河中尹兼節度副使崔寓發鎮兵西禦吐蕃，爲法不一。九月丙申，鎮兵作亂。”又見《元龜》卷六九八。《全文》卷四三五王廷昌《河瀆神靈源公祠碑》稱：太子賓客、御史大夫、知河中府事崔公寓。“寓”均爲“寓”之訛。

暢　璀　　廣德二年—永泰元年（764—765）

《舊書·代宗紀》：廣德二年十二月乙丑，“吏部侍郎暢璀爲左散騎常侍、河中尹”。又本傳：“廣德二年十二月，爲散騎常侍、河中尹，兼御史大夫。永泰元年，復爲左常侍，與裴冕並集賢院待制。”

郭子儀　　永泰元年—大曆三年（765—768）

《舊書》本傳：“永泰元年五月，以子儀都統河南道節度行營，出鎮河中。”大曆三年“九月，詔子儀率師五萬自河中移鎮奉天……十月，子儀入朝，還鎮河中。時議以西蕃侵寇，京師不安……乃以子儀兼邠寧慶節度，自河中移鎮邠州”。《新書》本傳略同。

＊郭子儀　　大曆三年—十四年（768—779）

《舊書·德宗紀上》：大曆十四年閏五月“甲申，以司徒、兼中書令、河中尹、靈州大都督、單于鎮北大都護……郭子儀可加號尚父，守太尉，餘官如故”。又見《全文》卷五〇。兩《唐書》本傳未及。《通鑑·大曆十四年》：“郭子儀以司徒、中書令領河中尹、靈州大都督、單于鎮北大都護、關内河東副元帥、朔方節度……代宗欲分其權而難之，久不決。〔閏五月〕甲申，詔尊子儀爲尚父……所領副元帥、諸使悉罷之。”

高武光　　大曆三年（768）

《全文》卷四四四盧虔《御史中丞晉州刺史高公（武光）神道碑》：“三年秋，汾陽王復以公勤績克聞於上，上俾公以尹河府。”按《碑》云：寶應初，救濯於絳。爲蒲刺在此之後。寶應後謂“三年秋”者，當爲大曆三年。《新表一下》高氏：“武光字叔良，晉州刺史、渤海縣伯。”按高武光大曆元年至三年爲晉刺，四年至五年又爲晉刺，約在兩次刺晉之間一度知河中尹事。其時郭子儀節度河中，兼河中尹，然不知府事。

趙惠伯　　大曆十四年前（779 前）

《舊書・代宗紀》：大曆十四年三月庚戌，“河中少尹、知府事趙惠伯爲河南尹”。按趙惠伯從何時起知河中府事，未見史籍記載。

王　翃　　大曆十四年（779）

《舊書・代宗紀》：大曆十四年三月“辛酉，以前容管經略使、容州刺史王翃爲河中少尹、知府事”。又見本傳。按約大曆十四年至建中二年王翃刺汾州，建中三年至四年爲京兆尹。

李懷光　　大曆十四年（779）

《舊書・德宗紀上》：大曆十四年閏五月甲申，“以朔方都虞候李懷光爲河中尹，邠、寧、慶、晉、絳、慈、隰等州節度觀察使”。又見兩《唐書》本傳，《通鑑・大曆十四年》。按建中元年李懷光爲涇州刺史。

張　鎰　　大曆十四年（779）

《新書》本傳：“歷江西、河中觀察使。不閱旬，改汴滑節度使，以病固辭，詔留私第。建中二年，拜中書侍郎、同中書門下平章事。”《舊書》本傳謂由江西觀察徵拜吏部侍郎，未及河中。疑因時間極短而省書。

杜　亞　　大曆十四年—建中元年（779—780）

《舊書・德宗紀上》：大曆十四年十一月“丁丑，以陝州長史杜亞爲河中尹、河中晉絳慈隰都防禦觀察使”。建中元年八月“乙未，河中晉絳觀察使杜亞爲睦州刺史”。又見《嚴州圖經》卷一題名，兩《唐書》本傳，《元龜》卷九二五。《全文》卷四九七權德輿《唐故東都留守東都汝州防禦使檢校吏部尚書判東都尚書省事兼御史大夫杜公（亞）神道碑銘并序》："河靈蒲坂,陶唐所理,命公以尹正之重。"

趙惠伯　　建中二年(781)

《舊書·德宗紀上》:建中二年正月丁亥,"以河南尹趙惠伯爲河中尹、河中晉絳慈隰都防禦觀察使"。其年十月,惠伯坐楊炎事貶費州多田尉,尋亦殺之,見《舊書·楊炎傳》。又見《通鑑·建中二年》,《元龜》卷九二五。

關　播　　建中二年(781)

《舊書·德宗紀上》:建中二年七月"丁丑,以河中尹關播爲給事中"。兩《唐書》本傳未及。

李　承　　建中二年(781)

《舊書·德宗紀上》:建中二年七月丁丑,"同州刺史李承爲河中尹、晉絳都防禦觀察使"。又本傳:"〔建中二年〕九月,轉襄州刺史、山南東道節度觀察鹽鐵等使。"《新書》本傳略同。又見《元龜》卷四六五,《通鑑·建中二年》。《遼居稿·趙郡李氏殤女墓石記跋》:"祖承,皇正議大夫檢校工部尚書,謚曰懿。歷淮西道、淮南道黜陟使,河中道、山南東道節度觀察都防禦都團練使。"

李齊運　　建中二年—四年(781—783)

《舊書·德宗紀上》:建中二年十一月"丁丑,以陝州長史李齊〔運〕爲河中尹,充河中晉絳防禦觀察使"。四年十二月"己巳,以河中尹李齊運爲宗正卿"。又見兩《唐書》本傳,《通鑑·建中四年》。《通鑑·興元元年》:四月,"前河中尹李齊運爲京兆尹"。

呂鳴岳　　建中四年(783)

《新書·韓遊瓌傳》:"李懷光叛,誘遊瓌爲變,遊瓌白發其書……對曰:'懷光總諸府兵,怙以爲亂。今邠有張昕,靈武有甯景璿,河中有呂鳴岳,振武有杜從政,潼關有李朝臣,渭北有竇覦,皆守將也。'"

李懷光　　興元元年（784）

《舊書・德宗紀上》：興元元年三月甲申，"懷光燒營，走歸河中"。
己亥，"詔授李懷光太子太保，其餘官職並罷"。兩《唐書》本傳略同。
《大詔令集》卷一三一《宥李懷光論河中將士詔》："〔李懷光〕與朱泚結
固，通使往反……其副元帥、太尉、中書令、河中尹、朔方諸道節度觀
察等使宜並罷免，改授太子太保。"又見《全文》卷五一。《元龜》卷一
七六稱：貞元元年二月甲子，加朔方邠寧節度中書令兼靈州大都督、
單于鎮北大都護、河中尹、上柱國、連城郡王李懷光太尉。按貞元元
年疑爲興元元年之誤。

李　晟　　興元元年（784）

《舊書》本傳：興元元年三月，"渾瑊步將上官望自間道懷詔書加
晟檢校右僕射，兼河中尹、河中晉絳慈隰節度使……又兼京畿、渭北、
鄜坊丹延節度招討使。晟承詔流涕……四月，有詔加晟京畿、渭北、
鄜坊、商華兵馬副元帥"。《新書》本傳略同。又《元龜》卷四一三。

唐朝臣　　興元元年（784）

《舊書・德宗紀上》：興元元年四月"己巳，以陝虢防遏使唐朝臣
爲河中尹、河中同晉絳節度使"。八月甲辰，"以同絳節度使唐朝臣爲
鄜坊丹延等州節度使"。又《李晟傳》：興元元年四月，"請以〔李〕懷光
舊將唐良（朝）臣保潼關，以河中節度授之……上皆從之"。

渾　瑊　　興元元年—貞元十五年（784—799）

《舊書・德宗紀上》：興元元年八月癸卯，"以靈鹽節度使、侍中、
兼靈州大都督、樓煩郡王渾瑊爲河中尹、晉絳節度使、河中同陝虢等
州及管内行營兵馬副元帥"。又《德宗紀下》：貞元十五年"十二月庚
午，朔方等道副元帥、河中絳州節度使、檢校司徒、兼奉朔中書令渾瑊
薨"。又見兩《唐書》本傳，《元龜》卷一一九、卷一二九、卷一七六。
《大詔令集》卷五九、《全文》卷四六三陸贄有《馬燧渾瑊副元帥招討河
中制》。卷四六三陸贄《誅李懷光後原宥河中將吏并招諭淮西詔》稱：

"河中尹、咸寧郡王〔渾〕瑊鑒識精明……可檢校司空。"卷四九八權德輿《故朔方河中晉絳邠寧慶等州兵馬副元帥河中絳邠節度度支營田觀察處置等使開府儀同三司檢校司徒兼中書令河中尹渾公（瑊）神道碑銘并序》稱："理蒲十六年，再陟公臺。"《寶刻叢編》卷七引《諸道石刻録》有《唐河中尹渾瑊賀表》。

杜　確　　貞元十五年—十八年（799—802）

《舊書·德宗紀下》：貞元十五年十二月"丁酉，以同州刺史杜確爲河中尹、河中絳州觀察使"。《姓纂》卷六偃師杜氏："確，河中節度。"《舊書·程异傳》："杜確刺同州，帥河中，皆從爲賓佐。"《柳河東集》卷四〇《爲韋京兆祭杜河中文》："維年月日甲子，京兆尹韋夏卿……敬祭於故河中節度、贈禮部尚書杜公之靈。"按韋夏卿貞元十七、十八年在京兆尹任，此杜公當即杜確。

鄭　元　　貞元十八年—元和二年（802—807）

《舊書·德宗紀下》：貞元十八年三月"丙戌，以河中行軍司馬鄭元爲河中尹、兼御史大夫、河中絳節度使"。本傳："貞元中爲河中節度使杜確行軍司馬。確卒，遂繼爲節度使，入拜尚書左丞。元和二年，轉户部侍郎、兼御史大夫、判度支。"

杜黄裳　　元和二年—三年（807—808）

《舊書·憲宗紀上》：元和二年正月"乙巳，以門下侍郎、同平章事、南陽郡開國公杜黄裳檢校司空、同平章事，兼河中尹、河中晉絳等州節度使"。三年九月戊戌，"河中節度使、檢校司空、同平章事、邠國公杜黄裳卒"。《大詔令集》卷五三、《全文》卷五六有《杜黄裳河中節度同平章事制》，元和二年正月。又見兩《唐書》本傳，《元龜》卷三二二，《全文》卷七五六杜牧《唐故灞陵駱處士（峻）墓誌銘》，《柳河東集》卷一二《先君石表陰先友記》，《金石補正》卷七二《唐故京兆杜夫人墓誌銘并序》。

王 鍔　元和三年—五年(808—810)

《舊書·憲宗紀上》:元和三年九月戊戌,"以淮南節度使王鍔檢校司徒、河中尹、河中晉絳慈隰節度使"。五年十一月"庚戌,以前河中節度使王鍔檢校司空、兼太子太傅,太原尹、北都留守、河東節度使"。又見兩《唐書》本傳。《全文》卷七一五韋處厚《代裴度論淮西事宜表》:"當今節制可以處淮西任者,莫若河中節度使王鍔。"

張茂昭　元和五年—六年(810—811)

《舊書·憲宗紀上》:元和五年十月"甲午,以前義武軍節度、檢校太尉、兼太子太傅、同平章事張茂昭檢校太尉、兼中書令、河中尹,充河中晉絳慈隰節度使"。六年二月,"丙子,河中節度使、檢校太尉、中書令張茂昭卒"。又見兩《唐書》本傳。《全文》卷五〇五權德輿有《唐故河中晉絳慈隰等州節度使河中尹張公(茂昭)墓誌銘并序》。

張弘靖　元和六年—九年(811—814)

《舊書·憲宗紀上》:元和六年二月"癸巳,以陝虢觀察使張弘靖檢校禮部尚書、河中尹、晉絳慈等州節度使"。又《憲宗紀下》:元和九年六月"壬寅,制河中晉絳慈隰等州節度使張弘靖守刑部尚書、同中書門下平章事"。又見《新書·憲宗紀》,兩《唐書》本傳。《寶刻叢編》卷一〇引《集古錄目》:"《唐立衛伯玉遺愛頌》,伯玉裔孫唐陝虢觀察使次公撰,河中節度使張弘靖書……碑以元和六年立。"《大詔令集》卷四六、《全文》卷五七《張弘靖平章事制》稱:"河中晉絳慈隰等州節度……兼河中尹……張弘靖……可守刑部尚書、平章事……元和九年六月。"又見《元龜》卷七三,《白居易集》卷五四《除張弘靖門下侍郎平章事制》,《全文》卷七九〇張彥遠《法書要錄序》。

趙宗儒　元和九年—十二年(814—817)

《舊書·憲宗紀下》:元和九年七月"乙未,以御史大夫趙宗儒檢校尚書右僕射,兼河中尹、河中晉絳等州節度使"。又本傳:"〔元和〕九年,召拜御史大夫,俄遷檢校右僕射、河中尹、兼御史大夫、晉絳慈隰節度觀察等使。赴鎮後，擅用供軍錢八千餘貫，坐罰一月俸。十一年七月，入爲兵部尚書。”據聞、沈校，“十一年”實爲“十二年”之訛。《新書》本傳略同。又見《元龜》卷六九九。

呂元膺 元和十二年—十四年(817—819)

《舊書》本傳：“〔元和〕十年七月，鄆州李師道留邸伏甲謀亂……元膺追兵伊闕……數年，改河中尹，充河中節度等使……入拜吏部侍郎，因疾固讓，改太子賓客。元和十五年二月卒。”《新書》本傳略同。按呂元膺元和九年至十二年在東都留守任。

李 絳 元和十四年—十五年(819—820)

《舊書·憲宗紀下》：元和十四年六月“甲子，以前兵部尚書李絳檢校吏部尚書、河中尹，充河中晉絳慈隰觀察使”。又《穆宗紀》：元和十五年七月“壬寅，以河中晉絳觀察使李絳爲兵部尚書”。又見兩《唐書》本傳。

韓 弘 元和十五年—長慶二年(820—822)

《舊書·穆宗紀》：元和十五年六月“丁丑，以司徒、兼中書令韓弘爲河中尹，充河中晉絳慈隰等州節度使”。長慶二年十月“壬戌，前河中晉絳慈隰等州節度使、開府儀同三司、守司徒、中書令、河中尹、上柱國、許國公韓弘可守司徒、兼中書令”。又見兩《唐書》本傳，《元龜》卷三二二，《大詔令集》卷五三、《全文》卷六九四李紳《授韓弘河中節度使制》。《大詔令集》卷四八、《全文》卷六四《復授韓弘中書令制》稱：前忠(河中)晉絳慈隰等州節度河中尹〔韓弘〕可守司徒兼中書令。長慶二年十月。

郭 釗 長慶二年—四年(822—824)

《舊書·穆宗紀》：長慶二年九月“癸卯，以前河陽節度使郭釗爲河中尹，兼河中絳隰等州節度使”。又《敬宗紀》：長慶四年七月“庚辰，以前河中節度使郭釗爲兵部尚書”。又見兩《唐書》本傳。

李　愿　　長慶四年—寶曆元年（824—825）

《舊書・敬宗紀》：長慶四年六月“壬辰，以左金吾衛大將軍李愿檢校司空，兼河中尹、御史大夫，充河中絳隰等州節度使”。寶曆元年六月“己丑，河中節度使、檢校司空李愿卒”。又見兩《唐書》本傳。《唐語林》卷四：“〔李〕愿爲夏州、徐泗、鳳翔、宣武、河中五節度。”

薛　平　　寶曆元年—大和四年（825—830）

《舊書・敬宗紀》：寶曆元年六月“乙未，以檢校左僕射、兼户部尚書薛平檢校司空、河中尹、河中節度使”。又《文宗紀上》：大和三年七月“乙丑，河中節度使薛平依前河中節度使”。本傳：“在河中凡六年，召拜太子太保。”《新書》本傳略同。《元龜》卷二五：“文宗大和元年十一月，河中觀察使薛平奏。”又卷五二：大和二年“十月，河中觀察使薛平奏”。《元龜》卷一六九作“薛華”，誤。又見《金石録》卷三〇《唐司徒薛平碑跋》。《寶刻叢編》卷一〇引《集古録目》：“《唐薛平增修家廟碑》，唐左散騎常侍集賢院學士馮宿撰，給事中裴潾書。河中節度使薛平增修其家廟，以大和三年立此碑，在夏縣。”又見《山右金石記》卷五。

【史憲誠　　大和三年（829）（未之任）】

《舊書・文宗紀上》：大和三年六月“辛亥，以魏博節度使史憲誠檢校司徒、兼侍中、河中尹，充河中晉絳節度使”。七月“癸未，中使劉弘逸送史憲誠旌節自魏州還，稱六月二十六日夜，魏博軍亂，殺史憲誠”。又見兩《唐書》本傳。《全文》卷六〇九劉禹錫《唐故邠寧慶等州節度使史公（孝章）神道碑》：“考憲誠，早以武勇絶人，積功至魏博節度使，終於河中晉絳慈隰等州節度觀察使、檢校司徒兼侍中、河中尹。”

李　程　　大和四年—六年（830—832）

《舊書・文宗紀下》：大和四年“三月乙亥，以河東節度使李程檢校左僕射、同平章事，兼河中尹、晉絳慈隰等州節度使”。六年七月

"己未,以河中節度使李程爲左僕射"。又見兩《唐書》本傳。

王　起　　大和六年—七年(832—833)

《舊書·文宗紀下》:大和六年七月己未,"以户部尚書、判度支王起檢校吏部尚書,充河中晉慈隰節度使"。七年九月甲寅,"以起爲兵部尚書"。又見兩《唐書》本傳,《元龜》卷六九六。

王智興　　大和七年—九年(833—835)

《舊書·文宗紀下》:大和七年九月"甲寅,以前忠武軍節度使王智興依前守太傅、兼侍中、河中尹、河中晉絳慈隰節度使,代王起"。九年五月"癸酉,以河中節度使王智興爲宣武軍節度使,依前守太傅、兼侍中"。又見兩《唐書》本傳。

李　程　　大和九年—開成元年(835—836)

《舊書·文宗紀下》:大和九年六月乙亥朔,"以前宣武軍節度使李程爲河中節度使"。開成元年閏五月"甲申,以河中節度使李程爲左僕射、判太常卿事"。本傳同。《新書》本傳未及。

李　聽　　開成元年—四年(836—839)

《舊書·文宗紀下》:開成元年閏五月"乙酉,以太子太保分司李聽爲河中節度使"。四年閏正月"丙申,以前河中節度使李聽爲太子太保"。又見兩《唐書》本傳。李匡义《資暇集》卷下:"開成初,余從叔聽之鎮河中,自洛招致賜者居於蒲。"

鄭　肅　　開成四年—會昌元年(839—841)

《舊書·文宗紀下》:開成四年閏正月"甲申朔,以吏部侍郎鄭肅檢校禮部尚書、河中晉絳慈隰等州節度使"。本傳:"太子竟以楊妃故得罪,乃以肅檢校禮部尚書,兼河中尹、河中節度、晉絳觀察等使。會昌初……召拜太常卿,累遷户部、兵部尚書。"《新書》本傳略同。《全文》卷八一〇司空圖《故鹽州防禦使王縱神道碑》:"大和九年授河中馬步都知兵馬使……開成宰相鄭公蕭允屬鎮臨……擢奏馬部都虞候。”《樊南文集》卷五《上河中鄭尚書狀》注：“鄭蕭也。”

孫　簡　　會昌元年—二年（841—842）

《會要》卷九三：會昌元年“六月，河中晉絳慈隰等州觀察使孫簡奏，準敕書節文，量縣大小，各置本錢”。《新書》本傳：“歷河中、興元、宣武節度使，檢校尚書右僕射、東都留守。”《千唐誌·唐故汝州司馬孫府君（審象）墓誌銘并叙》（會昌元年十二月七日）稱：“第卅三姪河中晉絳慈隰等州節度觀察處置等使、中大夫、檢校禮部尚書、兼河中尹、御史大夫、上柱國、賜紫金魚袋簡謹撰。”《隋唐五代墓誌匯編·洛陽卷》第十三册《唐故銀青光禄大夫檢校司空兼太子少師分司東都上柱國樂安縣開國侯孫公（簡）墓誌銘并序》（大中十一年）：“遷鎮節制河中，檢校禮部尚書兼御史大夫，不易同、陝、洛之化。”

李固言　　會昌二年（842）

《新書》本傳：“武宗立，召授右僕射。會崔珙、陳夷行以僕射爲宰相，改檢校司空兼太子少師，領河中節度使……帝伐回鶻，詔方鎮獻財助軍，上疏固諫，不從。以疾復爲少師，遷東都留守。宣宗初，還右僕射。”《舊書》本傳未及。

陳夷行　　會昌三年（843）

《新書》本傳：“還門下侍郎平章事，進位尚書左僕射……以足疾乞身，罷爲太子太保，以檢校司空爲河中節度使，卒。”《通鑑·會昌三年》：五月，“河中節度使陳夷行以步騎一千守翼城”。《全文》卷六九八李德裕《贈陳夷行司徒制》稱“故河中節度晉絳磁（慈）隰等州觀察處置等使、檢校司徒兼河中尹、御史大夫陳夷行”。按夷行會昌二年六月罷相，見《新書·宰相表下》《通鑑·會昌二年》。又按《舊紀》《元龜》皆謂會昌三年八月出爲檢校司空、兼河中尹，充河中節度使。《舊書》本傳：“會昌三年十一月，檢校司空、平章事、河中尹、河中晉絳節度使，卒。”則《舊書·武宗紀》稱會昌四年八月，“河東節度使陳夷行卒"，亦誤。

崔元式　　會昌三年—四年(843—844)

《舊書》本傳："會昌三年，檢校左散騎常侍、河中尹、河中晉絳觀察使。四年，檢校禮部尚書、太原尹、北都留守、河東節度使。"《新書》本傳略同。《舊書·武宗紀》：會昌四年二月"丁巳，制河中晉絳慈隰等州節度觀察等使、中散大夫、檢校左散騎常侍、河中尹、御史大夫、上柱國、博陵縣開國男、食邑三百户崔元式，可檢校禮部尚書，兼太原尹、北都留守，充河東節度觀察等使"。《通鑑·會昌四年》同。又見《全文》卷七二八封敖《授崔元式太原節度使石雄河中節度使制》。

石　雄　　會昌四年(844)

《通鑑·會昌四年》：二月丁巳，"石雄爲河中節度使"。十二月，"河中節度使石雄爲河陽節度使"。又見兩《唐書》本傳。《全文》卷七二八封敖有《授崔元式太原節度使石雄河中節度使制》。又卷八一〇司空圖《故鹽州防禦使王縱追述碑》稱："既而蒲帥石公雄授命濯征，總戎出塞，公爲都知兵馬使。"按《舊書·武宗紀》稱會昌四年九月石雄爲河中尹，"九月"誤。

韋恭甫　　會昌五年(845)

《通鑑·會昌五年》：七月，"李德裕奏：'請詔河東節度使王宰以步騎一千守石會關……河中節度使韋恭甫發步騎千人戍晉州……'皆從之"。

崔　鉉　　會昌六年—大中三年(846—849)

《舊書》本傳："宣宗即位，遷檢校兵部尚書、河中尹，博陵縣開國子，食邑五百户。大中三年，召拜御史大夫，尋加正議大夫、中書侍郎、同平章事。"《新書》本傳略同。《樊南文集補編》卷三有《爲滎陽公上河中崔相公狀》。滎陽公即鄭亞，大中元年李商隱在桂州鄭亞幕。

此崔相公當即崔鉉。

崔　瑤　　大中三年—五年(849—851)

《舊書》本傳："崔鉉再輔政,罷瑤使務,檢校兵部尚書,兼河中尹、御史大夫,充河中晉絳慈隰等州節度觀察使。七年,入爲左丞。"按崔鉉大中三年再入相,見《新書·宰相表下》。疑"七年,入爲左丞"前有省文。

鄭　光　　大中五年—七年(851—853)

《新書》本傳："宣宗即位,光興民伍,拜諸衛將軍,遷累平盧軍節度使,徙河中、鳳翔……〔大中〕七年來朝。"《會要》卷五〇:大中五年五月,河中節度使鄭光奏,永樂縣道士侯道華上昇。《全文》卷七八八蔣伸有《授鄭光河中節度使鄭朗汴州刺史制》。《東觀奏記》:"〔上〕親舅鄭光,即位之初,連任平盧、河中兩鎮節度使。大中七年,自河中來朝,上因與光商較政理,光素不曉文字,對上語時有質俚,即命宰臣別選河中節度使,留光奉朝謁。"又見《玉泉子》,《唐語林》卷一、卷三。

徐　商　　大中七年—十年(853—856)

《新書》本傳："大中時,擢累尚書左丞。宣宗詔爲巡邊使,使有指,拜河中節度使……徙節山南東道。"《舊書》本傳未及。《全文》卷七二四李騭《徐襄州(商)碑》:"大中十年春,今丞相東海公自蒲移鎮於襄。"又云:"宣宗以北邊將帥懦弱不武,戎狄侵叛。公時爲尚書左丞,詔以公往制置安撫之。歸奏稱旨。尋授河中帥節,又移襄陽。"又見《全文》卷八三懿(宣)宗《授徐商崔璵節度使制》。《隋唐五代墓誌匯編·江蘇卷·唐故朝散大夫檢校尚書比部郎中兼侍御史知度支陝西院事令狐府君(統)墓誌銘并序》(咸通八年八月六日):"今相國徐公鎮河中,以君廉能,署攝河西縣令。"按嚴氏《僕尚丞郎表》謂大中七年徐商由左丞出爲河中節度使。

崔　璵　　大中十年—十三年(856—859)

　　《新書·崔琯傳》："弟璪、璵尤顯……璵，河中節度使。"又見《新表二中》博陵安平崔氏第二房。《舊書》本傳未及。《全文》卷八三懿(宣)宗《授徐商崔璵節度使制》："前宣州都團練觀察處置等使、正議大夫、檢校禮部尚書、兼宣州刺史、御史大夫、博陵縣子、食邑五百户崔璵……可檢校禮部尚書，兼河中尹、御史大夫，充河中晉絳慈隰等州節度觀察處置等使。"

令狐綯　　大中十三年—咸通二年(859—861)

　　《舊書》本傳："〔大中〕十三年，罷相，檢校司空、同中書門下平章事、河中尹、河中晉絳等節度使。咸通二年，改汴州刺史、宣武軍節度使。"《新書》本傳、《宰相表下》略同。《全文》卷八○六崔瑄《論令狐滈及第疏》："伏見新及第進士令狐滈是河中節度使、檢校司空、同中書門下平章事令狐綯男……綯去年罷相出鎮。"卷八九四羅隱有《河中辭令狐相公啓》。

蔣　伸　　咸通二年—四年(861—863)

　　《新書》本傳："咸通二年，出爲河中節度使、同中書門下平章事，徙宣武。俄以太子少保分司東都。七年，用爲華州刺史。"按《宰相表下》：咸通三年"正月己酉，〔蔣〕伸檢校兵部尚書、同平章事、河中節度使"。《全文》卷八三懿宗《授蔣伸畢諴節度使制》："河中節度使……檢校兵部尚書、平章事、河中尹……蔣伸……可檢校工部尚書、平章事，充宣武軍節度汴宋亳等州觀察處置等使。"按蔣伸咸通五年五月爲太子太保分司東都，見《新書·宰相表下》。

畢　諴　　咸通四年(863)

　　《舊書·懿宗紀》：咸通四年十一月，"以中書侍郎、平章事畢諴檢校吏部尚書、河中尹、晉絳慈隰節度使"。又見《元龜》卷三二二。《舊書》本傳："在相位三年，十月以疾固辭位，詔守兵部尚書，以其本官同平章事，出鎮河中。十二月二十三日，卒於鎮。"《新書》本傳略同。

《全文》卷八三懿宗《授蔣伸畢諴節度使制》："〔畢諴〕可檢校兵部尚書、平章事、兼河中尹，充河中節度觀察處置等使。"

崔慎由　咸通五年(864)

《舊書》本傳："咸通初，改爲華州刺史、潼關防禦、鎮國軍等使，加檢校司空、河中尹、河中晉絳節度使。入爲吏部尚書。"《新書》本傳略同。按咸通六年二月崔慎由在吏尚任，見《舊紀》；嚴氏《僕尚丞郎表》謂五年十一月入爲吏尚。《隋唐五代墓誌匯編・北京卷》第二册《唐太子太保分司東都贈太尉清河崔府君(慎由)墓誌自撰》(咸通九年八月二十九日)："歷……華州刺史、御史大夫、潼關防禦、鎮國軍等使，檢校尚書左僕射兼御史大夫、河中節度觀察等使，檢校尚書左僕射兼吏部尚書。"

夏侯孜　咸通五年—十年(864—869)

《新書・宰相表下》：咸通五年"十一月戊戌，〔夏侯〕孜檢校尚書右僕射、同平章事、河中節度使"。《舊書・懿宗紀》：咸通十年正月，"以河中節度使、開府儀同三司、檢校司徒、平章事……夏侯孜爲太子少保，分司東都。時南平蠻寇西川，責孜在蜀日失政也"。《全文》卷八三懿宗有《貶夏侯孜太子少保分司東都詔》。又見《新書》本傳，《北夢瑣言》卷一一。按《舊書》本傳謂：咸通八年罷相鎮西川，尋移河中，九年貶。誤。據《新書・宰相表下》，孜咸通元年罷相爲劍南西川節度，三年復相，五年再罷爲河中。

杜審權　咸通十一年—十四年(870—873)

《舊書・懿宗紀》："〔咸通〕十一年正月甲寅朔，制尚書右僕射杜審權爲檢校司徒、河中尹、絳慈隰節度觀察處置等使。"本傳："〔咸通〕十一年，制曰：'……〔杜審權〕可檢校司徒、同平章事、河中尹，充河中晉絳節度觀察等使。'數年以本官兼許州刺史、忠武軍節度觀察等使。"又見《全文》卷八三懿宗《授杜審權河中晉絳節度使制》。《新書》本傳略同。《金石萃編》卷一一七《唐故左拾遺魯國孔府君(紓)墓誌并序》："旋以萬年尉復帖文職，今許昌太傅相國襄陽公爲河中，奏署觀察判官，假監察御史。”咸通十五年卒。

曹 確 約乾符元年—約三年（約 874—約 876）

《新書》本傳：“以同平章事出爲鎮海節度使，徙河中，卒。”《舊書》本傳未及。按曹確咸通十一年三月罷相出爲鎮海節度，見《新書·宰相表下》。

劉 侔 約乾符三年—四年（約 876—877）

《通鑑·乾符四年》：十月，“河中軍亂，逐節度使劉侔”。《新書·僖宗紀》同。

竇 璟 乾符四年—五年（877—878）

《通鑑·乾符四年》：十一月“己酉，以竇璟爲河中節度使”。

李 都 乾符五年—廣明元年（878—880）

《通鑑·乾符五年》：九月，“以户部尚書、判户部事李都同平章事兼河中節度使”。《廣明元年》：十一月辛酉，“以河中節度使、同平章事李都爲太子少傅”。《新書·僖宗紀》：廣明元年“十一月，河中都虞候王重榮逐其節度使李都”。又見《舊書·黄巢傳》《舊五代史·李襲吉傳》。《北夢瑣言》卷一四：“至如越州崔璆、湖南崔瑾……河中李都、竇潏、鳳翔徐彦若，狼狽恐懼。”

竇 潏 廣明元年（880）

《新書·王重榮傳》：“黄巢陷長安，分兵略蒲，節度使李都不能支，乃臣賊，然内憚重榮，表以自副……天子使前京兆尹竇潏間道慰其軍，因詔代都。重榮率官屬奉迎……潏即奔還。重榮遂主留後事。”又見《北夢瑣言》卷一三。

王重榮 廣明元年—光啓三年（880—887）

《通鑑·廣明元年》：“十一月，河中都虞候王重榮作亂……辛酉，

以王重榮權知河中留後。"《光啓三年》：六月"甲寅，河中牙將常行儒
殺節度使王重榮"。又見兩《唐書》本傳，《舊五代史·梁太祖紀》《唐
武皇紀》，《全文》卷八一〇司空圖《故鹽州防禦使王縱追述碑》《蒲帥
燕國太夫人石氏墓誌銘》《太尉琅邪王公河中生祠碑》，卷八〇九《解
縣新城碑奉敕撰》，《全文》卷八四一裴廷裕《大唐故内樞密使吳公（承
泌）墓誌銘并序》，卷九三三杜光庭《歷代崇道紀》，《北夢瑣言》卷一
三。《山右金石記》卷五有《河中節度使王重榮德政碑》。

【王處存　　光啓元年（885）（未之任）】

《通鑑·光啓元年》："五月，〔田〕令孜徙重榮爲泰寧節度使……
以義武節度使王處存爲河中節度使，仍詔李克用以河東兵援處存赴
鎮……八月，處存引軍至晉州，刺史冀君武閉門不内而還。"又見《舊
書·僖宗紀》《新五代史·唐莊宗紀上》。兩《唐書》本傳、《王重榮傳》
略同。

王重盈　　光啓三年—乾寧二年（887—895）

《通鑑·光啓三年》：六月"甲寅，河中牙將常行儒殺節度使王重
榮……制以陝虢節度使王重盈爲護國節度使"。又《乾寧二年》：正月
"壬申，護國節度使王重盈薨"。又見《舊書·昭宗紀》《王重榮傳》，
《舊五代史·王珂傳》《蔣殷傳》，《新五代史·唐莊宗紀上》。《全文》
卷八一〇司空圖《蒲帥燕國太夫人石氏墓誌銘》：有令子五人，"季子
重盈，今任河中節度使"。又《太尉琅邪王公河中生祠碑》："大順二年
月日首議陟明，累宣恩詔，以命河中節度使王重盈加檢校太傅、中書
令。"按《新書·方鎮表三》：光啓元年，"賜河中節度號護國軍節度"。

崔　胤　　乾寧二年（895）

《舊書·昭宗紀》：乾寧二年"三月，制以中書侍郎、同平章事崔胤
檢校尚書左僕射、同平章事、河中尹，充河中節度、晉絳慈隰觀察處置
等使"。《新書·宰相表下》：乾寧二年"三月，〔崔〕胤檢校尚書右僕
射、同平章事、護國節度使"。七月"甲子，崔胤爲中書侍郎兼禮部尚

書、同中書門下平章事"。又見《通鑑・乾寧二年》三月,《元龜》卷三二二。兩《唐書》本傳未及。

王　珂　　乾寧二年—天復元年(895—901)

《舊書・昭宗紀》:乾寧二年八月,"以河中兵馬留後王珂檢校司空,兼河中尹、御史大夫,充護國軍節度、河中晉絳慈隰觀察等使"。《通鑑・乾寧二年》八月同。《新書・昭宗紀》:天復元年二月"戊辰,朱全忠陷河中,執護國軍節度使王珂"。又見《舊書・昭宗紀》,《舊五代史・梁太祖紀二》,《通鑑・天復元年》。兩《唐書》本傳、《舊五代史》本傳、《新五代史・李嗣昭傳》略同。

張存敬　　天復元年(901)

《舊書・昭宗紀》:天復元年二月"戊辰,朱全忠至河中,遂移王珂及兄璘、弟瓚舉室徙於汴,以張存敬守河中"。又見《舊五代史・梁太祖紀二》《王珂傳》。《通鑑・天復元年》:二月,"〔朱〕全忠表張存敬爲護國軍留後"。

朱全忠　　天復元年—天祐四年(901—907)

《舊書・昭宗紀》:天復元年五月"壬寅,制以朱全忠兼河中尹、河中節度、晉絳慈隰觀察處置、安邑解縣兩池榷鹽制置等使"。三年二月己卯,"制以……宣武宣義天平護國等軍節度使……河中尹、汴滑鄆等州刺史……朱全忠可守太尉、中書令,充諸道兵馬副元帥"。又《哀帝紀》:天祐二年十一月,"宣武宣義天平護國等軍節度……河中尹、汴滑鄆等州刺史……朱全忠可授相國"。又見《舊五代史・梁太祖紀》,《通鑑・天復元年》,《元龜》卷一八七。

待考録

吕　整

《姓纂》卷六京兆吕氏:"整,右衛將軍、滿州刺史。"岑仲勉《姓纂四校記》云：“滿”誤，庫本作“蒲”。唐無滿州也，滿、蒲常涉形似而訛。

郭子賤

《姓纂》卷一〇曲沃郭氏：“唐蒲州刺史子賤。”

衛文昇

《宋高僧傳》卷八《唐鄆州安國院巨方傳附智封傳》：“次河中府安國院釋智封，姓吳氏，懷安人也……倏辭出蒲津安峰山，禁足十年，木食澗飲。屬州牧衛文昇請歸城内，建新安國院居之。”《景德傳燈録》卷四《河中府中條山智封禪師傳》同。

劉伯榮

《畿輔通志》卷一五三《鬼尉錄》條引《京畿金石考》：“案方志云：廟門兩壁有唐人蒲州刺史劉伯榮所畫鬼尉者。”未知何據。

卷八〇　絳州（絳郡）

　　隋絳郡。武德元年置絳州總管府。三年廢總管府。天寶元年改爲絳郡。乾元元年復爲絳州。領縣十一：正平、太平、曲沃、翼城、絳、聞喜、垣、稷山、夏、龍門、萬泉。

許文寶　　武德元年（618）

　　上圖藏拓片《唐故正議大夫龍州刺史上柱國許君（觀）墓誌銘并序》（開元七年閏七月十六日）："祖諱□（寶？），字文寶，皇朝啓運，授通議大夫、絳郡通守、太僕卿。"觀卒開元七年七月廿二日，春秋八十二。按《姓纂》卷六太原許氏："唐太僕少卿、貝州刺史許太（文）寶，狀云：許邵之後，因官居太原。"又按《廣記》卷一三七引《太原事迹》云："唐武士彠，太原文水縣人，微時與邑人許文寶以鬻材爲事……及士彠貴達，文寶依之，位終刺史。"當即此人。

李　琛　　武德二、三年（619、620）

　　《舊書》本傳："〔突厥始畢可汗〕遣骨咄禄特勤隨琛貢方物，高祖大悅，拜刑部侍郎，進爵爲王。歷蒲、絳二州總管。及宋金剛陷澮州，時稽胡多叛，轉琛爲隰州總管以鎮之。"《新書》本傳略同。又見《元龜》卷二八一。按武德二年琛爲蒲州總管。

羅士信　　武德四年（621）

　　《舊書》本傳："〔王〕世充平，擢授絳州總管，封郯國公。尋從太宗

擊劉黑闥於河北，有洛水人以城來降，遣士信入城據守……城陷，爲
賊所擒……遂遇害，年二十。"《新書》本傳略同。又見《元龜》卷四二
五。按武德四年五月，王世充平；七月，竇建德餘黨劉黑闥據漳南反，
十二月丁卯，命秦王、齊王討劉黑闥，見《舊書・高祖紀》。

楊林甫　　武德中

《新書》本傳："爲柳城太守，高祖軍興，遣其子琼招之，挈郡以來，
授檢校總管。足疾不能造朝，帝以絳州寒涼，拜刺史。累封宜春郡
公。"《全文》卷二六七嚴識元《潭州都督楊志本碑》："大父林甫……皇
朝營州總管、絳州刺史。"

薛世良　　貞觀二年（628）

《舊書・太宗紀上》：貞觀二年"七月戊申詔：'萊州刺史牛方裕、
絳州刺史薛世良……除名配流嶺表'"。又見《新書・太宗紀》，《元
龜》卷一五二，《通鑑・貞觀二年》七月。

薛懷昱　　約貞觀中

北圖藏拓片《大唐故萬泉縣主薛氏墓誌銘并序》（盧藏用撰，景雲
元年十一月廿五日）："曾祖懷昱，司衛卿，絳、衛二州刺史。"縣主卒景
雲八月二十一日，年廿四。按《新表三下》薛氏西祖房："懷昱，饒州
刺史。"

李元軌　　貞觀十年—十六年（636—642）

《舊書》本傳："〔貞觀〕十年，改封霍王，授絳州刺史，尋轉徐州刺
史。"又《李元景傳》："〔貞觀〕十一年，定制元景等爲代襲刺史……絳
州刺史霍王元軌……其所任刺史，咸令子孫代代承襲。"《新書》本傳、
《李元景傳》略同。又見《元龜》卷二八一，《會要》卷五，《全文》卷六太
宗《荆王元景等子孫代襲刺史詔》。《會要》卷四六作貞觀十一年六月
六日。《元龜》卷二六八："唐太宗貞觀十一年十一月丁亥……絳州刺
史霍王元軌……並來朝。"十六年十一月癸丑朔，"絳州刺史霍王元

軌……來朝”。

李元禮　　貞觀十七年—永徽四年（647—653）

《舊書》本傳：“遷徐州都督。十七年，轉絳州刺史，以善政聞，太宗降璽書勞勉，賜以錦彩。二十三年，加實封千戶。永徽四年，加授司徒，兼潞州刺史。”又《高宗紀》：永徽四年二月“己亥，絳州刺史、徐王元禮加授司徒”。《新書》本傳略同。又見《元龜》卷二七七、卷二八一。《元龜》卷二六八：“〔貞觀〕二十二年十月，絳州刺史徐王元禮……來朝。”

李　貞　　約顯慶中

《隋唐五代墓誌匯編·洛陽卷》第六册《大唐故使持節懷州諸軍事懷州刺史上柱國臨都縣開國男京兆韋公（泰真）墓誌銘并序》（垂拱四年一月十三日）：“尋授梁州城固縣丞，轉絳州司户參軍。時蔣王爲梁州都督，越王爲絳州刺史，並降殊禮於公。”泰真卒垂拱三年，春秋六十一。按蔣王惲永徽三年爲梁州都督，則越王李貞約在顯慶中爲絳州刺史。昭陵博物館藏石刻《唐故太子少保豫州刺史越王（貞）墓誌銘》（開元六年正月二十六日）：“歷安、徐、揚三州都督，相州刺史，遷絳州刺史……乃授綿州刺史，又遷豫州刺史。”兩《唐書》本傳未及。按貞永徽四年授安州都督，咸亨中復轉相州刺史，則天臨朝，除豫州刺史。

李崇義　　龍朔中？

《新書·宗室世系表上》蔡王房：“蒲同絳陝幽夏六州刺史、益州長史、譙國公崇義。”乃河間元王李孝恭之子。按崇義永徽中爲同州刺史。

李元懿　　總章中—咸亨四年（?—673）

《舊書》本傳：“總章中，累授絳州刺史……咸亨四年薨。”《新書》本傳略同。又見《元龜》卷二七七、卷二八一。《舊書·高宗紀》：咸亨四年正月“丙辰，絳州刺史、鄭王元懿薨。”又見《通鑑·咸亨四年》正月。《全文》卷九一二洪滿《大唐故贈司徒荊州大都督兗安二州都督鄭絳潞三州刺史上柱國鄭惠王石記》：“王即太武皇帝之拾叁子。往任潞州日，於此山奉爲先聖敬造石舍利塔壹所……都督荊安，惟德是順；出守絳潞，非賢勿居。”又見《金石萃編》卷五八。

楊　琮　　約高宗時

《舊書·楊瑒傳》：“高祖縉，陳中書舍人，以辭學知名。陳亡，始自江左徙關中。祖琮，絳州刺史。”瑒卒開元二十三年後。

孔　禎　　高宗時

《舊書》本傳：“高宗時爲蘇州長史。曹王明爲刺史，不循法度，禎每進諫……明後果坐法，遷於黔中……禎累遷絳州刺史，封武昌縣子。卒。”《新書》本傳：“高宗時，再遷絳州刺史。”《全文》卷二四五李嶠有《爲朝集使絳州刺史孔禎等進大酺詩表》《爲絳州刺史孔禎等上獻食表》。卷二二五張説《孔補闕（季翊）集序》稱：“考禎，絳州刺史。”《會要》卷八〇亦作“禎”，當爲“禎”之訛。又按《嘉定赤城志》卷八：麟德二年刺史孔（仁廟嫌諱）。當即此孔禎。

李靈夔　　弘道元年（683）

《舊書》本傳：“永徽六年，轉隆州刺史，後歷絳滑定等州刺史、太子太師。垂拱元年，授邢州刺史。”又《則天皇后紀》：弘道元年十二月庚午，“絳州刺史、魯王靈夔爲太子太師”。又見《元龜》卷二八一。《新書》本傳稱：“頻歷五州刺史，遷太子太師。”未及州名。按《舊書·李元嘉傳》云：“及天后臨朝攝政，欲順物情，乃進元嘉爲太尉……隆州刺史、魯王靈夔爲太子太師。”此“隆州”疑爲絳（降）州之訛。因“絳州”有時作“降州”，“降”“隆”二字形近。

李素節　　光宅元年（684）

《通鑑·光宅元年》：四月辛酉，“葛王素節爲許王，拜絳州刺史”。兩《唐書》本傳未及。按《舊書·李上金傳》稱：“文明元年，上金封畢王,素節封爲葛王;又改上金封爲澤王、蘇州刺史;素節許王、隆州刺史。"“隆州”疑爲“絳州”之訛。

李元嘉　　垂拱四年(688)

《通鑑·垂拱四年》:"太后潛謀革命,稍除宗室。絳州刺史韓王元嘉……等内不自安,密有匡復之志……〔九月,〕收韓王元嘉、魯王靈夔、黄公譔、常樂公主於東都,迫脅皆自殺。"又見《新書》本傳,《舊書》本傳未及。《寶刻叢編》卷一〇引《京兆金石録》有《唐太尉絳州刺史韓王元嘉碑》。又見《金石補正》卷七三《黄公記》,《隋唐五代墓誌匯編·陝西卷》第一册《嗣韓王李訥誌文并序》(開元十八年六月七日)。

薛象之　　約武后時

《新表三下》薛氏:"象之,絳州刺史。"乃秦府學士元敬之子。

武攸止　　武后時

《新書·武承嗣傳》:"載德終湖州刺史,諡武烈。攸歸歷司屬少卿,至齊州刺史……攸止絳州刺史。三人死武后時,不及削封。"《舊書·外戚傳》未及。

李承業　　約武后時

《姓纂》卷七北海朱虚縣丙氏:"承業,絳州刺史。"乃武后時宰相李道廣之堂弟。《新表二上》隴西李氏丹楊房同。其曾祖丙粲,高祖與之有舊,以姓犯諱,賜姓李氏。

孟　詵(孟説)　　武后時

《山右金石記三》:"《稷山梁慎孝義碑》,長安三年正月……按縣志:梁慎字寶根,天性至孝,授曲周主簿,親殁,結廬墓側,有白鳩醴泉之瑞。刺史孟説奏聞,敕旌其門。"兩《唐書》本傳作“説”,未及絳州,唯稱垂拱間累遷至鳳閣舍人,後不悦於武后,乃因事出爲台州司馬。開元初卒,年九十二。

于知微（于辯機）　　武后末

《姓纂》卷二河南洛陽于氏：“辯機，揚府長史、左庶子，常、絳二州
刺史。”《全文》卷二〇六姚崇《兗州都督于知微碑》：“長安二年，改授
常州刺史……改授絳州刺史……乃除兗州都督。景雲二年，封
（闕）海公。”又見《金石錄五》。《萃編》作“開元七年立”。又按《新表
二下》于氏：“知微字辯機，兗州都督、東海郡公。”

盧　玢　　約神龍中

《新表三上》盧氏：“玢，貝、絳二州刺史。”《芒洛四編》卷五《大唐
故左屯衛將軍盧府君（玢）墓誌銘并序》：“出爲郿州刺史……拜虢州
刺史……累遷貝州刺史、絳州刺史……又徵拜左驍衛將軍，俄除并州
大都督府長史……拜左屯衛將軍、東都留守，兼判左衛及太常卿
事……春秋五十有四，景雲元年十一月廿九日遘疾終於東都官舍。”
《隋唐五代墓誌匯編·洛陽卷》第十一册《唐故朝議郎平原郡長河縣
令盧府君（全貞）墓誌銘并序》（天寶十年十月二十四日）：“父銀青光
禄大夫、虢貝絳州刺史、并州大都督府長史玢。”全貞卒天寶五載，春
秋六十。《千唐誌·大中大夫使持節房州□□□□州刺史盧府君（全
操）誌銘并序》（開元二十三年九月十八日）：“父玢，皇銀青光禄大夫、
使持節虢貝絳三州刺史、并州長史、左屯衛將軍。”又見《唐故兗州鄒
縣尉盧府君（仲容）墓誌銘并序》（乾元二年二月十二日）。【補遺】《唐
代墓誌匯編·唐故朝議郎平原郡長河縣令盧府君（全貞）墓誌銘並
序》（天寶十載十月廿四日）：“祖銀青光禄大夫、尚書左右丞、雍洛州
長史承業；父銀青光禄大夫、虢貝絳州刺史、并州大都督府長史
玢。……公即絳州先府君之第四子也。”

源匡度　　中宗時？

《隋唐五代墓誌匯編·洛陽卷》第十二册《參軍源府君銘志并序》
（貞元十八年十一月十九日）：“曾祖匡度，皇銀青光禄大夫、黃州刺
史、絳州刺史。”源君卒貞元十五年，享年六十七。

成大琬(成珏) 景龍二年—三年(708—709)

《會要》卷四八:"〔景龍〕三年正月二十七日,宴侍臣近親於梨園,因問以時政得失,絳州刺史成珏對曰……"《元龜》卷五三二:"成大琬爲絳州刺史,景龍中宴侍臣於梨園亭,因問以時政得失。大琬對曰……"由此知成珏即成大琬。按成大琬先天二年在同州刺史任。

趙彥昭 景龍四年(710)

《舊書·睿宗紀》:景龍四年六月癸卯,"中書侍郎趙彥昭爲絳州刺史"。"戊申,蕭至忠、韋嗣立、趙彥昭、崔湜並停刺史"。又見《新書·睿宗紀》《宰相表上》,《通鑑·景雲元年》六月、七月記載。兩《唐書》本傳未及。

張 錫 景雲元年(710)

《舊書》本傳:"韋庶人臨朝,詔錫與刑部尚書裴談並同中書門下三品。旬日,出爲絳州刺史。累封平原郡公,以年老致仕而卒。"《新書》本傳略同。《新書·宰相表上》:景雲元年七月壬戌,"〔張〕錫貶絳州刺史"。《新書·睿宗紀》、《通鑑·景雲元年》七月同。

徐 堅 先天元年(712)

《舊書》本傳:"堅妻即侍中岑羲之妹……及羲誅,堅竟免深累,出爲絳州刺史,五轉復入爲祕書監。開元十三年,再遷左散騎常侍。"《新書》本傳略同。《全文》卷二九一張九齡《大唐故光禄大夫右散騎常侍集賢院學士東海徐文公(堅)神道碑銘并序》:"以親累出爲絳州,歷永、蘄、棣、衢四郡……遷祕書監。"按岑羲先天元年坐預太平公主謀逆伏誅,徐堅出刺絳州當在是年。

李朝隱 約開元元年(約713)

《舊書》本傳:"七遷絳州刺史,兼知吏部選事。開元二年,遷吏部侍郎。"《新書》本傳:"出通州都督,徙絳州刺史。開元初,遷吏部侍郎。"

李　範　　開元二年（714）

《舊書》本傳：“開元初，拜太子少師，帶本官，歷絳、鄭、岐三州刺史。八年，遷太子太傅。”《新書》本傳未及。《通鑑·開元二年》：七月“乙卯，以岐王範兼絳州刺史”。按開元六年正月，岐王範兼鄭州刺史，十二月爲岐州刺史。

李　湛　　開元初

《新書》本傳：“〔武〕三思惡之，貶果州刺史。歷洺、絳二州，累遷左領軍大將軍。開元十年卒。”《舊書》本傳未及。

李　撝　　開元六年—八年（718—720）

《舊書·玄宗紀上》：開元六年十二月，“申王撝爲絳州刺史”。本傳：“開元二年，帶司徒兼幽州刺史……歷鄧、虢、絳三州刺史。八年，因入朝，停刺史，依舊爲司徒。”《新書》本傳未及。《大詔令集》卷三五《邠王守禮等兼晉州刺史制》：“司徒兼虢州刺史、上柱國申王撝……可使持節絳州諸軍事絳州刺史……開元元年十二月。”按“元年”疑爲“六年”之訛。又卷三八《封懷寧郡王制》：“司徒兼絳州刺史、上柱國、申王撝……可封懷寧郡王……開元七年正月。”又見《全文》卷二二，《元龜》卷二八四。

韓思復　　約開元九、十年（約 721、722）

《舊書》本傳：“開元初，爲諫議大夫。時山東蝗蟲大起，姚崇爲中書令，奏遣使分往河南、河北諸道殺蝗蟲而埋之。思復以爲蝗蟲是天災，當修德以禳之……思復遂爲崇所擠，出爲德州刺史，轉絳州刺史。入爲黃門侍郎。”《新書》本傳未及。按山東蝗蟲大起事在開元四年，思復當於是年後爲德州刺史；約九、十年間轉絳州刺史。

宋宣遠　　約開元中

《廣記》卷一四八引《定命録》：“明皇在府之日，與絳州刺史宋宣遠兄惲有舊，及登極之後，常憶之。”按《姓纂》卷八樂陵宋氏有宋宣遠。又按兩《唐書·崔沔傳》稱：監察御史宋宣遠恃盧慎之親，頗犯法，御史中丞崔沔舉劾之。《郎官柱》左司員外有宋宣遠，在柳澤後，張説前。

蕭仲豫　　約開元中

《新表一下》蕭氏齊梁房：“仲豫，絳州刺史。”乃玄宗時宰相蕭嵩之兄。

盧從愿　　約開元十九年（約 731）

《舊書》本傳：“〔開元〕十六年，東都留守。時坐子起居郎諭糴米入官有剩利，爲憲司所糾，出爲絳州刺史，再遷太子賓客。二十年，河北穀貴，敕從愿爲宣撫處置使。”又見《元龜》卷九二五。《新書》本傳作“〔開元〕十八年，復爲東都留守……貶絳州刺史”。

宋　遥　　約開元二十一年（約 733）

《千唐誌·唐故上黨郡大都督府長史宋公（遥）墓誌銘并序》（天寶七載正月十一日）：“擢監察御史、殿中侍御史、侍御史内供奉，遷司勳員外郎、度支郎中，拜中書舍人，除御史中丞……户部、禮部、吏部、再户部四侍郎，左丞，出博平、滎陽、絳、魏、陳留、襄陽，貶武當七郡太守，河北、河南、山南三採訪，上黨郡大都督府長史。”天寶六載二月五日終上黨，年六十五。按開元二十三年在魏刺任；李元紘爲相，引爲中書舍人，見《元龜》卷一六二；天寶二年自吏侍貶武當太守。《姓纂》卷八扶風宋氏有“遥，禮、户、吏侍郎，左丞，魏、汴州刺史”。

裴仙先　　開元二十七年（739）

《全文》卷三〇九孫逖《授裴寬爲河南尹裴仙先蒲州刺史制》：“使持節絳州諸軍事絳州刺史、上柱國、翼城縣開國伯裴仙先……可使持節蒲州諸軍事蒲州刺史。”按裴寬開元二十七年爲河南尹，是制當作於其時。【補遺】《唐研究》第五卷（1999 年版）《西安新發現唐裴仙先墓誌考述》引《故銀青光禄大夫、守工部尚書、上柱國、翼城縣開國公贈江陵郡大都督裴府君（伷先）墓誌銘並序》（天寶三載閏二月八日）：
“拜右驍衛將軍，尋改定州刺史，遷京兆尹。……轉太僕卿、右金吾大
將軍、太府卿，進爵爲子。時上怒褚師，公固爭無罪，由是忤旨，出爲
絳州刺史，改蒲州刺史，進爵爲伯。俄遷太原尹，兼河東道節度等副
使，使停，即授本道采訪處置使。……遷工部尚書，東京留守，兼判省
事。……詔賜考，進爵爲公，徵還知京官考使。……以天寶二載九月
廿二日薨於永寧里第，春秋八十。”

嚴挺之　　開元二十九年—天寶元年（741—742）

《舊書》本傳：“〔開元〕二十九年，移絳郡太守……〔天寶元年李〕
林甫奏授員外詹事，便令東京養疾。”《齊澣傳》及《新書》本傳略同。
又見《通鑑·天寶元年》三月。《全文》卷二八〇嚴挺之《自撰墓誌》：
“天寶元年，嚴挺之自絳郡太守抗疏陳乞，天恩允請，許養疾歸閑，兼
授太子詹事。”

源光乘　　天寶元年（742）

《千唐誌·唐故通議大夫守太子詹事上柱國源府君（光乘）墓誌
銘并序》（天寶六載二月癸酉）：“天寶改元，官號復古，除絳郡太守、馮
翊太守……入拜太子詹事。”天寶五載二月卒，年七十七。

鄭　嚴　　天寶中

《舊書·李憕傳》：“鄭嚴，天寶中仕至絳郡太守，入爲少府監，田
産亞於憕。”

臧方直　　天寶中

《隋唐五代墓誌匯編·洛陽卷》第十三册《唐故河東節度兵馬使
同節度副使特進試太子賓客奉天定難功臣試太常卿臧府君（昌裔）墓
誌銘并序》（元和十年八月二十二日）：“皇祖諱方直，絳州刺史，安北
都護、鎮北軍使。”

馬　某　　天寶十四載(755)

《全詩》卷二一二高適《同馬太守聽九思法師講金剛經》：“吾師晉
陽寶”，點明聽經之地在河東。周勳初《高適年譜》繫此詩於天寶十四
載末高適任絳郡長史任内。

高武光　　至德中

《全文》卷四四四盧虔《御史中丞晉州刺史高公(武光)神道碑》：
“賊遂黜公出典故絳，絳人聞公之至也，公來其蘇……及王師大來，公
志克遂，墜城歸命……入朝，肅宗詔復位羽林。”

韋　陟　　乾元元年—二年(758—759)

《舊書》本傳：“罷陟御史大夫，顔真卿代，授吏部尚書……因宗人
伐墓柏，坐不能禁，出爲絳州刺史。乾元二年，入爲太常卿。”《新書》
本傳略同。又見《元龜》卷九二五。《山右金石記十》有《唐絳州刺史
郇國公韋陟遺愛碑》。

吕　呆　　乾元二年(759)

《李太白文集》卷一六有《洞庭醉後送絳州吕使君呆流澧州》詩，
當爲李白於乾元二年流放遇赦歸來重遊洞庭時作。

蘇　震　　乾元二年(759)

《新書》本傳：“九節度兵敗相州，震與留守崔圓奔襄、鄧，貶濟王
府長史。起爲絳州刺史，進户部侍郎，判度支，爲泰陵、建陵鹵簿使。”

李國貞(李若幽)　　上元二年—寶應元年(761—762)

《舊書·肅宗紀》：上元二年八月“辛巳，以殿中監李若幽爲户部
尚書，充朔方鎮西北庭陳鄭等州節度使，鎮絳州，賜名國貞”。《通
鑑·寶應元年》：建卯月“乙丑，〔王〕元振帥其徒作亂，燒牙城門。國
貞逃於獄，元振執之……遂拔刃殺之”。又見兩《唐書》本傳，《全文》
卷五〇一權德輿《唐故通議大夫守户部尚書兼御史大夫持節充朔方
鎮西北庭興平陳鄭等州行營兵馬及河中節度都統處置使兼管内觀察

使權知絳州刺史李公（國貞）神道碑銘并序》。

僕固懷恩　　寶應元年（762）

《通鑑·寶應元年》：十月，“加朔方節度使僕固懷恩同平章事，兼絳州刺史，領諸軍節度行營以副〔李〕適”。《元龜》卷七八：“代宗初，僕固懷恩爲工部尚書。帝思清河隴……又改靈州大都護，充朔方行營節度使，封大寧郡王，兼絳州刺史。”

高武光　　寶應元年（762）

《全文》卷四四四盧虔《御史中丞晉州刺史高公（武光）神道碑》：“寶應初，以今上之命，命公救濯於絳，加銀青光禄大夫。絳人喜公之來，如見父母。”

李栖筠　　約廣德中

《新書》本傳：“李光弼守河陽，高其才，引爲行軍司馬，兼糧料使。改絳州刺史，擢遷給事中。”《金石録》卷八：“《唐絳州刺史李公德政碑》，崔巨撰，劉鈞八分書，大曆二年二月。”《山右金石記四》引作“《絳州刺史李栖筠德政頌》，大曆二年，崔臣撰，劉鈞八分書，舊在絳州”。

崔　睦　　約大曆中

《新表二下》南祖崔氏：“睦，絳州刺史。”乃司刑卿神慶之孫，太子少保琳之子。按崔琳開元十三年在蒲州刺史任。

李　萱　　約大曆中

《新表二上》趙郡李氏西祖房：“萱，絳州刺史。”《千唐誌·唐故朝散郎行河中府虞鄉縣尉李公墓誌銘并序》（大和九年正月十五日）：“大和六年壬子十月十五日甲戌，朝散郎、行河中府虞鄉縣尉李府君啓手足於京兆府鄠縣之别業，享年七十有一……〔其先〕杭州刺史自挹，自挹生華原縣丞全素，全素生絳州刺史萱……絳州府君娶司空兼右相楊公國忠第六女，公即絳州之元子、司空之外孫也。”

李　勛　　約大曆中

《新書・宗室世系表上》大鄭王房："絳州刺史、祕書監勛。"《全文》卷五四二令狐楚《爲人作奏貶晉陽縣主簿姜銖狀》："臣劉氏堂外生即故硤州刺史伯華嫡孫，左補闕某第三女，是臣亡叔庶子絳州刺史勛外孫。"按其兄遵卒大曆二年，見《全文》卷三九一獨孤及《唐故特進太子少保鄭國李公（遵）墓誌銘》。祖瑜約武后末爲鄭州刺史。勛爲絳刺約在大曆中。又按令狐楚《狀》乃貞元十一年至十六年在太原幕爲節度使李説作，李説乃勛姪。

裴依訓　　約代宗、德宗間

《新表一上》洗馬裴氏："依訓，絳州刺史。"乃金部郎中、恒王傅季通之子。按恒王瑱乃玄宗子，從帝幸蜀，代宗時薨。又按開元二十四年季通爲馮翊尉，見權倕刻石記。則季通乃玄宗、肅宗時人，其子約仕代宗、德宗時。

王克同　　興元元年（784）

《舊書・馬燧傳》：興元元年"九月十五日，燧帥步騎三萬次於絳……燧以兵攻絳州。十月，拔其外城，其夜僞刺史王克同與大將達奚小進棄城走"。又見《御覽》卷二九六。《全文》卷五〇七權德輿《司徒兼侍中上柱國北平郡王贈太傅馬公（燧）行狀》："與諸軍同討河中，九月既望，師及於絳，僞刺史王克同棄城而遁。"

鄭叔規　　約貞元初

《芒洛補遺・唐故邵州鄭使君墓誌》："使君貞元辛未年生，大中景子年歿……使君之曾王父……諱老萊。王□（父）以健筆奇畫，意氣名節，交馬北平燧……亦刺絳州，諱叔規。列考曾繼伯父留守……歷漳、邵、□、夔、淄五州，諱紳。"

龐　瞀　　貞元八年？（792？）

《嘉泰吳興志》卷一四郡守題名："龐瞀，貞元七年自倉部郎中授；

遷絳州刺史。"《統記》作"三年"。

姚齊梧　　貞元十一年(795)

《舊書・德宗紀下》：貞元十一年六月"癸丑，以絳州刺史姚齊梧爲晉慈隰都防禦使"。

韋　武　　貞元十五年前(799前)

《新書》本傳："德宗幸梁州，委妻子奔行在，除殿中侍御史……轉刑部員外郎……後爲絳州刺史，鑿汾水灌田萬三千餘頃，璽書勞勉。憲宗時，入爲京兆尹。"《唐文拾遺》卷二七吕温《唐故銀青光禄大夫京兆尹兼御史大夫京兆韋公(武)神道碑銘并序》："遷京兆少尹……出爲絳州刺史……遷晉慈隰等州都防禦觀察處置等使、晉州刺史。"據碑，韋武在晉州六年。又按貞元八年正月在京兆少尹任，見《舊書・禮儀志六》。元和元年五月爲京兆尹，則其爲絳州刺史當在貞元十五年前。

【楊於陵　　約貞元十九年(約803)(未之任)】

《舊書》本傳："遷右司郎中，改京兆少尹。出爲絳州刺史。德宗雅聞其名，將辭赴郡，詔留之，拜中書舍人。時李實爲京兆尹。"《新書》本傳略同。又見《元龜》卷五五○。《全文》卷六三九李翱《唐故金紫光禄大夫尚書右僕射致仕楊公(於陵)墓誌銘》："出爲絳州刺史，有言公弗當居外者。德宗召見，遂以爲中書舍人。其年知吏部選事，時京兆尹李實有寵。"按李實貞元十九年爲京兆尹，二十一年貶。

裴　某　　約貞元十九年(約803)

《全文》卷四九○權德輿《韋賓客宅宴集詩序》："太子賓客韋兄……優詔得請，致仕就第……中外族屬，嘗僚貴仕，以觴酒祝延，發禮修賀者多矣……外有……絳、郴、和三郡守裴君、李君、□□。"此文約作於貞元十九年。

馮 某　　約元和二年（約 807）

《全詩》卷三二一權德輿有《酬馮絳州早秋絳臺感懷見寄》詩。據友人陶敏考證，權氏此詩以“四皓”自喻，約元和二年在太子賓客任時所作。

張 圓　　元和四年前（809 前）

《韓昌黎集》卷二五《唐河中府法曹張君墓碣銘》：“妻張圓之妻劉也……君字直之……署河東從事。絳州闕刺史，攝絳州事，能聞朝廷。元和四年秋，有事適東方，既還，八月壬辰死於汴城西雙丘。”

李 脩（李修）　　元和七年（812）

《舊書》本傳：“元和已來驟階仕進。以恩澤至坊州、絳州刺史……粗有政能。上以爲才。召拜司農卿，遷京兆尹。十年，莊憲太后崩，脩爲山陵橋道置屯使。”《新書》本傳略同。《元龜》卷六九七作“李修”。《廣記》卷四二二引《宣室志》：“唐浙西觀察使李修，元和七年爲絳郡守。”

鄭 敬　　元和十年（815）

《千唐誌‧唐故朝散大夫絳州刺史鄭公（敬）墓誌銘并序》（元和十一年二月十三日）：“有唐元和十祀歲次乙未十有一月戊辰朔八日乙亥，朝散大夫、使持節絳州諸軍事守絳州刺史、上柱國、賜紫金魚袋鄭公薨於位……〔公〕入爲京兆少尹，時貝、魏新喪元帥……出爲絳州刺史。”又見《唐故右金吾衛倉曹參軍鄭府君（魯）墓誌銘并序》。

李 憲　　元和十年（815）

《舊書》本傳：“元和八年，田弘正以魏博奉朝旨，辟憲爲從事，授衛州刺史，遷絳州，所至以理行稱。入爲宗正少卿，遷光祿卿。”《新書》本傳略同。又見《元龜》卷六九〇。《太平寰宇記》卷四六解州聞喜縣：“至〔元和〕十年，刺史李憲奏復置縣於桐鄉故城，即今理也。”

盧常師 元和十二年(817)

《全文》卷四九七權德輿《唐故劍南東川節度副大使知節度事持節梓州諸軍事守梓州刺史兼御史大夫護軍盧公(坦)神道碑銘》："〔公〕元和十二年秋九月薨於位,其年六十九……母弟前絳州刺史常師,以器望歷中外,以友愛重人倫。"按《廣記》卷一五一引《逸史》稱祕書少監盧常師。《新表三上》盧氏："常師,光禄少卿。"

劉元鼎 元和末

北圖藏拓片《唐故太原府參軍苗府君夫人河内縣太君玄堂誌銘并序》(會昌元年七月廿九日)："生子男三人,曰愔、曰惲、曰恪……故先擇今丞相司徒公隴西牛僧孺之長女爲愔娶,復選故絳守河間劉元鼎之次女爲惲妻。"按劉元鼎元和十三年在蔡州刺史任。【補遺】《洛陽新獲墓誌116・唐故朝請大夫守衛尉卿柱國分司東都賜紫金魚袋劉公(略)墓誌銘并序》(咸通九年閏十二月一日)："少師生我先公尚書諱元鼎……歷官大理卿兼御史大夫,慈、蔡、壽、絳四郡,贈兵部尚書。……貞元十七年生公於潞尚書公從事之府也。……咸通九年十月十八日薨於永通門外別墅。享年六十有九。"

盧元輔 約元和末

《舊書》本傳:"歷杭、常、絳三州刺史。以課最高,徵爲吏部郎中。"《新書》本傳略同。又見《元龜》卷六八四。按元輔元和十年在杭州刺史任。寶曆元年閏七月自給事中爲工部侍郎,見《舊書・敬宗紀》。《全詩》卷三三三楊巨源有《送絳州盧使君》,疑即盧元輔。

崔弘禮 長慶元年—二年(821—822)

《舊書》本傳:長慶元年,"復加弘禮檢校左散騎常侍,充幽州盧龍軍節度副使。未及境,幽、鎮兵亂,改爲絳州刺史。明年,汴州李齐反,急詔追弘禮爲河南尹、兼御史大夫、東都畿汝都防禦副使"。《穆宗紀》:長慶二年"八月己未朔,以絳州刺史崔弘禮爲河南尹,兼東畿防禦副使"。《新書》本傳略同。又見《元龜》卷四六九。《千唐誌・唐

故東都留守東都畿汝州都防禦使銀青光禄大夫檢校尚書左僕射判東
都尚書省事兼御史大夫崔公(弘禮)墓誌銘并序》(大和五年四月二十
八日)："改拜絳州……長慶二祀,特遷河南尹兼大夫。"

樊宗師　　長慶三年(823)

《新書》本傳："歷金部郎中、綿州刺史。徙絳州,治有迹。進諫議
大夫,未拜卒。"《全文》卷七三〇樊宗師《絳守居園池記》："長慶三年
五月十七日記。"又見《金石録》卷二九,《山右金石記五》。《韓昌黎
集》卷三四《南陽樊紹述墓誌銘》："嘗以金部郎中告哀南方,還言某師
不治,罷之,以此出爲綿州刺史,一年徵拜左司郎中,又出刺絳州……
紹述諱宗師。"《白居易集》卷二一《花前嘆》詩："樊李吳韋盡成土。"自
注："樊絳州宗師。"

賈直言　　大和初

《御覽》卷四一四引《續定命録》："賈直言……大和初,授絳郡太
守……除壽春,竟終天年。"兩《唐書》本傳未及,《全詩》卷五七四賈島
《頌德上賈常侍》："分符絳郡滯長材。"疑即直言。

裴　銳　　大和三年(829)

《新表一上》東眷裴氏："銳,絳州刺史。"《會要》卷三九："太和四
年十二月,刑部員外郎張諷、大理少卿崔玘等奏議親議貴奏事,其一
議親曰……近者絳州刺史裴銳,所犯贓罪至深,陛下以太皇太后之
親,下尚書省集議。"

于季友　　開成中?

《新表二下》于氏："季友,絳、宋等州刺史,駙馬都尉。"乃憲宗時
宰相于頔之子。按季友尚憲宗女普寧公主,見《會要》卷六;元和八年
初爲殿中少監,見《舊紀》。大和六年至八年爲明州刺史。

皇甫曙　　開成五年(840)

《白居易集》卷三五有《皇甫郎中親家翁赴任絳州宴送出城贈別》

詩。朱金城《白居易年譜》謂"皇甫郎中"爲皇甫曙。曙大和九年爲澤州刺史。又據《閑吟贈皇甫郎中親家翁》（卷三四）、《早春持齋答皇甫十見贈》（卷三四）等詩及劉禹錫《送河南皇甫少尹赴絳州》詩,謂曙開成二年左右自澤州刺史遷河南少尹,開成五年春又自河南少尹遷絳州刺史。【補遺】《洛陽新獲墓誌112·唐故朝議郎使持節撫州諸軍事守撫州刺史柱國皇甫公（煒）墓誌銘並序》（咸通六年七月三十日）:"皇朝齊州刺史諱胤,公之曾大父也。齊州生蜀州刺史諱徹,永泰初登進士科,首冠群彦,由尚書郎出爲蜀郡守。文學政事爲時表儀。蜀州生汝州刺史贈尚書右丞諱曙……五典劇郡。……公即右丞第三子也。諱煒,字重光。……（大中）六年,丁右丞府君憂。……今岐相司徒公之總邦計也,奏充主客員外郎……無何出爲撫州刺史。……咸通六年十月二十二日捐館於撫州官舍,享年五十三。"

李　褒　　約會昌二年（約 842）

《樊南文集》卷三《爲絳郡公上崔相公啓》:"若某者實有何能,可叨出牧? 絳田已非厥任,滎波轉過其材。"又《爲舍人絳郡公上李相公啓》稱"周旋二郡",又稱"舍人以會昌二年出守"。按"舍人絳郡公"即李褒。又按褒約會昌四年在鄭刺任,刺絳當在此前。

夏侯孜　　約大中三、四年（約 849、850）

《舊書》本傳:"寶曆二年登進士第,釋褐諸侯府,累遷婺、絳二州刺史。入爲諫議大夫,轉給事中。〔大中〕十年,改刑部侍郎。"《新書》本傳:"累遷婺、絳二州刺史。縣兵部侍郎、諸道鹽鐵轉運使爲同中書門下平章事,仍領鹽鐵。懿宗立,進門下侍郎、譙郡侯。"《英華》卷四四九《玉堂遺範·夏侯孜拜相制》:"東陽故絳,惠愛洽聞。洎甘棠政成,會府徵命,兼領臺轄之任,再居邦憲之尊……可尚書左僕射、同中書門下平章事。"吳氏《方鎮年表》據此證其大中五至七年爲陝虢,則其刺絳約在大中三、四年。《隋唐五代墓誌匯編·江蘇卷·唐故朝散大夫檢校尚書比部郎中兼侍御史知度支陝西院事令狐府君（統）墓誌銘并序》（咸通八年八月六日）:"丞相夏侯公理故絳,舉君所行以勉屬邑。"紞卒咸通八年,年四十七。

李 暨 約大中五、六年(約 851、852)

《全文》卷七四八杜牧有《李暨除絳州刺史魏中庸除亳州刺史曹慶除威遠營使等制》。又卷八二七韋承造《釋武豹門記》:"故大光禄李公暨前牧是邦……乾符二年四月六日絳州刺史韋承造記。"

狄惟謙 約大中時

《劇談録》卷上:"會昌中,北都晉陽縣令狄惟謙,梁公之後,守官清恪,有蒲密之致,俄有詔書褒獎,賜錢五十萬,寵賜章服,爲絳、隰二州刺史。所理咸有政聲。"又見《唐語林》卷二。

鄭茂休(鄭茂諶) 咸通初?

《舊書》本傳:"茂諶避國諱改茂休,開成二年登進士第,四遷太常博士、兵部員外郎、吏部郎中、絳州刺史,位終祕書監。"按其父澣,開成四年正月卒於興元尹任,年六十四。

源 重 約咸通五年(約 864)

《嘉泰吳興志》卷一四郡守題名:"源重,咸通三年九月自司勳員外郎授;除絳州刺史。"《郎官柱》司勳員外有源重,在苗紳後,薛廷望前。

張温其 咸通中?

《新表二下》始興張氏:"温其,絳州刺史。"《隋唐五代墓誌匯編·洛陽卷》第十四册《大唐故天平軍節度副大使知節度事鄆曹濮等州觀察處置等使持節鄆州諸軍事兼鄆州刺史楊公(漢公)夫人韋氏墓誌銘并序》(中和三年十一月二十一日):"孤子篆泣血撰奉……一姊適故絳州刺史張温其,嫡節可尚。"夫人卒廣明二年五月二十一日,享年七十二。

楊　損　　咸通十二年前（871 前）

《舊書》本傳：“入爲吏部員外，出爲絳州刺史。路巖罷相，徵拜給
事中，遷京兆尹。”《新書》本傳略同。按路巖咸通十二年四月罷相，見
《新書·宰相表下》。

裴德符　　咸通十二年（871）

《嘉泰吳興志》卷一四郡守題名：“裴德符，咸通十二年七月自絳
州刺史授；遷太常少卿。”《隋唐五代墓誌匯編·陝西卷》第四册《唐故
湖州軍事衙推鄉貢進士田公墓誌銘并序》（咸通十二年十一月二十五
日裴岐撰）：“余伯父絳臺剖竹，公從事於兹。而才□可嘉，又縻公於
雪水。”證知裴德符於咸通十二年由絳州移湖州。

楊知遠　　咸通時？

《新表一下》楊氏越公房：“知遠字明之，絳州刺史。”乃楊汝士之
子。其兄知温，大中十二年拜中書舍人，十四年拜工部侍郎，咸通中
歷河南尹、陝虢觀察、吏部侍郎。

韋承造　　咸通十五年—乾符二年（874—875）

《全文》卷八二七韋承造《釋武豹門記》：“愚咸通甲午歲（十五
年）孟春月十有七日奉天子詔來牧兹郡之人……時乾符二年四月六
日絳州刺史韋承造記。”

鄭　畋　　乾符中

《新書》本傳：“僖宗立，内徙郴、絳二州，以散騎常侍召還。”《舊
書》本傳未及。

瞿　積（瞿正）　　中和元年（881）

《通鑑·中和元年》：二月，“〔陳景思〕入援京師。至絳州，將濟
河；絳州刺史瞿積，亦沙陀也，謂〔陳〕景思曰：‘賊勢方盛，未可輕
進。’”《舊五代史·唐武皇紀上》作“瞿正”；《元龜》卷七作“瞿積”，

"積"殆"積"之訛。《通志》卷二九《氏族五》瞿氏："唐絳州刺史瞿積，望出高平松陽。"

唐彥謙　　中和二年—三年（882—883）

《舊書》本傳："中和中，王重榮鎮河中，辟爲從事。累奏至河中節度副使，歷晉、絳二州刺史……光啓末，王重榮爲部下所害，朝議責參佐，彥謙與書記李巨川俱貶漢中掾曹。"《新書》本傳略同。《新表四下》唐氏："彥謙字茂業，河中、興元節度副使，晉、絳、閬、壁四州刺史。"又見《唐文拾遺》卷三三鄭貽《鹿門詩集叙》，《唐詩紀事》卷六八，《唐才子傳》卷九，《郡齋讀書志四中》。按《舊書・鄭從讜傳》：中和三年"五月十五日，從讜離太原……行次絳州，唐彥謙爲刺史，留駐數月"。證知中和三年在任。熊飛云，彥謙有《初秋到慈州冬首換絳牧》："秋杪方攀玉樹枝，隔年無計待春暉。自嫌暫作仙城守，不逐鶯來共雁飛。"（《全唐詩》卷六七二）據此詩，彥謙至遲在中和二年（882）十月就已出任絳州刺史，三年底前還在絳州。

王友遇　　文德元年（888）

《通鑑・文德元年》：二月，"〔李罕之〕悉其衆攻絳州，絳州刺史王友遇降之"。又見《舊五代史・李罕之傳》。

張行恭　　大順元年（890）

《通鑑・大順元年》："〔李〕存孝引兵攻絳州。十一月，刺史張行恭棄城走。"又見《舊五代史・李存孝傳》，《元龜》卷三四七。

鄭　某　　景福中？

《全詩》卷六九八韋莊《絳州過夏留獻鄭尚書》："朝朝沉醉引金船。"又卷七○五黃滔《絳州鄭尚書》："旌旗日日展東風，雲稼連山雪刃空。剖符已知垂鳳食，摘珠何必到龍宮。"夏承燾《唐宋詞人年譜・韋端己（莊）年譜》昭宗景福二年（893）下引韋莊此詩，謂"尚書"即鄭延昌，然延昌時官尚書左僕射，應稱"僕射"，既稱尚書，當非延昌。按韋莊詩題中稱"過夏",可知其時韋莊進士考試落第。"退而肄業,謂之過夏"(《唐國史補》卷下)。

王　瑶　　乾寧元年—二年(894—895)

《舊書·昭宗紀》:乾寧二年"二月己丑朔,王重盈子陝州節度使珙、絳州刺史瑶舉兵討王珂"。又《王珂傳》:"乾寧初,重盈卒,軍府推〔河中〕行軍司馬王珂爲留後。重盈子珙時爲陝帥,瑶爲絳州刺史……由是爭爲蒲帥。〔明年五月,〕珙、瑶連兵攻河中,李克用怒,出師討三鎮。瑶、珙兵退,克用拔絳州,斬瑶。"《新書·昭宗紀》:乾寧二年五月,"李克用陷絳州,刺史王瑶死之"。又見《王重榮傳》《沙陀傳》,兩《五代史·王珂傳》,《元龜》卷九四三,《舊五代史·唐武皇紀下》,《新五代史·唐莊宗紀上》,《通鑑·乾寧二年》六月。《元龜》作"乾寧三年六月",誤。

陶建釗　　天復元年前(901 前)

《舊書·昭宗紀》:天復元年正月,"〔朱〕全忠令大將張存敬率兵三萬,由含山襲河中王珂。晉州刺史張漢瑜、絳州刺史陶建〔釗〕不意賊至,城守無備,皆以郡降"。兩《唐書·王珂傳》、《舊五代史·張存敬傳》、《通鑑·天復元年》正月同,皆作"陶建釗";《元龜》卷三八六作"陶建劉"。

何　絪　　天復元年(901)

《通鑑·天復元年》:正月,"〔朱〕全忠遣其將侯言守晉州,何絪守絳州"。又見《舊五代史·梁太祖紀二》,《元龜》卷一八七。按《舊書·王珂傳》謂:天復元年正月,"〔朱〕温令別將何絪守晉州"。誤。

張歸厚　　天復二年—三年(902—903)

《舊五代史》本傳:"天復元年冬,真拜洺州刺史……尋授絳州刺史。三年秋,改晉州刺史。"《新五代史》本傳:"歷洺、晉、絳三州刺史,與晉人屢戰未嘗屈。"

待考録

獨孤先

《姓纂》卷一〇獨孤氏（岑仲勉補）：“先，絳州刺史。”乃朗州刺史志儉之姪，洛州長史暎之孫。

吉　琰

《姓纂》卷一〇馮翊吉氏：“〔梁吉士〕瞻元孫琰，唐絳、華二州刺史。”

李　憲（李成器）

《元龜》卷四八五：“宋王成器爲絳州刺史，獻馬、牛、羊等助軍。”兩《唐書》本傳皆未及，未知《元龜》誤否。

薛　記

《新表三下》薛氏：“記，絳州刺史。”乃鄆州刺史思貞弟。

宋守敬

《大唐新語》卷一二：“宋守敬……終於絳州刺史。其任龍門丞，年已五十八。”又見《南部新書》壬。

崔　某

《全詩》卷八二八貫休《送崔使君》：“況絳之牧，文行炳潔。”

卷八一　晉州(平陽郡)

隋臨汾郡。義旗初改爲平陽郡。武德元年改爲晉州。三年置總管府。後改爲都督府。貞觀六年廢都督府。天寶元年改爲平陽郡。乾元元年復爲晉州。領縣九:霍邑、汾西、趙城、洪洞、岳陽、臨汾、襄陵、神山、冀氏。

賀若孝義　　武德三年(620)

《全文》卷九三三杜光庭《歷代崇道記》:"武德元年……天下大定……善行乃告晉州刺史賀君孝義,孝義遂將善行見秦王。"按"賀君"乃"賀若"之誤。《姓纂》卷九河南洛陽賀蘭(若)氏:"孝義,唐尚書左丞。"又按《全文》卷四一玄宗《慶唐觀紀聖銘并序》稱:"善行以武德三年二月初奉神教……於時太宗爲秦王,討宋金剛,總戎汾、絳,晉州長史賀若孝義以其狀上啓,遂使親信杜昂就山禮謁。"作"長史"。又見《山右石刻六》。《郎官柱》主客郎中有賀若孝義,在裴世清後,唐奉義前。

竇　琮　　約武德四年(約621)

《舊書》本傳:"及從平東都,賞物一千四百段。後以本官檢校晉州總管。尋從隱太子討平劉黑闥,以功封譙國公。"《新書》本傳略同。又見《元龜》卷三八四,《姓纂》卷九河南洛陽竇氏,《新表一下》竇氏三祖房。《新書·忠義傳上》叙武德功臣有"右屯衛大將軍、檢校晉州都督總管、譙國公竇琮"。

李覲王　　約武德中

《新表二上》趙郡李氏東祖房:"覲王,晉州刺史。"乃隋清池令孝俊之子。按《全文》卷二高祖《平竇建德大赦詔》:"仍令大子左庶子鄭善果爲山東道撫慰大使,考功郎中李覲玉……爲副。"當即此人。"覲玉"當爲"覲王"之誤。

蕭　瑀　　約貞觀四年—五年(約 630—631)

《舊書》本傳:"尋坐與侍中陳叔達於上前忿諍,聲色甚厲,以不敬免。歲餘,授晉州都督。明年,徵授左光禄大夫,兼領御史大夫……罷御史大夫,以爲太子少傅,不復預聞朝政。〔貞觀〕六年,授特進,行太常卿。"《新書》本傳略同。

長孫淇(長孫清)　　貞觀中?

《姓纂》卷七河南洛縣(陽)長孫氏:"清,唐晉州刺史。"乃隋長孫覽之子。岑仲勉《姓纂四校記》云:"同文及竹簡兩本今均作淇。"

李孝恭　　貞觀十一年(637)

《新書》本傳:"歷涼州都督、晉州刺史。貞觀初,爲禮部尚書,改王河間。"《舊書》本傳未及。《大詔令集》卷六、《全文》卷一五〇岑文本《册趙郡王孝恭改封河間郡王》:"維貞觀某年月日甲子,皇帝若曰……惟爾光禄大夫、行晉州刺史、趙郡王孝恭……是用命爾爲使持節觀州諸軍事觀州刺史,改封河間郡王。"按《金石録》卷二三《唐河間元王碑跋》:"以碑考之,自宗正遷禮部尚書,坐事免,尋復舊任,俄授梁州都督,改晉州刺史,與司空〔長孫〕無忌等同時册拜觀州刺史,世世承襲……以梁州爲'涼'者,亦誤也。"《舊書·長孫無忌傳》引貞觀十一年功臣世襲刺史詔:"晉州刺史、趙郡王孝恭可觀州刺史,改封河間郡王。"又見《全文》卷六。

李道宗　　貞觀十三年—十四年(639—640)

《舊書》本傳:"〔貞觀〕十三年,起爲茂州都督,未行,轉晉州刺史。

十四年,復拜禮部尚書。"《新書》本傳略同。又見《元龜》卷二八一。

劉德威　　約永徽初

　　《大唐故贈司徒虢王妃劉氏墓誌銘并序》:"考德威,皇朝太僕、大理卿,同、晉等六州刺史,左驍衛大將軍,刑部尚書,尚平壽縣主,彭城縣公,上柱國,謚曰襄公。"妃上元二年五月十四日卒,春秋四十九(《考古》1977 年第 5 期《唐李鳳墓發掘簡報》)。按兩《唐書》本傳皆稱永徽三年卒同州刺史任,則其刺晉約在永徽初。【補遺】《唐研究》第二卷(1996 年版)《西安新出閻立德之子閻莊墓誌銘》:"夫人劉氏,彭城縣君,皇朝綿幽晉同四州刺史、大理卿、刑部尚書、上柱國、彭城襄公德威之女,工部尚書兼檢校左衛大將軍、上柱國、彭城郡公審禮之妹也。"

李　寬　　永徽二年(651)

　　《新書·地理志三》晉州臨汾縣注:"永徽二年,刺史李寬自東二十五里夏柴堰引滑水溉田。"

徐　玉　　顯慶三年(658)

　　《廣記》卷四三九引《法苑珠林》:"唐顯慶三年,徐玉爲晉州刺史。"

程名振　　約顯慶四年(約 659)

　　《舊書》本傳:"永徽六年,累除營州都督,兼東夷都護……後歷晉、蒲二州刺史。龍朔二年卒。"《新書》本傳略同。按顯慶五年十二月,蒲州刺史程名振爲鏤方道總管,將兵分道擊高麗,見《通鑑》。

李　弼　　乾封二年(667)

　　《舊書·李勣傳》:"〔乾封〕二年,加太子太師……其年寢疾,詔以勣弟晉州刺史弼爲司衛正卿,使得視疾。"《新書·李勣傳》略同。又見《元龜》卷一三三、卷三一九。按《新表五下》高平徐氏北祖上房:

"弼，司衛正卿。"其兄世勣字茂功，相太宗、高宗，改姓李氏。

苑師本　　約高宗、武后間

《芒洛遺文》卷中《唐故正議大夫行袁州別駕上柱國苑府君（玄亮）墓誌銘并序》（天寶元年十一月十九日）："父師本，晉州刺史……公爲師本之第六子也。"開元廿九年三月卒，年七十。

郭正一　　垂拱初

《舊書》本傳："則天臨朝，轉國子祭酒，罷知政事。尋出爲晉州刺史，入爲麟臺監，又檢校陝州刺史。永昌元年，爲酷吏所陷，流配嶺南而死。"《新書》本傳未及。按正一弘道元年十二月癸未罷爲國子祭酒，見《新書·宰相表上》。

鄧玄挺　　垂拱中

《舊書》本傳："則天臨朝，遷吏部侍郎，既不稱職……左遷澧州刺史。在州復以善政聞，遷晉州刺史，召拜麟臺少監，重爲天官侍郎，其失又甚於前……永昌元年得罪，下獄死。"又見《元龜》卷六三八。

楊元琰　　約長壽中

《舊書》本傳："載初中，累遷安南副都護，又歷蘄、蒲、晉、魏、宣、許六州刺史，涼、梁二都督，荆府長史……長安中，張柬之代元琰爲荆府長史。"又見《元龜》卷六七七。

李上義　　約武后時

北圖藏拓片《唐故承務郎行瀛州平舒縣主簿知薊州漁陽縣事隴西李府君（弘亮）墓誌銘并序》（元和十四年二月二十四日）："烈考曰子武，懷州武陟縣丞……武陟府君之父曰真玉……累任至常州無錫縣令。無錫府君之父曰上義，銀青光祿大夫，涇、隴、汾、晉、岐、曹等七州刺史，揚府長史，右庶子，隴西縣開國公。"弘亮卒元和十三年，享年四十四。

張知謇　　約聖曆、大足間

《舊書》本傳："天授後歷房、和、舒、延、德、定、稷、晉、洺、宣、貝十一州刺史……〔通天中，〕知謇自德州入計……及神龍元年，中宗踐極，自貝州追知謇爲左衞將軍。"又見《元龜》卷六八九。《新書》本傳未及。按聖曆中知謇爲稷州刺史，則其刺晉約在聖曆至大足年間。

楊嘉賓　　武后時？

《新表一下》楊氏觀王房："嘉賓，晉州刺史。"乃高祖時宰相楊恭仁之孫。

尹思貞　　約長安末

《舊書》本傳："長安中，七遷秋官侍郎，以忤張昌宗被構，出爲定州刺史，轉晉州刺史。尋復入爲司府少卿……尋加銀青光祿大夫……神龍初，爲大理卿。"《新書》本傳未及。

楊執一　　神龍中

《全文》卷二二九張説《贈户部尚書河東公楊君（執一）神道碑》："推戴中宗，嗣唐配天……豈知釁結梁魯，政出艷哲……出爲常州刺史，以太夫人羸老，乞避卑濕，特降中旨，轉牧晉州……公陷關通，貶徙沁州刺史。"賀知章撰《大唐故金紫光祿大夫行鄜州刺史楊府君（執一）墓誌銘并序》（開元十五年九月三日）："初爲武三思所訴，出爲常州刺史，後轉晉州；又潛與王同皎圖廢韋氏，復貶沁州。久之，三思以無禮自及，府君許歸侍京第。景龍四載，維帝念功，擢拜衞尉卿，還復勳爵。"（《文物》1961年第8期）按兩《唐書·楊執柔傳》未及，唯稱：弟執一，神龍初，以誅張易之功封河東郡公，累官至右金吾衞大將軍。

陳　岌　　景龍中

上圖藏拓片《大唐前朝散郎行婺州義烏縣主簿臧南金妻潁州陳夫人墓誌銘并序》（景龍三年十一月二十日）："夫人陳氏，父岌，皇朝晉州刺史。"夫人神龍二年九月六日卒，年二十四。

魏知古　　景龍中

《舊書》本傳：“神龍初，擢拜吏部侍郎……明年，丁母憂去職。服闋，授晉州刺史。睿宗即位，以故吏召拜黃門侍郎，兼修國史。”《新書》本傳略同。

蕭至忠　　景龍四年—景雲二年(710—711)

《舊書·睿宗紀》：景龍四年七月“壬戌，蕭至忠爲晉州刺史”。又見兩《唐書》本傳，《新書·睿宗紀》《宰相表上》，《通鑑·景雲元年》，《元龜》卷八四四，《大唐新語》卷六，《廣記》卷四四一引《玄怪録》。《元龜》卷二八六：“景雲二年，以晉州刺史蕭至忠爲祕書監。”

解　琬　　景雲二年(711)

《舊書》本傳：“景雲二年，復爲朔方道行軍大總管……尋授右武衛大將軍，兼檢校晉州刺史，賜爵濟南縣男。以年老乞骸骨，拜表訖，不待報而去。優詔加金紫光禄大夫，聽致仕。”《新書》本傳略同。

齊景胄　　約先天中

《全文》卷三一八李華《唐贈太子少師崔公(景晊)神道碑》：“〔歷〕晉州司法參軍……刺史齊景胄泊州長舉公清明中正，差充支使；畢構代齊，假爲判官。開元三年終於官舍，春秋四十。”按《新表》卷三成都齊氏：“景曹(胄)，左丞，刑部侍郎。”

畢　構　　約開元初

《全文》卷三一八李華《唐贈太子少師崔公(景晊)神道碑》：“〔歷〕晉州司法參軍……刺史齊景胄泊州長舉公清明中正，差充支使；畢構代齊，假爲判官。開元三年終於官舍，春秋四十。”兩《唐書》本傳未及。按畢構開元三年九月由蒲州刺史遷河南尹，刺晉當在此前。

李守禮　　開元六年？(718？)

《舊書》本傳：“開元初，歷虢、隴、襄、晉、滑六州刺史。”又見《元

龕》卷二八一。《新書》本傳未及。《大詔令集》卷三五《邠王守禮等兼
晉州刺史制》：“司空兼滑州刺史、上柱國、邠王守禮……可使持節晉
州諸軍事兼晉州刺史……開元元年十二月。”按“元年”疑爲“六年”之
誤。又按守禮開元二年六月爲虢州刺史。

岑　植　　約開元八年（約720）

《新表二中》岑氏：“植，仙、晉二州刺史。”乃太宗時宰相岑文本之
孫，詩人岑參之父。聞一多謂約開元八年刺晉。

陸伯玉　　開元前期

《姓纂》卷一〇河南洛陽陸氏：“伯玉，中書舍人，晉州刺史。”按
《全文》卷二三一張説《岐州刺史平原男陸君（伯玉）墓誌銘》稱：開元
十三年十一月六日，故岐州刺史平原郡陸公卒於京師。未及晉刺。

蕭　瑗　　開元前期？

《全文》卷三六二薛季昶《屯留令薛僅善政碑》：“開元二十年，有
敕將幸太原……上顧謂侍中裴光庭先擇才能……公以左拾遺膺是選
也……〔公〕起家授洪洞尉，刺史蕭瑗許以公輔之器……授江陽丞，長
史王易從、李朝隱以公清正直，攝……三縣令。”膳部郎中蕭瑗爲河南
道宣勞使，見睿宗《遣宣勞使誥》。

賈　曾　　開元十二年（724）

《隋唐五代墓誌匯編・洛陽卷》第十二册《大唐故右領軍衛倉曹
參軍杜府君（鈒）墓誌銘并序》（大曆四年十月二十七日）：“開元七年
進士擢第，解褐授襄陵縣尉。晉州良牧賈公曾則詞藝之宗，太原節制
張公嵩有瓌奇之量。賈則設榻以邀之，張則開幕以翹之……尋丁江
陽府君憂。”按張嵩開元十二年至十四年爲太原尹。賈曾開元十一年
在徐州刺史任，十三年在鄭州刺史任。又按《大藏經》1823《俱舍論頌
疏論》卷第一《阿毗達磨俱舍論略釋記》：“正議大夫、持節諸軍使晉州
刺史賈曾撰。”又，中大雲寺沙門圓暉述：“公前任禮部侍郎，省司多

暇,歸心正法,乃相命談義,遂請造略釋。"按兩《唐書》本傳謂曾歷慶、鄭等州刺史,遷禮部侍郎,卒。嚴氏《僕尚丞郎表》謂開元十四年由光禄少卿遷禮侍,十五年卒官,則任晉刺必在開元十四年前。

白知慎 開元十三年(725)

《廣記》卷四八四引《異聞集》:"予(白行簡)伯祖嘗牧晉州,轉户部,爲水陸運使。"按《新表五下》白氏:"知慎,户部郎中。"乃行簡之伯曾祖。又按《舊書·李元紘傳》:"〔開元〕十三年,户部侍郎楊瑒、白知慎坐度支失所,皆出爲刺史。"知《新表》之"郎中"當爲"侍郎"之誤。《廣記》之"伯祖"爲"伯曾祖"之奪。《英華》卷四〇六蘇頲有《授白知慎河南少尹制》。

鄭 某 開元十五年?(727?)

《廣記》卷四八四引《異聞集》云:"予(白行簡)伯祖(白知慎)嘗牧晉州,轉户部,爲水陸運使,三任皆與生(滎陽生)爲代。"熊飛云:白知慎既"與生爲代",則滎陽生某就應在知慎前或後與他在晉州相交接。

崔克讓 開元中?

《新表三下》鄭州崔氏:"克讓,晉州刺史。"乃亳州刺史崔神鼎之子。

柳 渙 開元二十五年(737)

《廣記》卷一三〇引《通幽記》:"唐開元二十五年,晉州刺史柳渙外孫女博陵崔氏,家於汴州。"《會要》卷七九:"平陽郡太守柳渙,謚貞。"按《舊書·柳亨傳》:"開元初,亨孫渙爲中書舍人。"又按《全文》卷二五〇蘇頲制:守司門郎中柳渙可守給事中。

裴 朓 開元二十五年(737)

《全文》卷三〇三崔明允《大唐平陽郡龍角山慶唐觀大聖祖元元皇帝宫金籙齋頌》:"觀主臣郭處寂……二十五年上疏議齋,帝俞其請……太守臣裴朓並寮屬等,惟道乎敬,誼形於政。"

稷山公　天寶初？

《全文》卷三九四尚衡《文道元龜》：“天寶初，適於平陽，平陽太守稷山公，則衡之從考舅，雅好古道，門尚詞客。當今文人，相與多矣。”未云名姓。按稷山公唯見於《王右丞集》卷一九《暮春太師左右丞相諸公於韋氏逍遥谷讌集序》，稱：“時則有太子太師徐國公，左丞相稷山公，右丞相始興公，少師宜陽公，少保崔公，特進鄧公，吏部尚書武都公，禮部尚書杜公，賓客王公。”趙殿成注：“右丞相始興公是張九齡……左丞相稷山公當是裴耀卿，然史傳但言封趙城侯，不言封稷山公，當是闕文……是諸公之宴集，實在〔開元〕二十五年之春。”然兩《唐書》皆不言耀卿爲平陽太守。

齊　澣　天寶五載（746）

《舊書》本傳：“〔天寶〕五年，用澣爲平陽太守。卒於郡。”《新書》本傳略同。又見《舊書·齊抗傳》，《新表五下》齊氏。《全文》卷四九九權德輿《唐故中書侍郎同中書門下平章事太子賓客齊成公（抗）神道碑銘并序》：“烈祖贈太師府君諱澣，歷給事中、中書舍人、吏部侍郎，止於平陽太守。”上圖藏拓片《唐故朝議郎行陝州硤石縣令上柱國侯公（繢）墓誌銘并叙》（大和九年十二月十一日）：“夫人高陽齊氏，皇吏部侍郎，汴常潤濠等五州刺史、河南江東兩道採訪使、平陽郡太守、襲高陽公〔澣〕之曾孫也。”

房　琯　上元元年（760）

《舊書·肅宗紀》：乾元三年閏四月“壬戌，以禮部尚書房琯爲晉州刺史”。又本傳：“上元元年四月，改禮部尚書，尋出爲晉州刺史。八月，改漢州刺史”。《新書》本傳略同。《柳河東集》卷九《唐丞相太尉房公德銘》：“入爲尚書，正色諤諤。又刺汾澮，遽臨彭濮。”

陳少遊　廣德元年（763）

《舊書》本傳：“寶應元年，入爲金部員外郎。尋授侍御史、迴紇糧料使，改檢校職方員外郎……明年，僕固懷恩奏爲河北副元帥判官、

兵部郎中、兼侍御史。遷晉州刺史,改同州刺史,未視事,又歷晉、鄭
二州刺史……無幾,澤潞節度使李抱玉表爲副使、御史中丞、陳鄭二
州留後。永泰二年,抱玉又奏爲隴右行軍司馬。"《新書》本傳略同。
又見《元龜》卷六九七。

李良金 廣德元年—約大曆元年(763—約766)

《山右冢墓遺文·唐故金紫光禄大夫試太子詹事兼晉州刺史李
公(良金)墓誌銘并序》(大曆三年十一月二十六日):"日者受分符之
寄於晉也,人樂其化,吏畏其威……間歲職營田之務於蒲也……人莫
敢犯。豈意訟因小吏,詞忤大臣,蒼黄之際,命歸不測,傷哉!以大曆
三年七月十一日奄然於河中府,春秋四十有七……夫人滎陽鄭
氏……先公而亡,以廣德元年十一月十四日返□於晉州官舍,享年卅
有一。旋以公即世之歲十一月廿六日合葬於晉城東偏。"又見《唐文
拾遺》卷二三。《山右金石記》卷五《晉州刺史李公墓誌》作"友金",當
即"良金"之訛。

高武光 約大曆元年—三年(約766—768)

《全文》卷四四四盧虔《御史中丞晉州刺史高公(武光)神道碑》:
"寶應初,以今上之命,命公救濯於絳……間歲遇汾陽王,論晉倒懸之
急,若涉水之不濟,由是上將公爲舟楫,克濟其難……晉人沐公之惠,
如慶雲也……三年之外,《中和》之詠,《甘棠》之頌,洋洋乎盈耳哉。
三年秋,汾陽王復以公勤績,克聞於上,上俾公以尹河府。"

高武光 約大曆四年—約五年(約769—約770)

《全文》卷四四四盧虔《御史中丞晉州刺史高公(武光)神道碑》:
"上俾公以尹河府……晉人思公遺愛……上詔公再造其晉,加樂安郡
開國公……明年冬……公罷侯於晉……無何遘癘虐疾,遂歸休於宣
平私第。"又云:"大曆七年冬十有二月辛酉,御史中丞、前晉州刺史高
公薨。"《新表一下》高氏:"武光字叔良,晉州刺史。"

曾崇穎　　大曆中？

　　《姓纂》卷五盧（盧）陵曾氏："庫部郎中、晉州刺史曾崇穎，河東人。"乃亳州治中曾恭子，隴州刺史叔政父。按《精舍碑》侍御兼殿中有兩處曾崇穎題名，一在黃麟後，李遇前；一在杜孝友後，崔□、王興前。

屈無易　　大曆中

　　《姓纂》卷一〇屈氏："大曆中職方郎中屈無易，晉州刺史。"按《高力士傳》稱：李輔國弄權，御史屈無易外貶。按《郎官柱》金部員外有屈無易題名，在韋寂後，鄭岑、崔縱前。

韓　滉　　大曆十四年（779）

　　《通鑑·大曆十四年》：五月，"上素聞〔韓〕滉掊克過甚，故罷其利權，尋出爲晉州刺史"。十一月"丁丑，以晉州刺史韓滉爲蘇州刺史、浙江東西觀察使"。《全文》卷五三〇顧況《檢校尚書左僕射同中書門下平章事韓公（滉）行狀》："出爲晉州刺史，拜蘇州刺史，充浙江東西都團練觀察處置使……踐歷四朝，歲逾五紀。"又見兩《唐書》本傳，《元龜》卷五一〇，《全文》卷六三八李翱《唐故特進左領軍衛上將軍兼御史大夫平原郡王柏公（良器）神道碑》。

薛　播　　約建中末

　　《舊書》本傳："及〔崔〕祐甫輔政，用爲中書舍人。出汝州刺史，以公事貶泉州刺史。尋除晉州刺史，河南尹，遷尚書左丞，轉禮部侍郎。遇疾，貞元三年卒。"《新書》本傳未及。《元龜》卷六八〇："薛播，德宗建中初爲晉州刺史，遷河南尹，皆爲政簡肅，甚獲當時之稱。"按貞元二年薛播由河南尹遷尚書左丞，疑《元龜》之"建中初"爲"建中末"之誤。

要廷珍　　興元元年（784）

　　《通鑑·興元元年》：八月，"〔初，〕李懷光遣其妹婿要廷珍守晉州，牙將毛朝敭守隰州……馬燧皆遣人説下之”。又見《古今姓氏書辯證》卷一〇“要氏”。《全文》卷四三八馬燧《諭晉隰慈州檄》：“興元元年八月某日，河東保寧奉誠軍行營副元帥、北平郡王燧，檄告晉州要君廷珍、隰州毛君朝敭、慈州鄭君抗及將士吏等。”

馬　燧　　興元元年（784）

《舊書》本傳：興元元年“七月，德宗還京，加燧奉誠軍及晉絳慈隰節度并管内諸軍行營副元帥”。《新書》本傳略同。《大詔令集》卷五九陸贄《馬燧渾瑊副元帥同討河中制》：“檢校司空平章事、兼太原尹、北京留守，充河中、保寧軍節度觀察……北平郡王馬燧……可兼充奉誠軍及晉慈隰等州節度……餘並如故。”按《新書·方鎮表三》：興元元年，“置晉慈隰節度使，治晉州”。

康日知　　興元元年—貞元元年（784—785）

《新書》本傳：“興元元年，以深趙益成德，徙日知奉誠軍節度使，又徙晉絳，加累檢校尚書左僕射，封會稽郡王。貞元初卒。”《通鑑·興元元年》：八月，“馬燧奏請……改日知爲晉慈隰節度使，上從之”。又見《舊書·馬燧傳》，《大詔令集》卷六五《録功臣子康志寧等各除官職敕》。《隋唐五代墓誌匯編·陝西卷》第四册《唐故幽州盧龍節度衙前兵馬使朝散大夫會稽康公（志達）墓誌銘并序》（長慶元年五月二十五日）：“考曰日知，皇朝兵部尚書、左威衛上將軍，贈尚書左僕射……建中三年，將趙州拔城赴闕，拜晉慈隰等州節度使。公即僕射第四子也。”志達卒長慶元年，年五十四。

蘇　來　　貞元初？

上圖藏拓片《唐故處州刺史趙府君（璜）妻上邽縣君蘇氏夫人墓誌銘》（乾符元年十一月二十七日）：“曾王父諱來，皇晉州刺史。王父諱佐，皇城門郎。烈考諱巢，皇□□校書……夫人校書之長女，諱嗣君，字慶仲……年二十四遂歸於趙氏。”咸通十五年十月九日卒，享年五十六。

崔漢衡　　貞元四年—十一年(788—795)

　　《舊書·德宗紀下》：貞元四年七月“丁丑，以兵部尚書崔漢衡爲晉州刺史、晉慈隰觀察使”。十一年六月“甲辰，晉慈隰觀察使崔漢衡卒”。又見兩《唐書》本傳。《全文》卷五四二令狐楚《爲人作薦劉孟修狀》：“頃崔漢衡在晉州日，奏授殿中侍御史。”

姚齊梧　　貞元十一年—十二年(795—796)

　　《舊書·德宗紀下》：貞元十一年六月“癸丑，以絳州刺史姚齊梧爲晉慈隰都防禦觀察使”。

崔　穆　　貞元十二年(796)

　　《舊書·德宗紀下》：貞元十二年十月甲戌，“以少府監崔穆爲晉州刺史、晉慈隰觀察使”。

韋　武　　貞元十五年—元和元年(799—806)

　　《唐文拾遺》卷二七吕溫《唐故銀青光禄大夫京兆尹兼御史大夫京兆韋公(武)神道碑銘并序》：“出爲絳州刺史……遷晉慈隰等州都防禦觀察處置等使、晉州刺史，兼御史中丞。居晉郡六年，順宗就加左散騎常侍、銀青光禄大夫。今上徵爲兵部侍郎，俄拜京兆尹。”按《新書》本傳未及刺晉事。《全文》卷四九〇權德輿《韋賓客宅宴集詩序》：“外有平陽、長樂二連帥韋君、柳君。”按平陽連帥韋君即韋武。

韋　丹　　元和元年—二年(806—807)

　　《舊書·憲宗紀上》：元和元年四月“己亥，以前劍南東川節度使韋丹爲晉絳觀察使”。《全文》卷七五四杜牧《唐故江西觀察使武陽公韋公(丹)遺愛碑》：“召拜晉慈隰三州觀察使，不半歲，元和二年二月拜洪州觀察使。”又見《新書》本傳，《韓昌黎集》卷二五《唐故江西觀察使韋公墓誌銘》，《全文》卷七一三許志雍《唐故江南西道觀察判官御史大夫裏行太原王公(叔雅)墓誌銘》。

裴　向　　約元和三、四年(約 808、809)

《舊書》本傳:"德宗季年……向已選爲太原少尹,德宗召見喻旨,尋用爲行軍司馬、兼御史中丞,改汾州刺史,轉鄭州。又復爲太原少尹,兼河東節度副使。改晉州刺史,充本州防禦使。遷虢州刺史。入爲京兆少尹。拜同州刺史,充本州防禦使。"《新書》本傳未及。按裴向約貞元末爲鄭州刺史,約元和五、六年爲虢州刺史。

崔　清　　約元和五、六年(約 810、811)

《白居易集》卷五五《崔清晉州刺史制》:"左司郎中崔清……可晉州刺史。"《芒洛遺文》卷中《唐鄉貢進士盧君夫人博陵崔氏(煴)墓誌》:"大父清,皇晉州刺史。父朴,前左監門衛兵曹參軍,夫人則兵曹之長女。"終年二十六,元和丁酉歲(十二年)七月十六日歸葬。又見《芒洛四編》卷六,《廣記》卷一五三引《續定命録》。

嚴　協　　約元和中

《姓纂》卷五廣漢嚴氏:"協,晉州刺史。"按《權載之集》卷二一《唐故山南西道節度營田觀察處置等使嚴公(震)墓誌銘并序》稱:"次子協,殿中侍御史、劍南西川節度推官。"貞元十六年。

李　愬　　元和中

《舊書》本傳:"服闋,授右庶子,轉少府監、左庶子,出爲坊、晉二州刺史。以理行殊異,加金紫光禄大夫。復爲左庶子,累遷至太子詹事,宮苑閑廄使……元和十一年,用兵討蔡州吳元濟。"《新書》本傳略同。又見《元龜》卷六七三。

潘高陽　　約元和中

《姓纂》卷四河南潘氏:"高陽,晉州刺史。"按元和十年,河南少尹潘高陽改均王府長史,見《元龜》卷一五三。

李　佑　　約元和十五年(約 820)

《白居易集》卷五三有《李佑授晉州刺史制》。

李　岵　　長慶元年—二年（821—822）

《舊書·穆宗紀》：長慶二年正月庚子，"以晉州刺史李岵爲豐州刺史，充天德軍豐州東西受降城都防禦使"。按大和二年至三年在涇州刺史任。

徐　晦　　長慶二年（822）

《舊書》本傳："歷殿中侍御史、尚書郎，出爲晉州刺史。入拜中書舍人。寶曆元年，出爲福建觀察使。"《新書》附《楊憑傳》，未及刺晉州事。《淳熙三山志》卷二一《秩官類·郡守》："徐晦，寶曆元年自晉州刺史入拜中書舍人，是年出爲福建觀察使。"按徐晦長慶四年已在福建觀察任。

李　寰　　長慶二年—大和元年（822—827）

《舊書·穆宗紀》：長慶二年九月癸卯，"加晉州刺史李寰爲晉慈等州都團練觀察使"。又《文宗紀上》：大和元年十一月"庚辰，以保義軍節度、晉慈等州觀察處置等使李寰爲橫海軍節度使。癸巳，以晉州、慈州復隸河中"。《元龜》卷四一："文宗大和元年三月，贊善大夫李方現與惡徒燕昵，爲其所歐。詔以事經恩蕩，釋之而不問。其父保義軍節度使寰知之，奏請削奪方現官階，仍乞追赴晉州杖之。並不許。"《通鑑·長慶三年》：五月"丙子，以晉、慈二州爲保義軍，以觀察使李寰爲節度使"。《全文》卷七一六李寰《紀瑞》："皇上御宇之三祀春三月旬有八日，晉慈等州都團練觀察處置使、檢校左散騎常侍兼御史大夫、賜紫金魚袋李寰，齋沐虔潔，祠於神山慶唐觀。"《因話錄》卷四稱："李寰建節晉州。"

裴　誼　　約大和二年—三年（約828—829）

《元龜》卷六七三："裴誼爲晉州刺史，文宗大和三年，以誼理行尤異，賜金紫。"按大和四年九月丁丑，以大理卿裴誼爲江西觀察使，七年四月甲申爲宣歙，見《舊紀》。

韋正貫　　約會昌初

《全文》卷七六四蕭鄴《嶺南節度使韋公（正貫）神道碑》：“歷光禄卿、晉州刺史……累貶均州刺史……今上即位，以理行徵拜京兆尹。”按《新書》本傳未及刺晉事。

李　丕　　會昌四年（844）

《新書·武宗紀》：會昌四年“三月，石雄兼冀氏行營攻討使，晉州刺史李丕副之”。又見《舊書·石雄傳》，《元龜》卷三五九。《新書》本傳：“遷汾、晉二州刺史。大中初，拜振武節度使，檢校刑部尚書。”《全文》卷六九八李德裕有《授李丕晉州刺史充冀代行營攻討副使制》，又卷七〇二有《奏晉州刺史李丕狀》。又卷七〇七《代李丕與郭誼書》稱：“今蒙改授晉州，兼充右尚書副使。”

王　式　　大中中

《新書》本傳：“大中中，爲晉州刺史……以善最稱。徙安南都護。”《舊書》本傳未及。

鄭允謨　　咸通中？

《舊書》本傳：“允謨以蔭累官臺省，歷蜀、彭、濠、晉四州刺史，位終太子右庶子。”按《新表五上》鄭氏：“允謨，宋州刺史。”乃德宗時宰相鄭餘慶孫。其父瀚，興元節度使，開成四年卒，年六十四。

孟　球　　約咸通四年—五年（約863—864）

《舊書·懿宗紀》：咸通五年四月，“以晉州刺史孟球檢校工部尚書，兼徐州刺史”。《全詩》卷六五五羅隱有《途中獻晉州孟中丞》，疑即孟球。

張　禠　　約咸通中

《南部新書》丁：“張禠尚書牧晉州，外貯營妓，生子曰仁龜。”又見《北夢瑣言》卷八，《廣記》卷二七二引。《舊書》本傳未及。

朱　玫　　中和元年（881）

《新書》本傳：“廣明二年，玫襲賊，戰開遠門，槍洞咽，不死。以多擢晉州刺史，進邠寧節度使。”《舊書》本傳未及。

武　臣　　約中和時

《廣記》卷一八三引《摭言》：“賈泳父修有義聲。泳落拓不拘細碎，嘗佐武臣倅晉州，時昭宗幸蜀，三榜裴相贊，時爲前主客員外，客游至郡，泳接之傲睨。”按昭宗未嘗幸蜀，當爲“僖宗”之誤。裴贊光化末爲相，見《新書·宰相表下》。其爲主客員外當在僖宗時。中和二年正月裴贊以司勳員外爲義成軍掌書記，見《新書·王鐸傳》。

唐彦謙　　約中和末

《舊書》本傳：“中和中，王重榮鎮河中，辟爲從事，累奏至河中節度副使，歷晉、絳二州刺史……光啓末，王重榮爲部下所害，朝議責參佐，彦謙與書記李巨川俱貶漢中掾曹。”《新書》本傳略同。又見《新表四下》唐氏，《唐才子傳》卷九。

冀君武　　光啓元年（885）

《通鑑·光啓元年》：“八月，〔王〕處存引軍至晉州，刺史冀君武閉城不内而還。”又見《新書·王處存傳》。

王　瓘　　光啓中？

《全文》卷八一〇司空圖《蒲帥燕國太夫人石氏墓誌銘》：“太傅相公（王重盈）長子故晉州刺史瓘……次子今任陝州節度使珙。”又《太尉琅邪王公河中生祠碑》：“大順二年月日，首議陟明，累宣恩詔，以命河中節度使王重盈加檢校太傅、中書令……長子瓘故蒞平陽。”

張行恭　　大順元年（890）

《舊五代史·唐武皇紀上》：大順元年“十二月，晉州刺史張行恭棄城而奔”。又見《新書·沙陀傳》，《元龜》卷七。《廣記》卷一九〇引

《玉堂閑話》：“張濬富於權略，素不知兵，昭宗朝……往討太原……尋謀班師，路由平陽，平陽即蒲之屬郡也，牧守姓張，即蒲帥王珂之大校。”按《舊五代史·李存孝傳》：“時朝廷命京兆尹孫揆爲昭義節度使……存孝出騎橫擊之，擒揆與〔韓〕歸範及俘囚五百……十月，存孝收潞州之師，圍張濬於平陽。”又按孫揆大順元年六月爲昭義節度使，見《通鑑》；是年七月爲李克用執，見《新書·昭宗紀》。則張濬路由平陽及被圍事在大順元年，時牧守張公即張行恭。

張漢瑜　　約光化末—天復元年(?—901)

《舊五代史·梁太祖紀二》：天復元年正月“壬子，晉州刺史張漢瑜舉郡來降”。又見《舊書·昭宗紀》，兩《唐書·王珂傳》，《通鑑·天復元年》，《元龜》卷一八七。《舊五代史·張存敬傳》：天復元年春，“命存敬統大軍討之。即日收絳州，擒刺史陶建釗，降晉州刺史張漢瑜，二郡平”。

侯　言　　天復元年(901)

《舊五代史·梁太祖紀二》：天復元年正月“壬子……帝即以大將侯言權領晉州……三月癸未朔，帝歸自河中……晉州侯自陰地入”。又見《通鑑·天復元年》，《元龜》卷一八七。

氏叔琮　　天復元年—三年(901—903)

《舊五代史》本傳：“天復元年春，領大軍攻拔澤、潞……師還，除晉州節度使……天復三年，爲鄜州留後。”《新書》本傳、《新五代史》本傳略同。《舊五代史·梁太祖紀二》：天復二年“二月，聞晉軍大舉南下，聲言來援鳳翔，帝遣朱友寧帥師會晉州刺史氏叔琮以禦之”。又見《通鑑·天復二年》，《元龜》卷一八七。

張歸厚　　天復三年(903)

《舊五代史》本傳：“〔天復〕三年秋，改晉州刺史……唐帝遷都洛陽，除右神武統軍。”《新書·張歸霸傳》：“弟歸厚……歷洺、晉、絳三州刺史,與晉人屢戰,未嘗屈。”

張歸弁　　天祐三年(906)

《舊五代史》本傳:天祐三年“夏五月,命權知晉州。冬十一月,真授晉州刺史”。又見《元龜》卷三六〇、卷三八六。

待考録

薛　顯

《新表三下》薛氏:“顯,晉州刺史。”乃後魏河東康王薛安都之孫。

張　琪

《新表二下》張氏:“琪,晉州刺史。”乃張柬之之子。《金石補正》卷四〇:“表載柬之之子有晉州刺史琪者,以珣、璃等名例之,當是柬之之玄孫行。”

鍾嘉群(鍾嘉璧)

《姓纂》卷一南康鍾氏:“〔紹京〕生嘉群、諤。嘉群,中書令、晉州刺史。”按紹京之子未爲相,“中書令”三字衍。《新表五上》鍾氏作“嘉璧,晉州長史”。未知孰是。

卷八二　慈州（汾州、南汾州、文城郡）

隋文城郡。武德元年改爲汾州。五年改爲南汾州。貞觀八年改爲慈州。天寶元年改爲文城郡。乾元元年復爲慈州。領縣五：仵城、文城、吉昌、昌寧、呂香。

楊　譽　　貞觀中

《全文》卷二二九張説《贈太州刺史楊公（志誠）神道碑》：“大父故右衛副率、慈汾二州刺史、静公諱譽。考故常州刺史……諱崇敬……〔公〕年十三調太宗挽郎。”按《新表一下》楊氏觀王房：“譽，汾州刺史、静公。”乃武德七年蒲州刺史福之弟。

杜　構　　貞觀中

《舊書・杜如晦傳》：“子構襲爵，官至慈州刺史，坐弟荷謀逆，徙於嶺表而卒。初，荷以功臣子尚城陽公主……貞觀中，與太子承乾謀反，坐斬。”《新書・杜如晦傳》略同。《姓纂》卷六京兆杜氏：“構，慈州刺史。”《新表二上》杜氏同。

楊　師　　約高宗時

《千唐誌・大唐故朝議郎守邛州司馬楊公（瑶）墓誌銘并序》（開元二十一年十月二十七日）：“祖師，慈州刺史，贈汾州刺史……〔瑶〕開元十八年歲次庚午□月十三日終於河南府鞏縣之私第，春秋六十有七。”

李上金　　上元二年（675）

《舊書·高宗紀下》：上元二年七月，"慈州刺史、杞王上金坐事，於澧州安置"。又見《通鑑·上元二年》六月、七月。按兩《唐書》本傳未及。

魏叔瑜　　約高宗、武后間

《全文》卷二二七張説《唐故豫州刺史魏君（叔瑜）碑》："出爲懷州長史，歷慶、慈、儀、豫四州刺史……春秋五十有一，終於豫州。"按其父魏徵卒貞觀十六年。太宗先許以衡山公主降其長兄叔玉，後停。三兄叔璘武后初爲禮部侍郎，爲酷吏所殺，見《舊書·魏徵傳》。

薛　俊　　中宗時？

《新表三下》薛氏西祖房："俊字爽之，慈州刺史。"乃高宗相薛振之子。

鄭世斌　　約中宗、睿宗時

《全文》卷七九二秦貫《滎陽鄭府君夫人博陵崔氏合祔墓誌銘并序》："高祖世斌，皇左司郎中，磁、隰二州刺史……府君諱遇……先夫人之亡蓋三十一霜也。享年六十。"按夫人大中九年正月十七日卒，享年七十六。則遇卒長慶四年，其高祖約仕中宗、睿宗時。其時無"磁州"，疑爲"慈州"之誤。

倪若水　　景雲中—開元初

《隋唐五代墓誌匯編·洛陽卷》第九册《大唐故尚書右丞倪公（若水）墓誌銘并序》（開元七年十一月六日）："尋遷吏部員外郎……以公事出爲宋州長史，稍遷慈州刺史，徵拜中書舍人。無何，拜尚書右丞……乃出爲汴州刺史……入拜户部侍郎……再爲尚書右丞。"開元七年正月廿六日卒，春秋五十九。《僕尚丞郎表》謂開元三年由中書舍人遷尚書右丞，則其爲慈州刺史約在開元元年、二年。按兩《唐書》本傳未及。《舊書》本傳稱："開元初，歷遷中書舍人、尚書右丞，出爲汴州刺史。"【補遺】《趙冬曦墓誌》："慈州刺史倪若水舉文藻絶倫，對策上中第，除左拾遺。"（周紹良、趙超《唐代墓誌匯編續集》，上海古籍出版社 2001 年版）今按《登科記考》卷五記趙冬曦"賢良方正""藻思清華"科及第在景雲三年（712），則倪若水始爲慈州刺史當在景雲中。

司馬銓　　約開元初期

《千唐誌·大唐故薛王傅上柱國司馬府君（銓）墓誌銘并序》（開元十九年十一月二十七日）：銓，希奭第二子，垂拱四年以成均生明經擢第，歷比部員外郎、庫部郎中。"久之，除慈州刺史"。丁内憂，服闋，授户部郎中。再遷光禄卿，"改仙州刺史，入爲薛王府長史，轉宋州刺史，授薛王傅"。開元十九年卒，年六十七。按開元十一年爲仙州刺史。

房光庭　　開元前期

《廣記》卷四九四引《御史臺記》："房光庭爲尚書郎，故人薛昭流放，而投光庭，光庭匿之。既敗……乃出爲慈州刺史。"《大唐新語》卷七作"出爲磁州刺史"。按《唐語林》卷八，房光庭曾於太極元年、開元元年以考功員外郎知貢舉，知爲開元初人。時無磁州，《大唐新語》誤。

李津容（李津客）　　開元中

《新書·宗室世系表上》蔡王房："隴西郡公、青衛慈邢汝五州刺史、永王傅津客。"《全文》卷五〇二權德輿《金紫光禄大夫司農卿邵州長史（鉊）墓誌銘并序》："隴西郡公津容；公之王父也……隴西仕至慈、衛、汝、邢、青五州刺史，終永王傅。"

鄭　曾　　開元二十四年前（736 前）

《新表五上》鄭氏："曾，慈州刺史。"乃天寶中許州刺史長裕之父。《全文》卷九九三闕名《唐故慈州刺史光禄卿鄭公（曾）碑》："降璽書加朝散大夫、懷州（缺十字）刺史□□□□州閭□理……春秋七十有三，歸葬公於滎□北原。”又見《金石萃編》卷八一。《中州金石目》卷二稱：“《慈州刺史鄭曾碑》，開元二十四年五月，梁昇卿撰并八分書。”按《全文》卷七八四穆員《相國崔公（渙）墓誌銘》：“夫人滎陽鄭氏……磁州刺史曾之孫，潁川太守長裕之女。”“磁州”當爲“慈州”之誤。

臧　瑀　約乾元中

《全文》卷三三九顔真卿《東莞臧氏紀宗碑銘》：“開元天寶間，宗族之紆青紫佐麾幢者，已數十百人。迨乎今上當宁，而諸孫……特進、殿中監、慈州刺史瑀。”

薛奇童　肅宗時？

《新表三下》薛氏西祖房：“奇童字靈孺，慈州刺史。”乃高宗相薛元超之孫……慈州刺史薛俊之子，約天寶中馮翊太守獻童之弟。

裴延休　代宗初？

《新表一上》洗馬裴氏：“延休，慈州刺史。”乃金部郎中、恒王傅季通之三從弟。季通開元二十四年爲馮翊尉，見《全文》卷三九七權倕《左輔頓儆西嶽廟中刻石記》。按恒王琪乃玄宗子，從帝幸蜀，代宗時薨，則季通乃玄宗、肅宗時人。延休最遲約仕至代宗初。

王履清　大曆十年—十一年（775—776）

《全文》卷四四三侯冕《同朔方節度副使金紫光禄大夫試太常卿兼慈州刺史王府君（履清）神道碑》：“大曆十一年正月廿四日遘疾不起，薨於官舍之正寢。”《金石補正》卷六四、《關中金石記》卷三皆稱大曆十二年二月立。

鄭　抗　興元元年（784）

《通鑑·興元元年》：八月，“李懷光遣其妹婿要廷珍守晉州，牙將毛朝敭守隰州，鄭抗守慈州，馬燧皆遣人説下之”。《全文》卷四三八馬燧《諭晉隰慈州檄》：“興元元年八月某日，河東保寧奉誠軍行營副元帥、北平郡王馬燧檄告晉州要君廷珍、隰州毛君朝敭、慈州鄭君抗及將士吏等。”

裴 匠　　約貞元中

《新表一上》東眷裴氏：“匠，慈州刺史。”乃代宗時宰相裴冕姪。

劉元鼎　　元和八年（813）

《新表一上》尉氏劉氏：“元鼎，慈州刺史。”《全文》卷五三八裴度《劉府君（太真）神道碑銘并序》：“公之徽烈，將示於來裔，而高碑未刻，良允繼沒。於是門生之在朝廷者……在藩牧者，浙東觀察都團練使、御史中丞李遜，黔中觀察經略使、御史中丞李道古……沔州刺史嚴公弼，慈州刺史劉元鼎。”按此文約作於元和八年。又按劉元鼎元和十三年在蔡州刺史任。【補遺】《洛陽新獲墓誌116·唐故朝請大夫守衛尉卿柱國分司東都賜紫金魚袋劉公（略）墓誌銘並序》（咸通九年閏十二月一日）：“少師生我先公尚書諱元鼎……歷官大理卿兼御史大夫，慈、蔡、壽、絳四郡，贈兵部尚書。……貞元十七年生公於潞尚書公從事之府也。”

薛易知　　約元和中

《新表三下》薛氏：“易知，慈州刺史。”乃貞元間工部侍郎季連之姪。

杜叔近　　大和六年（832）

《元龜》卷一五〇：“〔大和六年〕七月，慈州刺史杜叔近犯贓，法當死，庚申，詔叔近以時屬元陽，務從寬宥，決八十，流儋州。”

劉 真　　會昌中

《白居易集》卷三七《胡吉鄭劉盧張等六賢皆多年壽予亦次焉》詩注：“前慈州刺史廣平劉真，年八十二。”按《唐詩紀事》卷四九作“前磁州刺史廣平劉真”，未知孰是，姑兩存之。

畢　誠　　會昌末

《新書》本傳："李德裕始與〔杜〕悰同輔政，不協，故出悰劍南東川節度使。故吏惟諴餞訊如平日，德裕忌之，出爲慈州刺史。"按《舊書》本傳作"磁州刺史"。未知孰是，姑兩存之。又按杜悰會昌五年五月罷相，見《新書·宰相表下》。

【補遺】鄭　倚　　大中六年（852）

《唐鄭氏殤女權葬墓記》（大中六年六月十九日）："父慈州刺史倚記。"（周紹良、趙超《唐代墓誌匯編續集》，上海古籍出版社 2001 年版）

謝　觀　　咸通三年—五年（862—864）

《千唐誌·唐故朝請大夫慈州刺史柱國賜緋魚袋謝觀墓誌銘并序》（咸通八年八月二十四日）："咸通三年七月，詔授慈州刺史。歲周就加朝請大夫，餘如故。咸通五年六月罷印綬歸閑洛京……咸通六年十一月十九日去世於洛陽縣毓財里，行年七十有□。"又見《大唐故慈州太守謝觀故夫人隴西縣君李紘墓誌銘并序》（咸通六年十一月八日）、《唐故祕書省歐陽正字故夫人陳郡謝氏墓誌銘并序》（咸通九年七月十二日）。

唐彥謙　　中和二年（882）

《全詩》卷六七二唐彥謙《初秋到慈州冬首換絳牧》："秋杪方攀玉樹枝，隔年無計待春暉。自嫌暫作仙城守，不逐鶯來共雁飛。"可知彥謙秋初七月爲慈州刺史，至十月初冬即遷絳州刺史。據《舊書·鄭從讜傳》，中和三年五月彥謙在絳州刺史任。由此可證彥謙中和二年七月至十月爲慈州刺史。《唐詩紀事》卷六八："〔彥謙〕字茂業，歷晉、絳、閬、壁四州刺史。"按兩《唐書》本傳皆稱：中和中，河中王重榮辟爲從事，累奏至河中節度副使，歷晉、絳二州刺史。光啓末，王重榮爲部下所害，彥謙與書記李巨川俱貶漢中掾曹。《新表四下》唐氏："彥謙，字茂業，河中、興元節度副使，晉、絳、閬、壁四州刺史。"皆未及慈州。

王 瑶 大順二年(891)

《全文》卷八一〇司空圖《太尉琅邪王公河中生祠碑》:"大順二年月日,首議陟明,累宣恩詔,以命河中節度使王重盈加檢校太傅、中書令……季子瑶,今爲慈牧。"

張 瓚 天復元年(901)

《舊五代史·唐武皇紀下》:天復元年"六月,遣李嗣昭、周德威將兵出陰地,攻慈隰二郡。隰州刺史唐禮、慈州刺史張瓚並以城來降"。又見《通鑑·天復元年》六月。按《舊五代史·李嗣昭傳》稱:天復元年六月,"攻慈隰,降其刺史唐禮、張瓚"。《元龜》卷三四七同。《新五代史·李嗣昭傳》稱:"取慈州,降其刺史唐禮。"誤將唐禮、張瓚任官互換。

卷八三　隰州（大寧郡）

隋龍泉郡。武德元年改爲隰州。二年置總管府。後改爲都督府。貞觀三年廢都督府。天寶元年改爲大寧郡。乾元元年復爲隰州。領縣六：石樓、溫泉、永和、隰川、大寧、蒲縣。

劉師善　　武德三年(620)

《新書·高祖紀》：武德三年二月"辛酉，檢校隰州總管劉師善謀反，伏誅"。

燕　詢　　武德三年(620)

唐抄本《王勃集》卷二九《張公行狀》："武德三年，奉使隰州道行軍司馬。大總管劉師善自號西漢上將軍，與隰州總管燕詢等謀爲叛逆。公見危授命，視險若夷。"

李　琛　　武德三年(620)

《舊書》本傳："歷蒲、絳二州總管。及宋金剛陷澮州，時稽胡多叛，轉琛爲隰州總管以鎮之。馭衆寬簡，夷夏安之。三年薨。"《新書》本傳略同。又見《元龜》卷二八一、卷四二九。

﹡李元吉　　武德六年(623)

《舊書》本傳："〔武德〕六年，加隰州總管。"又見《元龜》卷二八一。《新書》本傳未及。

崔義玄　　約武德四年—貞觀元年（約 621—627）

《舊書》本傳：“從太宗討王世充，屢獻籌策，太宗頗納用之。東都平，轉隰州都督府長史。貞觀初，歷左司郎中，兼韓王府長史、行州府事。”《新書》本傳略同。

苑君璋　　貞觀元年（627）

《通鑑·貞觀元年》：“五月，苑君璋率衆來降……上以君璋爲隰州都督、芮國公。”《元龜》卷一六四作“范君璋”，當爲“苑君璋”之訛。按兩《唐書》本傳皆稱：君璋率所部來降，拜安州都督，封芮國公。姑兩存之。

張　亮　　貞觀十一年（637）

《會要》卷四七：貞觀十一年六月十五日，“金紫光禄大夫張亮爲隰州刺史”。又見《元龜》卷一二九。兩《唐書》本傳未及。按張亮貞觀十一年又爲澧州刺史。

袁異度　　貞觀十二年（638）

《全文》卷一五一許敬宗《賀隰州等龍見表》：“伏見隰州刺史表裏異度表稱，某日月青龍見隰州城北。”岑仲勉《讀全唐文札記》謂“表”乃“袁”之訛，“裏”字衍，“日月”二字應乙。按《元龜》卷二四：貞觀十二年十月，隰州言青龍見。異度爲隰刺，蓋即其時。又按《新表四下》袁氏：“異度，太府少卿。”乃中宗時宰相恕己之叔。

李道立　　貞觀中

《千唐誌·皇五從叔祖故衢州司士參軍府君（李濤）墓誌銘并序》（大曆九年四月二十八日）：“朝散大夫、守常州刺史、賜紫金魚袋河南獨孤及撰。公諱濤，皇唐太祖景皇帝六代孫也。曾祖道立，嘗典隰、齊、陳三州，封高平郡王。”濤卒乾元二年，年五十七。又見大曆十三年七月二十三日梁肅撰《誌》。按《全文》卷三九一獨孤及文誤作“嘗典陝、濟、陳三州刺史”。又按《舊書·李孝基傳》云：“以從兄韶子道立爲嗣,封高平郡王。〔貞觀〕九年,降爲縣公。永徽初,卒於陳州刺史。"《新書・李孝基傳》略同。

姜行基　　貞觀中?

北圖藏拓片《大唐故梓州通泉縣令王君夫人姜氏墓誌并序》（咸亨五年二月四日）:"祖謨,皇朝金紫光禄大夫、秦州都督、長道縣開國公……父行基,皇朝刑部郎中、太子僕、隰利二州刺史,襲長道縣開國公。"夫人年五十七卒於婺州。未言卒年。

房遺直　　永徽三年—四年(652—653)

《通鑑・永徽三年》:十一月,"上即位,〔高陽公〕主又令〔房〕遺愛與遺直更相訟。遺愛坐出爲房州刺史,遺直爲隰州刺史"。按兩《唐書・房玄齡傳》未及,唯稱:子遺直嗣,永徽初,爲汴州刺史。高陽公主誣遺直無禮於己。高宗令長孫無忌鞠其事,因得公主與遺愛謀反之狀。遺愛伏誅,遺直以先勳免,貶銅陵尉,又除名爲庶人。又按永徽四年二月戊子,房遺直貶春州銅陵尉,見《通鑑》。

郭廣敬（郭廣慶）　　顯慶中

《元龜》卷九三三:"邠國公郭廣敬爲隰州刺史……坐與〔上官〕儀交遊故也。"按上官儀顯慶二年爲許敬宗構陷下獄,見兩《唐書・上官儀傳》;郭廣敬貶隰刺,當在其時。又按《新表四上》華陰郭氏:"廣敬,左武衞大將軍。"《姓纂》卷一〇華陰郭氏作"廣慶"。《萬年宮碑陰》有左衞將軍兼太子左衞率、上柱國、邠國公臣郭廣敬。貞觀二十一年,遣廣敬征車鼻可汗,見《舊書・突厥傳》。

李　斌　　約高宗時

《全文》卷三五一賈彥璿《大唐故忠武將軍行薛王府典軍上柱國平棘縣開國男李府君（無慮）墓誌銘》:"曾祖貴,隋太中大夫、延州刺史,涼國公,皇朝封隴西公。祖斌,皇朝銀青光禄大夫,隰、吉二州刺史,襲封隴西公。"無慮卒開元十七年五月七日,年六十二。又見《古刻叢鈔》。

李　福　　總章三年前（670前）

《全文》卷一四高宗《册趙王福梁州都督文》：“維總章三年歲次庚午二月甲辰朔九日壬子，皇帝若曰……惟爾隰州刺史、上柱國、趙王福……命爾爲使持節都督梁壁洋集四州諸軍事梁州刺史，上柱國、王如故。”又見《大詔令集》卷三七。昭陵博物館藏石刻《大唐故贈司空荆州大都督上柱國趙王（福）墓誌銘并序》（咸亨二年十二月二十七日）：十三歲爲秦州都督，又除青部，遷隰州刺史，除梁州都督。咸亨元年九月十三日薨於梁州之官第，春秋三十七。兩《唐書》本傳未及。

于遂古　　垂拱四年—萬歲通天元年（688—696）

《姓纂》卷二河南洛陽于氏：“遂古，隰州刺史。”《新表二下》于氏同。乃于志寧兄永寧之子。于志寧相太宗、高宗，麟德二年卒，年七十八。《隋唐五代墓誌匯編・陝西卷》第三册《大周故隰州刺史建平公于公（遂古）墓誌銘并序》（聖曆二年四月一日）：“垂拱四年十二月廿二日遷使持節隰州諸軍事隰州刺史……萬歲通天元年八月表請致仕。”聖曆元年卒，春秋七十五。

房玄静　　武后時？

《韓昌黎集》卷二五《興元少尹房君墓誌》：“公曾祖諱玄静……歷資、簡、涇、隰四州刺史，太尉（房琯）之叔父也。”按《新表一下》河南房氏：“玄静，膳部郎中，清漳公。”乃興元少尹房武之祖父，太尉房琯之叔祖，隋海州刺史恭懿之孫。與《誌》世系異。

鄭世斌　　約中宗、睿宗時

《全文》卷七九二秦貫《滎陽鄭府君夫人博陵崔氏合祔墓誌銘并序》：“高祖世斌，皇左司郎中，磁、隰二州刺史……府君諱遇……先夫人之亡蓋卅一霜也，享年六十……〔夫人〕以大中九年正月十七日病終於淇澳之私第，享年七十有六。”按“磁州”爲“慈州”之誤。《中州金

石記》卷三作“《鄭恒崔夫人合葬墓誌》”，大中十二年二月二十七日
葬。按北圖藏此誌拓片作“鄭遇”，非“鄭恒”。

高　懲　　約開元初

《千唐誌·唐故銀青光禄大夫行光禄少卿高府君（懲）墓誌銘并
序》（開元十八年）：“遷都水使者，兼判大理、衛尉兩卿，使持節隰州刺
史……換雲麾將軍、左衛副率、判大理卿……歷澤、亳、曹、潞、瀛五州
刺史，入爲光禄少卿。”開元十七年卒，春秋六十六。

陸象先　　開元六年（718）

《元龜》卷一七二：開元六年二月，“以隰州刺史、兖國公陸象先爲
潤州刺史”。兩《唐書》本傳未及。

王　燾　　天寶中

《全文》卷三九七王燾《外臺祕要方序》：“〔余〕出入臺閣二十餘
載……以婚姻故貶守房陵，量移大寧郡。”按《新書》本傳未及。《新表
二中》烏丸王氏：“燾，給事中。”按天寶末在鄴郡太守任。《千唐誌·
唐故知鹽鐵福建院事監察御史裏行王府君（師正）墓誌銘并序》（大和
二年十月十四日）：“皇朝給事中、房陵大寧彭城□郡太守、累贈工部
尚書、太子少師燾，公之皇祖也。”師正卒大和二年，年四十九。

劉好順　　大曆初

徐州博物館藏《大唐故豪州定遠縣丞劉府君（奂）墓誌銘》（大曆
四年十一月廿日）：“君終於開元之末。夫人河東裴氏……少姪好順，
河南副元帥、左厢兵馬使、銀青光禄大夫，試太常卿，前隰泗等州刺
史，上柱國，彭城縣開國侯。”

論惟清　　約大曆中

《全文》卷四一三常袞《授論惟清朔方節度副使制》：“前行銀州刺
史、兼御史中丞、歸德州都督、武威郡王論惟清……可使持節隰州刺

史、兼御史中丞、歸德州都督。”

王　定　　約建中初

《全文》卷五〇〇權德輿《故太子右庶子集賢院學士王公（定）神道碑銘并序》：“興元元年春二月，太子右庶子王公艱貞歸全於京師新昌里……今上嗣統，柬求吏師，授隰州刺史。以南京歸重，尋拜吏部郎中，再授方面，命巡行方國……遷太子右庶子、集賢院學士。”

毛朝敭　　興元元年（784）

《通鑑·興元元年》：八月，“李懷光遣其妹婿要廷珍守晉州，牙將毛朝敭守隰州，鄭抗守慈州，馬燧皆遣人説下之”。《全文》卷四三八馬燧《諭晉隰慈州檄》：“興元元年八月某日，河東保寧奉誠軍行營副元帥、北平郡王馬燧檄告晉州要君廷珍、隰州毛君朝敭、慈州鄭君抗及將士吏等。”

李　騰　　貞元、元和間？

《新表二上》趙郡李氏：“騰，隰州刺史。”乃刑部郎中李漸子，李陽冰姪。

浩　聿　　元和七年（812）

《姓纂》卷九浩氏：“今隰州刺史浩聿狀云：郜氏因避難，改爲浩氏。”乃浩虛舟之父。又見《通志》卷二六《氏族二》浩氏。按今本《全詩》卷四七二浩虛舟小傳云：“浩虛舟，隰州刺史，聿之子。”斷句誤。又按《姓纂》修於元和七年，由此知是年浩聿在隰州刺史任。

吴　暈　　元和中

《御覽》卷八〇五：“憲宗時，隰州刺史吴暈獻玉杯一，頗珍奇。”

盧元勳　　約長慶初

《白居易集》卷五一有《盧元勳除隰州刺史制》。

【補遺】魯　珫　　約大和中

　　《唐故前試太常寺奉禮郎魯君（敬復）墓誌銘並序》（開成元年十二月二十六日）：“烈考諱珫，檢校尚書祠部員外郎、隰州刺史”（周紹良、趙超《唐代墓誌匯編續集》，上海古籍出版社 2001 年版）按魯敬復開成元年十一月卒，年三十四。則其父爲隰州刺史約在大和中。

狄惟謙　　約大中時

　　《劇談録》卷上：“會昌中，北都晉陽縣令狄惟謙，梁公之後，守官清恪，有蒲密之致……俄有詔書褒奬，賜錢五十萬，寵賜章服，爲絳、隰二州刺史。所理咸有政聲。”又見《唐語林》卷二。

楊思立　　約咸通初

　　《千唐誌・唐故朝議大夫前鳳翔節度副使檢校兵部郎中兼御史中丞楊府君（思立）墓誌銘》（乾符三年九月十日）：“維唐乾符二年歲在乙未六月壬子朔八日己未……楊府君終於上都靖恭里之私第，享年五十有六……先是，丞相崔公慎由廉問湘潭，君以版巡奉使，爲崔公之知……無何，上天不祐，再罹釁艱。喪紀既終，遂服朝寵。除隰州刺史……今分洛李司空蠙節鎮上黨，辟君爲節度判官。”按崔慎由大中五年至七年在湖南觀察任，李蠙咸通五年至七年在昭義節度任。

盧知宗　　咸通中

　　北圖藏拓片《唐故河中少尹范陽盧府君（知宗）墓誌銘并序》（咸通十五年四月二十一日）：“家食數年，出典隰郡，州人咸歌其來暮……旋授蒲亞。”咸通十五年卒，享年五十九。

王　欽　　約僖宗時

　　《九國志・李奉虔傳》：“本姓王氏，祖欽，唐隰州刺史。父存賢，佐唐武皇累著功，因賜姓李氏。”

【補遺】郭　握　　文德元年（888）

　　拓本《大唐太原郭公（順）墓誌銘並序》（文德元年十一月九日）：

"故靖難軍節度都兵馬兼押衙、充豐義厢鎮使、銀青光禄大夫、檢校左散騎常侍、左領軍衛將軍、寧王府司馬、使持節潘州諸軍事潘州刺史、御史大夫、上柱國、太原郭公諱順。……歲在戊申八月七日壬申，薨於泥陽之西豐義鎮之公舍。"又云："伯諱握，皇隰州諸軍事、守隰州刺史、御史中丞。"（周紹良、趙超《唐代墓誌匯編續集》，上海古籍出版社2001年版）"戊申"歲即文德元年。

＊李存勖　　約乾寧中

《舊五代史·唐莊宗紀一》："以唐光啓元年……生帝於晉陽宮……及武皇之討王行瑜，帝時年十一……賊平，授檢校司空、隰州刺史，改汾、晉二郡，皆遥領之。"又見《元龜》卷七。《新表五下》代北李氏："存勖，隰州刺史、檢校司空。"

唐　禮　　天復元年（901）

《舊五代史·唐武皇紀下》：天復元年"六月，遣李嗣昭、周德威將兵出陰地，攻慈、隰二郡，隰州刺史唐禮、慈州刺史張瓌並以城來降"。又見《通鑑·天復元年》六月。按兩《五代史·李嗣昭傳》及《元龜》卷三四七皆作慈州唐禮、隰州張瓌，蓋誤將唐禮、張瓌任官互換。

待考録

崔元嗣

《新表二下》崔氏大房："元嗣，隰州刺史。"乃西魏鴻臚少卿崔仲讓之姪孫。

李　咺

《新表二上》趙郡李氏東祖房："咺，隰州刺史。"

崔思貞

《新表二下》崔氏清河大房："思貞，隰州刺史。"乃隋魏州刺史彦武之曾孫。

盧　萬

《新表三上》盧氏："萬,隰州刺史。"乃後魏弘農太守盧懷仁之五世孫。

卷八四　汾州(浩州、西河郡)

隋西河郡。武德元年改爲浩州。三年改浩州爲汾州。天寶元年改爲西河郡。乾元元年復爲汾州。領縣五：隰城(西河)、平遥、孝義、介休、靈石。

劉　瞻(劉贍)　　武德元年—二年(618—619)

《文館詞林》卷四五九李百藥《荆州都督劉瞻碑銘》："武德元年，以西河爲浩州，授公刺史……孤城絶援，綿歷三年……聖上掃清霧褪，方得保全。進位上柱國，仍除太府卿……五年，拜襄州道行臺兵部尚書。"《通鑑·武德二年》：九月，"先是，劉武周屢遣兵攻西河，浩州刺史劉瞻(贍)拒之"。又見《元龜》卷三八四、卷四〇〇。《全文》卷三高祖有《勞涪州刺史劉瞻書》，按"涪州"當爲浩州之訛。《元龜》卷一三三稱"武德初瞻官涪州刺史"，亦誤。

李仲文　　武德二年(619)

《山右金石記》卷三《大將軍上柱國郭君碑》："武周作梗，建德亂階，危□孤立，是日浩州總管真卿公李仲文任之心膂，展效立功。"《通鑑·武德二年》：八月，"李仲文引兵就之，與〔劉瞻〕共守西河"。按武德三年四月，并州平，以仲文爲并州總管。

蕭　顗　　武德二年—五年(619—622)

《新書·地理志三》太原文水縣注："西十里有常渠，武德二年，汾州刺史蕭顗引文水南流入汾州。”又《突厥傳上》：“〔武德五年〕并州總管、襄邑王神符戰汾東，斬虜五百首，取馬二千；汾州刺史蕭顗獻俘五千。”又見《通鑑·武德五年》八月，《御覽》卷三二七，《元龜》卷九八五。

段　會　武德六年（623）

《芒洛遺文》卷上《唐故左驍衛朔陂府折衝都尉段府君（會）墓誌銘》：“以功拜志節車騎將軍。既而別守浩州，却封豕於千里。”《芒洛三編》亦收此《誌》，稱武德六年守浩州，又授開府儀同三司，貞觀二十年又授左驍衛朔陂府折衝，封曲江縣開國男。以永徽三年七月十七日卒，春秋五十九。

獨孤義恭　武德中？

《全文》卷二七八劉待價《朝議郎行兗州方與縣令上護軍獨孤府君（仁政）碑銘并序》：“祖義恭……唐秦王府倉曹參軍事，荆王府長史……溫汾歸婺四州諸軍事婺州刺史。”仁政卒景龍三年，年七十七。按溫、汾、歸、婺相距遙遠，疑爲四州刺史。

楊　譽　約貞觀中

《全文》卷二二九張說《贈太州刺史楊公（志誠）神道碑》：“大父故右衛副率、慈汾二州刺史，靜公諱譽，考故常州刺史……諱崇敬……〔公〕年十三調太宗挽郎。”《新表一下》楊氏觀王房：“譽，汾州刺史，靜公。”

裴思質　貞觀中？

《芒洛遺文》卷中《唐故尚舍直長薛府君夫人裴氏墓誌銘》：“曾祖思質，汾州刺史、太平縣開國公。祖行顗……父貞國，楚州淮陰縣令……夫人即淮陰之仲女也……以開元十三年五月廿三日考終於通利之里第。”又見《金石補正》卷五三。

冉仁德 貞觀十八年（644）

《元龜》卷一一七："唐太宗貞觀十八年十月，帝欲親總六軍以渡遼海……十一月……汾州刺史黄國公冉仁德……並爲行軍總管。"

元禮臣 約貞觀末

《姓纂》卷四河南洛陽元氏："禮臣，汾州刺史。"按貞觀二十二年爲燕然副都護，見《元龜》卷九七三。卒贈凉州都督，謚壯，見《會要》卷三九。

蕭　銳 高宗初？

《舊書·蕭瑀傳》："子銳嗣，尚太宗女襄城公主，歷太常卿、汾州刺史……永徽初，公主薨，詔葬昭陵。"《新書·蕭瑀傳》稱銳"爲太常少卿"，未及汾刺。按蕭瑀相高祖，貞觀二十一年卒，年七十四。

元武榮 永徽五年前（654 前）

《姓纂》卷四河南洛陽元氏："武榮，唐汾州刺史、蘄春公。"《金石萃編》卷五〇《萬年宮碑銘碑陰題名》："前汾州刺史、上柱國、蘄春縣開國伯臣元武榮。"永徽五年五月十五日建。

武元慶 高宗時

《會要》卷七九："汾州刺史、贈梁王武元慶。"按《舊書·武承嗣傳》稱：及則天立爲皇后，封楊氏代國夫人，尋又改封榮國夫人。時元慶仕爲宗正少卿，榮國夫人恨其疇日薄己，諷皇后抗疏請出元慶等爲外職，於是元慶爲龍州刺史。元慶至州病卒。又按則天永徽六年立爲皇后。

李襲志 高宗時

《舊書》本傳："及蕭銑平，江南道大使、趙郡王孝恭授襲志桂州總管。武德五年入朝……拜江州都督……轉桂州都督。襲志前後凡任桂州二十八載……後表請入朝，拜右光禄大夫、行汾州刺史致仕，卒於家。"《新書》本傳略同。又見《桂林風土記·李襲志傳》。

陳賢德　　約高宗時

《姓纂》卷三長城陳氏："賢德，水部郎中、汾州刺史。"乃義陽王陳叔達之子。按陳叔達相高祖，貞觀九年卒。又按《新表一下》陳氏："賢德，水部郎中。"未及汾刺。疑賢德刺汾在高宗時。按《文物》1995 年第 8 期《唐睿宗貴妃豆盧氏墓發掘簡報》附有《唐故祕書監崔公(望之)墓誌銘》(大曆十三年四月十四日)："太夫人潁川陳氏，侍中叔達之孫，汾州刺史賢德之女。"望之卒大曆十二年十月二日，享年九十一。由此計之，其外祖父陳賢德約仕高宗時。按陳叔達於高祖時爲相，其子賢德於高宗世仕至汾州刺史，似較合理。

王　詮　　約高宗時

《新表二中》太原王氏："詮，汾州刺史、歙縣男。"乃隋屯田侍郎王景孝之子，唐給事中文濟之父。又見《新安志》卷一。《全文》卷二六四李邕《贈安州都督王仁忠神道碑》："祖詮府君，皇朝明威將軍、歙縣開國男、汾州刺史。"

楊守訥　　約高宗時

《新表一下》楊氏越公房："守訥，倉部郎中、汾州刺史。"乃隋安、溫二州刺史文偉之孫。上元二年在司屬少卿任，見《陳伯玉文集》卷六《周故內供奉學士懷州河內縣尉陳君碩人墓誌銘》。

韋弘敏　　光宅元年(684)

《新書·則天皇后紀》：光宅元年九月丁丑，"貶韋弘敏爲汾州刺史"。《宰相表上》作光宅元年十月丁酉。

劉延嗣　　約垂拱中

《舊書》本傳："文明年爲潤州司馬，屬徐敬業作亂，率衆攻潤州，延嗣與刺史李思文固守不降……俄而賊敗，竟以裴炎近親，不得叙

1171

功，遷爲梓州長史，再轉汾州刺史卒。"《新書》本傳略同。《新表一上》劉氏："延嗣，汾州刺史。"《全文》卷二三一張説《司屬主簿博陵崔訥妻劉氏墓誌銘》："唐滁州刺史德祖之孫，汾州刺史延嗣之女也。"夫人以大足元年七月某日寢疾而卒。

雲弘胤（雲弘嗣、雲弘允）　　約永昌中

《姓纂》卷三定興雲氏："弘允，汾州刺史。"按《姓氏急就篇》有雲弘嗣。"允"疑原作"胤"，宋人避諱改寫爲"嗣"。《嘉泰吳興志》："雲洪嗣，武德七年自右庶子授，遷鄭州刺史。""洪"又"弘"之諱改。按弘嗣天授二年被殺，見《新書·則天皇后紀》及《通鑑》。疑《吳興志》誤。

慕容知晦　　約聖曆中

《姓纂》卷八昌黎慕容氏："知晦，兵部郎中、汾州刺史。"上圖藏拓片《唐故河南府澠池縣丞慕容君（瑾）墓誌銘并序》（開元二十年八月十四日）："父知晦，汾州刺史。"瑾卒開元廿年，年四十九。按河南博物館藏聖曆二年《夏官郎中慕容君唐故夫人費氏墓誌銘并序》稱：夫人卒上元三年。夫人即知晦之妻。《隋唐五代墓誌匯編·洛陽卷》第十册《唐中散大夫守祕書監致仕上柱國慕容公（珣）墓誌銘并序》（開元二十四年十月二十六日）："考知晦，皇朝太僕少卿、汾州刺史。"珣卒開元廿四年，享年六十八。

蘇　瓌　　武后時

《全文》卷二三八盧藏用《太子太傅蘇瓌神道碑》："累遷汾、鼎、同、汴、揚、陝，以累轉入尚書左丞……九爲牧，而循良之績著於州郡。"按兩《唐書》本傳未及。

皇甫知常　　武后時

《千唐誌·監門衛長史安定皇甫公（慎）墓誌銘并叙》（開元十九年四月七日）："父知常，汾、懷、汴等六州刺史，揚、洛二州長史。"慎卒開元十九年三月二日。《全文》卷二四〇宋之問《爲皇甫懷州讓官

表》："剖符南峴，既恧民謡；作鎮西河，未寬入隱。二邦爲政，撫熊軾而無功。"按"皇甫懷州"，當即皇甫知常。岑仲勉《姓纂四校記》卷五謂即"安定朝那縣皇甫氏"爲潙州刺史之皇甫憕，誤。又按此文《全文》卷八三五錢珝名下重出，應删。

李上義　約武后時

北圖藏拓片《唐故承務郎行瀛州平舒縣主簿知薊州漁陽縣事賞緋魚袋隴西李府君（弘亮）墓誌銘并序》（元和十四年二月二十四日）："烈考曰子武，懷州武陟縣丞……武陟府君之父曰真玉，朝散大夫，累任至常州無錫縣令。無錫府君之父曰上義，銀青光禄大夫，涇、隴、汾、晉、岐、曹等七州刺史，揚府長史，右庶子，隴西縣開國公。"弘亮卒元和十三年五月十七日，享年四十四。

馮　騫（馮蹇）　約武后時

《姓纂》卷一長樂信郡馮氏："騫，汾州刺史。"乃齊内史馮慈明孫，守吕州刺史馮怦之子。按《金石録補》卷一三引《唐故處士馮公（懿）墓誌銘并序》稱："曾祖慈明，齊内史……祖怦、父蹇，皆唐刺史。"馮懿卒景龍三年。又，馮怦貞觀十六年在吕州刺史任，則馮騫爲汾刺約在武后時。

竇　總　武后時？

《姓纂》卷九河南洛陽竇氏："總，汾州刺史。"又見《新表一下》竇氏三祖房。乃武德初禮部尚書竇璡之孫，饒州刺史普行之子。《隋唐五代墓誌匯編·洛陽卷》第十三册《唐故處州刺史崔公後夫人竇氏墓誌并序》（元和十二年閏五月十三日）："皇太常卿、汾州刺史總之曾孫，皇屯田員外郎儼之孫，皇寧州真寧縣令少廣之長女。"夫人卒元和十二年，享年七十五。

李□道　武后或中宗時

《全文》卷三五一賈彦璿《大唐故忠武將軍行薛王府典軍上柱國

平棘縣開國男李府君（無慮）墓誌銘》：“父□道，皇金紫光禄大夫、汾州刺史。”無慮開元十七年五月七日卒，春秋六十二。又見《古刻叢鈔》。

崔諤之　　約景龍中

《隋唐五代墓誌匯編·洛陽卷》第九册《□□大夫太府卿少府監贈□州都督上柱國趙國公崔府君（諤之）墓誌》（開元七年十月二十二日）：“預謀劉章……封趙國公，食邑□□□，拜衛尉卿，將作少匠，滑州刺史，太府卿，汾州刺史，少府監，檢校司農卿，加銀青光禄大夫，太府卿兼檢校御史中丞，□拜少府監。”開元七年卒。

楊隆禮（楊崇禮）　　約景龍、景雲間

《舊書·楊慎矜傳》：“父隆禮，長安中天官郎中，神龍後，歷洛、梁、滑、汾、懷五州刺史……景雲中，以名犯玄宗上字，改爲崇禮。開元初，擢爲太府少卿。”又見《元龜》卷八二五。

裴　談　　景雲中

《新書·齊澣傳》：“睿宗將祠太廟，刑部尚書裴談攝太尉，先告。澣奏：‘……談慢媒不恭。’……談由是下除汾州刺史。”

楊執一　　先天元年（712）

拓本賀知章撰《大唐故金紫光禄大夫行鄜州刺史楊府君（執一）墓誌銘并序》（開元十五年九月三日）：“今上載懷王業，將幸晉陽，起府君爲汾州刺史……徵拜涼州都督。”（《文物》1961年第8期）又見《全文》卷二二九張説《贈户部尚書河東公楊君（執一）神道碑》。按兩《唐書·楊執柔傳》僅謂弟執一，以誅張易之功封河東郡公，累官右金吾衛大將軍，未及汾刺。

陸餘慶　　開元元年（713）

《英華》卷二六八蘇頲有《餞洛州陸長史再守汾州》詩，友人陶敏

謂即陸餘慶。《全詩》卷七三誤作《餞潞州陸長史再守汾州》。參見卷四九"河南府"。

鄭休遠　　開元十一年前(723 前)

《嘉泰會稽志》:"鄭休遠,開元十一年自汾州刺史授。"按《新書·后妃上·上官昭容傳》:"母鄭,太常少卿休遠之姊。"

韋　湊　　開元十一年(723)

《全文》卷九九三闕名(《英華》卷九一四作"韋述")《唐太原節度使韋湊神道碑》:"〔開元〕十一年轉汾州刺史,其年,又遷太原尹……其年十二月九日薨於太原之官舍。"《新書》本傳未及。按《舊書》本傳稱:轉汾州刺史。〔開元〕十年,拜太原尹兼節度支度營田大使。又按《會要》卷六八:"開元十一年正月二十日,置北都,以韋湊爲尹。"

【楊承令　　開元十三年(725)(未之任)】

《通鑑·開元十三年》:二月,"上自選諸司長官有聲望者大理卿源光裕、尚書左丞楊承令、兵部侍郎寇泚等十一人爲刺史"。三月,"汾州刺史楊承令不欲外補,意怏怏……壬寅,貶睦州別駕"。又見《元龜》卷六七一。按《新表一下》楊氏觀王房:"承令,尚書右丞。"

唐九徵　　約開元中

《大唐新語》卷一一:"唐九徵爲御史,監靈武諸軍時……中宗不時加褒賞……累遷汾州刺史。開元末,與吐蕃贊普書云:'波州鐵柱,唐九徵鑄。'"

李道堅　　開元中

《舊書·李靈夔傳》:"次子藹,封范陽王……神龍初……封藹子道堅爲嗣魯王……少年佐郡,聲實已彰。景龍四年,加銀青光禄大夫,歷果、隴、吉、冀、洺、汾、滄等七州刺史,國子祭酒。開元二十二年,兼檢校魏州刺史,未行,改汴州刺史、河南道採訪使。"又見《元龜》

卷二八一。《新書》本傳未叙州名。

李 暹　　開元二十年(732)

葉夢得《避暑録話》卷下："余在建康，有李氏子自言唐宗室後，持其五代而上告五通，援赦書求官。縑素雖弊，字畫猶如新。其最上'廣川郡公、汾州刺史李暹'一告尤精好。其初書舊衛'趙州刺史'，次云'可汾州刺史'云云。然後書告詞，先言'門下'，末言'主者施行'，猶今之麻詞也。開元二十年七月六日下。後低項列'銀青光禄大夫、守兵部尚書兼中書令、集賢殿學士'云云，'蕭嵩宣，中書侍郎闕，知制誥王邱奉行'，此中書省官也。再起項列'侍中兼吏部尚書、宏(弘)文館學士臣光庭'與'黄門侍郎、給事中'等言，'制出如右，請奉制付外施行。謹言，年月日'。畫制'可'者，門下省官也。再列'尚書左丞相闕，開府儀同三司行尚書右丞相'云云……"

崔 珪　　開元中

《新表二下》崔氏大房："珪，汾、相等州刺史。"乃武后、中宗時宰相崔玄暐之子。

陸 璪　　天寶四載(745)

《新書》本傳："出爲太原少尹。累徙西河太守，封平恩縣男。"《舊書・陸長源傳》："西河太守璪之子。"《姓纂》卷一〇陸氏："璪，汾州刺史。"《新表三下》陸氏同。按《全文》卷三〇九孫逖《授陸璪太原少尹制》："守洛陽縣令陸璪……宜佐理於汾州，可守太原少尹。""璪"當爲"璪"之訛。朱玉麒云，《道教靈驗記》卷一二"曹喜道德經不焚驗"："曹喜者，汾州西河縣人也……其不燃之經，表進入京。持節西河郡太守陸璪表奏聞。天寶四載八月十二日敕褒編付史館。""璪"當是"璪"之訛。

杜希望　　天寶五載前(746前)

《舊書・杜佑傳》："父希望，歷鴻臚卿、恒州刺史、西河太守。"《新

書·杜佑傳》略同。又見《元龜》卷七二八。《全文》卷四九六權德輿
《大唐故銀青光禄大夫檢校司徒同中書門下平章事杜公（佑）淮南遺
愛碑銘并序》："烈考諱希望，歷鴻臚卿、御史中丞，再爲恒州刺史，代
鄜二州都督，西河太守，襄陽縣男。"卷五〇五權德輿《唐丞相金紫光
禄大夫守太保致仕杜公（佑）墓誌銘并序》略同。《金石録》卷七："《唐
西河太守杜公遺愛碑》，書撰人姓名殘缺……天寶五載。"又見《山右
金石記四》引。《全詩》卷一二六王維有《故西河郡杜太守挽歌二首》，
卷二〇〇岑參有《河西（乃"西河"之訛倒）太守杜公挽歌四首》，卷二
〇〇岑參又有《西河郡太原守張夫人挽歌》，乃杜希望之妻。題中
"原"字衍。此詩重見《全詩》卷二五八李峰（一作李岑）作。杜希望開
元二十六年官鄜州都督，是年六月爲隴右節度使。《姓纂》卷六京兆
杜氏："希望，太僕卿、隴右節度。"

李　巨　　天寶五載（746）

《舊書》本傳："天寶五載，出爲西河太守……坐貶義陽郡司馬。
六載，御史中丞楊慎矜爲李林甫、王鉷構陷得罪，其黨史敬忠亦服法。
以巨與敬忠相識，坐解官，於南賓郡安置。"《新書》本傳略同。

蕭　恕　　天寶中？

《新書·楊元琰傳》："子仲昌……以河陽尉對策，玄宗擢第一，授
蒲州法曹參軍，判入異等，遷監察御史。坐累爲孝義令。鸎降庭樹，
太守蕭恕表其政，徙下邽。"按蕭恕子蕭定大曆間任蘇、潤、湖等州刺
史，興元元年卒，年七十七。

劉　寂　　天寶九載前（750 前）

《金石録》卷七："《唐西河太守劉寂德政頌》，孫宰撰，烏彤行書，
天寶九載。"又見《山右金石記四》引。

長孫勖　　天寶中

《姓纂》卷七河南洛縣（陽）長孫氏："勖，西河太守。"又見《新表二

上》長孫氏。乃郢州刺史長孫昭之孫。按《全文》卷二六八武平一《東門頌序》稱"宣城令長孫勔"。

蕭　晉　　約至德中

《新表一下》蕭氏齊梁房:"晉,汾州刺史。"乃開元中絳州刺史仲豫之子。《全文》卷三六七賈至《授蕭晉太府少卿等制》:"守西河太守蕭晉,可太府少卿。"

崔　圓　　上元元年—二年(760—761)

《舊書》本傳:"李光弼用爲懷州刺史,除太子詹事,改汾州刺史,皆以理行稱。拜揚州大都督府長史、淮南節度觀察使。"《新書》本傳略同。又見《元龜》卷六七三。《舊書·董晉傳》:"出爲汾州司馬。未幾,刺史崔圓改淮南節度,奏晉以本官攝殿中侍御史,充判官。"《全文》卷三一八李華《淮南節度使尚書左僕射崔公頌德碑銘并序》:"居守洛京,乃傅濟王;又典汾州,王德日宣。汾州阜安,乃統江淮。"按上元二年二月,以太子詹事崔圓爲淮南節度,見《舊書·肅宗紀》。

李　勉　　約寶應元年(約762)

《新書》本傳:"進梁州刺史……羌、渾、奴刺寇州,勉不能守,召爲大理少卿。然天子素重其正,擢太常少卿,欲遂柄用。而李輔國諷使下己,勉不肯,乃出爲汾州刺史。歷河南尹,徙江西觀察使。"按《舊書》本傳謂:"出歷汾州、虢州刺史。"又見《元龜》卷七八一。又按寶應元年建辰月甲午,奴刺寇梁州,觀察使李勉棄城走,見《通鑑》。又按廣德元年李勉爲虢州刺史。

唐　旻　　永泰末

《新表四下》唐氏:"旻,汾州刺史。"乃中宗時宰相唐休璟之孫。《全詩》卷二三二杜甫《巫山縣汾州唐使君十八弟宴別兼諸公攜酒樂相送率題小詩留於屋壁》:"臥病巴東久,今年強作歸。故人猶遠謫,茲日倍多違。"又卷二二三杜甫《敬寄族弟唐十八使君》:"得罪永泰

末,放之五溪濱……除名配清江,厥土巫峽鄰。"朱鶴齡注:"唐十八先
爲汾州刺史,時貶施州。"疑即唐旻。又按岑仲勉《唐人行第錄》未考
出"唐十八"其名。

賈　耽　　大曆七年—十四年(772—779)

　　《舊書》本傳:"從事河東,檢校膳部員外郎、太原少尹、北都副留
守。又檢校禮部郎中、節度副使。改汾州刺史,在郡七年,政績茂異。
入爲鴻臚卿……大曆十四年十一月,檢校左散騎常侍、兼梁州刺史、
御史大夫、山南西道節度使。"《新書》本傳略同。《全文》卷四七八鄭
餘慶《左僕射賈耽神道碑》:"遷汾州刺史,在郡七年……徵拜鴻臚
卿……是歲拜梁州刺史。"又卷五〇五權德輿《唐故金紫光禄大夫檢
校司空兼尚書左僕射同中書門下平章事賈公(耽)墓誌銘并序》:"亞
尹北都,剖符西河……大曆十四年冬十月繇大鴻臚貞師於梁。"

王　翃　　約大曆十四年—建中二年(約779—781)

　　《舊書》本傳:"西蕃入寇,河中元帥郭子儀統兵備之,乃徵翃爲河
中少尹,充節度留後,領子儀之務……歷汾州刺史、京兆尹。"《舊書·
德宗紀上》:建中二年三月"辛巳,以汾州刺史王翃爲振武軍使、東中
二受降城鎮北綏銀麟勝等州留後。"又見《通鑑·建中二年》三月。
《新書》本傳略同。《全文》卷四九九權德輿《唐故楚州淮陰縣令王府
君(光謙)神道碑銘》:"公之才子五人……次曰翃……歷辰朗容三州
刺史、容管經略使……朔方節度留後、汾州刺史、單于副都護……徵
拜京兆尹。"按李光弼大曆十四年閏五月代郭子儀爲河中尹,則王翃
領子儀留務不能晚於是年。

劉　暹　　約建中二年—四年(約781—783)

　　《舊書·于頎傳》:"遷河南尹,以無政績代還。時徵汾州刺史劉
暹,暹剛腸嫉惡,歷典數州,皆爲廉使畏懼。宰相盧杞恐暹爲御史大
夫,虧沮己之所見,遂稱薦頎爲御史大夫。"又見《元龜》卷三三九。
《新書·劉晏傳》:"晏兄暹,爲汾州刺史……建中末,召爲御史大夫。

宰相盧杞憚其嚴，更薦前河南尹于頎代之。”按于頎建中二年在河南尹任。

李再春　　建中四年(783)

《元龜》卷一三九：“〔建中〕四年二月……汾州刺史李再春亡妻、其子瑤亡妻等並追贈國夫人……〔初，〕再春、瑤棄其族來降，田悦盡滅其家……至京……再春爲汾州刺史。”按建中三年在博州刺史任。

李　説　　約貞元三年前（約 787 前）

《舊書》本傳：“馬燧爲河陽三城、太原節度，皆辟爲從事。累轉御史、郎官，御史中丞，太原少尹，出爲汾州刺史。節度使李自良復奏爲太原少尹、檢校庶子、兼中丞。”《新書》本傳：“遷汾州刺史。李自良代〔馬〕燧，復奏爲〔太原〕少尹。”按李自良貞元三年代馬燧爲太原尹，見《舊書·德宗紀上》。

董叔經　　約貞元中

《宣室志》卷五：“元和初，董叔經爲河西守。”《廣記》卷四一七引作“西河守”。按元和元年閏六月，以祕書監董叔經爲京兆尹，八月卒於任，其爲汾刺似不應在元和年。又按光緒《山西通志》卷九二：“《開汾河記》，貞元中董叔經書，舊在汾州，見《墨池編》。”《集古録目》有貞元三年檢校太子左庶子董叔經題名。則其爲汾刺當在貞元中。《景德傳燈録》卷八《汾州無業法師傳》：“後至上黨，節度使李抱真重師名行，且夕瞻奉……未久，又住清涼金閣寺重閲大藏，周八稔而畢，復南下至於西河，刺史董叔纏請住開元精舍。”又見《宋高僧傳》卷一一《唐汾州開元寺無業傳》。疑“董叔纏”即“董叔經”之誤。

裴　向　　約貞元末

《舊書》本傳：“德宗季年，天下方鎮副倅多自選於朝……向已選爲太原少尹，德宗召見喻旨，尋用爲行軍司馬、兼御史中丞，改汾州刺史，轉鄭州。又復爲太原少尹、兼河東節度副使。”《新書》本傳未及。

崔弘禮　　約元和十二年—十三年(約 817—818)

《千唐誌·唐故東都留守東都畿汝州都防禦使銀青光禄大夫檢校尚書左僕射判東都尚書省事兼御史大夫崔公(弘禮)墓誌銘并序》(大和五年四月二十八日):"元和十一年除忻州刺史……旋爲太原府所請,權知汾州,其政如忻州。十三年,改守棣州。"《舊書》本傳:"元和中,吕元膺爲東都留守,以弘禮爲從事……累除汾州、棣州刺史。會田弘正請入覲,請副使,乃授弘禮衛州刺史,充魏博節度副使。"《新書》本傳略同。

楊元卿　　約元和十三年—十五年(約 818—820)

《舊書》本傳:"既平淮西……詔授左金吾衛將軍。未幾,改汾州刺史,復徵爲左金吾衛將軍。長慶初……旋授檢校左散騎常侍、涇州刺史、涇原渭節度觀察等使。"《新書》本傳略同。【補遺】《唐故光禄大夫太子太保贈司徒弘農楊公(元卿)墓誌銘》(大和八年七月二十八日):"改太子僕,旋兼御史中丞,爲蔡州刺史,俾環視而經略之。未果行,除光禄少卿。……遷右金吾衛將軍,出守汾州。恤患求瘼,西河大治。征入復執金吾……寶曆二年,拜左僕射、河陽三城節度使、懷州刺史。……進光禄大夫、檢校司空。大和五年以本官作宣武軍節度、汴宋亳等州觀察使。"(趙君平《唐楊元卿墓誌拓本跋》,《書法叢刊》2001 年第 4 期。文物出版社 2001 年版)

楊　潛　　長慶元年—三年(821—823)

《宋高僧傳》卷一一《唐汾州開元寺無業傳》:"以長慶三年十二月二十一日安葬于練若之庭。業遷化之歲(長慶元年),州牧楊潛得僧録準公具述其事,遂爲碑頌。"按《白居易集》卷四八有《楊潛可洋州刺史制》。按《祖堂集》卷一五汾州和尚:"長慶三年癸丑歲十二月……敕賜大達禪師澄源之塔,汾州刺史楊潛撰碑文。"則長慶三年在任。《廣記》卷二七八引《宣室志》:"右常侍楊潛,嘗自尚書郎出刺西河郡。"

崔　恭　　約長慶中

《新表二下》博陵崔氏第三房："恭，汾州刺史。"《唐詩紀事》卷五九張洪（弘）靖："洪靖爲太原節度使，有《山亭懷古》詩……節度副使、檢校右散騎常侍崔恭和……恭，終汾州刺史。"按張弘靖元和十一年至十四年爲太原尹。《全文》卷七一七長孫巨澤《盧陲妻傳》："汾州刺史崔恭幼女曰少元（玄），事范陽盧陲。"《廣記》卷六七引《少玄本傳》同。

薛　從　　約大和中

《新書·薛平傳》："子從，字順之，以蔭授左清道率府兵曹參軍，累遷汾州刺史……徙濮州，儲粟二萬斛以備凶災。於是山東大水，詔右司郎中趙傑爲賑恤使，傑表其才，擢將作監。"

李　漢　　大和九年（835）

《舊書·文宗紀下》：大和九年七月癸丑，"貶吏部侍郎李漢爲汾州刺史"。又本傳：大和九年"六月，李宗閔得罪罷相，漢坐其黨，出爲汾州刺史。宗閔再貶，漢亦改汾州司馬"。《新書》本傳略同。又見《通鑑·大和九年》七月，《元龜》卷九三三。

魏　謩　　會昌初

《舊書》本傳："武宗即位，李德裕用事，謩坐楊〔嗣復〕、李〔固言〕之黨，出爲汾州刺史。楊、李貶官，謩亦貶信州長史。"《新書》本傳略同。又見《元龜》卷九二五。

李　丕　　會昌四年（844）

《舊書·武宗紀》：會昌四年"三月，以晉絳副招討石雄爲澤潞西面招討，以汾州刺史李丕爲副"。又見《元龜》卷一二三。《新書·劉稹傳》："李丕者，善長短術……帝召見，擢忻州刺史……遷汾、晉二州刺史。大中初，拜振武節度使。"《全文》卷六九八李德裕有《授李丕汾州刺史制》。

楊　倞　　會昌四年（844）

《古刻叢鈔‧唐故銀青光禄大夫使持節蔚州諸軍事行蔚州刺史兼御史中丞馬公（紓）墓誌銘并序》：“朝請大夫、使持節汾州諸軍事守汾州刺史楊倞撰。”會昌四年七月十日歸葬。

鄭祗德　　約大中初

《隋唐五代墓誌匯編‧洛陽卷》第十四册《唐故范陽盧氏榮陽鄭夫人墓誌銘》（大中十二年五月十二日）：“父曰祗德……自河南（少尹）爲汾州刺史……由汾州入爲右庶子，未數月，出爲楚州團練使，復加金紫。”

張　静　　大中時？

《舊五代史‧張彦成傳》：“曾祖静，汾州刺史。祖述，澤州刺史。父礪，昭義行軍司馬。”彦成卒廣順三年，年六十。

崔　駢　　大中十年（856）

《山右金石記》卷四：“《魏文侯廟碑》……舊在汾州府……考《汾州圖牒》曰……大中十年，刺史崔駢自孝義移於此。”《唐語林》卷七：“〔白敏中〕以本官充學士，出崔爲申州，又徙邢、洺、汾三州，後以疾廢洛下。”《廣記》卷二六五引《芝田録》：“崔駢汾州刺史，續改洺州刺史，流落外任，不復更遊郎署，終鴻臚卿。”按開成四年在坊州刺史任。

崔　福　　乾符三年（876）

《舊書‧僖宗紀》：乾符三年六月，“主客郎中崔福爲汾州刺史”。按咸通十年八月由比部員外郎貶昭州司户，見《舊書‧懿宗紀》。

王重盈　　約乾符中

《新書‧王重榮傳》：“重盈前此已歷汾州刺史。黃巢渡淮，擢陝虢觀察使。”《舊書‧王重榮傳》未及。

伊　廣　　約光啓中

《舊五代史》本傳：“遇天下大亂，乃委質於武皇……累歷右職，授汾州刺史……乾寧四年……歿於賊。”《元龜》卷六五三：“及爲汾州刺史，時武皇主盟，諸侯景附，軍機締結，聘遣旁午，廣奉使稱旨。”

康君立　　文德元年—大順元年（888—890）

《舊五代史》本傳：“文德初，李罕之既失河陽，來歸於武皇……八月，授汾州刺史。大順元年，潞州小校安居受反，武皇遣君立討平之，授檢校左僕射、昭義節度使。”又見《元龜》卷三四七。

李存孝　　大順元年（890）

《舊五代史·唐武皇紀上》：大順元年九月，“以李存孝爲汾州刺史”。又本傳：“存孝收晉絳，以功授汾州刺史。大順二年三月……武皇令存孝定邢、洺，因授之節鉞。”又見《通鑑·大順元年》九月，《元龜》卷三四七。《新五代史》本傳：“初，存孝取潞州功爲多，而太祖別以大將康君立爲潞州留後，存孝爲汾州刺史……及走張濬，遷邠州刺史。大順二年，徙邢州留後。”

孟　遷　　大順二年—光化二年（891—899）

《新書》本傳：“大順元年，〔李〕存孝復攻邢，遷挈邢、洺、磁三州降，執王虔裕三百人獻之，遂遷太原。表安金俊爲邢、洺、磁團練使，以遷爲汾州刺史。”《新五代史·孟方立傳》略同。《舊五代史·唐武皇紀下》：光化二年“八月，潞州平。九月，武皇表汾州刺史孟遷爲潞州節度使”。《通鑑·光化二年》九月同。

李　瑭　　約光化二年—天復元年（約 899—901）

《舊五代史·唐武皇紀下》：天復元年五月，“汴軍皆退……初，汴軍之將入寇也，汾州刺史李瑭據城叛，以連汴人。至是武皇令李嗣昭、李存審將兵討之……擒李瑭等斬於晉陽市”。兩《五代史·李嗣昭傳》略同。又見《新五代史·唐莊宗紀上》，《通鑑·天復元年》，《元龜》卷三四七。

＊**李存勖**　約天祐初

《舊五代史·唐莊宗紀一》:"唐光啓元年……生帝於晉陽宫……及武皇之討王行瑜,帝時年十一……賊平,授檢校司空、隰州刺史,改汾、晉二郡,皆遥領之。"又見《元龜》卷七。

王　鄴?　天祐中?

《舊書·王處存傳》:其子郜,"天復初,卒於晉陽。其弟鄴,克用以女妻之,歷嵐、石、沔三州刺史,大同軍防禦使。天祐中卒"。按唐末無沔州。且鄴刺嵐、石、雲州,均在河東道,疑"沔州"爲"汾州"之誤。

待考録

崔　玎

《新表二下》崔氏大房:"玎,汾州刺史。"

田　某

《全詩》卷五〇一姚合有《謝汾州田大夫寄茸氈葡萄》。

卷八五　沁州（陽城郡）

隋上黨郡之沁源縣。義寧元年置義寧郡。武德元年改爲沁州。天寶元年改沁州爲陽城郡。乾元元年復爲沁州。領縣三：沁源、和川、綿上。

費　曜　　約武德、貞觀中

《芒洛四編》卷四《夏官郎中慕容君唐故夫人費氏墓誌銘并序》："曾祖遂，魏驃騎大將軍，隋晉州刺史。祖曜，唐沁州刺史。考大辯，益州都督府士曹參軍事。"夫人上元三年卒。

孟神慶　　約永徽初

《舊書·孟利貞傳》："父神慶，高宗初爲沁州刺史。"

爾朱義琛（爾朱儀深）　　約顯慶二年（約 657）

《元龜》卷九三三："詳行正卿爾朱儀深爲沁州刺心（史）……並坐與〔上官〕儀交遊故也。"按上官儀顯慶二年爲許敬宗構陷下獄，見兩《唐書·上官儀傳》。爾朱儀深貶沁刺當在其時。又按其時同被貶者有隰州刺史郭廣敬等。

李元慶　　約顯慶、龍朔間

《舊書》本傳："永徽四年，歷滑州刺史，以政績聞，賜物二百段。後歷徐、沁、衛三州刺史……麟德元年薨。"《新書》本傳略同。又見

1186

《元龜》卷二八一。《會要》卷五：“道王元慶歷趙、豫、滑、徐、沁、衛州刺史，皆以政聞。”

【李　鳳　　麟德元年(664)(未之任)】

《大唐故使持節青州諸軍事青州刺史虢莊王(鳳)墓誌銘并序》：“龍朔三年授使持節壽州諸軍事壽州刺史。未幾，尋除沁州刺史。未及之任，又授使持節青州諸軍事青州刺史。”(《考古》1977 年第 5 期《唐李鳳墓發掘簡報》)又附拓片：“維麟德元年歲次甲子正月己酉朔廿一日己未，皇帝若曰……沁州刺史、上柱國、虢王鳳……是用命爾爲使持節青州諸軍事青州刺史。”又見《全文》卷一五四、《大詔令集》卷三七《册虢王鳳青州刺史文》，上官儀行制。按兩《唐書》本傳未及。

權知節　　高宗時

《隋唐五代墓誌匯編·洛陽卷》第七册《故袁州刺史右監門衛將軍駙馬都尉天水權君(毅)墓誌銘并序》(神龍元年八月十八日)：“父知節，郇王府長史，沁、亳、潤三州刺史，使持節桂州諸軍事桂州都督。”

鄭　某　　高宗時

《全詩》卷四四劉褘之有《酬鄭沁州》，名不詳。按劉褘之仕高宗時。

蘇　澄　　約武后初

《姓纂》卷三郿西蘇氏：“澄，沁州刺史。”《新表四上》蘇氏同。乃隋左僕射蘇威之孫，中宗、睿宗相蘇瓌之叔父。

郭依仁　　約武后時

《新表四上》華陰郭氏：“依仁，沁州刺史。”按其祖郭弘道武德三年刺同州；其叔廣敬顯慶中坐與上官儀交遊貶刺隰州。

裴仲將 　　中宗時

　　《隋唐五代墓誌匯編·洛陽卷》第九册《故銀青光禄大夫貝州刺史上柱國聞喜縣開國公裴君（仲將）墓誌》（開元九年四月九日）:"洎神龍開泰，産、禄就誅……擢拜太子司議郎，尋除洗馬，衛州長史，遷沁州刺史……"開元七年卒，春秋七十四。《千唐誌·河東裴鎬墓誌銘并序》（天寶三年十一月三十日）:"祖仲將，解褐擢潁川郡許昌縣令，□後累遷至陽城郡太守、右領軍將軍、銀青光禄大夫、上柱國、聞喜縣開國伯、清河郡太守，國之器也。"按天寶十三載《故原城別將裴君（銑）墓誌銘并序》稱:"祖諱仲將，皇貝州刺史。"未及沁州。

楊執一 　　景龍中

　　賀知章撰《大唐故金紫光禄大夫行鄜州刺史楊府君（執一）墓誌銘并序》（開元十五年九月三日）:"初爲武三思所訴，出爲常州刺史，後轉晉州。又潛與王同皎圖廢韋氏，復貶沁州。久之，三思以無禮自及，府君許歸侍京第。景龍四載，維帝念功，擢拜衛尉卿，還復勳爵。"（《文物》1961 年第 8 期）又見《全文》卷二二九張説《贈户部尚書河東公楊君（執一）神道碑》。兩《唐書·楊執柔傳》唯稱:弟執一，神龍初以誅張易之功封河東郡公，累至右金吾衛大將軍。未及沁刺事。

李 邕 　　景雲元年（710）

　　《新書·睿宗紀》:景雲元年六月壬寅，"貶汴王邕爲沁州刺史"。《舊書》本傳:"神龍初，封鳳嫡孫邕爲嗣虢王……韋氏敗，邕揮刃截其妻首……貶沁州刺史，不知州事，削封邑。景雲二年，復嗣虢王。"《新書》本傳略同。又見《通鑑·景雲元年》六月。

魏 靖 　　約開元初

　　北圖藏拓片《大唐故右金吾將軍魏公（靖）墓誌銘并序》（開元十五年正月二十四日）:"〔歷〕慶、沁、易、涇四州刺史，靈、慶、秦三州都督，入爲右金吾將軍。"開元十四年八月廿四日卒，春秋六十八。

馮仁□　　開元中

《全文》卷三〇四崔尚《沁州刺史馮公（仁□）碑》：“拜公爲朝散大夫、使持節沁州諸軍事沁州刺史，仍聽□□，時人榮之。制有逾天官□名。年八十九，以□□（開元）十有一年夏五月庚午終於京師。”又見《寶刻叢編》卷八引《京兆金石錄》，《金石萃編》卷七四，《訪碑録》卷三。《關中金石記》誤作“池州刺史”。

于仙鼎　　約開元中

《姓纂》卷二河南洛陽于氏：“仙鼎，沁州刺史。”《新表二下》于氏作“沁州刺史”。乃武后時于安貞之子。

張去奢　　約開元十八、十九年（約 730、731）

西安碑林《大唐故少府監范陽縣伯張公（去奢）墓誌銘并序》（天寶六載十月七日）：“出爲郿、沁二州刺史……春秋六十，以天寶六載三月十二日遘疾薨於京師之安業里第。”（韋述撰）按《全文》卷三二六王維《京兆尹張公德政碑》稱：“其牧郿也……未盈一歲，遂增萬户；其守汾也，仍歲大旱……拜未起而雨降。”作“汾州”，乃“沁州”之訛。

趙　奭　　天寶八載前（749 前）

《金石録》卷七：“《唐陽城郡太守趙公奭碑》，馮用之撰，韓擇木八分書，衛包篆額，天寶八載五月。”又見《寶刻叢編》卷一引《復齋碑録》，《山東通志》卷一五二《金石存目》。

嚴　向　　約至德中

《全文》卷三六七賈至《授蕭晉太府少卿等制》：“陽城太守嚴向……可太子左庶子。”按兩《唐書·嚴善思傳》皆稱“子向，乾元中爲鳳翔尹”，未及沁刺。

馬崇仙　　貞元十年前（794 前）

《太原晉祠鎮索村發現唐代墓葬》：“九號墓男女都有墓誌，墓主姓馬名崇仙，爲唐代河東郡節度副經略史（使）兼沁州刺史，卒於貞元十年冬十二月廿七日，享年八十四歲。夫人裴氏，年三十五……於大曆八年六月卒。"（《文物參考資料》1958 年第 2 期）

徐 現 約貞元中

《姓纂》卷二諸郡徐氏："現，沁州刺史。"乃大曆九年吏部侍郎徐浩次子。

盧 憚 永貞元年(805)

《全文》卷五四三令狐楚《沁源縣琴高靈泉碑記》："永貞之元年，觀察使、尚書右僕射嚴公……申命前沁源令范陽盧憚假符於州……一年而生物盡康……永貞元年孟冬十月有八日記。"

裴行立 元和二年(807)

《新書》本傳："以軍勞累授沁州刺史，遷衛尉少卿。"又《李錡傳》：憲宗平李錡，"〔擢〕裴行立泌州刺史。"按"泌"當爲"沁"之訛。平李錡事在元和二年十月。又按元和四年在費州刺史任。

崔 倜 約元和中

《新表二下》崔氏大房："倜，沁州刺史。"乃大和四年義成節度崔元略之從父。

烏重儒 元和末

《全文》卷六四八元稹《授薛昌族王府長史等制》："前泌州刺史烏重儒等，皆勳伐之子孫，並良能之牧守……重儒可守冀王府司馬。"按天祐三年始改唐州爲泌州，此"泌"字當爲"沁"字之訛。

王 縱 約會昌末

《全文》卷八一〇司空圖《故鹽州防禦使王縱追述碑》："上黨興妖，復提王旅；太原崇亂，兼領郡符。授沁州刺史……殊庸既顯，善政亦聞，擢邢州刺史，充本州團練使……宣宗皇帝以河隴陷戎，祖宗遺憤……仍授鹽州防禦使。”咸通三年三月三日卒。按“上黨興妖”當指劉稹之亂，事在會昌三年四月；“太原崇亂”當指楊弁作亂，事在會昌四年正月。

張漢瑜　　昭宗時

《全文》卷八三三錢珝有《授沁州刺史張漢瑜等特進封開國男食邑制》。按張漢瑜天復三年至天祐二年爲河陽節度使。

傅　瑶　　光化元年（898）

《舊五代史·李罕之傳》：“光化元年十二月，晉之潞帥薛志勤卒，罕之乘其喪，自澤州率衆徑入潞州，自稱留後……〔執〕沁州刺史傅瑶等，遣其子顥拘送於太祖以求援焉。”又見《通鑑·光化元年》十二月。

蔡　訓　　天復元年（901）

《舊五代史·唐武皇紀下》：天復元年四月，“沁州刺史蔡訓亦以城降於汴”。《通鑑》作“三月”。

蓋　璋　　天復元年（901）

《通鑑·天復元年》：三月“辛亥，沁州刺史蔡訓以城降。河東都將蓋璋詣侯言降，即令權知沁州”。

李存賢　　唐末？

《新五代史》本傳：“太祖擊黃巢於陳州，得之，賜以姓名，養爲子。後爲義兒軍副兵馬使，遷沁州刺史……梁兵屢攻之，存賢力自距守，卒不能近。遷武州刺史、北團練使。又遷慈州。”

卷八六　潞州（上黨郡）

　　隋上黨郡。武德元年改爲潞州。二年置總管府。後改爲都督府。貞觀元年廢都督府。八年置大都督府。十年又改爲都督府。開元十七年以玄宗歷職此州，置大都督府。天寶元年改爲上黨郡。乾元元年依舊爲潞州大都督府。領縣十：上黨、壺關、長子、屯留、潞城、襄垣、黎城、涉、銅鞮、武鄉。

王行敏　　約武德元年—二年（約 618—619）

　　《新書》本傳：“隋末爲盜長，高祖興，來降，拜潞州刺史，遷屯衛將軍。劉武周入并州，寇上黨，取長子、壺關。或言刺史郭子武懦不支，且失潞，帝遣行敏馳往。”

郭子武　　武德二年—三年（619—620）

　　《通鑑·武德三年》：二月，“劉武周遣兵寇潞州，陷長子、壺關。潞州刺史郭子武不能禦，上以將軍河東王行敏助之。行敏與子武不叶，或言子武將叛，行敏斬子武以徇”。又見《新書·王行敏傳》。《元龜》卷四〇一作“郭子威”。

王行敏　　武德三年（620）

　　《元龜》卷三七三：“王行敏爲屯衛將軍，武德三年爲潞州刺史，進攻竇建德之師於武陟。”按《通鑑·武德三年》：二月，“或言〔郭〕子武將叛，行敏斬子武以徇。己巳，〔劉〕武周復遣兵寇潞州，行敏擊破之”。行敏當於其時再刺潞州。

李襲譽　武德三年(620)

《舊書》本傳：“太宗討王世充，以襲譽爲潞州總管。時突厥與國和親，又通使於世充，襲譽掩擊，悉斬之。”《新書》本傳略同。又見《元龜》卷四九八，《新書·突厥傳上》，《通鑑·武德三年》七月癸亥。《金石錄》卷二三《唐太府卿李襲譽墓誌跋》：“據《墓誌》云，武德初拜太僕卿，出爲潞州總管，尋徵拜太府卿。”孫思邈《千金翼》卷二六：“安康公李襲譽稱：武德中出鎮潞州，屬隨徵士甄權以新撰《明堂》示余，余既暗昧，未之奇也。”(《文獻》1987年第1期馮漢鏞《從兩部千金看醫書中的史料》引)

崔義深　貞觀元年前(627前)

《芒洛四編·息州長史崔君(志)墓誌銘》：“〔君〕春秋七十有四，隋開皇廿年十月十五日薨於私第……第二子義深，上大將軍、潞州都督府長史，昌平縣開男男……粵以貞觀元年歲次丁亥二月甲寅朔二十九日壬午合葬於洛陽北邙山之陽。”

李安遠　貞觀初

《舊書》本傳：“貞觀初，歷潞州都督、懷州刺史……七年卒。”《新書》本傳略同。

黃君漢　約貞觀初—六年(?—632)

《文館詞林》卷四五九李百藥《夔州都督黃君漢碑銘》：“自淮肥成破竹之效，軍還，除使持節都督潞澤□(蓋)韓遼五州諸軍事潞州刺史……粵以貞觀六年薨於州館，春秋五十有二。”又見《唐文拾遺》卷一四。

李元嘉　貞觀六年—十二年(632—638)

《舊書》本傳：“貞觀六年，賜實封七百户，授潞州刺史……九年，授右領軍大將軍。十年，改封韓王，授潞州都督。"又見兩《唐書·李元景傳》，《元龜》卷二八一、卷二六八，《通鑑·貞觀十年》二月乙丑，《全文》卷六太宗《荆王元景等子孫代襲刺史詔》，《會要》卷四六。《大詔令集》卷三四岑文本《册潞州都督韓王元嘉文》："維貞觀十二年四月己卯……惟爾使持節潞沁韓澤四州諸軍事潞州刺史韓王元嘉……式固維城，傳之永世。"《全文》卷一五〇同。按《新書》本傳稱："改王徐，爲潞州刺史……貞觀九年，更封韓，遷滑州都督。"疑有誤。

李元懿　　貞觀中

《舊書》本傳："〔貞觀〕十年，改封鄭王，歷鄭、潞二州刺史。二十三年，加實封滿千户。總章中，累授絳州刺史。"《新書》本傳略同。又見《元龜》卷二八一。《全文》卷九一二洪滿《大唐故贈司徒荆州大都督兗安二州都督鄭絳潞三州刺史上柱國鄭惠王石記》："王即太武皇帝之第十三子。往任潞州日，於此山奉爲先聖敬造石舍利塔壹所……都督荆安，惟德是順；出守絳潞，非賢勿居。"又見《金石萃編》卷五八。"鄭惠王"即李元懿。

李元禮　　永徽四年—咸亨二年(653—671)

《舊書》本傳："永徽四年，加授司徒，兼潞州刺史。咸亨三年薨。"《新書》本傳略同。又見《元龜》卷二八一。《舊書·高宗紀》：咸亨二年九月，"司徒、潞州刺史、徐王元禮薨"。《通鑑·咸亨二年》九月同。

賀拔正　　儀鳳三年(678)

《山右金石記》卷三《梵境寺舍利銘》引《潞安府志》："梵境寺在城東北，隋時建。唐儀鳳三年賜潞州刺史賀拔正舍利四十九粒，正與長史崔承休、司馬戴安業藏寺内舊塔下，爲《舍利銘》刻石。"又見《山西通志》卷九一引。北圖藏拓片《大唐聖帝感舍利之銘》："通議大夫、使持節潞州諸軍事守潞州刺史、上騎都尉賀拔正面承恩授，頂戴而還，凡四十九粒，爲青白二色……唐儀鳳三年歲在戊寅四月丁亥朔八日甲午安曆於梵境寺舊塔之下，恭皇綍也……朝散大夫、守潞州長史崔承休、司馬戴安業、群僚等並洗心申敬。"

楊思止　　高宗時

　　《新表一下》楊氏觀王房："思止字不殆,潞州刺史、湖城縣男。"乃武后時宰相執柔、朔方節度執一之父。《全文》卷二二九張說《贈户部尚書河東公楊公神道碑》："公諱執一⋯⋯潞州胡城公思止之子。"拓本《大唐故金紫光禄大夫行鄜州刺史贈户部尚書上柱國河東忠公楊府君(執一)墓誌銘并序》(開元十五年九月三日)："考思止,皇司馭、司衛二寺卿,德、潞二州刺史,湖城公。"執一卒開元十四年。

魏叔瑜　　約高宗、武后時

　　《舊書·魏徵傳》："〔子〕叔瑜至潞州刺史。"按《新書·魏徵傳》稱："叔瑜,豫州刺史。"未及潞刺。

李嗣真　　永昌元年—長壽元年(689—692)

　　《新書》本傳："永昌初,以御史中丞知大夫事⋯⋯來俊臣獄方熾,嗣真上書諫⋯⋯不納。出爲潞州刺史。來俊臣誣以反,流藤州,久得還。"《舊書》本傳未及。《通鑑·長壽元年》:正月,"左臺中丞來俊臣羅告同平章事任知古⋯⋯潞州刺史李嗣真謀反⋯⋯流〔裴〕行本、嗣真於嶺南"。又見《元龜》卷三〇七、卷五二二。

鄭固忠(鄭越客)　　武后時

　　《金石萃編》卷六八《唐故密亳二州刺史贈安州都督□□(鄭仁愷)碑并序》："次子固忠,定、潞、許三州刺史,少府少□□□□。"又見《全文》卷二二〇,崔融撰。按《新表五上》鄭氏："越客,一名固忠,工部侍郎。"嚴氏《僕尚丞郎表》謂中宗時爲工侍。

袁誨己　　中宗時?

　　《姓纂》卷四樂陵東光縣袁氏："誨己,潞州刺史。"乃中宗時中書令、南陽王袁恕己之弟。

劉懷一　　景龍三年(709)

《姓纂》卷五彭城劉氏："懷一,駕部郎中、潞州刺史。"《全文》卷二二一張説《皇帝在潞州祥瑞頌十九首奉敕撰·紫雲》："皇帝臨潞州,景龍三年九月九日與群臣壺口山界坐,其時東北有紫雲翩翩而來,光彩照日。明日上黨縣丞王敬賓等白刺史劉懷一,并啓皇帝。"

趙彦昭　　景雲元年(710)

《元龜》卷一五二："景雲元年九月制曰:潞州刺史趙彦昭,交結回邪,諂附凶孽……可歸州刺史。"又見《元龜》卷九四五,《全文》卷一八睿宗《貶趙彦昭歸州刺史制》。

姚　崇　　睿宗時

《新書》本傳："睿宗立,拜兵部尚書,同中書門下三品,進中書令。玄宗在東宮,太平公主干政……貶爲申州刺史。移徐、潞二州,遷揚州長史……徙同州刺史……〔先天二年〕拜兵部尚書、同中書門下三品。"《舊書》本傳未及。《全文》卷二三〇張説《故開府儀同三司梁國公姚文貞公(崇)神道碑奉敕撰》："出典亳、宋、常、越、許、申、徐、潞、揚、同十郡……享年七十有一,開元九年九月寢疾薨。"

陳正觀　　約開元初

《姓纂》卷三河東桑泉陳氏："正觀,潞、襄二州刺史。"按《英華》卷三九九蘇頲《授陳正觀將作少監制》稱："正議大夫、前襄州刺史、上柱國陳正觀";又按《唐文續拾》卷一一《姚意(姚崇父)妻造象記》有"夫陳正觀任中"等殘文。《廣記》卷四三九引《廣異記》謂陳正觀天寶中卒。

王光輔　　約開元前期

《舊書·王方慶傳》："長子光輔,開元中官至潞州刺史。"按景龍四年二月在長安令任,見《舊書·中宗紀》。

李　濬　　約開元六、七年(約 718、719)

《舊書》本傳:"開元初,置諸道按察使,盛選能吏,授濬潤州刺史、江東按察使……尋拜虢、潞二州刺史,又拜益州長史,劍南節度使,攝御史大夫……八年卒官。"又見兩《唐書·李麟傳》,《元龜》卷六七七。按開元四年七月尚在潤刺任,約開元四、五年爲虢刺,開元八年爲劍南節度。

李懷讓　　開元十二年前(724 前)

《千唐誌·大唐故中散大夫使持節潞州諸軍事守潞州刺史上柱國李懷讓(下泐)》:"年六十,開元十二年歲次甲子八月戊子朔十四日辛丑亡,其月廿七日甲寅於河南府洛陽縣平陰鄉河陰里吕村西北一里故府城南權殯。"

高　懲　　約開元十四年(約 726)

《千唐誌·唐故銀青光禄大夫行光禄少卿高府君(懲)墓誌銘并序》(開元十八年):"遷都水使者,兼判大理、衛尉兩卿,使持節隰州刺史……換雲麾將軍、左衛副率,判大理卿……歷澤、亳、曹、潞、瀛五州刺史,入爲光禄少卿。"開元十七年卒,春秋六十六。

韋虛心　　約開元十五、十六年(約 727、728)

《舊書》本傳:"後遷御史中丞、左右丞、兵部侍郎、荆揚潞長史兼採訪使,所在官吏振肅,威令甚舉,中外以爲標準。歷户部尚書、東都留守,卒,年六十七。"《新書》本傳略同。《全文》卷三一三孫逖《東南留守韋虛心神道碑》:"命公作歙曹二州刺史,荆潞揚三州長史……享年七十,以開元二十九年某月日遘疾薨於東都。"按開元十三年爲荆州長史,開元二十二年由揚州長史爲淮南採訪使。嚴氏《僕尚丞郎表》以爲開元二十一至二十四年間爲兵部侍郎。

崔日知　　開元十六年(728)

《舊書》本傳:"開元十六年,出爲潞州大都督府長史。尋以年老致仕，卒。”《新書》本傳略同。《新表二下》博陵崔氏第三房：“日知字子駿，潞州長史、中山襄公。”《全詩》卷三有明皇帝《賜崔日知往潞州》，卷八七張説亦有《送崔二長史日知赴潞州》。

皇甫翼　　開元中

《元龜》卷八六二：“皇甫翼爲潞州大都督府長史，家艱去職，起復爲揚州大都督府長史，充淮南道採訪使。”按開元二十一年官檢校尚書左丞，見《元龜》卷一六二。

宋　鼎　　開元二十三年(735)

《元龜》卷一二八：“〔開元〕二十三年十二月，命十道採訪使舉良刺史、縣令……〔以〕潞州刺史宋鼎……等聞上。”

李　植　　約開元二十五年(約 737)

《全文》卷三六二徐季鴿《屯留守薛僅善政碑》：“開元二十年……公以左拾遺膺是選也……二十一年，人尤困餒，公輸出私米，兼賑官糧……太原尹王公以殊政奏，長史李植以異能上。七年在任，無風雨霜雹水旱蟲蝗之害。長史李公又考其孤清耿介，冰碧在懷，乃居高平山業。”按李植開元二十三年在澤州刺史任。

宋　鼎　　開元二十七年(739)

《元龜》卷四八稱：開元二十七年，以廣州刺史持節嶺南經略使宋鼎爲潞州長史。

王　某　　玄宗時？

《全文》卷三二七王維有《唐故潞州刺史王府君夫人榮國夫人墓誌銘》。

宋　遙　　天寶六載(747)

《千唐誌·上黨郡大都督府長史宋公(遙)墓誌銘并序》(天寶七

載正月十一日）：“天寶六載卒於上黨，年六十五。”又云：“擢監察御史……出博平、滎陽、絳、魏、陳留、襄陽、貶武當七郡太守，河北、河南、山南三採訪，上黨郡大都督府長史。”《全文》卷三一五李華《贈禮部尚書清河孝公崔沔集序》：“薨於位，時開元二十四年，年六十七……〔公〕權貢舉時，得陸尚書景融、來揚州瑱、宋上黨遙……僉爲國器。”

程千里　　天寶十四載—至德二載（755—757）

《舊書·玄宗紀下》：天寶十四載十一月，“以金吾將軍程千里爲潞州長史，並令討賊”。又《肅宗紀》：至德二載“九月丁丑，上黨節度使程千里與賊挑戰，爲賊將蔡希德所擒”。又見兩《唐書》本傳，《新書·肅宗紀》《安禄山傳》，《通鑑·天寶十四載》十一月，《元龜》卷一二二。《全文》卷三六七賈至《論王去榮打殺本部縣令表》、卷四三二李至《諫貸死以流人使自效疏》。拓本《唐故興元元從雲麾將軍右神威將軍知軍事兼御史中丞李公（良）墓誌銘》：“天寶末，逆安稱亂，中原用武，上黨節度使程千里辟爲從事……屬程謝世，公亦罷去。”

王思禮　　乾元元年—二年（758—759）

《新書》本傳：“長安平，思禮先入清宫；收東京，戰數有功。遷兵部尚書，封霍國公，食實户五百。尋兼潞、沁等州節。乾元元年，總關中、潞州行營兵三萬、騎八千，與〔郭〕子儀圍賊相州……〔李〕光弼徙河陽，代爲河東節度副使。”《舊書·肅宗紀》：乾元二年七月“丁亥，以兵部尚書、潞州大都督府長史、潞沁節度、霍國公王思禮兼太原尹，充北京留守、河東節度副大使。”本傳未及。《唐語林》卷八：“自安禄山之亂，則內地始置九節度以討之。曰：朔方郭子儀……澤潞王思禮。”

李抱玉　　寶應元年—大曆十二年（762—777）

《舊書》本傳：“代宗即位，擢爲澤潞節度使、潞州大都督府長史、兼御史大夫……遷兵部尚書……廣德元年冬，吐蕃寇京師……乃詔抱玉兼鳳翔節度使討之……遷同中書門下平章事，又兼山南西道節度使、河西隴右山南西道副元帥，判梁州事，連統三道節制……大曆十二年卒。"《新書》本傳略同。又見《舊書·代宗紀》，《全文》卷四一三常袞《授李抱玉開府儀同三司制》《授李抱玉河西等道副元帥制》，《大詔令集》卷五九。《金石錄》卷七有《唐澤潞李抱玉紀功碑上》，元載撰，史惟則八分書，廣德二年。

李抱真　　大曆十二年—貞元十年(777—794)

《通鑑·大曆十二年》：三月乙卯，"李抱玉薨，弟抱真仍領懷澤潞留後"。《舊書·德宗紀下》：貞元十年"六月壬寅朔，昭義軍節度使、檢校左僕射、同中書門下平章事、義陽王李抱真卒"。又見兩《唐書》本傳，《舊書·德宗紀上》，《新五代史·李振傳》，《通鑑·貞元十年》六月，《全文》卷七八四穆員《相國義陽郡王李公(抱真)墓誌銘》，卷六一三武少儀《移丹河記》，《景德傳燈錄》卷八《汾州無業禪師傳》。《全文》卷四四六董晉《義陽王李公(抱真)德政碑記》："仍知潞州大都督府事……建中元年特授節制并廉察本道，兼領潞州大都督府長史。"《金石錄》卷九稱此碑爲"貞元九年"。《全文》卷四六三陸贄《授王武俊李抱真官封并招諭朱滔詔》稱：潞州都督府長史、昭義節度李抱真。《大詔令集》卷一一八同。《全詩》卷一八九韋應物有《餞雍聿之潞州謁李中丞》，"李中丞"即李抱真。

＊李　諝　　貞元十年—十五年(794—799)

《舊書·德宗紀下》：貞元十年"七月壬申朔，以邕王諝爲昭義軍節度使"。十五年"十月己丑，邕王諝薨"。又見兩《唐書》本傳。

王虔休(王延貴)　　貞元十年—十五年(794—799)

《舊書·德宗紀下》：貞元十年六月壬寅朔，"李抱真卒，詔以其將王延貴權知昭義軍事……七月壬申朔，以邕王諝爲昭義軍節度使，以昭義軍押衙王延貴爲潞府左司馬，充昭義節度留後，賜名虔休"。十一年五月丁丑，"以昭義軍節度留後王虔休爲潞州大都督府長史、昭義軍節度副大使、知節度事、管內支度、營田、澤潞磁邢洺觀察使,尋加檢校工部尚書”。十五年三月“戊午,昭義軍節度使、檢校工部尚書王虔休卒”。又見兩《唐書》本傳,《通鑑・貞元十一年》七月,《元龜》卷一七六、卷五五三,《御覽》卷五六八。《全文》卷六二〇崔行先有《爲昭義王大夫謝賜改名表》,卷六八八符載有《答澤潞王尚書書》。“王尚書”當即虔休。

李元淳（李長榮）　　貞元十五年—二十年（799—804）

《舊書・德宗紀下》:貞元十五年三月“戊辰,以河陽三城節度使李元〔淳〕爲潞州長史、昭義軍節度、澤潞磁邢洺觀察使”。《舊書・盧從史傳》:“遊澤、潞間,節度使李長榮用爲大將……長榮卒,從史因軍情,且善迎奉中使,得授昭義軍節度使。”乾隆《孟縣志》卷四下引潘孟陽撰《祁連郡王李公（元淳）墓誌》:“〔貞元〕十五年,改昭義軍節度、澤潞等州觀察處置使、潞州大都督府長史、兼御史大夫……以貞元二十年七月二十九日遇疾,一夕而薨,享年六十有六。”

盧從史　　貞元二十年—元和五年（804—810）

《舊書・德宗紀下》:貞元二十年八月“己未,以昭義兵馬使盧從史爲檢校工部尚書,兼潞州長史、昭義軍節度、澤潞磁邢洺觀察使”。又《憲宗紀上》:元和五年四月“甲申,鎮州行營招討使吐突承璀執昭義節度使盧從史,載從史送於京師……戊戌,貶前昭義節度使盧從史爲驩州司馬”。又見兩《唐書》本傳。

孟元陽　　元和五年—六年（810—811）

《舊書・憲宗紀上》:元和五年四月壬申,“以河陽節度使孟元陽爲潞州長史、昭義軍節度、澤潞磁邢洺觀察使”。又見兩《唐書》本傳。《全文》卷六四五李絳《請授烏重允河陽節度使疏》:“伏望聖恩密諭重允,授以河陽節度使,除〔孟〕元陽澤潞節度使。”又見卷六四六《論澤潞事宜狀》。

郗士美 元和六年—十二年(811—817)

《舊書·憲宗紀上》：元和六年"三月乙未朔，以河南尹郗士美檢校工部尚書，兼潞府長史、昭義軍節度使"。又《憲宗紀下》：元和十二年八月庚申，"以〔郗〕士美爲工部尚書"。又見兩《唐書》本傳。《姓纂》卷二郗氏："士美，澤潞節度也。"

辛 祕 元和十二年—十五年(817—820)

《舊書·憲宗紀下》：元和十二年八月庚申，"以河南尹辛祕爲潞府長史、昭義軍節度使，代郗士美"。又《穆宗紀》：元和十五年十二月"丙戌，前昭義軍節度使辛祕卒"。又見兩《唐書》本傳，《元龜》卷六七一。《全文》卷六八二牛僧孺《昭義軍節度使辛公(祕)神道碑》："命公以昭義軍節度使、潞州大都督府長史、檢校工部尚書、兼御史大夫……更四年詔徵……十五年冬行於洛，及闕，以疾不任朝覲……以十二月己卯薨，享年六十四。"《隋唐五代墓誌匯編·洛陽卷》第十三册《于體賢誌》："大唐元和十四年正月，昭義軍節度使、工部尚書、隴西辛公姬人于體賢葬于此。本吴興人也。"可證辛祕元和十四年在任。

李 愬 元和十五年(820)

《舊書·穆宗紀》：元和十五年九月戊午，"以武寧軍節度、徐泗濠等州觀察等使、檢校尚書左僕射、徐州刺史……李愬爲同中書門下平章事、潞州大都督府長史，充昭義軍節度、澤潞磁邢洺觀察處置等使"。十月乙酉，"以昭義節度使、檢校尚書左僕射、同中書門下平章事李愬可本官，爲魏州大都督府長史，充魏博等州節度、觀察等使"。又見兩《唐書》本傳，《元龜》卷三八五。《唐語林》卷四："〔李〕愬爲唐鄧、襄陽、徐泗、鳳翔、澤潞、魏博六節度。"

劉 悟 元和十五年—寶曆元年(820—825)

《舊書·穆宗紀》：元和十五年十月乙酉，"以義成軍節度使劉悟依前檢校右僕射、兼潞州大都督府長史，充昭義節度、澤潞邢洺磁等州觀察等使”。又《敬宗紀》：寶曆元年九月“壬午，昭義節度使劉悟卒”。又見兩《唐書》本傳。《全文》卷六四八元稹有《授〔昭義節度〕劉悟檢校司空幽州節度使制》。卷七五一杜牧《上澤潞劉司徒書》：“〔司徒〕初守滑臺，爲尚書；守澤潞，爲僕射、爲司空、爲司徒。”北圖藏拓片《唐故昭義節度衙前先鋒兵馬使滎陽鄭府君（仲連）墓誌銘并序》（寶曆二年十一月七日）：“長慶中，相國、彭城王劉公保釐東郊，鎮撫襄國，署公先鋒兵馬使。”可證長慶中劉悟在任。

劉從諫　　寶曆元年—會昌三年（825—843）

《舊書·敬宗紀》：寶曆元年十二月辛丑，“以劉悟子將作監主簿從諫起復雲麾將軍、守金吾衛大將軍同正、檢校左散騎常侍、兼御史大夫，充昭義節度留後”。二年四月“戊申，昭義節度使留後劉從諫檢校工部尚書，充昭義節度副大使、知節度事”。又《武宗紀》：會昌三年“四月，昭義節度使劉從諫卒”。又見兩《唐書》本傳。《河北邢臺地上文物調查記》謂《唐陀羅尼經幢》末面上部有“昭義軍節度副大使知節度事、澤潞磁邢洺等州觀察處置等使、光禄大夫、檢校司空、同中書門下平章事、□潞州大都督府長史、上柱國、沛國公、食邑三千戶、襲食封二百五十戶劉從諫”銘記（《文物》1963年第5期）。《唐語林》卷三：“文宗時，昭義軍節度使劉從諫襲父帥潞……自謂河朔近無倫比。”

劉　稹　　會昌三年—四年（843—844）

《舊書·武宗紀》：會昌三年四月，“昭義節度使劉從諫卒，三軍以從諫姪稹爲兵馬留後，上表請授節鉞。尋遣使齎詔潞府，令稹護從諫之喪歸洛陽。稹拒朝旨”。又見兩《唐書》本傳。《新書·武宗紀》：會昌四年“八月乙未，昭義軍將郭誼殺劉稹以降”。

盧　鈞　　會昌四年—五年（844—845）

《舊書·武宗紀》：會昌四年九月，“以前山南東道節度使盧鈞檢校尚書左僕射、潞州大都督府長史，充昭義軍節度使、澤潞邢洺觀察等使”。《通鑑·會昌五年》：七月，“潞卒素驕，憚於遠戍，乘醉回旗入城,閉門大謀,鈞奔潞城以避之"。八月,"鈞還入上黨"。又見兩《唐書》本傳。《全文》卷七〇七李德裕《宰相與盧鈞書》:"聖上以尚書廉簡奉公,和惠恤下……故輟自漢南,撫寧上黨。"又卷七九五孫樵《復召堰籍》:"天子曰:户部侍郎盧某前爲廣州,治稱廉平……及爲潞州,聲光削然。"

王 鎮　　會昌六年(846)

《舊書·武宗紀》:會昌六年二月乙酉,"前壽州刺史王鎮貶潞州長史"。按由壽州爲潞州,似不能稱貶,疑《舊紀》有誤。

李執方　　大中元年—二年(847—848)

《樊南文集補編》卷四《爲滎陽公與昭義李僕射狀》:"某素無才能,謬忝廉察,實憂尸禄……上黨頃集凶徒,近爲王土,瘡痍未復,愁怨尚多。果枉雄才,以孚至化,南則揚河橋之威斷,北則煦上谷之仁聲。"按李僕射指李執方,滎陽公指鄭亞。李商隱大中元年在桂州鄭亞幕。

薛元賞　　大中三年—六年(849—852)

《新書》本傳:"宣宗立,罷〔李〕德裕……元賞下除袁王傅。久之,復拜昭義節度使。"《英華》卷四五五李訥有《授薛元賞昭義軍節度使制》。吴氏《方鎮年表》列於大中三年至六年,姑從之。

鄭 涓　　大中六年—九年(852—855)

《舊書·宣宗紀》:大中九年"九月,昭義節度使、檢校禮部尚書、兼潞州大都督府長史、御史大夫、上柱國、賜紫金魚袋鄭涓檢校刑部尚書、太原尹、北都留守、御史大夫,充河東節度、管内觀察處置等使"。《英華》卷四五六沈珣有《授康季榮徐州節度使鄭涓昭義節度使制》。《千唐誌·唐故國子助教范陽盧公(當)墓誌銘并序》(大中九年二月十一日):"夫人潁陽鄭氏,今潞州節度使、禮部尚書鄭公涓之女。"可證鄭涓大中九年在任。

韋　博　　大中九年—十年（855—856）

《新書》本傳："出爲平盧節度使、檢校禮部尚書，徙昭義。卒，年六十二。"《新表四上》韋氏逍遙公房："博字大業，昭義節度使。"吳氏《方鎮年表》列於大中九、十年，從之。

畢　誠　　大中十年—十一年（856—857）

《舊書·宣宗紀》：大中十年"十月，以邠寧慶節度使、檢校禮部尚書、邠州刺史、上柱國、賜紫金魚袋畢誠爲檢校兵部尚書、潞州大都督府長史、御史大夫，充昭義節度副大使、知節度使、潞邢洺等州觀察使"。十一年"十二月，以昭義軍節度使、朝議大夫、檢校工部尚書、上柱國……畢誠爲太原尹、北都留守、河東節度使"。又見兩《唐書》本傳。《全文》卷七九宣宗有《授畢誠昭義節度使制》。《東觀奏記》卷下："畢誠……上恩顧特異，許用爲相，深爲丞相令狐綯所忌，自邠寧連移鳳翔、昭義、北門三鎮，皆綯緩其入相之謀也。"

裴　休　　大中十一年—十三年（857—859）

《舊書·宣宗紀》：大中十一年十二月，"以金紫光禄大夫、守太子太保分司東都、上柱國、河東縣開國男、食邑五百户裴休檢校户部尚書，兼潞州大都督府長史、昭義軍節度副大使、知節度事、潞磁邢洺觀察等使。"又《懿宗紀》：大中十三年十月癸未，"以昭義軍節度……裴休爲太原尹、北都留守、河東節度管内觀察處置等使。"又見兩《唐書》本傳。

唐　持　　咸通元年—二年（860—861）

《舊書》本傳："大中末，檢校左散騎常侍、靈州大都督府長史、朔方節度、靈武六城轉運等使。進位檢校户部尚書、潞州大都督府長史、昭義節度、澤潞邢洺磁觀察處置等使，卒。"《新書》本傳略同。《新表四下》唐氏："持字德守，容管經略，朔方、昭義節度使，檢校户部尚書。"

劉　潼　　咸通三年—四年（862—863）

《新書》本傳："出爲朔方、靈武節度使。坐累貶鄭州刺史，改湖南觀察使。召爲左散騎常侍。拜昭義節度使，徙河東，又徙西川。"《舊書·懿宗紀》：咸通四年正月，"以昭義節度使、檢校禮部尚書、上柱國、賜紫金魚袋劉潼爲太原尹、北都留守、御史大夫，充河東節度觀察處置等使"。

沈　詢　　咸通四年（863）

《舊書》本傳："咸通中，檢校户部尚書、潞州長史、昭義節度使。"《新書·懿宗紀》：咸通四年"十二月乙酉，昭義軍亂，殺其節度使沈詢"。《姓纂》卷七吳興武康縣沈氏："詢，進士，浙東觀察、澤潞節度。"《通鑑·咸通四年》：十二月，"昭義節度使沈詢奴歸秦，與詢侍婢通，詢欲殺之，未果；乙酉，歸秦結牙將作亂，攻府第，殺詢"。《雲溪友議》卷下《沈母議》："潞州沈尚書詢，宣宗九載主春闈。"

李　蠙　　咸通五年—七年（864—866）

《通鑑·咸通五年》："春正月，以京兆尹李蠙爲昭義節度使。"按《舊書·懿宗紀》作"四年春正月"，誤。《千唐誌·唐故朝議大夫前鳳翔節度副使檢校兵部郎中兼御史中丞弘農楊府君墓誌銘》（乾符三年九月十日）："今分洛李司空蠙節鎮上黨，除君爲節度判官……李公鎮岐山，又命君副焉。"楊府君卒乾符二年六月，享年五十六。

盧　某　　咸通九年?—十一年?（868?—870?）

《廣記》卷二〇九引《尚書故實》："王羲之《借船帖》，書之尤工者也。故山北盧匡，寶惜有年。盧公致書借之，不得……盧除潞州，旌節在途，纔數程，忽有人將書帖就盧求售，閱之，乃《借船帖》也，驚異問之，云：盧家郎君要錢，遣賣耳。盧嘆異移時。盧公，韓太仲外孫也，故書畫之尤者多閱而識焉。"又見《書斷》卷四引。按盧匡咸通六、七年爲桂州刺史，八年爲禮侍。吳氏《方鎮年表》以此列盧匡於咸通九年至十一年，然細味文意，似盧公非指盧匡。待考。

高　湜　　咸通十三年—十四年（872—873）

　　《舊書·高鍇傳》：“鍇子湜……咸通十二年爲禮部侍郎……出爲潞州大都督府長史、昭義節度、澤潞觀察等使。”《新書·高鍇傳》：“子湜，以兵部侍郎判度支，出爲昭義節度使。”按咸通十一年十月，以中書舍人高湜權知禮部貢舉，見《舊紀》。嚴氏《僕尚丞郎表》謂高湜以兵侍判度支約在咸通十三年。《舊書·柳玭傳》：“高湜辟爲度支推官。逾年，拜右補闕。湜出鎮澤潞，奏爲節度副使。”《新書·柳玭傳》略同。

高　湜　　乾符元年—二年（874—875）

　　《舊書·柳玭傳》：“〔高〕湜出鎮澤潞，奏爲節度副使……湜再鎮澤潞，復爲副使。”《新書·柳玭傳》略同。《通鑑·乾符二年》：十月，“昭義軍亂，大將劉廣逐節度使高湜，自爲留後”。《隋唐五代墓誌匯編·洛陽卷》第十四册《唐故前江南西道都團練副使朝議郎檢校尚書禮部郎中高府君（彬）墓誌銘并序》：“父湜，自昭義節度使兼潞州大都督府長史、檢校禮部尚書讁宦□崖郡司馬……咸通十五年春，尚書公出鎮潞州。”彬爲湜第二子，乾符四年卒，年三十六。按咸通十五年即乾符元年。

曹　翔　　乾符二年—四年（875—877）

　　《通鑑·乾符二年》：十月，“以左金吾大將軍曹翔爲昭義節度使”。《舊書·僖宗紀》：乾符五年正月，“以前昭義節度使曹翔檢校尚書右僕射，兼太原尹、北都留守、河東節度使”。《通鑑·乾符五年》作“六月”。

李　鈞　　乾符四年—五年（877—878）

　　《舊書·僖宗紀》：乾符四年六月，“以汝州防禦使李鈞檢校尚書右僕射、潞州大都督府長史，充昭義軍節度、潞邢洺磁觀察等使”。五年十二月，“王師大敗，〔李〕鈞中流矢而卒”。又見《廣記》卷一四五引《三水小牘》。按《舊五代史·唐武皇紀上》稱：“乾符六年春，朝廷以昭義軍節度使李鈞充北面招討使……〔是冬〕李鈞中流矢而卒。"疑年代誤。

高　潯　　乾符六年—中和元年(879—881)

《通鑑・乾符六年》：二月"辛巳，以陝虢觀察使高潯爲昭義節度使"。《舊書・僖宗紀》：中和元年八月，"昭義軍節度使高潯與賊將李詳戰於石橋，爲賊所敗"。《新書・僖宗紀》：中和元年八月，"十將成麟殺潯，入於潞州"。又見《新五代史・孟方立傳》，《通鑑・中和元年》九月。按《舊五代史・安崇阮傳》稱"光啓中，潞州軍校劉廣逐節度使高潯"，年代誤。《桂苑筆耕集》卷一五有《〔代高駢〕爲故昭義姪孫僕射齋詞二首》，稱："中和二年七月二十三日，爲故昭義姪孫僕射及二孫子敬設齋於法雲寺。"又見卷一二《昭義成麟委曲》。

＊孟方立　　中和元年—三年(881—883)

《舊書・僖宗紀》：中和元年"九月，澤潞高潯牙將劉廣擅還據潞州……孟方立率戍卒攻劉廣，殺之。方立遂自稱留後，乃移軍鎮於邢州"。又見本傳。《通鑑・中和元年》九月稱："孟方立起兵攻〔成〕麟，殺之。"按《舊五代史・唐武皇紀上》《新五代史・唐莊宗紀上》皆謂中和三年十一月，孟方立退保邢州。《通鑑・中和三年》作"九月"。

祁審誨　　中和元年(881)

《舊五代史・孟方立傳》："及有歸秦、劉廣之亂，方立見潞帥交代之際，乘其無備，率戍兵徑入潞州，自稱留後。以邢爲府，以〔祁〕審誨知潞州。"按祁審誨時爲昭義軍監軍，見《通鑑》。

【王　徽　　中和元年(881)(未之任)】

《舊書・僖宗紀》：中和元年九月，"制以京城四面催陣使、守兵部尚書王徽檢校左僕射，兼潞州大都督府長史、昭義節度、潞邢洺磁觀察等使"。《新書・孟方立傳》：中和元年，"自稱留後，擅裂邢、洺、磁爲鎮，治邢爲府……僖宗自用舊宰相王徽領節度……徽度朝廷未能

制,乃固讓〔鄭〕昌圖"。又見兩《唐書》本傳。《全文》卷七九三王徽有
《辭澤州節度使表》。

鄭昌圖　　中和二年(882)

《新書·孟方立傳》:"〔王〕鐸使參謀中書舍人鄭昌圖知昭義留
事……昌圖治不三月,輒去。"

李殷鋭　　中和二年—三年(882—883)

《通鑑·中和二年》:十二月,"〔鄭〕昌圖至潞州,不三月而去,方
立遂遷昭義軍於邢州,自稱留後,表其將李殷鋭爲潞州刺史"。《中和
三年》:十月"辛亥,〔李克修〕取潞州,殺其刺史李殷鋭"。《新書·孟
方立傳》略同。又見《新書·僖宗紀》,《舊五代史·李克修傳》,《元
龜》卷二九一。

李克修　　中和三年—大順元年(883—890)

《舊五代史·唐武皇紀上》:中和三年"十一月,平潞州,表其弟克
修爲昭義節度使"。大順元年"三月,昭義軍節度使李克修卒"。又見
《新書·孟方立傳》,兩《五代史》本傳,《通鑑·大順元年》三月。《通
鑑·中和四年》稱:八月,"〔李克用〕請以弟克修爲昭義節度使,皆
許之"。

李克恭　　大順元年(890)

《新書·昭宗紀》:大順元年"三月戊申,昭義軍節度使李克修卒,
其弟克恭自稱留後"。《舊五代史·唐武皇紀上》:大順元年三月,"以
李克恭爲潞州節度使……五月,潞州軍亂,殺節度使李克恭"。又見
本傳,《新五代史》本傳,《元龜》卷三二三,《通鑑·大順元年》三月、
五月。

安居受　　大順元年(890)

《新書·昭宗紀》:大順元年五月"壬寅,昭義軍將安居受殺其節

度使李克恭,叛附於朱全忠"。《舊五代史·唐武皇紀上》:大順元年"五月,潞州軍亂,殺節度使李克恭,州人推牙將安居受爲留後,南結汴將,時潞州之小將馮霸擁叛徒三千駐於沁水……居受懼,出奔長子,爲村胥所殺,傳首於霸"。又見《李克恭傳》。《通鑑·大順元年》五月略同。

馮　霸　　大順元年(890)

《舊五代史·唐武皇紀上》:大順元年五月,"〔安居受〕爲村胥所殺,傳首於霸,霸遂入潞州,自爲留後"。又見《李克恭傳》,《通鑑·大順元年》五月。

朱崇節　　大順元年(890)

《通鑑·大順元年》:五月,"〔馮〕霸引兵入潞,自爲留後……〔朱〕全忠遣河陽留後朱崇節將兵入潞州,權知留後"。按《舊五代史·梁太祖紀一》作大順元年八月,誤。《全文》卷八二七陸扆《授朱崇節河陽節度使制》稱:"前昭義軍節度使、潞慈(磁)邢洺等州觀察處置等使……潞州大都督府長史……朱崇節……可依前檢校司徒、充河陽節度使。"

【孫　揆　　大順元年(890)(未之任)】

《舊書·昭宗紀》:大順元年六月,"以京兆尹、行營兵馬副招討孫揆檢校兵部尚書,兼潞州大都督府長史,充昭義節度副大使、知節度事"。七月"丙申,揆建節,率兵二千,自晉州赴鎮昭義。戊申,至長子縣山谷中,太原騎將李存孝伏兵執揆與韓歸範牙兵五百,俘送太原"。又見《新書·昭宗紀》、本傳,《舊五代史·唐武皇紀上》《李存信傳》,《新五代史·唐莊宗紀上》,《通鑑·大順元年》五月。按《通鑑》謂八月李存孝執孫揆。

葛從周　　大順元年(890)

《舊書·昭宗紀》:大順元年七月,"朱全忠遣大將葛從周率千騎入潞州，從周權充兵馬留後。朱全忠奏已差兵士守潞州，請節度使孫揆赴鎮"。九月，"汴將葛從周棄上黨，康君立入據之"。又見《舊五代史·唐武皇紀上》。

康君立　　大順元年—乾寧元年（890—894）

《舊書·昭宗紀》：大順元年九月，"汴將葛從周棄上黨，康君立入據之，〔李〕克用以君立爲澤潞兵馬留後"。《通鑑·乾寧元年》：八月，"昭義節度使康君立詣晉陽謁李克用……九月庚申朔，出之，君立已死"。又見《舊五代史·唐武皇紀》《李存信傳》《李存孝傳》《李克恭傳》《薛志勤傳》。《新書·昭宗紀》：乾寧元年"九月庚申，李克用陷潞州，昭義軍節度使康君立死之"。

薛志勤　　乾寧元年—光化元年（894—898）

《舊五代史》本傳："以志勤爲大同軍防禦使、檢校司空。乾寧初，代康君立爲昭義節度使。"按《通鑑·乾寧元年》：九月，"〔李〕克用表雲州刺史薛志誠爲昭義留後"。"志誠"疑爲"志勤"之誤。《舊五代史·唐武皇紀下》：光化元年"十二月，潞州節度使薛志勤卒"。又見《新五代史·唐莊宗紀上》，兩《五代史·李罕之傳》，《元龜》卷三四七，《通鑑·光化元年》十月。

李罕之　　光化元年—二年（898—899）

《新書·昭宗紀》：光化元年"十二月癸未，李罕之陷潞州，自稱節度留後"。《舊書·昭宗紀》：光化二年"六月，制以昭義節度使、檢校太尉、兼太師、侍中、潞州大都督府長史、隴西郡開國公、食邑三千户李罕之爲孟州刺史，充河陽三城節度、孟懷觀察等使……丁丑，李罕之至懷州，卒於傳舍"。又見兩《五代史》本傳，《新五代史·唐莊宗紀上》，《通鑑·光化元年》十二月、《光化二年》六月。

丁　會　　光化二年（899）

《舊書·昭宗紀》：光化二年六月，"以檢校司徒、孟州刺史、河陽節度使丁會爲澤潞等節度使：從〔朱〕全忠奏也”。又見《舊五代史·梁太祖紀二》《李罕之傳》。按是歲八月潞州復爲李克用所據，見《新書·昭宗紀》《舊五代史·唐武皇紀下》。

賀德倫　光化二年（899）

《舊五代史·葛從周傳》：光化二年七月，“并人陷澤州，〔梁〕太祖召從周，令賀德倫守潞州，德倫等尋棄城而歸”。

孟　遷　光化二年—天復元年（899—901）

《舊五代史·唐武皇紀下》：光化二年八月，“潞州平。九月，武皇表汾州刺史孟遷爲潞州節度使”。天復元年五月，“氏叔琮既旋軍，過潞州，攜孟遷以歸”。又見《孟知祥傳》、《梁太祖紀二》、《新五代史·孟方立傳》、《通鑑·光化二年》九月、《天復元年》三月。《舊書·昭宗紀》：光化三年七月“庚戌，制昭義節度留後、光禄大夫、檢校司空、上柱國孟遷爲檢校司徒，兼潞州大都督府長史，充昭義節度副大使、知節度事、潞磁邢洺等州觀察處置使”。

丁　會　天復元年—天祐三年（901—906）

《舊書·昭宗紀》：天復元年“閏六月辛巳朔，制以河陽節度丁會依前檢校司徒，兼潞州大都督府長史、昭義軍節度等使，代孟遷”。又《哀帝紀》：天祐三年閏十二月“戊辰，李克用與幽州之衆同攻潞州，全忠守將丁會以澤、潞降太原”。《新書·哀帝紀》：天祐三年“閏十二月戊辰，李克用陷潞州，昭義軍節度使丁會叛附於克用”。又見兩《五代史》本傳，《舊五代史·梁太祖紀二》《唐武皇紀下》，《通鑑·天復元年》閏六月、《天祐三年》十二月。

李嗣昭　天祐三年—四年（906—907）

《舊書·哀帝紀》：天祐三年閏十二月戊辰，“〔李〕克用以其子嗣昭爲〔澤潞〕留後”。《舊五代史·唐武皇紀下》：天祐三年十二月，“命李嗣昭爲潞州節度使”。又見兩《五代史》本傳，《通鑑·天祐三年》十二月。

待考録

申屠儒

《山右金石記》卷三：“《騎尉申屠行墓誌銘》，景龍三年，正書，今在潞城縣⋯⋯略云⋯⋯曾祖和，雁門郡太守。祖儒，朝散大夫，別敕授本州刺史。父綽，亦朝散大夫。”

李　參

《新表二上》趙郡李氏東祖房：“參，潞州長史。”

卷八七　澤州（高平郡）

隋長平郡。武德元年置澤州，治濩澤。八年移治端氏。貞觀元年徙治晉城。天寶元年改澤州爲高平郡。乾元元年復爲澤州。領縣六：晉城、端氏、陵川、沁水、高平、濩澤（陽城）。

張長貴　　武德中

《舊書・長孫順德傳》："召拜澤州刺史……前刺史張長貴、趙士達並占境内膏腴之田數十頃，順德並劾而追奪，分給貧户。"《新書・長孫順德傳》略同。

趙士達　　約武德、貞觀間

見上條。

長孫順德　　約貞觀二、三年（約628、629）

《舊書》本傳："坐與李孝常交通除名。歲餘，太宗閲功臣圖，見順德之像，閔然憐之……召拜澤州刺史，復其爵邑……尋又坐事免。"《新書》本傳略同，又見《元龜》卷一三八。按貞觀元年十二月，李孝常謀反伏誅，見《舊書・太宗紀上》。《姓纂》卷七河南洛縣（陽）長孫氏："順德，澤州刺史、驃騎將軍、邠襄公。"《新書・忠義傳上》記武德以來功臣有"澤州刺史、邠國公長孫順德"。

獨孤延壽　　貞觀中

《千唐誌・大唐我府君故漢州刺史獨孤公（炫）墓誌銘并序》（開

元二十四年十一月二十七日）：“烈祖延壽，皇光禄、太常卿，澤、渝、湖三州刺史。”炫卒開元二十四年三月廿四日，春秋七十。按《金石録》有《獨孤使君碑》，貞觀十九年立，云：“君諱某，字延壽。”

房仁裕　　約貞觀中

《唐文續拾》卷二崔融《贈兵部尚書房忠公神道碑并序》：“是以建德受縛，王充請降（闕）……授公潾州刺史……遷使持節澤道（闕）……遷邢州刺史，屬河洛建都，周漢光宅……春秋七十六。”

李元曉　　貞觀二十三年—永徽四年（649—653）

《舊書》本傳：“〔貞觀〕二十三年，加滿千户，轉澤州刺史。永徽四年，除宣州刺史。”《新書》本傳略同。按《元龜》卷二八一稱元曉貞觀二十三年轉“潞州刺史”，疑爲“澤州”之誤。

李　震　　永徽四年—顯慶二年（653—657）

昭陵博物館藏《大唐故梓州刺史李公（震）墓銘并序》（麟德二年十一月）稱：“〔永徽〕四年，出爲使持節澤州諸軍事澤州刺史……顯慶二年，轉趙州諸軍事趙州刺史。”麟德二年薨。按兩《唐書·李勣傳》叙震仕歷未及澤州刺史事。

李　慎　　顯慶三年—總章二年（658—669）

《全文》卷一四高宗《册紀王慎澤州刺史文》：“維顯慶三年歲次戊午正月甲申朔三十日癸丑……左衛大將軍、徐州刺史、上柱國、紀王慎……是用命王爲使持節澤州諸軍事澤州刺史。”又《册紀王慎邢州刺史文》：“維總章二年歲次己巳□月庚寅朔十二日辛丑……惟爾使持節澤州諸軍事澤州刺史、上柱國紀王慎……命爾爲使持節邢州諸軍事邢州刺史。”二文又均見《大詔令集》卷三七。兩《唐書》本傳未及爲澤刺事。按《全文》卷一五四上官儀《册紀王慎爲荆州都督文》稱：“維顯慶五年歲次庚申……使持節澤州諸軍事澤州刺史、上柱國、紀王慎……是用命爾爲……荆州刺史。”又見《大詔令集》卷一六三。

《舊書》本傳則稱："永徽元年，拜左衛大將軍。二年，授荊州都督，累除邢州刺史。"

元客師　　約高宗時

《千唐誌·大唐故太中大夫邕府都督陸府君故夫人河南元氏墓誌銘》（天寶三年八月十二日）："曾祖諱客師，皇中大夫、澤州刺史。"天寶三載五月廿二日卒，春秋四十六。

錢元脩　　高宗時

《全文》卷八九七羅隱《錢氏大宗譜列傳·揚威將軍錢公（元脩）列傳》：永徽二年，"吳興郡守李杭（抗）辟公議事，公遂請兵擊寇，剿其餘黨。郡守奏其功，拜高平太守、揚威將軍。以儀鳳二年疾終。"

楊德幹　　高宗時

《舊書·楊炯傳》："伯祖虔威……虔威子德幹，高宗末，歷澤、齊、汴、相四州刺史，治有威名。郡人爲之語曰：'寧食三斗蒜，不逢楊德幹。'"《新書》本傳略同。又見《御覽》卷二五八，《元龜》卷六八九。

李元嘉　　弘道元年（683）

《舊書》本傳："高宗末，元嘉轉澤州刺史。及天后臨朝攝政，欲順物情，乃進授元嘉爲太尉……其後漸將誅戮宗室諸王不附己者，元嘉大懼，與其子通州刺史、黃公譔及越王貞父子謀起兵……其事不成，元嘉坐誅。"又《則天皇后紀》：弘道元年十二月"庚午，加授澤州刺史、韓王元嘉爲太尉"。又見《新書》本傳，《通鑑·弘道元年》十二月，《元龜》卷二八一。按垂拱四年九月元嘉坐誅，見《舊紀》。

皇甫敬德　　約高宗時

《全文》卷三八八獨孤及《唐故左補闕安定皇甫公（冉）集序》："〔冉，〕澤州刺史諱敬德之曾孫……中散大夫、潭州刺史諱頊之子……大曆二年遷左拾遺。"

李　珂　　約武后時

《新表二上》趙郡李氏東祖房：“珂，澤州刺史。”乃隋獲嘉丞孝端之曾孫。

閻玄邃　　約武后時

《新表三下》閻氏：“玄邃，司農少卿、澤州刺史。”《全文》卷三九二獨孤及《唐故左（一作右）金吾衞將軍河南閻公（用之）墓誌銘》：“立德生玄邃……官至澤州刺史。邃生巨源，常宰射洪……公射洪第三子也。”用之至德二年十二月卒，春秋五十九。按《舊書·閻立德傳》稱：“子玄邃，官至司農少卿。”立德顯慶元年卒。又按《姓纂》卷五河南閻氏稱：“邃，司農少卿。”《郎官柱》度支郎中有閻元（玄）通，在唐嘉會、李守一後，崔神基前。趙鉞疑即元（玄）邃。

韋　昇　　約武后時

《姓纂》卷二東眷韋氏彭城公房：“昇，澤州刺史。”《新表四上》韋氏彭城公房同。乃武德初彭城公韋澄之孫。約貞觀中户部員外郎慶暕之子。

許自正　　中宗時？

《姓纂》卷六安陸許氏：“自正，澤州刺史。”《新表三上》安陸許氏同。乃高宗時宰相許圉師之子。

盧　某　　睿宗時？

《全詩》卷七四蘇頲有《餞澤州盧使君赴任》。

岑　翔（岑仲翔）　　先天二年(713)

《元龜》卷六七三：“先天二年……澤州刺史岑翔等各賜物一百段。”按《姓纂》卷五南陽棘陽岑氏作“仲翔，陝州刺史”，《舊書》只稱“翔”。

封全禎　　約開元元年—二年（約 713—714）

《隋唐五代墓誌匯編·河北卷·大唐故銀青光禄大夫行大理少卿上柱國渤海縣開國公封公（全禎）墓誌銘并序》（開元九年十一月六日）：“朝廷初置連率，拜襄州都督，按察山南道。使停，加銀青光禄大夫，累遷澤、括、常三州諸軍事三州刺史。以連最善績，入爲大理少卿。”享年八十二，未言卒年。

王　琚　　開元二年—約四年（714—約 716）

《舊書·玄宗紀上》：開元二年閏二月，“紫微侍郎、趙國公王琚左授澤州刺史”。《通鑑·開元二年》閏月同。《舊書》本傳：“〔開元〕二年二月回，未及京，便除澤州刺史，削封。歷衡、郴、滑、虢、沔、夔、許、潤九州刺史，又復其封。”《新書》本傳略同。

李　憲　　開元四年—六年（716—718）

《舊書》本傳：“開元初，歷岐州刺史，開府如故。四年……又歷澤、涇等州刺史。”又《玄宗紀上》：開元六年“十二月，以開府儀同三司兼澤州刺史、宋王憲爲涇州刺史”。按《新書》本傳謂“歷澤、岐、涇三州刺史”。《大詔令集》卷三五《邠王守禮等兼晉州刺史制》：“開府儀同三司兼潭州刺史上柱國宋王憲……可使持節涇州諸軍事涇州刺史……開元元年十二月。”“潭州”當爲“澤州”之誤，“元年”疑爲“六年”之誤。

高　懲　　約開元七、八年（約 719、720）

《千唐誌·唐故銀青光禄大夫行光禄少卿高府君（懲）墓誌銘并序》（開元十八年）：“使持節隰州刺史……歷澤、亳、曹、潞、瀛五州刺史，入爲光禄少卿。”開元十七年卒，春秋六十六。按高懲未見其他史料。

【補遺】薛　儆　　開元初

拓本《唐銀青光禄大夫駙馬都尉上柱國汾陰郡開國公贈兗州都

督薛君（儆）墓誌銘》（開元九年七月）：“拜駙馬都尉、殿中少監，既親也。加銀青光禄大夫、太僕少卿、上柱國、汾陰公，邑二千，封五百，懋功也。轉岐州刺史，告身御書，明宏也。……換太常少卿，比賢也。……旋拜右常侍，肆其閑養，至誠也。有累授澤鄧二州刺史……除鄆州刺史，踶而不起，無以龔命，綸旨薦及，迫於鴻恩，因乞絳州別駕，以侍松梓，孝也。禮終，轉汾州別駕，遘疾於郡，來朝鎬都，開元八年十二月七日，春秋卅二，薨於安業里，命也。”（山西省考古研究所《唐代薛儆墓發掘報告》，科學出版社 2000 年版）

李攝　開元中

《舊書·李晉傳》：“尋坐附會太平公主伏誅，改姓厲氏。初，晉之就誅，僚吏皆奔散，唯司功李攝步從，不失在官之禮，仍哭其屍……擢爲尚書郎。後官至澤州刺史。”

源復　開元十四年（726）

《舊書·渤海靺鞨傳》：開元十四年，“上密遣門藝往安西……俄有泄其事者……由是鴻臚少卿李道邃、源復以不能督察官屬，致有漏泄，左遷道邃爲曹州刺史，復爲澤州刺史”。又見《元龜》卷一〇〇〇。

崔志廉　約開元十五年（約 727）

《千唐誌·唐故信王府士曹崔君（傑）墓誌銘并序》（大曆十三年十月十二日）：“父志廉，銀青光禄大夫、太子左庶子，歷洛、魏、襄、澤、仙等五州刺史……公即仙州之長子也。”傑卒天寶十一載，享年五十一。按崔志廉開元十三年在襄州刺史任，計其時約十五年轉澤州刺史。

陶禹　約開元十七年（約 729）

北圖藏拓片《大唐故銀青光禄大夫使持節陳州諸軍事陳州刺史上柱國陶府君（禹）墓誌銘并序》：“累牧綿、澤、陳三郡……以開元十九年二月十二日終於許州之旅館。”未言享年及葬年。

李　植　　開元二十三年(735)

《元龜》卷一二八：“〔開元〕二十三年十二月，命十道採訪使舉良刺史、縣令，以……澤州刺史李植……等聞上。”按約開元二十五年爲潞州長史。

權良史　　開元中？

《新表五下》權氏：“良史，澤州刺史。”乃憲宗時宰相權德輿之伯祖。

韓朝宗　　約天寶二載—三載（約 743—744）

《新書》本傳：“天寶初，召爲京兆尹……出爲高平太守……貶吳興別駕，卒。”《舊書·王鉷傳》：“〔天寶〕三載，長安令柳升以賄敗。初，韓朝宗爲京兆尹，引升爲京令……玄宗怒，敕鉷推之，朝宗自高平太守貶爲吳興別駕。”《全文》卷三二七王維《大唐吳興郡別駕前荆州大都督府長史山南東道採訪使京兆尹韓公（朝宗）墓誌銘》：“貶高平太守。又坐長安令有罪，貶吳興郡別駕……天寶九載六月二十一日寢疾薨於官舍，享年六十有五。”又卷三二玄宗有《貶韓朝宗吳興郡別駕員外詔》，又見《元龜》卷九二九。

鄭　某　　天寶四載(745)

《全詩》卷二一四高適有《同李太守北池泛舟宴高平鄭太守》。按李太守指李邕，天寶四載在濟南與高適、李白、杜甫聚會。

裴　昌　　天寶中

《隋唐五代墓誌匯編·陝西卷》第四册《唐故太原府太谷縣尉元府君亡夫人河東裴氏墓誌銘并序》（元和十五年十一月二十二日）：“曾祖諱昌，皇朝高平、弘農二郡太守。”夫人卒元和十五年，享年五十一。

林萬寵　　天寶中

《林邵州遺集·續慶圖》：“萬寵，字聖公，開元八年明經及第，授

新安郡文學，遷長史，饒州太守，改高平郡諸軍事行高平太守。子韜、
披、昌。”

劉　元　　約肅宗時

《全文》卷七八四穆員《驃騎大將軍劉公（海賓）墓誌銘》：“父元，
銀青光禄大夫、澤州刺史……段公（秀實）與公（海賓）是日并命，君子
謂二公之殁，千古如生，時建中四年十月十日，享年六十有二。”

張　禹　　約上元中—寶應元年（？—762）

《全文》卷三六六賈至《授張禹兵部郎中丘據兵部員外郎制》：“澤
州刺史張禹……可守兵部郎中、懷州刺史。”

李抱玉　　寶應元年（762）

《舊書》本傳：乾元二年，“持節鄭州諸軍事兼鄭州刺史、攝御史中
丞、鄭陳潁亳四州節度……遷澤州刺史、兼御史中丞。代宗即位，擢
爲澤潞節度使、潞州大都督府長史、兼御史大夫”。《新書》本傳未及。
《通鑑·寶應元年》：“建巳月庚戌朔，澤州刺史李抱玉破史朝義兵於
城下。”又見《新書·肅宗紀》，《元龜》卷三八五、卷六九四。

李抱真　　約大曆元年—二年（約766—767）

《舊書》本傳：“改澤州刺史，兼爲澤潞節度副使。居二年，轉懷州
刺史，復爲懷澤潞觀察使留後，凡八年。抱玉卒，抱真仍領留後。”《新
書》本傳略同。又見《元龜》卷四三六、卷九〇〇，《全文》卷三八七獨
孤及《送澤州李使君（抱真）兼侍御史充澤潞陳鄭節度副使赴本道
序》，卷四四六董晉《義陽王李公（抱真）德政碑記》。又卷七八四穆員
《相國義陽郡王李公（抱真）墓誌銘》：“代宗器公之才，將試其用，詔兼
御史中丞，兼陳鄭澤潞節度留後……罷請留府，願效列郡，優詔從之，
拜澤州，換罩懷。二邦之人，得公失公，皆如父母。未幾，復統留府
之政。”

陸 康 約大曆中

《新表三下》陸氏：“康，澤州刺史。”按《廣記》卷一五〇引《前定錄》稱：陸康，“明經及第（《登科記考》卷九謂在天寶十五年），授祕書省正字，充隴右巡官。府罷，調授咸陽尉。遷監察御史，盤屋令，比部員外郎，連典大郡，歷官二十二考”。

李 鷁（李鶵） 大曆十四年—建中三年（779—782）

《通鑑·大曆十四年》：五月“丙戌，詔曰：‘澤州刺史李鷁上《慶雲圖》……自今有此，無得上獻’”。《隋唐五代墓誌匯編·陝西卷》第四册《有唐故雲麾將軍右武衛大將軍東京副留守濮陽郡開國公杜府君夫人京兆韋氏墓誌銘并序》（建中三年十二月二十四日）：“長女……次〔女〕適隴西李鷁（鶵），前澤州刺史。”證知建中三年前尚在任。

齊 晈（齊皎、齊汶） 建中四年（783）

《姓纂》卷三河間齊氏：“晈，澤州刺史。”《歷代名畫記》卷一〇：“齊皎，高陽人……建中四年，官至澤州刺史。年五十五。”又見《圖繪寶鑒》卷二，《書小史》卷一〇。按《新表五下》瀛州齊氏：“汶，澤州刺史。”兄昭，殿中侍御史。弟映，相德宗。兄弟名皆從日。又按《歷代名畫記》於“齊皎”名下注云“一本云名晈”，《新表》“汶”蓋“晈”之誤。又按《書史會要》卷五：“齊皎，高陽人，官至潭州刺史。”“潭”即“澤”之訛。

吕 牧 約貞元初期

《姓纂》卷六諸郡吕氏：“牧，庫部郎中、澤州刺史。”《柳河東集》卷一二《先君石表陰先友記》：“吕牧，東平人，由尚書郎刺澤州，卒。”按吕牧永泰二年進士。

劉 粲 約貞元中

上圖藏拓片《唐故朝請大夫唐州長史兼監察御史劉府君（密）墓誌并序》（大和六年七月十九日）：“昭考府君諱粲，明經擢第，終澤州刺史。”密卒大和五年八月二十二日，享年七十。又見《襄陽冢墓遺文》。

鄭利用　　貞元十五年前後（799 前後）

《新表五上》鄭氏：“利用，澤州刺史。”《芒洛遺文》卷中《唐故河南府河南縣主簿崔公（程）墓誌銘并序》（貞元十五年八月十三日）：“公兩娶一門，女弟繼室，即穎川太守長裕之曾孫……洛州司兵叔向之長女。今相國餘慶，河南尹珣瑜，信安守式瞻，高平守利用，皆諸父也。”按鄭餘慶貞元十四年七月入相，十六年九月貶彬州司馬，見《新書·宰相表中》，珣瑜貞元十二至十六年在河南尹任，式瞻貞元十五年至十七年在衢州刺史任。

崔　倬　　約貞元、元和間

《芒洛四編》卷六《唐故崔夫人墓誌》（開成三年四月十日）稱：黄門侍郎元綜生陵州司馬諱令同；陵州生伊闕令諱琚；伊闕生澤州刺史諱倬；澤州生美原尉亮。夫人即美原第二女，開成二年十二月卒，春秋廿四。按《江州集》卷二有《九日澧上作寄崔主簿倬》、卷五有《答崔主簿倬》詩，當即此人。

竇　庠　　約元和五年—七年（約 810—812）

《舊書》本傳：“〔韓〕皋移鎮浙西，奏爲節度副使、殿中侍御史，遷澤州刺史。又爲宣歙副使，除奉天令、登州刺史、東都留守判官。”《新書》本傳未及。《全文》卷七六一褚藏言《竇庠傳》：“昌黎移鎮京口，用爲節度副使……昌黎却入，公至輦下，遷澤州刺史。秩滿，時光禄卿范公由吳郡領宛陵，奏公試太子中允。”按浙西節度韓皋元和五年秋内召。元和七年范傳正爲宣歙觀察。

盧　項　　元和七、八年（812、813）

《新表三上》：盧氏：“項，澤州刺史。”乃德宗相盧翰之姪。上圖藏拓片《劍南東川節度推官殿中侍御史内供奉盧公夫人崔氏墓誌銘并序》（元和七年八月十六日）：“朝請大夫、使持節澤州諸軍事守澤州刺史、賜紫金魚袋盧頊撰。”《全文》卷五三八裴度《劉府君（太真）神道碑銘并序》：“貞元八年三月八日薨……公之徽烈，將示於來裔，而高碑未刻，良允繼没。於是門生之在朝廷者……在藩牧者……澤州刺史御史中丞盧頊、嘉州刺史王良士、復州刺史鄭群、沔州刺史嚴公弼、慈州刺史劉元鼎。”按此文約元和八年作。北圖藏拓片《唐故榮陽鄭夫人（知宗）墓誌銘并序》（大中八年二月二十九日）：“今刑部尚書、榮陽公之次女也，公名朗。太夫人范陽盧氏，范陽郡君，知宗從祖姑也。故澤州刺史頊，是夫人外王父。”夫人卒大中七年，年二十三。

宋 景　　元和十年後（815 後）

《廣記》卷二七八引《續定命録》：“元和十年已後，〔宋〕景甚著，時望藉甚，有拜大憲之耗。及景自司刑郎中知雜，出爲澤州刺史，尋又物故。”

劉 瑀　　元和中？

《新表一上》曹州南華劉氏：“瑀字景温，澤州刺史。”乃肅、代兩朝宰相劉晏之孫。

寶 牟　　約元和後期

《舊書》本傳：“入爲都官郎中，出爲澤州刺史，入爲國子祭酒。長慶二年卒。”又見《全文》卷七六一褚藏言《寶牟傳》。《韓昌黎集》卷二三《祭寶司業文》：“命守高平，命副儒宫。”又卷三三《唐故國子司業寶公（牟）墓誌銘》：“元和五年真拜尚書虞部郎中，轉洛陽令、都官郎中、澤州刺史，以至國子司業。年七十四，長慶二年二月丙寅以疾卒。”又見《唐才子傳》卷四。按《新書》本傳未及。

王宏質　　寶曆中？

《全文》卷六九三李虞仲《授王承休等諸州刺史制》：“賜紫金魚袋王宏質……可使持節澤州諸軍事守澤州刺史。”按李虞仲寶曆中轉兵部郎中、知制誥，拜中書舍人，大和四年出刺華州，見《舊書·李虞仲傳》。此制疑作於寶曆中。

楊敬之？　　大和初？

《東域傳燈目録》：“《同經疏》十卷，繹州刺史揚（楊？）敬之撰。”按《新書》有《楊敬之傳》，《新表一下》楊氏越公房有“敬之，同州刺史”，元和初進士及第，未知是否其人。又按唐無“繹州”，疑爲“澤州”之訛。

孫公乂　　約大和七年—九年（約 833—835）

《千唐誌·唐故銀青光禄大夫工部尚書致仕孫府君（公乂）墓誌銘》（大中五年七月三日）：“觀察使故兵部沈公傳師，清流重名；故宣城裴公誼，吏途大匠……朝廷以二公之譽，因拜高平郡太守。當逆帥劉從諫懷拔扈之初……三年而政成……於是稍遷吉州刺史。”卒大中三年，年八十。按沈傳師大和五年至七年爲宣歙觀察，裴誼繼之。

皇甫曙　　大和九年—開成二年（835—837）

《金石補正》卷九《澤州刺史皇甫曙造金剛經幢記》：“開成元年歲次丙辰五月七日建，澤州刺史皇甫曙記。”又見《山右石刻叢編》卷九、《山右金石記十》、《唐文續拾》卷五。《山右金石記十》：“《唐石佛谷誄碣》，開成元年，皇甫曙撰……碑見《金石録》，曙時刺澤州。”《白居易集》卷三二有《龍門送別皇甫澤州赴任韋山人南遊》詩。朱金城《白居易年譜》謂“皇甫澤州”爲澤州刺史皇甫曙。據白氏此詩，曙赴澤州任在大和九年秋。又開成二年春，皇甫曙罷澤州刺史歸洛陽。【補遺】《洛陽新獲墓誌 112·唐故朝議郎使持節撫州諸軍事守撫州刺史柱國皇甫公（煒）墓誌銘並序》（咸通六年七月三十日）：“皇朝齊州刺史諱胤，公之曾大父也。齊州生蜀州刺史諱徹，永泰初登進士科，首冠群彥，由尚書郎出爲蜀郡守。文學政事爲時表儀。蜀州生汝州刺史贈尚書右丞諱曙……五典劇郡。……公即右丞第三子也。……（大中）六年，丁右丞府君憂。……今岐相司徒公之總邦計也，奏充主客員外郎……無何出爲撫州刺史。……咸通六年十月二十二日捐館於撫州官舍，享年五十三。”

【補遺】李林宗　　開成中

《耕耘論叢》（科學出版社 1999 年版）153 頁引拓本《唐故楚州營田巡官廬州舒城縣丞盧府君夫人隴西李氏墓誌銘》（會昌三年十一月一日）：“夫人伯仲三人：……次曰林宗，進士擢第，名動關中；入爲員外，累佐大藩；後爲澤州刺史；由澤州爲河南縣令，竟以時宰所排，尚淹散秩。”

韋正貫　　約開成末

《全文》卷七六四蕭鄴《嶺南節度使韋公（正貫）神道碑》：“擢萬年令、澤州刺史，又改太原行軍司馬……徵爲太府少卿，改泗州刺史，歷光禄卿、晉州刺史……累貶均州刺史……今上初即位，以理行徵拜京兆尹。”按《新書》本傳未及澤刺。

王　宰　　約會昌四年（約 844）

《全文》卷六九九李德裕《賜王宰詔意》：“卿頃涖澤州，頗彰惠政……卿宜大布誠信，且務綏懷。”兩《唐書》本傳未及。按《新書》本傳稱：兵出魏博，討劉稹。李德裕以宰乘破竹之勢不遂取澤州，帝有詔切責。宰懼，進攻澤州。其將郭誼殺稹降。

温　璠　　大中六年前（852 前）

《全文》卷七九一温璠《净觀聖母記》：“大中壬申歲（六年）夏五月乙未詔高平守璠曰：汝在澤以能聞，今輟於袁，宜用前心以爲理。”

盧子俊　　大中時？

《唐故徐宿濠泗觀察判官試大理評事兼監察侍御史李府君（梲）墓誌銘》：“殞於寇手，時咸通十年四月五日也……君之配范陽盧氏，故澤州刺史子俊之女，嬪於君二十四年矣……君既不幸，即日夫人輟哭自□，期在亂不辱賊。”（《考古》1986 年第 5 期《河南偃師杏園村的六座紀年唐墓》）

張　述　　咸通中?

《舊五代史・張彦成傳》：“祖述，澤州刺史。父礪，昭義行軍司馬。”彦成卒廣順三年(953)，年六十。

張全義(張言)　　中和三年—光啓三年(883—887)

《舊五代史・唐武皇紀上》：光啓三年七月，“時張全義自河陽據澤州，及李罕之收復河陽，召全義令守洛陽，全義乃棄澤州而去，故以〔安〕金俊守之。”又見本傳，《新書・諸葛爽傳》，《通鑑・光啓三年》七月。

安金俊　　光啓三年—約四年(887—約888)

《舊五代史・唐武皇紀上》：光啓三年“七月，武皇以安金俊爲澤州刺史。”《通鑑・光啓三年》作“六月”。《舊五代史・張全義傳》：“乞師於武皇。武皇遣澤州刺史安金俊助之。”又見《李罕之傳》。

李罕之　　文德元年—光化元年(888—898)

《舊五代史・唐武皇紀上》：文德元年三月，“武皇以罕之爲澤州刺史，遙領河陽節度使”。《舊書・昭宗紀》作文德元年四月乙亥。光化元年“十二月丙寅，李克用將潞州節度使薛志勤死，澤州刺史李罕之乘其無帥，襲潞取之……〔朱〕全忠表罕之爲節度使。”又見《新書》本傳，兩《五代史》本傳，《舊五代史・唐武皇紀下》《李克修傳》，《新五代史・李嗣昭傳》，《通鑑・文德元年》，《元龜》卷二九一。《金石補正》卷八一《大周澤州陽城縣龍泉禪院記》：“郡牧隴西公果俞革故之謀，俾建即新之號，因飛箋奏，遂降敕文，額爲龍泉禪院矣。時唐乾寧元年十月二十五日也。”按“隴西公”即李罕之。

劉　屺　　約光化元年—二年(約898—899)

《新五代史・李嗣昭傳》：“李罕之襲我潞州也，嗣昭率師攻潞州……〔光化二年八月，〕汴將澤州刺史劉屺棄城而遁，乃以李存璋爲刺史。”又見《通鑑・光化二年》八月丙寅，《元龜》卷三四七。

李存璋　　光化二年—天復元年（899—901）

《舊五代史》本傳：“光化二年，授澤州刺史，入爲牢城使。”又《梁太祖紀二》：天復元年“三月癸未朔，帝歸自河中……澤州刺史李存璋棄郡奔歸太原。”又見《李嗣昭傳》，《元龜》卷一八七、卷三四七、卷三八七，《新書·李罕之傳》。《通鑑》作“李孝璋”。

楊師厚　　天復中

《元龜》卷九四九：“楊師厚，潁州人，初爲李罕之小較（校），太祖平定〔李〕罕之，預其功，遂授澤州刺史。”

待考録

薛　昭

《新表三下》薛氏：“昭，澤州刺史。”乃夏州都督岑之祖父。

裴　郇

《新表一上》中眷裴氏：“郇，澤州刺史。”乃江州刺史裴酆兄。

裴温伯

《新表一上》中眷裴氏：“温伯，澤州刺史。”乃江州刺史裴酆之子。

卷八八　儀州（遼州、箕州、樂平郡）

　　武德三年置遼州。八年改遼州爲箕州。先天元年又改爲儀州。天寶元年改爲樂平郡。乾元元年復爲儀州。中和三年八月復爲遼州。領縣四：遼山、榆社、和順、平城。

王君廓　　武德初

　　《新書》本傳：“高祖兵起，召之，不從。歸李密，密不甚禮，乃歸國。授上柱國、假河内太守、常山郡公。遷遼州刺史，徙封上谷。從戰東都有功，爲右武衛將軍。”《元龜》卷一六四作義寧二年四月歸國。

獨孤開遠　　武德、貞觀間

　　西安碑林《唐左衛將軍上開府考城縣開國公獨孤使君（開遠）墓誌銘》：“武德元年至京，蒙授開府……尋遷使持節遼州諸軍事遼州刺史……〔貞觀〕七年，詔授使持節成州諸軍事成州刺史。”《元龜》卷六九四：“獨孤開遠爲遼州刺史，劉黑闥擾亂山東，所在多陷没，開遠率屬百姓，保其州境。”

李　惲　　上元元年（674）

　　《通鑑·上元元年》：十一月，“箕州録事參軍張君澈等誣告刺史蔣王惲及其子汝南郡王煒謀反，敕通事舍人薛思貞馳傳往按之。十二月癸未，惲惶懼，自縊死”。又見《新書》本傳，《舊書》本傳未及。《元龜》卷九三三作“咸亨中”“簡王渾”，誤。《關中金石記》卷三《興聖寺主尼法澄塔銘》：“開元十七年十一月立。嗣□王志□撰文并正書……文中有云，託事蔣王，求爲離俗，遂於上元二年出家。蔣王太宗子惲也，上元中爲箕州刺史。”按貞觀二十年在許州刺史任。

魏叔瑜　　高宗、武后間

《全文》卷二二七張説《唐故豫州刺史魏君（叔瑜）碑》：“考鄭文貞公……〔公〕出爲懷州長史，歷慶、慈、儀、豫四州刺史……春秋五十有一，終於豫州。”按其父魏徵卒貞觀十六年。叔瑜長兄叔玉，官至光禄少卿；三兄叔璘，武后初爲禮部侍郎，爲酷吏所殺；叔瑜官至潞州刺史，見《舊書·魏徵傳》。

劉延祐　　武后初

《舊書》本傳：“徐敬業之亂，揚州初平，所有刑名，莫能決定，延祐奉使至軍所決之……出爲箕州刺史，轉安南都護……垂拱三年，〔李〕嗣仙黨與丁建、李思慎等遂率衆圍安南府……延祐遂爲思慎所害。”《新書》本傳略同。

成　某　　天授二年前（691前）

《山右金石記三》：“《箕州刺史成公碑》，周天授二年，楊炯撰，正書，無名，見《金石録》，舊在遼州。”按《楊炯集》卷七有《唐贈荆州刺史成公（知禮）神道碑》，“歷箕州平城、洛州邯鄲二縣令”，未及箕州刺史，未知與此有關否。

劉思禮　　萬歲通天二年（697）

《新書·則天皇后紀》：“神功元年正月壬戌，殺李元素、孫元亨、洛州録事參軍綦連耀、箕州刺史劉思禮……”《舊書·劉世龍（義節）傳》：“從子思禮，萬歲通天二年，爲箕州刺史……與洛州録事參軍綦連耀結構謀反……事發繫獄……耀、思禮并伏誅。”《吉頊傳》《新書·劉義節傳》《王勮傳》略同。又見《元龜》卷六一九、卷九二五，《通鑑·神功元年》正月。《古今姓氏書辯證》卷一八并州劉氏：“鳳昌有從子箕州刺史思禮。"

韋知藝　　中宗時？

《姓纂》卷二京兆杜陵西眷韋氏："懷敬，右領將軍；生知藝，儀州刺史。"乃龍朔中官右奉裕衞率韋懷敬之子。按《新表四上》作"襄州"。

賀蘭務溫　　約開元初

《千唐誌·唐故正議大夫使持節相州諸軍事守相州刺史上柱國河南賀蘭公（務溫）墓誌銘并序》（開元九年十月廿三日）："禮部尚書薛稷熏灼當代……公固執如一，不爲之撓。及入秉機務，縱心高下……因而左出，拜儀州刺史。未幾，除揚州司馬……時長史爲按察，每入奏出巡，多不在郡，政之大小，咸決於公……拜相州諸軍事相州刺史……享年不永，終於官舍，春秋六十五。"按先天元年薛稷在禮部尚書任。

李　鋷　　約肅宗、代宗時

《新表二上》隴西李氏丹楊房："鋷，儀州刺史。"乃武后時夏州刺史李思孝之孫。

【補遺】韓　瑛　　大曆中？

《唐故内玉晨觀上清洞三景法師賜紫大德仙官銘並序》（大和五年四月廿二日）："仙師姓韓氏，諱自明。曾王父瑛，皇儀州刺史。"（周紹良、趙超《唐代墓誌匯編續集》，上海古籍出版社 2001 年版）

薛昌期　　約貞元中

《新表三下》薛氏："昌期，儀州刺史兼侍御史。"乃相衞節度薛嵩之子。按薛嵩廣德元年爲相衞節度，大曆八年卒於任。

【補遺】郭英蕚　　貞元中？

《唐故中散大夫守衞尉卿上柱國賜紫金魚袋贈左散騎常侍魏郡

柏公(元封)墓誌銘》(大和六年十一月)："夫人郭氏祔焉。夫人其先太原人，隴右節度贈太子太傅知運玄孫，儀州刺史英蕚孫，伯祖英儀，右僕射劍南兩川節度使。"(戴應新《唐柏元封墓誌考》，《考古與文物》1992 年第 2 期)

李亞卿　　約元和五、六年(約 810、811)

《宋高僧傳》卷二九《唐杭州天竺寺道齊傳附法如傳》："又唐太行山釋法如，俗姓韓，慈州人也……後登太行山，見馬頭峰下可以棲神，結茅而止……刺史李亞卿中丞命入城，不赴。示寂，報齡八十九。元和六年三月遷塔云。"

李昌元　　約元和末

《白居易集》卷五三《李昌元可兼御史大夫制》："通議大夫、使持節儀州諸軍事儀州刺史、兼御史中丞、上柱國李昌元……可兼御史大夫，餘如故。"按《山右石刻叢編》卷九《李光顏碑》(開成五年八月十四日建)稱："嗣子昌元，鄜坊丹延等州節度觀察處置等使、檢校户部尚書、兼御史大夫。"

契苾通　　會昌中

《隋唐五代墓誌匯編·陝西卷》第四册《唐故銀青光禄大夫檢校左散騎常侍兼安北都護御史大夫充振武麟勝等軍州節度觀察處置等使契苾府君(通)墓誌銘并序》(大中八年八月九日卒，年七十)："加國子祭酒，後歷勝、蔚、儀、丹四郡守。"按會昌二年在蔚州任。

李克寧　　約中和三年後(約 883 後)

《舊五代史》本傳："及鎮太原，授遼州刺史，累至雲州防禦使。乾寧初，改忻州刺史……〔天祐初，〕充振武節度使。"按李克用中和三年八月赴鎮太原，至大順元年；大順二年至天祐四年再鎮太原。又按《舊書·地理志二》謂中和三年八月復改儀州爲遼州。克寧約於是時爲遼州刺史。

白君成　　約僖宗、昭宗間

　　《舊五代史・白文珂傳》：“父君成，遼州刺史。文珂初事後唐武皇，補河東牙將，改遼州副使。莊宗嗣位，轉振武都指揮使……顯德元年(954)卒於西京，年七十九。”

張　鄂　　天復元年(901)

　　《新書・昭宗紀》：天復元年四月“丁巳，儀（遼）州刺史張鄂叛附於〔朱〕全忠”。又見《舊五代史・梁太祖紀二》，《唐武皇紀下》，《新五代史・唐莊宗紀上》，《元龜》卷一八七，《通鑑・天復元年》四月。

李建及　　昭宗時？

　　《元龜》卷三六九：“李建及初從〔後唐〕武皇爲遼州刺史，攻楊、劉。”

卷八九　太原府(并州)上

隋太原郡。武德元年改爲并州，置總管。三年廢總管。四年又置總管。其年改爲上總管。五年改上總管爲大總管。七年改爲大都督府。貞觀二年改爲都督府。龍朔二年進爲大都督府。天授元年罷都督府，置北都。神龍元年依舊爲并州大都督府。開元十一年又置北都，改并州爲太原府。天寶元年改北都爲北京。上元二年罷北都。寶應元年復爲北都。領縣十三：陽曲、盂縣、壽陽、石艾(廣陽)、樂平、榆次、清源、晉陽、交城、文水、祁縣、太谷、太原。

李元吉　　武德元年—二年(618—619)

《舊書》本傳："武德元年，進爵爲王，授并州總管。二年，劉武周南侵汾、晉……〔元吉〕攜其妻妾棄軍奔還京師，并州遂陷。"又見《高祖紀》，《新書》本傳、《高祖紀》、《李綱傳》，《元龜》卷一〇〇、卷二八一，《通鑑·武德二年》。

竇　静　　武德元年—二年(618—619)

《會要》卷六八："武德元年五月二十六日，并州置總管府，以竇静爲長史。"兩《唐書》本傳略同。又見《御覽》卷三三三。

劉德威　　武德二年(619)

《舊書》本傳："齊王元吉棄并州還朝，德威總知留府事……〔劉〕武周獲德威，令率其本兵往浩州招慰。德威自拔歸朝。"《新書》本傳略同。

劉政會　　武德二年(619)

《舊書》本傳："武德初,授衛尉少卿,留守太原……尋而劉武周進逼并州,晉陽豪右薛深等以城應賊,政會爲賊所擒,於賊中密表論武周形勢。賊平,復其官爵。"《新書》本傳略同。又見《元龜》卷六八六。

張　綸　　約武德二、三年間(約 619、620)

《會要》卷二一:"獻陵陪葬名氏……并州總管張綸。"

李仲文　　武德三年(620)

《通鑑·武德三年》:四月,"世民留李仲文鎮并州,劉武周數遣兵入寇,仲文輒擊破之,下城堡百餘所。詔仲文檢校并州總管"。七月,"驃騎大將軍可朱渾定遠告'并州總管李仲文與突厥通謀……'"甲戌,"暫廢并州總管府,徵仲文入朝"。《元龜》卷六五八作"季仲文",又卷九二三作"李仲文"。又見兩《唐書·突厥傳上》。

劉世讓　　武德三年—四年(620—621)

《通鑑·武德三年》:十二月,"突厥倫特勒在并州,大爲民患,并州總管劉世讓設策擒之……丙午,詔世讓爲行軍總管,使將兵出土門,趣洺州"。又《武德五年》:三月庚子,"并州總管劉世讓屯雁門"。《舊書》本傳:"累轉并州總管,統兵於雁門……未幾,召拜廣州總管。"又見《新書》本傳,《御覽》卷四三六,《元龜》卷三七三。《續高僧傳》卷一九《唐并州義興寺釋智滿傳》:"初住晉陽真智寺……武德元年,乃詔滿所住宅爲義興寺……至三年……都督弘農公劉〔世〕讓啓留滿住,用鎮衆心。"按武德六年爲廣州都督。

李神符　　武德四年—五年(621—622)

《舊書》本傳:"〔武德〕四年,累遷并州總管。"《通鑑·武德五年》:八月"己巳,并州大總管襄邑王神符破突厥於汾東"。又見《新書》本傳、《突厥傳上》，《元龜》卷二八一、卷二九一、卷九八五。《唐文續拾》卷一四闕名《大唐司空開府儀同三司揚州荆州二大都督并州大總管上柱國襄邑恭王（神符）之碑銘》："〔武德〕四年，除……七州諸軍事并州總管，以善政入爲太府卿。"又見《全文》卷九一三承遠《大唐□□寺故比丘尼法琬法師碑銘》。

＊李元吉　　武德五年—九年（622—626）

《通鑑・武德五年》："十月己酉，詔齊王元吉討劉黑闥於山東。壬子，以元吉爲領軍大將軍、并州大總管。"《舊書》本傳："〔武德〕九年，轉左衛大將軍，尋進位司徒、兼侍中，并州大都督、隰州都督、稷州刺史並如故。"《新書》本傳略同。又見《大詔令集》卷三五、《全文》卷一《秦王等兼中書令制》。《大詔令集》卷三五《齊王元吉司徒制》稱："侍中、并州大都督、左衛大將軍、上柱國、齊王元吉……可司徒，餘如故。武德九年二月。"《全文》卷三同。《會要》卷六八："〔武德〕七年二月十七日，〔并州〕改大都督府，以齊王元吉爲之。"

成仁重　　武德五年（622）

《通鑑・武德五年》：十二月"乙丑，并州刺史成仁重擊范願，破之"。

竇　静　　武德六年—九年（623—626）

《舊書》本傳："武德初，累轉并州大總管府長史……歲收數千斛，高祖善之，令檢校并州大總管。太宗即位，徵拜司農卿。"《新書》本傳略同。又見《御覽》卷三三三。《通鑑・武德六年》："十月，"并州大總管府長史竇静表請於太原置屯田以省饋運……命檢校并州大總管"。

李　勣　　武德九年—貞觀二年（626—628）

《舊書》本傳："太宗即位，拜并州都督，賜實封九百户。貞觀三年，爲通漢道行軍總管。"此爲第一次。《新書》本傳略同。又見兩《唐書・太宗紀》、《突厥傳上》、《新書・張文瓘傳》、《地理志三》北都注及太原府太原縣注，《通鑑·貞觀三年》十一月。

李弘節　　貞觀二年（628）

《舊書·李若初傳》："貞觀中并州長史、工部侍郎弘節之曾孫也。"《會要》卷六八："貞觀二年十月，〔并州大都督府〕去'大'字，爲都督府，以李宏節爲之。"上圖藏拓片《并州太原縣令李冲墓誌》："父弘節，皇任杭、慶、原三州刺史、大理卿、尚書工□并檢校工部尚書、金紫光禄大夫、并州大都督長史、雍州別駕、交桂都督。"李冲卒永昌元年。北圖藏拓片《唐前濮州録事參軍陳公故夫人趙郡李氏墓誌銘并序》（乾元二年十月十六日）："曾祖弘節，皇并、雍二京長史。"夫人年廿九卒。

＊李　治　　貞觀七年—十七年（633—643）

《舊書·高宗紀》："〔貞觀〕七年，遥授并州都督。"十七年，"立晉王爲皇太子。"《新書·高宗紀》同。又見兩《唐書·李元景傳》，《全文》卷六太宗《荆王元景等子孫代襲刺史詔》，《會要》卷四六，《通鑑·貞觀十一年》正月。《大詔令集》卷二八、《元龜》卷二五七、《全文》卷九《册晉王爲皇太子文》："維貞觀十七年歲次甲辰四月某朔日……惟爾并州都督、右武候大將軍晉王治……命爾爲皇太子。"

李　勣　　貞觀三年—十五年（629—641）

《舊書》本傳："時高宗爲晉王，遥領并州大都督，授勣光禄大夫、行并州大都督府長史。父憂解，尋起復舊職。十一年，改封英國公，代襲蘄州刺史，時并不就國，復以本官遥領太子左衛率。勣在并州凡十六年。"此爲第二次。又見《通鑑·貞觀十五年》十月、十一月，《太平寰宇記》卷一九五，《元龜》卷七八、卷一一九、卷三五七、卷九八五，《大詔令集》卷六二，《全文》卷六太宗《功臣世襲刺史詔》、卷九《册李勣改封英國公文》、卷二四九李嶠《攀龍臺碑》，《廣記》卷一六九引《廣人物志》。

史　嵩　　貞觀中

《芒洛三編·大唐故史君（信）墓誌銘并序》：“祖雲，隨任荆州刺史六州諸軍事、上柱國、期城公。父嵩，皇任并州長史、銀青光禄大夫、須昌縣開國男。”史信麟德二年六月廿五日卒，春秋六十六。按史嵩父雲，《隋書》卷六三史祥兄亦名雲，官至萊州刺史，武平縣公。不知與嵩父是否同一人。

＊李　孝　　永徽三年—顯慶元年（652—656）

《舊書》本傳：“永徽元年，封許王。三年，拜并州都督。顯慶三年，累除遂州刺史。”又見《元龜》卷二八一。《大詔令集》卷三七《册許王孝秦州都督文》：“維顯慶元年歲次景辰十一月辛卯朔二十九日己未，皇帝若曰……惟爾并州都督兼同州刺史、上柱國、許王孝……是用命爾爲使持節秦成武渭四州諸軍事秦州都督。”《全文》卷一七同。按其時李孝年尚幼，當爲遥領并州都督，實未到任。

張　緒　　永徽三年（652）

《元龜》卷九九一：“〔永徽〕三年六月戊申，詔兵部尚書崔敦禮、并州都督府長史張緒發并、汾步騎萬人往成（茂？）州。”《千唐誌·故□州司馬楊公夫人張氏墓誌銘并序》（開元二十七年十月二十五日）：“祖緒，皇朝并、益二州長史，金紫光禄大夫。父虔壽，太子通事舍人，遷蘇州録事參軍……夫人即蘇州府君之季女也。”開元廿二年六月癸卯卒，春秋五十七。

任懷玉　　顯慶中？

《姓纂》卷五陳留浚儀任氏：“懷玉，唐并州刺史，樂安公。”按永徽二年懷玉爲羈縻州朗州都督，見《元龜》卷九八六。

＊李　顯　　龍朔元年—儀鳳元年（661—676）

《舊書·高宗紀》：龍朔元年九月壬子，“以洛州牧、周王顯爲并州都督”。《全文》卷一五四上官儀《册周王顯爲并州都督文》：“維龍朔元年歲次辛酉十月癸亥朔十七日己卯，皇帝若曰⋯⋯咨爾洛州牧、上柱國、周王顯⋯⋯命爾爲使持節都督并汾箕嵐等四州諸軍事并州刺史，牧及勳封如故。"《大詔令集》卷三七同。

李冲寂　　約上元中

《楊炯集》卷九《李懷州(冲寂)墓誌銘》："又除蒲州刺史⋯⋯再牧并州。"按李冲寂乾封元年、上元二年兩任蒲州刺史。

＊李　旦(李輪)　　儀鳳元年(676)

《通鑑・儀鳳元年》：閏三月"乙酉，以洛州牧周王顯爲洮州道行軍元帥⋯⋯并州大都督相王輪爲涼州道行軍元帥⋯⋯以討吐蕃。二王皆不行"。又見《元龜》卷一一九、卷九八六。

藺仁基　　儀鳳元年前(676前)

《舊書・狄仁傑傳》："薦授并州都督府法曹⋯⋯有同府法曹鄭崇質，母老且病，當充使絶域⋯⋯〔仁傑〕乃詣長史藺仁基，請代崇質而行⋯⋯仁傑，儀鳳中爲大理丞⋯⋯居數日，授仁傑侍御史。"又見《通鑑・儀鳳元年》九月。《千唐誌・大唐并州大都督府祁縣陳明府故藺夫人墓誌銘并序》(景龍二年十一月十二日)："祖仁基⋯⋯唐囗、囗、翼、洺四州刺史，上柱國，并州長史，原、代二州都督，殿中監，贈秦州刺史。"夫人年十七歸於陳氏。景龍二年卒。按《姓纂》卷九華陰鄭縣藺氏有"仁志，殿中監"，疑即此人，或避諱而改名。

李冲玄　　調露元年(679)

《舊書・狄仁傑傳》："高宗將幸汾陽宮，并州長史李冲玄以道出妒女祠⋯⋯乃發數萬人別開御道⋯⋯〔仁傑〕遽令罷之。"《新書・狄仁傑傳》略同。《會要》卷二七記此事稱"調露元年九月七日"。又見《太平寰宇記》卷五〇。《唐語林》卷三、《封氏聞見記》卷九作"李元冲"。

辛文陵　　　高宗時

《姓纂》卷三隴西狄道辛氏:"文陵,左武衛大將軍,并、洛二州長史,長山公。"按文陵顯慶中與薛仁貴破契丹於黑山,見《元龜》卷三九三;龍朔三年防吐蕃,見《通鑑》。

李思文　　　垂拱中

北圖藏拓片《大唐冀州刺史息武君(欽載)墓誌銘并序》(垂拱四年十二月廿九日):"本姓徐氏,皇運肇興,□□□佐經綸之業,賜以國姓。洎聖母神皇之臨天下,其父思文表忠貞之節,又賜同□聖氏,仍編貫帝鄉。祖勣,司空、上柱國、英國公,贈太尉、揚州大都督,謚貞武公……□(父)歷任嵐、饒、潤等州刺史,再除太僕少卿兼知隴西事,又加銀青光禄大夫、上柱國、衛縣開國公,檢校并州大都督府長史、清源道總管,除冀州刺史。"息調露元年八月四日卒於隴西大使之館,春秋十五。垂拱四年改葬。證知李思文垂拱四年十二月在冀州刺史任,其爲并州大都督府長史即在此前。

王及善　　　天授二年(691)

《太平寰宇記》卷五〇大通監交城縣注:"隋開皇十六年析晉陽置交城縣,屬并州……唐天授二年,長史王及善自山北古交城移就郤波村置。"

竇孝諶?　　　武后時

《全文》卷二九七裴耀卿《太子賓客竇希球神道碑》:"考諶(孝諶),太常卿、潤州刺史、并州大都督。"希球卒開元二十一年,年七十一。按《舊書》本傳稱:則天時,歷太常少卿、潤州刺史。長壽二年左遷羅州司馬而卒。景雲年,追贈太尉、邠國公。《新表一下》竇氏稱:"孝諶,潤州刺史。"均未及并州大都督事,未知是否有誤。

崔神慶　　　長壽元年(692)

《舊書》本傳:"則天時,累遷萊州刺史。因入朝……擢拜并州長

史……尋而兄神基下獄當死……神慶亦緣坐貶授歙州司馬。”《新書》
本傳略同。《會要》卷六八：“長壽元年九月七日，置北都，改爲太原
府，都督爲長史，以崔神慶爲之。”

韋安石　　約證聖元年（約 695）

《舊書》本傳：“永昌元年，三遷雍州司兵，〔蘇〕良嗣時爲文昌左
相……特薦於則天，擢拜膳部員外郎、永昌令、并州司馬。則天手制
勞之……俄拜并州刺史，又歷德、鄭二州刺史……久視年，遷文昌左
丞。”《新書》本傳未及。

【王方慶　　萬歲通天元年（696）（未之任）】

《舊書》本傳：“萬歲登封元年，轉并州長史，封琅邪縣男。未行，
遷鸞臺侍郎、同鳳閣鸞臺平章事。”又《則天皇后紀》：萬歲通天元年九
月，“并州長史王方慶爲鸞臺侍郎，與殿中監李道廣并同鳳閣鸞臺平
章事”。又見《新書·則天皇后紀》《宰相表中》，《通鑑·萬歲通天元
年》。《新書》本傳未及。

武重規　　約萬歲通天二年—聖曆元年（約 697—698）

《新書·裴懷古傳》：“閻知微之使突厥，懷古監其軍。默啜脅知
微稱可汗，又欲官懷古，不肯拜……遂囚軍中，因得亡，而素羸弱，不
能騎，宛轉山谷間，僅達并州。時長史武重規縱暴，左右妄殺人取賞，
見懷古至，爭執之。有果毅嘗識懷古，疾呼曰：‘裴御史也。’遂免，遷
祠部員外郎。”據《舊書·閻立德傳》，知微使突厥在聖曆初。《全文》
卷二四二李嶠《授武懿宗武重規左右金吾大將軍制》：“司屬卿兼檢校
并州長史、上柱國、高平郡王重規……可右金吾衛大將軍，依舊檢校
并州長史。”《新書》本傳未及。按武懿宗萬歲通天二年在洛州長史
任，與武重規同制加左金吾衛大將軍。

魏元忠　　聖曆二年（699）

《舊書》本傳：“聖曆二年，擢拜鳳閣侍郎、同鳳閣鸞臺平章事，檢

校并州長史。未幾，加銀青光禄大夫，遷左肅政臺御史大夫，兼檢校洛州長史。"《新書·則天皇后紀》：聖曆二年"四月壬辰，魏元忠檢校并州大都督府長史、天兵軍大總管，婁師德副之，以備突厥"。又見本傳、《突厥傳上》、《宰相表上》，《通鑑·聖曆二年》四月，《元龜》卷三二三。

婁師德　　聖曆二年(699)

《舊書》本傳："聖曆二年，突厥入寇，復令檢校并州長史，仍充天兵軍大總管。是歲九月卒。"《新書》本傳作"聖曆三年"。按《新書·宰相表上》稱聖曆二年九月婁師德卒，《新書》誤。《新書·忠義傳上》記武德以來功臣有"納言、檢校并州大都督府長史、天兵軍大總管、隴右諸軍大使、譙縣子婁師德"。

杜景儉(杜景佺)　　約聖曆三年(約700)

《新書》本傳："聖曆元年，復以鳳閣侍郎同鳳閣鸞臺平章事……罷爲秋官尚書。坐漏省内語，降司刑少卿，出爲并州長史，道病卒。"又見《元龜》卷四七八。按《舊書》本傳稱：聖曆二年復相，歲餘，轉秋官尚書，左授司刑少卿，出爲并州刺史。《新書·宰相表上》稱：神功元年閏十月復相，聖曆元年七月罷。《朝野僉載》："司刑卿杜景佺授并州長史，馳驛赴任。"又見《廣記》卷一四三引。

＊李　旦　　長安二年—神龍元年(702—705)

《通鑑·長安二年》：五月"乙未，以相王爲并州牧"。《舊書·中宗紀》：神龍元年正月，"以并州牧相王旦及太平公主有誅〔張〕易之兄弟功，相王加號安國相王，進拜太尉、同鳳閣鸞臺三品"。《大詔令集》卷三五《相王并州牧制》："太子左千牛衛率、安北都護相王旦……可并州牧，餘如故。長安二年五月。"又見《全文》卷三五。《大詔令集》卷一五〇《相王雍州牧制》："并州牧、太子左千牛衛率、相王旦……可雍州牧。長安三年七月。"又見卷三八崔融《加相王實封制》。

魏元忠　　長安二年(702)

《新書·宰相表上》：長安二年"五月,〔魏〕元忠爲安北道行軍副元帥,尋授并州道行軍大總管兼宣勞使、左肅政臺御史大夫、同鳳閣鸞臺三品,兼知并州事"。《全文》卷二三三張説《爲魏元忠作祭石嶺戰亡兵士文》："維長安二年月朔日敕并州道行軍大總管兼宣勞使……兼知并州事魏元忠……致祭於石嶺戰亡兵士之靈。"又見《爲魏元忠作祭石嶺没陷士女文》。按《舊書》本傳稱："長安中,相王爲并州元帥,元忠爲副。"《新書》本傳未及。按魏元忠知并州事恐時間極短。

武攸宜　　長安二年(702)

《新書·突厥傳上》："默啜剽隴右牧馬萬匹去,俄復盜邊,詔安北大都護相王爲天兵道大元帥,率并州長史武攸宜、夏州都督薛訥與元忠擊虜,兵未出,默啜去。"

張仁愿(張仁亶)　　長安中—神龍元年(?—705)

《舊書》本傳："累遷并州大都督府長史。神龍二年,中宗還京,以仁愿爲左屯衛大將軍,兼檢校洛州長史。"《舊書·富嘉謨傳》："長安中,累轉晉陽尉……并州長史張仁亶待以殊禮,坐必同榻。"《通鑑·神龍二年》：十月己卯,"以前檢校并州長史張仁愿檢校左屯衛大將軍兼洛州長史"。《全文》卷二三五富嘉謨有《爲并州長史張仁亶謝賜長男官表》。吳少微有《代張仁亶賀中宗登極表》《爲并州長史張仁亶進九鼎銘表》。又《唐北京崇福寺銅鐘銘并序》稱："南陽張公仁亶以魏公之事端尹北京。"又見《新書》本傳,《元龜》卷二四九、卷六八一、卷六九七,《新安志》卷六,《唐詩紀事》卷九吳少微,《廣記》卷二三八引《廣異記》。

＊李重茂　　神龍元年(705)

《舊書》本傳："神龍初,進封温王,授右衛大將軍,兼遥領并州大都督,未出閣。"又《中宗紀》：神龍元年十一月,"温王重茂爲右衛大將軍，遥領并州大都督”。

【宋　璟　　神龍元年(705)（未之任）】

《舊書》本傳：“神龍元年，遷吏部侍郎……中宗幸西京，令璟權檢校并州長史，未行，又帶本官檢校貝州刺史……又歷杭、相二州刺史。”《新書》本傳略同。《會要》卷六八：長壽元年，置北都，改爲太原府；“神龍元年二月四日，罷爲大都督府，以宋璟爲之”。《全文》卷三四三顏真卿《有唐開府儀同三司行尚書右丞相宋公（璟）神道碑銘》：“中宗將幸西蜀（京？），深虞北鄙，乃兼檢校并州大都督府長史，又改兼貝州刺史……俄而真拜。轉杭州，又復遷相州，尋入爲洛州長史。唐隆初，拜吏部尚書。”據《舊傳》，宋璟實未到任。

裴懷古　　神龍中

《舊書》本傳：“復歷相州刺史、并州大都督府長史，所在爲人吏所慕。神龍中，遷左羽林大將軍，行未達都，復授并州長史。”《新書》本傳略同。又見《元龜》卷六八三。

崔宣道　　神龍中

《舊書·裴懷古傳》：“神龍中，遷左羽林大將軍，行未達都，復授并州長史……時崔宣道代懷古爲并州，下車而罷，出郊以候懷古。”《新書·裴懷古傳》略同。

裴懷古　　神龍中

《舊書》本傳：“神龍中，遷左羽林大將軍，行未達都，復授并州長史……俄轉幽州都督，徵爲左威衛大將軍，尋卒。”《新書》本傳略同。又見《元龜》卷六八三。

張知泰　　約神龍末—景龍初

《舊書·張知謇傳》：“神龍元年，中宗踐極……知泰自兵部侍郎授右御史大夫……知泰以忤武三思，出爲并州刺史、天平軍使，仍帶本官。尋又爲魏州刺史。景龍二年卒。"《新書·張知謇傳》略同。

盧　玢　　約景龍中

《芒洛四編》卷五《大唐故左屯衛將軍盧府君（玢）墓誌銘并序》（景雲二年四月九日）："出爲鄜州刺史……拜虢州刺史……累遷貝州刺史、絳州刺史……又徵拜左驍衛將軍，俄除并州大都督府長史……拜左屯衛將軍、東都留守，兼判左衛及太常卿事。"春秋五十四，景雲元年十一月廿九日卒。又見《千唐誌·大中大夫使持節房州□□□□州刺史盧府君（全操）誌銘并序》（開元二十三年九月十八日）、《唐故兗州鄒縣尉盧府君（仲容）墓誌銘并序》（乾元二年二月十二日）、《范陽盧氏女子殁後記》（燕聖武元年三月六日）。

周仁軌　　唐隆元年（710）

《舊書·王旭傳》："唐隆元年，玄宗誅韋庶人等，并州長史周仁軌，韋氏之黨，有詔誅之。"《新書·韋溫傳》略同。《全文》卷二五二蘇頲《授周仁軌左羽林大將軍制》："光禄大夫、行光禄卿、兼檢校并州大都督府長史、上柱國、汝南郡開國公周仁軌……可鎮軍大將軍、行左羽林衛大將軍、兼檢校并州大都督府長史，勳封如故。"又見《朝野僉載》補輯，《廣記》卷一四三引《廣古今五行記》。

崔敬嗣　　景雲二年前（711 前）

《寶刻叢編》卷八引《集古録目》："《唐并州長史崔敬嗣碑》，唐檢校祕書監兼昭文館學士胡皓撰，國子監太學助教郭謙光八分書。敬嗣，字奉先，博陵安平人，官至并州大都督府長史。碑以景雲二年九月立。"又見《金石録》卷五。

薛　訥　　景雲二年—開元二年（711—714）

《通鑑·先天元年》：三月丁丑，"徙〔薛〕訥爲并州長史"。岑仲勉《通鑑隋唐紀比事質疑》謂薛訥景雲二年由幽州轉并州。《舊書》本傳："拜幽州都督，兼安東都護；轉并州大都督府長史，兼檢校左衛大將軍……〔開元二年〕六月，師至灤河，遇賊……盡爲契丹等所覆。訥脫身走免，歸罪於崔宣道及蕃將李思敬等八人……制曰：'并州大都督府長史兼檢校左衛大將軍、和戎大武等諸軍州大使、同紫微黃門三品薛訥……宜赦其罪，所有官爵等並從除削。'"《新書》本傳略同。又見《全文》卷二一玄宗《薛訥除名爲庶人制》，兩《唐書·玄宗紀》，《元龜》卷一一三、卷二五九、卷三九七。

＊李　撝(李成義)　先天二年(713)

《大詔令集》卷三五《宋王成器太尉等制》："益州大都督兼右衛大將軍申王成義……可司徒、并州大都督……先天二年八月九日。"又見《全文》卷二〇。按兩《唐書》本傳未及。

＊李　範　開元二年(714)

《新書》本傳："進王岐，爲太常卿、并州大都督、左羽林大將軍。從玄宗誅太平公主，以功賜封……歷爲州刺史。"《大詔令集》卷三五《岐王範華州刺史制》："太常卿兼左衛率、并州大都督岐王範……可使持節華州諸軍事兼華州刺史，太常卿、勳封如故。開元二年十月二十九日。"又見《全文》卷二一。《舊書》本傳未及。

王　晙　開元二年—四年(714—716)

《舊書》本傳：開元二年，"兼原州都督……尋除并州大都督府長史"。《通鑑·開元四年》：八月，"并州長史王晙上言……〔十月，〕王晙引并州兵西濟河，晝夜兼行，追擊叛者，破之"。又見《新書·玄宗紀》、本傳、《突厥傳上》，《元龜》卷一一九、卷三九八，《全文》卷二六玄宗《命薛訥等討吐蕃詔》。《全文》卷二五〇蘇頲《授王晙左散騎常侍制》："并州大都督府長史上柱國王晙……可左散騎常侍兼檢校并州大都督府長史，勳如故。"

張嘉貞　開元四年—八年(716—720)

《舊書》本傳："累遷中書舍人，歷秦州都督、并州長史……〔開元〕

八年春，宋璟、蘇頲罷知政事，擢嘉貞爲中書侍郎、同中書門下平章事。《玄宗紀上》：開元八年正月，"并州大都督府長史張嘉貞爲中書侍郎、同中書門下平章事"。又見《新書·玄宗紀》、本傳、《宰相表中》，《通鑑·開元八年》正月，《舊書·王澣傳》，《新書·王翰傳》，《元龜》卷八五二，《大唐新語》卷六，《全文》卷六二〇獨孤良弼《并州太原縣令路公（太一）神道碑》。《全文》卷二一玄宗《并州置天兵軍制》："宜於并州集兵八萬衆置天兵軍。并州長史、上柱國張嘉貞……可充天兵軍大使。"《會要》卷七八稱此爲開元五年六月二十四日事。

張　説　　開元八年—九年（720—721）

《舊書》本傳："開元七（八？）年，檢校并州大都督府長史，兼天兵軍大使。"《新書》本傳未著年月。《舊書·玄宗紀上》：開元九年九月"癸亥，右羽林將軍、權檢校并州大都督府長史燕國公張説爲兵部尚書、同中書門下三品"。《新書·宰相表中》同。《大詔令集》卷四四、《全文》卷二二、《元龜》卷七二《張説同三品制》："天兵軍節度大使、右羽林將軍兼并州長史、攝御史大夫、燕國公、監修國史張説……可守兵部尚書、同中書門下三品……開元九年九月。"又見《舊書·李憕傳》，《元龜》卷一二八、卷三八四，《通鑑·開元八年》《開元九年》，《元和郡縣志》卷一四"代州雁門縣"，《全文》卷二八玄宗《命張説修國史詔》、卷二九二張九齡《故開府儀同三司行尚書左丞相張公（説）墓誌銘并序》，《廣記》卷二四〇引《朝野僉載》，《會要》卷六三。

崔隱甫　　開元九年（721）

《舊書》本傳："〔開元〕九年，自華州刺史轉太原尹，人吏刊石頌其美政。十二年，入爲河南尹。"《新書》本傳略同。又見《元龜》卷八二〇。

崔日用　　開元十年（722）

《舊書》本傳："〔開元〕十年，轉并州大都督長史，尋卒，時年五十。"《新書》本傳略同。又見《元龜》卷一三四、卷六八三、卷八二三。

王　晙　　開元十年—十一年（722—723）

《舊書》本傳：開元九年，"左遷梓州刺史。十年，拜太子詹事，累封中山郡公。屬車駕北巡，以晙爲吏部尚書，兼太原尹。十一年夏，代張説爲兵部尚書、同中書門下三品"。《千唐誌·故京兆府宣化府折衝樊公（庭觀）墓誌銘并序》（開元十二年五月二日）："開元十年，中山郡開國公、守吏部尚書、檢校并州長史、天兵軍節度大使王晙，籍其英幹，特奏充橫野軍副使。"《大唐新語》卷七稱"太原尹王晈"，"王晈"當爲"王晙"之訛誤。

韋　湊　　開元十一年（723）

《會要》卷六八："開元十一年正月二十日，置北都，以韋湊爲尹。"《全文》卷九九三闕名（《英華》卷九一四作"韋述"）《唐太原節度使韋湊神道碑》："〔開元〕十一年，轉汾州刺史；其年又遷太原尹，仍充太原以北節度大使北都留守……其年十二月九日薨於太原之官舍，春秋六十有五。"《寶刻叢編》卷七引《京兆金石録》："《唐太原尹韋湊碑》，族子韋述撰，韓擇木八分書，天寶九年。"《舊書》本傳作"開元十年"，《新書》本傳不著年月。又見《舊書·韋見素傳》。《全文》卷三一六李華《杭州刺史廳壁記》稱"韋太原"，當即韋湊。

崔隱甫　　開元十二年（724）

《會要》卷七八："〔河東〕岢嵐軍……開元十二年，崔隱甫又置軍。十五年，李昺又廢爲鎮。"

張孝嵩　　開元十二年—十四年（724—726）

《舊書·杜暹傳》："〔開元〕十二年，安西都護張孝嵩遷爲太原尹。"《新書·杜暹傳》略同。《通鑑·開元十四年》：四月"丁亥，太原尹張孝嵩奏。"又見《元龜》卷六三。按《舊書》本傳稱"〔開元〕十年轉太原尹"，疑誤。又見《新書·郭虔瓘傳》。

＊李　琰（李洽、李嗣真）　　開元十五年—天寶元年（727—742）

《舊書》本傳："〔開元〕十五年，遙領太原牧、太原已北諸軍節度大使。二十二年,加太子太傅,餘如故……天寶元年六月,遥領兼武威郡都督、河西隴右經略節度大使。"《新書》本傳略同。《大詔令集》卷三六《慶王潭涼州都督制》:"棣王洽爲太原已北軍州節度大使……開元十五年五月。"又見《元龜》卷二八一,《會要》卷七八。

李　暠　　開元十五年—十七年(727—729)

《舊書》本傳:"開元初,授汝州刺史……俄入授太常少卿,三遷黄門侍郎,兼太原尹,仍充太原已北諸軍節度使……久之,轉太常卿,旬日,拜工部尚書、東都留守。"《新書》本傳略同。又見《元龜》卷六八九。《會要》卷七八:"岢嵐軍……〔開元〕十五年,李暠又廢爲鎮。"《元龜》卷七八:"李光(暠)爲太原尹,兼太原以北軍州節度使。開元十七年正月,表請入朝,帝降書曰:突厥漸移向東,且未須來。"《全文》卷三一三孫逖《太子少傅李公(暠)墓誌銘》:"〔歷〕汝、汴二州刺史……太原尹……東都留守。"開元二十八年五月十日薨,春秋五十八。【補遺】《唐研究》第十二卷(2006年版)《唐故贈荆州大都督嗣虢王(李邕)墓誌並序》(開元十五年十二月廿九日):"銀青光禄大夫行黄門侍郎兼太原尹李暠撰。"

李休光　　開元十七年?—十八年?(729?—730?)

《山右石刻叢編》卷六《興唐觀紀聖銘碑陰》有"太原尹、上柱國、北都留守"李休光題名,約在開元十七年後。

宋之悌　　開元十八年—十九年(730—731)

《舊書》本傳:"開元中自右羽林將軍出爲益州長史、劍南節度兼採訪使,尋遷太原尹。"《新書》本傳略同。《會要》卷七八:"〔開元〕十八年十二月,宋之悌除河東節度。"《姓纂》卷八弘農宋氏:"之悌,太原尹,益州長史,河南(東)、劍南節度。"按《元龜》卷七七七稱:"〔宋〕之遜至太原尹。""之遜"當爲"之悌"之誤。

杜　暹　　開元十九年—二十年(731—732)

《舊書》本傳:"〔開元〕十四年,詔暹同中書門下平章事……出爲荆州大都督府長史。又歷魏州刺史、太原尹。二十年，上幸北都，拜暹爲户部尚書，便令扈從入京。行幸東都，詔暹爲東京留守。"《新書》本傳略同。

崔隱甫　開元二十一年—二十二年(733—734)

《舊書》本傳："〔開元〕二十一年，起復太原尹，仍爲河東採訪處置使。復爲刑部尚書，兼河南尹。二十四年，車駕還京，以隱甫爲東都留守。"《新書》本傳未及。《元龜》卷一六二：開元二十三年(二十二年)二月"辛亥，初置十道採訪使……太原尹崔隱甫爲河東道採訪使。"

元　某　約開元二十三年(約735)

《李太白文集》卷一二《憶舊游寄譙郡元參軍》詩："君家嚴君勇貔虎，作尹并州遏戎虜。五月相呼渡太行，摧輪不道羊腸苦。"按李白約於開元二十三年與元演同遊太原。

韋虛心　約開元二十四年(約736)

《全文》卷三一三孫逖《東都留守韋虛心神道碑》："命公作歙、曹二州刺史，荆、潞、揚三州長史，以至於太原尹……以至於工部尚書，其餘掌吏部選、採訪處置使、東都留守，皆大任也……享年七十，以開元二十九年某月日遘疾薨於東都寧仁里之私第。"兩《唐書》本傳未及。按開元二十二年韋虛心在揚州長史任。

王　昱　約開元二十五年(約737)

《全文》卷三〇九孫逖《授王昱太僕卿制》："正議大夫、守太原尹、北都留守、河東諸軍節度營田副大使王昱……可守太僕卿兼太原尹。"

＊**牛仙客**　開元二十六年—二十八年(738—740)

《舊書·玄宗紀下》：開元二十六年二月"乙卯，以牛仙客遥領河東道節度使"。二十八年"十一月，牛仙客停遥兼朔方、河東節度使"。又見《新書‧宰相表中》、本傳，《通鑑‧開元二十八年》。《舊書》本傳未及。

王　冰　　開元二十七年前（739 前）

《金石録》卷六有《唐太原尹王冰墓誌》，開元二十七年十月。

裴仙先　　約開元二十七年—二十九年（約 739—741）

《新書》本傳："遷秦、桂、廣三州都督。坐累且誅，賴宰相張説右之，免官。久乃擢范陽節度使，太原、京兆尹……進工部尚書。年八十六，以東京留守累封翼城縣公，卒官下。"《舊書‧玄宗紀下》：開元二十九年四月"丙辰，以太原〔尹〕裴仙先爲工部尚書"。又見《全文》卷三二一李華《揚州司馬李公（并）墓誌銘》。《廣記》卷一四七引《紀聞》："裴仙先……歲中四遷，遂至秦州都督，再節制桂廣，一任幽州帥，四爲執金吾，一兼御史大夫，太原、京兆尹，太府卿。"按開元十八年裴仙先爲京兆尹。【補遺】《唐研究》第五卷（1999 年版）《西安新發現唐裴仙先墓誌考述》引《故銀青光禄大夫、守工部尚書、上柱國、翼城縣開國公贈江陵郡大都督裴府君（仙先）墓誌銘並序》（天寶三載閏二月八日）："出爲絳州刺史，改蒲州刺史，進爵爲伯。俄遷太原尹，兼河東道節度等副使，使停，即授本道采訪處置使。……遷工部尚書，東京留守，兼判省事。……以天寶二載九月廿二日薨於永寧里第，春秋八十。"

裴　寬　　開元二十九年—天寶元年（741—742）

《舊書‧玄宗紀下》：開元二十九年四月"壬午，以左右金吾大將軍裴寬爲太原尹、北都留守"。又本傳："遷河南尹……改左金吾衛大將軍，一年，除太原尹，賜紫金魚袋……天寶初，除陳留太守，兼採訪使。"《新書》本傳略同。又見《唐詩紀事》卷二，《全詩》卷三。

＊李　琮　　天寶元年—十一載（742—752）

《舊書》本傳："天寶元年，兼太原牧。十一載薨，贈靖德太子。"

《新書》本傳：“改節河東，十載薨。”《大詔令集》卷三二《慶王贈靖德太子制》：“故司徒兼太原尹、使持節充河南（東）道諸軍節度大使度支營田等使、上柱國慶王琮……可贈靖德太子……天寶十一年五月。”又見《全文》卷二五。

王忠嗣　　天寶三載—五載（744—746）

《舊書》本傳：天寶三載四月，“加攝御史大夫，充河東節度採訪使。五月，進封清源縣公……四載，又兼河東節度採訪使……五年正月，河、隴以皇甫惟明敗衄之後，因忠嗣以持節充西平郡太守，判武威郡事，充河西、隴右節度使。其月，又權知朔方、河東節度使事……其載四月，固讓朔方、河東節度，許之”。《新書》本傳略同。

韋　濟　　天寶六載—七載（747—748）

《舊書》本傳：“〔開元〕二十四年，爲尚書户部侍郎。累歲轉太原尹……天寶七載，又爲河南尹，遷尚書左丞。”《新書》本傳略同。《隋唐五代墓誌匯編·陝西卷》第四册《大唐故正議大夫行儀王傅上柱國奉明縣開國子賜紫金魚袋京兆韋府君（濟）墓誌銘并序》（天寶十三載閏十一月十一日）：“〔天寶〕六載，遷太原尹，仍充北京留守……天寶七載，轉河南尹。”天寶十三載卒，享年六十七。當爲王忠嗣後任。《全文》卷三一一孫逖《爲宰相賀太原府聖容祥至有慶雲見表》：“臣等伏見太原尹常濟奉今月四日紫極宮玉石聖容祥至北京，其時有慶雲垂天。”按“常濟”當爲“韋濟”之誤。又按天寶元年稱太原爲北京。

嚴損之　　天寶中

《毗陵集》卷一一《唐故銀青光禄大夫太子左庶子嚴公（損之）墓誌銘并序》：“其後歷太原、上谷、弋陽、餘杭、丹陽，雖風俗殊異，治效如一……公在清池，會安禄山與當國者交惡……是以有弋陽之貶。貶明年，河北爲戎。”銘云：“公七剖竹，七著成績。”廣德二年卒。

韓休珉　　天寶九載—十載（750—751）

《通鑑·天寶十載》：正月，"安禄山求兼河東節度。二月丙辰，以河東節度韓休珉爲左羽林將軍，以禄山代之"。

王　翼　　天寶中

《千唐誌·唐故朝散大夫使持節龍溪郡諸軍事守龍溪郡太守梁府君（令直）墓誌銘并序》（天寶十四載三月一日）稱："河東採訪王翼奏公充岢嵐軍副使"。令直天寶十四載二月五日卒，春秋六十七。

楊光翽　　天寶十四載（755）

《舊書·玄宗紀下》：天寶十四載十一月"丙寅，范陽節度使安禄山率蕃、漢之兵十餘萬，自幽州南向詣闕，以誅楊國忠爲名，先殺太原尹楊光翽於博陵郡"。又見兩《唐書·李寶臣傳》，《新書·安禄山傳》，《元龜》卷一二二。

卷九〇　太原府（并州）下

王承業　　天寶十四載—至德元載（755—756）

《舊書·玄宗紀下》：天寶十四載十一月戊寅，"以羽林大將軍王承業爲太原尹"。又見《舊書·劉全諒傳》，《新書·玄宗紀》《安禄山傳》《顏杲卿傳》，《元龜》卷一二二、卷三七三，《通鑑·天寶十四載》十一月，《全文》卷三四一顏真卿《攝常山郡太守衛尉卿兼御史中丞京兆顏公（杲卿）神道碑銘》。又卷三四二顏真卿《唐故開府儀同三司太尉兼侍中河南副元帥李公（光弼）神道碑銘》："屬太原尹王承業不出救兵，杲卿、履卿爲史思明所陷。"

高秀巖　　至德二載（757）

《舊書·史思明傳》：至德二年，"李光弼使衙官敬俛招之，〔思明〕遂令衙官竇子昂奉表，以所管兵衆八萬人及以僞河東節度高秀巖來降。肅宗大悦，封歸義王、范陽長史、御史大夫、河北節度使……秀巖雲中太守"。按天寶中高秀巖在蔚州刺史任，爲安禄山屬下。

李光弼　　至德元載—乾元二年（756—759）

《舊書·肅宗紀》：至德元載八月壬午，"〔李〕光弼爲户部尚書、兼太原尹、北京留守、同中書門下平章事"。又本傳：天寶十五載，"授光弼户部尚書，兼太原尹、北京留守、同中書門下平章事，以景城、河間之卒五千赴太原……乾元元年，與關内節度使王思禮入朝……〔二

年〕八月，兼幽州大都督府長史、河北節度”。《新書》本傳略同。又見
《通鑑・至德元載》八月，《元龜》卷八七、卷一二八、卷三八五，《會
要》卷四五，《全文》卷四四蕭宗《收復兩京大赦文》，《大詔令集》卷
六〇，《全文》卷四二《郭子儀中書令李光弼侍中制》，《全文》卷三四
二顏真卿《唐故開府儀同三司太尉兼侍中河南副元帥李公（光
弼）神道碑銘》、卷三七八李泌《對蕭宗破賊疏》、卷三六七賈至《論
王去榮打殺本部縣令表》、卷四三二李至《諫貸死以流人使自效
疏》，《唐語林》卷八。

王思禮　　乾元二年—上元二年（759—761）

《舊書・蕭宗紀》：乾元二年七月“丁亥，以兵部尚書、潞州大都督
府長史、潞沁節度、霍國公王思禮兼太原尹，充北京留守，河東節度副
大使”。上元二年五月乙未，“北京留守、守司空、太原尹、河東節度副
大使、霍國公王思禮卒”。又見兩《唐書》本傳，《通鑑・乾元二年》七
月。《大詔令集》卷五九有《王思禮北京留守制》。

管崇嗣（菅崇嗣）　　上元二年（761）

《舊書・蕭宗紀》：上元二年五月“辛丑，以鴻臚卿、趙國公管崇嗣
爲太原尹、兼御史大夫，充北京留守、河東節度副大使”。又《鄧景山
傳》：“太原尹、北京留守王思禮軍儲豐實……屬思禮薨，以管崇嗣代
之，委任左右，失於寬緩，數月之間，費散殆盡，唯存陳爛萬餘石。上
聞之，即日召景山代崇嗣。”《新書・鄧景山傳》作“菅崇嗣”。《姓纂》
卷四趙郡趙州菅氏：“唐乾元河東節度使菅崇嗣。”

鄧景山　　上元二年—寶應元年（761—762）

《舊書》本傳：“上元二年十月，追入朝，拜尚書左丞……即日召景
山代〔管〕崇嗣〔爲太原尹〕。及至太原，以鎮撫紀綱爲己任，檢覆軍吏
隱没者，衆懼……軍衆憤怒，遂殺景山……軍中因請以都知兵馬使、
代州刺史辛雲京爲節度使，從之。”《新書》本傳：“以景山爲太原尹，封
南陽郡公……景山遇害，時寶應元年也。”又見《新書・忠義傳上》，

《會要》卷四五。

辛雲京　　寶應元年—大曆三年（762—768）

《新書·代宗紀》：寶應元年建卯月"癸丑，河東軍亂，殺其節度使鄧景山，都知兵馬使辛雲京自稱節度使"。《舊書·代宗紀》：廣德二年九月"丙午，河東節度使辛雲京檢校尚書右僕射、同中書門下平章事、太原尹、北京留守"。大曆三年八月"庚午，河東節度使、檢校左僕射、太原尹、同中書門下平章事辛雲京卒"。又見兩《唐書》本傳，兩《唐書·辛讜傳》，《舊書·迴紇傳》，《姓纂》卷三金城辛氏，《封氏聞見記》卷六作"辛景雲"，當爲"辛雲景（京）"之倒誤。《隋唐五代墓誌匯編·山西卷·唐故昭武校尉延州金明府折衝上柱國武君（龍賓）墓誌銘并序》（貞元十二年十一月二十七日）："永泰二年，河東節度使辛相公奏授延州金明府折衝，上柱國。"證知永泰二年在任。

王　縉　　大曆三年—五年（768—770）

《舊書·代宗紀》：大曆三年八月庚午，"門下侍郎、同中書門下平章事、兼幽州長史……兼東都留守、齊國公王縉兼太原尹、北京留守，充河東軍節度"。五年四月"庚申，宰臣太原尹王縉入朝"。又見《新書·代宗紀》《宰相表中》，兩《唐書》本傳。《全文》卷三二四王維《責躬薦弟表》、卷五四二令狐楚《奏太原府資望及官吏選數狀》。

薛兼訓　　大曆五年—十一年（770—776）

《舊書·代宗紀》：大曆五年"秋七月丁卯，以浙東觀察使、越州刺史、御史大夫薛兼訓爲檢校工部尚書、太原尹、北都留守，充河東節度使"。十一年十二月，"北都留守薛兼訓病故也"。又見《新書·鮑防傳》《秦系傳》。《全文》卷四〇八李諲《妒神頌并序》："命河東節度副大使、兼工部尚書、太原尹、北京留守薛公諱兼訓，警此禁闥。"《山右石刻叢編》稱此爲"大曆十一年五月壬寅建"。又見《全文》卷四一五常袞《中書門下賀太原紫雲見表》，卷五四二令狐楚《奏太原府資望及官吏選數狀》，《大詔令集》卷一一九《貶田承嗣永州刺史詔》。

段秀實　　大曆十一年(776)

《舊書·代宗紀》：大曆十一年十二月"丁酉，以涇原節度副使、試太常卿、張掖郡王段秀實權知河東節度留後"。兩《唐書》本傳未及。

鮑　防　　大曆十二年—十四年(777—779)

《舊書·代宗紀》：大曆十二年三月"癸亥，以太原少尹、河東節度行軍司馬、權知河東留後鮑防爲太原尹、御史大夫，充北都留守、河東節度使"。十四年五月，"北都留守鮑防以北庭（‘以北庭’三字衍）歸朝"。又《德宗紀上》：大曆十四年閏五月"壬辰，以河東節度留後鮑防爲京畿觀察使"。又見兩《唐書》本傳，《舊書·李自良傳》《回紇傳》，《元龜》卷四四三，《唐才子傳》卷三。《全文》卷五一八梁肅《送周司直赴太原序》："今年春，上以副丞相鮑公領太原尹，假節主河東諸侯。"按"鮑公"即鮑防。又見《全文》卷七八三穆員《鮑防碑》。

馬　燧　　大曆十四年—貞元三年(779—787)

《舊書·德宗紀上》：大曆十四年閏五月"辛卯，以河陽三城鎮遏使馬燧檢校工部尚書、兼太原尹、御史大夫、北都留守、河東節度使"。又本傳："大曆十四年六月，檢校工部尚書、太原尹、北都留守、河東節度留後，尋爲節度使……〔貞元〕三年正月，燧軍還太原……六月，以燧守司徒、兼侍中、北平郡王如故。"《新書》本傳略同。又見《元龜》卷一一九、卷一二九，《大詔令集》卷一〇七建中二年《還馬燧賞軍士家財詔》、卷五九(《全文》卷四六二)陸贄《馬燧渾瑊副元帥同討河中制》，《全文》卷五〇七權德輿《司徒兼侍中上柱國北平郡王馬公(燧)行狀》、卷四六三陸贄《誅李懷光後原宥河中將吏并招諭淮西詔》、卷七三二長孫修《漢故丞相翟公重建碑》、卷五四二令狐楚《奏太原府資望及官吏選數狀》、卷四九三權德輿《送馬正字赴太原謁相國叔父序》、卷七八四穆員《相國義陽郡王李公(抱真)墓誌銘》、卷九九六闕名《大唐扶風馬氏墓誌》。《全詩》卷二七六盧綸有《送馬尚書郎君侍從歸覲太原》。《會要》卷三三："貞元三年四月，河東節度使馬燧獻《定難曲》，御麟德殿命閱試之。"

李自良 貞元三年—十一年(787—795)

《舊書・德宗紀上》：貞元三年六月丙戌，"以左龍武將軍李自良爲檢校工部尚書、太原尹、河東節度使"。《德宗紀下》：貞元十一年五月"甲申，河東節度使、檢校工部尚書、太原尹李自良卒"。又見兩《唐書》本傳，《元龜》卷一一九。《宋高僧傳》卷五《唐代州五臺山清涼寺澄觀傳》："〔貞元〕七年，河東節度使李公自良，復請於崇福寺講。德宗降中使李輔光宣詔入都。"

＊李 諶 貞元十一年(795)

《舊書・德宗紀下》：貞元十一年五月"癸巳，以通王諶爲河東節度使"。又本傳："〔貞元〕十一年，河東帥李自良卒，以諶爲河東節度大使，以行軍司馬李説知府事，充留後，亦不出閣。"《新書》本傳略同。又見《元龜》卷二八。《會要》卷七八："〔貞元〕十一年五月，復以通王諶爲河東節度大使、北都留守。"

李 説(李悦) 貞元十一年—十六年(795—800)

《新書・宗室世系表上》大鄭王房："河東節度使説，字嚴甫。"《舊書・德宗紀下》：貞元十一年五月癸巳，"以河東行軍司馬李悦爲河東節度營田觀察留後、北都副留守"。十六年十月"乙丑，河東節度使、檢校禮部尚書、太原尹、兼御史大夫、北都留守李悦卒"。按兩《唐書》本傳作"李説"。又見《舊書・張建封傳》，《元龜》卷一一九。《全文》卷六八三支喬《尚書李公造華嚴三會普光明殿功德碑并序》稱："河東節度觀察支度營田等處置使、北都留守、銀青光禄大夫、檢校禮部尚書、兼御史大夫、太原尹……李公説之所營建也。"又卷五四二令狐楚有《爲太原李説尚書進白兔狀》。又《奏太原府資望及官吏選數狀》稱："前使王緒、薛兼訓、馬燧、李悦並有舉奏。"又卷五四〇令狐楚有《代太原李僕射慰義章公主薨表》。卷五四三《白楊神新廟碑》稱："乙亥歲(貞元十一年)，今尚書隴西李公廉刺并部。"按"尚書隴西李公"當即指檢校禮部尚書李説。

鄭　儋　　貞元十六年—十七年（800—801）

《舊書·德宗紀下》：貞元十六年十月“甲午，以河東行軍司馬鄭儋檢校工部尚書、太原尹、河東節度使”。又《李說傳》稱：鄭儋“在任不期年而卒”。《全文》卷五四〇令狐楚有《爲鄭儋尚書謝河東節度使表》《爲太原鄭尚書謝賜旌節等表》。《韓昌黎集》卷二六《唐故河東節度觀察使滎陽鄭公（儋）神道碑文》：“貞元十六年，將〔李〕說死，即詔授司馬節，節度河東軍，除其官爲工部尚書、太原尹、兼御史大夫、北都留守……十七年疾廢朝夕，八月庚戌薨，享年六十一。”又見《新表五上》南祖鄭氏。

嚴　綬　　貞元十七年—元和四年（801—809）

《舊書·德宗紀下》：貞元十七年“八月戊午，以河東行軍司馬嚴綬檢校工部尚書、兼太原尹、御史大夫、河東節度使”。又本傳：“〔鄭〕儋卒，遷綬銀青光禄大夫、檢校工部尚書，兼太原尹、御史大夫、北都留守，充河東節度支度營田觀察處置等使……在鎮九年……〔元和〕四年，入拜尚書右僕射。”《新書》本傳略同。又見《元龜》卷一六九，兩《唐書·裴垍傳》，《通鑑·元和四年》，《全文》卷六五五元稹《故金紫光禄大夫檢校司徒兼太子太傅嚴公行狀》。

＊李　紘　　永貞元年（805）

《全文》卷五五順宗《授撫王紘河東節度使制》：“撫王紘……可開府儀同三司，充河東節度觀察處置等使、兼太原尹、北都留守，封如故。”又見《大詔令集》卷三六。

李　鄘　　元和四年（809）

《通鑑·元和四年》：三月乙酉，“以鳳翔節度使李鄘爲河東節度使”。《舊書·憲宗紀上》：元和四年六月“丁丑，以河東節度使李鄘爲刑部尚書，充諸道鹽鐵轉運使”。又見兩《唐書》本傳、《裴垍傳》。

范希朝　　元和四年—五年（809—810）

《舊書·憲宗紀上》：元和四年六月丁丑，“以靈鹽節度使范希朝爲太原尹、北都留守、河東節度使”。五年三月“丁亥，河東范希朝奏破賊於木刀溝”。又本傳：“遷河東節度使。率師討鎮州，無功。既耄且疾，事不理，除左龍武統軍，以太子太保致仕。”《新書》本傳略同。又見《元龜》卷四三八，《新五代史·唐莊宗紀上》。《寶刻叢編》卷六引《集古錄》：“《唐范希朝謁北嶽廟記》，元和五年，河東節度使范希朝討鎮州，過北嶽廟題記。”

王　鍔（王諤）　　元和五年—十年（810—815）

《舊書·憲宗紀上》：元和五年十一月“庚戌，以前河中節度使王鍔檢校司空、兼太子太傅、太原尹、北都留守、河東節度使”。又《憲宗紀下》：元和十年十二月“乙丑，河東節度使王鍔卒”。又見兩《唐書》本傳，《廣記》卷三〇七引《宣室志》。《全文》卷七一一李德裕《唐故左神策軍護軍中尉兼左街功德使知內侍省事劉公（宏規）神道碑銘》：“檢校司空王公諤之授鉞河東也，改內給事，爲之護軍。”

張弘靖　　元和十一年—十四年（816—819）

《舊書·憲宗紀下》：元和十一年正月“己巳，以中書侍郎、平章事張弘靖檢校吏部尚書，兼太原尹、北都留守、河東節度使”。十四年五月“丙戌，以河東節度使、檢校吏部尚書、同平章事張弘靖爲吏部尚書”。又見兩《唐書》本傳，《新書·宰相表中》，《元龜》卷三二二，張彥遠《歷代名畫記》卷一《敘畫之興廢》。《全文》卷七一一李德裕《祭唐叔文》：“維元和十二年歲次丁酉六月己未朔二十一日己卯，河東節度使、檢校吏部尚書、平章事張宏靖敢昭告於晉唐叔之靈。”

裴　度　　元和十四年—長慶二年（819—822）

《舊書·憲宗紀下》：元和十四年四月“丙子，制金紫光禄大夫、門下侍郎、同中書門下平章事、兼弘文館大學士、上柱國、晉國公、食邑三千户裴度可檢校左僕射、兼門下侍郎、平章事、太原尹、北都留守，充河東節度觀察處置等使”。又《穆宗紀》：長慶二年二月“丁亥，以河東節度使、司空、兼門下侍郎、平章事裴度守司徒、平章事，充東都留守，判東都尚書省事、都畿汝防禦使、太微宮等使”。又見兩《唐書》本傳、《令狐楚傳》、《新書·宰相表中》、《廣記》卷三四六引《宣室志》、《元龜》卷七三、卷三二二，《全文》卷五八憲宗《授裴度河東節度使制》、卷六四穆宗《加裴度司空制》、卷六三九李翱《唐故金紫光禄大夫尚書右僕射致仕楊公（於陵）墓誌銘》、《大詔令集》卷五三《裴度河東節度同平章事制》。《全文》卷六四八元稹《加裴度幽鎮兩道招撫使制》：“太原尹、北都留守……裴度……可依前守司空、兼門下侍郎、同中書門下平章事、河東節度使，充幽鎮兩道招撫使。”

李　聽　　長慶二年—寶曆元年（822—825）

《舊書·穆宗紀》：長慶二年二月丁亥，“以前靈武節度使李聽爲太原尹、北都留守、河東節度使”。又《敬宗紀》：寶曆元年閏七月“壬辰，以前河東節度使李聽爲義成軍節度使”。又見兩《唐書》本傳、《元龜》卷一二〇。《全文》卷六二三宋申錫《義成軍節度使持節滑州諸軍事兼滑州刺史李公（聽）德政碑銘并序》：“自楚州三遷至太原尹……公之居守太原也……三年而事有常經……寶曆元祀，公朝京師。”

李光顏　　寶曆元年—二年（825—826）

《舊書·敬宗紀》：寶曆元年“七月癸卯朔，以忠武軍節度使、守司徒、兼侍中李光顏爲太原尹、北京留守、河東節度使”。二年九月“戊寅，河東節度使、守司徒、兼侍中李光顏卒”。又見兩《唐書》本傳、《元龜》卷三五九，《新表五下》雞田李氏。《全文》卷六三二李程《河東節度使太原尹李光顏神道碑》：“拜河東節度使、北都留守、太原尹……享年六十有五，寶曆二年九月三日薨於位。”按《廣記》卷三四六引《宣室志》稱“李公顏居守北都”，“李公顏”當即“李光顏”之誤。

李　程　　寶曆二年—大和四年（826—830）

《舊書·敬宗紀》：寶曆二年九月“壬申，宰相李程爲北都留守、河東節度使”。又《文宗紀下》：大和四年“三月乙亥，以河東節度使李程檢校左僕射、同平章事，兼河中尹、晉絳慈隰等州節度使”。又見兩

《唐書》本傳,《新書・宰相表下》,《元龜》卷三二二。《山右石刻叢編》卷九《李光顔碑》稱:"河東節度觀察處置等使、金紫光禄大夫、檢校吏部尚書、同中書門下平章事、兼太原尹、北都留守、上柱國、彭原郡開國公、食邑一千户李程撰。"

柳公綽　　大和四年—六年(830—832)

《舊書・文宗紀下》:大和四年三月乙亥,"以刑部尚書柳公綽檢校左僕射、太原尹、北都留守、河東節度使"。六年三月辛丑,"以前河東節度使柳公綽爲兵部尚書"。又見兩《唐書》本傳。

令狐楚　　大和六年—七年(832—833)

《舊書・文宗紀下》:大和六年二月甲子朔,"以〔令狐〕楚檢校右僕射,兼太原尹、北都留守、河東節度使"。七年六月"乙酉,以前河東節度使令狐楚檢校右僕射,兼吏部尚書"。又見兩《唐書》本傳,《元龜》卷六七一。《全文》卷六〇五劉禹錫《唐故相國贈司空令狐公集序》:"移鎮太原,從人望也。以吏部尚書徵。"《劉禹錫集》卷九《彭陽唱和集後引》:"大和五年,予領吳郡,公鎮太原。"《全詩》卷三六〇劉禹錫有《和白侍郎送令狐相公鎮太原》。

李載義　　大和七年—九年(833—835)

《舊書・文宗紀下》:大和七年六月"乙巳,以山南西道節度使李載義爲太原尹、北都留守、河東節度使,依前守太保、平章事"。又本傳:"〔大和〕七年,遷北都留守,兼太原尹,充河東節度觀察等使。尋加開府儀同三司。丁母憂。"《新書》本傳略同。

王　璠　　大和九年(835)

《舊書・文宗紀下》:大和九年十一月"丁巳,以户部尚書、判度支王璠爲太原尹、北都留守、河東節度使"。壬戌,"新除太原節度王璠……等十餘家,皆族誅"。兩《唐書》本傳略同。《因話録》卷五:"王并州璠,自河南尹拜右丞相。"《唐語林》卷六同。

李載義　　大和九年—開成二年（835—837）

《舊書》本傳："丁母憂，起復驃騎大將軍，餘如故……九年，加侍中。開成二年卒。"《新書》本傳略同。《舊書·文宗紀下》：開成二年夏四月"庚申，太原節度使李載義卒"。

裴　度　　開成二年—三年（837—838）

《舊書·文宗紀下》：開成二年五月"乙丑，以東都留守裴度爲太原尹、北都留守、河東節度使，依前守司徒、中書令"。三年十二月"辛丑，詔以河東節度使、開府儀同三司、守司徒、兼中書令、太原尹、北都留守、上柱國、晉國公、食邑三千户裴度可守司徒、中書令"。又見兩《唐書》本傳，《元龜》卷七四，《大詔令集》卷四九，《全文》卷七〇文宗《授裴度中書令制》。《全詩》卷三八五張籍有《送裴相公赴鎮太原》。《全詩補逸》卷一〇張祐有《獻太原裴相公三十韻》。卷一一張祐有《戊午年（開成三年）感事抒懷二百韻謹寄獻太原裴公淮南李相公漢南李僕射宣武李尚書》。

狄兼謨　　開成三年—五年（838—840）

《舊書·文宗紀下》：開成三年十二月辛丑，"以兵部侍郎狄兼謨爲河東節度使"。又本傳："兼謨尋轉兵部侍郎。明年，檢校工部尚書、太原尹，充河東節度使。"《新書》本傳略同。《全詩》卷三六一劉禹錫有《酬太原狄尚書見寄》。

符　澈（符澈）　　開成五年—會昌二年（840—842）

《全文》卷七一四李宗閔《輔國大將軍行左神策軍將軍知軍事符公（璘）神道碑銘并序》："有子四人……澈，前爲邠寧節度使，後爲河東節度使、太原尹、北都留守、檢校兵部尚書、御史大夫、琅邪郡侯。"卷七〇七李德裕《代符澈與幽州大將書意》："某月日，河東節度使符澈致書幽州大將周都衙以下……澈忝在近鄰，素欽風儀。"《通鑑·會昌二年》：二月，"河東節度使符澈修杷頭烽舊戍以備回鶻"。三月，"河東節度使符澈疾病，庚申，以〔劉〕沔代之"。

劉 沔 會昌二年—三年(842—843)

《舊書·武宗紀》：會昌二年三月，"以振武麟勝節度使、銀青光禄大夫、檢校尚書右僕射、單于大都護、兼御史大夫、彭城郡開國公、食邑二千户劉沔可檢校右僕射，兼太原尹、北京留守，充河東節度、管内觀察處置等使，代苻澈"。三年十月，"以河東節度使劉沔檢校司空，兼滑州刺史、御史大夫，充義成軍節度、鄭滑濮觀察等使"。又見兩《唐書》本傳，《通鑑·會昌二年》三月，《大詔令集》卷一三〇《討回鶻制》，《全文》卷七〇七李德裕《代劉沔與回鶻宰相頡于伽思書》、卷七〇〇李德裕《與紇扢斯可汗書》，卷八〇三李磎《蔡襲傳》，《金石補正》卷七四《太子太傅贈司徒劉沔碑》。

李 石 會昌三年—四年(843—844)

《舊書·武宗紀》：會昌三年十月，"以荆南節度使、檢校右僕射、同平章事李石可檢校司空、平章事，兼太原尹、北都留守，充河東節度、管内觀察等使"。四年春正月乙酉朔，"楊弁逐太原節度使李石"。又見兩《唐書》本傳，《通鑑·會昌三年》十月、《會昌四年》正月。

崔元式 會昌四年(844)

《舊書·武宗紀》：會昌四年二月"丁巳，制河中晉絳慈隰等州節度觀察等使、中散大夫、檢校左散騎常侍、河中尹、御史大夫……崔元式可檢校禮部尚書，兼太原尹、北都留守，充河東節度觀察等使"。又見兩《唐書》本傳，《通鑑·會昌四年》，《全文》卷七二八封敖《授崔元式太原節度使石雄河中節度使制》。《全文》卷七一一李德裕《祭唐叔文》："余元和中掌記戎幕，時因晉祠止雨，太保高平公命余爲此文……今遇尚書博陵公移鎮北都，輒敢寄題廟宇。會昌四年三月十五日司徒兼門下侍郎平章事李德裕。"按"博陵公"即崔元式。

劉 沔 會昌四年(844)

《舊書》本傳："改滑州刺史、義成軍節度使。〔會昌〕四年，潞帥劉從諫卒,子積匿喪,擅主留務,要求旌鉞。武宗怒……遂復授沔太原節度,充潞府北面招討使。沔與張仲武不協,方徵兵幽州,乃移沔爲鄭滑節度使,進位檢校司徒。"按劉沔會昌四年三月由義成轉河陽,見《通鑑》;是年十二月王宰由忠武爲河東,劉沔約於其時移忠武。又按《新書》本傳稱由河陽改忠武,未及再鎮河東事。《金石補正》卷七四《太子太傅贈司徒劉沔碑》稱:會昌四年二月廿五日詔除河陽節度使,又遷光禄大夫檢校司空,鎮許昌。亦未及再爲河東。

王　宰　　會昌四年—大中四年(844—850)

《舊書·武宗紀》:會昌四年九月,"以忠武軍節度、陳許蔡等州觀察處置等使……王宰檢校司空、太原尹、北都留守,充河東節度、管内觀察處置等使"。《通鑑》作"十二月"。又見兩《唐書》本傳。《全文》卷七八八蔣伸《授王宰河陽節度使李拭河東節度使制》稱:"河東節度兼諸道行營招討党項使王宰"。《金石補正》卷七四《冷泉關河東節度王宰題記》:"河東節度觀察等使、光禄大夫、檢校司徒、兼太原尹、北都留守、御史大夫、上柱國、太原郡開國公、食邑二千户王宰……〔會昌四年〕九月將歸許昌,軍次温縣,天使持節至,又授寵詔,遷鎮北門,十月過此。至會昌六年,上登寶位,蒙恩加司空……〔大中二年九月,〕詔就拜司徒……十二月十二日遂得祇詔擁節趨闕,赴正朝聘之禮,至明年正月十一日又蒙聖旨獎加光禄大夫,依前檢校司徒,却歸本鎮。至二月五日過此。"又見《山右石刻叢編》卷九。

李　拭　　大中四年—五年(850—851)

《舊書·宣宗紀》:大中四年"九月,以朝請大夫、檢校禮部尚書、孟州刺史、河陽三城節度使李拭爲太原尹、北都留守、河東節度等使"。五年"五月,以太原尹、河東節度使李拭爲鳳翔節度使"。又見《新書·李廓傳》,《通鑑·大中四年》十二月。《全文》卷七八八蔣伸有《授王宰河陽節度使李拭河東節度使制》,又卷八四八崔琮有《鳳翔李業河東李拭並加招討使制》。

李　業　　大中五年—六年（851—852）

《舊書·宣宗紀》：大中五年五月，"李業檢校户部尚書、太原尹、北都留守，充河東節度使"。又見《新書·魏謩傳》《新五代史·唐莊宗紀上》。《會要》卷七二："大中六年六月，河東節度使兼太原尹李業奏，當管諸軍州草馬，准貞元三年十二月十三日敕文，不許出界"。《全文》卷七六三沈珣《授李業鄭滑節度使契苾通振武節度使制》稱"前河東節度使李業"。《千唐誌·唐故鄉貢進士隴西李君（眈）墓誌》（大中十一年五月二十四日）："次兄業……五秉戎旃，首忝夏臺，轉岐隴，歷太原，移白馬，今秉天平軍節度使。"

盧　鈞　　大中六年—九年（852—855）

《舊書·宣宗紀》：大中六年七月，"檢校司空、太子太師、上柱國、范陽郡開國公、食邑二千户盧鈞可太原尹、北都留守、河東節度使"。九年"七月，以河東節度使……盧鈞守尚書右僕射"。又見兩《唐書》本傳，《唐語林》卷一。《全文》卷七六三沈珣有《授盧鈞太原節度使制》。《全詩》卷五四一李商隱有《寄太原盧司空三十韻》。

鄭　涓　　大中九年—十年（855—856）

《舊書·宣宗紀》：大中九年"九月，昭義節度使、檢校禮部尚書、兼潞州大都督府長史、御史大夫、上柱國、賜紫金魚袋鄭涓檢校刑部尚書、太原尹、北都留守、御史大夫，充河東節度、管内觀察處置等使"。《新表五上》鄭氏："涓，字道一，太原節度使。"

劉　瑑　　大中十年—十一年（856—857）

《舊書》本傳："〔大中〕十一年五月，加檢校禮部尚書、太原尹、北都留守、河東節度觀察等使。其年十二月入朝，拜户部侍郎，判度支，尋以本官同平章事，領使如故。"《新書》本傳不著年月。按裴休大中十年罷相充宣武，代劉瑑，《舊書》"十一年"當爲"十年"之誤。《大詔令集》卷五〇《授劉瑑平章事制》稱："户部侍郎、判度支……劉瑑……尹正洛師，擁旄梁苑……重委北門，輯茲王業。"《舊書·宣宗紀》：大中十一年十二月，"朝議大夫、檢校禮部尚書、兼太原尹、北都留守、上柱國、賜紫金魚袋劉瑑爲尚書户部侍郎、判度支"。又見《東觀奏記》。

畢　誠　大中十一年—十三年(857—859)

《舊書·宣宗紀》：大中十一年"十二月，以昭義軍節度使、朝議大夫、檢校工部尚書、上柱國、平陰縣開國男、食邑三百户畢誠爲太原尹、北都留守、河東節度使"。又《懿宗紀》：大中十三年十月，"以河中（東）節度使、檢校尚書左僕射畢誠爲汴州刺史，充宣武軍節度、宋亳觀察等使"。又見兩《唐書》本傳。

裴　休　大中十三年—咸通元年(859—860)

《舊書·懿宗紀》：大中十三年十月，"以昭義軍節度、澤潞邢磁洺觀察等使、光禄大夫、檢校吏部尚書、兼潞州大都督府長史、上柱國、河東縣開國子、食邑五百户裴休爲太原尹、北都留守、河東節度、管内觀察處置等使"。咸通元年"八月，以河東節度使裴休爲鳳翔尹、鳳翔隴右節度使"。又見兩《唐書》本傳。

盧簡求　咸通元年—四年(860—863)

《舊書·懿宗紀》：咸通元年八月，"以鳳翔隴右節度使、銀青光禄大夫、檢校刑部尚書盧簡求爲太原尹、北都留守、河東節度使"。四年正月，"河東節度使、檢校刑部尚書盧簡求以病求罷，詔以太子少師致仕歸東都"。本傳稱："〔大中〕十四年八月，代裴休爲太原尹、北都留守，充河東節度觀察等使。"《新書》本傳未著年月。又見《新表三上》盧氏，《新五代史·李襲吉傳》《盧文紀傳》，《全文》卷七六八盧肇《進海潮賦狀》。

劉　潼　咸通四年—七年(863—866)

《舊書·懿宗紀》：咸通四年正月，"以昭義節度使、檢校禮部尚書、上柱國、賜紫金魚袋劉潼爲太原尹、北都留守、御史大夫，充河東節度觀察處置等使"。《通鑑·咸通七年》："三月戊寅，以河東節度使劉潼爲西川節度使”。又見《新書》本傳，《新表一上》曹州南華劉氏。

鄭從讜　　咸通七年—十年（866—869）

《舊書·懿宗紀》：咸通七年三月，“以吏部侍郎鄭從讜檢校禮部尚書、兼太原尹、北都留守……充河東節度、管内觀察處置等使”。十年十二月，“詔河東節度使鄭從讜赴闕”。又見兩《唐書》本傳。《寶刻叢編》卷八引《集古録目》：“《唐振武節度使高弘碑》，唐河東節度鄭從讜撰……碑以咸通十一年立。”

康承訓　　咸通十年—十一年（869—870）

《舊書·懿宗紀》：咸通十年十二月，“以義成軍節度使、光禄大夫、檢校尚書左僕射、同平章事、滑州刺史、上柱國、會稽縣開國伯、食邑二千户康承訓以本官兼太原尹、北都留守，充河東軍節度使”。十一年正月“己酉，制河東節度使康承訓……可蜀王傅，分司東都。再貶恩州司馬同正，馳驛發遣”。又見《新書》本傳，《通鑑·咸通十一年》正月。

崔彦昭　　咸通十一年—十四年（870—873）

《舊書·懿宗紀》：咸通十一年正月，“以河陽三城節度、孟懷澤觀察使、中散大夫、檢校禮部尚書、孟州刺史、御史大夫崔彦昭爲金紫光禄大夫、檢校刑部尚書、太原尹、北都留守、河東節度觀察等使”。又《僖宗紀》：乾符元年“三月，以河東節度使、檢校尚書右僕射崔彦昭爲尚書兵部侍郎”。本傳稱：十二年正月爲太原尹，十五年三月召爲吏部侍郎。疑誤。

蕭　鄴　　咸通十四年—乾符元年（873—874）

《通鑑·咸通十四年》：十一月，“以右僕射蕭鄴同平章事，充河東節度使”。《新書》本傳：“以平章事節度河東，在官無足稱道，卒。”按《舊書·懿宗紀》稱：咸通二年二月，“吏部尚書蕭鄴檢校尚書右僕射、北都留守、河東節度觀察等使”。疑年代誤。

竇　澣　　乾符元年—五年(874—878)

《舊書·僖宗紀》:乾符元年三月,"以銀青光禄大夫、京兆尹、上柱國、岐山郡開國公、食邑三千户竇澣檢校户部尚書、太原尹、北都留守、御史大夫,充河東節度管内觀察處置等使"。五年"正月丁酉朔,沙陀首領陷遮虜軍,太原節度使竇澣遣都押衙康傳圭率河東土團二千人屯代州,將發,求賞呼譟"。按《通鑑考異·乾符五年》引《唐末見聞録》作"六月"。

曹　翔　　乾符五年(878)

《舊書·僖宗紀》:乾符五年正月,"以前昭義節度使曹翔檢校尚書右僕射,兼太原尹、北都留守、河東節度使……八月,沙陀陷岢嵐軍,曹翔自率軍赴忻州。翔至軍,中風而卒"。《通鑑·乾符五年》稱六月爲河東,九月卒。

崔季康　　乾符五年—六年(878—879)

《舊書·僖宗紀》:乾符五年"十一月,制以河東宣慰使、權知代北行營招討崔季康檢校户部尚書,兼太原尹、北都留守,充河東節度、代北行營招討使……六年春正月辛卯朔,河東節度使崔季康自静樂縣收合餘衆迴軍,軍亂……季康父子皆被害"。《通鑑·乾符五年》同。《乾符六年》作二月。又見《新書·僖宗紀》。

李　侃　　乾符六年(879)

《通鑑·乾符六年》:二月辛巳,"以邠寧節度使李侃爲河東節度使"。五月,"河東節度使李侃以軍府數有亂,稱疾,請尋醫……八月甲子,侃發晉陽"。《舊書·僖宗紀》稱:乾符六年三月爲太原尹。

李　蔚　　乾符六年(879)

《舊書·僖宗紀》:乾符六年"八月,制以特進、檢校司空、東都留守李蔚爲檢校司徒、同平章事,兼太原尹、北都留守、河東節度觀察,兼代北行營招討供軍等使"。十月,"太原節度使李蔚卒"。又見《新書·僖宗紀》，兩《唐書》本傳，《通鑑·乾符六年》。

康傳圭　　乾符六年—廣明元年（879—880）

《舊書·僖宗紀》：乾符六年“十一月，制以銀青光禄大夫、檢校右散騎常侍、河東行軍司馬、雁門代北制置等使、石嶺鎮北兵馬、代北軍等使、上柱國康傳圭檢校工部尚書，兼太原尹、北都留守、河東節度使”。廣明元年二月，“張彦球部下兵士爲亂，倒戈攻太原，殺傳圭”。又見《新書·僖宗紀》，《通鑑·乾符六年》《廣明元年》。按乾符五年、六年在代州都督任。

鄭從讜　　廣明元年—中和三年（880—883）

《舊書·僖宗紀》：廣明元年二月，“制以開府儀同三司、門下侍郎、兼兵部尚書、同平章事、充太清宫使、弘文館大學士……鄭從讜檢校司空、同平章事，兼太原尹、北都留守，充河東節度、管内觀察處置兼行營招討供軍等使”。中和三年七月，“詔鄭從讜赴行在”。又見兩《唐書》本傳，《舊五代史·唐武皇紀上》，《新五代史·唐莊宗紀上》，《新書·僖宗紀》《宰相表下》，《元龜》卷三二二。《全文》卷八六僖宗有《授鄭從讜河東節度使制》，《大詔令集》卷五四署稱“廣明元年三月”。《通鑑·廣明元年》亦作“三月”。按《會要》卷七八：“乾符三年，以宰臣鄭從讜爲北京留守、河東節度使，詔許自擇賓佐。”年代誤。

李克用　　中和三年—大順元年（883—890）

《舊書·僖宗紀》：中和三年五月，“雁門已北行營節度、忻代蔚朔等州觀察處置等使、檢校尚書左僕射、代州刺史、上柱國、食邑七百户李克用檢校司空、同平章事，兼太原尹、北都留守，充河東節度、管内觀察處置等使……八月，李克用赴鎮太原”。《舊五代史·唐武皇紀上》：大順元年“六月，天子削奪武皇官爵”。又見《新五代史·唐莊宗紀上》《通鑑·大順元年》。《金石萃編》卷一一七《李克用題名》稱：“河東節度使、檢校太保、同中書門下平章事、隴西郡王李克用……時中和五年二月廿二日克用記。”

張　濬　　大順元年—二年（890—891）

《大詔令集》卷五八《張濬鄂岳觀察使制》：“光禄大夫、守尚書右僕射兼中書侍郎、同中書門下平章事、集賢殿大學士……河東節度觀察處置等使……張濬……可檢校尚書右僕射，充鄂岳等州都團練觀察等使。大順二年正月。”又見《全文》卷九〇。兩《唐書》本傳未及。

李克用　　大順二年—天祐四年（891—907）

《舊書·昭宗紀》：大順二年“二月辛巳，李克用復檢校太師、中書令、太原尹、北都留守、河東節度觀察處置等使”。光化三年八月“癸亥，制忠貞平難功臣、河東節度、管内觀察處置等使、開府儀同三司、守太師兼中書令、北都留守、太原尹、上柱國、晉王、食邑九千户、食實封七百户李克用加實封一百户”。又見《新書·沙陀傳》，《舊五代史·唐武皇紀上》《梁太祖紀一》，《新五代史·唐莊宗紀上》。《全文》卷八三一錢珝《册太原節度使守太師兼中書令晉王制》：“今致遣中書舍人薛廷珪册爾爲太師兼中書令，仍進封晉王。”《隋唐五代墓誌匯編·山西卷·唐故河東節度觀察處置等使開府儀同三司守太師兼中書令晉王（克用）墓誌銘并序》（天祐六年二月十八日）：“□巢賊於長安，以功正授雁門節度使、檢校兵部尚書。旋又就加檢校左僕射。尋復詔拜河東節度使、檢校司空……自司空加司徒、平章事，歷太保、太傅……加檢校太尉，仍兼侍中……後以破邠州王行瑜功，册守太師兼中書令，封晉王。”天祐五年卒，年五十三。

待考録

楊　某

上圖藏拓片《周故左衛翊衛楊文舉墓誌銘并序》：“公諱文舉，字□敬，并州刺史、潞國公之孫，宗義府折衝、金城公之子也……〔公〕唐龍朔元年十月廿一日遇疾終於洛陽，春秋三十有二。”

唐 某

《寶刻叢編》卷四引《訪碑録》：“《唐太原尹唐公碑》，唐嵩陽觀主盧曉八分書。”

李仲昇

上圖藏拓片《唐故興元元從正議大夫行内侍省内侍知省事上柱國賜紫金魚袋贈特進左武衛大將軍李公（輔光）墓誌銘并序》：“有子四人……次曰仲昇，開府儀同三司、檢校太子詹事、兼殿中侍御史，充河東節度保寧軍使。”

薛伯連

《新表三下》薛氏：“伯連，河東尹。”乃潤州刺史薛寶積之玄孫。

李 璋

《直齋書録解題》卷八：“《晉陽事迹雜記》十卷，唐河東節度使李璋纂，序言四十卷，《唐志》亦同。”兩《唐書》本傳未及，唯稱大中初盧鈞鎮太原，辟爲從事。

崔 鄲

《唐語林》卷一：“貞元已來，言家法者，以倕爲首。倕生六子，一爲丞相，五爲要官。太常卿郱，太原尹鄲……左僕射平章事鄲。兄弟亦同居光德里一宅。宣宗嘗嘆曰：‘崔鄲家門孝友，可爲士族之法矣。’”按《新表二下》南祖崔氏清河小房：“鄲，司農卿。”又見《新書·崔郃傳》。

卷九一　代州（雁門郡）

隋雁門郡。武德元年改爲代州，置總管府。五年廢總管。六年又置都督府。天寶元年改爲雁門郡，依舊爲都督府。乾元元年復爲代州。領縣五：雁門、五臺、繁畤、崞、唐林。

胡大恩（李大恩）　　武德四年—五年（621—622）

《通鑑·武德四年》："正月癸酉，以〔胡〕大恩爲代州總管，封定襄郡王，賜姓李氏。"《武德五年》：四月"壬申，代州總管定襄王李大恩爲突厥所殺"。又見《新書·高祖紀》，《元龜》卷一六四、卷三九三、卷四二五，《姓纂》卷三恒山胡氏。《大詔令集》卷六四《胡大恩賜姓屬籍宗正詔》："胡大恩……可使持節代州諸軍事代州總管，加授上柱國，封定襄郡王……賜姓李氏，上屬籍宗正。武德四年正月。"《全文》卷二、《元龜》卷一六四同。

王孝德　　武德中

《新書·苑君璋傳》："〔劉〕武周死，突厥以君璋爲大行臺，統武周部曲……高祖遣使招之……君璋拒命，進寇代州，刺史王孝德拒却之。"《舊書·苑君璋傳》未及。

蘭　謩　　武德八年—約九年（625—約 626）

《通鑑·武德八年》："七月"丙辰，代州都督蘭謩與突厥戰於新城，不利……九月癸巳，突厥没賀咄設陷并州一縣，丙申，代州都督蘭謩擊破之"。又見《新書‧突厥傳上》,《元龜》卷九九〇等。

張公謹　　貞觀元年—三年(627—629)

《舊書》本傳:"貞觀元年,拜代州都督,上表請置屯田以省轉運……轉襄州都督。"《通鑑‧貞觀三年》:八月,"代州都督張公謹上言突厥可取之狀……丁亥,命兵部尚書李靖爲行軍總管討之,以張公謹爲副"。又見《舊書‧突厥傳上》,《新書》本傳,《元龜》卷三五七、卷三六六,《太平寰宇記》卷一九五突厥中,《會要》卷九四。北圖藏拓片《大周故朝散大夫益州大都督府郫縣令張君(愃)墓誌銘》(神功元年十月二十二日):"祖公謹,屬隋原鹿走……唐朝授公右武候長史,隋、鄒、虞三州別駕……泉州、慶州、定襄三總管……代、襄二州都督。"按公謹貞觀六年卒於襄州都督任。

張　儉　　貞觀四年(630)

《舊書》本傳:"貞觀初,以軍功累遷朔州刺史……後檢校勝州都督,以母憂去職……便移就代州。即令檢校代州都督……遷營州都督。"《新書》本傳略同。又見《元龜》卷三九七。《通鑑‧貞觀四年》:九月,"思結部落飢貧,朔州刺史新豐張儉招集之……及儉徙勝州都督,州司奏思結將叛,詔儉往察之。儉單騎入其部落説諭,徙之代州,即以儉檢校代州都督"。

劉　蘭(劉蘭成)　　貞觀十六年—十七年(642—643)

《舊書‧太宗紀》:"〔貞觀〕十七年春正月戊辰,右衛將軍、代州都督劉蘭謀反,腰斬。"《新書‧太宗紀》略同。《通鑑‧貞觀十七年》正月作"劉蘭成"。又見《新書》本傳,《元龜》卷五七、卷七八,《大唐新語》卷九。《舊書》本傳未及。

張　弼(張玄弼)　　貞觀十七年—十八年(643—644)

《舊書‧李大亮傳》:貞觀十七年,"大亮言於太宗曰:'臣有今日之榮,張弼力也……'太宗遂遷弼爲中郎將,俄遷代州都督……十八

年，太宗幸洛陽，令大亮副司空〔房〕玄齡居中”。《新書·李大亮傳》
略同。又見《御覽》卷六三二，《元龜》卷八六五，《大唐新語》卷六。
《千唐誌·唐故鄴郡司倉參軍張公（貞眘）墓誌銘并序》（天寶九載十
一月十七日）：“曾祖琳，隨青州刺史。祖玄弼，皇代州都督、忻朔蔚雲
等五州諸軍事、左屯衛將軍、虔州刺史。父承恩……皇吉州廬陵縣
令……公，廬陵府君之第六子也。”貞眘卒天寶九年八月九日，享年七
十四。“張玄弼”當即張弼。

薛萬徹　　貞觀十九年—二十年（645—646）

《通鑑·貞觀十九年》：十二月“己未，敕……右衛大將軍、代州都
督薛萬徹，左驍衛大將軍阿史那社爾，發勝、夏、銀、綏、丹、延、鄜、坊、
石、隰十州兵鎮勝州”。《貞觀二十年》：六月“乙亥，詔以江夏王道
宗……代州都督薛萬徹、營州都督張儉各將所部兵，分道並進，以擊
薛延陀”。又見兩《唐書》本傳，《舊書·鐵勒傳》，《新書·回鶻傳》，
《元龜》卷九九一、卷九八五，《咸淳臨安志》卷四五。

豆盧寬　　約貞觀末

《唐豆盧仁業碑》：“父寬，唐殿中監、衛尉卿、□衛大將軍、禮部尚
書、代州刺史……都督□□箕□□□□軍□□州刺史，諡曰定。”（《考
古與文物》1981 年第 1 期）按《舊書·豆盧欽望傳》稱：“祖寬，即隋文
帝之甥也……貞觀中，歷遷禮部尚書、左衛大將軍，封芮國公。永徽
元年卒，贈特進、并州都督，陪葬昭陵，諡曰定。”《新書·豆盧欽望傳》
略同，皆未及代刺。

劉文器　　永徽四年（653）

《元龜》卷六一七：“高宗永徽四年十二月，代州都督劉文器坐妄
說圖讖，情有窺窬，特免死，配流峰州。”卷一五〇作“劉大器”，誤。上
圖藏拓片《大唐故燕府君（紹）墓誌銘》（開元六年五月三日）：“〔君〕春
秋七十有五，終於洛陽集賢里第。夫人弘農劉氏，代州都督文器
之女。”

鄭仁泰　　高宗前期

《新書·忠義傳上》記武德以來功臣有"代州都督、同安郡公鄭仁泰"。《會要》卷四五："總章元年三月六日詔：太原元從，西府舊臣，今親詳覽，具爲等級……代州都督鄭仁泰。"

藺仁基　　高宗時

《千唐誌·大唐并州大都督府祁縣陳明府故藺夫人墓誌銘并序》（景龍二年十一月十二日）："祖仁基……唐□、□、翼、洛四州刺史，上柱國，并州長史，原、代二州都督，殿中監。"夫人年十七歸於陳氏。景龍二年二月廿二日卒。按仁基儀鳳元年在并州長史任。

竇懷哲　　調露二年（680）

《通鑑·永隆元年》：七月，"突厥餘衆圍雲州，代州都督竇懷哲、右領軍中郎將程務挺將兵擊破之"。《元龜》卷三五八作"岱州都督"。"岱"即"代"之訛。按《新表一下》竇氏："懷哲，武威郡都督。"乃隋駕部侍郎竇彥之孫、南康郡太守德素之子。

薛仁貴　　永淳元年—二年（682—683）

《舊書》本傳：開耀元年，"起授瓜州長史，尋拜右領軍衞將軍，檢校代州都督……其年，仁貴病卒，年七十"。《新書》本傳謂"永淳二年卒"。又見《元龜》卷一四九，《通鑑·永淳元年》十月，《會要》卷九四。《寶刻叢編》卷一〇引《集古録目》："《唐代州都督薛仁貴碑》，唐著作郎弘文館學士苗神容撰，仁貴玄孫左領軍衞兵曹參軍伯巍書。薛禮，字仁貴，河東汾陰人也，官至明威將軍、代州都督。碑以天寶二年立，在安邑。"又見《山右金石記》卷四。

婁　某（婁師德之弟）　　長壽二年（693）

《通鑑·長壽二年》："春一月庚子，以夏官侍郎婁師德同平章事……其弟除代州刺史，將行，師德謂曰：'吾備位宰相，汝復爲州牧，榮寵過盛，人所疾也……'"又見《隋唐嘉話》下，《大唐新語》卷七，《廣

記》卷四九三引《御史臺記》、卷一七六引《國史異纂》。《唐語林》卷三
"代州"作"岱州"，誤。

狄仁傑　　約武后時

《廣記》卷三九三："唐代州西四十餘里，有大槐，震雷所擊，中裂
數丈……時狄仁傑爲都督，賓從往觀。"兩《唐書》本傳未及。

李行褒　　武后、中宗間？

《新書·宗室世系表上》蜀王房："代州都督、景城縣男行褒。"乃
蜀王湛之孫，左衛大將軍、渤海敬王奉慈之子。按李奉慈武德初封渤
海王。顯慶中，累遷原州都督，薨。見《舊書·李博乂傳》。

曲　巺　　中宗時？

上圖藏拓片《唐故貞士南陽曲府君（系）故夫人蔡氏墓誌銘并叙》
（長慶二年十二月二十日）："〔府君〕烈祖巺，以道茂經綸，爲代州牧
伯。皇考謙，以才光佐國，拜襄府郡丞……〔府君〕以貞元二祀二月十
五日遘疾而終，享年七十有七。"

崔　較　　開元八年（720）

《元龜》卷七〇〇："崔較爲河南尹，開元八年貶代州都督，受賄
故也。"

史　權　　開元中

北圖藏拓片《易定節度押衙充知軍兼監察御史上柱國張公
（鋒）故夫人（史氏）墓誌并序》（大中元年四月十五日）："曾祖權，開元
中，將騎兵掠邊，名壓夷戎，轉代州都督。"夫人卒大中元年，年二
十七。

段崇簡　　開元十九年（731）

《南部新書》己："開元十九年冬……上以金吾警夜不謹，將軍段

崇簡授代州都督。"北圖藏拓片《段使君德政頌》（開元二十三年閏十一月二十三日）："無何轉□府□□原州刺史……遂□京兆少尹……轉代、深□貳州刺史……定州刺史上柱國……"

王忠嗣　　開元二十一年（733）

《舊書》本傳："〔開元〕二十一年，再轉左領軍衛郎將、河西討擊副使、左威衛將軍、賜紫金魚袋、清源男，兼檢校代州都督。嘗短皇甫惟明義弟王昱，憾焉，遂爲所陷，貶東陽府左果毅。"《新書》本傳略同。又見《元龜》卷三八四。

杜希望　　約開元二十六年前（約738前）

《新書·杜佑傳》："父希望……自代州都督召還京師，對邊事，玄宗才之。屬吐蕃攻勃律，勃律乞歸，右相李林甫方領隴西節度，故拜希望鄯州都督，知留後。"《全文》卷四九六權德輿《大唐銀青光禄大夫檢校司徒同中書門下平章事太清宮及度支諸道鹽鐵轉運等使崇文館大學士杜公（佑）淮南遺愛碑銘并序》："烈考諱希望……代、鄯二州都督、西河郡太守。"按開元二十六年官鄯州都督，同年六月爲隴右節度。

王忠嗣　　開元二十八年—二十九年（740—741）

《舊書》本傳："〔開元〕二十八年，以本官兼代州都督，攝御史大夫，兼充河東節度，又加雲麾將軍。二十九年，代韋光乘爲朔方節度使。"又見《元龜》卷四二二。《新書》本傳："拜左金吾衛將軍，領河東節度副使、大同軍使，尋爲節度使。〔開元〕二十九年，節度朔方，兼靈州都督。"《全文》卷二八五張九齡《敕河東節度副使王忠嗣書》稱"河東節度副使、兼代州都督王忠嗣"。《全文》卷三六九元載《朔方河東河西隴右節度使御史大夫清源公王府君（忠嗣）神道碑銘并序》："開元之末，擁旄汾代；天寶之始，兼統朔方。"

田仁琬　　開元二十九年—天寶元年（741—742）

《舊書·王忠嗣傳》："〔開元〕二十九年，代韋光乘爲朔方節度使，仍加權知河東節度事。其月，以田仁琬充河東節度使。"《元龜》卷四五〇："田仁琬爲太僕卿、兼代州刺史，充河東諸軍節度副大使。天寶元年制曰：田仁琬忝居節度，鎮守西陲，不能振舉師旅，緝寧夷夏……可舒州刺史，即馳驛赴任。"

趙　某　　天寶中？

《全詩》卷一二六王維有《送趙都督赴代州得青字》。

吉　温　　天寶十載（751）

《舊書》本傳："〔天寶〕十載，禄山加河東節度，因奏温爲河東節度副使，並知節度營田及管内採訪監察留後事。其載，又加兼雁門太守……及丁所生憂，禄山又奏起復爲本官。尋復奏爲魏郡太守、兼侍御史。"《新書》本傳略同。

賈　循　　約天寶十一載—十四載（約 752—755）

《新書》本傳："安禄山兼平盧節度，表爲副，遷博陵太守……九姓叛，安禄山兼節度河東，而循亦兼雁門副之……禄山反，使循守幽州。"《元龜》卷一三九："〔建中〕二年三月，代州刺史兼太子太師賈循重贈太尉。"

辛雲京　　乾元二年—寶應元年（759—762）

《舊書》本傳："官至北京都知兵馬使、代州刺史。〔河東節度使〕鄧景山統馭失所，爲軍士所殺，請雲京爲節度使，因授兼太原尹，以北門委之。"《新書》本傳略同。《通鑑·乾元二年》：七月，"〔王思禮〕及至河東，或譖代州刺史河西辛雲京"。《寶應元年》：建卯月"癸丑，殺〔鄧〕景山，諸將請以都知兵馬使、代州刺史辛雲京爲〔河東〕節度使"。又見兩《唐書·鄧景山傳》，《舊書·張光晟傳》，《元龜》卷一七六、卷八〇四。

張光晟　　寶應元年—大曆十四年（762—779）

《舊書》本傳："及〔辛〕雲京爲河東節度使，又奏光晟爲代州刺史。

大曆末,遷單于都護、兼御史中丞、振武軍使。"《通鑑·寶應元年》:建卯月癸丑,"代州刺史辛雲京爲〔河東〕節度使。雲京奏張光晟爲代州刺史"。《大曆十四年》:十一月,"代州刺史張光晟知單于振武等城、綏銀麟勝州留後"。《舊紀》"代州"作"鄜州"。《新書·代宗紀》:大曆十三年"二月庚辰,代州刺史張光晟及迴紇戰于羊虎谷,敗之"。又見《舊書·迴紇傳》,《新書·回鶻傳》,《元龜》卷三五九、卷八〇四,《通鑑·大曆十三年》二月。

李自良　　大曆十四年(779)

《通鑑·大曆十四年》:五月"辛卯,以河陽鎮遏使馬燧爲河東節度使……署李自良代州刺史,委任之"。《舊書》本傳:"以馬燧代〔鮑〕防爲〔河東〕帥,署奏自良代州刺史、兼御史大夫,仍爲軍候……建中年,田悦叛,燧與〔李〕抱真東討,自良常爲河東大將,摧鋒陷陣,破田悦。"又見《元龜》卷四二二。

馬　盱　　建中時

《姓纂》卷七扶風茂陵馬氏:"盱,代州都督。"《全文》卷六二三熊執易《武陵郡王馬公(盱)神道碑》:"太尉扶風王薨二十二年,而長子蔚州牧、御史大夫、武陵王鉞自朔易歸葬於萬年銅人原,貞元戊寅歲五月六日克窆焉……〔武陵王〕丁内艱,起復右衛將軍、雲州刺史……遷代州刺史……遷蔚州刺史。"

辛雲晁　　建中時?

《全文》卷九九三《金光照和尚碑》稱:大曆二年後,雲晁官代州都督。按《姓纂》卷三金城辛氏:"雲晁、京升,並開府。"

元　韶　　貞元十一年—約十四年(795—約798)

《全文》卷五四三令狐楚《白楊神新廟碑》:"乙亥歲(貞元十一年),今尚書隴西李公廉刺并部……得昌化守、南康郡王河南元韶,首表其名,遽聞於天,璽書勞勉,移理於代……不三四年,得請於上,而新廟成。"又見《山右金石記》卷四。

韓思义　　貞元、元和間？

《千唐誌·唐故昌黎韓府君（綬）墓誌》（乾符五年十月二十三日）："曾祖思义，以勳累拜雁門節度使，贈工部尚書。"綬卒乾符五年八月十八日。

李光進　　元和四年—五年（809—810）

《新書》本傳："歷前後軍牙門將、兼御史大夫、代州刺史。元和四年，王承宗反，范希朝引師救易定，表光進爲都將……俄檢校工部尚書，爲振武節度使。"按《舊書》本傳謂至德中爲代州刺史，誤。《舊書·憲宗紀上》：元和五年十一月庚戌，"以代州刺史阿跌光進爲單于大都護、振武麟勝節度度支營田觀察押蕃落等使"。《全文》卷五四三令狐楚《大唐故朔方靈鹽等軍州節度副大使知節度事兼靈州大都督府長史李公（光進）神道碑銘》："公之先本阿跌氏……〔公〕由代州刺史、石嶺鎮北兵馬使、代北軍使超遷工部尚書、單于大都護……〔元和〕八年秋遷爲秋官，改拜靈州。"

李光顔　　約元和五年—六年（約810—811）

《舊書》本傳："自憲宗元和已來，歷授代、洺二州刺史、兼御史大夫。九年，將討淮、蔡，九月，遷陳州刺史。"《新書》本傳略同。

韓　約（韓重華）　　約元和十二年—十五年（約817—820）

《舊書·渾鎬傳》：元和十一年冬，"鎬爲亂兵所劫，以至裸露……坐貶韶州刺史。後代州刺史韓重華奏收得鎬供軍錢絹十餘萬貫匹，再貶循州刺史。歲餘卒。"《新書·渾鎬傳》略同。《隋唐五代墓誌匯編·洛陽卷》第十三册《唐故楚州寶應縣丞韓府君（恒）墓誌并序》（元和十五年九月三日）："嗣子重華……元和十五年重華自代州刺史除大理少卿兼御史中丞。"按《新書》本傳未及刺代州事。又按大和元年正月，以虔州刺史韓約爲安南都護，見《舊紀》。

李全略(王日簡)　　元和十五年—長慶元年(820—821)

　　《舊書》本傳:"元和中,〔鎮州〕節度使王承宗没,軍情不安,自拔歸朝,授代州刺史。及長慶初,鎮州軍亂,殺田弘正……因授德州刺史。"《新書》本傳略同。又見《御覽》卷三六二,《元龜》卷七五九、卷八二五。按元和十五年十月鎮州節度使王承宗卒;長慶元年七月,鎮州軍亂,殺田弘正。《白居易集》卷五二有《王日簡可朝散大夫德州刺史制》,稱:"前代州刺史、代北軍使王日簡。"

張元益　　開成三年(838)

　　《通鑑·開成三年》:"十月,易定監軍奏軍中不納李仲遷,請以張元益爲留後……宰相議發兵討易定……乃除張元益代州刺史。"又見《元龜》卷四五。

盧　籍　　大中十二年(858)

　　《舊書·宣宗紀》:大中十二年"閏二月,以司農少卿盧籍爲代州刺史"。

康傳圭　　乾符五年—六年(878—879)

　　《通鑑·乾符五年》:五月"己未,以都押牙康傳圭爲代州刺史"。《乾符六年》:"〔七月,〕敕以代州刺史康傳圭爲河東行軍司馬。"十一月,"康傳圭自代州赴晉陽"。

朱　玫　　乾符六年—中和元年(879—881)

　　《舊書·僖宗紀》:乾符六年"十二月,制以河東馬步軍都虞候朱玫爲代州刺史"。中和元年正月,"代州刺史北面行營馬步都虞候朱玫、夏州將李思恭等行營諸軍,並赴京師討賊"。又見《元龜》卷一二三,《通鑑·廣明元年》十一月。兩《唐書》本傳未及。

李克用　　中和元年—三年(881—883)

　　《舊書·僖宗紀》:中和元年"四月,以前大同軍防禦使李克用檢校工部尚書,兼代州刺史、雁門已北行營兵馬節度等使。五月,李克用赴代州"。三年五月,"雁門已北行營節度、忻代蔚朔等州觀察處置等使、檢校尚書左僕射、代州刺史、上柱國、食邑七百户李克用檢校司空、同平章事,兼太原尹、北京留守,充河東節度、管内觀察處置等使"。《新書·沙陀傳》《舊五代史·唐武皇紀上》《新五代史·唐莊宗紀上》略同。《隋唐五代墓誌匯編·山西卷·唐故河東節度觀察處置等使開府儀同三司守太師兼中書令晉王(李克用)墓誌銘并序》(天祐六年二月十八日):"朝廷遂命檢校左散騎常侍,仍以代州建雁門軍,王兼雁門節度留後。未幾,王親率□□□□□巢賊於長安,以功正授雁門節度使、檢校兵部尚書。旋又就加檢校左僕射,尋復詔拜河東節度使。"

李國昌　　中和三年—光啓三年(883—887)

《舊書·僖宗紀》:中和三年八月,"制以前振武節度、檢校司空兼單于都護、御史大夫李國昌爲檢校司徒、代州刺史、雁門已北行營節度、蔚朔等州觀察等使"。《新書·沙陀傳》:"〔中和三年,〕國昌爲代北節度使……〔光啓〕三年,國昌卒。"又見《舊五代史·唐武皇紀上》,《通鑑·中和三年》八月。《北夢瑣言》卷一七:"李國昌……始爲雲州大同軍節度,次授鄜延、振武、代北三節度。"

王荀息　　文德二年前(888 前)

《唐文拾遺》卷七○崔彦撝《高麗國溟州普賢山地藏禪院故國師朗圓大師悟真之塔碑銘》:"大師不遠千里,行至五臺,謁通曉大師……文德二年夏,大師歸寂,和尚墨□增絶學之悲,恒切忘師之憾,所以敬修寶塔,遽立豐碑……亦有知當州軍州事太匡王公荀息,鳳毛演慶,龍額呈祥。"和尚卒同光八年,未知王荀息爲唐人抑五代時人。

李克柔　　昭宗初?

《新表五下》代北李氏:"克柔,代州刺史。"乃李克用之弟。《元龜》卷三四七:"後唐李嗣昭,武皇母弟代州刺史克柔之假子也……唐昭宗乾寧四年，爲内衙都將。"又見《舊五代史·李嗣昭傳》《石君立傳》。

傅　瑶　　約乾寧中

《全文》卷八三三錢珝有《魏博節度使羅宏信妻進封燕國夫人代州刺史傅瑶妻邱氏封吳興縣君等制》。按羅宏信昭宗文德元年爲魏博節度，光化元年卒於任。又按《新書·錢徽傳》稱："子珝，字瑞文，善文辭，宰相王摶薦知制誥，進中書舍人。摶得罪，珝貶撫州司馬。"王摶乾寧三年拜相，光化元年罷，見《新書·宰相表下》。錢珝知制誥當在乾寧、光化間。此制約作於乾寧中。

李嗣本　　乾寧五年（898）

《元龜》卷三四七："唐昭宗乾寧初，〔李嗣本〕從征李償，爲前鋒……五年，討羅弘信於魏州……遷代州刺史。六年，從攻晉絳。"

韓　達　　昭宗時

《舊五代史·韓惲傳》："父達，代州刺史。惲世仕太原……乾寧中，後唐莊宗納其妹爲妃。"

周德威　　天祐三年—約四年（906—約907）

《舊五代史》本傳："天祐三年，與李嗣昭合燕軍攻潞州，降丁會，以功加檢校太保、代州刺史、内外蕃漢馬步軍都指揮使。"《新五代史》本傳略同。又見《元龜》卷三八七。

待考録

任分尊

《山右金石記》卷五有《代州刺史任分尊夫人高氏墓誌銘》，撰文者列銜爲□義軍節度副使、朝散大夫、檢校右散騎常侍、上柱國、賜紫金魚袋姚崇休。

韋　鯤

《廣記》卷一五九《續幽怪録》："貞觀二年，〔韋固〕將遊清河……又十四年，以父蔭參相州軍，刺史王泰俾攝司户掾……因妻以女……後生男鯤，爲雁門太守。"

卷九二　蔚州（安邊郡、興唐郡）

隋雁門郡之靈丘縣。武德六年置蔚州，僑治并州陽曲縣。七年僑治代州繁時縣。八年僑治忻州秀容之北恒州城。貞觀五年破突厥，復故地，還治靈丘。開元初徙治安邊。天寶元年改爲安邊郡。至德二載改爲興唐郡。乾元元年復爲蔚州。領縣三：靈丘、飛狐、安邊（興唐）。

時德叡　　武德三年(620)

《元龜》卷一二六：武德三年九月“丁丑，王世充蔚州刺史時德叡以其地來降”。

高開道（李開道）　　武德三年—七年(620—624)

《舊書·高祖紀》：武德三年“冬十月庚子，懷戎賊帥高開道遣使降，授蔚州總管，封北平郡王，賜姓李氏”。《新書·高祖紀》：武德五年三月，“蔚州總管高開道反，寇易州，刺史慕容孝幹死之”。七年二月“己未，漁陽部將張金樹殺高開道以降”。《大詔令集》卷六四《高開道賜姓上籍宗正詔》：“僞燕王高開道……可使持節蔚州諸軍事蔚州總管，加授上柱國，賜姓李氏，上籍宗正，封北平郡王，食邑五千户。武德三年九月。”又見兩《唐書》本傳，《通鑑·武德三年》十月，《元龜》卷一六四、卷八四五，《全文》卷二，《會要》卷六五。

步大汗威　　約武德、貞觀中

《姓纂》卷八河南步大汗氏：“威，唐蔚州刺史、安邑男。”乃周南夏州刺史步大汗提之孫。

宋公弼　　約貞觀中

《大唐故正議大夫使持節延州諸軍事延州刺史上柱國宋府君（禎）墓誌銘并序》：“祖公弼，皇朝蒲州長史，渠、蔚二州刺史。”禎卒神龍二年（《考古》1986 年第 5 期《河南偃師杏園村的六座紀年唐墓》）。

劉　某　　約貞觀中

《全文》卷二五七蘇頲《司農卿劉公神道碑》：“大父諱某，仕至蔚州刺史……〔公〕享年七十有七，以景龍三年……十二月十五日薨。”

李君球　　龍朔元年（661）

《新書·東夷·高麗傳》：“龍朔元年，大募兵，拜置諸將，天子欲自行，蔚州刺史李君球建言。”《會要》卷九五：“龍朔元年四月十六日……蔚州刺史李君球上疏。”《元龜》卷五四三同。按《舊書》本傳：“龍朔三年，高宗將伐高麗，君球上書……書奏不納。尋遷蔚州刺史，未行，改爲興州刺史。”疑誤。《舊書·高宗紀》載伐高麗事亦在龍朔元年。

柳　範　　高宗時

《唐文拾遺》卷六五闕名《唐故榮州長史薛府君夫人河東郡君柳氏墓誌銘并序》：“孝（考）範，皇朝尚書右丞，高（商）、蔚、淄、雅、婺五州刺史，揚州大都督府長史。”夫人卒開元六年四月廿三日，春秋七十六。又見《芒洛遺文》。按兩《唐書》本傳皆稱：貞觀中爲侍御史，高宗時歷尚書右丞、揚州大都督府長史。《姓纂》卷七河東解縣柳氏及《新表》亦稱：“範，尚書右丞。”

【補遺】趙師立　　高宗時

《洛陽新獲墓誌 35·大周故邵州邵陽縣令趙府君（行本）墓誌銘並序》（聖曆二年二月十一日）：“父師立，唐朔、峽、銀、蔚四州刺史，瀘、松二州都督。"

崔玄藉(崔玄籍)　　咸亨元年(670)

《千唐誌·大周故銀青光禄大夫使持節利州諸軍事行利州刺史崔君(玄藉)墓誌銘并序》(聖曆二年一月二十八日):"咸亨元年,除蔚州刺史……讒慝弘多,竟遷於五嶺。儀鳳三年,授循州刺史。"又《唐故前國子監大學生武騎尉崔君(詔)墓誌銘并序》:"父玄藉,雅隴兖茂四州長史,歸蔚循袁文巴黄利等八州諸軍事八州刺史。"

李思儉　　永淳二年(683)

《舊書·高宗紀下》:永淳二年五月,"突厥寇蔚州,殺刺史李思儉"。《新書·高宗紀》《突厥傳上·骨咄禄傳》《通鑑·弘道元年》五月同。

敬仙客　　約中宗時

《姓纂》卷九平陽敬氏:"仙客,蔚州刺史。"《新表五上》敬氏同。乃中宗時宰相敬暉之弟。

張待問　　開元九年(721)

《隋唐五代墓誌匯編·洛陽卷》第九册《豐州司馬張公(湊)墓誌銘并序》(開元九年十月):"嗣子待問、待賓等少遭不造……頃拜長子右威衛將軍兼蔚州刺史、横野軍使。"

張議福　　開元中?

《隋唐五代墓誌匯編·洛陽卷》第十三册《邑州本管經略招討□□□□邑州刺史兼御史大夫張公(遵)墓誌》(大和五年二月三日):"曾祖議福,皇蔚州刺史。祖守璦,皇左羽林大將軍。父獻弼,皇忠、萬二州刺史兼本州團練使。"遵卒大和四年八月六日,享年六十二。又第十二册《忠州刺史張公(字渾望)墓誌并序》(大曆十一年三月二十四日):"祖□□,皇朝散大夫蔚州刺史。考守璦,皇雲麾將軍。"渾望卒大曆乙□（卯，十年），享年四十五。其祖當即議福。

【補遺】齊武□ 開元中？

《大唐前國子監□□王巨川夫人高陽公孫女墓誌銘並序》（貞元七年八月二十一日）：“□□□□□河東高陽人也。曾祖武□，皇□□□□□蔚州刺史。”（周紹良、趙超《唐代墓誌匯編續集》上海古籍出版社2001年版）高陽公疑姓齊。

王元琰 開元二十四年（736）

《舊書·李林甫傳》：“〔張〕九齡與中書侍郎嚴挺之善。挺之初娶妻出之，妻乃嫁蔚州刺史王元琰。時元琰坐贓，詔三司推之，挺之救免其罪……玄宗籍前事，以九齡有黨，與裴耀卿俱罷知政事，拜左、右丞相，出挺之爲洺州刺史，元琰流於嶺外。”又見兩《唐書·嚴挺之傳》，《通鑑·開元二十四年》十一月。《千唐誌·大唐故蔚州刺史兼橫野軍使上柱國王府君（元琰）墓誌并序》（開元二十七年二月十日）稱：“以開元廿四年十二月五日終於蔚州，春秋六十有六。”《隋唐五代墓誌匯編·洛陽卷》第十册《大唐故蔚州刺史王府君夫人南陽郡君樊氏墓誌銘并序》（開元二十九年三月二十一日）：“夫人即故朝議大夫、蔚州刺史、橫野〔軍〕使、上柱國、王元琰之妻也。”開元二十九年卒，年六十五。

郭子昂 天寶十二載（753）

1970年洛陽隋唐宫城遺址出土銀鋌刻字：“安邊郡和市銀壹鋌伍拾兩，專知宫監、太守、寧遠將軍、守左司卿（？）率府副率、充橫野軍營田等使、賜紫金魚袋郭子昂，天寶十二載十二月日。”（《文物》1981年第4期）

曹楚玉 永泰元年前（765前）

《全文》卷九六二闕名《賀僕固懷恩死并諸道破賊表》（永泰元年十月）：“又見成德軍節度使李寶臣露布，斬逆賊蔚州刺史曹楚玉。”

薛　坦　　約大曆六年—十一年（約 771—776）

《隋唐五代墓誌匯編·陝西卷》第四册《唐故金紫光禄大夫持節蔚州諸軍事守蔚州刺史橫野軍錢監等使上柱國河東薛公（坦）墓誌銘并序》（大曆十三年正月二十六日）：“公之仲兄領河東道，韓公舉不避親，表蔚州刺史、橫野軍錢監等使。”大曆十一年十二月廿三日卒，享年四十八。按其從兄薛兼訓大曆五年至十一年爲太原尹、河東節度使。

馬　旰　　貞元十四年（798）

《全文》卷六二三熊執易《武陵郡王馬公（旰）神道碑》：“太尉扶風王薨二十三年，而長子蔚州牧、御史大夫、武陵王鉞自朔易歸葬於萬年銅人原，貞元戊寅歲（貞元十四年）五月六日克窆焉……〔武陵王〕丁内艱，起復右衛將軍、雲州刺史……遷代州刺史……遷蔚州刺史……以撫三郡……啓手足歸全。”《姓纂》卷七扶風茂陵馬氏：“旰，代州都督。”按《馬璘碑》稱“嗣子旰等”，與此作“旰”異。又按《舊書·馬璘傳》稱馬璘卒大曆十二年，《新書·馬璘傳》作十一年。

張　任　　貞元十五年（799）

《隋唐五代墓誌匯編·洛陽卷》第十二册《故蔚州刺史張府君（任）夫人李氏墓誌銘并序》（貞元十七年七月十三日）：“笄年爲故蔚州刺史任所娉……凡十七年而使君薨。未亡者……後二年而終。”夫人卒貞元十七年四月十日。未言享年。

朱邪執誼　　元和初

《新書·沙陀傳》：“天子伐鎮州，〔朱邪〕執誼以軍七百爲前鋒……鎮兵解，進蔚州刺史。”《舊五代史·唐武皇紀上》：“祖執誼……元和初，入爲金吾將軍，遷蔚州刺史、代北行營招撫使……烈考國昌……咸通中討龐勛有功……賜姓李氏。”《新表五下》代北李氏：“執誼，代北行營招撫使、蔚州刺史。”乃李克用之祖父。

李　聽　　元和六年—八年(811—813)

《新書》本傳：“吐突承璀討王承宗，以聽爲神策行營兵馬使……承璀數問聽計，卒縛盧從史。遷左驍衛將軍，出爲蔚州刺史……徙安州。會觀察使柳公綽方討蔡，以聽典軍。”據《新書·食貨志四》，元和六年李聽在蔚州刺史任。《舊書》本傳未及。《全文》卷六二三宋申錫《義成軍節度使持節滑州諸軍事兼滑州刺史李公(聽)德政碑銘并序》：“公陰察潞帥盧從中(史)首鼠兩端……破虜書勳……旋授蔚州刺史，自蔚州五遷至楚州刺史。”按元和九年，鄂岳觀察柳公綽討蔡，以兵五千隸安州刺史李聽，見《舊書·柳公綽傳》。

梁希逸　　約元和末—長慶中

《白居易集》卷五一《梁希逸除蔚州刺史制》：“敕：某官梁希逸……可蔚州刺史。”

馬　紓　　開成中

《全文》卷七二九楊倞《唐故銀青光禄大夫使持節蔚州諸軍事行蔚州刺史兼御史中丞馬公(紓)墓誌銘并序》：“開成中，博陵更帥……乃拜公蔚州刺史兼御史中丞。洎中謝，文宗皇帝臨軒嘆賞，面許重事以遣之。既牧安邊，公綏戎以德，撫下以恩……三年去任。”又見《古刻叢鈔》。

契苾通　　會昌二年(842)

《通鑑·會昌二年》：九月“乙巳，以銀州刺史何清朝、蔚州刺史契苾通分將河東蕃兵詣振武，受李思忠指揮”。《新書·回鶻傳下》略同。《全文》卷六九八李德裕《賜〔李〕思忠詔書》：“今令左衛將軍何清朝、蔚州刺史契苾通分領蕃渾部落，取卿指揮。”《全詩》卷五四一李商隱有《贈別前蔚州契苾使君》，當即契苾通。《隋唐五代墓誌匯編·陝西卷》第四册《唐故銀青光禄大夫檢校左散騎常侍兼安北都護御史大夫充振武麟勝等軍州節度觀察處置等使契苾府君(通)墓誌銘并序》(大中八年八月九日卒，年七十)：“加國子祭酒，後歷勝、蔚、儀、丹四郡守。"

馬　紓　　會昌三年—四年（843—844）

《全文》卷七二九楊俖《唐故銀青光禄大夫使持節蔚州諸軍事行蔚州刺史兼御史中丞馬公（紓）墓誌銘并序》："拜公蔚州刺史兼御史中丞……三年去任，執轡遮道者□路。蔚人思公令德，日□聞於廉帥，廉帥聞於朝廷。又拜蔚州刺史……以會昌四年三月十日終於所寄之第，享年五十六。"《古刻叢鈔》同。《金石録》卷一〇："《唐蔚州刺史馬紓墓誌》，楊俖撰，正書，無姓名，會昌四年七月。"又見《寶刻叢編》卷二〇引。

李國昌（朱邪赤心）　　大中三年—咸通十年（849—869）

《新書·沙陀傳》："宣宗已復三州七關，征西戍皆罷，乃遷〔朱邪〕赤心蔚州刺史、雲州守捉使。龐勛亂，詔義成康承訓爲行營招討使，赤心以突騎三千從……勛平，進大同軍節度使，賜氏李，名國昌……回鶻寇榆林，擾靈、鹽，詔國昌爲鄜延節度使。"按收復三州七關在大中三年正月，見《舊書·宣宗紀》。又按咸通十年爲大同節度。

崔　某　　咸通末

《全詩》卷五五六馬戴有《贈前蔚州崔使君》。按馬戴會昌四年進士第，宣宗大中初，太原李司空辟掌書記。以正言被斥爲龍陽尉。懿宗咸通末，佐大同軍幕。終太學博士。

王龜範　　乾符三年（876）

《舊書·僖宗紀》：乾符三年"六月，敕福建觀察使李播、荆州刺史楊權古、蔚州刺史王龜範……等：'刺史親人之官，苟不諳詳，豈宜除授……李播等九人授官之時，衆詞不可……並宜停任。'"又見《全文》卷八八僖宗《停福建觀察使李播等任敕》。

白義誠　　廣明元年（880）

《舊書·僖宗紀》：廣明元年七月，"吐渾白義誠爲蔚州刺史"。

《通鑑·廣明元年》七月同。

蘇　祐　　約中和元年—二年(約 881—882)

《新書·沙陀傳》:"中和二年,蔚州刺史蘇祐會赫連鐸兵將攻代州,克用率騎五百先襲蔚州,下之。"《舊書·僖宗紀》:中和二年"三月,前蔚州刺史蘇祐爲沙陀所敗,棄郡投鎮州,至靈壽,部人爲盜,祐爲王景崇所殺"。又見《新書·王景崇傳》,《元龜》卷四二三,《全文》卷八一七王景崇《誅蘇祐奏》。

邢善益　　大順元年(890)

《通鑑·大順元年》:九月,"李匡威攻蔚州,虜其刺史邢善益"。

卷九三　忻州(定襄郡)

隋樓煩郡之秀容縣。高祖起兵初置新興郡。武德元年改爲忻州。天寶元年改爲定襄郡。乾元元年復爲忻州。領縣二：秀容、定襄。

杜　舉(杜鳳舉)　　貞觀中

《千唐誌‧唐故南州刺史杜府君(舉)誌文并序》(天授二年二月七日)："又除麟、宕、忻、鄯、南五州諸軍事五州刺史……貞觀十五年九月廿日薨於荆府，春秋五十有五。"上圖藏拓片《大周故滄州弓高縣令杜季方墓誌》："父舉，唐宋州柘城縣令，渝州別駕，麟、宕、忻、鄯、南等州刺史。"季方卒永昌元年，春秋六十六。按《舊書‧吐谷渾傳》叙貞觀十五年事有"鄯州刺史杜鳳舉"，疑即此人。

趙玄極　　約貞觀中

《新表三下》趙氏："玄極，忻州刺史。"按其子仁本，乾封二年入相，咸亨元年罷，見《新書‧宰相表上》。

張　禮　　約貞觀中

《千唐誌‧仙州別駕張府君(仁方)墓誌銘并序》："曾祖禮，忻州刺史……祖感，代州雁門縣令。父則，延州金明縣令……〔君〕以開元廿四年四月十八日終於河南縣道化里之私第，時年七十。"

唐嘉會　　約上元元年—三年(約 674—676)

　　《隋唐五代墓誌匯編·陝西卷》第一册《大唐故殿中少監上柱國唐府君(河上,字嘉會)墓誌銘并序》(儀鳳三年二月十四日):"又遷忻州刺史……上元三年,以公爲殿中少監。"儀鳳三年正月六日卒,春秋六十五。按《新表四下》唐氏:"嘉會,洋州刺史。"乃唐儉子。據《誌》,唐嘉會未嘗爲洋刺,其夫人元氏,乃洋州刺史務整之女。疑《新表》有誤。

馬　琮　　久視元年(700)

　　《隋唐五代墓誌匯編·洛陽卷》第七册《大周故冠軍大將軍上柱國褒信郡開國公馬府君(神威)墓誌銘并序》(久視元年十月二十八日):"有子曰琮,朝散大夫行忻州刺史。"

張嘉祐　　開元初

　　《舊書·張嘉貞傳》:"開元初,因奏事至京師……因奏曰:'臣少孤,兄弟相依以至今。臣弟嘉祐,今授鄯州別駕……乞移就臣側近,臣兄弟盡力報國,死無所恨。'上嘉其友愛,特改嘉祐爲忻州刺史。"《新書》本傳略同。又見《尚書故實》,《御覽》卷四一六,《元龜》卷八五二。《全文》卷三五八柳賁《唐故左金吾將軍范陽張公(嘉祐)墓誌銘并序》:"除鄯州別駕,未之官,拜忻州刺史……尋加朝散大夫,還并州司馬,副燕公軍使經略太原……俄兼衛尉少卿,進副大使……拜右金吾將軍,除相州刺史。"

裴　會　　貞元元年—五年(785—789)

　　《全文》卷五○六權德輿《唐故正議大夫衛尉少卿聞喜縣開國伯賜紫金魚袋裴君(會)墓誌銘并序》:"貞元元年……君奉府檄,涖於定襄……五年,從北平朝京師,真拜膳部郎中。"按《新表一上》中眷裴氏:"會,都官郎中。"乃代宗相遵慶之子。

崔弘禮　　元和十一年(816)

　　《千唐誌·唐故東都留守東都畿汝州都防禦使銀青光禄大夫檢

校尚書左僕射判東都尚書省事兼御史大夫崔公(弘禮)墓誌銘并序》
(大和五年四月二十八日):"元和十一年除忻州刺史⋯⋯旋爲太原府
所請,權知汾州。"《新書》本傳:"擢忻、汾二州刺史。"按《舊書》本傳唯
稱"累除汾州、隸州刺史",未及忻州事。

論 倚 元和中
《全文》卷六四九元稹《授論倚忻州刺史制》:"前使持節守忻州刺
史、賜紫金魚袋論倚⋯⋯有吏姚泌,早聞其勤,因以泌爲忻州刺史。
會泌隱惡彰敗,不終其任,司空〔裴〕度上言,前刺史倚,忻人懷之⋯⋯
可使持節忻州刺史。"

姚 泌 約元和十五年(約 820)
見上條。

論 倚 約長慶元年(約 821)
見上條。

李 寰 長慶二年(822)
《通鑑·長慶二年》:二月丙寅,"以瀛州博野鎮遏使李寰爲忻州
刺史"。《元龜》卷一二八作"沂州",誤。《舊書·穆宗紀》:長慶二年
四月,"忻州刺史李寰守博野,王廷湊攻之不下"。又見《新書·傅良
弼傳》,《元龜》卷七五九。按長慶二年九月癸卯李寰在晉州刺史任。

李 丕 會昌三年—四年(843—844)
《舊書·武宗紀》:會昌三年九月,"劉稹牙將李丕降,用爲忻州刺
史"。《新書·劉稹傳》:"〔李丕〕遂自歸⋯⋯帝召見,擢忻州刺史⋯⋯
趣丕討〔楊〕弁,兵未至而弁已禽,遷汾、晉二州刺史。"《全文》卷六九
八李德裕《授李丕汾州刺史制》稱:"忻州刺史兼御史中丞李丕。"又卷
七〇七《代李丕與郭誼書》:"丕自歸朝廷,頗獲優寵,三領大郡,榮列
中司⋯⋯緣丕除授忻州,去彼疆界遥遠⋯⋯今蒙改授晉州,兼充右尚

書副使。"按楊弁會昌三年十二月二十八日爲亂，四年正月壬子被擒，見《舊紀》。

李　戎　　大中時

《全文》卷八〇七司空圖《書屏記》："元和、長慶間，先大夫初以詩師友兵部盧公載，從事於商於，因題紀唱和；乃以書受知於裴公休，辟倅鍾陵。又徵拜侍御史。退居中條，時李忻州戎亦以草隸著稱。"按裴休會昌元年至三年爲江西觀察使。《酉陽雜俎》前集卷一〇："大和中，道士……得一金兔，甚小，奇光爛然，即置於巾箱中。時御史李戎職於蒲津，與道士友善，道士因以遺之。其後，戎自奉先令爲忻州刺史，其金兔忽亡去，後月餘而戎卒。"又見《宣室志補遺》，《廣記》卷四〇〇。

伊　廣　　中和末

《舊五代史》本傳："中和末，除忻州刺史，遇天下大亂，乃委質於武皇……累歷右職，授汾州刺史。"

薛志勤　　大順元年—二年（890—891）

《舊五代史》本傳：大順元年十月，"敗韓建之軍於蒙坑，進收晉、絳，以功授忻州刺史。二年，從討鎮州……王暉據雲州叛，討平之，以志勤爲大同軍防禦使、檢校司空。乾寧初，代康君立爲昭義節度使"。又見《元龜》卷三四七。

李克寧　　乾寧初—約天復三年（?—約903）

《舊五代史》本傳："乾寧初，改忻州刺史……〔天祐初，〕充振武節度使。"《通鑑·天復二年》：三月，"〔李〕克用弟克寧爲忻州刺史，聞汴寇至，中途復還晉陽"。

符存審（李存審）　　約天祐三、四年（約906、907）

《舊五代史》本傳："天祐三年，授蕃漢馬步副指揮使，與李嗣昭降丁會於上黨，從周德威破賊於夾城，加檢校司徒，授忻州刺史，領蕃漢馬步都指揮使。"《新五代史》本傳略同。按《通鑑·乾化二年》：三月，"晉忻州刺史李存審屯趙州"。

待考録

李　漸

《歷代名畫記》卷一〇："李漸，官至忻州刺史，善畫蕃人蕃馬騎射。"又見《廣記》卷二一三引。《圖繪寶鑒》卷二、《宣和畫譜》卷一三略同。

卷九四　嵐州（樓煩郡）

隋樓煩郡之嵐城縣。武德四年平劉武周，置東會州。六年省東會州，重置嵐州。天寶元年改爲樓煩郡。乾元元年復爲嵐州。領縣四：宜芳、静樂、合河、嵐谷。

劉六兒　　武德二年—三年（619—620）

《通鑑·武德二年》：五月，“〔劉〕六兒遣使請降，詔以爲嵐州總管”。《武德三年》：四月，“嵐州總管劉六兒從宋金剛在介休，秦王世民擒斬之”。

孔　某　　約貞觀中

《千唐誌·大周故同州白水縣令下博孔君（元）墓誌銘并序》：“祖隋任驃騎將軍巴州郡守……父任虎賁中郎將嵐州刺史。”孔元萬歲登封元年卒，年七十三。

衡長孫　　約貞觀中

《千唐誌·大周朝議大夫使持節伊州諸軍事伊州刺史上柱國衡府君（義整）墓誌銘并序》（天授二年二月二十八日）：“父長孫，唐嵐、朔、翼、渭四州刺史，左監門將軍，長山縣開國公。”義整卒永昌元年。

柴令武　　永徽四年（653）

《舊書·高宗紀上》：永徽四年正月“丙子，新除房州刺史、駙馬都尉房遺愛……嵐州刺史、駙馬都尉柴令武謀反。二月乙酉，遺愛、〔薛〕萬徹、令武等並伏誅”。又見《元龜》卷一五二。《新書》本傳：“尚巴陵公主，遷太僕少卿、衛州刺史，襄陽郡公。與房遺愛謀反，貶嵐州刺史，自殺。公主亦賜死。”《舊書》本傳未及。

韋思安　　約高宗時

《姓纂》卷二東眷韋氏大雍州房：“思安，駙馬，嵐州刺史。”按思安尚太宗女晉安公主，見《會要》卷六。

李思文　　約永隆元年（約 680）

北圖藏拓片《大唐冀州刺史息武君（欽載）墓誌銘并序》（垂拱四年十二月廿九日）：“本姓徐氏，皇運肇興，□□□佐經綸之業，賜以國姓。洎聖母神皇之臨天下，其父思文表忠貞之節，又賜同□聖氏，仍編貫帝鄉。祖勣，司空、上柱國、英國公，贈太尉、揚州大都督，諡貞武公……□（父）歷任嵐、饒、潤等州刺史，再除太僕少卿兼知隴西事，又加銀青光禄大夫、上柱國、衛縣開國公，檢校并州大都督府長史、清源道總管，除冀州刺史。”息調露元年八月四日卒於隴西大使之館，春秋十五。垂拱四年改葬。按李思文嗣聖元年（684）在潤州刺史任。

王德茂　　永淳元年（682）

《新書·高宗紀》：永淳元年“六月甲子，突厥骨咄禄寇邊，嵐州刺史王德茂死之”。《通鑑·永淳元年》：十月，“〔阿史德元珍〕入寇并州及單于府之北境，殺嵐州刺史王德茂”。《新書·突厥上·骨咄禄傳》同。

蕭執珪　　開元八年（720）

《元龜》卷七〇〇：“蕭執珪爲嵐州刺史，盧季珣爲復州刺史，崔憬爲銀州刺史，開元八年並坐貶。”《全文》卷二八玄宗有《貶蕭執珪盧季珣崔憬等詔》。

馬季龍　　開元十三年—十六年（725—728）

《舊書・馬燧傳》：“父季龍，嘗舉明孫吳，似儻善兵法，官至嵐州刺史、幽州經略軍使。”《新書・馬燧傳》略同。《姓纂》卷七臨安馬氏：“季龍，嵐州刺史、大同軍使。”又見《新表二下》，《元龜》卷三九一。《韓昌黎集》卷三七《唐故贈絳州刺史馬府君（燧）行狀》：“季龍爲嵐州刺史，贈司空……司空生燧。”《全文》卷五〇七權德輿《司徒兼侍中上柱國北平郡王贈太傅馬公（燧）行狀》：“父季龍，皇大同軍使嵐州刺史。”《隋唐五代墓誌匯編・洛陽卷》第十二册《唐故銀青光禄大夫兵部尚書上柱國漢陽郡公贈太子少保馬公墓誌銘并序》（貞元八年二月十七日）：“烈考季龍……開元中連率蕭嵩、李暠皆特器異，累□右金吾衛郎將、大同軍副使、嵐州刺史。累贈尚書左僕射。公即僕射府君第三子也。”貞元七年卒，春秋七十九。按李暠開元十五年至十七年爲太原尹、太原以北諸軍節度使。蕭嵩疑爲張嵩之誤，張嵩爲李暠前任，開元十二年至十四年爲太原尹。則馬季龍爲嵐州刺史當在此期間。

陸　道　　約開元中

《全文》卷四九八權德輿《唐故成德軍節度營田副使正議大夫趙州別駕贈壽州都督河間尹府君神道碑銘并序》：“都督先夫人吳郡陸氏……嵐州刺史道之孫。”尹府君卒大曆七年七月，享年六十一。

譚元澄　　約大曆中

《舊書・李晟傳》：“初，譚元澄爲嵐州刺史，嘗有恩於晟，後坐貶於岳州，比晟貴，上書理之，詔贈元澄寧州刺史。”《新書・李晟傳》略同。又見《御覽》卷四七九，《元龜》卷八六五。

趙　挺　　貞元十六年前（800前）

《全文》卷五四二令狐楚《爲太原李說尚書進白兔狀》：“右臣得嵐州刺史趙挺六月二十九日狀。”按李說貞元十一年至十六年在河東任，是狀當作於其間。

楊　某　　約貞元中

《全文》卷五四○令狐楚《爲樓煩監楊大夫請朝覲第二表》："臣雖庸鄙，兼領嵐州。"

賈惠元　　約貞元中

《千唐誌·唐故朝議郎河南府户曹參軍上柱國長樂賈府君（洮）墓誌銘并序》（咸通十四年八月二十八日）："曾祖惠元，皇朝嵐州刺史。"洮卒咸通十四年，年五十一。又見《大梁故宋州觀察支使賈府君（邠文）墓誌》（貞明元年五月十二日）。

李　愻　　大和元年—三年（827—829）

《新表二上》隴西李氏丹楊房："愻，嵐州刺史。"《全文》卷五三八裴度《唐故太尉兼中書令西平郡王贈太師李公（晟）神道碑銘并序》："〔子〕愻，嵐州刺史。"按李晟卒於貞元九年八月四日。又按北圖藏有此碑拓片，乃大和三年四月六日刻。碑中稱：大和元年秋七月，李聽上疏請求立碑，故命裴度撰此文。則愻爲嵐州刺史當是撰碑時見官。

路審中　　約咸通、乾符間

《新書·崔彦曾傳》："徐吏有路審中者，彦曾知其能，頗任之……張玄稔攻徐州，審中率死士應官軍，開南白門，官兵入，因得破〔龐〕勛。後位嵐州刺史。鄭畋謂審中節貫神明，請擢爲右羽林將軍，詔可。"

湯　群　　中和二年（882）

《舊書·僖宗紀》：中和二年十月，"以嵐州刺史湯群爲懷州刺史"。《通鑑·中和二年》："初，朝廷以龐勛降將湯群爲嵐州刺史，群潛通沙陀，朝廷疑之，徙群懷州刺史……十月，庚子朔，群殺使者，據城叛，附於沙陀。"又見《新書·僖宗紀》《舊五代史·李存進傳》。

蓋　寓　　中和二年—三年（882—883）

《舊五代史》本傳："武皇（李克用）節制雁門，署職爲都押牙，領嵐州刺史。泊移鎮太原，改左都押牙、檢校左僕射。"又見《元龜》卷三四七。按李克用中和元年爲代北節度，三年徙鎮太原。

李承嗣　　約文德元年（約888）

《舊五代史》本傳："函送朱玫、襄王首獻於行在。駕還宮，賜號迎鑾功臣，檢校工部尚書、守嵐州刺史……孟方立之襲遼州也，武皇遣承嗣設伏……獲其將奚忠信，以功授洺州刺史。"又見《元龜》卷三四七。按朱玫立襄王煴爲帝，乃光啓二年事。車駕還宮在文德元年二月，由此知李承嗣刺嵐州約在文德元年。

孫　昉　　約昭宗時

《九國志·孫漢韶傳》："祖昉，唐嵐州刺史；父存進，振武節度使。"按《舊五代史·李存進傳》稱："本姓孫，名重進。父佺，世吏單于府。"未及爲刺史。其名亦與《九國志》異。按《孫漢韶墓誌》："公即唐雲州別駕諱□之曾孫，嵐州刺史、司徒諱昉之孫，後唐振武軍節度使、贈太尉諱存進之長子。"（《文物》1991年第5期《五代後蜀孫漢韶墓》附）孫昉恐仕至昭宗時。

王　鄴　　約昭宗時

《舊書·王處存傳》：其子郜，"天復初，卒於晉陽。其（郜）弟鄴，〔李〕克用以女妻之，歷嵐、石、沔三州刺史，大同軍防禦使。天祐中卒"。

卷九五　石州（昌化郡）

隋離石郡。武德元年改爲石州。五年置總管府。後改爲都督府。貞觀二年廢都督府。三年復置都督。六年又廢。天寶元年改爲昌化郡。乾元元年復爲石州。領縣五：離石、平夷、定胡、臨泉、方山。

王　儉（王綽）　約武德元年—二年（約 618—619）

《新書·高祖紀》：武德二年六月，"離石胡劉季真叛，陷石州，刺史王儉死之"。又見《通鑑·武德二年》五月，《新書·劉武周傳》。《全文》卷二一五陳子昂《申州司馬王府君墓誌》："祖儉，隋離石郡守，唐石州刺史……父諶，唐虞部郎中，荆州大都督府司馬，商、壁、鄜、許、冀五州刺史，加銀青光禄大夫、瀘州都督。"按《楊炯集》卷八《瀘州都督王湛神道碑》稱："父綽，秦孝王府掾、仁壽宮監、離石郡通守、晉陽侯、皇朝石州刺史。逆賊劉武周攻陷郡城，因而遇害。"事迹相同，當爲同一人。

劉季真（李季真）　武德三年（620）

《通鑑·武德三年》：三月，"真鄉公李仲文引兵臨石州，劉季真懼而詐降。乙酉，以季真爲石州總管，賜姓李氏，封彭山郡王"。四月，"季真棄石州，奔劉武周將馬邑高滿政，滿政殺之"。又見兩《唐書》本傳，《元龜》卷一六四。

董　剛　約貞觀中

《千唐誌·大唐故封州司馬董公（力）墓誌銘》（儀鳳三年）："曾祖

諱脫，後周任幽州都督府司馬……祖諱剛，唐朝任石州刺史。父諱翼，唐朝任遊擊將軍、上柱國、銀青光禄大夫、武邑縣公。"

杜正倫　　貞觀末？

《新書》本傳："出爲穀州刺史，再貶交州都督。太子廢，坐受金帶，流驩州。久之，授郢、石二州刺史。顯慶元年，擢黃門侍郎。"《舊書》本傳未及。

李元名　　貞觀二十三年—約總章二年（649—約 669）

《舊書》本傳："〔貞觀〕二十三年，加實封滿千户，轉石州刺史……在石州二十年，賞玩林泉，有塵外之意。垂拱年，除青州刺史，又除鄭州刺史。"《新書》本傳略同。又見《元龜》卷二八一、卷二九三，《會要》卷五。

陸仁儉（陸乾迪）　　永淳二年—垂拱三年（683—687）

洛陽關林藏《大周使持節巂州都督陸府君（仁儉，字乾迪）墓誌銘并序》（延載元年十月十日）："永淳二年，除石州刺史……垂拱三年，拜公翼州刺史。"《隋唐五代墓誌匯編·洛陽卷》第七册《陸公及夫人孫氏墓誌》（延載元年十月二十日）："父乾迪，唐使□歷岷、石、翼、延等四州刺史，大周使持節巂州都督巂等四十二州諸軍事巂州刺史。"

裴大感　　武后時？

《新表一上》中眷裴氏："大感，石州刺史。"乃道州刺史裴藏之祖，裴璣之曾孫。璣兄文舉字道裕，後周青州刺史。

劉穆之　　先天元年（712）

《芒洛續編》卷下《唐故石州刺史劉君（穆）墓誌銘并序》（先天二年十一月十二日）："丁太夫人憂，服闋，除石州刺史……以大唐先天元年十二月廿二日卒於汾州介休縣官舍，春秋六十有二。"按《姓纂》卷五諸郡劉氏："祠部郎中劉穆之，部（邢）州沙河人。"又按神龍三年五月石刻稱：“大唐洛州滎陽縣頭陀逸僧識法師上頌聖主中興，得賢令盧公清德之文，前中書舍人内供奉劉穆之篆。”

崔　琨　　約開元中

《新表二下》南祖崔氏：“琨，石州刺史。”乃武后時宰相崔神基之姪，司刑卿神慶之子，懷州刺史珪、鄆州刺史球之弟。神慶神龍中卒，年七十餘。

盧見象　　開元中？

《新表三上》盧氏：“見象，石州刺史。”乃亳州刺史重明、魏郡太守見義之弟。

吳仁歡　　約大曆中

《新安志》卷四祁門縣：“吳仁歡，縣人，方清之亂，仁歡率衆破賊，刺史公孫緽上其事，代宗嘉之，因置祁門縣。授仁歡朝散大夫、石州刺史，賜金紫。旋拜本縣令，殁葬縣西二十里。”

元　韶　　貞元十一年前（795 前）

《全文》卷五四三令狐楚《白楊神新廟碑》：“乙亥歲（貞元十一年）……隴西李公廉刺并部……得昌化守、南康郡王河南元韶，首表其名，遽聞於天，璽書勞勉，移理於代。”又見《山右金石記》卷四。

盧　肅　　貞元中？

《新表三上》盧氏：“肅，石州刺史。”其同祖從弟徹，約貞元中爲吉州刺史。

李友諒　　貞元中？

《千唐誌·唐潁州潁上縣令李府君（公度）墓誌銘并序》（大中七年正月十八日）：“祖友諒，皇石州刺史。”李府君卒大中六年，年六十九。又《唐故衡州耒陽縣尉隴西李府君（述）墓誌銘》（大中十一年八月十四日）：“曾祖友諒，石州刺史。”述卒大中十一年，年四十四。

武　昭　　約元和十五年（約 820）

《舊書・裴度傳》：“度之討淮西也，〔武〕昭求進於軍門……度以爲可用，署之軍職，隨度鎮太原，奏授石州刺史。罷郡，除袁王府長史。昭既在散位，心微悒鬱，而有怨〔李〕逢吉之言。而姦邪之黨，使衛尉卿劉遵古從人安再榮告事，言武昭欲謀害李逢吉。獄具，而武昭死。”又見《新書・李逢吉傳》，《元龜》卷一五三。按《通鑑・寶曆元年》：“十月甲子，武昭杖死。”《白居易集》卷五一有《武昭除石州刺史制》。

康　某　　長慶二年前（822 前）

《寶刻叢編》卷八引《京兆金石録》：“《唐石州刺史酒泉郡王康公碑》，唐吳鱗撰，長慶二年。”按封酒泉郡王康姓者未知名誰。

石　雄　　會昌初？

《雲溪友議》卷中《贊皇勳》：“石雄僕射初與康詵同爲徐州王侍中智興首校。王公忌二人驍勇，奏守本官，雄則許州司馬也，尋授石州刺史……潞州之功，國家以酬河陽節度使；西塞之績，又拜鳳翔。”又見《廣記》卷一五六引。兩《唐書》本傳未及。按會昌三年石雄爲豐州刺史。

王　郜　　約昭宗時

《舊書・王處存傳》：其子郜，“天復初，卒於晉陽。其（郜）弟郇，〔李〕克用以女妻之，歷嵐、石、沔（汾？）三州刺史、大同軍防禦使，天祐中卒”。

楊守業　　約昭宗時

《舊五代史・張憲傳》：“憲始童卯，喜儒學……弱冠盡通諸經……石州刺史楊守業喜聚書，以家書示之，聞見日博。”

李存進　　天祐三年—四年（906—907）

《舊五代史》本傳：“天復初，破氏叔琮前軍於洞渦。三年，授石州刺史。莊宗初嗣位，入爲步軍右都檢校司空。”又見《元龜》卷三四七。《全文》卷八四〇呂夢奇《後唐招討使李存進墓碑》：“天祐三年奉命權知石州軍州事……五年正月，制授檢校司空、使持節石州諸軍事守石州刺史。”

卷九六　朔州（馬邑郡）

隋馬邑縣。武德四年置朔州。天寶元年改爲馬邑郡。乾元元年復爲朔州。領縣二：善陽、馬邑。

高滿政　　武德六年（623）

《通鑑・武德六年》：“六月戊午，高滿政以馬邑來降……丁卯，苑君璋與突厥吐屯設寇馬邑，高滿政與戰，破之。以滿政爲朔州總管，封榮國公。”十月，“滿政欲潰圍走朔州，右虞候杜士遠以虜兵盛，恐不免，壬戌，殺滿政降於突厥”。又見《舊書・劉武周傳》，兩《唐書・李高遷傳》，《新書・高祖紀》《苑君璋傳》，《元龜》卷八三、卷一三〇。《御覽》卷三〇二作“高蒲政”，誤。

秦武通　　武德六年—七年（623—624）

《通鑑・武德六年》：十月丁卯，“上以將軍秦武通爲朔州總管”。《武德七年》：“七月己巳，苑君璋以突厥寇朔州，總管秦武通擊却之。”又見《新書・高祖紀》。

姜世師　　武德九年（626）

《元龜》卷四四七：“武德九年，突厥寇朔州，〔王〕孝德及朔州刺史姜世師以數騎覘賊。”

張　儉　　約貞觀元年—四年（約627—630）

《舊書》本傳：“貞觀初，以軍功累遷朔州刺史……後檢校勝州都督，以母憂去職。"《新書》本傳略同。又見《元龜》卷三五七、卷三九七、卷六七八。《通鑑·貞觀四年》：九月，"思結部落饑貧，朔州刺史新豐張儉招集之……及儉徙勝州都督，州司奏思結將叛，詔儉往察之"。

衡長孫　　約貞觀中

《千唐誌·大周朝議大夫使持節伊州諸軍事伊州刺史上柱國衡府君（義整）墓誌銘并序》："父長孫，唐嵐、朔、翼、渭四州刺史、左監門將軍、長山縣開國公。"義整卒永昌元年，則其父約仕貞觀中。

匹婁武徹（婁武徹）　　約貞觀中

《千唐誌·大周唐故左戎衛右郎將古君夫人匹婁氏墓誌銘并序》（證聖元年一月十八日）："父武徹，朝散大夫，唐秦府庫真，驃騎將軍，右衛中郎將，檀、雲、朔等州刺史，安西都護使持節，上柱國，濟源縣開國公。"夫人卒證聖元年，年六十六。按《姓纂》卷五河南婁氏："武徹，唐崇道府統軍，武安公。"

【補遺】張玄（愛）　　高宗時

《洛陽新獲墓誌49·唐故朝散大夫行洋州長史李府君（正本）墓誌銘並序》（開元二年十一月六日）："時有朔州刺史張玄（愛？）受贓至巨萬，累按不得情。高宗問法官：'誰可爲使？'刑部郎中狄仁杰薦公，公鞫得事實，有敕褒美。加兩階，賜物五十段。"

令狐脩穆　　高宗時？

《隋唐五代墓誌匯編·洛陽卷》第十四册《唐故棣州刺史兼侍御史燉煌令狐公（梅）墓誌銘并序》（大中十年四月二十二日）："六代祖諱德棻，爲國子祭酒，監修國史。五代祖諱脩穆，朔州刺史。高祖諱孝哲，鄜州洛川縣令，贈曹州刺史。曾祖諱濤，舒州太湖縣令、鄧州録事參軍……皇祖義成軍節度使……諱彰。"

唐休璟（唐璿）　　約高宗末

《英華》卷八八四蘇頲《右僕射太子少師唐璿神道碑》："策勳至上柱國，授營州都督府户曹參軍，尋以朝議大夫檢校朔州刺史，蓋養能而成績矣。轉安西副都護、檢校庭州刺史。長壽中，武威軍大總管王孝傑之復四鎮，實賴其謀，表公爲西州刺史。"《全文》卷二五七同。《舊書》本傳未及。按《新書》本傳作"朔州長史"，疑誤。

宋　禎　　約證聖元年—聖曆元年（約695—698）

《大唐故正議大夫使持節延州諸軍事延州刺史上柱國宋府君（禎）墓誌銘并序》："尋制舉高第，改授朝議大夫涪州刺史。屬戎渝梗叛，忠萬流亡，君殄滅逋醜，招撫離散，敕勳叙效，王命是加，授大中大夫平狄軍大使兼朔州刺史……聖曆二年授慶州刺史。"（《考古》1986年第5期《河南偃師杏園村的六座紀年唐墓》）

劉元楷　　約開元元年（約713）

《大詔令集》卷一三〇《命姚崇等北伐制》："前朔州刺史劉元楷……可前鋒總管……開元二年二月二十八日。"又見《全文》卷二五三蘇頲行制。

劉承慶　　約開元中

《韓昌黎集》卷二九《唐故檢校尚書左僕射右龍武軍統軍劉公（昌裔）墓誌銘》："曾大父諱承慶，朔州刺史。"昌裔卒元和八年十一月，年六十二。又卷二七《劉統軍（昌裔）碑》："公曾祖考爲朔州刺史。"《金石録》卷二九有《唐劉統軍碑跋》。

崔　侃　　開元末？

《新表二下》南祖崔氏："侃，朔州刺史。"乃祠部郎中崔尚弟。按《登科記考》卷五稱：崔侃於開元五年文儒異等科登第，則其刺朔州或在開元末。

魏 林　　天寶中

《舊書·王忠嗣傳》：天寶六載，“李林甫又令濟陽別駕魏林告忠嗣，稱往任朔州刺史，忠嗣爲河東節度，云：‘早與忠王同養宮中，我欲尊奉太子’”。《李林甫傳》略同。又見《新表二中》。

田仁俊　　約肅宗、代宗間

《金石補正》卷六六《唐故淮南節度討擊副使光禄大夫試殿中監兼泗州長史田府君（佽）墓誌銘并序》：“父仁俊，朝議大夫、朔州刺史。”佽卒貞元三年，春秋五十一。又見《唐文拾遺》卷二三。按貞元十一年八月二十七日合祔誌作“祥州刺史”，誤。

竇　及（竇文舉）　　約貞元中

《新表一下》竇氏三祖房：“及，初名文舉，朔州刺史。”乃高宗時虢州刺史竇義節之曾孫，光禄卿竇庭望之子。

石　璟　　元和中

《舊五代史·晉高祖紀一》：“四代祖璟，以唐元和中與沙陀軍都督朱耶氏自靈武入附，憲宗嘉之，隸爲河東陰山府裨校，以邊功累至朔州刺史。”

樂　璘　　約元和末—長慶中

《白居易集》卷五三《權知朔州刺史樂璘正授兼御史中丞制》：“樂璘……可朔州刺史、兼御史中丞。”

張　經　　約文宗時

《千唐誌·唐故鄉貢進士燉煌張府君（審文）墓銘并序》（大中十三年十一月二十一日）：“父經，磊落高節，倜儻宏才，歷典馬邑、咸寧、漢源三郡……其後……左遷泉州掾，因疾薨於所任。”審文卒大中十三年，年三十二。

石　雄　　會昌二、三年(842、843)

《新書》本傳："會昌初，回鶻入寇，連年掠雲、朔，牙五原塞下。詔雄爲天德軍防禦副使，兼朔州刺史，佐劉沔屯雲州……迎公主還。進豐州防禦使。"《舊書》本傳未及朔刺。《金石補正》卷七四《太子太傅贈司徒劉沔碑》：會昌三年正月，"公召朔州刺史石雄"。

李國昌(朱邪赤心)　　會昌四年—大中三年(844—849)

《新書·沙陀傳》："伐潞，討劉稹，詔〔朱邪〕赤心率代北騎軍三千隸石雄爲前軍……與監軍使吕義忠禽楊弁。潞州平，遷朔州刺史，仍爲代北軍使……宣宗已復三州、七關，征西戌皆罷，乃遷赤心蔚州刺史、雲州守捉使。"

李誠元　　約大中五年(約 851)

《全文》卷七四九杜牧有《李誠元除朔州刺史制》。

段　威　　大中十二年(858)

《舊書·宣宗紀》：大中十二年閏二月，"以河東馬步都虞候段威爲朔州刺史"。

李克修　　約咸通十年(約 869)

《舊五代史》本傳："從獻祖討龐勛，以功授朔州刺史。"《新五代史》本傳略同。

高文集　　廣明元年(880)

《舊五代史·唐武皇紀上》：廣明元年春，"武皇令軍使傅文達起兵於蔚州，朔州刺史高文集與薛(薩)葛、安慶等部將縛文達送於李涿(琢)"。《新書·沙陀傳》略同。

米海萬　　廣明元年(880)

《舊書·僖宗紀》：廣明元年七月，"薩葛米海萬爲朔州刺史"。《通鑑·廣明元年》七月同。

卷九七　雲州（雲中郡）

隋馬邑郡之雲内縣恒安鎮。貞觀十四年自朔州北定襄城移雲州及定襄縣於此。永淳元年爲賊所破，因廢，乃移百姓於朔州。開元十八年復置雲州。天寶元年改爲雲中郡。乾元元年復爲雲州。領縣一：雲中（定襄）。

匹婁武徹（婁武徹）　　貞觀中

《千唐誌·大周唐故左戎衛右郎將古君夫人匹婁氏墓誌并序》（證聖元年一月十八日）："父武徹，朝散大夫，唐秦府庫真，驃騎將軍，右衛中郎將，檀、雲、朔等州刺史，安西都護使持節，上柱國，濟源縣開國公。"夫人卒證聖元年，年六十六。按《姓纂》卷五河南婁氏："武徹，唐崇道府統軍，武安公。"

昝敬本　　約高宗前期

《芒洛四編》卷四《大周絳州稷山縣右豹韜衛翊□□郎將昝君（斌）墓誌銘并序》："大父悦，隨任衛州汲縣令……父敬本，唐任雲夷二州刺史、上柱國、永城縣開國公。"斌長壽二年八月廿一日終於私第，春秋五十有六。

竇懷哲　　永隆元年（680）

《新書·高宗紀》：永隆元年七月，"突厥寇雲州，都督竇懷哲敗之"。

王忠嗣　　開元二十九年前（741 前）

《新書》本傳："拜左金吾衛將軍，領河東節度副使、大同軍使，尋爲節度使。二十九年，節度朔方，兼靈州都督。"

安禄山　　天寶十載（751）

《舊書·玄宗紀》：天寶十載"二月丁巳，安禄山兼雲中太守、河東節度使"。《新書》本傳："又求兼河東，遂拜雲中太守、河東節度使。"《舊書》本傳未及。

程千里　　天寶十四載（755）

《舊書》本傳："禄山之亂，詔千里於河東召募，充河東節度副使、雲中太守。十五載正月，遷上黨郡長史。"《新書》本傳略同。

李光弼　　天寶十五載（756）

《舊書·玄宗紀》：天寶十五載正月"庚申，以李光弼爲雲中太守、河東節度使"。又本傳："〔天寶〕十五載正月，以光弼爲雲中太守，攝御史大夫，充河東節度副使、知節度事。二月，轉魏郡太守、河北道採訪使。"《新書》本傳略同。又見《元龜》卷一一九、卷一二二。《全文》卷三四二顏真卿《唐故開府儀同三司太尉兼侍中河南副元帥都督河南淮南淮西荊南山南東道五節度行營事東都留守武穆王李公（光弼）神道碑銘》："〔天寶十五載〕正月，起公爲銀青光禄大夫、鴻臚卿、兼雲中郡太守……二月，拜攝御史大夫魏郡太守。"

郭子儀　　約天寶十五載（約 756）

《全文》卷四五二邵說《代郭子儀謝兼河東節度使表》稱："今月日伏奉恩制，授臣使持節雲州諸軍事兼雲州太守。"兩《唐書》本傳未及。

高秀巖　　至德二載（757）

《舊書·史思明傳》："〔至德二載，〕僞河東節度高秀巖來降。肅宗大悦，封〔史思明〕歸義王、范陽長史、御史大夫、河北節度使……秀

嚴雲中太守。"《新書・史思明傳》略同。《山右金石記》卷五："《河東
節度使高秀巖碑》：乾元二年，授户部尚書、兼御史大夫。河東節度、
渤海郡王并雲中太守，不書，以事在至德中，故諱之也。"

馬　盱　　約建中初

《全文》卷六二三熊執易《武陵郡王馬公（盱）神道碑》："丁内艱，
起復右衛將軍、雲州刺史……遷代州刺史。"其父馬璘大曆十二年卒，
見《舊書・馬璘傳》，《新傳》作大曆十一年。

彭　某　　建中、貞元間？

《全詩》卷二八○盧綸有《送彭開府往雲中覲使君兄》。

獨孤密　　元和中

《新表五下》獨孤氏："密，雲州刺史。"乃昭宗相獨孤損之祖父。
按密以貞元十一年登第，元和元年爲韋皋幕僚，見《通鑑》。又按《姓
纂》卷一○獨孤氏稱："密，海州刺史。"

高榮朝　　元和末

《白居易集》卷五三有《雲州刺史高榮朝除太子賓客河東都押
衙制》。

支　竦　　約開成末

上圖藏拓片《唐故鄉貢三傳支府君（詢）墓誌銘》（大中十年五月
十八日）："父諱竦，皇任雲、瀘、齊、光、邢五郡刺史，鄆王傅，鴻臚卿致
仕……公年十七，以會昌二年八月三日終於瀘州。"《芒洛續編》卷下
《唐故鄂州司士參軍支府君（叔向）墓誌銘并序》："顯考竦，歷典雲、
瀘、齊、光、邢五州刺史。"叔向卒大中十年五月十八日，春秋卅七。
《千唐誌・唐故贈隨州刺史太子少詹事殿中監支公（成）墓誌銘并序》
（大中十年五月十八日）："竦，皇任雲、瀘、齊、光、邢五州刺史，鄆王
傅，鴻臚卿致仕……鴻臚卿茂績懿行，今壽春郡太守令狐公揭其碑誌

於墓。”

張獻節　　會昌二年（842）

《通鑑·會昌二年》：“八月，可汗率衆過杷頭烽南，突入大同川，驅掠河東雜虜牛馬數萬，轉鬬至雲州城門。刺史張獻節閉城自守。”《元龜》卷九九四作“十月”。又見《新書·李德裕傳》。

盧簡方　　咸通五年（864）

《新書》本傳：“累遷江州刺史。徙大同軍防禦使……擢義昌節度使，入拜太僕卿，領大同節度。久之，徙振武軍，道病卒。”《舊書·懿宗紀》：咸通五年“十一月乙酉，以大同軍防禦使盧簡方檢校工部尚書、滄州刺史、御史大夫，充義昌軍節度、滄濟德觀察等使”。

李國昌（朱邪赤心）　　咸通十年（869）

《新書·沙陀傳》：“〔龐〕勛平，進大同軍節度使，賜氏李，名國昌……回鶻叩榆林，擾靈、鹽，詔國昌爲鄜延節度使。”《北夢瑣言》卷一七：“李國昌……始爲雲州大同軍節度，次授鄜延、振武、代北三節度。”

【李國昌　　咸通十三年（872）（未之任）】

《舊書·懿宗紀》：咸通十三年“十二月，以振武節度李國昌爲檢校右僕射、雲州刺史、大同軍防禦等使……國昌稱病辭軍務”。又見《新五代史·唐莊宗紀上》，《通鑑·咸通十三年》十二月。按《全文》卷八四懿宗《遣盧簡方諭李國昌詔》：“知卿兩任雲中。”

支　謨　　乾符三年（876）

《舊五代史·唐武皇紀上》：“及壯，爲雲中守捉使，事防禦使支謨。”按《通鑑考異·乾符五年》曰：“趙鳳《後唐太祖紀年録》曰：‘乾符三年……朝廷以段文楚爲代北水陸發運、雲州防禦使，以代支謨。’”

段文楚　　乾符三年—五年（876—878）

《新書·沙陀傳》："乾符三年，段文楚爲代北水陸發運、雲州防禦使。"《舊五代史·唐武皇紀上》同。《新書·僖宗紀》：乾符五年"二月癸酉，雲中守捉使李克用殺大同軍防禦使段文楚"。又見《通鑑·乾符五年》二月。按《舊書·懿宗紀》：咸通十三年五月，"以天德防禦使段文楚爲雲州刺史、大同軍防禦使"。十二月，"李國昌小男克用殺雲中防禦使段文楚，據雲州"。《新書·段秀實傳》、《新五代史·唐莊宗紀上》、《元龜》卷一二三亦均稱：咸通末，殺雲州刺史段文楚。《通鑑考異·乾符五年》曰："克用既殺文楚，豈肯晏然安處，必更侵擾邊陲，朝廷亦須發兵征討，而自乾符四年以前不見其事。《唐末見聞録》叙月日，今從之。"《山右金石記五》有《雲州防禦使段文楚墓碑》。

盧簡方　　乾符五年（878）

《通鑑·乾符五年》：二月，"以太僕卿盧簡方爲大同防禦使……四月，以前大同軍防禦使盧簡方爲振武節度使"。按《舊書·懿宗紀》作咸通十三年十二月。《通鑑考異·乾符五年》曰："《實録》乾符元年十二月簡方除大同，二年正月賜詔……蓋《舊紀》《實録》各隨段文楚死之後，載除簡方及詔書，使事相接續耳，恐未足據也……今從《三朝見聞録》。"

【李國昌　　乾符五年（878）（未之任）】

《通鑑·乾符五年》：四月，"以振武節度使李國昌爲大同節度使"。五月，"李國昌欲父子并據兩鎮，得大同制書，毁之，殺監軍，不受代"。

李克用　　乾符五年（878）

《舊五代史·唐武皇紀》："乾符五年……以武皇爲大同軍節度使，檢校工部尚書。"《新五代史·唐莊宗紀上》略同。又見《通鑑·乾符五年》。《隋唐五代墓誌匯編·山西卷·唐故河東節度觀察處置等使開府儀同三司守太師兼中書令晉王（李克用）墓誌銘并序》（天祐六年二月十八日）：“自雲州刺史兼御史大夫以統軍。”

赫連鐸　　廣明元年—大順二年（880—891）

　　《舊書·僖宗紀》：廣明元年七月，“乃以吐渾都督赫連鐸爲雲州刺史、大同軍防禦使”。《通鑑·廣明元年》七月同。按《新書·沙陀傳》《舊五代史·唐武皇紀上》作“乾符五年”，疑誤。《舊五代史·唐武皇紀上》：大順二年“四月，武皇大舉兵討赫連鐸於雲州”。七月，“赫連鐸力屈食盡，奔於吐渾部”。《新書·昭宗紀》：大順二年“七月，李克用陷雲州，防禦使赫連鐸奔於退渾”。《新書·李匡威傳》《沙陀傳》《新五代史·唐莊宗紀上》略同。又見《元龜》卷三二三。

石善友　　大順二年（891）

　　《新書·沙陀傳》：“〔大順二年，〕克用取雲州，以部將石善友爲刺史、大同軍防禦使。”又見《舊五代史·唐武皇紀上》《新書·李匡威傳》。

王　暉　　大順二年（891）

　　《舊五代史·薛志勤傳》：大順二年，“王暉據雲州叛，討平之，以志勤爲大同軍防禦使”。又見《元龜》卷三四七。按王暉事迹不詳。

薛志勤　　大順二年—乾寧元年（891—894）

　　《舊五代史》本傳：大順二年，“以志勤爲大同軍防禦使、檢校司空。乾寧初，代康君立爲昭義節度使。”又見《元龜》卷三四七。按《通鑑·乾寧元年》：九月，“〔李〕克用表雲州刺史薛志誠爲昭義留後”。“志誠”疑爲“志勤”之誤。

李克寧　　乾寧元年？（894？）

　　《舊五代史》本傳：“累至雲州防禦使。乾寧初，改忻州刺史。”

劉再立　　天復三年（903）

　　《舊五代史·唐武皇紀下》：天復三年“五月，雲州都將王敬暉殺刺史劉再立，以城歸於劉仁恭”。《新書·沙陀傳》、《通鑑·天復三年》五月同。

王　郜　　天祐初？

《舊書·王處存傳》：其子郜，“天復初，卒於晉陽。其弟郜，克用以女妻之，歷嵐、石、沔（汾？）三州刺史、大同軍防禦使。天祐中卒”。

待考録

孫　瑛

《姓纂》卷四富陽孫氏：“瑛，唐雲州刺史，義興公。”乃陳祠部尚書定襄侯孫瑒弟昕之曾孫。